世界文化史概說

世界文化史概說

●

고려대학교 세계문화사연구실
엮음

고려대학교 출판부
1993

머 리 말

世界文化史는 「全體史」요 「綜合科學」인 동시에 「現代科學」이라 할 수 있겠다.

「全體史」라 함은 세계문화사를 단순히 政治·社會·經濟·文化(狹義) 등으로 분류하고, 이 각 분야가 서로 유리된 것을 의미하지는 않는다. 그 각 분야가 동시에 또는 거의 같은 時代에 서로 밀접한 관련성하에서 發展되거나 變質되고 있기 때문에 개별적 文化史像들을 구체적으로 예의 관찰하면서도 그들 個別史像들이 서로 밀접한 관련성을 맺고 있다는 것에 주목하면서, 巨視的으로 그 「全體性」을 파악한다는 것을 의미한다. 한 國家內에서의 한 現像을 관찰할 때 그 한 현상 자체에만 집착하면 무의미하고 무가치한 결론을 얻게 된다. 즉 한 국가 내에서의 한 현상이 멀리 東西 유럽·中東·東南亞細亞·中國·南北 美洲·오세아니아·아프리카 등지에서 발생되고 있는 어떤 현상과 밀접하게 관련되어 있음을 재빨리 認識해야 한다는 것이다. 그렇기 때문에 文化史는 「全體史」이어야 한다는 것이다. 현대에서와 같이 國際間의 상호 관련성이 예민하게 작용하고 있는 시대에 한 국가의 역사나 한 현상에만 집착하고, 그렇게 할 것을 制度化한다면 돌이킬 수 없는 損失·損傷·悲劇까지도 초래하게 된다.

문화사를 「綜合科學」이라 말할 수 있는 것은 數學이 모든 科學의 言語라 할 수 있는 것과 유사하다. 문화사는 數學을 포함한 모든 과학의 창조와 발전 과정 모두를 종합적으로 관찰하는 科學이다. 한 분야의 과학(그것이 人文科學이건 自然科學이건 또는 社會科學이건 간에)은 다른 분야의 과학과 서로 밀접한 관련성하에서 창조되고 발전하게 된다. 따라서 한 분야의 科學的인 發展은 연쇄적인 작용에 의해 다른 분야에 속한 과학도 발전시킨다. 古代 아테네人은 「民主政」(市民에 의한 政治)을 발전시켜 인류의 政治體制의 모범을 제시했는데, 로마人은 그들에 질세라 「共和政」(市民의 政體)을 정체의 한 理想으로 제시했다. 19세기는 과학의 世紀였는데, 이로 인해

歷史科學도 발전하게 되었다. 중국의 「天의 思想」과 크리스트교의 「神」, 회회교의 「알라 神」들이 무관하다고 볼 수는 없다. 플라톤은 「創造主」(*Demiurge*)란 하나 뿐이라 했다. 現代人이 이같은 문제에 무관심하다면 그는 급진적으로 변화하고 발전하는 현대나 앞으로 올 21세기에 살아 나갈 처지에 있지 못하게 된다.

마지막으로 문화사가 「現實科學」이라 함은 현실을 연구하는 과학이란 뜻이다. 이것은 현대에 선행된 先史時代·古代·中世·近代와는 전혀 무관하다는 것이 결코 아니다. 「全體史」·「綜合科學」으로서의 문화사는 선사시대의 한 인간이 당시의 문명의 利器인 한 削片石器를 창안한 그 위대한 순간부터 현대에 이르기까지 꾸준히, 때로는 跳躍的으로 발전하여 현대에 이르렀다. 現代生活 속에는 이에 선행된 모든 시대의 文化的 要素의 결정체가 있음을 알아야 한다. 과거를 모르고 현대를 알 수는 없다. 내가 있고 나의 祖國이 있다는 것만 알고, 남이 있고 外國들이 있다는 것을 몰라서는 아니된다. 나와 남이, 내 조국과 외국이 유구한 역사과 정에서 서로 反目과 對立을 거듭하면서도 또 때로는 互惠的으로 발전하여 現代에 이르렀음을 알아야 한다. 그래서 카아(E.H. Carr)는 「歷史란 現在와 過去와의 끊임없는 對話」라고 하지 않았는가.

우리가 만든 이 文化史에서는 앞에서 언급한 점들을 충족시켰다고는 말할 수 없다. 다만 있는 정성을 다하여 단시일에 탈고한 것이다. 여러 筆者의 협동작업에서 오는 여러 가지 모순도 있을 것이다. 그리고 어려운 여건에도 불구하고 문화사를 발간해 주신 高大 出版部(부장 盧熙燁 교수) 諸位에게 감사한다.

본서의 筆陣과 執筆 부분은 다음과 같다.

西洋文化史 : 池東植(머리말, 1~6장) 洪漢裕(7~13장) 崔泳保(14~18장)
東洋文化史 : 李春植(1~10장) 辛勝夏(11~13장) 劉仁善(14~20장)

1983년 9월 일

高麗大學校 世界文化史硏究室

目 次

西洋文化史

제 1 장 先史時代人들의 文化創造

제 2 장 오리엔트人들의 文化創造

제 3 장 古典古代人들의 文化創造

Ⅰ. 희랍人들의 文化創造

Ⅱ. 로마人들의 文化創造

제 4 장 中世의 文化世界

제 5 장 東로마와 이슬람世界의 文化

제 6 장 中世文化世界의 發展的 變質

제 7 장 르네상스時代의 文化

제 8 장 宗敎改革과 그 成果

제 9 장 유럽世界의 擴大

제10장 유럽의 絕對主義

제11장 17·8세기의 文化

제12장 市民革命의 時代

제13장 産業革命의 時代

제14장 自由主義와 내셔널리즘의 成立

제15장 19세기 歐美市民社會의 展開

제16장 帝國主義時代의 開幕

제17장 제1차世界大戰 후의 世界

제18장 제2차世界大戰과 戰後의 世界

東洋文化史

제 1 장 先史時代의 中國

제 2 장 殷·周의 開國과 中國文化의 形成

제 3 장 春秋戰國時代

제 4 장 秦·漢帝國의 成立과 古典文化의 完成

제 5 장 遊牧民族의 活動과 中國의 分裂

제 6 장 隋·唐의 中國統一

제 7 장 宋의 建國과 官僚國家의 形成

제 8 장 征服王朝의 出現

제 9 장 蒙古帝國의 成立

제10장 明朝의 建國과 中國文化의 復興

제11장 清代의 中國과 周邊國家

제12장 西勢와 中國·日本의 近代化

제13장 中華民國의 樹立과 試練

제14장 印度文化의 黎明期

제15장 印度의 古代文化

제16장 印度의 中世社會

제17장 英國의 植民統治와 印度의 獨立

제18장 東南아시아 初期의 社會와 文化

제19장 유럽人의 東南아시아 進出

제20장 東南아시아 諸國의 獨立과 發展

西洋文化史

제 1 장 先史時代人들의 文化創造

1. 人類의 出現과 成長

先史時代와 그 區分

宇宙史를 50억년, 지구사는 30억년이라 하지만, 인류사는 적어도 약 100만년의 역사를 가졌다고 한다. 인류가 문자를 쓰기 시작하여 기록을 남기면서 완만하나마 문명시대로 들어오게 된 것은 약 5천년 전의 일에 불과하다. 그 동안 인류는 불가사의하고도 험악한 大自然과 싸워 가면서 생명에 대한 애착심과 약동하는 생활의욕으로 한결음씩 문명의 기틀을 닦아 왔다.

문자의 기록이 없는 이 유구한 인류사의 기간을 先史時代(pre-historic age)라 한다. 인류·고고학자들의 집념적인 연구로 현존하고 있는 고고학적 유물과 현대 미개인의 생활양식 및 그들이 사용하고 있는 일상기구를 연구하여 先史人類가 사용한 기구를 분석한 결과, 대체로 石器·青銅器·鐵器의 순서로 되어 있다는 것을 밝혀냈다. 이 순서에는 연대적 시대적 차이는 있으나 어떤 지역의 문화에서든지 대체로 일치된 현상을 나타내고 있다. 이러한 일상기구의 상호 비교 연구에 의하여 선사시대를 舊石器時代·中石器時代·新石器時代·青銅器時代·鐵器時代로 구분할 수 있겠다.

古生人類의 出現과 成長

인류가 지구 위에 나타난 연대를 확실히 알 수는 없으나, 南亞聯邦에서 발견된 초기 氷河時代에 해당되는 100만년 전의 인류로 아우스트랄로피테쿠스人(Australopithecinae)의 化石이 最古의 인류로 생각되고 있다. 그 다음은 50만년 내지 30만년 전으로 생각되는 洪積世 초기에 남양의 자바 섬에서 발견된 直立猿人(Pithecanthropus erectus) 및 중국의 北京 부근의 周口店

에서 발견된 北京人(Sinanthropus pekinensis)과 같은 인종이 살고 있었다고 한다. 그들 초기 인종의 수는 그다지 많지 않았을 것이며 당시 번식하고 있던 맘모스·동굴곰·하마 등의 위협을 받고 있었을 것이다. 그러나 그들은 直立步行과 언어의 사용, 불의 이용과 기구의 제작 등으로 자연에 대하여 인간의 힘을 과시하면서 文化創造에 전념하였다.

홍적세 중기에는 체질과 문화가 발달된 하이델베르크(Heidelbergensis)人과 네안데르탈(Neanderthalensis)人이 나타났다. 후자는 독일의 네안데르탈을 비롯한 유럽 각지와 서남 아시아 방면에 퍼져 있었던 인종으로서, 제 3빙하기에는 동굴 속에서 살면서 石器·木器 등을 만들었고 짐승을 사냥하거나 나무 열매를 채집하여 생활하였다. 모피로써 의복을 만들고 火食을 했으며 매장의 풍습도 있었다.

이러한 원시인들이 살았던 홍적세에는 심한 추위로 지구의 대부분이 장기간에 걸쳐 빙하로 덮여 있다가 다시 따뜻한 기후가 되어 빙하가 물러갔다. 대체로 氷河期는 4회, 間氷期는 3회 있었다.

위에서 본 인종들은 그 뒤에 모두 멸종하여 후손이 남지 않았기 때문에 오늘의 인류와는 아무런 관계가 없다. 이들을 古生人類 또는 原始人類라고 부른다.

現生人類의 出現과 成長

홍적세의 말기인 약 5만년 전 무렵에 이르자 인류 발달상에 큰 변혁이 생겼다. 해부학적으로 현대인과 별 차이가 없는 새로운 인류라 할 현생인류(Homo Sapiens)가 나타난 것이다. 그 대표적인 것은 프랑스의 크로마뇽 지방에서 그 유골이 발견된 크로마뇽人(Cro-Magnon man)이다. 이들 현생인류는 거의 동일한 시대에 유럽 북부와 동부 아프리카 및 팔레스타인 그리고 중국 등지에 나타났으며 그 문화 정도도 높아 각종 특이한 기구를 제작하였다.

활과 화살을 發明하여 대규모의 수렵과 어로를 하거나 짐승의 가죽으로 의복을 지어 입었고, 부드러운 땅을 판 다음에 가죽과 풀로써 지붕을 덮어 집을 만들었다. 짐승의 뼈와 상아 등을 材料로 동물과 사람의 모습을 조각하였으며, 자신들이 살고 있는 동굴의 벽에 목탄과 붉은 진흙 등으로 채색벽화를 그렸다. 특히 스페인의 알타미라(Altamira) 동굴에 남아 있는 채색벽화는 그들에 의해 만들어진 훌륭한 예술품이다. 오늘날 圖書館學과 學校史에서는 이곳을 인류 최초의 도서관이자 학교라 말하고 있는데, 그 이유는 인간생활에 필요한 동물을 그림으로 가르쳤다고 보기 때문이다.

2. 舊石器時代人들과 食糧採集의 着想

舊石器의 育成期와 採集經濟

구석기시대는 일반적으로 전기와 중기 및 후기로 나누는데, 각 期의 특징에 따라 전기는 구석기문화의 육성기, 중기는 발전기, 후기는 개화기라 할 수 있다. 각 기의 경제생활에 있어서는 뚜렷한 차이는 없으나 전기에는 採集經濟生活, 중기에는 狩獵經濟生活, 그리고 후기에는 漁撈經濟生活을 주로 하였다. 이같은 경제생활을 인류의 출현과 비교해 보면 전기에는 直立猿人과 北京人이, 중기에는 하이델베르크인과 네안데르탈인들이 각각 나타났으며, 크로마뇽인들은 그 후기에 나타났다.

구석기시대 전기의 人類는 돌과 돌을 두드리고 쪼개고 깎아서 만든 각종 기구를 만들어 사용했다. 이러한 종류의 석기를 打製石器라 하며 그 대표적인 것이 돌망치이다. 처음에는 간단하고 조잡하여 그 형태가 단조로왔고 종류도 몇 가지 되지 않았으며 그 용도도 다양하였으나, 점차적으로 기술이 발달함에 따라 용도가 각각 다른 여러 가지의 석기가 만들어졌다.

이 시기의 인류는 食糧採集者로서 타제석기를 이용하여 식용식물·과실·곤충·나무뿌리·나무껍질 등을 채집하여 생활하였다. 특히 食用植物의 선택, 그 채집 방법의 발견, 채집에 적당한 시기와 계절을 구별하였다는 것을 엿볼 수 있다. 그러나 채취에만 의존하는 경제생활이었기 때문에 남녀 사이의 分業은 아직 없었다.

舊石器의 發展期와 狩獵生活

이 시기의 특징은 수렵이 생활의 중요 부분을 차지하게 되었다는 것이다. 당시의 인류는 수십명이 하나의 集團을 형성하고 맘모스와 하마 등의 큰 동물을 사냥하였는데, 생산력이 높아짐에 따라 群共同體의 성원수도 증가하고 조직도 활동적으로 되었다. 그리고 단결심과 人知의 발달이 큰 동물의 수렵에 효과적임을 깨닫게 되었다.

수렵이 生活手段으로서 일반화됨에 따라 남자는 수렵, 여자는 채집에 각각 종사하게 되어 남녀 사이의 분업이 나타나게 되었다. 또 불이 널리 보급되어 수렵에서 얻은 것을 火食하게 되었다. 그들의 생활에서 특이한 것은 죽음이나 死者에 대하여 각별한 관심을 보였다는 것이다. 그들은 동굴속에 판 무덤에 시체를 묻고 흙의 압력을 받지 않도록 시체 주변에 돌을 쌓았으며 생명의 溫氣를 회복시키려는 의도에서인지 爐邊에 시체를 묻기도 하였다. 또한 시체와 함께 음식과 각종 副葬品을 묻어 주었는데 그것은 막연하나마 死後世界에 대한 관심이 있었으며 종교적 의식이 싹트고 있었음을 알려 주는 증거가 되는 것이다.

舊石器의 開花期와 漁撈生活

이 시기에 이르자 석기의 제작기술이 현저하게 발달하여 각각 용도가 다른 돌도끼·돌망치·돌수저 등의 석기와 弓矢 및 投槍器 등이 발명되었으며 骨銛과 骨鏃 등의 골각기도 만들어졌다. 이와 같은 기술의 발달로 훌륭한 장비를 갖추게 된 이 시기의 인류는 돈(Don)江 유역이나 유럽 중부의 초원지대에 있는 동물들의 移動路와 습성을 알아 요소마다 지키고 있다가 많은 짐승을 잡았다. 특히 많은 물고기가 올라오는 프랑스 중부지방의 하천가 경사지에는 구석기인들이 거주하는 동굴이 벌집처럼 뚫려 있었다. 기술의 발달로 풍부한 식량을 확보하게 되자 생활이 안정되고 이에 따라 文化發展의 속도도 빨라졌다. 群共同體의 성원수도 급속도로 많아져 곳에 따라서는 큰 촌락도 생기게 되었다. 또한 그 사회에는 연령의 계층이 생기고 원시적인 氏族이 형성되기도 하였다.

그러나 빙하기가 끝나고 기후상에 큰 변동이 일어나자 草原이 없어지는 대신 森林이 나타났으며 맘모스와 같은 큰 짐승도 사라지고, 신석기 시대로 넘어가는 과정에서 과도기인 中石器時代가 나타났다. 중석기시대인들은 동굴에서 나와 해변가와 하천가 및 호수가에 산재하면서 中形의 群棲動物을 수렵하여 생활하였다. 그러나 이들로부터는 두드러질 정도의 새 문화의 발전이란 없었지만 다음 단계의 도약적인 발전을 위한 준비기라 해도 무방하다.

3. 新石器時代人과 農耕革命

生活樣式上의 大革命

과도기적인 中石器時代를 경과하는 동안 기후가 따뜻해지자 氷河가 녹아 도처에서 홍수가 범람하고 대삼림이 우거지기 시작하였다. 환경이 바뀌어지자 凍土性과 草原性 동물들은 그 기후에 맞추어 북쪽으로 이동하고, 유럽의 중앙과 서남 지방에서의 인류생활도 물질적으로나 정신적으로 변화되지 않을 수 없게 되었다. 그리하여 새로운 환경에 알맞는 생활양식을 창안하여야 했다. 이에 신석기 문화와 원시적 農耕民의 문화가 싹트기 시작하였다. 인류의 생활양식에 있어서 최초의 大革命이 일고 있었다.

新石器의 革命

중석기 시대라고 하는 과도기적인 현상을 지나 신석기시대에로 들어가는 文化上의 대혁명을 일부 고고학자들은 신석기혁명(Neolithic revolution)이라고 부른다. 이 시기에 이르러서, 석기의 제법으로는 敲製法(Pecking method)과 磨製法(Rubbing method)이 보급되었다. 고제법은 뾰족한 끝로써 돌을 쪼아 만드는 방법이고, 마제법은 숫돌에 갈아서 만드는 방법과 모래따위로 닦아서 만드는 방법이다. 또 이 시기의 유물들 중에서 가장 특징적인 것은 土器의 제작이다.

이와 같은 신석기 혁명기의 문화권은 일반적으로 彩陶 文化圈과 櫛目文土器 文化圈 및 細石器 文化圈 등으로 구분해 볼 수 있다. 채도 문화권에는 동북 아시아·서남 아시아·인도·중국 등과 같이 기후가 온화하고 계절풍이 불어와 강우량이 풍부한 곳이 포함되는데, 농업 중심의 신석기 문화가 발달하여 농사에 필요한 磨製石器와 彩陶가 발달한 것이 이 문화의 특징을 이룬다. 이 문화권이 유라시아 대륙의 전역에 결쳐 분포된 것으로 보아 당시의 交通과 交易이 광범했음을 알 수 있다. 즐목문 토기 문화권은 발틱해에서 시베리아에 이르는 추운 삼림지대에 결쳐 형성되었다. 여기서는 수렵과 어로를 중심으로 하는 신석기문화가 발달하여 골각기와 즐목문 토기가 이 문화의 특징을 이루고 있다. 세석기 문화권은 몽고와 터어키 및 이란 그리고 아라비아 등지의 건조한 草原과 사막지대에서 형성되었다. 동물의 가죽을 벗기고, 뼈를 자르고, 고기를 베는 데 필요한 細石器가 이 문화의 특징을 이루고 있다.

土器는 처음에 회색의 거친 것밖에는 만들지 못했으나 차츰 발달하여, 여러 가지 형태와 문양을 고안하여 아름다운 彩陶를 만들게 되었다. 이와 같은 토기의 제작은 고도로 발달한 신석기 시대인의 지식과 기술의 소산이며, 그들의 創造的인 의욕과 美的인 감각을 보여주는 것이다.

農耕革命

그러나 신석기시대 문화에서도 무엇보다 중요한 것은 농업과 목축의 생산관계가 처음으로 시작되었다는 것이다. 즉 서남 아시아 일대에서는 자연으로부터 얻을 수 있는 것에 만족하지 않고 스스로 생활 자료를 생산하기 시작하였다. 구석기 시대의 식량채집 단계로부터 食糧生產者(Food producer)의 단계로 전환된 것이다.

신석기 시대 인류에 있어서 농업의 시작은 革命的인 것이라 하겠다. 들에서 캐어다 둔 球根에서 싹이 트거나 집 근처에 버린 식물의 씨가 싹터서 자라는 것을 보고 식량생산 단계에 들어간 것이 아닌가 생각되고 있다. 초기의 農耕의 방식을 확인할 수는 없으나 식물채집을 담당하고 있던 여자들이 돌호미와 돌도끼를 이용하여 생산하는 미숙한 耕作이 행해졌을 것이다. 이때는 여자의 지위도 높아져 母權制의 사회가 형성되었으나 그 후에 남자들이 보습과 가축을 이용하여 경작과 재배에 종사하면서부터 父權制의 사회가 되었다. 그리고 식량이 풍부해져서 여유있는 생활을 하게 되고, 인구가 증가하여 定住生活의 가능성도 생기게 되었다.

농업과 함께 신석기 시대인의 생활을 풍부하게 한 것은 牧畜이다. 목축은 야생동물들 중에서 온순한 것을 골라 오랫동안 길들여 가축으로 기른 데서 시작된 것으로 보이는데 그들은 가축을 길러서 그 고기와 젖을 먹는 한편 농사나 물건을 운반하는 데에도 이용하였다. 또한 베틀도 발명하여 짐승의 털이나 식물의 섬유에서 실을 뽑아 베를 짜서 衣服을 지어 입었다. 이러한 초기의 織造業은 특히 이집트의 나일강변이나 메소포타미아 지방에서 발달하였다.

신석기 시대인들은 진흙·갈대·통나무·돌·나무껍질·풀 등으로 지붕을 덮은 堅穴式의 가옥을 지었는데, 점차 발달하여 목조가옥이나 벽돌집도 지었다. 스위스의 쮜리히 湖 부근에서는 호수 위에 통나무를 엮어 매고 그 위에 집을 지은 湖上家屋이 발달하였다. 이같은 활동을 위하여 磨製石斧와 같은 각종의 도구가 더욱 발달하였다.

신석기 시대에 이르러서는 종교의식이 더욱 발달하였다. 돌로 기둥을 세우고 그 위에 큰 돌을 하나 얹은 고인돌(Dolmen)과 큰 돌을 하나 세운 선돌(Menhir) 등의 巨石遺物이 그 대표적인 소산인데, 이는 巨石崇拜에서 나온 것으로 분묘나 종교적인 의식에 사용된 것으로 생각되고 있다.

4. 原始社會의 發展過程

群共同體

인간은 음식물을 획득하고 짐승의 습격을 방지하기 위하여 集團的인 공동생활을 필요로 하였다. 구석기 시대의 초기와 같이 自然植物을 채집하던 시기에는 경제생활이 원시적이었기 때문에 사회생활도 몇몇 가족들이 모여서 하나의 群共同體(Horde)를 이룰 뿐이었다. 그리고 여기에는 특정한 지도자나 분업이 없었다. 그러나 구석기시대 후기부터 군공동체에 변화가 생기게 되었다.

氏族社會의 形成

구석기 시대의 후기에 이르러 수렵과 어로가 발달하고 人口가 점차적으로 증가됨에 따라 群共同體의 사회로부터 씨족이 파생하기 시작하였다. 이 씨족사회는 동일한 조상을 가진 자손만이 모여 공동체를 구성하는 血緣社會였다. 이 혈연사회에는 모계씨족과 부계씨족의 두 단계가 있었다. 신석기 시대의 초기까지는 여자들에 의하여 돌도끼나 돌호미를 이용한 경작이 행해졌고 남자들은 수렵과 어로에 종사하였다. 이 시기의 여자들에 의한 그같은 경작은 경제생활에 중요한 비중을 차지하였으므로 여자의 사회적 지위가 높아져 母處婚이 행해지고 모계를 중심으로 母系 氏族社會가 형성되었다. 그러나 농경기술이 발전함에 따라 여자들에 의한 경작은 보습과 가축을 이용하는 男子들에게로 옮겨갔다. 이와 같이 농경이 남자들에게로 옮겨감에 따라 남자의 사회적 지위가 높아지게 되어, 父處婚이 행해지고 부계를 중심으로 한 父系 氏族社會로 전환하게 되었다.

씨족사회의 특징은 각 씨족이 토템(Totem)을 가졌다는 것이다. 즉 자연물이나 동물의 이름을 따서 자기 씨족의 이름으로 삼아 그것을 씨족 공동의 祖上으로 숭배하고 이를 중심으로 단결하였으며 같은 씨족 사이에서는 결혼을 하지 않는다는 토테미즘(Totemism)이 있었다는 것이다. 씨족원들은 자기들의 토템을 번식시키고 길러야 할 의무를 지고 있었다. 그리고 모든 생물이나 무생물에도 영혼이 있다고 믿었는데, 이것을 애니미즘(Animism)이라 한다. 그것을 잡아 먹거나 사용하는 것은 터부우(Taboo)라고 하여 금지되었다. 이와 같은 사실은 씨족사회 내에서 공동체적인 색채가 농후하였음을 의미하는 것이다.

地緣社會의 形成

지연사회란 달리 말하면 농촌공동체라고도 할 수 있겠다. 농경기술이 발달됨에 따라 혈연사회에서의 공동생산보다도 개별적인 생산이 더 능률적인 것으로 되었다. 또 인구가 증가함에 따라 생산량도 증대되어 경제생활이 활발해져 각 씨족 사이의 교류가 빈번해졌다. 그 결과 血緣을 중심으로 결합되었던 씨족사회는 마침내 토지를 매개로 한 지연사회, 즉 농촌공동체로 변하였고, 개별적인 생산활동이 발달하게 되었다. 이같은 농촌공동체로는 고대 게르만 민족의 마르크共同體(Markgenossenschaft)가 유명하다.

古代國家의 成立

농촌공동체에서 개별적인 생산활동이 활발해지자 씨족 사이에서는 능력에 따라 貧富의 차가 생기고 階級이 생기게 되었다. 즉 유력한 자가 대토지를 소유하여 그 경제력에 의해 권력을 잡고 마침내는 지배층을 형성하였다. 씨족원들 중의 낙오자는 전쟁포로와 더불어 隷屬身分이 되었다. 대토지 소유제와 계급의 발생은 혈연적인 요소를 희박하게 하여 마침내 씨족사회에 변질을 초래하였다.

혈연제 사회에서는 씨족이 사회생활의 단위가 되었지만 지연제 사회에서는 한 지역이 그 단위가 되었다. 이제 武力的인 정복이나 자발적인 합병에 의해서 여러 씨족이 뭉쳐 하나의 部族을 형성하고, 부족은 부족연맹을 형성하였다. 여기서 부족을 다스리기 위한 조직이 필요하였고 지배자와 피지배자로 구성된 고대국가가 성립하게 된 것이다. 이 시기에 이르러 금속기가 제작, 사용되고 文字를 만들어 걸음을 남기게 됨으로써 유구한 선사시대는 더욱 변질되고 한 걸음 더 발전된 역사시대의 文明한 사회로 전진하게 되었다.

이상에서 관찰한 바와 같이, 人間은 先史時代 이래 古代國家의 성립에 이르는 오랜 기간에 결쳐 미지의 大自然界에서 지칠 줄 모르는 강력한 의지로 生을 유지하며, 또 그 생을 보다 더 개선하기 위해 온갖 창의력으로 인간 생활을 발전시켰다. 現代人은 선사인들에서 수많은 創造的인 교훈을 얻어야 할 것이다. 그 이유는 선사인들의 文化創造를 위한 노력의 결정체가 바로 現代文明의 母胎이기 때문이다.

제 2 장 오리엔트人들의 文化創造

1. 오리엔트(中方 또는 近西)와 옥치덴스(西方)

文化史에서 흔히 사용되는 영어의 오리엔트(Orient)는 그 어원을 라틴어의 동사 Orior의 명사형 Oriens에 두고 있는 것으로, 「해 뜨는 지방」「동방」의 뜻으로 사용되고 있다. 라틴어의 동사 Occide(to fall down)의 명사형 Occidens(the West)와는 대조되는 낱말이다. 그런데 고대 로마인들이 「오리엔스」 또는 「옥치덴스」라고 언급한 것은 그들이 살고 있는 이탈리아 반도를 중심으로 하여 오리엔스 즉 동방, 또는 옥치덴스 즉 서방이라는 뜻이다. 우리 韓國쪽에서는 그 지역을 中方 또는 近西로 호칭하는 것이 옳을 것이다.

그리고 고대사에서 Orient, 즉 「해뜨는 지방」「동방」이라고 언급한 것은 나일강에서 티그리스와 유프라테스 두 江 지방의 이집트 문화권과 메소포타미아 문화권을 말하는 것이지, 東洋을 뜻하는 것이 아니다. 이와 같은 오리엔트 지방의 사막이나 오아시스 지대에서 발생한 文化는 동부 지중해 방면의 해상교통과 교역이 발달함에 따라 점차적으로 서방으로 전파되어 서양의 古典文化를 형성하고 創造하는 데에 선도적인 구실을 다했다.

서방 문화가 오리엔트 문화에 예속된 것은 아니라 하더라도 서방에 대한 오리엔트의 우월성은 부정할 수 없다. 이 우월성은 마침내 서방에서 문화세계를 형성하는 데에 지대한 哺育作用을 하였고, 그 작용이 어느 단계에 이르렀을 때 서방은 오리엔트에서 이탈하여 독자적인 서방 문화를 이룩한 것이다. 따라서 에게문화, 희랍·로마문화를 총괄하여 이해하기 위해서는 오리엔트 지방과 그 문화를 제쳐 놓을 수 없다.

2. 오리엔트 文化世界의 形成과 變遷

文明의 繼起的 發展

기원전 5천년 경에서 3천년 경에 걸쳐 이집트와 메소포타미아를 중심으로 한 오리엔트 지방에서는 석기시대의 문명단계에서 도약하여 역사시대의 보다 발전된 문명단계에로 들어가고 있었다. 銅器의 사용, 文字의 발명, 都市의 출현, 정치조직의 발생, 상업의 발달, 사회계급의 分化, 조직적인 종교의 형성 등 여러 방면에 걸쳐 문화상에 가속적인 발전이 진행되고 있었다.

오리엔트 지방에 일찌기 문명이 탄생한 것은 그 지리적 조건 때문이 아닌가 생각된다. 나일강과 티그리스 및 유프라테스 두 江은 풍부한 물과 기름진 땅을 제공하였기 때문에 그 유역에서는 대추와 야자나무 등 식용식물이 자라고 있었고, 農業이 발전하였기 때문에 생활상에 여유가 생겨 자연히 여러 가지 문화를 발전시킬 수 있는 정신적·시간적 여가를 가졌다. 또 이 지역의 주민들은 홍수의 피해를 막기 위해 제방을 쌓고 저수지와 운하를 만들어야 했다.

이와 같은 治水를 위한 토목공사는 하나의 작은 부락의 勞動力으로서는 불가능하였기 때문에 사회 전체의 協同과 統一을 필요로 하였다. 이에 강력하고 통일된 정치조직과 일꾼들을 위한 다량의 잉여식량 및 이를 확보하기 위한 農耕의 改良 등이 요구되었다. 또한 治水를 위한 토목공사가 끝난 뒤에도 이를 유지하기 위한 노력을 계속하여야 했고, 확보한 땅을 지키기 위한 軍隊도 있어야 했다. 이 모든 필요조건을 충족하게 하기 위해서는 신석기 시대의 촌락으로서는 불가능하였다. 따라서 촌락은 도시로, 덜 문명한 사회는 보다 발전된 문명사회로 전진하지 않을 수 없었다.

오리엔트의 歷史

나일강 유역의 신석기사회가 보다 文明한 사회로 발전하게 된 것은 대체로 기원전 5천년 경부터 4천년 경의 일이다. 이 시기에 언어학상 셈족(Semitics)에 가까운 햄족(Hamitics)이 다수의 도시국가(Nomes)를 창설하였는데, 이들이 점차 통일되어 기원전 3천년 경에는 통일왕조를 세워 멤피스(Memphis)에 도읍하였다. 이집트는 자연적인 지형이 메소포타미아와는 달리 폐쇄적이었기 때문에 異民族의 침입을 거의 당하지 않았으므로, 기원전 3천년 경에 통일 국가가 성립된 이후 약 30개의 왕조가 바뀌었다. 이를 그 정치적 중심지의 변화에 따라 구분하면 古王國(1~10왕조, 기원전 3400~2160)은 멤피스를 수도로 발전하였다. 이 시대에 건조된 피라밋은 문화적으로 위대한 소산임은 물론, 전제군주정치의 상징이라고도 할 수 있겠다.

中王國(11~17 왕조, 기원전 2160~1700)은 테베(Thebes)를 수도로 정하고 고왕국 말기의 혼란상태를 수습하여, 미술·조각·현세 찬미의 문학이 생기고 해상교역도 일어나 한때 침체되었던 이집트가 재흥되는 듯하였다. 그러나 말기에 아시아의 유목민 힉소스(Hyksos)의 침입(기원전 1700~1580)을 받아 이집트는 이민족의 지배를 받게 되었다.

新王國(18~30 왕조, 기원전 1580~1100)은 테베의 아모제(Ahmose)가 힉소스를 추방하고 세운 것이다. 신왕국 초기의 파라오(Pharaoh)들은 왕권의 강화와 관료제도의 완성을 추진했다. 그리고 힉소스가 침입하여 전해 준 戰車로 군사력을 강화하고 서아시아, 유프라테스, 시리아 방면에까지 침입하여 帝國的인 영토확장 정책을 추진함으로써 한때 전성시대를 누렸다. 그 시대의 말기에 리비아인과 이디오피아인 등 이민족의 지배를 받았으나, 희랍 傭兵의 협조로 그들을 추방하고 제 26왕조(기원전 663~525)를 세워 찬란한 문화를 발전시켰다. 기원전 525년에는 페르시아의 침입으로 다시 그 屬州가 되고, 기원전 332년에는 알렉산더 대왕에게 정복되었으며, 기원전 30년에는 로마제국의 속주로 되었다.

한편 티그리스와 유프라테스 두 江 유역인 메소포타미아 지방에서도 기원전 5천년 경에서 3천년 경에, 신석기 사회로부터 역사시대의 보다 문명한 사회로 발전하였다. 이 지방도 나일강이 이집트 文明의 발전에 미친 것과 유사점이 있으나, 그 자연적인 지형이 개방적이어서 주변의 사막이나 초원지대의 종족들이 자주 침입했기 때문에 지배자의 교체가 빈번하였다.

이미 신석기시대부터 텔 할라프(Tell Halaf), 알 우바이드(Al Ubaid), 우르크(Urk), 제임데트 나스르(Jamdet Nesr) 등의 文化期들이 있었다. 기원전 3,500년 경에 동방에서 민족계통이 분명치 않은 슈메르(Sumer)인이 침입하여 파테시(Patesi)라고 부르는 僧侶王이 지배하는 우르크(Urk)·우르(Ur)·라가슈(Lagash)·움마(Umma) 등의 도시국가가 세워졌고, 선주 채도문화인들의 문화를 계승하고 청동기 문화를 발전시켜 메소포타미아 문화세계가 형성될 터전을 닦아 놓았다.

한편 북부에는 셈 語族의 악카드(Akkad)人들이 살고 있었는데, 당시의 왕 사르곤 1세(Sargon I, 기원전 2,650)는 동쪽은 페르시아 만, 서쪽은 지중해, 남쪽은 아라비아, 북쪽은 아르메니아에 이르기까지 占領하여 최초의 대제국을 세우고 슈메르 족의 문화를 계승하였다. 그 뒤 시리아 방면에서 침입한 셈족의 아무루(Amurru)인들이 이 지방을 정복하여 기원전 20세기 중엽에 옛 바빌로니아 왕국을 세웠는데, 6대왕 함무라비(Hammurabi)가 통치하던 약 40년 동안은 전성기를 누렸으나 소 아시아의 힛타이트 족(Hittites)에게 망하였다. 이어서 동쪽의 인도·유럽 語族인 캇시트 족(Kassites)의 침입으로 6백년 동안이나 그 지배를 받았다. 이 기간은 메소포타미아 문화의 침체기라 할 수 있다.

메소포타미아 지방의 이민족들 중에서도 점차적으로 강력한 지위를 확보한 것은 앗시리아(Assyria)였다. 셈족에 속하는 앗시리아는 바빌로니아의 식민지였지만, 말과 戰車로 강력해진 군대로 주변의 이민족들을 정복여 이집트를 포함한 전체 오리엔트를 통치하는 軍國的인 통일제국을 세우하고, 니네베(Nineveh)에 도읍하였다. 그러나 앗시리아인들은 앗슈르 神의 신앙을 강요하는 등 이민족의 통치에는 무능하여 각지에서 반란이 일어나 칼데아 족(Chaldeans)이 메디아(Media)의 협력을 얻어 니네베를 파괴하였다(기원전 612). 이 지역은 새로운 바빌로니아, 이집트, 소아시아의 리디아·이란 高原의 메디아 등으로 분립된 상태에서 대립하였다.

기원전 6세기 후반에는 메디아 왕국에 속해 있던 인도-유럽 語族인 페르시아가 키로스 王 때에 독립하여 주변의 여러 국가들을 정복하는 한편 이집트를 굴복시켰는데(기원전 525), 다리우스 1세(기원전 521~428) 때에 동쪽은 인도, 서쪽은 에게海의 북방에 이르는 통일제국을 건설하였다. 이 제국은 오리엔트 문화세계의 형성과정에서 본다면 가장 완비된 중앙집권적인 專制政治를 실시하였다.

나일강을 중심한 이집트 지방과 티그리스와 유프라테스 두 강을 중심한 메소포타미아 지방은 물론이고, 동부 地中海 연안의 힛타이트, 페니키아, 히브리 등도 오리엔트文化의 발전에 있어서 중요한 비중을 차지하고 있다. 동부 지중해 연안은 東西 사이의 교통의 중심이었기 때문에 强國의 압력을 받으면서도 각각 특이한 문화를 육성시켰다.

인도·유럽 어족의 힛타이트는 소 아시아 山間에 거주하는 유목민으로서 기원전 2천년 중엽에 전성기를 맞이하여, 소 아시아의 대부분과 북부 메소포타미아, 북부 시리아에까지 진출하여 바빌론을 멸망시켰고 이집트 (제 19왕조)에도 威脅을 가했다. 힛타이트 왕국이 망한 뒤에는 그 일부가 시리아 북부에 남아, 후기 힛타이트로서 기원전 7세기까지 존속되었다.

힛타이트 왕국이 망한 뒤에 페니키아와 히브리가 독립국가로서 융성하였다. 셈족의 일파인 페니키아는 시리아 연안의 시돈(Sydon), 티루스(Tyrus), 비블로스(Byblos) 등의 도시국가를 중심으로 카르타고(Carthage)를 비롯한 많은 植民市를 지중해 도처에 건설하고 대서양과 인도양 방면에까지 진출하여 그 후에 희랍 민족이 해상으로 발전할 때까지 古代에 있어서 최대의 해상국을 이루었다. 이들이 지중해의 海上權을 장악하고 해양으로 진출하게 된 것은 可耕地가 협소하였고, 모험성과 진취성이 강하였을 뿐만 아니라 항구도시가 발달되어 있었고 레바논 山에서 질이 좋은 船材가 산출되었고 또한 선진국들 사이에 있었기 때문에 그 지리적인 조건이 중계무역지로서 적당하였다는 것이 그 주요 원인이라 생각되고 있다.

히브리인들은 페니키아인들과 같이 셈족의 일파이다. 그들은 아라비아 사막의 유목민이었는데, 기원전 12세기 중엽에 그들에게 약속되었던 땅 가나안(Canaan)에 정주하고 기원전 11세기에는 王國을 건설하였다. 전설에 의하면 그들의 일부는 한때 힉소스 지배하의 이집트로 이주하였으나 파라오들의 박해를 받아 모세(Moses, 기원전 1250)의 지휘로 『出埃及』을 감행하여 팔레스타인에 들어가 가나안인들을 정복하거나 융합하였다고 한다.

기원전 11세기 경의 히브리 왕국은 팔레스타인과 시리아 방면에서는 가장 강대국이었다. 특히 기원전 10세기 다비드(David)왕 때에는 후일에 황금시대라 불릴만큼 全盛期를 이루었으며 그의 아들 솔로몬(Solomon)왕 때에는 「솔로몬의 영광」을 자랑하였으나, 사치가 지나쳐 住民들에게 부과한 勞役과 重稅로 인해 마침내 북쪽의 이스라엘과 남쪽의 유다로 각각 분립되어(기원전 933) 대립과 분쟁을 거듭하다가 이스라엘 왕국은 앗시리아에게 망하고(기원전 722), 유다 왕국은 신 바빌로니아에게 망하였다(기원전 586). 이때 예루살렘을 정복한 바빌로니아의 네부카르네자르 2세는 히브리인 1만명 이상을 바빌론으로 납치해 갔다. 이를 「바빌론의 幽囚」(Babylonian captivity)라 하며, 그 뒤에 신 바빌로니아를 정복한 페르시아가 히브리인들을 해방시켜 귀국시켰다.

3. 오리엔트 文化世界

이집트 文化

古代人들의 生業인 농업은 주로 자연의 지배를 받았기 때문에 자연물과 자연을 지배하는 神들을 신앙하는 多神教가 발달하였다. 이집트에 있어서 최고의 신은 태양신 라(Ra)와 테베의 보호신 아몬(Amon)이 결합한 아몬라(Amon Ra)였다. 이집트인들은 또한 死後의 영혼의 불멸, 즉 육체는 죽더라도 不死의 「라」는 생명을 계속한다고 믿었기 때문에 이 不死의 「라」를 위하여 피라밋을 건조하고 시체를 미이라로 하여 오래 보존하고, 스핑크스(Sphinx)를 세우는 풍습이 생겼다.

이집트인들의 숭배사상은 또한 瞑界를 지배하는 오시리스(Osiris)의 신앙과 밀접한 관계가 있었다. 오시리스는 天의 女神과 地神 사이에서 탄생하여 인간계를 지배했으며 大地와 풍요의 여신 이시스(Isis)의 남편이기도 하다. 그는 동생인 惡神(Set)과 싸워 살해되어, 그 몸은 石棺에 넣어 나일강에 던져졌다. 이시스는 그 유해를 찾기 위해 방황하던 중 결국 찾아 이집트로 돌아 왔다. 이시스가 아들 호루스(Horus)를 부르러 간 사이에 악신이

다시 석관을 훔쳐, 그 유해를 토막토막 잘라 살포하였다. 이시스는 다시 그 토막토막을 찾아 정중히 매장하였다.

그 후에 成人이 된 호루스가 악신과 싸워 오시리스의 복수를 했다. 신의 심판에 의해 호루스의 行爲는 정당한 것으로 인정되고, 악신과의 싸움에서 입은 눈의 상처는 月神에 의해 치료되었다. 그는 마침내 오시리스의 뒤를 이어 인간 세계를 지배하였고 오시리스는 死者의 왕으로서 사후에 부활하여 世界를 지배하였다.

이집트인들의 이와 같은 신앙은, 正義는 사후에 제 2의 생명을 갖는다는 것과 그들의 來世觀을 의미한다. 이집트인들은 영혼의 존재를 확신하고 영혼은 죽음과 동시에 육체와는 유리되지만 그 生命을 유지하고 시체에 접근하면서 육체를 소생시키려 한다고 믿었다. 그리고 시체가 부패하는 것은 영혼의 生活이 불량하기 때문이라 생각하였다. 그렇기 때문에 이집트인들은 시체에 향료를 뿌려 미이라로 안치하였고, 묘소에 음식물을 두었다. 이것은 인간의 死後生活을 현실생활과 동일하게 생각했기 때문이다. 또한 死者의 영혼이 세계를 안전하게 여행하여 그곳의 지배자 오시리스 왕 앞에 가서 유리한 재판을 받아 幸福하고 안전한 생활을 하게 하기 위하여 사자의 친척과 친우들이 파피루스에 글을 써서 관속에 넣어 주었다. 이를 『死者의 書』(The Book of the Dead)라 한다. 이와 같은 것은 모두 이집트인들의 종교관과 윤리사상을 나타내는 것이다.

신 왕국시대의 파라오 이크나톤(Ikhnaton, 기원전 1375~1358)은 이상적인 종교개혁가로서 재래의 다신교 대신에 아톤(Aton)신을 받드는 一神敎를 설복하려 했으나 실패했다. 이집트인들의 神祠는 종교적·예술적인 의미보다 파라오의 절대적인 權限을 상징하는 것이었다.

나일강의 홍수와 이에 의존하는 관개농업은 천문학과 측량을 발달시켰다. 이집트 천문학의 가장 위대한 업적은 太陽曆의 創製에 있다. 그들은 1년을 12개월로, 한달을 30일로 각각 나누고, 남은 5일을 축제일로 하였다. 이것은 로마에 전달되어 현대 曆書의 기본이 되었다. 이집트인들이 사용한 문자는 神聖文字(Hieroglyph)라 칭하는 상형문자였으며, 이것을 다시 民衆文字로 고쳐 나일강변에서 산출되는 파피루스로 제조한 종이에 갈대로 만든 펜과 油煙으로 만든 잉크를 사용하여 문서로 기록하였다. 그 외에 피라밋, 카르나크(Karnak)의 신전, 스핑크스, 벽의 장식, 소형조각, 금은 보석의 세공품 등에는 이집트인들의 예술적 감각이 담겨져 있으며, 특히 이크나톤의 왕비 네페르티티(Nefertiti)의 頭像은 이집트 예술에 있어서 걸작들 중의 하나이다.

메소포타미아 文化

슈메르·바빌로니아 文明(Sumerian-Babylonian Civilization)에 기초를 둔 메소포타미아는 이집트와 같이 강 유역을 중심으로 한 농업국가였지만, 그들의 문화는 都市的인 성격을 지니고 있었다. 메소포타미아의 종교는 다신교였으며, 특히 바빌로니아의 太陽神 마르두크(Marduk)를 國家神으로 신앙하였다는 것은 바빌로니아가 우위에 있었음을 시사하는 것이다. 바빌로니아의 종교에는 이집트와는 달리 내세의 부활사상이나 피라밋과 같은 造營物은 없었다. 그들은 星辰이 인간의 運命을 지배한다고 믿었기 때문에 종교적 점성술이 생겼다. 또 사후의 세계는 음울한 암흑의 세계라 믿는 숙명론적인 경향이 강하였다.

이러한 메소포타미아의 종교에 많은 영향을 미친 것은 조로아스터(Zoroaster)에 의하여 개혁된 페르시아의 종교였다. 페르시아인들의 거주지인 이란 고원은 寒暑의 차가 격심한 지대로서 그 영향에서인지 그들에게는 對立과 相反의 2원적인 세계관이 강하였다. 그들은 다신교를 떠나 광명의 신으로서 善을 창조한다는 아후라마즈다(Ahuramazda)와 암흑의 신으로서 惡을 창조한다는 아리만(Ahriman)의 대립을 인정하는 윤리적인 색채가 강한 종교를 믿었다. 開宗者의 이름에 따라 자라투스트라(Zarathustra)교라고 하며, 의식에서 불을 신성시하였으므로 拜火敎라고도 한다.

이 종교에 의하면 광명의 善神과 암흑의 惡神 사이에 투쟁이 전개되어 마침내 광명의 선신이 승리를 거두게 된다. 그리고 선신을 도운 자는 영원한 生命과 행복을 갖게 될 것이고 악신을 도운 자는 지옥의 불에 의하여 파멸될 것이라 하였다. 그러므로 영원한 생명과 幸福을 갖고자 하는 인간은 선신과 악신이 투쟁할 때 선신에 협력하여야 그가 승리를 거둘 수 있다는 神人協力의 종교라고도 할 수 있겠다.

이같은 교리는 그들 종교의 윤리적인 성격과 來世에 있어서의 보상관념을 보여주는 것이며 그 終末觀은 유대교와 기독교에 영향을 끼쳤다고 할 수 있다. 그러나 페르시아의 종교사상은 종교예술의 발달을 구속하였으므로 신전이나 조각은 보잘 것 없었다. 승려들에 의하여 기록된 神殿計算書의 그림과 기호는 점차적으로 발달하여 기원전 3,500년 경에 楔形文字(Cuneiform letter)로 되었는데 이 문자는 전토판에 기록한 후 햇볕에 말리거나 불에 구워서 보존하였다. 이집트와는 달리 石材가 거의 없는 이 지방에서는 햇볕에 말린 벽돌로 건축하였다. 지구라트(Ziggurat)는 슈메르시대에 시작된 것으로 이 지방의 가장 특이한 건축이다.

메소포타미아의 科學은 이집트보다 더 발달하였다. 天文學과 數學은 희랍인들에게 계승되었고, 태양력을 발명하여 1년을 12개월로 나누고, 따로 윤달을 두어 그 오차를 조절하였으며, 60進法과 도량형 제도를 만들었다. 그리고 1주일을 7일, 24시간을 1일, 원주를 360도로 정한 것 등은 메소포타미아의 문화적 공헌이라 할 수 있겠다.

메소포타미아 文化에서 특기할 것은 法律이다. 이 지방에서는 일찍부터 상업이 발달하고 계급의 분화가 심하였기 때문에 법률이 발달된 것으로 생각된다. 옛 바빌로니아의 함무라비 법전은 전문 282조로 된 세계 最古의 성문법전으로서 民法·刑法·訴訟法·奴隷法 등을 비롯하여 축산·농업·공업·운하·조선·의사·계약·대리 등에 관한 법은 물론, 婦人權에 관한 법규도 있어 부인의 법적 지위가 높았다는 것에 주목할만 하다. 우리는 이 법전으로서 당시의 사회구성과 생활상의 실태를 어느 정도 알 수 있다.

地中海 東部의 沿岸文化

힛타이트가 기원전 천 4백년 경에 전성기를 맞이하여 급속도로 오리엔트 문화세계의 3대 강국들 중의 하나가 된 것은 尙武的인 민족정신과 무사계급을 중심한 군사적인 社會組織에 의하였음은 물론, 말과 철기에 대한 지식이 발달하여 전차부대와 제철술이 뛰어난 때문이었다.

힛타이트 文化는 메소포타미아 계통인데 楔形文字 이외에 독자적인 회화

문자와 선형문자를 사용하여 메소포타미아 문화를 전파하는 데 공헌이 컸을 것으로 생각된다.

셈語族의 일파인 페니키아는 최초의 海上國家로서, 동서에 걸친 이들의 해상활동은 문화의 전달자로서 공헌이 컸다. 또 상업상의 필요에서 22자의 표음문자를 만들었다는 것은 문화사상의 큰 업적이다. 헤로도투스(Herodotus)에 의하면 페니키아인 카도모스(Cadomos)가 희랍에 와서 데베를 건설하였다고 하는데, 그때 많은 技術을 희랍에 전달하였고, 페니키아의 문자도 그들에 의해 전달된 것이라 생각된다.

최근의 연구에 따라 페니키아 문자와 희랍 문자의 관계가 명백해졌다. 즉 20세기에 들어와서 발견된 페니키아 문자의 碑文과 가장 오래된 희랍의 비문을 비교 연구한 결과, 카도모스가 페니키아 문자를 희랍에 전한 것은 기원전 1,300년에서 1,200년 사이인 것으로 밝혀졌다. 페니키아 문자는 이집트의 상형문자와 같이 복잡하지 않고 순수한 표음문자인 까닭에 主語의 표현을 간단하게 하였다. 이 문자는 후일에 로마字의 기본이 되었던 것이다.

페니키아인과 마찬가지로, 셈 어족의 일파인 히브리 民族의 문화상의 공헌은 宗教에 있다. 다른 민족은 다신교를 믿었지만 그들은 여호와(Jehovah)의 일신교를 믿었다. 여호와는 처음 부족신이었으나 「出埃及」이라는 역경에서 십계를 받고 여호와를 民族神으로 추대하였다. 특히 「바빌론의 幽囚」는 神이 준 시련을 참고 견디는 데서 위대한 민족이 된다는 확신을 가졌고, 반드시 그들에게는 救世主가 나타나 종교적·정치적으로 하나의 이상세계를 건설해 줄 것으로 믿었다.

바빌로니아에서 돌아온 유대인들은 예루살렘에 성전을 건축하고 유대교(Judaism)를 선포하였다. 이 종교에서는 계약과 율법을 존중하여 자기들은 여호와 신의 택함을 받았다는 이른바 選民思想이 농후하였다. 그들의 교리가 곧 기독교의 教理라고는 할 수 없으나 기독교 성립의 모태가 되었던 것이다.

제 3 장 古典古代人들의 文化創造

희랍과 로마의 古典文化는 서양문화의 기초를 확립하는 데에 원동력이 되었다. 희랍은 대체로 유럽의 동쪽을, 로마는 그 서쪽을 代表하며 각각 특이한 生活理想과 생활양식을 보여 주었다. 희랍 문화 세계는 도시국가의 분립 및 상호의 대립과 경쟁에서 출발하여 마침내 그것으로 종말을 짓고 말았다. 그러나 로마 문화 세계는 도시국가에서 출발하여 이탈리아 반도를 통일하고 마침내는 지중해를 중심한 世界帝國을 건설하여 선진 문화세계를 지배하였다. 즉 희랍은 본토를 일관한 영토적인 민족국가가 아니라 도시국가의 분립에 의한 多元性 國家群의 역사로서 끝났으나, 로마는 도시국가의 역사에서 시작하여 이탈리아 반도의 역사로 발전하였고 드디어는 세계제국적인 역사를 형성하였다.

그러나 희랍은 정신문화에 있어서 유럽은 물론, 동양에까지 다대한 영향을 미쳤다. 한편 로마는 희랍의 정신문화뿐만 아니라 고대의 여러 문화적 요소들을 흡수, 통합하여 세계문화 사상에 불후의 기초를 확립했다.

Ⅰ. 희랍人들의 文化創造

1. 희랍人들의 古典古代 文化世界의 形成

희랍 文化의 先驅

오리엔트 문화세계의 국가들이 흥망한 뒤를 이어 西洋文化 사상에 나타난 것이 희랍인들의 문화세계이지만, 그 선구문화로서 에게海를 중심한

에게 문화(Aegean civilization)가 있었다는 것이 19세기 이래 고고학자들의 조사 결과 밝혀지게 되었다.

19세기 중엽까지도 에게 文化의 유물과 유적이 주목은 되었다. 그러나 그 것은 고립적이고 전설적인 것으로만 생각해 왔다. 그러던 중에 하인리히 실리이만(Heinrich Schliemann)은 자신이 애독한 호머의 2대 詩篇을 가공적인 문학작품으로만 생각하지 않았다. 그는 현실세계를 서사시의 형식으로 묘사한 것이 호머의 시편이라고 확신하였다. 그는 제 1차로 소 아시아의 트로이 유적을 發掘하여(1872) 傳說上의 文明이 역사적으로 실재한 것이었음을 밝혀내는 데 성공하였다. 이어 그는 희랍 본토의 미케네, 티린스, 올코메노스 등의 발굴과 그 조사에 성공하여 트로이와 미케네 문화는 밀접한 관계에 있었다는 것, 트로이는 에게 문화의 중심지였다는 것과 미케네 문화의 기원은 크레타 섬에 있었다는 것 등을 學界에 알리게 되었다.

실리이만은 트로이의 제 4차 발굴에서 사망하였으나 뒤를 이어 에번즈(A.Evans)가 크레타 섬의 크놋소스를 발굴함으로써 에게 문화세계의 전모가 드러났다. 이 두 학자의 공헌으로 에게海의 남쪽에 위치한 크레타 섬이 동서 문화의 교류지점이었다는 것이 실증되었다.

에게 문화세계는 크레타를 중심한 前期와 미케네를 중심한 後期로 나누어 볼 수 있겠다. 크레타인들의 민족적 계통은 인도·게르만 어족 중의 소아시아계의 일파로 생각되며, 기원전 4천년 경에 新石器文化를 가지고 이민하였고, 기원전 3천년 경에는 이집트와 시리아 방면의 이민이 도시문명의 기술을 전달하였다.

크레타인들은 본래 平和로운 해상교통에 종사하였으나 다른 民族과의 경쟁이 심해짐에 따라 해상권을 페니키아인들에게 빼앗겼으며, 기원전 1천 4백년 경에 희랍 본토로부터의 새로운 民族의 침입을 받아 멸망하자, 에게 문화의 중심은 희랍 본토의 미케네와 티린스로 되었다. 특히 미케네가 그 중심으로 번영하였다. 이 시기는 에게 문화의 후기로서, 기원전 1천년 경까지를 미케네 시대라 하며, 시대를 대표하는 민족은 아케아인들이다. 종래의 크레타와 같은 해상국가들은 점차로 소멸되고, 아케아인들에 의해 내륙국가가 발전되어 문화의 양상도 변질되게 되었다.

미케네 문화에 의해 압도된 크레타文化가 소아시아의 트로이를 중심으로 번영하게 되자 트로이 문화와 미케네 문화는 상호 대립하게 되었다. 이것은 고대 지중해 세계에서의 동·서의 대립으로 볼 수 있으며, 그 이후의 페르시아 전쟁, 포에니 전쟁, 악티움 전쟁 등의 선구가 되었다고 하겠다. 기원전 1,100년 경 트로이 전쟁에서 미케네가 勝利하였으나 미케네도 거의 같은 시기에 북방으로부터의 도리아 족의 침입을 받아 멸망하였다.

크레타 문화와 미케네 문화를 상호 비교한다면, 크레타의 宮殿은 개방되어 있어 平和로왔음을 보여주고 있으나, 미케네의 것은 城砦式으로 주위를 폐쇄하고, 中庭을 향해 각실이 배열되었으며, 대현관은 중정에로 통하고 있다. 즉 모든 것이 폐쇄식이다. 이같은 두 문화의 상이점은 지리적 조건의 차이에도 기인하지만 크레타 문화시대는 평화로왔고, 미케네 문화시대는 끊임없는 전쟁의 시대에 속했기 때문인 것으로 생각된다. 미케네와 티린스의 古城이 巨石으로 구축되고, 그 입구에 사자문을 세워 놓은 것을 보아도 평화롭지 않았음을 알 수 있겠다.

크레타에는 文字가 있었으나 미케네에는 문자가 없었다. 공예상으로 보아도 크레타 출토의 항아리에는 植物과 海獸 등의 그림을 그린 정교한 문양이 있어 미적감각이 우수하였음을 보여주고 있다. 크레타 사회의 중심은 성벽이 없는 개방적인 도시였고, 수공업과 해상무역을 생업으로 했다. 그러나 미케네 사회의 지배자는 청동제 무기로 중무장한 귀족전사로서 군사적인 성격이 농후하였다.

앞에서 본 바와 같은 에게 문화세계는 기원전 1,100년 경에 몰락하고 그 대신 희랍인들이 크레타를 포함한 에게 문화세계를 지배하게 되었다. 에게 문화세계는 지리상으로나 交易上으로 보아 고대의 동방문화 세계와 희랍 문화세계의 중간에 위치하고 있었고, 이미 기원전 1,600년 경부터 희랍인이라고 생각되는 移民들이 점차적으로 에게 문화세계에 들어 왔다. 이들이 선주민과 혼합하면서 에게 문화를 섭취하였다고 볼 수 있으므로 에게 문화를 희랍 문화의 선구문화라고 하겠다.

폴리스의 成立과 市民生活

희랍인들은 인도·유럽어족에 속하는 일파로 기원전 3천년 경부터 도나우강 유역이라 짐작되는 原住地를 떠나 남하하기 시작하였다. 그들은 方言에 따라서 아케아인(아이올리스인을 포함), 이오니아인, 도리아인 등으로 나누는데, 기원전 2천년에서 1천년 사이에 발칸반도에서 남하하였다. 이오니아인들은 희랍의 중부와 소아시아 연안지방에, 아케아인들은 북부와 남부지방에 각각 分散하였고, 도리아인들은 펠로폰네소스 반도에 들어갔다. 이들은 先住民들을 정복하거나 추방하면서 선주민의 文化를 흡수하여 독자적인 문화를 創造하였다.

희랍 본토는 이탈리아반도의 3분의 1에 불과하며 耕作地는 전면적 5만 5천 평방킬로미터의 5분의 1에 지나지 않는다. 그 특이한 지리와 풍토적 조건은 희랍인들의 生活에 많은 영향을 끼쳤다. 그 자연적 조건을 본다면 남북을 관통하는 암석의 중앙산맥에서 小支脈이 무수히 갈라져 있고 그 사이사이에는 작은 하천들이 흐르고 있다. 큰 평야나 큰 하천이 없고 토질은 척박하다. 氣候는 온화하지만 강우량이 적어 풍부한 곡물생산을 기대할 수 없으나 공기가 건조하므로 올리브와 포도 재배에는 적합했다.

이같은 자연조건은 각 지역 사이의 밀접한 연결을 어렵게 하였고 희랍人 특유의 배타성도 작용하여 소규모로 된 고립된 사회의 형성이 불가피했다. 내륙지방에서의 활동범위와 人口의 수용범위가 제한되었기 때문에 海上을 통한 외계 진출을 촉진하였다. 반도의 삼면에 둘러 있는 바다는 거센 파도가 없는 평온한 內海일 뿐 아니라 해안선의 풍부한 굴곡으로 도처에 좋은 항구가 있었다. 오리엔트의 선진문화권 사이에 놓인 에게 해는 키쿠라데스 群島를 비롯한 다수의 작은 섬들이 산재한 다도해로서 航海術이 미숙한 당시로서는 쉽사리 바다로 진출할 수 있어 페니키아인들의 해상권에 위협을 가하게 되었다.

희랍인들의 여러 부족은 각기 孤立的인 사회를 형성하고 있었지만 혈통·언어·종교·관습 등에서는 동일한 민족으로서, 그들 자신을 헬레네스(Hellenes)라 하고, 그들의 거주지를 헬라스(Hellas)라고 불렀다. 헬레네스는 호머의 서사시, 올림픽 경기, 델피 신전을 중심으로 구성된 隣保同盟 등을 통하여 민족적인 우월의식을 길렀다. 그러나 다른 민족은 바르바로이(Barbaroi)라고 불러 멸시하는 배타적 감정이 농후하였다. 희랍인들은 헬라스에 정착한 이래 血緣的인 성향이 강한 촌락생활을 이루고 가부장적인 王政 밑에서 농업과 목축에 종사하였다. 그 후에 그들의 社會는 점차적으로 地緣的인 사회로 변하고, 귀족에 의한 지배체제를 갖춘 새로운 형세에 있었다. 희랍의 특징인 폴리스가 형성되는 것도 이같은 시기라고 생각된다. 이러한 새로운 형세는 이오니아인의 아테네 사회에서 가장 현저한 데 반하여 도리아인의 스파르타 사회는 保守的이었다. 즉 이오니아인들은 모두가 같은 종족이며 같은 信仰과 조상을 가졌다는 이유로 소위 集中主義(Synoikismos) 운동을 전개하여 하나의 집단을 형성하게 되었다. 이 집단은 都市를 중심으로 정치·군사·종교·경제단체로 되었고, 점차적으로 주변의 촌락을 합병하여 각 도시가 독립단체를 형성하게 되었다. 이렇게 하여 폴리스가 성립되었다.

희랍사의 초기에 희랍 본토에는 약 150개의 폴리스가 산재하였다고 한다. 아테네와 같은 대표적인 폴리스라 하더라도 아클로폴리스에서 내려다 보았을 때 視界에 들어 올 정도의 크기였으며, 에게 해의 섬이나 산간지역에도 작은 村落 정도의 폴리스가 있었다. 그 人口數도 시민과 비시민을 합쳐 많은 곳은 2십만 내지 3십만 정도에서부터 적은 곳은 1천명 정도에 이르기까지 다양하였다. 플라톤은 폴리스가 작지도 않고 크지도 않은 충족적이고 통일적인 것이어야 한다고 하였고, 아리스토텔레스도 인구 1만명 정도를 理想的인 것이라 하면서 폴리스는 市民들이 상호간에 熟知할 수 있는 범위에, 또 一目으로 볼 수 있는 범위를 이상적인 폴리스라고 한 것으로 미루어 보아 폴리스의 규모가 어느 정도였는지 짐작할 수 있겠다.

폴리스에는 라코니아(Lakonia)형과 앗티카(Attica)형이 있었다. 라코니아형은 스파르타가 그 대표적인 폴리스이다. 이 형은 정복민과 피정복민의 지배관계에서 형성된 것으로 國家權力이 구심적으로 소수자인 스파르티아타이에게 장악되어 있었다. 그러나 폐쇄적인 시민단을 형성하여 폴리스의 운영방법을 협의한 점에서는 民主的이라 할 수 있다. 스파르타의 리코르고스(Lychorgos) 法은 그 市民團을 유지하기 위한 것이었다. 따라서 여기서는 군국주의적 색채가 농후한 民主政이 실시되었으며, 시민들은 內陸을 활동무대로 하여 농경에 종사했다.

앗티카 형은 아테네가 그 대표적인 폴리스이다. 라코니아 형과는 전혀 이질적인 것으로 다수의 촌락 공동체가 각기 自由意思에 따라 통합되어 성립하였는데 국가권력이 遠心的으로 일반시민에까지 확대되었다. 따라서 여기서는 개방적인 민주정치가 발전되었고, 시민들은 농업적·상공적·해양적인 활동에 종사하였다.

폴리스는 희랍 본토에만 산재한 것이 아니었다. 기원전 8세기 경부터는 희랍인의 海外로의 진출이 활발하여 식민시가 지중해와 흑해 연안에 건설때문에 희랍의 문화세계가 되었기 확대되었을 뿐 아니라 폴리스도 증가되었다. 폴리스에는 그 중심의 언덕 위에 守護神을 안치한 아크로폴리스(Acropolis)라는 內城이 있었다. 아크로폴리스는 폴리스 건설 당시의 사회적인 불안과 상호간의 분쟁 때문에 세워진 것으로 戰時에는 대피소로 되거나 폴리스에 있어서 최후의 방어지점이었다. 그 밑에 있는 公會場 아고라(Agora)에는 회의·재판·거래·사교장 등 공공시설을 갖추고 있었다.

國 家 觀

폴리스에 있어서 市民生活의 특징은 국가관이 철저하였다는 점이다. 즉 폴리스는 정치·종교·경제·문화·군사 등의 중심이었고, 모든 시민은 그 안에서 생활하였다. 오리엔트 국가들과 같이 君主나 神官이 지배하고 시민이 없는 도시가 아니라, 시민에 의하여 다스려지고 시민을 위한 도시국가였다. 희랍인들은 폴리스的 생활로써 人生의 완성을 얻을 수 있다고 생각하였기 때문에, 그들이 생각하는 理想的인 인간형은 폴리스的 인간이었으며 자기의 폴리스를 떠나서는 살 수 없다고 확신하였다. 개인은 폴리스에서만이 완전한 존재였고 그곳을 떠난 개인은 불완전한 존재이며 비합리적인 존재였다. 즉 폴리스와 개인은 불가분리의 관계에 있었다. 그렇기 때문에 아리스토텔레스는「어느 시민이든지 그는 그 자신에 속한다고 생각할 것이 아니라 자신의 도시국가에 속한다고 생각하여야 할 것이다」라 하였고, 투키디데스는「시민들은 그들의 몸을 그들의 조국에 바친다. 그들은 마치 타인에게 속해 있는 것처럼」……「그들에 있어서 진실한 자기는 폴리스를 위해 봉사할 때 가장 진실하게 그들 자신의 것이다」라고 말했던 것이다.

희랍人들의 勞動觀과 奴隸制

폴리스의 시민생활에서 찾아 볼 수 있는 또 하나의 특징은 경제생활이었다. 市民들과 奴隸의 협동에 의한 생산노동을 예사로 보았다는 것이다. 일반적으로 희랍인들이 육체적·경제적 활동을 천시했다는 견해는 사실과 다른 것 같다. 그들은 상업과 수공업은 물론 農耕에도 종사하는 것을 천하다고는 생각하지 않았다. 시민들은 지주·농민·장인·상인·노동자인 동시에 民會를 중심한 民主政에도 참여하였다. 그러나 희랍 사회에서 노예가 불필요했다는 것은 아니다. 그들의 사회에도 일찍부터 노예제가 도입되어 생산노동과 공공업무의 일부분을 노예들에게 의존하는 경우가 흔히 있었다. 희랍에 있어서 노예의 供給源은 포로·채무노예·수입노예·매매노예·임대노예·출생노예·양육노예 등이었다. 희랍사의 초기에는 주로 族內奴隸였으나 아마도 페르시아 戰勝을 계기로 희랍민족식의 우월이 더 강해져 다른 민족에 대한 배타적인 의식이 점차 높아짐에 따라 족내노예보다는 族外奴隸를 긍정하기에 이르렀을 것이다.

노예제의 발전으로 부유하거나 有識한 소수의 시민들은 노역으로부터 어느 정도는 해방되어 시간적인 여가를 누렸고 정치·학문·문예 등에 종사할 수도 있었을 것이다. 그러나 노예제로 인하여 희랍의 민주정과 고도의 문화가 발전될 수 있었다고 단정하기는 어렵다. 희랍문화는 노예와 시민들의 공동노력에 기반을 두었다고 볼 수 있기 때문이다.

2. 희랍人들의 古典古代 文化世界의 發展과 創造的 變質

植民活動과 植民市

기원전 8세기에서 기원전 6세기의 약 200년 동안은 희랍인들이 해외에로의 식민활동을 활발하게 전개했던 시기로서, 그때 희랍 문화세계는 본토를 비롯하여 식민시가 건설된 동부의 지중해 전역과 소 아시아 연안 및 흑해연안 그리고 이탈리아 반도의 남단과 프랑스 남해안 및 스페인 등에까지 확대되었다.

희랍인들에 있어서 식민시 건설의 動機에 대해서는 상업적인 것과 농업적인 것 중에서 어느 것이 1차적인가에는 논쟁이 있으나, 일반적으로는 본토에 있어서 人口의 증가에 따르는 可耕地의 부족이 해외진출을 불가피하게 하였다는 것에 의견을 모으고 있다. 희랍은 원래부터 농경국가였고, 희랍인도 기원전 8세기까지는 순수한 농업민족이었다. 그러나 그들의 土質이 비옥하지 못한 데다가 人口의 포화상태가 사회적 불안을 야기하여 식민활동을 불가피하게 하였고, 대귀족의 토지겸병은 토지를 상실한 零落民을 자극시켰다. 뿐만 아니라 당시 社會와 政治에 대한 불만도 해외진출을 촉진하였을 것으로 생각된다. 따라서 초기의 植民者들은 대체로 농업이민이었고, 가경지의 획득이 식민의 동기라 생각되고 있다.

나우크라티스(Naukratis)와 맛실리아(Massilia) 등의 植民市는 상업을 그 생명으로 하였고, 母市 수공업품의 대량수출을 목적한 商舘의 설치도 있었으나 상업적 이익은 부차적인 것이었다. 상업은 식민의 동기가 아니라 결과라고 생각되며, 초기의 관심은 토지획득에 있었다. 또한 군사적인 요충지를 확보한다는 측면에 대해서도 생각해 볼 수 있겠다.

식민시는 일반적으로 해안지대에 건설되었다. 소수의 식민자들이 다수의 原住民들을 추방하면서 내륙 깊숙이 들어 갈 수 없었을 뿐 아니라 外敵의 침공을 받았을 경우 도피에도 편리한 해안지대를 거점으로 하여 식민시를 건설하였으리라 생각된다.

식민시는 일반적으로 아포이키아(apoikia)와 클레르키아(klerchia)의 2개 형태가 있었다. 아포이키아에는 市民들의 사회적 마찰을 예방하기 위하여 비교적 自由로운 방법으로 이민시켰다. 이민들이 母市를 떠날 때에는 장엄한 종교적 의식을 거행하였다. 이 경우 식민시와 모시 사이의 정치적인 관련성이란 거의 없는 분리된 독립국가였다. 원래 아포이키아라는 말은 「떨어져 있는 집」이라는 뜻으로, 이것은 단순히 거리가 멀다는 것이 아니라 별개의 폴리스를 의미한다. 이 점이 로마의 콜로니아(Colonia)와는 다르다. 그러나 宗敎와 倫理面에서는 모시와 밀접한 관계를 유지하고 있었다. 한편 클레루키아는 아테네가 정치상의 패권을 장악하고 있을 때 추첨에 따라 자국의 세력권 내에 보낸 移民으로 형성된 식민시이다. 無產市民에 대한 토지분배와 함께 군사적인 거점의 확보가 그 목적이었다. 따라서 이 형태의 식민시는 그 이민들에게 시민권을 보유하게 하면서 농경에 종사시켰는데, 곡물·목재 운반의 交通路와 전략적인 거점 등에 조직적으로 건설하였다. 이같은 식민시에의 이민들은 군사적인 지도자 밑에 국가에 의해서 이민되는 것이 그 특징이며, 母市와 정치적으로 밀접한 관계에 있었다는 것이 아포이키아와 다른 점이다.

앞에서 본 바와 같이 희랍 문화세계는 식민활동에 의하여 에게海의 주변에서 일약 지중해 세계로 확대되었고, 그 세계에는 희랍인들을 주체로 하는 광범한 經濟圈이 형성되었다. 즉 토지획득을 동기로 한 식민은 원격지 사이의 貿易을 촉진하여 희랍인들의 경제활동에서 중요한 비중을 차지하게 되었다. 그러나 기원전 6세기 경에는 식민사업이 침체상태에 빠졌다. 지중해의 서방과 남방에서는 카르타고가 팽창하고, 이탈리아에서는 로마의 국가건설이 활발하였으며, 동방에서는 페르시아가 차츰 西漸하고 있었기 때문이다.

식민활동으로 인한 희랍 문화세계의 사회·경제적 변동은 대내외에 여러 가지 문제를 제기하게 되었다. 즉 대내적으로는 지중해를 중심무대로 한 대규모의 해상무역으로 貨幣經濟가 일반화됨으로써 종래의 지배층이던 대토지소유자인 벌족귀족(Aristocracy of birth) 외에 중산상공업자가 대두함으로써 재벌귀족(Aristocracy of wealth)이 등장하게 되었다. 대외적으로는 오리엔트 세계를 통일하고 소아시아에까지 세력을 뻗친 페르시아의 西進勢力과 그곳에 식민한 희랍 식민시들과의 사이에 충돌이 불가피해져 마침내 페르시아 전쟁이 발발하게 되었다. 다음은 식민활동으로 인한 문화상의 업적을 간과할 수 없다. 즉 지중해 세계의 새로운 思考方式이 희랍에 도입되었음은 물론, 시칠리아 섬과 이탈리아 방면에 식민한 희랍인들이 이탈리아와 東西 유럽문화의 발전에 중대한 요소를 전파함으로써 동서의 문화적 육성에 공헌하였다.

社會·政治的 改革

희랍인들의 해외발전은 농업경제에 토대를 두었던 폴리스의 자급자족적인 經濟體制를 해양적·상공적인 단계로 발전시킴으로써, 화폐경제가 도입되고 종래의 혈연적인 벌족귀족에 대신하여 商工階層의 대두가 현저하게 되었다. 이와 같은 사회·경제상의 變質에 따라 신흥계층 중의 유력자가 전제적인 지배층을 형성하였다. 이것이 僭主이다. 참주는 폭군이 아니었다. 그들은 신흥 民主的인 세력에서 나왔으나, 당시는 사회적으로 격동기였고 아직 일반민중의 세력도 미흡한 시대였기 때문에 오히려 유력자의 전제적인 수단이 요구되었던 것 같다. 이들은 市民의 지도자로서 善政을 베풀었으나 그의 수단이 전제적이었다는 것뿐이다. 참주가 등장한 것은 기원전 7세기에서 6세기의 약 100년 동안으로 희랍 문화세계가 새로운 양상으로 변질되는 과도기였다.

이 시기에 솔론(Solon)은 사회적인 변동에 상응한 개혁을 단행하여 金權政治(timokratia)를 시행한 바 있다. 즉 그는 아테네의 집정관이 되자(기원전 594), 대지주의 토지겸병이 행해져 貧富의 차가 심해지는 것을 방지하기 위해 귀족과 시민의 차별을 철폐하고, 재산 정도에 따라서 시민을 중장보병·기병·경장보병·극빈자의 네 계급으로 나누었다.

특히 토지 소유량에 제한을 가하여 富의 축적을 방지하였고, 빈민들을 구제하기 위하여 人身抵當을 폐지하는 등의 社會改革을 단행하였다. 그러나 그의 개혁운동은 두 사회계급의 利害를 절충한 미온적인 타협책에 불과하였기 때문에 귀족과 시민 모두를 만족시킬 수 없었을 뿐 아니라 그 자체의 실시도 불가능하였으며 오히려 혼란과 동요를 조장하는 결과를 초래했다.

그러나 기원전 6세기 말에 참주 페이시스트라투스(Peisistratus)가 나와 통일적인 전제수단에 의하여 혼란과 동요를 진압하는 한편 귀족을 억제하고 시민을 강화하기에 노력한 결과 아테네 사회는 안정을 유지하게 되었다. 그의 死後에 클레이스테네스(Cleisthenes)가 나와 혈족에 의한 계급을 폐지하고 아팃카의 모든 주민들에게 市民權을 부여하였으며, 陶片追放制(Ostracism)에 의한 투표법을 제정하여 다수 시민에 의하여 위험시되는 정치가를 아테네에서 10년 동안 추방함으로써 民主政의 확립에 노력하였다.

이와 같이 아테네는 솔론의 금권정치에서 페이시스트라투스의 僭主政治(tyrannia)를 거쳐 기원전 6세기 말에는 클레이스테네스의 民主政(demokratia)에로 발전하였다. 그러나 같은 폴리스인 스파르타에 있어서는 그 국가권력이 구심적이였기 때문에 자위상의 필요에서 군대조직에 의한 극단적인 국가주의였고 시민에게는 엄격한 봉쇄적인 민주정책을 취했다.

아테네 帝國時代

앞에서 본 바와 같이 희랍, 특히 아테네의 식민활동의 중심무대는 소아시아 해안지대였다. 그런데 페르시아가 페니키아를 정복한 이래로 해외무역에 나서 지중해의 制海權을 장악할 기세에 있었다. 이와 같은 아테네의 식민활동과 페르시아의 西進勢力은 소아시아에서 경제적인 이해관계로 대립하게 되었다. 뿐만 아니라 두 세력은 文化上에서도 東西를 대표하는 이질적인 존재였기 때문에 그들의 충돌이 불가피하게 되어 마침내 페르시아 전쟁(기원전 492～479)이 일어났다.

이 전쟁의 직접적인 원인을 살펴보면 소아시아 서해안에 산재한 이오니아 植民市들 중에서도 특히 미레토스 市는 리디아와 동맹하여 세력을 확장하고 있었는데, 페르시아가 리디아를 정복하고 복종을 강요하였다. 이오니아 식민시들은 自由를 그들의 자랑으로 삼았기 때문에 이 강요에 불복하고 미레토스를 중심으로 抵抗을 일으켰다.

그 때 희랍 본토에서는 그 생명권인 에게 해의 확보를 위해 미레토스를 원조하여 페르시아와 대결하였다. 이 抵抗은 진압되었으나 페르시아의 다리우스 대왕은 戰備를 갖추고 희랍 원정에 나섰다(기원전 492), 제 1회 원정은 실패하였고(기원전 490), 제 2회 원정에서는 페르시아 海陸大軍이 에게 海의 섬들을 거쳐 희랍 본토에 상륙하였으나 마라톤 戰鬪(기원전 490)에서 희랍에 패배당했다. 실패를 거듭한 페르시아는 크세르크세스(Xerxes)대왕 시대에 제 3차의 침입을 감행하였는데, 희랍 세계에서는 종래의 분립주의를 버리고 스파르타와 아테네가 공동작전으로 희랍의 방위를 위해 단결하였다.

스파르타는 레오니타스 왕의 지휘하에 잘 싸웠으나 스파르타 兵士 중에 敵과 내통한 자가 있어서 전멸당했다. 한편 아테네는 페르시아군의 침입을 받았으나 데미스토클레스(Demistocles) 제독이 지휘하는 艦隊가 페르시아 함대를 살라미스(Salamis)항구의 좁은 海路에 유인하여 치명적인 타격을 가했고(기원전 480), 그 뒤에 플라테의 陸戰과 미카레의 해전에서도 페르시아를 격파하였다(기원전 479). 이후 페르시아는 武力에 의한 희랍 정벌을 단념하였다.

페르시아 전쟁 동안 희랍 민족은 必勝의 기백으로 응전하였으나 전쟁에 협력하지 않은 폴리스도 있었다. 이것은 폴리스의 약점인 分立主義를 드러낸 것이다. 페르시아 전쟁의 승리로 희랍의 民族意識이 고조되었고 이민족에 대한 배타사상도 더욱 굳어졌다. 이것은 희랍 문화세계에 있어서 제국적인 경향을 강화하는 한 원인이 되었다.

특히 페르시아 군에게 결정적인 타격을 가한 아테네는 그 위세가 당당하여 그 제국적인 정책을 더욱 강화하였다. 아테네는 海軍을 강화하고, 이로써 同盟市들을 종속국처럼 취급하였다. 페르시아 전쟁에서 자극을 받은 아테네를 중심한 폴리스들은 단결을 공고히 하고, 외세에 대비하기 위해 이미 델로스 동맹을 체결하고(기원전 477), 아테네를 맹주로 하여 델로스 섬의 아폴로 신전에 동맹금고를 설치하고 그것으로 군함을 만들거나 국방을 강화하기에 노력하였다. 그러나 아테네가 海上帝國의 건설과 民主政의 정무수당 및 각종 土木工事에 그 기금을 사용하였다는 이유 때문에 동맹국들이 불만을 품게 되어 마침내 통일된 세력이 될 수 없게 되었다.

한편 페르시아 戰勝으로 희랍 문화세계, 특히 아테네는 정신적·정치적인 면에서 융성하게 되었고, 더우기 페리클레스(Pericles)의 출현으로 아테네의 황금시대를 맞게 되었다. 그는 정치적으로는 민주정을 확립하기 위하여 솔론의 계급제도를 폐지하고 民會의 권력 증대와 참정권의 확대를 기도하여 民主政을 발전시키는 한편, 帝國的인 정책을 신봉하여 해군의 확장, 전후의 복구사업 등을 추진하였기 때문에 아테네 帝國의 정책은 그 절정에 달하고 있었다.

페리클레스는 또한 사회·경제면에서는 산업을 부흥시켰고 奴隷의 使役과 그 제도의 발전을 촉진하였을 뿐 아니라 토목공사를 일으켜 빈민구제를 위한 활동 등을 전개하기도 했다. 文化的으로는 학문과 예술을 발전시켰다. 그러나 이같은 페리클레스의 정책으로 아테네뿐만 아니라 희랍세계가 황금시대를 이룩할 수 있었다 하더라도 帝國에 대해서 일부 델로스 동맹국들은 물론, 스파르타의 反感을 일으켰기 때문에 마침내 펠로폰네소스 전쟁(기원전 431~404)의 원인이 되었다.

國家觀의 變質과 世界市民思想의 胎動

희랍 문화세계는 페르시아 전쟁과 델로스 동맹 등을 통해서 통합 내지는 자기확대의 기회를 가졌으나, 그들 사회생활의 傳統과 排他性은 상호의 통합과 자기 확대에 대하여 강한 반발을 일으켰다. 통합과 자기 확대라는 점에 있어서 희랍 문화세계는 로마 문화세계와는 비교될 수 없을 정도로 미약했고, 사실상 상상조차 못하였던 것이다. 펠로폰네소스 전쟁은 바로 이 점을 반영하는 것이라 하겠다.

펠로폰네소스 전쟁은 이오니아 인들의 商工·海洋·開放的인 民主政의 문화도시인 아테네와 도리아인의 農耕·軍國·閉鎖的인 民主政의 문화도시인 스파르타의 이질적 요소의 반목이라 할 수 있겠고 또 이 전쟁에서 희랍의 폴리스가 양대 진영으로 분열되었기 때문에 폴리스 상호간의 파괴적인 전쟁이라고도 할 수 있겠다. 이제 희랍 문화세계와 민족적인 분열의 위기는 심각하여 희랍 사회의 변질을 초래하게 되었다.

이 전쟁 초기 10년 동안은 두 진영의 勝敗를 예측하기 어려웠으나, 아테네에 페스트가 유행하여 지도자 페리클레스가 病死하자 혼란에 빠졌기 때문에 한때 휴전조약(기원전 421)이 성립되었으나 조약이 이행되지 않아 전쟁이 재개되었다. 아테네는 정치적인 혼란과 야심적인 정치가들의 출현 등으로 자체의 단결이 결여되어, 마침내 제 2의 生命인 함대를 스파르타에 양도한다는 굴욕적인 조약을 체결함으로써 근 30년 동안의 전쟁을 끝냈다.

아테네가 패한 뒤에 스파르타의 패권이 30년 동안이나 계속되었고, 그 다음에 테베가 이에 대치되었으나 얼마되지 않아 쇠망하였다. 기원전 4 세기의 희랍에는 중심세력이 없이 불안하여 국내는 분열과 抗爭의 혼란이 계속되었기 때문에, 農地가 황폐화되고 시민의 亡命과 개인주의가 극도에 달했으며, 희랍인들은 傭兵으로 東方王朝에 팔려갔다. 이제 시민들의 皆兵主義도 용병주의로 대치되어 폴리스는 무력하게 되었다. 희랍인들에 있어서 특유의 폴리스 觀도 이제 사라지고 말았다.

이 시기에 투키디데스(Thucydides)가 「民衆黨은 시민대중의 정치적인 평등을 표어로 하고, 貴族黨은 귀족의 識見을 자랑하면서, 그 두 黨이 모두 공익을 위해 봉사한다고 하나 사실은 당리와 사욕에만 급급하다. 어느 당인이든 다만 사욕과 私情에만 혈안이 되어 公益이나 正義는 안중에도 없었다」고 한탄한 것은 당시의 사회상을 반영하는 것이기도 하다.

그때 소크라테스는 폴리스의 전통을 고수하기 위하여 理性을 표준으로 하여 國法과 道德을 비판하였고, 미신적이고 背理的인 불순분자를 제거하여 인생행복의 기본이 되는 진정한 지식에 의해 이상국가를 재건하고자 하였다. 플라톤은 『國家論』과 『法律論』에서, 아리스토텔레스는 『政治學』에서 폴리스의 재건을 역설하였으나 모두 이상적인 이론에 지나지 않았다.

일반시민들은 폴리스의 법과 종교의 속박에서 벗어나 自由로운 생활과 모든 쾌락을 맛보는 것이 최상의 목적이라 생각하였다. 즉 안티스테네스(Antisthenes)는 「어느 폴리스에든지 얽매이지 않고 자유인이 되는 것이 좋다」고 하였고, 디오게네스(Diogenes)는 「나는 천하의 浪人이며 일체의 세계가 명철한 祖國이다」라고 하였다. 크라테스(Krates)도 「하나의 城塔이나 작은 집이 나의 祖國이 아니라 大地의 가는 곳마다 우리의 폴리스가 있다」고 하였다. 이같은 사상계의 움직임은 일반시민들을 더욱 자극하여 조국을 위하여 희생하는 사람은 어리석은 者이며 진정한 조국은 코스모스라는 새로운 욕망을 추구하게 되었다. 이같은 경향은 희랍 고유의 폴리스의 멸망을 의미하는 동시에 희랍 문화세계에 싹트고 있던 세계시민 사상(Cosmopolitanism)을 반영하는 것이라 하겠다.

이와 같은 시기에 북방의 마케도니아 왕국의 필립 2세가 희랍 문화세계에 위협을 가해 왔다.

3. 헬레니즘 文化世界의 創造

헬레니즘 世界의 形成

마케도니아 왕국의 필립 2세(기원전 359~336)는 아테네와 테베의 연합군을 패배시킨 다음, 희랍의 폴리스 문화세계에 中央集權制의 왕국을 선포하고 페르시아 원정계획을 세웠으나 암살되었다. 그의 유업은 아들 알렉산더 大王(기원전 336~323)에게 계승되어 동방 대원정을 수행한 결과, 희랍 문화세계와 오리엔트 문화세계의 두 異質的인 문화가 상호 융합됨으로써 단일적인 문화세계가 형성되었다. 이 문화세계를 헬레니즘 세계라 하며, 이 세계의 형성은 알렉산더 대왕의 동방원정에 의해 그 역사적인 계기를 마련하게 되었다.

헬레니즘(Hellenism)이라는 낱말은 19세기 초에 독일 史家 드로이젠(Droysen)이 『알렉산더 大王史』(*Geschichte des Alexander des Grossen*, 1833)와 『헬레니즘 時代史』(*Geschichte des Hellenismus*, 1836~43)를 발간한 이후부터 널리 사용되었다.

大王은 기원전 334년 보병 3만, 기병 5천과 다수의 학자들을 거느리고 희랍 문화세계를 재정복하여 軍事·外交의 최고권을 장악한 다음, 희랍의 숙적이던 페르시아 제국에 대한 원정을 시작하였다. 그는 페르시아 군을 도처에서 항복시키고, 소아시아의 시리아 지방을 거쳐 나일 江의 삼각주 지방에 알렉산드리아 市를 세운 다음 계속 동방으로 진격하여 아르벨라(Arbela) 戰에서 페르시아의 다리우스(Darius) 3세를 패망시켰다(기원전 330).

그의 원정군은 계속해서 인도의 인더스 강까지 진격한 다음, 다시 바빌론으로 개선하여 이곳을 알렉산더 帝國의 수도로 정하였다. 이제 알렉산더 대왕은 동쪽은 인더스 江, 서쪽은 마케도니아, 북쪽은 카스피 海, 남쪽은 이집트에 이르는 대제국을 건설하고 그 지배자가 되었다. 그러나 그는 그의 정치적인 수완을 발휘하기도 전에 病死하였다(기원전 323).

대왕이 사망한 다음에 부하 장군들은 서로가 대립하여 제각기 대왕의 후계자(Diadochos)라 자칭하면서 내란을 일으켰기 때문에 대왕이 이룩한 帝國은 지리적·역사적 배경에 따라 분할되었다. 이집트에서는 프톨레마이오스(Ptolemaios) 가문의 프톨레미 王朝가 알렉산드리아를 수도로 정하고 대왕의 정치적·문화적 계승자가 되었다. 티그리스와 유프라테스 지역과 페르시아 만과의 요충지대에서는 셀레우키아(Seleuchia) 家門의 왕조가 안티오키아를 수도로 정하였다. 이 지역은 東西交通의 중개지로서 번영하면서 페르시아의 전통을 계승하였다. 한편 한때 알렉산더 제국의 지배하에 있었던 인도·박트리아(Bactria)·소아시아의 페르가몬(Pergamon)·폰투스(Pontus)·카파도키아(Kapathocia)·갈라키아(Galacia) 등도 각각 독립함으로써 대왕이 원정하기 이전의 양상을 재현하였다.

그러나 대왕이 생전에 수행한 탁월한 統治理念과 문화정책으로 인해 東西 두 세계는 거대한 한 통치권 내에 속하게 되었고, 각각 고유의 전통을 지녔던 동서문화가 융합하여 새로운 文化를 형성할 기반이 마련되었다. 일반적으로 대왕의 동방원정이 시작되는 기원전 334년부터 이집트의 프톨레미 왕조가 로마에 統合되는 기원전 30년까지의 약 300년 동안을 헬레니즘시대라고 부르며, 이 시대에 형성된 문화를 헬레니즘 문화라고 한다. 이 문화는 뒤에 로마인들에게 계승되어 로마의 世界帝國的인 발전과 함께 그 범위를 넓히게 되었다.

東·西文化의 融合

세계 문화사상에 있어서 획기적인 시대를 이룩한 알렉산더 대왕은 유년시에 아리스토텔레스로부터 敎育을 받았기 때문에 그의 感化를 많이 받았을 것으로 생각된다. 희랍의 석학인 아리스토텔레스는 미래의 대왕에게 여러 분야의 교육을 시켰다. 특히 그는 알렉산더에게 「東方의 이방인은 生來로 奴隷이므로 희랍인들은 인류의 主人이다. 그러므로 희랍인들에게는 지도자로서, 그리고 이방인들에게는 전제군주로서 각각 대할 것」을 가르쳤다고 한다. 그러나 알렉산더는 후일 대왕에 즉위하고 동방원정을 하면서 「모든 인류는 한 아버지의 아들」이라 선언하였고, 제국 내에서 희랍인들이나 동방인들을 구별할 것 없이 모두 동반자가 될 것을 기원하였다.

대왕은 聖 바울(St. Paul)과 같이, 人間들 상호간에는 차별이란 있을 수 없다고 확신하였다. 이같은 그의 信念은 동방원정의 도상에서 뚜렷한 정책으로 나타났기 때문에 그는 동서문화 융합의 선도자라 할 수 있겠다.

대왕의 동서문화 융합을 위한 정책은 여러 분야에서 실현되었다. 첫째는 國際都市(Cosmopolis)의 創設이다. 그는 역사상에 있어서 위대 도시 건설자들 중의 한 사람이었다. 그는 아프가니스탄(Afghanistan)산맥이나 약스아르테스(Jaxartes) 방면이나 인더스 강의 支流에 이르기까지 여러 곳에 희랍도시를 창설하고 알렉산드리아(Alexandria)라고 명명하였다. 도시는 대왕이 진군하는 곳들에 건설되었는데, 그의 군대가 움직이는 것은 희랍 도시 자체가 움직이는 것같이 보였다고 한다. 왜냐하면 그의 군대에는 희랍과 마케도니아 군인들과 군속 이외에도 희랍 도시에 있는 일체의 상인·학자·시인·만담사·배우·노예 등이 뒤따랐을 뿐 아니라 군대의 주둔지에서는 희랍식의 祭儀와 競技가 행해졌기 때문이다. 특히 군사·상업상 중요한 곳이라면 도시건설을 위한 地鎭祭를 지내고 도시를 창설하였다. 알렉산드리아는 이집트의 것을 제외하고는 대부분이 티그리스 江 이동에 세워졌는데, 대표적인 알렉산드리아에는 마케도니아인·희랍인·이방인 용병·상인·원주민들이 정주했기 때문에 文化의 교류방법으로는 가장 적절한 수단이었다. 이와 같이 대왕의 군대가 1개 희랍 도시의 모체가 되었으며, 東征 이래 동방에 이주한 희랍인들의 수는 10만명 이상이라 추정되고 있다.

둘째는 대왕의 結婚政策이다. 대왕에게 感化를 준 희랍 철학자들은 그들 자신의 국경 밖에 있는 인간들에 대해서는 노예나 敵으로만 보았기 때문에 배타의식이 강했다. 그러나 대왕은, 동서방의 융합은 결혼정책에 의한 인종융합에 있다고 믿었기 때문에 부하 將兵들은 물론, 그 자신도 원주민 여인과 결혼하였다. 특히 그는 동시에 집단적인 결혼식을 거행하였는데, 의식 방법은 페르시아의 風習에 따랐다. 이 정책을 더욱 효과있게 하기 위해 이들 사이에서 출생하는 子女들의 장래문제까지도 고려하였다. 이같은 결혼정책은 성공적이었다고는 할 수 없으나, 모든 人類는 平等하다는 것을 행동으로 실천하였을 뿐 아니라 이방인에 대한 서방인의 배타심과 우월감에 의한 인종차별이 과거만큼 심하지 않게 되었고, 또 서방인에게 인종차별이란 중요한 문제가 아니라는 새로운 인식을 갖게 하는 데 크게 공헌하였다. 예수 크리스트의 선구적 思想을 알렉산더에게서 찾아 볼 수 있겠다.

세째는 國際軍의 창설이다. 대왕은 동서인류가 平等하다고 보았기 때문에 그의 제국의 군사 복무에 있어서 東西人의 차별을 두지 않았다. 그는 헬레니즘식 군사학교(Hellenistic Military School)를 세워 동방의 원주민 청년들을 모으고 마케도니아式 군사훈련과 마케도니아 무기의 조작법을 교육시켰다. 그의 東征 5년 후에는 헬레네 化한 3만여명의 이방인 군대가 편성되어 인도 원정에 참전하였고, 대왕의 친위대와 기병대에도 편입되었다.

네째는 國際的인 經濟政策이다. 대왕의 東征路는 페르시아의 다리우스 大王이 개척한 교통로였으나, 충분히 개발된 것이 아니었다. 그러나 알렉산더 대왕에 의한 동서 통일정책과 희랍인들의 비약적인 진출로 많은 교통로가 개척되었다. 이에 따라 통상과 화폐유통 문제에 관한 경제정책의 수립이 필요하였다. 이 정책은 동서인이 동등하게 利益을 얻을 수 있는 것이었다. 한편 종래에는 희랍 경제의 중심이 아테네였으나 東征 이후에는 동방으로 이동하여, 이집트의 알렉산드리아와 시리아의 안티오키아 등이 그 중심지로 되었다.

4. 희랍과 헬레니즘 文化의 特性

진정한 의미에서의 西洋文化가 처음으로 탄생한 것은 희랍 시대부터라고 할 수 있다. 희랍 문화를 기반으로 하여 유럽의 문화가 형성되고 발전한 것이다. 그렇기 때문에 희랍 문화는 서양문화사상의 원류로 평가되어야 한다. 그 문화의 특성을 요약한다면 인간중심주의·자연주의·합리주의·관상주의 그리고 自由롭게 個性을 발휘하면서도 전체적으로는 調和를 이루고 있다는 것 등이다. 희랍 문화를 각 분야별로 보면 그 기본적인 특성을 알 수 있다.

哲學·思想

희랍인들은 사색적이었기 때문에 哲學的인 思考가 그들로부터 시작되었다고 할 수 있겠다. 그들에 있어서 學(sophia)이라고 하는 것은 우선 우주 해석에서 출발하여 모든 현상의 本質과 原理를 밝히려는 自然科學에 집중되었고, 다음에는 人間性에 기인한 세계원리의 인간학을 밝히는 데에 집중되었다. 이같은 소피아는 기원전 7세기 경부터 이오니아의 자연철학에서 비롯되었다. 이오니아 지방이 동방세계에서 발달된 자연과학의 영향을 받았고 또 동방의 희랍 식민시들이 자유로운 경제활동으로 생활이 유택하였기 때문에 소피아를 발전시킬 수 있는 계기가 되었던 것이다.

대부분의 이오니아 自然哲學者들은 우주 형성의 기본물질과 물질계에 있어서의 生成과 運動에 관한 문제들에 관심을 집중하였다. 이들은 자연현상을 신화적으로 밝히려는 것이 아니라 법칙에 따라 설명하고자 하였다. 기원전 6세기 전반에 탈레스(Thales)는 萬物의 근원을 「물」이라 하였고, 기원전 6세기 후반에 아낙시메네스(Anaximenes)는 「불」 혹은 「공기」라 하였다. 피타고라스(Pythagoras)와 헤라클레이토스(Herakleitos)는 물질의 본질과 存在의 原質에서부터 물질의 생성변화에 이르기까지 연구하였다. 데모크리토스(Democritos)에 이르러서는 原子說까지 언급하게 되어 이오니아의 자연철학이 높은 수준에 도달하게 되었다. 이와 같이 초기의 학자들 사이에서는 자연계를 중점적으로 연구했으나 그들이 목적하는 것에서 공통된 결론을 얻지 못했다.

그런데 사회·정치생활이 발전하게 되자 인간사회의 動向에 대한 관심이 점차 높아지고, 특히 페르시아 전쟁 이후부터는 폴리스 자체에 대한 관심이 고조되었으며, 人間 자신의 力量과 독자성에 대한 자각이 활발하게 되었다. 뿐만 아니라 기원전 5세기에 아테네의 民主政이 발전됨에 따라 입신출세에 필요한 여러 가지 지식과 대중을 설득할 필요성 때문에 사상계에 새로운 움직임이 나타났다.

이러한 움직임은 辯論術과 修辯學을 가르치는 직업적 교사인 소피스트(Sophist)들에 의해 시작되었다. 그들은 상대편을 설복하는 데 목적을 두었으며, 인식의 주관성을 주장하고 객관적 진리를 부정하면서 道德이나 국법은 상대적인 가치밖에 없다고 하면서 事理의 정당한 판단을 그르치는 경향을 나타내고 있었다.

소피스트들의 理論에 대한 극복과 배격의 화살을 들고 나선 철학자는 소크라테스(Socrates, 기원전 469~399)였다. 그는 객관적 진리의 실재와 知德一體說을 내세우면서 아테네 청년들의 도덕적 향상을 위한 교육에 힘썼다. 소크라테스는 無知에 대한 자각이 진리에 접근하는 제일보라 하면서, 대화를 통하여 무지와 도덕적인 반성을 촉구하는 교육방법을 실시하였다. 그러나 그는, 弟子 알키비아데스(Alcibiades)가 한 戰爭에서 아테네에 격심한 害를 끼쳤고, 또 다른 弟子인 크리티아스(Critias)가 수천명의 아테네인들을 학살한 30참주들 중의 주모자였다는 죄명으로 기소되어 독배를 들어야 했다.

소크라테스의 제자 플라톤(Platon, 기원전 427~347)은 진정한 존재인 眞理를 이데아(Idea)라 하였고, 時間과 空間을 초월한 불변불멸의 이 이데아의 세계야말로 모든 현실세계의 근본이라 하였다. 이것은 관념철학의 체계를 세운 것이라 보겠으나, 정신적인 세계만 강조되어 있을 뿐 具像的인 세계에 대해서는 경시하여 두 세계 사이의 조화를 이루지는 못했다. 플라톤 이외에 소크라테스의 제자 중에는 年少 소크라테스 파인 안티스테네스(Antisthenes)와 아리스티포스(Aristippos)가 유명하였다. 이들은 각각 키레네(Cyrene)派와 키니코스(Cynicos) 파를 이루었으나 폴리스에 대하여는 별 관심이 없었다.

아리스토텔레스(Aristoteles, 기원전 384~322)는 플라톤의 제자로서 여러 분야의 학문에 정통한 고대 세계 최고의 碩學이었다. 그는 스승의 관념적인 경향을 극복하여 實體를 논하였다. 즉 이데아의 세계는 구체적인 사물의 세계를 통해서만 실현될 수 있다고 주장하면서 자연세계와 정신세계의 조화를 이루었다. 뿐만 아니라 그가 광범위하게 개척한 自然科學과 社會科學은 서양 고대에 있어서 학문발전의 최고 수준을 이룩한 금자탑으로서 후세에 공헌한 바 크다.

헬레니즘시대에는 제논(Zenon)이 시작한 스토아 학파(Stoicism)와 에피쿠로스(Epicuros)가 시작한 학파가 나왔다. 전자는 기원전 4세기 초에 제논의 사상에 따라 만들어진 것으로 인간이 理性的임을 전제로 하고 自律과 自制를 역설하면서 국가나 가정은 이 이성의 소산이라 하였다. 이성적 개인을 중요시하는 이 학파는 개인주의적인 동시에 모든 개인을 동질적으로 보는 의미에서 보편주의적이기도 했다. 후자는 에피쿠로스의 사상에 의거하여 만들어진 것으로서, 고민과 不快에서의 해방을 부르짖고, 쾌락만이 인생행복의 기초라 하였다. 이 두 학파는 다같이 정치적 활동에서의 도피와 개인의 안일과 출세를 이상으로 하는 세계시민주의(Cosmopolitanism)의 경향을 주로 나타내고 있다.

文學 · 歷史

희랍인들은 본래 독자적인 文字를 갖고 있지 않았으나 기원전 8세기 경에 페니키아의 表音文字를 도입하여 24字로 된 알파베트를 만들었다. 그러나 문자가 만들어지기 이전에도 神話와 英雄談 등을 내용으로 한 서사시가 암송과 구전에 의해 전해지고 있었다. 이같은 傳承詩는 기원전 8세기 경에 이르러 종합, 집성되어 세계 문학사상에서 그 유례를 찾아 볼 수 없는 대걸작이 나왔다. 호머(Homer)의 작품으로 전해지고 있는 2대 서사시 『일리아드』(*Illiad*)와 『오딧세이아』(*Odysseia*)가 그 대표적인 것이다. 이 두 작품은 서양에서 最古의 문학이라 할 수 있다. 고대 희랍의 신화와 영웅들의 세계를 찬양한 방대하고도 유창한 문학작품으로서 내용과 수법이 거의 완벽할 뿐 아니라 초기 희랍인들의 사회생활과 종교·윤리관 등이 반영되어 있어 사료로서의 가치 또한 높다.

기원전 8세기 말 경에 헤시오도스(Hesiodos)가 自然과 농민생활을 묘사한 『勞動과 나날』(*Erga kai Hemērai*)은 田園의 아름다움과 농업노동을 찬양하였다. 기원전 7세기와 6세기에 걸쳐서는 귀족정치에 동요가 생겨, 개인의식이 발달하여 서사시 대신에 서정시가 나왔다. 정열적인 女流詩人 사포(Sappho)나 酒德을 찬미하는 아나크레온(Anakreon), 올림피아(Olympia)와 델포이(Delphoi) 경기의 우승자에 대한 頌詩로 유명한 핀다르(Pindar) 등 대가들이 주옥같은 작품을 내놓았다.

이같은 詩文學의 시대를 거쳐서 페르시아 戰勝 이후에는 연극이 발전하였다. 특히 비극은 일부 시민들의 오락적인 흥행이 아니라 전 민족이 참가하는 대제전으로서 장려되었던 까닭에 기원전 6~5세기 경에는 에스킬루스(Aeschylus), 소포클레스(Sophocles), 유리피데스(Euripides) 등 3대 비극작가들이 나왔다. 이들 비극은 대부분 운명극이었다. 불완전한 인간을 원만하고 완전한 神과 대비하여 신에 대한 경건을 가르쳐 주는 한편, 인간이 부단하게 최선의 노력을 다할 때, 비로소 그 代價가 있다는 것을 가르쳤다. 비극은 신화나 전설을 기초로 했으나 희극은 천한 지방통속극의 형태로서 출발하였다.

기원전 3세기 경부터 본격적으로 발전한 희극은 비극과 함께 디오니소스(Dyonisos) 祭典의 중요행사가 되었다. 희극은 당시의 政治와 人情 및 사회적인 모순과 부패상에 대한 풍자였다. 대표적인 작가로는 아리스토파네스(Aristophanes)가 있었다. 헬레니즘 시대 초기에는 아테네에서 메난드로스(Menandros)가 나와 새로운 희극을 시도했으나 신통한 것이 못되었다. 기원전 3세기에 데오크리토스(Theokritos)에 의해 신문학운동이 일어났으나 田園詩의 수준에 불과했다.

歷史敍述의 분야에 있어서 희랍인들은 선구적 구실을 담당했다. 즉 인간사회에 대한 객관적인 관찰과 체계있는 사색은 희랍인들이 처음 시작하였다. 호머는 詩의 형식으로 역사를 서술하였고, 헤시오도스는 神의 계보와 인간문명의 발전과정을 기술하였으며, 크세노폰(Xenophone)은 신화적인 역사서술을 비판했다. 그러나 참다운 의미의 역사서술은 헤로도투스(Herodotus)부터였다. 그가 서술한 『페르시아 戰爭史』는 사료 취급의 정확성은 미흡하였으나, 보고 듣고 느낀 것을 백과전서식으로 기술하여 사람들에게 많은 지식을 전해 주었다. 그리고 『펠로폰네소스 戰爭史』를 서술한 투키디데스(Thucydides)는 사료비판과 인과관계의 정확성을 기하여 역사학의 발전에 크게 기여했다.

宗敎·美術·科學

희랍인들은 초기의 다른 민족과 마찬가지로 수렵과 어로 및 원시적인 농경에 종사하면서 自然의 지배를 받아 왔기 때문에 주변에서 일어나는 여러 가지 초 자연현상의 위력을 믿고 있었다. 그들은 자연현상을 모두 神들 작용이라 생각하였기 때문에 각 폴리스들과 각 지방은 제각기 다수의 신들을 신앙하고 있었다. 그러나 이같은 雜神들과는 별도로 모든 희랍 민족이 다같이 숭배하는 12主神이 있었다. 희랍인들은 이 남녀 12 주신들이 올림푸스(Olympus)의 산정에 살면서 제우스(Zeus) 신의 주도하에 우주 만물과 秩序를 장악한다고 확신하고 있었다.

희랍인들은 신을 초월적인 존재라고는 믿었으나 神의 세계를 人間의 현실세계와 혼동하였다. 각 신은 서로 상이한 성격과 사명 및 형상을 가졌을 뿐 아니라 인간과 마찬가지로 모든 희로애락의 감정을 가졌고, 심지어는 가족적인 血緣關係와 계보까지 있다고 믿었다. 희랍인들은 신을 즐겁게 하고 신의 도움을 얻음으로써 현실적인 慾望을 달성할 수 있다고 믿었기 때문에 화려한 神殿을 건립하고 신을 경배하는 제전에서는 전 민족의 힘을 기울여 각종의 제물과 함께 성대한 演劇과 경기를 열었다.

희랍인들에 있어서 종교는 가장 중요한 생활분야였고 문화활동에 있어서도 귀한 기능을 다했다. 그들은 정치생활에 있어서는 제각기 분열되고 대립하였으나 종교생활에 있어서만은 암픽티온(Ampiction) 이라는 일종의 종교동맹을 형성하였다. 4개 암픽티온 중에서 가장 유명한 것이 델피(Delphi) 신전을 중심으로 한 것이었다. 희랍에는 오리엔트와 달라서 특권적인 神官이 없었다. 市民이 1년씩 교대로 신관직에 취임하였고, 教理를 규정하는 경전이 없었기 때문에 신들에 대한 해석이 自由로왔다.

희랍인들의 우아하고 섬세한 美的인 소질은 자연과 사회환경의 아름다움 그리고 인간적인 宗教觀 등을 유례없는 美의 세계로 표현하였다. 그들은 역사상 처음으로 유기적인 육체로서의 인간의 육체미와 그 가치를 찾아 조각하였다. 그러므로 희랍의 조각은 단순한 寫實에 그치지 않았으며, 인체에 대한 합리적 해석과 자연주의적이고 해부학적인 표현은 희랍 美의 특성인 균형과 조화를 創案했다. 대표적인 조각가로는 기원전 5세기의 피디아스(Phidias), 기원전 4세기의 프락시텔레스(Praxiteles)와 스코파스(Scopas) 등이 있었다.

희랍의 建築은 신전건축을 중심으로 발달하였는데 주로 대리석과 석회석을 사용한 列柱式의 석조건물이 대표적인 것이었다. 열주식 건축은 그 중심에 기둥이 있기 때문에 기둥의 모양과 裝飾에 따라 3개 양식으로 발달하였다. 희랍인들이 가장 많이 이용한 도리아 식(Doric Order)이 먼저 나타났는데, 페리클레스 시대에 거장 이크티누스(Ictinus)가 設計하고 피디아스가 조각한 파르테논 神殿이 대표적인 건물이다. 그 후에 희랍 문화가 발전됨에 따라 섬세하고 우아한 이오니아 식(Ionic Order)이 창안되었다. 헬레니즘 시대에 들어와서는 화려하고 장식이 풍부한 코린트 식(Corinthian Order)이 나타났다. 이 시대의 희랍미술은 간다라(Gandahra) 美術을 통하여 동양에까지 파급되어 中國이나 우리 韓國의 불교미술에 영향을 미친 바 지대하였다.

헬레니즘 文化 중에서도 가장 높은 수준을 나타낸 것이 자연과학 분야였다. 기원전 3세기 프톨레마이오스(Ptolemaios) 王朝의 보호하에 알렉산드리아가 학문연구의 중심이 되었다. 그곳에 王立學士院(Museion)이 설치되었으며, 약 70만권의 장서가 있어서 동방학자들이 모여 연구하는 등 박물관·도서관·연구소의 구실도 하였다. 그 이 외에 천문관측소·해부학연구소·동물원 등도 있었다. 에라토스테네스(Erathosthenes, 기원전 275년경~194년경)는 地球의 주위를 측정하여 근사치를 발견하였고, 아리스타르코스(Aristarchos, 기원전 310~230)는 태양중심설을 주장하였다. 또 아르키메데스(Archimedes 기원전 287~212)는 수학·물리학·응용미술 등에서 천재적인 업적을 남겼다. 그런가 하면 유클레이데스(Eukleides, 기원전 300년경)는 평면기하학을, 헤로필로스(Herophilos, 기원전 3세기 경)는 해부학을 기초로 하여 醫學을 각각 대성하였으나, 기원전 2세기 경부터는 政治的인 불안과 노동 천시의 결과로 자연과학이 점차적으로 침체되고 말았다

Ⅱ. 로마人들의 文化創造

1. 로마人들의 古典古代 文化世界의 形成

로마의 初期 文化

기원전 4세기 후반부터 희랍 문화세계는 쇠퇴와 변질 그리고 차원 다른 문화 단계에 들어가고 있었다. 그런 가운데 헬레니즘이라는 새로운 문화세계가 형성되게 되었다. 그러나 서양 문화의 源流로 볼 수 있는 희랍의 문화유산을 계승하여 서양의 古典文化를 완성시킨 것은 로마인들이었다.

로마인들의 활동무대가 될 이탈리아 반도도 다른 지역과 같이 구석기시대와 신석기시대를 거쳐 금석병용기 시대를 거쳤다. 초기의 인종은 리구리아인(Ligurians)과 이베리아인(Iberians)이었다. 기원전 1,700년 경과 1,200년 경에 로마史의 형성에서 중요한 구실을 한 이탈리아 인(Italicii)들이 들어 왔다. 이들은 湖上住宅에서 살다가 육지생활을 하였고, 청동기구를 사용했으며 火葬하는 풍습이 있었다. 이들을 테라마레(Terramare)人이라 하며, 그들이 남긴 문화를 테라마레 문화라고 한다.

다음에는 움브리인(Umbrians), 라틴인(Latins), 삼니트인(Samnites)들이 들어 왔다. 이들은 이탈리아에 鐵器文化를 전하였고 선주민들을 추방하거나 융합하면서, 움브리인들은 반도의 북부와 중앙지대, 라틴인들은 티베르(Tiber)강의 하류지방, 삼니트인들은 반도의 남부지방의 산악지대와 하천가에 정착하였다.

반도의 서부 해안지대는 기원전 10~8세기 무렵 이래로 에트루리아인(Etrurians)들이 점령하고 있었다. 헤로도투스에 의하면 이들의 原住地는 소아시아 지방이었으나 기원전 10세기와 8세기 2차에 걸쳐서 이동하여 반도의 서부 해안 투스카니(Tuscany) 지방에 定着하였다고 한다. 이들은 도시국가를 창설하고 종교적 연맹체를 형성하면서 영토를 확장하였다. 반도의 남부 해안지대에는 기원전 8세기 이래로 희랍인들이 植民市를 건설하였다. 후일 로마인들은 이곳을 마그나 그레시아(Magna Graecia)라고 불렀다. 아프리카 북부 해안지대와 반도 남방에는 포에니키아인들이 카르타고 시를 중심으로 지중해 세계의 海上權을 독점하였고, 반도 북부에는 갈리아인들이 있었다.

로마인들은 이와 같은 환경 속에서 일개 도시국가로 출발하여 세계제국적인 문화를 건설하고 서양의 古典文化 세계의 완성자가 되었다. 초기 로마인들의 역사적 발전에 관해서는 그들과 에트루리아인들의 관계 때문에 구구한 說이 있으나, 일반적으로는 로마인과 에트루리아인 사이에 종교·정치·군사·사회·언어상의 밀접한 관련성이 있었다고 보고 있다. 특히 초기 로마인들의 여러 制度에 에트루리아인들의 제도들이 영향을 미쳤다고 보는 것이 좋을 것 같다.

로마 초기의 王政에 있어서도 로마인과 에트루리아인과의 관계가 밀접하여 대체로 王들 중의 몇은 에트루리아 출신으로 보고 있다. 즉 이민족인 에트루리아인들이 한때 로마를 지배하였거나, 에트루리아인들의 한 도시국가로서 로마가 출발했다고 보는 것이다. 그러나 기원전 6세기 말 경에 로마인들은 왕정을 추방하고 共和政을 수립하였다. 이것은 로마 민족 내에서의 정치적 革命이라기보다는 에트루리아 王權에 대한 로마인들의 민족적인 해방운동의 결과로 볼 수 있겠다.

로마인들은 수렵생활에서 목축생활을 거쳐 농업경제생활을 하는 한편, 대외전쟁을 빈번히 수행했기 때문에 로마의 神들은 이들과 깊은 관계에 있었다. 그리고 절대적인 가부장권 하의 가족제도가 사회의 근저를 이루고 있었다. 사회의 구성요소로는 貴族(Patricii)과 平民(Plebs) 및 예속민(Clientis) 등이 있었으나 귀족만이 完全市民權을 소유하였다. 시민권에는 公權과 私權이 있었는데, 공권에는 참정권과 선거권 및 피선거권이 있었고, 사권에는 通婚權과 소유권이 있었다.

貴族에게는 국가재정을 부담할 것과 國家防衛의 군사복무가 의무로 되어 있었다. 이들은 로마의 창설 당시의 3개 부족의 자손들이었다. 전통적으로 혈통의 순수성을 자부하였기 때문에 다른 신분과는 通婚하지 않았다. 한편 평민은 그 구성이 복잡하였고, 權利나 義務도 없이 이방인과 같은 존재였다. 그들은 로마 초기에는 숫적으로 적었으나 기원전 6세기 말경에는 그 수가 증가하였고, 共和政 초기에는 귀족의 수를 능가하게 되었다. 귀족은 엄격한 혈연결혼과 빈번한 대외전쟁에서 人命과 재정상의 희생이 많았기 때문에 그들의 수는 감소되고 있었다.

로마사회에서 平民들은 정치적 권리와 거주지의 차별 및 혈연상의 차별을 받았고 경제적으로 不利한 환경에 있으면서도 숫적으로 귀족을 능가하였기 때문에 감소일로의 귀족에게는 위협적인 존재가 되고 있었다. 그러나 귀족은 대외전쟁을 수행하여야 했기 때문에 평민의 軍事的인 원조가 불가피하였다. 이에 이질적인 계급 사이에 각종의 문제가 야기되고, 마침내 투쟁이 전개되었으나 그때마다 상호 화합하여 공화정을 더욱 발전시켰다.

階級鬪爭과 共和政의 發展

평민이 귀족을 상대로 투쟁한 주목적은, 귀족과 同等한 정치적 권리를 획득하고 사회·경제면에서 귀족과 동등한 환경을 조성하자는 것이었다. 이 목적을 달성하기 위하여 기원전 5세기 초에 가혹한 負借法과 불평등한 公地分配 등의 시정을 귀족에게 요청하였으나 거부되자 분리운동을 전개하여 평민만의 獨自的인 국가건설을 기도하였다. 그러나 때마침 로마의 대외정세가 위급해지자 귀족은 평민의 요청을 승인하였을 뿐 아니라, 평민의 權利를 옹호할 수 있는 護民官을 두고 그의 권리가 신성불가침이라고 규정하는 한편, 평민의회의 설치를 허가함으로써 평민자체 내의 선거권·입법권·재판권 등을 행사할 수 있게 하였다. 이제 평민은 로마國家가 인정한 자치기구의 보호하에서 생활하게 되었고, 이 기구를 중심으로 여러 면에 걸친 계급투쟁을 추진할 수 있게 되었다.

기원전 450년 경에는 귀족 중심의 慣習法이 없어지고 로마 최초의 성문법인 12表法(Lex duodecim tabularum)이 제정되어 귀족과 평민 두 계급이 법 앞에 평등하게 되었다. 이 법은 로마 청소년들의 유일한 교과서였다고 한다. 그러나 12표법 중의 제 11표는 귀족과 평민의 通婚을 금지하고 있었기 때문에 평민들은 이 조항의 삭제를 목표로 투쟁을 전개하였다. 즉

귀족의 出生成分의 순수성을 부정하고 두 계급 사이의 출생성분에서 오는 차별을 철폐하자는 것이기 때문에 귀족은 이 제안을 거부해 버렸다. 이에 이 법안의 제안자인 호민관 카눌레이우스(Canuleius)가 평민은 앞으로 일체 軍事召集에 응하지 않겠다고 선언하면서 위협하였다. 이 시기에도 대외전쟁을 수행 중에 있었기 때문에 귀족은 평민의 위협 앞에 굴복하고, 12 표법 중에서 제 11 표를 삭제했다. 이제 로마法의 이론상으로는 두 계급의 출생성분으로 인한 하등의 차별이 없어지게 되고, 기원전 4백년 경부터는 평민도 원로원 의원이 될 수 있게 되었다.

기원전 377 년부터 기원전 367 년까지의 10 년 동안에는 리키니우스(Licinius)法案을 통과시키기 위한 운동이 전개되었다. 로마는 그 때에도 대외군사 작전에 있어서 중요한 시기였기 때문에 귀족은 부득이 리키니우스 법안을 승인하였다. 이 법에 의하여 統領 2 명 중에서 1 명은 평민에서 나오게 되었고, 개인의 公地 점유량과 가축 소유량에 제한을 가하였으며, 地主는 노예만을 고용할 것이 아니라 평민도 그들의 농토에 취업시키도록 하였다. 그리고 평민도 종교상의 神官이 될 수 있게 되었으며, 가혹했던 負借法이 평민을 위해 대폭 수정되었다. 기원전 326 년에는 채무로 인한 人身拘束(Nexum)이 금지되어 채무자를 노예로 매각처분할 수 없게 하였다. 기원전 287 년에는 호르텐시우스 법(Lex Hortensius)이 통과됨으로써 평민의회 결의 사항이 귀족에게도 적용되었다. 이것은 평민의회의 制定法이 전 시민을 제재할 수 있게 되었음을 뜻한다. 民權의 勝利였다.

이와 같은 계급투쟁의 과정을 거쳐 로마 共和政(res publica Romana)이 형식상으로나 법이론상으로 완성되었다. 로마 공화정의 발전과정에 있어서 로마의 이질적인 두 계급은 대내적으로는 장기간에 걸쳐 투쟁을 전개하였으나, 대외적으로는 로마 領土의 확장을 위하여 항상 단결하였다. 그렇기 때문에 도시국가 로마는 희랍적인 分立主義가 아니라 영토적인 민족국가 그리고 또 후에는 人類를 하나의 공동체에 포용하는 세계국가를 건설할 수 있었다.

半島統一과 統治方法

로마인들은 대내적으로 共和政을 발전시키는 한편 대외적으로는 꾸준히 반도통일을 위하여 싸웠다. 기원전 5세기 초에 체결된 라틴 同盟을 그 출발점으로 하여 이후 볼스키 족과 아에쿠이족 및 사빈족을 차례로 정복하였고, 기원전 5세기 全般에서 4세기 前半에는 에트루리아 족과 비에이 戰에서 백년 동안 싸워 승리하였고, 4세기 초에는 갈리아의 위협을 받아 많은 피해를 입었으나 결국은 물리쳤고, 4세기 중엽에 라틴 전쟁에서 라틴 도시들을 굴복시켜 로마에 예속시켰다. 4세기 후반에는 전후 3차에 걸쳐 삼니트족과 싸워 이겼다. 마지막으로 3세기 후반에는 마그나 그레시아를 반도 내에서 몰아냈다. 이렇게 하여 기원전 270년 경에는 반도통일이 거의 완성되었다.

半島統一의 과정에서 로마는 점령지역의 1/3 혹은 1/2을 로마의 公地(ager publicus)로 지정하였고, 특히 완강하게 반항한 敵은 그들 농토의 2/3를 몰수하여 로마의 공지로 지정하였다. 이 공지에는 로마 공화정의 원칙에 따라 로마시민들과 라틴인들을 移民시키고 그 占有權을 부여하였다. 식민방법에는 로마 시민만을 이민시켜 정착케 한 것(Colonia Romana)과 로마 시민과 라틴인들을 혼합하여 이민시켜 정착케 한 것(Colonia Latina) 등 두 가지가 있었다.

한편 피정복 都市는 自治都市(Municipia)와 同盟市(Socii)로 구분하여, 자치도시에는 자치권을 승인하되 로마 시민권의 일부인 결혼권과 통상권만 인정하고 軍事權과 外交權은 로마가 장악하였다. 동맹시는 자치권만을 인정하고 그 외의 것은 일체 로마가 장악하였다. 따라서 피정복 도시들 상호간에는 정복자인 로마에 대항하기 위한 동맹을 체결할 수 없었을 뿐 아니라 군사행동도 일체 불가능하였다.

로마는 이와 같은 分離統治(Division policy)에 따라 이탈리아 반도통일을 유지할 수 있었고, 반도 내에서 그 지위를 확고히 했던 것이다. 당시 로마의 國力을 살펴본다면 초기 로마는 불과 1천 평방 킬로미터에 13만명 정도의 시민밖에 없었으나 점차적으로 그 영토가 확장되고 시민수도 증가하여, 포에니 전쟁이 시작(기원전 264)될 무렵에는 영토가 2만 7천 평방킬로미터로서 이탈리아 반도의 대부분을 지배하게 되었고, 시민수도 28만 2천명으로 증가되었다. 또 이 무렵 軍事動員이 가능한 수는 로마 시민군과 로마 동맹군을 합하여 74만 8천 3백명이나 되었다. 로마는 이때부터 이탈리아 내의 全力量을 동원하여 지중해 세계제국의 歷史를 創造할 모든 준비를 갖추었다고 볼 수 있겠다.

2. 地中海 世界의 統合과 共和政의 危機

포에니 戰爭

로마인들은 地中海를 「우리들의 바다」(Mare nostrum)라고 하는 신념을 품고 있었다. 반도 통일을 성취한 후 그들은 지중해를 정복하여 제국을 건설하려는 목표를 세웠다. 그 역사적인 전환점이 된 것이 바로 포에니 전쟁(기원전 264~146)이었다. 이 전쟁 이전의 로마는 이미 도시국가도 아니고 라티움 州도 아닌 이탈리아 반도를 기반으로 한 古代世界의 방대한 영토적인 통일국가로 변하였다. 그러나 로마의 법률·정치제도 조직은 아직도 도시국가의 영역을 벗어나지 못하고 있었다. 경제면에 있어서도 농업경제를 토대로 한 自然經濟 體制에서 벗어나지 못하였고, 군사면에 있어서도 시민군과 동맹군으로 구성된 육군은 있었으나 海軍이 없었다.

한편 페니키아인의 카르타고는 당시 지중해 세계에 있어서 가장 강력한 해군국이었으며, 商業面에 있어서도 지중해 세계를 무대로 활약하고 있었기 때문에 로마는 지중해에서의 전쟁에는 不利한 처지에 있었다.

포에니 전쟁은 전후 3회에 걸친 백여년 동안의 장기전쟁이었다. 제 1회전(기원전 264~247)에서 勝利한 로마군은 3천 2백 탈렌트의 배상금과 시칠리아와 사르디니아 및 코르시카 등을 영유하게 되었고, 제 2회전(기원전 218~201)에서는 카르타고의 한니발(Hannibal)이 대군을 거느리고 이탈리아 반도까지 침입하여 로마에 큰 타격을 주었으나, 로마의 스키피오(Scipio)가 자마(Zama)전투(기원전 204)에서 최후의 승리를 거두었다. 이 때 전승의 결과 로마는 이베리아 반도와 거액의 배상금을 얻었으며, 카르타고의 군함 보유수를 10척으로 제한하고 나머지는 모두 인수해 버렸다. 그리고 로마군의 士氣가 충천하자 동부 지중해로 진출하여 마케도니아 王國을 멸망케 하고 시리아 왕국을 굴복시켜 소아시아를 점령하였다. 희랍도 그때 로마의 지배하에 들어갔다. 제 2회전에서 패배한 카르타고는 해외의 모든 영토를 로마에 양도하였기 때문에 한 都市만을 영유한 소국에 지나지 않았다. 그러나 로마에 대한 그들의 적개심이 강했기 때문에 서서히 國力을 회복하여 올리브·포도·포도주 등의 생산량을 증가시켜 輸出에 주력한 결과 로마와 이탈리아 반도 내의 대토지 소유자들의 수출에 타격을 주었다.

이에 로마 원로원의 카토(Marcus P. Cato)를 비롯한 대지주들이 카르타고를 멸망시킬 것을 주장하여 마침내 제 3회전(기원전 149~146)이 시작되었다. 로마의 스키피오가 카르타고를 완전히 멸망시키고 이를 로마의 屬州로 지정했다. 이제 지중해는 로마의 內海가 되었고 이탈리아 반도의 역사는 지중해 世界史로 전환되었을 뿐 아니라 로마는 고전고대 세계의 陸·海를 지배하게 되었다.

戰後의 變質과 로마 共和政의 危機

지중해 세계제국을 이룩한 로마는 광대한 領內의 이질적인 地緣·傳統·宗敎·言語·因習을 가진 민족들을 어떻게 통치할 것인가 하는 중대문제를 해결하여야 했다. 따라서 종래의 동맹정책과 융화정책을 버리고 총독정치를 실시하였다. 즉 이방인들을 협력자나 동조자로 볼 것이 아니라 피정복자로 보게 되었다. 모든 속주(Provincia)에는 總督을 두고 행정권 외에 군대를 주어 군사정치를 실시케 하였다. 그러나 토지를 몰수하거나 식민지를 건설하지는 않았다. 토지소유권은 어디까지나 前 所有者에게 있었고 로마는 다만 피정복자들로부터 徵稅를 할 뿐이었다.

총독의 주된 임무는 징세였는데 속주의 행정비와 군사비를 제외하고는 모두 본국에 바쳤다. 그들의 임기는 1년 뿐이었기 때문에 그 동안에 독재권을 행사하여 私財의 축재에 전력을 다하는 자들이 있었으므로 屬州民들은 과중한 착취를 당했다. 뿐만 아니라 租稅請負人(publicanus)들에게 한 지방의 조세 징수의 청부권을 주어 그들로 하여금 조세를 선납케 한 다음, 조세징수의 청부인들은 강제수단에 의하여 거액의 징세를 감행하였고, 또한 총독은 속주 내의 건축과 토목사업에도 관여하거나 고리대금업을 하여 축재하게 되었다.

이와 같은 방법으로 획득한 資本은 이탈리아와 시칠리아 및 아프리카 등지의 토지에 投資됨으로써 대토지 소유제가 더욱 발전하였다. 당시 로마인들은 이익을 얻을 수 있는 직업 중에서 農業보다 더 만족스럽고, 더 유쾌하고, 더 부유하게 하는 것은 없다고 믿었기 때문에 자본이 토지에 투입된 것은 당연하다 하겠다.

한편 무수한 전쟁포로가 大農場에 투입되자 큰 타격을 받은 것은 中小自營農民層이었다. 즉 값싼 노예노동력에 의한 대농장의 경영과 속주로부터의 곡물의 수입, 장기전에 의한 인명과 재산상의 피해 등은 로마의 영토적 확장을 위하여 투쟁한 중소자영농민층을 零落의 지경에 이르게 하였다. 따라서 이농현상이 증가하였고 총독의 가혹한 지배 때문에 각 지방에서 반란과 불안의 기운이 조성되었으며, 奴隸制에 의한 농업의 발달은 노예노동을 가중케 하였기 때문에 기원전 2세기 전반에 노예반란이 일어나기 시작했다.

이와 같은 사회·경제면뿐만 아니라 로마 시민정신에도 큰 변화가 생겼다. 본래 로마인들은 강직하고 素朴하였고 유년시절부터 家父長權에 복종하던 습성으로 청년시절에는 사회와 국가에 순응하였던 것이다. 이같은 정신은 로마의 세계적인 발전과 밀접한 관계가 있었다. 그러나 전후에는 로마의 시민정신이 헬레니즘의 영향으로 종래의 생활태도에 광범하고도 발전적인 변화가 일어났다. 헬레니즘 文化가 로마인들의 教育과 教養을 위하여 활용되었고, 헬레니즘 문화에 대해서 얼마나 알고 추종하는가 하는 것이 유식함을 나타내는 한 尺度가 되었다. 이같은 현상은 로마인들의 시민정신에서 본다면 한 위기라 하겠지만, 사실상에 있어서는 시대정신의 변화요, 후일 기독교의 발전을 위한 기반의 형성인 동시에 유럽문화의 기초적인 분위기의 조성이었다는 점에서 발전적인 현상인 것이다.

그러나 그같은 현상에도 불구하고 큰 결함은 中小自營農民層을 위한

公地의 점유를 제한하는 문제였다. 호민관 티베리우스 그락쿠스(T. Gracchus)와 가이우스 그락쿠스(G. Gracchus)의 개혁운동은 公地의 점유에 양적 제한을 가한 리키니우스 法을 부활시키고 양곡배급을 실시함으로써 영락한 중소 자영농민들을 부흥시키는 동시에 국가적 번영을 이루자는 것이었다. 이들의 농민부흥운동은 대토지소유제에 상당한 제한을 가하게 되므로 원로원 중심의 귀족들에게 타격을 주는 법안이었다.

이 법안들이 제출되자 로마 사회에서는 富의 差에서 발생한 신인귀족층과 빈민층 사이의 투쟁이 시작되었다. 이 법안들의 내용은 당시의 정세에 알맞으며 또한 온건한 것이었으나, 운동의 전개방법이 과격한 데다 新人貴族層의 획책 등으로 실패하였으며, 改革者들과 그 일파는 피살되고 말았다. 이 사건은 로마 共和政의 발전사상에서 최초의 유혈사건이었다. 이것을 계기로 로마 공화정의 후기 사회에서는 혼란이 야기되었다. 그러나 그 혼란은 차원이 다른 歷史性을 의미하는 것이었다.

본래 로마 시민군은 주로 중산층에 의해 구성되었고 또 自辨制였다. 그러나 중산층의 영락은 국방력을 약화시켰기 때문에 傭兵制를 실시하여 무산시민도 구제하고 국방력도 강화하려 하였다. 로마 고유의 市民皆兵制와 군사복무의 自辨制라는 원칙이 무너진 것이다. 그리고 용병은 결과적으로 장군의 私兵으로 되었다. 이 용병제에서 생겨난 將軍의 사병화는 軍閥을 강화할 뿐 중산층의 구제에는 별로 도움이 되지 못했다. 더구나 유굴타전쟁, 동맹시전쟁, 미트라다테스 전쟁 등으로 인한 대외정세의 악화는 유력한 정치가에 의한 私兵主義의 발전을 촉진하였다. 또한 私黨派 싸움이 노골화하여 공화정의 말기 사회는 유혈의 참사를 거듭하게 되었다. 빈민층의 마리우스(Marius)나 신인귀족층의 술라(Sulla)는 私黨派의 대표적인 인물들이었다. 그락쿠스 형제의 개혁운동은 의외의 방향으로 전개되어 당파투쟁의 씨만을 뿌렸던 것이다.

이와 같은 파벌투쟁이 악화됨에 따라 신인귀족층을 대변한 폼페이우스(Pompeius)는 中產層을 대표한 케사르(Caesar) 및 로마의 대부호 크랏수스(Crassus) 등과 합작하여 제 1회의 3頭政治(기원전 60)를 실시하였다. 이들은 서로 지배영역을 정하고 영토확장에 나섰으나, 이것은 공화정의 로마

法理論에서 본다면 위법적인 것이었다.

케사르는 갈리아를 정복하면서 영토확장을 기도하는 한편, 兵力을 부양하면서 자신의 정치적 기반을 확고히 하였고, 크랏수스는 동방 파르티아와의 전쟁에서 전사했다. 로마에 있던 폼페이우스는 케사르의 功績이 커져 명성이 높아지자 원로원과 결탁하여 케사르 軍團들의 해산을 명하고 그를 해치려 했다. 그러나 케사르는 기원전 49년에 이집트, 시리아, 소아시아, 아프리카 등지를 정복하고 기원전 45년 로마에 개선하여 영속적인 통일을 유지하기 위해 로마 세계에 一人支配權을 확립하였으나 공화주의자들에 의해 謀殺되고 말았다.

제 2회의 3頭政治는 케사르의 양자 옥타비아누스(Octavianus)와 장군 안토니우스(Antonius) 및 대부호 레피두스(Lepidus) 등에 의해 실시되었다(기원전 44). 이들도 支配領域을 확정하였으나 결국 이탈리아 以西를 맡은 옥타비아누스와 희랍 以東을 맡은 안토니우스가 악티움 해전(기원전 31)에서 충돌하였다. 이 해전은 당시 반목과 혼란을 거듭하던 로마세계에 있어서 필연적인 것이었으나, 이집트의 프톨레미 왕조 최후의 女王 클레오파트라(Cleopatra)와 안토니우스가 결탁함으로써 헬레니즘 세계의 專制王朝가 서방을 지배하고자 계책한 외부적인 원인도 이에 첨가될 수 있겠다. 그러나 이 海戰에서 서방을 대표하는 옥타비아누스가 승리함으로써 전 지중해세계가 그에 의해 통일되었다. 그락쿠스 兄弟의 개혁운동에서 발단된 로마 내부의 혼란과 無秩序는 약 1세기만에 일단 종결된 셈이다.

그러나 로마의 대중들이 그다지도 渴望하여 創製한 로마共和政(res publica Romana, 로마대중의 정체)은 실제로 사라졌고, 그 회복을 위한 과제는 近代人들에게 넘겨지게 되었다.

3. 地中海 世界帝國의 成立과 變質

아우구스투스와 地中海 世界帝國

악티움 戰勝 이후 옥타비아누스는 內亂을 평정하기 위해 그에게 부여되었던 例外的 命令權을 원로원과 民會에 반납했다. 그러나 기원전 27년 원로원과 민회는 그에게 아우구스투스(Augustus, 존엄자)의 칭호를 부여했다. 이때부터 아우구스투스는 지중해를 주축으로 한 로마세계의 제1인자(Princeps)가 되었고, 그에 의한 統治로 지중해 세계 제국은 새로운 시대를 맞이했다. 史家들은 이때부터 로마帝政(또는 元首政)이 시작된 것으로 본다. 그리고 로마인들에 의해 이 體制 및 그 뒤를 이은 체제가 장기간에 걸쳐 지속되었기 때문에 이 세계를 「지중해 세계제국」이라 한다.

아우구스투스가 구상한 政體는 제1인자에 의한 元首政(Principatus)이었다. 그는 이미 케사르에 의한 專制政體가 실패한 것을 알고 있었고, 또 그 자신이나 일부의 시민들도 공화정이 로마세계에 적합한 정체가 아니라는 것도 시인하고 있었다. 이에 아우구스투스는 로마의 내외정세와 자신의 정치적 생명을 위해 전제군주정과 공화정을 절충한 지배형식을 택했다. 프린켑스는 市民들 중의 제1인자라는 뜻이며, 다른 시민과 동등한 권리를 소유한 존재일 뿐, 超市民的인 존재를 의미하는 것은 아니었다. 그러나 사실상 元首政은 군주정과 다를 바가 없었다. 그는 아프리카와 마케도니아를 제외하고 로마 군단이 주둔하고 있는 모든 속주에 대하여 종래의 명령권을 계속 장악하고 있었다. 속주들 중에서도 중요한 곳은 皇帝領으로 지정하고 그 財政을 관장함으로써 近衛兵制를 확립하는 동시에 상비함대를 설치하고 官吏를 위한 恩給制를 실시했으며, 공공건물·군용도로·교량·상하수도·빈민구제 등에 필요한 비용을 지급하였다.

이와 같이 그는 군대와 재정의 大權을 장악함으로써 황제권을 유지할 수 있었다. 또 로마 시민들과 속주민들에게는 평화와 질서를 회복해 주었고, 종래 착취의 소굴이었던 속주에서의 租稅請負制를 폐지하여 직접 징세함으로써 지중해 제국의 모든 주민들로부터 지지를 받았다. 한편 그는 국경선의 방비를 강화하여 북방은 도나우 강과 라인 강에, 동방은 유프라테스 강과 아라비아 사막에, 서방은 대서양에, 남방은 사하라 사막에 접하고, 브리타니아 島의 남부를 포함하는 대제국을 건설하였다. 그리고 각 국경지대에는 軍團을 파견하여 천연의 요새를 이용하여 국경을 수비하게 하였다.

아우구스투스 이래 역대 황제들 중에는 네로와 같이 낭만적이면서도 기독교를 박해한 것으로 알려져 있는 황제도 있었으나, 네르바, 트라야누스, 하드리아누스, 안토니우스 티우스(Antonius Tius), 마르쿠스 아우렐리우스 등 「5賢帝」의 시대(96~180)도 있었다. 기원전 27년 아우구스투스가 帝位에 즉위할 때부터 180년 마르쿠스 아우렐리우스帝까지의 약 200년 동안에 로마정치는 대체로 안정되고 조직화되었으며, 전 제국 내에서는 각종의 交易이 하등의 장해 없이 자유로이 발전하여 로마는 그 내부에서 소위 「로마의 平和」(Pax Romana)를 누릴 수 있었다. 그러나 다른 한편 기독교도에 대한 박해사건들과 역대 황제들의 專制政을 염두에 두고 그 2백년을 볼 때, 특히 로마시 주변의 무수한 카타콤 내의 陰性的인 존재였던 기독교도를 생각한다면 순수한 平和時代라 보기는 어렵다.

3 세기의 內亂時代

5현제 중 마지막 마르쿠스 아우렐리우스로서 계몽적 군주정이 종결되고 콤모두스(Commodus)황제부터는 內亂의 시대에 들어갔다. 원래 프린키파투스의 權威는 시민의 협찬과 추대를 받고, 군대가 그 배후에 있을 때 유지될 수 있는 것이었다. 그러나 제정 초기부터는 국경선의 경비를 강화하였을 뿐, 이방인의 침입에 대해서는 守勢에 있었기 때문에 로마의 공세가 약화되었다. 이 틈에 이방인들은 국경선을 따라 공세를 취함으로써 그 수비를 담당한 屬州軍人들의 정치에 대한 발언권이 강화되기 시작했다. 이것은 마침내 군인들이 국가의 운명을 좌우할만한 權力을 장악할 수 있게 하는 계기가 되었다.

軍人들은 황제를 옹립하거나 폐위하고, 옹립한 황제를 통하여 자신들의 욕망을 실현코자 했다. 이제 프린키파투스의 權威인 시민의 협찬과 추대, 군대의 배후보장이란 이름뿐이고, 사실상 군대가 帝位의 추대자인 동시에 폐위권도 갖게 되었다. 原理보다 武力이 우위에 있었다. 귀족 출신 황제보다 군인 출신 황제가 더 존대되었고, 군인들은 자신들의 장군을 제위에 오르게 하기 위해 분쟁을 일으켰다. 그래서 192년 이래의 황제를 「兵營皇帝」라 하고 235년부터 285년까지의 황제를 「軍人皇帝」라 한다. 이 50년 동안에 26명의 황제가 교체되고 그 중에 25명이 살해되었다는 것을 보아도 로마의 秩序가 얼마나 혼란했었는가를 알 수 있겠다.

로마인들의 지중해 제국은 군대에 의해 통치되었고, 經濟는 전적으로 군대를 부양하기 위한 것으로 되었다. 특히 이 시기의 중요한 문제는 로마 군대의 변질이다. 즉 중산시민층의 쇠퇴와 더불어 게르만인, 시리아인, 트라키아인 등 異邦人들이 군대에 편입되어 軍의 요직에 앉았다. 로마의 제위를 좌우한 군대는 이미 市民軍이 아니라 이방인 출신으로 구성되어 있었다.

이와 같은 제국 내의 混亂은 외부로부터의 위협을 초래했다. 즉 색슨족(Saxons)은 브리타니아 연안에, 북방에서는 갈리아족이, 프랑크족(Franks)과 알레만니족(Alemanni)은 중앙과 남방에서, 마르코만니족(Marcomanni)은 도나우강의 국경지대에서, 페르시아의 사산(Sasan) 왕조는 동방에서부터 각각 제국을 위협해 왔다. 3세기 전반에 걸친 로마의 내우외환이 로마 시민을 자극하여 제국의 權威를 회복하려는 기운이 조성되는 가운데 디오클레티아누스(Diocletianus) 황제가 즉위하였다.

디오클레티아누스의 中興策과 古代世界의 變質

군인황제 시대를 거쳐 제위에 오른 디오클레티아누스(284~305)는 내우외환을 물리치고 프린키파투스가 아닌 다른 政體를 채택하였다. 즉 자신을 임페라토르(Imperator)가 아닌 도미누스(Dominus, 主)라 칭하고 시민들은 수비엑트(Subiect, 臣)라고 불렀다. 도미누스는 市民과 동일한 개인이 아니라 초개인적인 존재였고, 도미누스로서의 황제는 시민의 추대를 필요로 하지 않았다. 이제 원로원의 권위와 市民의 特權이 없어졌다. 황제 자신도 군대의 세력을 배경으로 즉위하였으나, 제위의 존엄성을 유지하기 위해서는 군대가 황제에게 영향을 미치는 것을 피해야 했으므로 군대의 정치간섭을 배제했다. 그는 또 확대된 영토를 일인 통치로 관장할 수 없음을 자인하고, 제국의 통일을 沮害하지 않는 동서분할의 통치책을 택하여 각각 正帝와 副帝를 두었다. 즉 자신이 계속 독재적 지배자이면서도 공동 통치자를 두어 서방에 대한 지배권을 부여했던 것이다.

공동 통치자들은 다시 그들의 영토를 2분하여 각각 副皇帝를 두고 분할 통치할 뿐 아니라 차기의 황제로 指名하기도 했으므로 제위의 계승문제까지 미리 해결했다. 프린키파투스와는 전혀 다른 도미나투스(Dominatus, 전제군주제)였다. 그리고 東方式의 황제숭배를 장려하였다. 분할통치와 제위계승 문제를 확립한 주요목적은 시민의 福祉보다도 國權의 회복과 그 강화에 있었기 때문에 황제의 중요 직무는 국가방위와 군대지휘에 있었다. 디오클레티아누스가 군사개혁을 단행한 것도 국가방위에 주목적이 있었다. 군사개혁의 단행은 결과적으로 군대 규모의 확대와 장교 수의 증가, 군대의 질적인 低下 등을 가져왔다. 또 군인은 이탈리아 인이나 屬州人들보다 게르만인이 더 많았고, 이들이 요직에 앉았다. 이것은 로마군대가 게르만化하였다는 것을 의미하는 것이다.

다음은 그의 행정개혁이다. 즉 租稅의 징수를 편리하게 하기 위하여 제국을 4개 도와 17개 주 및 101개 현으로 구분하고 각종 官吏를 임명하는 한편, 자신의 신변안전을 위하여 비밀경찰을 두는 동시에 궁정에는 궁내장관을 두었다. 이같은 행정개혁으로 관리의 수적 증가와 질적 저하를 초래했다.

이와 같은 2가지의 중흥정책은 國庫의 지출을 과중케 하였는데, 그 財源은 과거 백년 동안 내란에 지쳐버린 속주민과 시민들에게 부과되었다. 일반 조세 이외에 군대 유지를 위한 現物稅(Annona)가 징수되었고, 농민과 수송업자에게 군수품의 수송을 강요하였다. 군인황제 시대의 불법적인 조세가 이제 합법화되었다. 군수업·毛織業·제빵업과 같은 중요 부문에 있어서도 무상으로 일정량을 제공케 하는 등 여러 가지 책임을 부과했다. 책임을 이행 못할 경우에나 업체가 파산하는 경우에도 강제로 유지하게 하였다. 자유노동자의 경우에도 직장 이탈을 국가가 엄금하여 직업을 고정시켰다.

農民의 경우도 과중한 조세와 강제노동을 피하기 위해 거주지와 직업을 이탈하려 했는데, 국가는 그들을 土地에 얽매어 두기 위하여 노예에 의한 대규모의 농업 대신에 콜로누스(토착농부, Colonus)제를 택했다. 콜로누스들은 법적으로는 자유민이었지만 그들의 경작지를 이탈할 수 없었다. 이 같은 소규모의 농업경영 체제는 自然經濟를 전제로 하는 것으로 디오클레티아누스 시대 이래로 광범하게 파급되었기 때문에 국내외의 交易이 점차 침체되었다. 이 시기에 있어서 직업의 세습화, 토착농부제의 파급, 교역의 침체가 초래되고 자연경제가 중시되었다는 것은 벌써 중세에로 넘어가는 한 과정이 조성되고 있었다고 볼 수 있겠다.

디오클레티아누스 황제 다음에는 한때 지배자 사이에서 政爭이 벌어졌으나 최후의 勝利를 획득한 콘스탄티누스(Constantinus, 306~337)가 제위에 올랐다. 그는 제위를 콘스탄티누스 家門이 세습해야 함을 주장하고, 동방적인 전제주의를 확립하였다. 皇室은 초월적인 家系로서, 제위나 제국은 家長인 황제의 소유물이 되어버렸다. 즉 왕조가 성립된 것이다. 이 왕조는 군대의 忠誠과 기독교의 지지를 받을 수 있었다. 이와 같이 통치의 원리가 달라졌을 뿐 아니라 정치·경제·문화 등 각 분야에서 그 중심이 동방으로 이동하는 경향이 뚜렷했다. 황제도 소 아시아의 니코메디아(Nicomedia)에 상주하고 있었다. 기원전 325년에는 비잔티움(Byzantium)으로 천도하였다. 이곳은 게르만 민족의 이동이 불가능하다는 것과 동방식의 전제정치를 하기 위해서는 共和主義의 구세력이 잔존한 로마시를 떠나야 한다는 것 그리고 경제적으로 東西의 요충지대라는 것 등이 그 주요 이유였다. 그 명칭도 헬리니즘 식으로 황제의 이름을 붙여 콘스탄티노플(Constantinople)이라 개칭하였다(330).

그러나 제국의 統一과 평화는 실현될 수 없었다. 동방에서의 페르시아의 위협, 서방에서의 게르만 민족의 이동이 끊이지 않았다. 이같은 시기에 데오도시우스(Theodosius, 379~395)가 즉위하였는데, 危機의 해결책으로 제국을 2분하여(395), 장남 아르카디우스(Arcadius)에게는 비잔티움을 수도로 한 동 로마제국을, 차남 호노리우스(Honorius)에게는 로마를 수도로 한 서 로마제국을 각각 統治케 하고, 동 로마제국의 황제가 서 로마제국의 황제보다 우위에 서게 하였다. 이 분할통치는 처음에는 편의상 위기의 해결책이었으나 결국에는 영원한 것이 되고 말았다. 분할된 이래 서 로마帝國은 약 80년 동안 그 명맥을 유지하다가 476년에 그 帝權을 상실하였다. 이제 統一的 고전 고대세계의 통일성이 支配構造上에서는 와해되었다. 그렇다고 해서 고전고대의 문화와 大衆까지도 멸망한 것은 아니다. 고전고대 문화는 로마帝國의 遺民과 이동민으로서의 게르만 족에 의해 계속 유지되면서 복합적인 성격을 형성하였다. 한편 동 로마제국은 유럽 中世를 통해 존속했다(1453년 멸망).

4. 로마의 文化 世界創造

로마文化의 特徵

고전고대 문화권의 형성을 완수한 로마인들은 武力的·政治的으로는 희랍 문화세계를 정복하였지만, 문화적으로는 오히려 희랍인에게 정복당하였다. 로마인들은 희랍인들과 같이 사색적·예술적인 천품의 소유자가 아니었다. 희랍인들은 學問과 藝術 분야에서 로마인들의 스승이었고, 로마인들은 희랍 문화의 충실한 모방자였다. 그러나 로마인들은 실천적이고 현실적인 분야에서는 獨創性을 발휘하였다. 로마인들이 군사와 통치분야에서 발휘한 유례없는 조직력과 토목 및 건축 등 건설사업에서 과시한 정력과 富力 및 다른 문화들을 섭취 보존할 수 있는 포용력 등은 모두 그들의 탁월성을 보여주는 것이다.

로마인들이 세계 문화사상에 남긴 최대의 업적은 첫째 로마 共和政(res publica romana)을 창제하였다는 것과 정치에 의한 세계통치, 즉 세계제국을 건설했다는 점이다. 그들은 眞理와 理念의 탐구나 이론적인 사색, 예술적 창조보다도 현실문제의 해결을 더 중요시하였다. 로마인들은 이데알리스트가 아니라 리얼리스트였다.

둘째, 희랍문화를 계승하여 서 유럽에 전하였고 한 속주에서 일어난 기독교를 세계제국에 보급시켜 헬레니즘과 헤브라이즘이 유럽 史上에 있어서 두 가지의 큰 원류가 되게 했다는 것이다.

세째, 人間性(Humanitas) 이라는 말을 처음으로 광범하게 적용하였다는 것이다. 물론 보편적인 인간사상은 희랍에서 나왔지만 그들의 인간성은 자신들과 동포만을 포함하는 것이었다. 그러나 로마인들은 인종·민족·종교·인습 등의 차별을 인정하면서도 결국에는 공통적·보편적인 인간성을 인정하였다. 人格의 平等·人道主義·博愛主義는 역사적으로 알렉산더 대왕 이래의 헬레니즘에서 비롯되지만, 이를 조직적으로 그리고 또 법제화한 것은 모두 로마인의 인간성에서 나왔고, 이 思想을 길러낸 것도 로마인들이었다.

法 律

로마인의 文化的인 특징을 가장 뚜렷하게 반영하고 후세에까지 영속적으로 공헌한 것은 법률이다. 로마 법은 로마의 문화세계가 남긴 최대의 유산으로서 그들의 유구한 정치활동의 산물이며, 광대한 세계제국의 통치와 질서를 유지하는 데 기본이 되었다. 공화정의 초창기부터 창제된 로마 법은 로마 시민들에게만 적용되는 市民法(Ius civile)이 있었다. 12表法은 최초의 成文法으로서 소수의 로마 시민들에게만 적용되었다. 그러나 로마의 세력이 이탈리아 반도 전역과 지중해 세계제국에까지 확대되게 되었을 때는, 광대한 지역의 모든 주민들에게 적용될 수 있는 萬民法(Ius gentium)이 발달하였다. 이 법률은 제정 초기 2~3세기 동안에 각 지역의 풍부한 법사상과 학문의 영향을 받아 법률 자체의 미비점을 쇄신하여 自然法(Ius naturale)으로 통용되었다. 자연법이라 함은 모든 개별성과 특수성을 초월한 자연계의 이치와도 같이 영원불변하고 보편적인 法律이라는 뜻이다. 로마법은 이와 같이 世界性을 지니고 있는 데에 그 위대성이 있는 것이다.

서 로마제국의 정치권력 구조가 와해된 이후 동 로마제국의 유스티니아누스(Justinianus, 527~565)는 제국 내의 저명한 법학자들을 모아 당시까지의 로마법을 집성하여 『로마法 大全』(Corpus Jurius Civiles)을 완성하였다. 이 法典은 로마법의 금자탑으로서 중세의 교회법과 게르만 부족들의 성문법에도 영향을 주었고 근세 서 유럽 국가들에 있어서의 法源이 되었다.

文學·哲學·歷史·科學

로마의 문학작품들은 라틴어를 통하여 고유한 文章을 엮었으며 희랍 문학의 영향을 받아 그들대로의 문학을 발전시켰다. 공화정 시대에는 웅변가이자 詩人인 카토(Cato)와 카툴루스(Catullus), 라틴 散文의 완성자이며 웅변가인 키케로(Cicero) 등이 배출되었다. 한편 제정시대의 소위 「로마의 平和」는 라틴 문학의 황금시대를 가져왔다. 위대한 詩人 베르길리우스

(Vergilius), 호라티우스(Horatius), 오비디우스(Ovidius) 등이 배출되어 희랍 문학에 필적하게 되었다. 특히 베르길리우스는 로마 최대의 라틴 시인으로서 호머의 영향을 받아 서사시『아네이스』에 로마의 영웅시대를 노래하여 로마의 민족정신을 고취시켰다.

로마의 哲學은 그들의 현실적인 성격과 헬레니즘의 영향으로 사물의 본질을 규명하는 사색적·관념적인 것보다 實際를 주제로 하는 실천철학을 발전시켰다. 공화정 말기에 루크레티우스(Lucretius)는 그의 詩文을 통하여 에피쿠로스의 철학사상을 소개하였고, 상류 사회에 보급되었던 스토아 철학의 영향으로 키케로, 세네카(Seneca), 에픽테투스(Epictetus), 哲人皇帝 마르쿠스 아우렐리우스와 같은 사상가들이 배출되었다.

역사서술에 있어서도 희랍 史家들의 서술방법을 계승, 발전시켰다고 보아야겠다. 위대한 역사를 創造한 로마인들은 일찌기 위대한 역사가를 배출하지는 못했다. 그러나 제 2 차 포에니 전쟁 이래 희랍인들과 접촉이 빈번해지면서 그 영향을 받아 역사서술이 활발해졌다. 로마인들은 로마의 세계적인 발전의 必然性을 역사적으로 기술하려 하였다. 리비우스(Livius)의 『로마史』, 케사르의 『갈리아 戰記』, 살루스티우스(Sallustius)의 『歷史』, 타키투스의 『게르마니아』와 『年代記』, 플루타르크(Plutarchus)의 『英雄傳』 등이 그 대표적인 것이다. 로마인의 역사서술 태도는 주로 실용적·교훈적·세계사적인 성격을 띠고 있었다.

자연과학은 로마의 모든 학문들 중에서도 가장 후진된 것이었다. 그들은 헬레니즘 시대의 科學을 계승하지 못했기 때문에 자연과학은 한동안 공백기로 남겨져 있었다. 다만 동방에서 이루어진 과학적 업적을 수집하여 정리한 백과전서식으로 된 플리니우스(Plinius)의 『博物史』와 케사르에 의해 이집트에서 수입된 신역법인 유리우스曆, 프톨레마이오스의 지리학과 천문학, 갈레노스(Galenos)의 의학, 스트라보(Strabo)의 지리학 등이 대표적인 것이다.

美術·建築·土木

로마인들은 희랍인들의 작품을 숭상하고 모방하였다. 희랍 미술의 원작이 거의 인멸된 후세에 완전한 모습으로 전해진 것도 로마인들의 模作複製활동의 덕분이었다. 희랍인들은 비현실적인 理想美를 추구하면서 神話와 같은 세계를 미술활동의 대상으로 한 데 반하여, 로마인들은 역사사실이나 실재인물을 소재로 하여 미술활동을 하였다. 한편 로마인들은 토목과 건축분야에서는 天才的인 재능을 발휘하였다. 희랍인의 건축처럼 우아하고 고상하지는 않았지만 그 장중하고 웅대한 규모는 감탄할 만하다. 건축에 있어서도 비실용적인 神殿과 분묘보다는 실용적인 공공건물·도로·교량·상하수도·콜로세움·공공욕장·개선문 등을 만들었다. 그 중에서 콜로세움은 150척의 높이에 4만 5천의 좌석을 구비하였고, 카라칼라 大浴場은 32에이커로 동시에 2,3만명을 수용할 수 있었다는 것만 보아도 로마인들의 건축이 얼마나 웅대했는가를 알 수 있겠다.

宗 敎

본래 로마인의 종교는 희랍 종교의 영향을 받아 올림푸스 神들에 로마적 해석을 가미한 다신교였다. 희랍인들처럼 주변에서 일어나는 모든 자연현상과 인간문제를 神이 지배한다고 생각했기 때문에 많은 신들이 존재한다고 믿었다. 그러나 신들이 어떠한 형상을 가졌다거나, 신들의 세계가 인간의 세계와 친근하다든가 하는 그런 세계에서의 신화 같은 것은 전승되지 않았다. 그렇기 때문에 로마인들의 종교 세계는 創造的인 예술활동을 뒷받침하지 못했다. 그러나 家族과 血統的인 관념이 강하였기 때문에 조상숭배 사상이 엄격하였다. 그들은 신의 재액을 두려워했으며 종교의식을 존중하였는데, 일정한 형식을 갖춘 儀式은 신전과 제전을 주관하는 고위관리에 의해 집행되었다.

그러나 공화정의 후기부터 로마인들의 해외진출이 잦아지자 각지로부터 흘러 들어 온 각종 종교가 로마인들의 宗敎生活에 큰 변화를 일으켰다. 희랍 종교로부터는 신화와 우상이 수입되어 로마 고유의 신과 구별하기 어렵게 되었고, 이집트의 이시스교, 페르시아의 미트라교 등도 들어와 널리 보급되었다. 또한 帝權이 강화됨에 따라 동방적인 황제숭배의 사조가 도입되면서 황제가 신격화되어 종교적인 색채마저 띠게 되었다. 이와 같은 정신적·종교적인 혼란 속에서도 강력한 보편정신이 싹텄는데, 그것은 고대 말기의 정신계와 종교계에 등장한 기독교였다.

5. 基督敎의 成立과 信仰의 自由

기독교는 본래 동방의 종교인 유대교의 신앙에서 시작되었다. 유대인들은 宇宙의 지배신으로서의 유일신 여호와(Jehovah)를 믿는 고대세계 최초의 일신교도였으나, 동방의 강대국들의 중간 위치에 놓인 약소 민족이었기 때문에 民族的인 수난을 겪었다. 유대교가 戒律主義的이고 배타적인 데다가 외국의 지배밑에서 受難을 겪었기 때문에 예언자로서의 민족적인 지도자들을 중심으로 역사적인 수난을 이겨내는 민족적인 團合을 이룩하였다. 그들은 민족적인 수난이 심해질수록 종교생활은 배타적인 순결성을 더욱 깊게 하였다. 즉 민족적인 고난이라는 현실생활 속에서, 신의 심판이 내릴 終末의 날에는 신의 選民 유대인들이 메시아(Messiah, 구세주)의 구원을 받아 天國으로 가리라 믿었다.

이와 같은 분위기 속에서 예수가 탄생하였다. 유대인들은 예수의 탄생을 대망하였던 메시아의 출현이라 믿었다. 그러나 예수는 유대교의 선민사상과 계율사상에 내포된 배타성을 배척하면서 貧富·民族·階級·傳統의 차별을 초월한 神의 사랑과 終末的인 救濟觀을 역설하였다. 예수의 이같은 반유대적인 사상은 보수적인 유대교의 제사장과 바리새 교도 및 율법학자 등의 반감을 사게 되었고, 일반민중들도 예수가 그들이 고대하던 메시아가 아님을 알고 憎惡하고 모함하였다. 이같은 상황에서 로마제국은 예수의 기독교를 탄압하지 않을 수 없게 되어 마침내 예수는 재판을 거쳐 30년 경에 예루살렘 교외의 골고다 산상에서 십자가에 못박히게 되었다.

그러나 使徒 바울과 베드로 등은 예수의 復活을 믿고 적극적인 포교에 힘썼다. 그리하여 유대민족이나 동방의 주민들은 물론, 로마 제국에까지 전파되면서(기원 47년) 마침내 기독교가 성립되었다. 이 초창기를 원시 기독교 시대라고 한다. 예수의 福音과 사도행전 등을 수록한 것이 신약성서로서 유대교에서 이어 받은 구약성서와 함께 기독교의 경전으로 되었다.

로마 제국은 종교에 대하여 관대하였으나 기독교도들이 로마의 在來神과 皇帝禮拜를 거부하였고 또 기독교가 희랍과 로마세계에서 증오하던 유대인으로부터 나왔다는 것을 비롯하여, 기독교도들과 유대교도들의 대립, 生命을 희생하면서까지 기독교도임을 수호하려는 옹고집, 그리고 이교도들이 기독교도들에 대해 비난한 不服從과 추행 등의 이유로 로마제국에 의해 박해를 받게 되었다. 기독교도에 대한 로마제국의 탄압은 네로 황제시대부터 디오클레티아누스에 이르기까지 약 250년 동안 단속적으로 진행되었다. 그러나 교도들의 순교정신과 지하묘소(Catacomb)에서 예배의식을 거행할 정도의 열렬한 信仰心으로 인해 신도수는 날로 증가하였다. 4세기에 이르러서는 로마제국 각지에서 사회적 세력을 형성하였다. 宮廷에까지 그 신앙이 전도되었기 때문에 로마 세계제국의 統一을 위해서는 기독교에 대한 박해를 계속할 수 없게 되었다. 그리하여 콘스탄티누스 大帝는 313년에 밀라노 칙령(L'edict de Milan)을 발포하고 기독교 신앙의 자유를 인정하였다.

콘스탄티누스 대제의 기독교 공인은 帝位의 경쟁자와 대항하기 위하여, 또 정략상으로 기독교도와 결탁하기 위하여 또 세계제국의 통일을 유지하기 위해 취해진 것으로 생각되고 있다. 한편 기독교도 원시 기독교 시대와는 달리 자체 내에서 現實과 타협하려 했다. 즉 信者가 로마의 병사로 출정하는 것을 인정하였고, 성경에서는 富者가 천국에 들어갈 수 없다고 하였으나 교회는 현세의 빈부와 신분의 차별을 인정하였다.

그러나 신학 이론상에서도 해결하여야 할 문제가 있었다. 325년에 니케아(Nicaea) 종교회의에서는 예수가 인간이라는 아리우스(Arius)파의 說을 이단으로 하고, 아타나시우스(Athanasius)파의 3位 1體說을 정통교리로 하였다. 이로써 기독교의 기본적인 교리가 확립되었다. 그 다음에는 아우구스티누스(Augustinus)에 의하여 기독교 신앙의 실천적인 방법이 제시되었다. 이러한 과정을 거친 다음에 정통적인 教義와 교회조직 밑에 단합된 카톨릭 교회(Katholikos, 보편적 · 공적)가 확립되어, 서양 고전고대가 중세시대에 넘겨준 遺産들 중에서도 최대의 것으로서 종교개혁에 이르기까지 1천여년 동안을 두고 서방세계에 영향력을 미쳤던 것이다.

제 4 장 中世의 文化世界

1. 西 유럽 社會의 形成

中世文化의 意味

로마 세계제국 말기의 政治·社會·經濟 등 여러 분야에 걸친 대내적인 위기와 게르만 민족의 이동(Völkerwanderung)이라는 대외적인 위기의 혼란 속에서 서 로마의 帝權이 붕괴되고, 7~8세기 경부터 아라비아인의 진출이 활발해지자 地中海를 중심한 고전고대 문화의 성격은 그 本質을 내포한 채 점차적으로 변질되었다. 이 장기에 걸친 변질과정을 거쳐 고전고대의 문화를 기반으로 한 역사적 발전을 전개한 것이 중세 문화세계이며, 그 세계 속에서 근세의 文化가 형성된 것이다. 즉 게르만·라틴·슬라브 등의 서양 민족들이 역사발전에 중요한 구실을 수행하고, 근대의 西 유럽·東 유럽·中方(또는 近西) 등지에서 국가활동이 시작된 것도 중세시대부터였다. 그뿐만 아니라 현대의 서양문화는 각종의 문화적 요소의 複合體라 할 수 있는데, 그 형성도 중세시대에 이룩된 것이라 해도 과언이 아닐 성싶다.

따라서 14, 15세기 르네상스 시대의 인문주의자들이 자기들의 시대를 古典이 再生(wieder klassisch)하는 시대이고, 중세는 문화의 빛이 없는 암흑시대라 보았지만, 사실상 중세문화는 세계 문화사상에 있어서 어느 시대보다 더 중요한 의미를 간직하고 있다.

이같은 의미가 있는 중세는 대체로 4~5세기에서 14~15세기까지의 약 1천년 동안에 해당되는데, 이 기간을 特徵的인 현상에 따라 전기·중기·후기로 구분할 수 있겠다. 전기는 4~5세기부터 9세기까지로 게르만 민족의 대이동과 그들에 의한 국가건설이 있었고, 그 이후에 서 유럽 민족들을 통합한 프랑크 왕국이 성립되어 로마 카톨릭교회와의 협조하에 서 유럽

사회를 안정시켰던 시기이다. 중기는 10세기부터 13세기까지로서 프랑크 왕국의 해체와 동시에 독일과 프랑스 및 잉글란드 왕국 등의 기틀이 마련되었으며, 封建制度가 성숙되고 教皇權이 절정에 달했고 십자군 운동의 시기이다. 후기는 14세기부터 15세기까지로서 봉건사회와 교황권이 동요되고, 십자군 운동과 그 여파 등을 계기로 중세사회에는 점차적인 변질의 기운이 조성되는 시기이다.

한편 서 로마제국 황제권의 붕괴에 따라 통일적 지중해 세계는 대체로 세 지역, 즉 서 유럽의 로마적·게르만적 세계와 동 유럽의 희랍적·슬라브적 세계 및 中方(또는 近西)과 아프리카 북 해안에서 이베리아 반도에 걸친 희랍적·이슬람적 세계 등으로 나누어졌다. 이와 같은 지역별의 분리현상으로 말미암아 로마 세계제국의 公路이던 지중해는 양단되었으며, 동방세계는 서방 세계와 분리되고 말았다. 이제 서 유럽세계는 동방과의 교섭을 중단하고 독자적인 문화세계를 형성하기에 이르렀다.

게르만 民族의 移動과 建國

대이동 이전의 게르만 민족을 원시 게르만 족(Urgermanen)이라 하는데, 이들은 동 게르만 족(Ostgermanen)과 서 게르만 족(Westgermanen)으로 나눌 수 있다. 희랍인과 로마인들과 같이 인도·유럽 語族에 속한다. 이들은 원주지인 유럽 동북부를 중심으로 분포지역을 확대하는 한편, 村落을 형성하고 어로와 목축을 生業으로 하였으나, 점차적으로 농경방법이 도입되고, 血緣團體의 규모가 커짐에 따라 정착생활을 하게 되었다. 그들의 사회제도를 보면 분산된 부족은 한 王이나 두명 정도의 首長을 추대하고, 平等한 발언권을 가진 自由民으로 구성된 民會에서 정치를 운영하였다. 그들의 토지는 반 혈연·반 지연적인 촌락공동체가 總有하고, 정기적으로 교대하면서 분할, 경작하였다.

게르만 민족은 寒冷한 원주지를 버리고 온화한 남쪽으로 서서히 이동하면서부터 공화정 시대의 로마와 빈번한 접촉을 가지게 되었고(기원전 2세기경), 기원전 1세기 경에는 라인 강과 도나우 강을 경계로 하여 로마와 대치 상태에 있었기 때문에 武力的인 충돌이 빈번하였다. 그러나 로마 帝

政期에는 무력적인 방법을 포기하고 점차 평화적으로 이동하였는데, 이로써 그들의 뜻을 성취할 수 있게 되었다. 즉 당시 人力이 부족하였던 로마 사회에 게르만 족들이 奴隷와 農民 또는 傭兵으로서 이주할 수 있게 된 것이다. 게르만 족들은 강한 의지력을 가졌고 소박하고 성실한 데다 체격이 건전하였기 때문에 용병으로서뿐 아니라 농업을 비롯한 각 분야에 적합한 民族이었다. 이에 로마인들은 오히려 그들을 환영하는 형편이었다.

이와 같은 형세는 점차 노골화되어 마침내는 로마의 傭兵뿐만 아니라 로마 사회의 각계 각층에까지 침투하게 되었다. 게르만 족의 이주 초기에는 그 수가 적어 게르만 족들이 로마化되더니, 점차 그 수가 증가하자 軍事와 정치분야에서 權力이 신장되어 로마를 게르만化시키는 현상도 있었다. 2세기 말에서부터 3세기에 걸친 로마의 내부적 위기는 게르만 족들의 집단적 이동을 한층 더 촉발시켰다. 즉 160년에 게르만 족들의 한 종족인 마르코만(Marcoman)이 도나우 강의 중류로부터 이동하였고, 라인 강 유역에서는 아라만(Araman)족과 프랑크(Frank)족 등이 이동하였으며, 동쪽에서는 고드(Goth)족이 도나우 강의 하류에 넘어 왔으나 로마는 내부적 혼란 때문에 이들에 대한 防備策을 강구하지 못했다. 이러한 과정을 거쳐 375년에 게르만 민족의 대이동이 있었던 것이다.

이 대이동의 원인에 대해서는 여러 가지 각도에서 설명될 수 있겠으나, 일반적으로는 동양계의 훈 족이 370년 경에 볼가(Volga) 강을 건너 유럽 방면으로 침입하였기 때문에 흑해 북해안에 있던 동 고드 족이 이동하였고, 도나우 支流의 서 고드 족도 위협을 받아 로마 영내에 수용해 줄 것을 요청하였기 때문에 로마의 盟邦(foederati)으로서 이주할 수 있게 된 것으로 본다. 이 맹방은 382년에 처음 체결되었는데, 그 이래 게르만 민족의 다른 부족들도 로마와 맹방관계를 맺게 되어 로마의 領內 도처에 맹방이 형성되었다. 맹방은 제국의 法律이나 지방행정 및 租稅 등에 구애받지 않았고, 또 제국의 裁判과도 아무런 관계가 없었다. 맹방의 토지는 명의상은 로마領이지만 사실상 게르만 민족의 부족들에게 放任된 것으로, 명백히 로마 제국 경계선의 후퇴 내지는 제국 안에 한 국가가 탄생하였음을 의미하는 것이다. 게다가 게르만 민족은 로마의 맹방에만 만족치 않고 더 비옥한 경작지를 요구했던 것이다.

이와 같은 민족이동의 波動이 약 백년 동안이나 계속되는 과정에서 남하한 게르만민족은 여러 王國을 건설하였다. 즉 스페인과 갈리아 지방에는 서고드왕국, 이탈리아에는 동고드왕국, 아프리카 북부에는 반달왕국, 잉글란드에는 앵글로-색슨의 7왕국, 북부 이탈리아에는 롬바르드 왕국 등이 수립되었다. 이 혼란 속에서 서로마제국의 로물루스 아우구스툴루스(Romulus Augustulus) 황제가 게르만 출신의 용병대장 오도아케르(Odoacer)에 의해 폐위되었다(476).

프랑크 王國의 發展

앞에서 본 대부분의 게르만 부족들은 그들의 본거지를 거의 버리고 이동하였기 때문에 固有性을 상실하기 쉬웠으나, 프랑크 부족만은 원주지를 중심으로 그 세력을 확장하였다. 그들의 이동은 본거지를 중심으로 한 그 영토의 확대에 지나지 않았기 때문에 그들 고유의 傳統을 유지하는 가운데 갈리아 지방에 건국하였다. 프랑크 왕국은 그 발전과정에서 로마 敎皇權과 결합하였다는 것, 게르만의 부족들을 통합하였다는 것, 또 중세 유럽의 法制들과 경제조직의 한 원천이 되었다는 것 등으로 말미암아 중세 문화사에서 중요한 위치를 차지한다.

이 왕국은 전·후의 2기로 나눌 수 있다. 전기는 클로비스(Clovis)에서 시작된 메로빙 왕조(Merovingian dynasty)이고, 후기는 피핀 短軀王(Pippin the short)에서 시작된 카롤링 왕조(Carolingian dynasty)이다. 프랑크족은 로마의 율리아누스(Julianus) 황제 때에 로마와 맹방관계를 맺었으며, 5세기말에 클로비스(481~511)가 王位에 오르면서 국가통일과 영토확장에 진력하였으며, 로마 카톨릭교로 개종한 이후 급진적인 발전을 거듭하였다. 496년 12월 25일에 클로비스가 왕비와 3천 여명의 朝臣들을 거느리고 카톨릭 교회의 洗禮를 받은 것은 宗敎史뿐만 아니라 문화사와 정치사에 있어서도 중요한 의미가 있다고 보겠다.

클로비스가 개종한 동기에 관해서는 구구한 견해가 있는데, 그의 지상목표인 국가통일과 영토확대를 위한 한 수단으로 개종하였다는 것도 이유가

될 수 있겠지만, 무엇보다도 聖레미기우스(St. Remigius)를 비롯한 로마 교회 성직자들의 비상한 노력이 주효했다고 보아야겠다. 어쨌든 그의 개종으로 게르만 국가와 로마교회는 公式的으로 결합하게 되었다. 즉 로마교회는 교황권(Sacerdotium)을 중심으로 서방의 종교적·정신적인 지주로서 공인되고, 프랑크 왕국은 왕권(Imperium)을 중심으로 서방의 정치적·무력적 지주가 되어 상호 의존관계를 맺게 된 것이다.

이와 같은 발전과정에서 511년에 클로비스가 사망하자, 部族法에 따라 영토가 4명의 王子에게 분할, 통치되어 혼란을 거듭하는 동안 역대 宮宰들이 실권을 장악했다. 특히 궁재 카알 마르텔(Karl Martell) 시대에는 이슬람교도의 침략을 받았으나(732), 스페인의 투르(Tours)에서 격퇴하였다. 이교도의 침략으로부터 기독교 세계를 보호한 것은 기독교사뿐만 아니라 서양 문화사에 있어서도 중요한 의미를 갖는다.

그러나 궁재에 있던 그의 아들 피핀은 메로빙 王朝의 왕을 폐위시키고 그 자신이 프랑크의 王位에 오르면서 카롤링 왕조를 창시했다. 그런데 그것은 교황 차카리우스(Zacharius, 741∼752)의 승인을 받지 못했다. 이에 피핀은 로마 교황청을 위협하는 랑고바르드족을 물리치고 그 지역을 敎皇領으로 바침으로써 승인받을 수 있었다. 이것은 敎皇權과 王權의 협조관계를 의미하는 동시에, 교회의 종교적인 권위와 왕권에 대한 교황권의 우위를 보인 것이라 할 수 있겠다.

피핀의 뒤를 이은 카알(Karl)大帝의 시대는 프랑크 왕국의 전성기였다. 대제는 재위 43년 동안 무려 53차례 北伐南征하여 그의 왕국은 옛 로마제국의 판도를 재건하는 듯하였다. 이 영토 내에서는 정치적 통일은 물론, 통일된 제도와 정책이 실행되었다. 특히 영토를 확대하는 과정에서 서 유럽 주변의 이교도들을 기독교로 개종시키거나 추방함으로써 서 유럽에서의 로마 敎會의 세력을, 확대 신장시켰다.

카알 대제는 800년 12월 25일 로마 교황 레오 3세(Leo Ⅲ)로부터 서 로마황제(Imperium Romanum)의 제관을 받았다. 이같은 서 로마제권의 부활을 중심으로 카알 대제와 레오 3세 사이에는 복잡하고 미묘한 관계가 있었다. 史家들은 일반적으로 교황이 자신의 反對派를 추방하여 治安을 유지하고,

동로마 황제의 지배에서 벗어난 서방의 새로운 황게를 옹립하기 위한 그 자신의 필요에서 카알 대제에게 帝冠을 씌워 주었다고 본다. 물론 로마 시민 스스로가 옛 로마의 復活을 동경했다는 것도 고려해야 할 것이다.

이와 같이 프랑크 왕국은 카알 대제 시대에 전성기를 누렸고, 교황청과의 협조관계에서도 절정에 달하였다. 그러나, 그의 사망(814)과 더불어 대내적으로 분란을 거듭하다가 베르덩 條約(843)과 메르센 조약(870)을 거쳐 동·서 프랑크와 이탈리아의 3왕국으로 분할되었다. 이 3국은 후일의 독일과 프랑스 및 이탈리아 등의 터전이 되었다.

노르만 족의 移動

게르만 민족의 대이동을 전후한 혼란 상태는 프랑크 왕국의 통합세력에 의해 수습되어 서 유럽의 모든 지역이 안정되었으나, 카알 대제의 사망과 더불어 또 다시 혼란에 빠졌다. 이 틈을 타서 노르만 족들에 의한 제 2차의 민족이동이 전개되었다. 노르만 족들은 게르만 민족의 일파로 스칸디나비아 반도에서 덴마아크까지의 지역에 살면서, 주로 어업과 海上에서의 약탈 행위 및 상업에 종사했다. 특히 해상에서의 약탈과 遠征에 능하였기 때문에 북해와 대서양 연해의 전역을 소란케 했다. 이들은 4~5세기의 민족 이동에는 관여하지 않았으나, 9세기 초부터는 카알 대제 사후의 혼란을 이용하여 본격적으로 이동하여 동·서 유럽 도처에서 많은 植民王國을 건설했다. 즉 9세기 중엽에는 노브고로드에 건국하여 러시아의 기반을 세웠고, 서는 남부 이탈리아와 시실리를 합쳐 시실리 왕국을 세웠다. 10세기 초에 남쪽에는 서 프랑크 왕국에 침입하여 세느 강 하류지역을 점령하여 노르만 王朝를 건립했다.

또 다른 일부는 대서양으로 이동하여 아이슬란드와 그린란드 및 북미 대륙에까지 진출하였다. 그들의 활동 중에서도 특히 중요한 것은 잉글란드 정복이다. 잉글란드의 브리타니아島 남부에 침입한 앵글로-색슨족은 분립되어 있다가 9세기에 통일되어 잉글란드 왕국을 건설하였다. 그후 11세기 초에 덴마아크의 노르만 족들이 잉글란드를 통합했지만, 곧 앵글로-색슨의 4王室이 복위되었다. 그러나 노르만디 公 윌리엄(William)은 계승권을 주장하면서 잉글란드를 정복하고 王位에 올라 노르만 왕조를 시작하고 자신을 윌리엄 1세라고 불렀다.

실제상 英國史는 이때부터 시작된다 해도 과언이 아니다. 노르만 족들이 북부 프랑스에서 얻은 文化를 영국에 전파함으로써 이후의 영국은 문화적 발전을 이룩할 수 있었다. 그러나 노르만 족들은 文化的으로는 뒤떨어져, 이동 이후 곧 주변의 文化에 동화되었기 때문에 동·서 유럽의 문화발전에 공헌한 것은 별로 없다. 다만 이들의 이동은 카알 대제 사후의 혼란된 서 유럽사회에 새로운 혼란을 가중시켰기 때문에 地方分權的인 봉건사회를 성립시키는 데 한 촉진제가 되었다고 볼 수 있겠다.

2. 封建制度의 成立

封建制度의 槪念과 成立

서 로마제국 帝權의 몰락과 게르만 민족의 대이동 및 이슬람교도의 위협 등은 서 유럽 사회에 어느 정도 社會經濟的인 혼란을 초래했다. 이러한 상황에서 서 유럽 농민들은 생명과 생활 및 재산상의 안전을 유지할 수 있는 길을 소망하였는데, 이것이 마침내는 사회·경제·정치적인 배경과 관련되어 봉건제도(feudalism)라는 한 형태를 만들어 냈다고 보아진다.

봉건제도는 9, 10세기 경부터 중세 말기까지 서 유럽 사회에서 한 지배적이던 조직으로서, 기독교와 함께 중세 서 유럽인들의 生活樣式들 중의 한 부분을 대표하는 것이다. 봉건제도의 개념에 대해서는 구구한 이론이 있다. 즉 近代化 이전의 일반적인 遺制를 막연하게 총칭하는 것, 자본주의적 생산양식에 先行한 특수한 생산양식으로 보는 것, 특수분야에 속한 엄격한 法制라 보는 것, 한 社會型으로 보는 것 등이 있다. 그런데 봉건제도의 개념을 파악하는 데 있어서 단순히 그 같은 개념들에만 결부시킬 것이 아니라, 경제 외적인 요소들도 중요시해야 한다. 즉 土地에 대한 지배, 사람에 대한 지배, 裁判上의 지배, 軍事上의 지배, 또한 사회적인 도덕문제에까지 확대해서 고려해야 하기 때문에, 그 개념은 복잡하다.

그러나 일반적으로는 封土(fief)에 의한 主從關係로 설명하려는 법제사적인 것과, 자연경제적인 생산양식의 특수형태인 莊園制로 설명하려는 두 가지가 있다.

封建制度의 要素

주종관계(Vassalage)라는 것은 非自由民이 자유민에 예속되는 것이 아니라, 自由民이 자유민에 예속하는 인격적인 결합관계를 말한다. 중세 서유럽의 각 지역에 왕국을 세운 最高 軍事權力者는 광대한 지역을 통치할 수 없었기 때문에 國土의 일부만을 자기가 직접 소유하고, 나머지는 소수의 대귀족에게 分封하여 그들로 하여금 각각 통치하게 하였다. 그러나 대귀족도 광대한 지역을 통치하기 어려웠기 때문에 國王이 분봉한 영토의 일부분만의 사용 용인권을 소유하고, 나머지는 소귀족들에게 분봉하였다. 이같은 관계는 몇 단계를 거쳐 최후에는 下級騎士에까지 이르게 되었다. 국왕에서부터 하급기사에 이르기까지 분봉되는 토지를 封土라고 한다.

이와 같이 領主가 臣下에게 봉토를 분봉하는 경우에, 신하는 영주에게 충성을 서약하고 군사적·경제적·통치상의 여러 분야에 걸쳐 보좌의 임무를 져야 하며, 영주는 신하를 보호하고 봉토에 대한 用役權을 보장하여야 했다. 즉 영주와 신하는 쌍무적인 성격을 가지고 최상급자에서부터 하급자에 이르기까지 일종의 피라밋 형(hierarchy)의 계층인 연쇄관계를 형성하고 있었다.

이 주종관계에 있어서 가장 기본적인 요소는 恩貸地制(Beneficium)와 從士制(Vassalität) 및 不輸不入制(Immunität)이다. 恩貸地制는 게르만과 로마 사회에도 존재하였던 것으로, 主君이 일정한 봉사를 요구할 목적으로 토지를 대여하는 것이다. 이 경우의 토지는 조건부요 제한부인 불완전 소유였다. 그 소유권은 타인에게 마음대로 이양할 수 없었으며, 理論上으로는 당대에 한했으나 실제상에서는 세습적인 경우가 흔했다. 從士制도 이미 게르만과 로마 및 켈트 사회들에 존재했던 제도이다. 이 경우 완전한 자유민인 從士는 주군에게 군사적인 봉사를 약속하는 대신 주군으로부터 衣食·武器·馬匹 등을 받았다. 不輸不入制는 봉토를 분봉받은 영주가 봉토와 영민에 대한 분권적인 지배권력을 장악할 수 있도록 한 것으로, 이에는 조세권·행정권·재판권 등이 있었다. 즉 이같은 公權의 사권화를 통해서 영주의 독립을 보장한 것으로 볼 수 있겠다.

앞에서 언급한 제도들은 봉건제도의 기본적 요소가 되었으며, 특히 종사제와 은대지제의 결합은 봉건제도의 기원에서 결정적인 구실을 하게 되었다. 이 두 제도가 결합한 시기는 대체로 프랑크 왕국의 메로빙 왕조 말기와 카롤링 왕조 말기의 사회 및 정치적인 혼란시기와 특히 노르만 족의 침입 등을 경과하는 장기간이 아닌가 보고 있다. 즉 이 혼란시기들이 중앙권력을 약화시키고 지방분권적인 경향을 나타내게 된 것으로 볼 수 있겠다.

封建制度下의 社會身分

봉건제도에서의 사회신분은 크게 봉건신분과 농민신분으로 나누어 볼 수 있다. 봉건신분은 봉건사회의 핵심체로서 武士와 聖職者가 이에 속했다. 長老·司教·大司教 등 고급 성직자들은 교회에 기증된 막대한 토지를 집유한 영주로서 그 권리나 의무관계에 있어서 일반 세속적인 영주와 크게 다를 것이 없었다.

한편 국왕·공·후·백·자 등의 대귀족과 소귀족·기사(狹義)·종사 등의 무사계급은 모두 騎士라 호칭된다. 기사는 혼란한 사회의 秩序와 治安을 유지하기 위한 명분으로 일상생활의 대부분을 학문과 예술보다도 연무·禮儀·수렵·주연 등으로 보냈다. 기사는 명문 출신의 남자로서 기독교 신자라야 했다. 이 조건이 구비된 자로서 7세에 주군의 城內에 들어가 侍童(page)이 되어 예의·기마·검술·시가·장기·독서 등을 배우고, 14세에 從士(squire)가 되어 주군이나 기사로부터 무술을 배우는 한편, 주군을 따라 戰場에도 나가 그를 돕고 운명을 그와 같이해야 했다. 21세 내지 23세가 되면 장엄한 의식을 거쳐 기사가 되는데, 이 의식 때에 입는 赤·白·黑色의 상의는 기사도의 상징으로서, 붉은 색은 주군과 교회에 바치는 선혈을, 흰 색은 청렴을, 검은 색은 죽음을 의미하였다.

기사는 騎士道를 지켜야 했다. 원래의 기사는 성격과 행동이 난폭하였으나 기독교의 倫理性과 게르만 민족의 상무정신 및 여성 숭배사상이 결합되어 기사도가 생겼다. 기사는 충성을 바쳐야 하고 용감해야 함은 물론이고, 敬神·숭무·신의·여성존경에 있어서 모범이 되어야 했다. 이 기사도는 중세뿐만 아니라 현대 서 유럽의 道德生活에도 크게 영향을 미쳤다.

莊園의 構造와 農民

중세 봉건사회에 있어서 서 유럽의 토지는 봉건신분의 封土 내지 敎會領으로 나누어져 있었다. 특히 봉토는 다시 莊園(Manor, Villa)이라는 기본단위로 분할되어 있다. 대체로 國王은 자기 영내에 수백, 대귀족은 수십, 소귀족은 수개의 장원을 각각 소유하고 있었는데, 어느 장원이든지 대영주인 지주적 요소와 農地를 경작하는 농민적 요소로 구성되었다. 영주는 농민으로부터 여러 가지의 봉사를 받았고, 농민은 영주로부터 농지의 사용용익권과 보호를 받는 관계가 성립되고 있었다.

莊園의 기원은 일반적으로 고대 말기에서 중세 초기 무렵에 걸친 로마와 게르만 사회들에 있어서 토지소유관계의 변천과 농민신분의 변질 속에서 찾아 볼 수 있겠다. 즉 로마 제정 말기에 奴隷制가 쇠퇴하자 대농장의 경영이 불가능하게 되어 小作制를 기초로 한 콜로누스(Colonus)제가 점차로 발전하게 되었다. 더우기 로마제국의 정치와 사회가 혼란에 빠지자 지방 호족들이 대두하여 지방분권적인 경향이 현저하였고, 그들은 마침내 지방분권 사회에 있어서의 封建領主와 같은 성격을 갖게 되었으며, 그들 밑에 있는 농민은 점차 중세 농민과 같은 비 자유 농민의 성격을 갖게 되있다. 그리고 이 양자 사이에 私的인 保護關係가 성립되어 종래의 자유농민은 비자유농민의 신분으로 전락되었던 것이다.

한편 게르만 사회에서도 초기에는 농민들이 자유로와 自由民으로 구성된 공동체적인 요소가 支配的이었으나, 점차적으로 토지의 私有와 귀족에 의한 대토지소유제가 강화되는 경향이 있었다. 특히 민족이동을 전후한 사회적인 불안 속에서 군인계층의 지배권이 더욱 강화되자 이들은 토지와 군사권을 독점하였고, 자유로왔던 농민은 그들에게 예속, 보호되는 피지배농민층으로 되었다. 이와 같이 로마와 게르만 두 사회의 동질적 요소인 隷屬과 保護가 민족이동으로 두 사회가 융합되는 과정에서 특징적인 莊園

과 농민신분을 형성시켰던 것으로 보인다.

서 유럽 각처에 산재한 장원의 구조는 대체로 동일한 형태였다. 수개 戶 또는 수십호 정도의 농가가 1개의 장원을 형성하였는데, 莊園에서 가장 중심적인 건물은 莊園廳과 莊園教會였다. 장원청에는 영주나 그의 대리인이 거주하면서 장원의 행정과 수입 및 재판 등에 관한 사무를 처리하였으며, 그 밑에 농민들의 대표자격인 村長과 莊吏가 있어서 농업경영을 감독하였다. 그밖에 영주 소유인 제분소와 양조장 및 농민의 주택 등이 있었다. 이러한 중심지역을 벗어나면 경작지·목초지·방목지·황무지·임야 등이 산재하고 있었다.

경작지는 領主가 직할하는 直營地와 장원 내의 농민들에게 차용된 託營地 등으로 나누어졌으나, 각각 분리되어 있는 것이 아니라 장방형의 좁은 地條의 형태로서 혼재하고 있었다. 그것은 地質의 공평한 분배와 농민들의 공동경작의 필요에서였다. 경작 방법으로는 三圃制를 택하여 春蒔地·秋蒔地·休耕地의 3개 부분으로 되어 있었다. 비료의 제조법이 발달하지 못한 그 당시로서는 불가피하였을 것이다. 목초지와 放牧場은 가축사육에 필수적인 곳이었고, 임야는 장원 내에서 소비되는 연료와 건축자재의 공급원인 동시에 수렵장으로 활용되었다.

이와 같은 구조를 가진 장원은 외부에 의존하지 않고 自給自足할 수 있는 독립된 경제체제를 확립하고 있었으며, 이 機能을 발휘하는 데 중요한 구실을 수행한 것이 農民이었다. 농민의 신분에는 자유농민으로부터 농노에 이르기까지 여러 계층이 있었고, 이에 따라 權利와 의무관계도 다양했다. 그러나 그들의 신분이 세습적이라는 점과, 영주들에 대한 그들의 봉사가 자유로운 契約關係에 의한 것이 아니라 예속적인 신분관계를 반영한 경제외적인 강제에 의한 것이라는 점이 공통적이었다.

영주에 대한 농민의 의무에는 크게 나누어 賦役(Predial service, Labour service)과 貢納(Tribute, Renders), 그 외에 雜稅가 있었다. 부역은 노력으로 영주에게 봉사하는 勞動地代로서 영주의 경제경영에서 기본이 되는 것이었다. 가옥의 건축과 수리 그리고 가축의 사양 및 곡물·薪材·乾草 등의 운반과 같은 영주의 家事와 영주의 직영지에서 경작·제초·수확·비축작업 등이이에 속해 있었다. 즉 영주가 필요로 하는 모든 노동력을 제공하는 것을 뜻한다. 부역에는 정기적인 週間勞役(매주 2~3일 또는 3~4일)과 임시적인 특별 노역이 있었다.

공납은 現物地代라고 할 수 있는 것으로, 곡물·가축·직물 등과 또 각 지방에서는 그곳의 특산물로서 포도·꿀 등을 영주에게 바쳐야 했다. 이 이외에도 영주의 소유인 제분소·양조장·빵솥 등에 대한 강제 사용료가 징수되고, 그 외에 결혼세·상속세·교회세·통행세·인두세 등에 이르기까지 많은 잡세가 농민들에게 부과되었다.

3. 로마 카톨릭 教會의 發展과 經濟的 基盤

諸民族의 改宗狀況

기독교는 313년에 발포된 밀라노 勅令으로 신앙의 自由를 얻었으며, 325년의 니케아 종교회의에서는 그 교리가 확립되었다. 그 이후 교회는 로마제국의 정치적인 구획에 따라 각 속주에 大主教區, 각 지방에 主教區를 설치하고, 전자에는 大主教를, 후자에는 主教를 두어, 그 교구 내에서 기독교 신자들을 인도하게끔 하였다. 따라서 게르만 민족의 대이동과 서 로마제국의 帝權의 멸망이라는 파국적인 시기에 정치조직이 무너지고 중앙 관리의 행정능력이 미력하여 무정부적인 상태에 빠졌을 때에도 각 주교구가 住民들의 정신적 구제자나 사회적 正義의 유지자가 되고, 糧食을 공급하여 빈곤과 기아를 면할 수 있게 하였다. 또한 이동하는 게르만 민족에 대항하거나 이들과의 외교적인 교섭을 통해 주민들의 생명을 보호하였다. 이에 따라 主教가 교구 내 주민들의 신뢰를 받고 현실사회의 지배자가 되자 교회는 단순한 종교적·도덕적인 정신생활뿐 아니라 사회·정치·문화적 생활의 중심으로 되었다.

서 유럽의 기독교는 이처럼 教理에서나 교회조직에서 거의 완성단계에 있었기 때문에 이교도인 게르만 민족의 이동이 있었다 해도 그들을 개종시킬 수 있는 태세가 갖추어져 있었다. 따라서 아리우스(Arius) 파를 신앙하던 반달·서 고드·동 고드·부르군드·랑고바르드 등의 부족들을 쉽게 기독교로 개종시킬 수 있었다. 그러나 프랑크와 앵글로-색슨 등은 기독교를 압박하였기 때문에 이들 지역에서 正統 기독교의 세력이 거의 전멸상태에 있었다. 그러던 중에 프랑크 왕국에서는 클로비스(Clovis)가 개종(496년 12월 25일)함으로써 문제가 해결되었다.

영국에서는 앵글로-색슨 족의 침입 이후 계속해서 英國의 正教를 압박하였기 때문에 위기를 맞았으나, 교황 그레고리우스 1세(Gregorius I)가 수도사 아우구스티누스(Augustinus)를 파견하여(596) 캔터베리(Canterbury)와 요크(York)에 교회를 세움으로써 영국에서 기독교 발전의 기초를 확립하였다.

한편 동 유럽은 이교도의 세계로서 기독교를 傳播하기에 가장 어려운 지역이었다. 따라서 독일·스칸디나비아 반도·발틱 海域 등의 여러 지방에서 포교하는 과정에서 많은 희생을 치렀다. 그러나 독일 지방은 프랑크 왕국의 통일정책과 영토확장에 의하여 프랑크 왕국에 합병되었기 때문에 기독교로 개종되었고, 슬라브 족은 7세기에서 9세기에 이르는 동안에 교황청과 프랑크 왕국 및 신성 로마 제국 등에 의해 서서히 개종되었다. 마쟈르족(Mazyars)도 본래는 약탈적 행위에만 專念하고 기독교를 적대시하였으나, 독일 방면과의 접촉이 빈번해지면서 서 유럽문화를 수입, 10세기 중엽부터 개종되기 시작했다.

스칸디나비아 방면도 프랑크 왕국의 확대에 따라 덴마아크와 스웨덴은 10세기 중엽에, 노르웨이는 11세기 초에 각각 개종하였다. 발틱 해 방면은 서 유럽에서도 가장 늦게 개종한 곳이다. 폼메른(Pommern) 지방은 11세기 초 폴란드에 의해 개종되었고, 발틱 동해안의 라트비아(Latvia), 에스토니아(Esthonia) 지방은 12세기에 독일 商人들이 기독교를 전파하였으나 이교도의 반항이 심했기 때문에 실패하여, 12세기 말에 十字軍이 출정하고, 1202년에 双劍騎士團이 출정한 결과 겨우 개종되었다. 프러시아 지방은 10세기 말에서 11세기 초에 걸쳐 프라그(Prag) 사교구에서, 13세기 초에는 폴란드에서 각각 전도사업에 나섰고 십자군도 출정하였으나 실패했다. 1228년에 독일기사단이 출정하여 약 60년 동안 투쟁한 결과 겨우 개종하였는데, 이 여파가 리투아니아(Lithuania)에까지 미쳐 14세기 말에는 이 지역도 개종되었다. 13세기 중엽에는 동양계의 핀란드가 스웨덴 十字軍에 의해 개종되었고, 이베리아 반도는 8세기 이래로 이슬람 권내에 있었으나 11세기 경부터 개종되기 시작하여 스페인 왕국이 수립된 이후에 비로소 완전히 기독교화하였다.

敎會의 經濟的 基盤

중세 초기와 같은 혼란기에 敎會의 使命이 막중했고 또한 성직자들이 그 사명을 훌륭하게 수행했으므로「사회는 교회의 보호 밑에, 또 교회의 命에 따라 생활한다」(la société vit dans l'eglise et par l'eglise)고 하는 인식이 일반화되었다. 따라서 서 유럽 각처에 설치된 주교구의 사회적인 지위가 높아짐에 따라 경제적으로 막대한 土地와 財産을 확보할 수 있었다.

교회가 경제적 기반을 확고하게 할 수 있었던 원인은 첫째, 敎義를 신앙한 신자들이 자신들의 安全을 보존하기 위하여, 둘째 이교도가 기독교로 개종할 때 이교도 시대에 범한 죄를 속죄하기 위하여, 세째 신자가 임종할 때 생전에 범한 죄로 인한 지옥의 고통을 면하기 위해서, 네째 5~6세기 경에는 당시 사회의 불안과 빈번한 정치적 변화로 인해 부유층이 물질적인 향락의 무의미함과 계급적 영예의 허무 등에 대해 반성했기 때문에 재물과 토지를 기증한 데에 있을 것이다.

이와 같이 신자들은「영원한 恩惠를 위하여」또「내마음의 고요함을 위하여」토지와 재산을 기증하였는데, 그 종류로는 財物奉獻(Oblation)과 什一稅(Dime) 및 土地奉獻(Recommandation) 등이 있었다. 재물봉헌은 신자가 자진하여 자신의 재물을 기증하는 것으로서, 이것은 포도주·유류·꿀·면 등 제단에 바치는 공물과, 기구·집기·제사용구 등을 비롯하여 儀式과 患者 및 가난한 자를 구제하는 데에 필요한 비용에 충당되었다. 이것은 초기의 교회 시대부터 있던 수입이었다.

십일세는 초기에는 敎會領의 주민들이 수확의 1/10을 조세로 바친 것인데, 585년부터는 모든 신자가 그들 수확의 1할을 교회에 바쳤다. 이것은 빈민의 위로와 구제 및 노예의 身代金 그리고 성직자의 생활비 등에 사용되었다. 카알 대제 시대에는 전 주민의 정치적 의무로 되었다.

토지봉헌은 일반적으로 국왕·왕족·호족·일반신자들에 의해 生時에나 임종시의 遺言에 따라 행해지는 것으로, 토지는 다른 기증물과는 달리 그 가치가 높고 생산력도 영구적이기 때문에 가장 중요시되었다. 따라서 부유한 신자들은 앞을 다투어 土地를 봉헌하였다. 그같은 경우는 순수한 종교적 열성에 의한 것이지만, 그밖에 자기 방위를 위해서 토지를 기증하는 경우도 있었다. 즉 지방의 무력한 自由農民이나 小地主는 제후의 중세부과로 고통받는 한편, 장기간의 兵役으로 토지를 상실하는 경우가 허다했으며, 또 권력자가 權力을 남용하여 농민들을 토지로부터 추방하고 그 토지를 몰수하는 경우도 있었다. 따라서 농민들은 최고의 강력자인 敎會에 토지를 기증하여 그 보호를 받고자 했다. 당시 교회는 각종의 특권으로써 세속세력의 침입을 거부할 수 있는 최상의 안전지대였기 때문이다. 중세 교회가 여러 가지 사업을 전개하고, 종파의 융성을 기하면서 사회·정치적인 세력을 확보한 것은 주로 이 토지봉헌에 그 원인이 있었다고 보겠다.

帝權과 敎權의 對立

프랑크 왕국의 클로비스와 로마 카톨릭 교회의 제휴 이래(496) 카알 마르텔에 의한 이슬람 교도의 격퇴(732), 피핀에 의한 랑고바르드 족의 정복과 敎會領의 증정(754), 카알 대제의 서 로마 帝冠의 受授(800) 등은 모두 帝權(Imperium)과 敎權(Sacerdotium)의 원만한 협조관계를 보여 주는 것인데, 신성 로마 제국의 오토 대제(Otto the Great, 936～973)는 이 관계를 더욱 확고하게 하였다. 즉 카알 대제의 사후, 프랑크 왕국이 분열된 결과로 파생된 동프랑크 왕국에서는, 그 지방의 토착 종족인 프랑켄(Franken)의 콘라드 1세(Konrad I, 911～918)가 독일 민족의 獨逸史를 개척하기 시작한 이래 하인리히 1세(Heinrich I, 919～936)와 오토 대제에 이르기까지 제권과 교권은 긴밀한 협조관계에 있었다. 하인리히 1세는 동쪽에 대한 重視策(Drang nach Osten)에 의해 동 유럽의 이교도들을 정벌함으로써 로마 카톨릭교의 세계를 보호하고 확대하여, 분립되어 있던 독일 민족을 통일시켰다. 그의 유업을 계승한 오토 대제는 諸侯들을 굴복시켜 강력한 중앙집권적인 군주국을 세우고, 아아헨(Aachen) 교회의 主敎로 하여금 자신의 대관식을 거행케 하여, 敎會가 그 자신의 정신적인 지지자임을 과시하였다.

한편 그는 교회의 組織을 그대로 국가의 조직에 적용하여 諸侯의 권리를 主敎에게 이양시켰다. 따라서 주교가 지방 행정권과 징세권을 장악하였고, 궁정에서 근무함으로써 大帝의 고문직·행정·재정·군사 등에도 관여하였다. 이와 같은 것을 오토 대제의 組織(Ottonian System)이라 한다. 대제는 또한 엘베와 오델 강 유역의 슬라브 족과 덴마아크 등을 改宗시켰으며, 이탈리아의 랑고바르드 족 중의 나머지 이교도들을 정복하여 이탈리아 왕국을 세우는 등 교회를 보호하기 위해 현저한 공을 세웠다. 이에 교황 존 12세(John XII, 955~963)는 그에게 神聖 로마 帝國의 帝冠을 부여하였다.

오토 대제 이래 독일 황제들은 주로 이탈리아 중심의 정책을 폈는데, 10~11세기에는 皇帝가 교황과 성직자들의 任免問題를 좌우하였기 때문에 성직자들이 교황의 命에는 불복하였다. 뿐만 아니라 세속적 문제들에 관여하면서 부패하고 타락해 버리는 경향이 생겼다. 이 때에 클루니(Cluny) 修道院 출신의 그레고리 7세(Gregory VII, 1073~1085)가 교황이 되었다. 클루니 수도원은 교회와 성직자의 俗化에 대해 비난하면서 俗權干涉에 대한 교권의 自立을 요구하는 동시에, 교권이 제권의 상위에 있다는 교황지상주의의 확립을 주장한 곳이다.

그레고리 7세는 교황이 되면서 유명한 敎皇宣言(Dictatus papae)을 발포하였다. 즉 모든 聖職者의 임면권은 교황에 있고, 교황은 또 황제를 인퇴시킬 수 있다는 것이었다. 이 선언으로 말미암아 영국이나 프랑스보다 대주교와 주교가 더 많고 이들과 황제가 특히 긴밀하였던 神聖로마帝國에 있어서 더욱 타격이 심하였다. 사실상 신성 로마제국의 제권은 고위 성직자에 의해서 유지될 수 있을 정도였기 때문이다.

이에 신성 로마 제국의 하인리히 4세와 교황 그레고리 7세 사이에 충돌이 생겨 帝權主義와 敎權主義의 대립이 시작되었다. 카놋사의 굴욕(Gang nach Cannosa) 이라는 말은 이때 제권이 교권에 굴복한 것을 풍자한 것이다. 1122년에는 하인리히 5세와 카릭투스 2세 사이에 협정이 체결되어, 교황은 종교적인 권위자로서 성직자의 임면권을 소유하고, 皇帝는 그 임면에 同意하는 동시에 封建的인 영주로서의 권리만을 갖게 되었다. 그러나 이

협정이 교권과 제권의 대립을 근본적으로 해결한 것은 아니었다. 왜냐하면 양자는 세속적·종교적인 차이는 있으나 모두 世界支配의 이상을 품고 있었기 때문이다.

1177년에도 프리드리히 1세(Friedrich Ⅰ)와 알렉산더 3세(Alexander Ⅲ) 사이에 대립이 있었으나 교권이 절대적으로 우세하였다. 교황 인노센트 3세(Innocentius Ⅲ) 때에는 스콜라 哲學을 그 思想的인 배경으로 하여 교권이 최절정에 이르렀다. 그는 교황의 칭호가 베드로의 代職(Vicarius Petri) 이라 확신하고 종교와 세속 두 세계의 지배자가 되어 神政을 베풀고자 하는 이상을 실현하기에 노력했다. 이에 신성 로마 제국의 프리드리히 2세를 폐하고 오토 3세를 즉위시켰으나, 교황에 맹종하지 않자 그를 폐하고 다시 프리드리히 2세를 즉위시키는 등 황제의 옹립과 폐위를 좌우했다.

이와 같은 교권 우위의 우월성은 신성 로마제국의 독일뿐만 아니라 영국·프랑스·스페인·스웨덴·포르투갈·스칸디나비아 국가들에서도 동일하였다. 11세기부터 13세기 후반(1096~1270)에 결쳐 서 유럽을 진동한 十字軍의 대원정도 이 시기의 신앙열과 교황권을 배경으로 일어날 수 있었던 것이다. 또 12세기 중엽에 「그라티아누스 教會法典」(Decretum Gratiani)이 완성되었는데, 이 법전은 종래의 법령들을 조직적으로 정리한 것으로, 인노센트 3세와 그레고리 9세에 이르러서야 계통적으로 완성되었다. 이와 같이 교회법이 집성되었다는 것은 교회의 권력이 확립되었다는 것을 의미하는 동시에 교황권의 절대 우월을 주장할 수 있는 유력한 논거가 되었다.

그러나 프랑스王 필립 4세(1285~1314)는 교황 보니페이스(Boniface) 8세(1294~1303)와 教會領에 대한 과세문제로 쟁의를 거듭한 끝에 무력충돌까지 일으켜 교황을 그 職位에서 물러나게 하였다. 이 사건은 教皇史上에 있어서 큰 전환점을 가져왔다. 그 후 필립 4세는 1309년에 교황 클레멘트 5세(Clement Ⅴ, 1305~1314)를 프랑스 남쪽 아비뇽(Avignion)에 유폐하고 말았다. 교황의 유폐는 그레고리 11세(Gregory XI, 1370~1378)까지 계속되다가 1378년에 이르러서야 교황이 로마로 돌아갈 수 있었다. 그 이후 교황청 내에는 프랑스派와 로마 派가 생겨 서로 교황을 세우고 또 서로 破門하면서 正統임을 주장하였다. 그리하여 1409년의 파리 종교회의에서 양

派가 세운 교황을 폐위시키고 새로 교황을 정했으나 양파가 이에 응하지 않았기 때문에 한때 3명의 교황이 있기도 했다. 그러나 콘스탄쯔(Constanz) 종교회의(1414~18)에서 3명을 폐위하고 새로 마르틴 5세(Martin Ⅴ, 1417~31)를 교황으로 추대하는 데 성공하였으며, 그때에 비로소 로마 카톨릭 교회는 통일되었다.

이와 같이 절대적인 권위를 행사하던 教皇權이 皇帝權의 하위로 떨어지거나 유폐되고, 또 교회가 분립상태에 들어갔다는 것은 중세의 종교와 정신면에 한 변질을 가져온 것으로서, 그것은 봉건사회의 전반에 걸쳐 전개되었던 변질과정과 그 때를 같이하고 있었다는 점에 주목해야 할 것이다.

4. 西유럽 中世文化의 特性

思想·學問

封建社會에서는 다수의 농민층이 소수 봉건신분의 지배를 받은 한편, 카톨릭교의 教義에 순응하였기 때문에, 古典古代와 같은 문화발전을 이룰 수는 없었으나 그 문화적인 흐름에는 고전고대 문화의 영향력이 지배적이었다. 물론 종교세력이 민중생활 속에 깊숙이 침투하였으므로 自由로운 학문의 연구가 곤란했을 수도 있다. 그러나 중세인은 기독교라는 유산을 토대로 서양 문화의 정신적·종교적인 기초로 삼았다. 즉 그것은 고전고대문화로 해서 신학적인 체계를 위시한 中世文化를 확립한 것이다. 따라서 中世文化 속에 古代文化가 있었던 것이다.

고대 말기부터 중세 초기에 걸쳐 카톨릭교의 教義를 확립하고 교회의 발전에 공헌한 사람들을 教父라 하며, 그들의 사상을 教父哲學(Patristic philosophy)이라 한다. 이 철학을 체계화한 신학자는 성 아우구스티누스(St. Augustinus, 354~430)이다. 플라톤 神觀의 영향을 받은 그는 『神都論』(*De civitate Dei*)에서 인간의 죄(Culpa)와 신의 은총(Gratia) 및 구원(Erlösung)이라는 문제, 또 교회 가치관 및 神의 세계지배론 등을 기독교의 신앙과 결부시켜 체계화했다. 고대 말기에서 중세 초기에 이르는 變質期를 통해 성 아우구스티누스에 의하여 기독교 사상이 확립되었기 때문에 그는 중세

로마 카톨릭 교회의 지도자(Leherer der Kirche), 그리고 기독교적 신앙의 개혁자(Reformator der Christlichen Frömmigkeit)가 되어 세계 기독교 사상에서뿐만 아니라 문화사상에 있어서도 중요한 위치를 차지한다. 그런데 그의 기독교 사상은 플라톤思想을 도입하여 체계화한 것이기 때문에 피안적·관념적·초현실적인 것이었다.

그러나 11세기 경부터 스콜라 哲學(Scholasticism)이 발달함에 따라 교부철학상에 변화를 나타내기 시작했다. 즉 민족이동의 여파도 거의 잠잠해지고 프랑크 왕국에 의한 정치적 통일이 이루어짐에 따라 서 유럽사회가 점차 안정되었을 뿐 아니라, 카알 대제에 의한 문예부흥(Karolingisch Renaissance) 운동을 계기로 학문연구와 知的인 연구가 현저하게 진보되었다. 한편 새로 전파된 아라비아 思想과 아리스토텔레스의 철학사상은 自然的·合理的인 지성과 논리성을 강조하였다. 이에 신학자들에 의한 기독교의 교리연구가 학문적인 경향을 띠게 되었고, 13세기에는 신앙과 지식을 조화하면서도 神學이 우위를 차지하는 스콜라철학이 사상계에 등장하여 중세신학이 절정에 달했던 것이다.

스콜라 철학은 본래 교회나 수도원의 부속학교(Scholae)에서, 13세기 이후는 대학에서 가르친 철학을 의미한다. 이 철학의 대표적인 학자로는 안셀무스(Anselmus), 로셀리누스(Roscellinus), 아벨라르(Abelard), 토마스 아퀴나스(Thomas Aquinas) 등이 있다. 그 중에서도 스콜라 철학을 大成한 학자는 토마스 아퀴나스이다. 그는 몬떼 까시노(Monte Cassino)의 베네딕트(Benedict) 수도원을 거쳐 성 도미니쿠스派의 교단에 입단하였고, 파리와 쾰른(Köln) 두 대학에서 신학과 철학을 가르쳤다. 1259년부터는 교황청의 신학교수로 있으면서 『神學大全』(*Summa Theologica*)을 비롯한 다수의 저서를 집필했다.

그는 古典古代 哲學의 결실인 아리스토텔레스 철학을 신학이론의 밑받침으로 하여 신앙의 세계와 철학의 세계를 調和하면서 신학을 우위에 올려 놓았다. 따라서 그는, 神의 존재는 합리적 증명(une démonstration rationelle)에 의해서 명백히 증명되어야 한다고 주장했다. 이와 같은 사상에는 전통적인 교회사상이라 할 성 아우구스티누스의 기독교적 신앙(Augustinische Christliche Glaube)과 아리스토텔레스의 思想(Aristotelesgedanken)이 병존하였다.

그의 學說은 도미니쿠스派 교단의 공인학설로 되었을 뿐 아니라 로마 카톨릭 교회의 표준적인 설교가 되어 사상계의 왕자(la loi de la pensée)로서 군림하였다. 이 사상이 절정에 달했던 13세기에는 교황권도 최고로 성장하였으나 14세기초부터는 또다시 사상계에 변화가 나타났다 즉 14세기 프란체스코 파 교단의 스코투스(D. Scotus)는 神學이란 이론적 학문(Speculative science)이 아니라 실천적 학문(Practical science)이라 하면서, 聖書의 眞理는 실천적이고 또 그것에 목적을 두어야 하기 때문에 人間을 연구하는 문제에 그 목적을 두어야 한다고 갈파하였다.

그의 뒤를 계승한 오캄(W. Ockham)은 스콜라 철학의 本質을 완전히 부정하면서, 信仰의 세계를 탐구하는 신학과 理性의 세계를 탐구하는 철학은 완전히 분리되어야 하며, 국가는 정치적인 문제들에 관한 한 교회보다 우위에 있다고 역설하면서 反敎皇主義者(Anti-papist)들의 선봉에 나섰다. 오캄의 사상은 14~5세기에 가장 융성하여 위클리프(Wycliff) 와 후스(Huss)에 의한 종교개혁 운동의 기반이 되었다.

文學 · 藝術

중세의 문학과 예술은 주로 종교적 · 세속적 理想의 산물이었다. 문학에는 라틴어로 된 것과 각 國語로 된 것이 있었다. 라틴 문학은 주로 성직자들에 의해 기술된 종교적인 것으로서 그 수준이 미흡했으나, 비교적 후세에 저술된 각 국어로 된 문학작품에서는 영국의 전설을 노래한 『아더왕 이야기』(*Arthurian Romances*)나 독일의 건국전설인 『니벨룽겐 가사』, 게르만족의 영웅적 서사시 『스칸디나비아의 엣다』, 영국의 『베어울프』, 카알 대제 시대의 영웅시 『롤랑의 노래』(*Song of Rolland*) 등이 유명하여 각 국민들에게 애송되었다. 이 밖에도 그레고리우스의 『프랑크 史』, 베드의 『英國 敎會史』, 『앵글로 색슨 年代記』, 프르와사르(Froissart)의 『年代記』 등이 중세의 역사서로서 유명하다.

중세 美術은 중세문화의 특징을 그대로 반영하여, 교회의 건축과 그 장식면에서 집중적으로 발전하였다. 초기에 나타난 건축양식은 로마시대의 공회당이었던 바실리카(Basilica)를 모방한 것이었으나, 10세기 경부터 12세기 경까지는 비잔틴 樣式의 영향을 다분히 받은 로마네스크(Romanesque)양식이 각국에서 유행되었다. 이것은 대체로 素朴하나 장중한 수법으로서 중세 초기 신앙심의 엄숙한 안정감을 반영하는데, 피사 敎會堂이 그 대표적인 것이다. 13세기 경부터는 프랑스 북부를 중심하여 고전건축의 전통을 완전히 벗어난 고딕(Gothic)양식이 나타났다. 이것은 尖形의 아취와 尖塔을 갖춘 높고 밝고 화려한 것이 그 특징으로서, 중세 말기에 태동한 자유롭고 開放的인 기질을 반영하는 동시에 현실생활을 박차고 하늘 높이 비약하려는 정신적인 욕구를 나타내는 것이다. 노트르담과 퀼른 교회당 등이 그 대표적인 것이다. 한편 彫刻과 繪畵도 로마네스크 양식에서는 종교적 신비감을 표현하면서 둔중감을 벗어나지 못하더니, 고딕 양식에서는 화려하고 명쾌한 인간성을 반영하였다.

中世의 大學

프랑크 왕국의 정치적 통일과 로마 카톨릭 교회의 노력으로 점차 서유럽 세계에 안정이 이룩되고, 한때 침체 상태였던 학문도 발전단계에 들어갔다. 특히 9세기 카롤링 王朝의 文藝運動은 그 선구적 구실을 다했으며, 12세기에는 샤르트르 학원(Les écoles de Chartres)과 파리 학원(Les écoles de Paris)을 중심으로 문예운동이 일어났다. 이 운동은 희랍사상의 영향을 받은 것으로서 전통적인 신비적·관념적 경향을 벗어나 주지주의·합리주의·자연주의적인 해석을 목표로 하는 새로운 學風이었다. 파리대학(L'université de Paris)은 이와 같은 분위기 속에서 창립되었다. 이 대학은 로마 카톨릭 교회에서 가장 중요시한 지방에 있었기 때문에 神學을 그 학풍으로 하여 정통신학을 확립하였다. 바로 이 대학에서 토마스 아퀴나스의 스콜라 철학이 이론화되어 중세 교권의 사상적 배경을 제공하였을 뿐 아니라 서유럽 중세인의 종교 생활을 지도하는 지침이 되었던 것이다.

한편 옥스퍼드(Oxford) 대학은 學問的 背景보다도, 에드워드(Edward)시대에는 요새지였고, 노르만 정복 이전에는 국왕의 입법과 사법회의가 열리는 곳이었으며, 12세기에는 羊毛市場을 비롯하여 상공업자들의 조합이 조직된 곳이라는 역사를 배경으로 창립되었다. 12세기 초엽에는 프랑스의 스탐펜시스(Stampensis)가 聖職者를 교육시켰고, 그 후에는 풀루스(R. Pullus)가 신학을, 바카리우스(Vacarius)가 로마法을 각각 가르쳤다. 12세기 말엽에는 약 3천명의 학생이 모여 스투디움 제네랄레(Studium Generalle)가 조직되었다. 이 대학은 파리대학과는 달리 대륙에서 멀리 떨어져 있어 교황의 관심도 거의 미치지 못했기 때문에, 4개 학과를 설치하고 아리스토텔레스의 철학과 아라비아의 自然科學을 도입하여 인문과학과 자연과학을 발전시켜, 파리 대학과는 다른 방향으로 학풍의 傳統을 세웠다. 성 프란체스코파 교단의 그로세테스트(Grosseteste), 로저 베이컨(Roger Bacon), 둔스 스코투스(Duns Scotus), 윌리엄 오캄(William Ockham) 등이 이 대학의 학풍을 수립하는 데 공헌하였으며, 근대 과학정신은 바로 옥스퍼드에서 싹텄다고 볼 수 있겠다.

이들 두 대학의 학풍은 상호 비교될 수 있는 것으로, 파리 大學은 중세문화의 특징을 상징하였고, 옥스퍼드 대학은 중세의 교권하에 있으면서도 現代의 에디슨(Edison), 벨(Bell), 마르코니(Marconi), 아인시타인(Einstein) 등과 같은 과학정신에 넘쳐 흐르는 學風을 상징하였다. 이 두 대학 이외에 1158년에 창립된 이탈리아의 볼로냐(Bolongna) 대학은 로마法의 연구로 유명하였고, 이탈리아의 살레르노(Salerno) 대학은 12세기 말엽에 창립되어 醫學으로 두각을 나타냈다. 케임브리지 대학은 1209년에 옥스퍼드 대학의 분쟁 때에 이탈한 學生과 教授로써 창립되었으며, 1347년에는 보헤미아의 프라그(Praue)대학이, 1385년에는 독일 최초의 대학으로 하이델베르크(Heidelberg)가 각각 창립되었다.

이와 같은 중세 大學들은 도시의 길드(Guild)와 유사한 조직을 갖추고 있었다. 원래 대학(universitas)이라는 말은 組合이란 뜻으로서, 교수와 학생들의 自律的인 학문연구 단체를 의미하였다. 그렇기 때문에 중세의 각 대학은 독립주의·자유주의·낭만주의·선구자 주의를 4대 기본정신으로 하고 이를 저해하는 어떠한 勢力과도 투쟁을 전개하여, 한 국가 내의 국가로서, 한 도시 내의 도시로서, 또 국민 속의 국민으로서 대학 자체의 法律 行政機關·風習·特權·自治權을 소유하고 있었다.

제 5 장 東로마와 이슬람世界의 文化

1. 東로마帝國과 文化의 特性

東로마帝國의 盛衰

로마제국이 양분된 후에 콘스탄티누스 대제에 의해 콘스탄티노플을 首都로 한 동로마제국(비잔틴 제국)은, 게르만 민족 이동의 격동 속에서 잠시 동안의 혼란에 빠진 서로마제국과는 달리, 그 波動을 모면하였기 때문에 한때 지중해 세계의 支配權을 장악하여 로마제국 재흥의 기세를 보였다. 그러나 아라비아의 신흥 세력인 사라센제국이 동북방에서 위협을 가해 왔고 동남 페르시아의 재흥 세력과 북방의 게르만 민족 및 훈 족 등의 압박을 받는 한편, 국내의 정치적 혼란이 계속되어 겨우 소강상태만을 유지하고 있었다.

6세기 경에는 유스티니아누스(Justinianus, 482~565) 대제가 즉위하여 내부적으로는 정치적 혼란을 수습하고, 외부적으로는 페르시아와 이탈리아 및 동고드, 아프리카의 반달, 이베리아 반도의 서고드 등을 정복하니 옛 로마제국의 재흥을 보는 듯하였다. 그는 文化政策에도 관심을 두어 문물제도를 정비하는 한편, 법학자들에게 로마법의 집성을 의뢰하여 大法典을 편찬하였다.

종교면에서는 기독교의 異端인 네우토리우스(Neutorius) 파를 숙청한 후 희랍正敎會(Greek Orthodox Church)의 정통교의를 확립하고, 황제가 교회의 최고 통솔권을 장악할 수 있는 전제체제를 확립했다. 서 유럽에 있어서 교권이 제권보다 우위에 있던 것과는 전혀 다른 상황이었다. 그가 건립한 성 소피아(St. Sophia) 寺院은 발전하는 동로마제국의 富力과 文化를 보여주는 대표적 건물이다. 특히 콘스탄티노플은 동서 교통의 요충지이기 때문에 당시 세계 제일의 도시로서 번영할 수 있었다.

그러나 大帝가 죽은후에는 동로마제국의 번영도 침체상태에 들어가, 동방의 페르시아, 북방의 게르만, 북방의 슬라브와 아시아계의 종족들의 위협과 압박을 받으면서도 내부에서는 혼란만 계속하다가 7세기 경에 사라센의 신흥세력에 눌리고 말았다. 이제 帝國은 겨우 콘스탄티노플과 아시아의 한 지역만을 차지한 약체국으로 전락하고 말았다. 그 후에도 명맥을 근근이 유지하다가 1453년 오스만 터어키 족에 의해 멸망되고 말았다.

文 化

동로마 제국의 文化는 일명 비잔틴文化라고도 한다. 이 문화의 요소는 헬레니즘 문화의 전통에 순수한 동방문화의 요소가 가미된 것이라 할 수 있다. 따라서 비잔틴 문화에는 희랍 문화의 要素가 계승되고 보존되어 있다. 서 유럽이 주로 神學에 몰두하고 있을 때 동 로마제국은 언어·예술·과학·사상 등의 문화분야에서 높은 수준에 이르고 있었다. 그리하여 후일 서 유럽 세계에서 14, 15세기 문예운동을 일으키는 데 한 구실을 다했다. 뿐만 아니라 사라센 문화가 형성될 때의 문화적 요소를 이식하여 육성케 하였고, 슬라브 족의 문화적 발전에도 큰 영향을 끼쳤다. 이와 같이 비잔틴 문화는 세계문화사에 있어서 중요한 위치를 차지하고 있다.

이들 문화 자체에 있어서 獨創的인 것은 건축과 미술부문이었다. 즉 건축의 圓蓋(Dome) 양식과 회화 및 조각의 모자이크(Mosaic) 양식 등은 비잔틴 예술의 극치라 할 수 있다. 그 대표적인 것이 성 소피아 寺院이다. 이와 같은 양식은 사라센과 러시아 및 이탈리아 등에 있어서 중세 사원 건축의 양식에까지도 영향을 끼쳤다.

2. 이슬람 世界와 文化의 特性

이슬람 敎의 成立

아라비아 반도는 대부분이 사막이어서 정착생활에는 적합치 않다. 원주민은 셈系에 속한 아랍인들로, 오아시스에 거주하는 소수의 농민과 상인을 제외하고는 유목과 약탈 및 隊商活動에 종사하고 있었다.

아라비아 반도에서 가장 일찍 발달한 지방은 동서를 연결하는 해상교통의 요충지인 홍해 연안의 일부 지역이다. 사산王朝의 페르시아와 동로마제국 사이의 대립으로 주로 海上路를 이용하는 과정에서 점차 발전하여 홍해에 가까운 멕카(Mecca)와 메디나(Medina) 등이 번영할 수 있었다. 무역의 이익을 독점하는 豪商이 출현하기도 하고, 상업귀족들에게 착취당하는 대중들이 격증하여 貧富의 차가 격심하였다. 무하마드(Muhammad, 570?~632)는 이같은 상황 속에서 아라비아 반도 일부를 통일적·종교적인 국가로 발전할 기틀을 확립했다. 무하마드는 멕카의 부호 쿠라이시(Quraysh) 족의 하심(Hashim) 家門에서 출생하였는데, 그가 출생하기 4개월 전에 그의 부친이, 그리고 6세 되던 해에 모친이 각각 사망했기 때문에 정규적인 교육을 받지 못했다. 성인이 되어 부유한 미망인 카디자에게 고용되어 隊商으로 시리아 방면을 왕복하던 동안 유대 교도들 및 기독교도들과의 접촉이 많아 그들의 敎義도 알 수 있게 되었다. 그는 民衆의 구제를 위해 40세에 멕카 교외의 히라(Hira)산의 동굴에서 알라(Allah) 유일신의 啓示를 받아 자신을 예언자라 하면서 이슬람교를 창시하였다. 그가 階級을 부정하고 인간 평등을 주장한 것이나, 血緣的인 유대를 부정하고 신앙적인 유대를 강조한 데에는 종교개혁적·사회혁명적·정치혁명적인 의미가 있다.

그는 멕카시내의 하류계층에게는 크게 지지를 받았으나, 지배계층으로부터는 반감을 사게 되어 迫害를 받아 622년에 약 40명의 信徒들과 함께 메디나(Medina)로 聖遷하였다. 헤지라(Hegira)란 바로 이 성천을 말하며, 이 해를 이슬람교에서는 기원 원년으로 삼고 있다. 무하마드는 메디나의 정치와 종교의 양권을 장악하고 각 분야에서 크게 활약했다. 무하마드는 630년에 멕카를 공략하고, 이를 聖戰(Jehad)이라 하면서 아라비아 반도를 통일하였다. 宗敎를 전쟁과 결부시켜 설교한 내용이 바로 이슬람교의 핵심이라 할 코란(Koran)經이다. 이것은 이슬람교의 성경이자 교도들을 위한 지도원리이며 일체생활을 규정하는 法典이라고도 하겠다.

正統的 칼리프 時代

632년 무하마드의 사후에 그의 종교는 아부 바크르(Abū Bakr, 573~632)에게로 계승되었다. 바크르가 칼리프(Caliph)가 되자 政·敎의 대권을 장악하고 聖戰을 계속하였다. 2대 우마르(Umar, 634~644), 3대 우스만(Uthman, 645~655)에 이르는 동안 이슬람교는 급진적으로 발전하여, 시리아와 이집트를 정복하고 643년에는 사산왕조의 페르시아를 멸망시킨 다음에 중앙 아시아 방면으로 진출하였다.

이들에 의해 정복된 지역을 사라센(사막의 자손) 帝國이라 한다. 이 제국은 정복지에 총독(Amil)을 두고 행정과 징세를 담당케 하였다. 이교도들에 대해서도 改宗을 강요하지는 않았고, 人頭稅(Jizya)와 地租(Kharaj)를 납입하면 생명과 재산을 보호해 주었다. 그러나 개종자들에 대해 정치적·종교적으로 특권을 부여하였기 때문에 많은 이교도들이 이슬람교로 개종하였다. 4대 칼리프 알리(Ali, 656~661)가 암살되자 正統的인 칼리프 시대는 종말을 고하고 그의 정적이던 우마이야 家門 출신인 시리아 총독 무아비야(Muawiya, 661~680)가 칼리프에 즉위하고, 다마스커스(Damascus)에 수도를 정하고, 우마이야(Umayya, 661~750)왕조를 창시하였다. 그러나 이후 이슬람교 내에는 칼리프의 계승권과 또 이를 신앙문제와도 관련시켜 내분이 일어나 正統派(Sunni)와 알리派(Shia)로 분립하였다.

우마이야와 압바스 王朝

시리아 지역을 거점으로 한 우마이야 왕조는 중단되었던 征服을 재개하였다. 東으로는 중앙 아시아와 인더스 강 유역을 정복하여, 唐 및 인도와 인접하게 되었다. 西로는 북 아프리카를 정복하고, 이베리아 반도로 진출하여 서 고드(Goth) 王國을 멸망시킴으로써(711) 반도를 점령했다. 그 다음은 피레네 산맥을 넘어 북진하였으나 프랑크 왕국의 마르텔(Karl Martell, 689~741)의 騎兵에게 패배하여(732) 스페인으로 후퇴한 다음, 이곳을 중심으로 지중해 세계를 지배함으로써 기독교 세계에 큰 위협을 가할 수 있었다.

우마이야 왕조는 정치기구와 화폐제도를 改革하는 동시에 아라비아어를 공용어로 정했다. 그러나 聖戰으로 민중 생활이 궁핍해졌다. 7세기 후반에 동로마제국의 콘스탄티노플에 대한 공격에 실패하면서부터는 쇠퇴했다. 그 때 反 우마이야 派는 시야 派를 이용하여 압바스(Abual Abbas, ?~754)를 옹립하는 한편 우마이야 왕조를 멸망시킨 다음, 바그다드에 수도를 정하고 압바스 왕조를 창건했다(750). 한편 우마이야 왕조의 일족인 라만(Abder Rahman, 756~788)은 스페인으로 도주하여 코르도바에 後期 우마이야 왕조(756~1031)를 재건했다. 이로써 이슬람 세계는 東·西칼리프 제국으로 양분되어 각각 발전하였다.

압바스는 사산 왕조의 페르시아와 같은 專制的인 국가체제를 갖추고 대내에서는 산업과 무역의 발전 그리고 學藝의 보호와 그 육성에 노력하고, 대외적으로는 西進해 오던 唐을 탈라스(Talas) 강에서 격파함으로써, 동서무역의 패권을 확립했다. 5대 칼리프 알 라시드(Harum Al-Rashid, 786~809) 시대에 메소포타미아에 대규모의 관개공사를 완성시켜 농업을 장려하고 공업을 발전시키는 한편, 바그다드를 세계무역의 중심지로 등장시켜 결국은 세계적인 국제도시로 번영했다.

10세기 초에 압바스 왕조에서 독립한 파티마(Fatima)왕조가 아프리카 북부에 건립되었다(909). 이로써 이슬람 세계는 3대륙에 3개국이 정립하게 되었다. 파티마 왕조는 3개국 중에서 제일 먼저 셀주크 터어키 족에게 멸망되고(1171), 뒤이어 압바스 왕조도 蒙古軍의 침공을 받아 멸망했다(1258). 10세기에 地中海의 무역을 독점하던 후기 우마이야 왕조도 역시 1492년에 스페인에 의해 멸망되었다. 한때 세계를 제패하던 이슬람 제국은 정치면에서는 멸망했지만, 그들의 신앙적인 傳統과 고도로 발전한 각 분야의 문화유산은 세계 문화사상에 지대한 영향을 끼치게 되었다.

이슬람의 文化

이슬람 세계의 文化는 비잔틴과 헬레니즘 文化의 기초 위에 인도와 페르시아 및 로마 문화가 융합되어 이룩된 것이다. 문화가 특징적이라는 것은 아랍인 외에 이집트·페르시아·시리아·터어키·유대 등의 民族들에 의해 이루어졌기 때문이다.

이슬람교에는 傳道師가 없으므로 포교에 공헌한 것은 이슬람 商人들이다. 상인들의 활동으로 세계 각지에 이슬람교가 포교됨으로써 이슬람 문화권이 성립될 수 있었다. 그들 상인들은 中國에서 대서양 연안까지, 그리고 러시아에서 아프리카 남해안에 이르는 지역을 활동 무대로 하였다. 또한 인도·실론·말래카 해협을 거쳐 중국에 이르는 海上權을 장악하고 있었다. 중국의 廣州·泉州·揚州 등에 사라센인들의 거류지가 설립되고, 淸眞敎라 불리는 이슬람 교가 포교되었으며, 중앙 아시아에서 아프가니스탄을 거쳐 인도에서도 포교되었고, 10세기 경에는 回紇人(Uighur)을 통해 唐에도 포교하였다. 14~15세기에는 동인도에도 전파됨으로써 스페인에서 북아프리카를 거쳐 자바와 수마트라에 이르는 이슬람 문화권을 형성함으로써 최고의 분포율을 점하는 宗敎가 되었다.

이 광대한 지역의 이슬람 문화권을 결합시킨 것은 이슬람 교와 코란이다. 희랍철학과 인도의 宗敎는 코란의 神學的인 체계화에 절대적인 영향을 주었으며, 이슬람 신학·철학·법학·문법학 등을 발전시켰다. 이들은 특히 희랍의 고전문화를 보존하여 중세 말기의 유럽에 전하여 서양문화의 발전에 기여했을 뿐만 아니라, 결정적인 것이라 할 수는 없겠으나 이탈리아의 르네상스에도 크게 공헌하였다. 또 무하마드와 그 후계자들의 행적을 조사하는 과정에서 역사학과 지리학이 발전하였으며, 희랍의 自然科學과 고대 인도의 연구로 이슬람인들이 수학·천문학·역법·물리학·박물학·의학 등을 발전시켰다는 사실도 밝혀졌다.

哲學에서는 시나(Ibn Sina, 980~1037), 루시드(Ibn Rushid, 1126~98) 등이 유명하였고, 神學에서는 가잘리(Al Ghazali, 1059~1111)를 배출하였다. 역사학자로는 할둔(Ibn Khaldun, 1332~1406), 지리학자로는 훌다드베(Ibn Khurdadhbeh, 820?~912) 등이 유명하다. 특히 이븐 밧투타(Ibn Battutah, 1304~77)는 旅行家로서 아프리카·아라비아·이란·인도 등지를 비롯하여 元代의 중국도 방문하여 여행기를 남겼다.

이슬람인들은 특히 자연과학에 뛰어난 재능을 발휘하여, 수학에서는 인도의 算用數字를 개량하여 아라비아 숫자를 창안하기도 했고 代數와 3각법도 발달시켰다. 화학에서는 昇華·濾過·蒸溜 등의 실험법이 발명되었다. 이같은 결과 製藥·醫化學도 발달하게 되자 유리·염색·화약·도자기 등의 공업이 일어났다. 천문학에서는 바그다드를 비롯한 각지에 천문대가 세워져 일식의 관측과 지구 주위의 측정 및 경위도와 자오선의 측정 그리고 曆表의 작성 및 지구 구형설과 지동설도 생겨났다. 물리학에서는 光學이, 의학에서는 약학과 외과수술 등 거의 모든 분야의 학문을 발전시켰다.

문학에서는 유명한 『千一夜話』(*Arabian Nights*)가 저술되었고, 산문학에서도 걸작품이 나왔다. 미술에서는 이슬람교가 우상숭배를 금하였기 때문에 조각과 회화보다 건축이 발달하였다. 건축양식은 方形의 기반 위에 圓蓋와 尖塔을 갖춘 사원이나 궁전이 건립되었다. 스페인의 그라나다에 있는 알함브라(Alhambra) 궁전은 사라센 건축의 대표작이라 하겠다.

식물문양과 線의 배합으로 색채의 묘를 다한 아라베스크(Arabesque) 양식이라 할 장식문양이 또한 유명하다.

3. 十字軍 遠征과 그 影響

셀주크 터어키의 興起

10세기 말에 이슬람교로 改宗한 중앙아시아의 유목민 셀주크 터어키(Seljuk Turks)족은 점차 강력해져서 1037년에 동부 이란의 코라산(Khorassan)에서 셀주크 王朝를 세웠다. 그후 다시 압바스 왕조가 쇠퇴한 틈을 이용해서 1058년 바그다드에 들어가 칼리프로부터 술탄(Sultan)의 칭호를 받아 이슬람세계의 동방을 대표하게 되었다. 이슬람 문화는 이들에 의하여 보호 육성되고 그 敎權이 점차 확대되었다.

十字軍의 原因

동방에서 터어키 족이 성장하고 있을 때 서 유럽에서는 종교적 정열이 절정에 달하여 성지순례가 성행되었다. 그러나 1071년 셀주크 터어키가 예루살렘(Jerusalem)을 점령하여 순례자들을 迫害하자 기독교도들이 격분하여 성지 회복의 소리가 높아졌다. 한편 동로마 황제도 구원을 요청해 왔다.

이에 교황 우르반 2세(Urban Ⅱ, 1088~99)가 聖·俗貴族들을 클레르몽(Clermont)에 소집하여 성지의 회복을 위한 十字軍(Crusade)을 결성할 것을 결의하였다. 敎皇은 이 원정을 통하여 聖·俗의 대립을 지양하고 모든 관심을 이교도의 정복에 집중시킴으로써 교황권을 강화하는 동시에, 동로마의 구원 요청에 응함으로써 희랍세계에 로마正統敎의 지배권을 확대하고자 하였다. 한편 騎士들은 정체된 봉건사회를 타개하기 위하여 동방에서 새로운 영토의 획득을 필요로 하였다. 그들은 신앙적인 神聖性 외에 모험과 낭만이 가득하였다. 商人들은 동방무역에 탐이 났고, 농민들은 미지의 동방에서 새로운 운명을 개척할 것을 희망하였다. 이와 같이 각계 각층이 서로 다른 목적에서 십자군에 참가하였지만, 십자군의 기본동기는 역시 기독교도들의 열렬한 信仰心에 있었던 것이다.

遠征의 失敗와 餘波

십자군 원정은 1096년에서 1270년에 이르기까지 막대한 희생을 치르면서 7차례에 걸쳐 진행되었다. 그러나 聖地回復의 목적은 잠시 달성되었을 뿐 끝내는 실패하고 말았다. 그 원인은 이교도들의 무력적인 우세에도 있었지만, 십자군의 전략상의 결함이 더 컸다. 즉 주체세력이 되어야 할 교황에게 統帥權이 없어 軍의 통일을 기하지 못함으로써 전략과 전술상의 타격이 컸다. 또한 연합군의 利害가 일치하지 않아 정복한 다음에는 守備軍만 남겨 둔 채 철수해 버리기도 했다. 한편 민중의 종교열이 식어져 종교상의 본연의 동기를 망각하고 정치·경제적 목적에만 전념하게 된 것도 실패의 원인이었다.

십자군 원정은 문화요소가 다른 東西 2대 진영의 대립이었고, 그 영향은 중세사회를 뒤흔들어 놓았다. 십자군은 애당초에 민중의 종교적인 열정과 교황권의 權威에 의해 조직되었기 때문에, 교황 및 로마교회는 서유럽에서의 세속권력의 강화와 종교계의 世界的인 패권을 달성할 수 있었다. 그러나 원정이 실패하자 교황의 권위가 추락되었으며, 민중의 종교열이 냉각되어, 결과적으로 宗敎改革의 한 원인이 되기도 했다. 그리고 정치적으로는 대부분의 기사들의 생명과 재산을 희생시켰기 때문에 봉건제도가 동요되어 왕권의 신장 및 중앙집권적인 경향이 나타났다. 그러나 다른 한편, 십자군 원정은 동방무역을 더욱 촉진시켜 상인계층의 활동을 활성화하는 데 크게 기여했다. 즉 이탈리아에서는 십자군의 수송과 지중해 무역으로 상업도시가 전례없을 정도로 번영하고, 독일의 북부에서는 상공업의 발달로 自治都市가 성장하였다. 이리하여 都市의 상인계층은 그들의 경제적 배경에 의하여 국왕과 더불어 당대의 주체 세력으로 등장하게 되었다. 한편 십자군의 왕래로 地理上의 지식이 발달하여 후세에 있은 新航路를 발견하는 데에도 기여하게 되었고, 동방의 학문·문학·예술이 서 유럽인들에게 자극을 주어 유럽문화의 向上에 기여했다.

제 6 장 中世文化世界의 發展的 變質

1. 都市發達의 跳躍과 民權의 伸張

都市發達의 跳躍

고대 도시는 지중해 세계의 變質과 게르만 민족의 이동 등에도 불구하고 상인층의 계속적인 상거래가 진행되고 있었다. 田園生活에 젖어 있던 게르만 민족이 서 유럽의 주도자가 되고, 아라비아인들에 의해 동서의 교역로가 어느 정도 막힌 것 등은 고대의 지중해 연안과 서 유럽 도시들의 활동을 다소간 위축시켰을 것이다. 물론 중세의 封建社會는 그 경제적 기반이 농업에 있었고, 자급자족하는 경제조직이었기 때문에 농민들이 농사의 여가를 이용하여 鍛冶·織布·양조 등에 종사하였고, 다른 지역에서 산물을 구입하는 경우란 드문 일이었다고 한다. 그러나 농업적인 사회경제하에서 고대적·중세적 都市들의 상업활동은 여전히 존속하였고 전문적 商人들이 있었던 것이다.

이같은 사실은 점차로 사회가 안정되고 생활이 향상됨에 따라 技術이 발달하고, 生産力이 증대되어 잉여농산물의 축적이 가능하게 되었다는 사실과 교역에 대한 의욕이나 莊園에서 자급될 수 없는 고급 생활용품의 수요가 증대되었다. 마침내 지방에서의 잉여농산물을 매매하는 상인층과 수공업품의 생산을 전문으로 하는 수공업자층의 활동이 도약하는 현상을 나타낸 것으로도 알 수 있겠다. 이같은 경향은 결국 분업을 증대시켰고, 商人이나 匠人들은 자신들의 生産品으로 행상하다가 마침내 상품을 교환하기 위한 市場을 개설하였다. 초기의 시장은 주기적으로 혹은 年中의 적당한 시일을 정하여 開市되었지만 이 개시기간이 길어지면서 定期市로 되었다. 한편 초기 행상인들은 장원 내에 거주하였으나 점차 특정한 본거지의 필요성을 느끼게 되면서부터는 도시발달의 연속적인 기운이 조성되었던 것이다.

이와 같이 도시의 보다 가속화된 발달의 기운이 조성된 것은 대체로 6세기 경부터 10세기 경에 이르는 기간에 성립된 게르만적 도시들이다. 이 기간에 王·侯의 거성과 교회 및 교통로의 요충지로서의 교차지점, 하천과 항만의 선박 기착지, 宿驛, 영토 방위상의 중요지점, 문화적 중심지 등을 거점으로 중세 도시의 형성이 진행되었다. 이같은 현상은 사회발전의 결과로서, 당시 서 유럽에 있어서 일반적인 현상이었다. 그후 서 유럽 사회가 더욱 안정되고 원거리 교역이 활발해지자 각처에서 商工業의 중심지로서의 도시가 형성되었다. 이탈리아에서는 주로 고대 도시들이 보다 더 부흥하여 동방교역을 통해 발전하였는데, 그 대표적인 도시는 남쪽의 살레르노·나폴리·가에타·말피·북쪽의 베네치아·피사·제노아 등이었다. 프랑스, 독일, 영국 등지에서는 주로 主教座와 수도원의 소재지 및 영주의 居城 등에서 도시가 형성되었는데, 이들은 노르만 족들의 상업활동에 의해 더욱 발전하였다.

앞에서 본 바와 같은 현상은 십자군 운동의 영향으로 더욱 활발해졌다. 특히 이탈리아의 포江 유역과 투스카니(Tuscany) 지방의 밀라노·제노아·피렌쩨 등은 선구적인 도시로서, 商人들이 알프스 산맥을 넘어 서 유럽과도 빈번히 교역하였다. 프랑스에서는 마르세이유·아를레 등이 일어났고, 스위스와 독일 지방에서는 쮜리히·콘스탄쯔·바젤·아우구스부르크·로젠부르크·비인·뉴렌버크·쉬트라스부르크·보르므스·쾰른·프랑크푸르트·함부르크·뤼벡·브레멘·마인쯔 등이 부흥 내지는 형성되었다. 영국에서는 런던을 중심으로 각지에서 도시가 일어났다. 이같은 도시와 교역활동은 중세적인 것에 지나지 않으며, 희랍·로마적인 도시들도 게르만 민족의 이동에 별 구애없이 여전히 都市生活과 交易에 종사하고 있었다는 사실을 잊어서는 안된다.

都市內의 거주자들은 대부분 상공업자로서 동업자 사이에 組合(Guild)을 만들고 이를 중심으로 활동하였다. 즉 상인은 상업조합(Merchants Guild), 수공업자는 수공업 조합(Crafts Guild)을 각각 조직하였다. 조합은 처음에는 동업자들의 守護神을 공동으로 제사하고 길흉의 慶弔를 위하여 만들어 졌으나 점차 직업적 협정의 체결, 가격협정, 경영통제, 품질감독 등을 행하여 각자의 임의적인 행동을 억제하였다. 시민신분은 徒弟(Apprentice), 職人(Journeyman), 匠人(Master) 등의 봉건적인 계층으로 나누어져 있었다. 도제는 어렸을 때부터 匠人 밑에서 일정한 기간의 견습을 받고, 또 각지를 여행하면서 연수한 다음에 장인 밑에 와서 직인이 되었다. 직인이 되어 장인의 일터에서 급료를 받으면서 종사하다가 그 기술이 인정되면, 장인이 되어 독립적인 경영을 할 수 있는 자격을 얻고 동시에 정식으로 조합원이 되었다. 이와 같은 상공업자의 조합은 경제생활이 아직 취약한 그 시대에 있어서는 오히려 편리한 방법이었을 것이다.

앞에서 언급한 바와 같은 중세 도시는 형성될 때부터 封建領主에게 예속되어 있었다. 영주들은 자기 영대에서 도시가 형성되고 발전되면 인구가 증가되고 商人을 흡수하며 영토의 번영을 이룩함은 물론, 租稅의 징수에도 유리하다는 이유로 도시를 보호하였다. 그러나 도시는 봉건제후의 지배에서 벗어나거나, 특별한 權利를 요구하면서 지위의 향상을 시도하였다. 즉 領主에 대해 투쟁하거나 현금 또는 차관의 대가로 특허장을 받았다. 이 특허장은 도시의 자치권·행정권·재판권·징세권·開市權·鑄貨權 등을 인정하는 것이었다. 영국이나 프랑스 북부 지방은 영주권이 강하였기 때문에 이와 같은 자치도시가 적었으나 프랑스 남부 지방은 영주권이 약하여 일찍부터 자치권을 얻은 도시가 많았다. 이탈리아는 각지가 분열상태였고 봉건영주의 세력도 가장 약한 곳이었기 때문에, 각지에서 도시가 발달하고 共和와 自治에 기초를 둔 도시 共和國이 형성되었다. 근세 초기에 이탈리아에서 문예운동이 일어난 것도 자치도시의 시민계층이 일찍 각성하였기 때문이라고 볼 수 있겠다. 독일 지방에서도 영주에 대항한 도시들이 많이 있었다.

도시들은 상호간에 同盟을 체결하였다. 동맹에는 정치적인 압박에 대항하여 자체를 방위하려는 것과 상업활동을 목적으로 하는 것이 있었다. 롬바르디아 도시동맹(11세기 말), 라인 도시동맹(1247), 시바벤 도시동맹 등은 정치적인 압박에 대항하고 자체를 방위하기 위한 소극적인 것이었으나,

한자 도시동맹(Hansaetic league)은 가장 대규모적인 것으로서, 적극적인 상업활동을 목적으로 했다. 이 동맹은 주로 발틱 해 방면에서 활동하였는데, 한자(Hansae)란 옛 독일어에서 「상업상의 동맹」을 의미하는 낱말이었다. 이 동맹은 외국에 있던 독일 商人들이 단결한 데에서 시작되었는데, 1241년에는 독일 본토의 뤼벡 市와 함부르크 市 사이의 도시동맹으로 발전되었으며, 그 후에는 백여개의 도시가 이에 가담하였다. 이 동맹은 외부세력의 간섭 배제와 공동이익의 보호 및 확대 그리고 규약의 제정 및 회의를 열어 상호간에 경쟁을 중재하여 해결하고, 공동의 財產을 소유하며, 공통된 화폐와 도량형을 제정하고, 외국에 商館의 설치와 상비군을 육성하는 문제 등을 목적으로 했다.

民權의 伸張

중세에서는 일반적으로 精神面을 존중하고 物質面은 경시하는 경향이 있었기 때문에 돈의 용도가 많지 않았던 것으로 알려져 있다. 그러나 상공업이 발전하여 도시를 부흥 내지 형성시킨 결과, 마침내 돈을 소유한 시민의 세력이 커져서 社會의 요직을 차지하게 되었다. 특히 그들이 장악한 富는 사회에서 큰 의미를 갖게 되었다. 봉건영주가 돈에 매력을 느껴 도시에 自由를 부여한 것은 그 좋은 예라 하겠다. 이같은 경향은 점차 심해져서 드디어는 政治問題까지 좌우하게 되었다. 그리하여 아우구스부르크의 부호인 훗가 가문이 1519년 독일 황제 카알 5세의 선출에 결정적인 영향력을 행사할 수 있었다.

중세를 騎士文化의 시대라 한다면 근세는 市民文化의 시대라고 할 수도 있겠다. 이 시민문화는 이미 중세 중엽 경부터 점차 보다 더 활발해지기 시작하여 그 말기에는 고도로 성숙하였다. 중세 봉건제도하에서 市民과 그들의 富가 성장하고 시민문화가 성숙하게 된 것은 중세사회에 있어서의 큰 변질인 동시에 봉건사회에 대해 광범한 영향을 끼치는 위협적인 존재가 되었다.

2. 中世 文化世界의 發展的 變質

莊園의 崩壞

13세기 후반부터 약 2세기 동안은 중세 말기에 해당되는 시기로서, 이 때를 전후하여 중세사회에는 조락과 동시에 變質이 짙어지면서 봉건사회가 흔들리기 시작했다. 무엇보다도 중세 봉건사회를 구성하는 기본 단위인 莊園制度에 변질을 재촉하는 현상이 있었다. 이미 살펴 본 바와 같이 장원제도의 기본적인 특성은 자연경제에 기초한 自給自足的인 사회라는 것과, 장원 내부에서 영주와 농민이 지배와 예속의 관계로 맺어졌다는 점이었다.

그러나 중세 중엽부터 점차 장원경제가 충족한 것으로 되었고, 그 말엽에는 내부에서 경제가 성숙하고 있었다는 점 및 상공업의 발달을 계기로 형성된 都市와 화폐경제가 발달하여 莊園의 경제체제를 내외에서 위협하였으며, 장원 내의 身分關係에도 전반적인 변화가 나타났다. 즉 장원에서의 농작물이 增產됨에 따라 농민들의 수입이 많아져 경제적으로 여유가 생겼다. 이에 따라 농민들은 종래 감수하여 오던 예속적·강제적인 봉사관계에서 벗어나 순수한 경제관계만을 맺고자 하였다.

한편 봉건영주들은 화폐 필요성의 증대와 제한된 토지에서의 수입 사이의 균형이 흔들렸고, 농민들이 강제노역에 종사해 온 直營地를 자기 경영으로 전환시켜 더 많은 생산을 시도했다는 경향 등으로 인하여 봉건영주들은 농민측의 요구를 받아들일 수밖에 없는 형편이었다. 이같은 결과로 지금까지의 勞動地代와 現物地代의 형식을 통한 봉건적인 예속관계는, 토지임대에 있어서 金納地代라는 경제적인 계약관계로 변질되었다. 이와 같이 봉건영주와 농민 사이의 신분상의 결합관계가 화폐를 매개로 한 지주와 소작자 사이의 계약관계로 바뀌어진 것은 장원제도의 기초를 뒤엎게 되었다.

특히 장원경제에 있어서 생산자적 구실을 맡은 농민층—영국이나 프랑스의 농민층—은 생활상태가 점차 改善됨에 따라 봉건제도하의 사회적인 불평등에 대하여 불만을 품게 되었다. 이 불만은 경제적 불안과 정치적 불평 및 종교운동과 관련되어 중세 말기의 영국·독일·프랑스 등에서 농민봉기의 형태로 폭발하였다. 농민봉기를 더욱 촉진한 것은 영국에 있어서 1348 년의 흑사병(Black Death)의 유행이었다. 이때 農村의 인구가 감소되자, 地主는 노동력을 얻기 위하여 농민의 이탈을 막으면서 그들에게 강제 노동을 요구하였다. 특히 백년전쟁으로 농민의 부담이 늘어 고통이 가중되자 농민들에 의한 봉기가 폭발하였다(1381). 프랑스에서도 백년 전쟁 때에 봉건제후에 대한 農民들의 불평이 높아져 동북 지방에서 봉기가 폭발하였다(1358). 이러한 현상은 14 세기의 이탈리아 및 15 세기의 독일 북부에서도 일어났으며, 이같은 일련의 봉기들이 16 세기 農民戰爭의 발단이 되었다. 이제 장원은 농민의 봉기 때문에 그 존재가치를 상실하게 될 위기에 있었다.

封建身分의 衰退

봉건사회의 기본단위인 장원의 붕괴현상은 장원에 있어서의 영주적 요소인 봉건신분의 존재 그 자체에 위협을 가하게 되었다. 그리고 봉건신분으로서의 騎士의 존재가치마저 상실되어 갔다. 즉 봉건신분인 騎士의 임무는 軍事로서, 천연적인 성곽을 이용하여 성곽을 수비했기 때문에 그것은 난공불락이었다. 그러나 중세 말기 大砲와 총포 등 新武器가 발명되고 新戰法이 발명되자 기사는 무용하게 되었다. 이제 난공불락을 과시하던 봉건제후의 거성이나 도시의 성루가 砲火에 의해 파괴되었고, 騎士들도 대포와 총포에는 대항할 수 없이 무력하게 되었다. 뿐만 아니라 중세말기 사회에서는 봉건신분의 재정적인 곤란과 인구증가에 따르는 토지부족으로 발생된 봉건신분 상호간의 封建戰爭 및 십자군의 대원정 등으로 인하여 수많은 봉건신분이 희생되었다.

장원의 해체 현상과 봉건신분의 존재가치의 상실 및 그들의 희생이 진행되는 한편에서는 새로운 사조가 보급되었다. 즉 莊園이라는 좁은 테두리가 무너지면서 사회생활의 활동범위가 확대됨에 따라, 언어·제도·관습·기질 등을 共有하는 國民이라는 공동의식을 갖게 되었다. 그리하여 국가적·민족적인 자각이 발달되어 봉건제도하의 분권상태보다 統一을 원하게 되었다. 이와 같은 움직임 속에서 統一된 國民國家를 형성하는 데 주체적인 구실을 담당한 것은 도시의 시민계층과 중앙의 君主였다.

시민계층은 폐쇄적이고 봉건적인 경제체제에서 완전히 벗어나 광범한 지역에서 自由로운 경제활동을 원했다. 한편 군주는 중앙 세력의 미약함과 관료제도와 상비군 및 교통기관 등의 미비는 물론이고, 地方分權下에서 오랜 동안 국가 권력을 장악하지 못했던 까닭에 국가의 統合과 그 支配를 소망하고 있었다. 이에 군주와 시민계층이 상호협조하여 봉건제후를 물리치고 국가통일과 중앙집권 국가로서의 근대 국가를 탄생시키는 데에 박차를 가했던 것이다.

제 7 장 르네상스時代의 文化

1. 르네상스의 性格

르네상스(Renaissance)의 이탈리아語源은 리나시타(rinascita), 곧 "再生"이다. 바자리(Giorgio Vasari, 1511~47)가 최초로 사용했다고 하는 이 단어는 본시 古典古代 미술의 부활을 의미했을 뿐이었다. 그러나 오늘날 르네상스는 하나의 독립된 문화현상 일반으로 이해되고 있는데, 이것은 르네상스의 정신이 무엇보다도 휴머니즘(Humanism)에 근거하고 있기 때문이다. 키케로(Cicero)가 후마니타스(humanitas)를, 인간성을 도야하고 세련시켜주는 글과 예술의 힘이라고 정의했듯이, 휴머니즘은 인간성에 관련된 모든 예술 및 지식의 분야들을 포괄하는 것이었다.

말하자면, 르네상스는 중세로부터 근세에로 이행하는 과정에서 사회·경제적 변혁에 선행한 일종의 "精神革命"으로서, 종교적 권위에 속박되어 있던 인간성을 고양시키고 더 나아가서는 완전히 발현, 해방시키려는 것을 요체로 삼는 문화 현상인 것이다.

르네상스人들의 모범은 古典古代였다. 그들은 자신들의 當代를 하나의 독립된 시대로 규정하면서, 자기들보다 앞선 시대를 암흑으로, 그보다 더 앞선 시대를 밝음으로 규정했다. 그들에게 있어 古典·古代의 작품들이란 인간의 정서 생활에 가해졌던 어둠의 속박, 美的 감각에 가해진 족쇄, 모든 知的 활동을 억압하던 사슬을 끊고 새로운 "밝음"에로 나아갈 수 있게 해주는 수단이었던 것이다. 이러한 의미에서 부르크하르트(J. Burckhardt)는 르네상스를「世界와 人間의 새로운 발견」이라고 규정하면서 이를 근대의 단초로서 정의했다.

그러나 르네상스는 革新性만을 담고 있는 것은 아니었다. 14세기에서 16세기까지의 이 문화 현상은 봉건적 요소 역시 지니고 있었다. 예컨대 르네상스는 당대인 모두의 대중적 운동이 아니라, 휴머니스트라는 소수 지식인들만의 운동이었고, 그들의 사회·경제적 배경 또한 敎皇, 僭主 내지 君主라는 봉건적 세력에 두고 있었다. 이러한 점에서 르네상스는 中世의 연속선상에 있으면서 동시에 근세의 단초를 형성하고 있는 일종의 과도기적 성격을 지니고 있는 셈이다.

이러한 過渡型으로서의 르네상스의 성격은, 르네상스人들이 추구하고자 했던 새로운 人間型의 성격에 분명히 드러난다. 르네상스의 글과 예술이 추구한 인간형은 大宇宙(macro-universe)와의 類比(analogy)에 의해 얽혀 있는 小宇宙(micro-universe)로서의 인간이었다. 즉 스스로의 내면에 완전한 조화와 균형을 이루면서 스스로가 神이 창조한 세계의 中心이 되는 그러한 인간이었던 것이다. 이 경우 인간은 神의 피조물로서 창조된 우주 내에 갇혀 있지만, 동시에 그 우주 내의 「작은 창조자」로 군림하면서 우주를 지배할 수 있는 존재였다.

이로써 인간은 보다 인간 본성(human nature)에 충실하면서, 우선 인간 본성이 무엇인가를 인식하고 또 그것을 발현하기 위한 실천방향에 관심을 집중하게 된 것이다.

2. 이탈리아의 르네상스

14세기의 유럽은 이른바 「중세의 가을」이었다. 교회의 분열과 혼란은 절대 군주의 세력을 상대적으로 강화시켰고, 지중해 무역의 재개와 더불어 흥기한 도시와 財富의 신장은 세속적 권위를 종교적 권위에 버금가는 것으로 만들고 있었다. 그런가 하면 봉건체제는 왕권과 결탁한 시민계급의 위력하에 잠식되고 있었으며, 화약의 발명은 기사의 존재 가치를 하락시키고 있었다.

이러한 현상은 거의 全유럽적인 것이었다. 그렇다면 르네상스는 왜 유독 이탈리아에서 먼저 시작된 것일까?

우선 이탈리아人들에 있어 古典古代의 文化란 자신들의 선조의 문화였다는 점을 들 수 있다. 중세 문화는 자신들의 전통을 단절시킨 異質的인

문화였다. 따라서 「전통 회복」이라는 견지에서의 르네상스는 이탈리아의 경우가 여타 지역에 비해 훨씬 자연스러운 현상이었던 것이다.

이러한 전통 재확인의 관심이 고조된 데에는 플로렌스의 메디치(Medici)家와 밀라노의 비스콘티(Visconti)家같은 유력한 財產家 내지 도시귀족의 출현과, 이들 간의 경쟁이 주요한 배경이 되었다. 이들은 당시의 정치・경제상의 주도권을 장악하고 있었을 뿐만 아니라, 13세기 이후 서구에서 가장 빠르게 市民社會를 형성하고 있었던 북부 이탈리아 지역에서 그같은 변화에 상응하는 새로운 문화적 창조를 지원했던 것이다.

더구나 이탈리아의 지리적 위치는 지중해 무역이 활성화된 이후, 경제・문화상의 교류에 매우 유리하였다. 14세기 이후의 이탈리아는 東로마와 사라센의 문화를 빈번히 접할 수 있었으며, 특히 1453년 東로마 멸망을 전후로 해서 이탈리아에 이주한 東로마 학자들은 前述한 유력자들의 도움을 받으면서 휴머니즘의 확산에 주력할 수 있었다. 1438년에 메디치家의 후원으로 설립된 플라톤학회는 그 대표적인 예이다.

의식적으로 고대의 작품을 수집・연구한 최초의 휴머니스트(humanist)는 페트라르카(Petrarca, 1304~74)였다. 젊은 시절부터 베르길리우스나 키케로를 탐독했던 그는 라틴語 영웅 서사시인 『아프리카누스』(*Africanus*)로 불후의 명성을 얻고자 했으나, 실제로 그가 휴머니스트로서 역사적인 영예를 안게 된 것은 애인 라우라(Laura)에게 바친 토스카나語의 애정시 때문이었다. 인간 본성의 리얼리티에 대한 강렬한 집착은 보카치오(Boccaccio, 1313~75)에게서 보다 적나라하게 표현되었다. 그는 『데카메론』(*Decameron*)에서 전통적인 신앙과 수도원적 위선을 통렬히 비판한 후, 관능적인 만족을 추구하는 인간 본성의 實相을 10명의 젊은 남녀의 대화를 통해 표현했다.

페트라르카와 보카치오가 사망할 무렵에는 휴머니즘도 본 궤도에 오르게 되었다. 또한 이때부터 古典古代에 관한 연구는 로마적 전통뿐 아니라 그리스적 전통에 대해서도 관심을 갖게 된다. 14세기 비잔틴 출신의 크리솔로라스(Chrysoloras)가 피렌체로 건너와 그리스에 관한 강의를 함으로써 촉발된 그리스 연구는 前述한 플라톤학회의 설립과 더불어 가속화되었으며, 15세기 말 피치노(Ficino)가 플라톤 저작의 라틴어 번역을 출간하면서 절정에 이르렀다. 한편 라틴 작가들에 대한 단순한 모방에 그쳤던 로마 연구도 로렌조 발라(Lorenzo Valla, 1405~57)에 이르면 문헌비판의 차원으로 고양 계승되었다. 그리하여 16세기 초까지는 현재 우리가 알고 있는 그리스·로마의 고전작품이 거의 전부 알려지게 되었다.

古典硏究보다 르네상스의 정신을 직접적이고 강력하게 표현한 분야는 미술이었다. 르네상스 이탈리아 미술가들은 古典古代의 유물들이나 神話들로부터 받은 영감뿐 아니라, 인간 본성을 포함하는 자연으로부터 받은 영감을 회화나 조각이나 건축으로 표현하였다.

새로운 畵風은 14세기 피렌체의 지옷토(Giotto, 1276~1336)에서 시작되어 15세기 말 16세기 초에 걸쳐 로마와 플로렌스에서 그 절정에 도달하였다. 마사치오(Masaccio, 1401~28)의 원근법과 레오나르도 다 빈치(Leonardo da Vinci, 1452~1519)의 인체해부적 기법은 자연을 있는 그대로 묘사하기 위한 畵法上의 획기적 발전을 초래했다. 미켈란젤로(Michelangelo, 1475~1564)는 르네상스期의 「만능의 천재들」의 대표적인 인물이다. 그의 조각과 회화는 「다비드像」과 「최후의 심판」에서 나타나듯이 각성된 인간의 힘이 역동적으로 표현되고 있다. 라파엘로(Raffaello, 1483~1520)에게서는 역동적인 힘은 볼 수 없으나 인간의 내면적 조화가 그의 수많은 성모상들을 통해 아름답게 표현되고 있다. 한편 베네치아에서도 16세기에 들어서면서 지오르지오네(Giorgione, 1478~1511), 티치아노(Tiziano, 1477~1576), 베로네제(Veronese, 1528~88) 등의 베네치아派 화가들이 등장했는데 이들의 작품은 베네치아의 상업적 번영을 반영이라도 하듯이 화려한 색채와 과장된 표현을 그 특징으로 하고 있다.

조각 분야에서는 피렌체 출신의 기베르티(Ghiberti, 1378~1455)와 도나텔로(Donatello, 1386~1466), 그리고 前述한 미켈란젤로가 유명했다. 조각 역시 인간의 내면적 정서나 역동성을 형상화하는 데 주력했으며 이는 근대사실주의적 조각의 선구가 되었다.

건축에 있어서는 로마의 돔과 아치 양식, 그리고 그리스의 열주식을 절충한 르네상스 양식이 발전하였다. 브루넬레스키(Brunelleschi, 1377~1446)

가 건축한 피렌체의 대성당, 브라만테(Bramante, 1444~1514)가 설계·착수하여 미켈란젤로가 완성한 베드로 대성당 등은 이 시기의 대표적 건축물이었다.

또한 르네상스期에는 새로운 사회질서에 대한 모색도 있었는데, 마키아벨리(Machiavelli, 1469~1527)의 『君主論』(*Il Principe*)은 그 白眉를 장식한 작품이다. 이 책에서 그는 이탈리아의 자유와 독립을 위해서는 「여우의 꾀와 사자의 용맹성」을 겸비한 절대군주가 출현해야 한다고 역설하였다. 말하자면 도덕 문제와 정치 문제를 분리하여, 당대의 과도기적 혼돈을 극복하고 새로운 윤리적 이상사회를 추구할 수 있는 수단으로서의 절대 권력을 정당화했던 것이다.

요컨대 이탈리아 르네상스는, 12세기 이래의 경제적 번영이라든가 전통 문화에 대한 관심의 고조와 같은 지역적 특수성에다가, 새로운 인간형의 발견이라든가, 완전성으로서의 자연과 인간 본성에 대한 새로운 전망이라든가, 새로운 사회질서의 모색과 같은 보편적 이상을 결합시킴으로써, 세계사적 문화 창조의 한 전형을 마련해 주었다.

그러나 14세기에서 16세기에 걸친 이탈리아 르네상스 운동은 17세기에 접어들면서 거장들의 작품을 모방하고 기교에 치우치는 마리에리스모(marierismo) 곧 매너리즘에 빠지게 되며, 르네상스의 생동력은 알프스 이북에서 다른 형태로 발현된다.

3. 北유럽의 르네상스

이탈리아 르네상스의 바탕이 도시적이고 市民的인 것이었다면, 알프스 이북에서의 르네상스는 비록 이 지역에서도 도시가 발달하고는 있었지만 거의 봉건적인 분위기 속에서 진행되었다. 또한 이탈리아의 경우 古典은 직접적인 전통문화였으나, 알프스 이북의 경우는 그렇지 않았다. 예컨대 일찌기 로마 문화가 뿌리를 내렸던 프랑스의 경우만 하더라도 중세의 스콜라주의적 전통이 확고하여 로마의 古典에 대해서는 냉담한 상태에 있었다. 그러므로 북유럽의 르네상스는 로마·그리스 고전에 대한 부활과 모방보다는 원시 크리스트敎와 성경 원전에 보다 강한 흥미와 관심을 가질 수 있었다. 호이징하(Huizinga)나 하이마(Hyma)가 북유럽 르네상스의 비중을 강조하여 「이탈리아 르네상스가 심미적 특징을 추구하였다면 북유럽은 사회 윤리·종교 등 실생활과 관련된 여러 특징들을 그 고유의 것으로 했다」고 말한 까닭도 여기에 있었다.

북유럽의 최초의 휴머니스트로는 네덜란드 출신의 에라스무스(Erasmus, 1466~1536)를 꼽는다. 그는 원시 기독교 공동체의 이상을 추구하면서 『愚神禮讚』(*Encomium Moriae*)을 통해 현실 교회의 타락과 성직자의 어리석음을 비판하였다. 물론 그가 루터와 같은 종교 개혁가는 아니었으나, 그는 그리스語版 신약성서를 출판하고 라틴語 주석을 다는 등 종교 개혁의 이론적 기반을 마련했으며, 수많은 학자들과의 교류를 통해 당시 북유럽 지성의 중심적 역할을 했다.

에라스무스와 가까왔던 영국의 토머스 모어(Thomas More, 1478~1535)는 『유토피아』(*Utopia*)를 통해 자신의 사회개혁사상을 표현했다. 모어가 꿈꾼 이상적인 사회는 사회의 구성원이 富를 공유하면서 기독교적인 共同의 善을 추구하는 共產制的 社會로서, 이는 북유럽 르네상스의 현실 사회에 대한 강렬한 비판정신을 대변하는 것이었다.

북유럽 르네상스의 특성은 문학에서 보다 분명하게 드러난다. 당대의 대표적인 문인들로는, 프랑스의 라블레(Rabelais, 1494~1553)와 몽테뉴(Montaigne, 1533~92), 영국의 셰익스피어(Shakespeare, 1564~1616), 스페인의 세르반테스(Cervantes, 1547~1616) 등을 들 수 있다. 문학의 경우는 작품 내용 속에 현실 개혁의 이데올로기를 담고 있다는 측면에서보다는, 언어와 문체의 측면에서 당대의 격변하는 상황을 여실히 반영하고 있다. 셰익스피어의 희곡에서 나타나고 있는 것은 개인에게 부과된 어떤 본성이 그로 하여금 희극적 혹은 비극적 결말에로 스스로를 끌고 가게 하는 모습이다. 『햄릿』이 그러하고 『오델로』와 『맥베드』가 그러하며 『로미오와 줄리엣』이 그러하다. 이는 고대 비극이나 중세의 종교극에서 볼 수 있는 운명이나 섭리의 필연적 결말과 대조되며, 그러한 의미에서 근대적이라고 할 수 있다. 그러나 비극의 주인공들의 계층이 대부분 귀족이며, 하층 계급의 사람들은 줄거리의 진행과 결말에 거의 영향을 미치고 있지 못하다는 점에서 아직 근대정신이 완전히 표현되지 못한 과도기적 입장에 있는 것이다.

과도기에 대한 문학적 반영은 세르반테스의 『동키호테』(*Don Quixote*)에서 가장 극명하게 드러난다. 그로테스크한 모습으로 나타나는 기사 동키호테의 모험은 따지고 보면, 중세적으로 내면화된 개인적 정신과 급격히 변화하고 있는 세계와의 충돌이며, 바로 그러한 동키호테적 狂氣를 통해 낡은 것과 새로운 것, 전통적인 것과 근대적인 것의 혼돈이 분명하게 표현되고 있는 것이다.

북유럽 르네상스의 사회적 관심은 미술에서도 잘 나타나고 있는데, 네덜란드의 브뤼겔(Pieter Brühgel, 1525～69)의 민중 생활 묘사라든가, 뉘른베르크 출신인 뒤러(Abrecht Dürer, 1471～1528)의 종교화 등은, 비록 그 기법에 있어서는 이탈리아의 경우보다 일천했지만, 주제에 있어서는 보다 민속적이고 일상적인 것에로의 확장을 보여주고 있다.

4. 르네상스의 科學精神

르네상스時代가 근대과학의 진정한 출발점이 되는가 아닌가에 대해서는 학자들 간의 견해가 구구하므로 확정된 판단을 내리기가 어렵다. 그러나 확실하게 말할 수 있는 것은 모든 역사적 혁명이란 아무런 준비 없이 돌발적으로 일어나지는 않았다는 점이다.

17세기에 이르러 近代科學의 이론적 혁명이 완성된 것은 사실이지만 그것은 르네상스 시대의 과학탐구의 결과를 토대로 비로소 가능하였다. 즉 르네상스에 있어서 자연관의 확대나 宇宙論의 혁신 등이 근대과학의 형이상학적 기초를 마련해 놓았던 것이다. 그러므로 과학사에 있어서 르네상스의 위치는 중세 말기와 더불어 근대과학의 준비기라고 말할 수 있다.

科學者들은 중세와 고대로부터 그들에게 전달된 과학적 지식을 흡수하고 확대시키고 비판하고 수정하였다. 과거의 스콜라哲學의 전통을 따르는 학자, 새로운 휴머니스트들 그리고 모든 종류의 예술가와 수공업자들이 전부 이 중요한 준비과업에 공헌하였다고 할 수 있다.

스콜라哲學은 결코 反科學的이 아니었다. 스콜라 철학자들의 知的 훈련, 그들의 정밀한 연구의 습성 그리고 아리스토텔레스에 대한 열의 등은 어떤 의미에서는 그들을 과학혁명의 선구자로 만들었다. 이러한 스콜라철학의 전통은 중세 말기에 이르러 쇠퇴해버린 뒤에도 그 생명을 계속해서 유지하였다. 아리스토텔레스 연구는 특히 파리대학과 북부 이탈리아의 파두아대학에서 계속해서 精力的으로 추구되었다.

한편 휴머니즘은 과학의 前進을 저지하기도 하였다. 古典古代를 숭상하는 나머지 그 권위를 높이 받들어 비판을 불허하는 경향으로 흘렀던 것이다. 프톨레마이오스가 가르친 천문학이나, 같은 세기에 갈레노스가 가르친 의학을 개량하고 진보시킬 수 있다고 믿은 르네상스 휴머니스트들은 거의 없었다고 해도 과언이 아니다.

여하튼 르네상스 시대의 과학은 형이상학적인 면이 많다. 물론 관찰과 실험은 중요시했고 또한 실용효과도 있었다. 그러나 그것은 불충분한 것이었다. 실험이나 관찰과 형이상학적 결론과는 메울 수 없는 간격이나 비약이 있었다. 그렇지만 르네상스人들은 우선적으로 실험이나 관찰로써 확증될 수 있는 것만이 眞理라 하였고 그 이외의 것은 不可知한 것으로 유보한다는 태도를 지니고 있었다. 그들은 모든 관찰을 귀납하고 거기서 形而上學的 原理를 내세워 모든 것을 演繹한다는 태도를 취하였으니 이러한 태도는 희랍의 자연과학자들의 정신과 유사하다.

제 8 장 宗敎改革과 그 成果

1. 宗敎改革의 背景

종교개혁(Reformation)의 직접적인 계기는 교회 내의 부패, 특히 「금전결핍」(Geldmangel)을 타개하기 위한 免罪符의 판매에 대한 반동이었다. 여기에는 13세기 이래의 「교리상의 탈선」도 있었다. 즉 아리스토텔레스적—아퀴나스적 체계의 보편주의와 이성중심주의에 대항하여 13세기 이래로 발전한 主意主義(intentionalism), 唯名論(nominalism), 神秘主義(mysticism)의 영향하에서, 다시 말해 의지와 개체를 중시하는 경향의 연속성 속에서 종교개혁은 배태되었던 것이다.

또한 종교개혁은 십자군 전쟁 이래의 왕권의 강화와 교황권의 쇠퇴, 특히 14세기 이후 강화된 국가 교회주의의 추세와 전반적인 봉건질서의 와해과정 속에서 발생하였다. 이러한 과정 속에서 종교개혁을 잉태하는 시대적 분위기가 형성되었으니, 그것은 바로 당시의 종교적 열정의 증가였다. 당시의 면죄부 판매량의 꾸준한 증가, 형제단 운동의 만연, 새로운 성자 숭배의 확산 등은 사라센과 흑사병에 대한 공포감으로 조장된 종교에 대한 기대감의 증가를 반영하는 것들이었다. 부패한 교회, 무능한 성직자는 이러한 종교적 분위기 위에 안주하려 했을 뿐 체제 개혁을 실현하지 못했다. 즉 기존의 종교가 사회 변화에 따른 새로운 윤리 체계의 정립에 소홀했던 것이다. 그리하여 새로이 부상하는 시민 세력의 삶의 근간이 되는 다양한 직업 내지 노동 양태를 새로운 윤리 질서 속에 포용해야 할 필요성이 제기되었던 것이다.

2. 루터의 宗敎改革

16세기 초에는 전술한 종교개혁의 분위기가 이미 성숙해 있었다. 마르틴 루터(Martin Luther, 1483~1546)의 「義人은 오직 믿음으로 살리라」는 大義는 이러한 분위기를 하나의 운동으로 이끌어가는 촉발제가 되었다. 이 대의가 직접 겨냥한 대상은 免罪符 판매였다. 개인적인 믿음 이외에는 구제의 수단이 있을 수 없다는 것이었다.

루터가 1517년 10월 95개조의 반박문을 비텐베르크(Wittenberg)城에 내걸었을 때만 해도 루터의 입장은 교회의 타락을 공격하는 데 지나지 않았다. 그러나 1519년 카톨릭 신학자 에크(Eck)와의 논쟁 이후의 그의 입장은 「성직이 반드시 신성한 것만은 아니다」라든가 「독일을 로마로부터 해방시키고 교회의 재산을 몰수한다」고 내세울만큼 구체화되었다. 이로써 루터는 로마교황과 정면으로 대립하여 파문 처분을 받게 되었다. 1521년에는 신성로마제국의 황제 카알(Karl) 5세까지도 루터의 파문에 개입하게 됨에 따라 루터는 작센 선제후의 도움으로 발트부르크(Waltburg)城에 은신하게 되었다.

그러나 사태는 루터나 교황이나 황제나 제후들이 예기치 못한 방향으로 전개되었다. 즉 1521년 再洗禮派(Wiedertäufer)운동, 1525년의 帝國騎士반란 등에서 루터의 개혁사상이 첨예한 이데올로기로서 부각되었으며, 특히 1524년 이후 거의 전국적인 규모로 발생한 農民戰爭에서는 루터가 정신적 지도자로서 부각되었다. 그러나 이들 모든 운동은 봉건 제후들에 의해 곧 진압되었으며, 루터는 제후들의 입장을 지지했다. 이 때부터 그의 종교개혁은 독일의 민중을 떠나 영방군주를 비롯한 기존의 정치세력에 의존하였으며, 이는 후에 루터派 교회를 국가에 종속시키는 결과를 낳았다.

루터파 제후들과 카알 5세의 관계는, 인근 외국세력들 곧 프랑스와 오스만 터키의 위협에 의해 결정되었다. 1526년 카알 5세는 외국세력의 위협에 제후들과 공동 대처할 필요 때문에 루터派에 대해 관대했으나, 1529년 사태가 호전되자 다시 강경자세를 취했다. 이에 루터파 제후들이 항의하자 카알 5세는 신교도들을 "반항하는 사람들"(Protestants)이라고 규정하였으니 프로테스탄티즘이라는 용어는 여기에서 유래한다. 1531년 루터파 제후들은 슈말칼덴(Schmalkalden)동맹을 맺어 황제에 대항하였다. 결국 양파의 대립은 1555년 아우크스부르크(Augsburg) 宗敎和議에서 일단락되었다. 이 회합의 결과 독일 내에는 루터파와 카톨릭이 동시에 인정되었는데, 남부 독일은 카톨릭으로 남고, 루터파 교회는 주로 북부 독일에서 채택되었다. 그러나 이러한 선택권은 제후나 도시에게만 인정된 것으로 개인은 자기가 속한 제후나 도시의 결정에 따라야 했다. 이는 후세에 종교전쟁의 원인이 된다.

3. 캘빈의 宗敎改革

스위스에서도 쯔빙글리(Zwingli, 1484~1531)의 뒤를 이어 존 캘빈(John Calvin, 1509~64)의 종교개혁이 1530년을 전후로 진행되었다. 원래 프랑스人인 캘빈은 프랑스 황제 프랑소와 1세의 국내 선교도들에 대한 탄압의 강화로 스위스 바젤로 피신한 뒤 1564년 카톨릭 교도들과의 싸움에서 전사할 때까지 스위스의 종교를 지배하였다.

캘빈의 교리는 豫定說(predestination)에서 소명설 내지 새로운 직업관으로 이어지는 광대한 이론체계이다. 예정설에 의하면, 인간이 생명의 길로 가느냐 죽음의 길로 가느냐를 결정하는 것은 아우구스티누스-아퀴나스 이래로 인정되어온 자유의지(free will)가 아니라, 오직 하느님의 의지이다. 인간에게는 자신이 선택받았다는 확신과 그 확신의 표지로서 소명(calling) 내지 직업이 주어질 뿐이다. 그러므로 직업은 악마의 나날과 싸우면서 하느님의 영광을 나타낼 신앙의 싸움터라는 의미를 갖게 된다. 이로써 캘빈 교도들에게는 근면하게 직업 노동에 종사할 것과 이를 위해 사치와 낭비를 배격하고 자신들의 생활 전체를 합리적으로 조직할 것이 권고되었다.

막스 베버(Max Weber, 1864~1920)가 『프로테스탄티즘의 윤리와 자본주의 정신』에서 프로테스탄티즘이 자본주의의 발전, 특히 자본축적에 기여한 바를 역설한 까닭은 여기에 있다. 그러나 보다 중요한 것은 상·공업의 발전과 더불어 다양화된 직업 노동 분야들에 대해 캘비니즘이 윤리적 가치를 부과했다는 점에 있다. 즉 봉건적 신분 질서에서는 백안시될 수밖에 없었던 이윤추구와 축재행위에 종교적 의미를 부과함으로써, 그러한 행위를 노동 근간으로 삼는 계층의 노동 윤리와 삶의 의미를 제시해 주었던 것이다.

이러한 이유로 해서 캘비니즘은 근대 산업이 성장하고 있던 여러 나라에 널리 보급되었다. 프랑스의 위그노(Huguenot), 영국의 퓨리턴(Puritan), 네덜란드의 고이센(Geussen), 스코틀랜드의 장로파(Presbyterian) 등은 캘빈의 敎義를 근간으로 하는 宗派들이었다.

4. 英國의 宗敎改革

왕권의 절대화가 다른 지역에 비해 빨랐던 영국은 일찍부터 로마 교회로부터의 이탈 경향을 보여 왔고, 교리적인 면에서도 위클리프(Wycliff)라는 선각자를 배출했었다. 위클리프의 180년 후에 종교개혁은 시작되었으나, 그것은 국왕 헨리 8세(在位, 1509~47)의 首長令(The Act of Supremacy, 1534)에 의해서였다.

헨리 8세는 교황에게, 에스파냐王室 출신이오 루터파와 싸우고 있는 신성로마제국의 카알 5세의 이모인 王妃 캐더린(Catherine)과의 이혼 승인을 요청했는데, 교황은 카톨릭의 양대세력인 에스파냐와 신성로마제국과의 관계를 고려하여 이를 거부했다. 그러나 헨리 8세는 교황의 결정에 불복하여 수장령을 통해 영국 교회를 로마敎皇으로부터 분리시키는 동시에 독립된 영국국교회(Anglican Church)의 수장이 국왕임을 선포하였다. 헨리 8세는 뒤이어 수도원을 해산하고 수도원의 재산을 國庫 수입으로 삼거나 측근에게 시여하였다(1536, 1539). 이러한 종교개혁의 배경에는 영국 민족주의가 있었다.

그후 이혼당한 캐더린의 딸 메리(Mary)가 왕위에 오르자(1553~58) 영국 교회는 일시적으로 카톨릭으로 복귀하였다. 그러나 뒤이어 즉위한 헨리 8세의 후처 앤 불린(Anne Boleyn)의 딸 엘리자베스 1세(Elizabeth I,

1558~1603)여왕은 統一令(The Act of Uniformity, 1559)으로 영국의 국교주의(Anglicanism)를 확립하고 이어 「39개조」를 제정(1563)하여 프로테스탄트적인 신앙 내용을 채택하였다.

영국 종교개혁은 종교나 신앙 문제로 일어난 것이 아니었기 때문에 신앙 내용이나 예배 형식에 있어서는 카톨릭과 거의 동일했다. 때문에 향후 카톨릭 부활 운동이 전개되었고 청교도(Puritans)를 비롯한 신교파의 불만도 표출되었다.

5. 카톨릭 教會의 改革

이탈리아와 이베리아 반도를 제외한 유럽의 거의 전 지역에 종교개혁 운동이 파급되면서, 로마 교회도 재편의 움직임을 보였다. 우선 트렌트 공의회(Council of Trent, 1545~63)를 통해 카톨릭 교회는 프로테스탄트의 교리를 반박하고 카톨릭 기본 교의를 재확인하였다. 즉 계시, 선행 내지 구제, 자유의지, 7聖事 등의 카톨릭의 전통 교리를 재확인하는 한편, 성직자의 무능, 교회의 부패를 척결하기 위한 노력을 경주하였으며, 종교 재판을 강화하고 금서 목록을 작성하여 이단 방지와 제거에 노력하였다.

이 회의의 결과 종래의 수도원들, 즉 프란체스코會·도미니쿠스會·카르멜會 등의 수도원들이 활기를 찾아 자체 정화 운동에 앞장섰다. 카톨릭 개혁에 있어서 가장 광범위한 영향력을 행사한 기관은 예수회(Society of Jesus)였다. 이그나티우스 로욜라(Ignatius Loyola, Ca., 1491~1556)에 의해 창시된 이 교단은 에스파냐와 이탈리아를 中心으로 발전하여 오스트리아를 위시한 남부 독일과 폴란드에까지 세력을 확장해 나갔다. 뿐만 아니라 이 교단은 지리상의 발견으로 진출이 가능해진 아메리카 대륙과 아시아에서 전도사업을 활발하게 전개하였다.

6. 宗教改革의 成果

종교개혁은 무엇보다도 정치와 종교의 분리 원칙에 입각한 정치 우위에로의 이행을 반영하고 있다. 이러한 현상은 국민의식의 성장이라든가 교황 중심의 보편주의에 대한 지역주의 내지 개체주의의 승리와도 관련된다.

뿐만 아니라 종교개혁은 근대에로의 이행과정의 한 특징이라 할 수 있는 직업의 다양화에 부응하여 윤리규범을 재정립해 주었다. 말하자면 농경적, 봉건적 윤리체계로는 수용할 수 없었던 상공업 계통의 다양한 직업노동들에게 윤리적 의미와 존재이유를 제시해 주었던 것이다. 이것은 종교의 새로운 역할, 즉 수도원적인 종교로부터 생활 종교에로의 변신을 의미하는 것이었다.

또한 16세기 종교개혁의 결과 유럽은 크게 두 개의 敎權으로 나뉘어졌으며, 그 가장 두드러진 결과는 1세기 간의 피비린내나는 종교전쟁이었다. 신성로마제국 황제 카알 5세의 슈말칼덴 전쟁(1546~55)으로부터 합스부르크家와 발로아家 간의 王朝戰爭, 네덜란드 독립전쟁, 프랑스 위그노 전쟁을 거쳐 30년전쟁(1618~48)에 이르는 약 1세기 간은 종교 동란의 시기였으며, 이러한 분쟁은 다가올 유럽사의 향방에 지대한 영향을 미쳤다.

제 9 장 유럽世界의 擴大

1. 地理上 發見의 動機

15세기로부터 16세기에 걸쳐 유럽人들은 새로운 항로와 未知의 나라를 찾아나섰다. 동방에 대한 유럽人의 호기심은 마르코 폴로(Marco Polo, 1254~1324)의 『東方見聞錄』 등의 여행기를 통해 자극되었고, 항해술·조선술 역시 15세기 경에는 획기적으로 발전하고 있었다. 특히 海圖와 나침반의 개량, 해전에 응용될 수 있는 火器의 발전은 원양 항해를 가능하게 해주었다.

그러나 지리상 발견의 가장 직접적인 동인은 “기독교”의 확산과 “향료”의 갈구였다. 지리상 발견의 선두 주자였던 이베리아 반도의 두 국가 에스파냐와 포르투갈은 오랜 동안의 이슬람과의 투쟁으로 인해 이슬람을 타도하고 기독교 세계를 확장하려는 강렬한 의지를 지니고 있었다. 프레스터 존(Prester John)이 다스리는 기독교 왕국에 대한 전설은 그러한 투쟁의식의 산물이었다. 아시아나 아프리카 어디엔가 존재하는 그 기독교 왕국과 동맹하여 이슬람을 협공하겠다는 의지는 바스코 다 가마(Vasco da Gama)에게서도 찾을 수 있다. 이러한 기독교적 동기는 이슬람의 콘스탄티노플 함락(1453) 이후 더욱 가속화하였다.

“향료”란 다름 아니라 지리상 발견의 경제적 동기를 의미한다. 십자군 전쟁 이후 지중해 동방 무역로가 재개되면서 이탈리아 북부 도시들은 레반틴(Levantin) 무역을 통해 경제적 번영을 구가하고 있었다. 레반틴 무역의 主宗을 이룬 商品은 저장용 향료였으나, 그밖에도 동방의 면·견직 제품과 귀금속 등이 활발하게 거래되었다. 이들 동방 상품은 이슬람 상인들에 의해 인도의 서해안으로부터 홍해나 페르시아만을 경유하여 카이로나 바그다드에서 무거운 관세가 지불된 후 알렉산드리아나 시리아의 항구로

운반되었다. 이탈리아 상인들은 이 지역에서 이들 물품을 구입하여 전 유럽에 공급하였다. 이러한 레반틴 무역 상품은 유럽 여타 지역에게는 매우 높은 가격으로 판매되었기 때문에, 동방과의 직접무역에 대한 갈증은 거의 전 유럽의 현상이었다. 더구나 15세기 중반에서 16세기까지 급속히 팽창하던 터키 세력은 유럽人들로 하여금 보다 안전한 항로의 발견을 추진하도록 하였다.

이같은 종교적 동기와 경제적 동기를 정치적으로 수렴한 것은, 당시 유럽 내에서 가장 후진 지역이었던 에스파냐와 포르투갈의 절대왕정이었다. 번영을 자랑하던 이탈리아나 한자 동맹 도시들은 새로운 항로를 구태여 발견할 필요가 없었으며, 영국이나 프랑스도 지중해 무역이나 북해 무역으로부터 혜택을 받고 있었기 때문에 새로운 항로에 대한 절박성이 그만큼 적었다. 그러나 항로 발견에 지리적으로 유리한 대서양 연안 지역에 위치해 있었던 에스파냐와 포르투갈의 경우는 自國의 경제적 후진을 항로 발견을 통해 만회하려는 욕구가 가장 강했으며, 그같은 "모험"에 수반되는 위험과 재정적 손실을 감내할만한 절대왕정이 성립되어 있었던 것이다.

2. 新航路와 新大陸의 發見

신항로의 발견은 우선 포르투갈에 의해 시작되었고 이어서 에스파냐에 의해 주도되었다. 航海王子 엔리케(Henrique: Henry the Navigator, 1394~1460)의 항해 장려정책으로 시작된 포르투갈의 新航路 개척은 1487년 바르톨로뮤 디아즈(Bartholomeu Dias, 1450?~1500)가 아프리카 대륙의 남단인 희망봉(Cape of Good Hope)을 발견함으로써 획기적인 진전을 이룩했다. 그 후 바스코 다 가마(1469?~1524)는 東進을 계속하여 1498년 인도의 캘리커트(Calicut)에 도착하였다. 이로써 대서양과 인도양을 연결하는 인도항로가 개척된 것이다. 그 후에도 포르투갈은 영구적인 무역 거점확보를 위한 항해 정책을 추진하였는데, 그 결과 페르시아만의 호르무즈(Hormuz)를 점령했고 고아를 거점으로서 확보했으며(1510), 중국 상인의 서쪽 종점인 말라카를 점령하였다(1511). 이로써 포르투갈은 동남아시아와 중국에로 이르는 무역로를 차지하게 되었다.

에스파냐의 항로 개척은 제노아의 선원 출신인 콜럼버스(Christopher Columbus, 1446?~1506)에 의해 추진되었다. 콜럼버스는 지구는 球形이기 때문에 서쪽으로 가면 아프리카 남단을 우회 東進하는 것보다 인도에 빨리 도착할 수 있으리라 생각했다. 그는 이 생각을 실행할 계획을 처음에는 포르투갈에 제시했으나 거절당했고 결국 그는 포르투갈과 경쟁적인 에스파냐의 이사벨라 여왕의 후원을 얻어 1492년 8월 출항하였다. 그러나 콜럼버스가 발견한 곳은, 피렌체 출신의 아메리고 베스푸치(Amerigo Vespucci, 1451~1512)에 의해 전혀 「새로운 세계」(New World)임이 밝혀졌다. 그후 에스파냐의 모험가 발보아(V.N. de Balboa)는 파나마 地峽을 횡단하여 태평양을 발견했고, 포르투갈 출신이지만 에스파냐의 후원을 받은 마젤란(Ferdinand Magellan, 1480경~1531)은 태평양을 최초로 항해하여 필리핀에 도착했다. 이곳에서 원주민의 습격으로 마젤란은 죽었으나 그 부하들은 희망봉을 거쳐 에스파냐로 귀환함으로써 세계 일주에 성공하였다.

마젤란의 世界周航은 에스파냐와 포르투갈 사이에 몰루카제도를 둘러싼 분쟁을 야기했으나, 1529년 사라고사(Saragossa) 조약으로 해결을 보았다. 그 결과 몰루카제도 東方 17度線을 경계로 양국의 영향권이 정해졌으며, 이후 에스파냐는 중남미 경영에 착수함으로써 본격적인 식민정책을 추진하게 되었다. 1550년에 이르러 에스파냐의 직업적인 정복자(conquistador)들은 중남미의 토착 문명, 곧 아즈텍 문명과 잉카 문명을 잔인한 방법으로 정복하였다.

이 새로운 식민지는 에스파냐 국왕에 직속되었으며, 국왕은 식민지 정복자들과 入植者들에게 영지 내의 원주민으로부터 공납을 징수할 수 있는 권리, 즉 '엔코미엔다'(encomienda)를 부여하였다. 엔코미엔다를 소유한 엔코멘데로(encomendero)는 목축업이나 사탕·담배 재배를 위한 대농장을 소유하고, 원주민 노동자나 가난한 에스파냐인이나 '메스티조'(mestizo ; 에스파냐人과 원주민의 혼혈아)를 이용하거나 포르투갈 상인으로부터 구입한 흑인노예를 이용했다.

그러나 식민 초기에 있어서의 식민지 경영은 목축이나 사탕·담배 재배보다는 金銀 채광에 치중되었다. 에스파냐 왕실은 16세기 중엽부터 20척 내지 60척으로 구성된 대선단을 정기적으로 운행하여 식민지에서 막대한 양의 금·은을 들여왔는데, 이 財富는 에스파냐 왕실을 풍요롭게 했을 뿐 아니라 유럽경제 전반에 큰 영향을 미쳤다.

3. 地理上 發見의 結果

지리상 발견의 외형적 결과는 이제 비로소 엄밀한 의미의 世界史가 성립되었다는 데 있다. 그것은 西勢東漸의 역사였고 태평양·인도양 연안의 모든 국가들을 서로 쟁탈하려는 제국주의적 쟁탈전의 역사였으며, 번영이 지중해 곧 이탈리아로부터 대서양 연안국, 즉 포르투갈과 에스파냐·네덜란드·영국으로 차츰 옮겨가는 역사였으며, 아시아·아프리카의 여러 나라들이 유럽의 상인과 선교사 그리고 그들이 운반해 온 유럽 문화에 의해 격심한 진통을 겪게 되는 그러한 역사였다.

다른 한편 지리상의 발견은 유럽 내부의 격심한 변화도 수반하였다. 우선 유럽의 물질 생활과 경제 상태는 비약적으로 발전했다. 이제는 대중까지도 동방의 후추와 면직물을 먹고 입을 수 있게 되었으며, 신대륙에서 유입된 사탕·옥수수·감자·코코아·담배 등이 유럽인의 일상생활을 변화시켰다.

그러나 가장 큰 유럽 내부의 변화는 막대한 양의 金銀이 야기한 인플레이션 효과였다. 16세기 초를 기준으로 약 1세기 동안 물가가 2~3배로 앙등하는 가격혁명(the Price Revolution)이 발생한 것이다. 곡물가격의 등귀는 금납화가 순조롭게 진행된 지역(영국, 프랑스 남·서부)에서는 농민층의 상승기회를 제공해 주었으나, 생산물 지대가 지속되고 봉건세력이 강대했던 지역(동부 독일, 프랑스 동북부)에서는 오히려 곡물의 상품화를 봉건세력이 주도함으로써 봉건체제가 강화되었다. 그러나 일반적으로 지대수입으로 생활하는 지주나 임금노동자의 지위는 하락했고 자영농민층의 지위는 상승하였다. 한편 가격의 등귀는 일반 공산품 제조업자와 판매자인 부르조아 계층에게 유리하게 작용하였다. 이처럼 부르조아 세력은 성장하여 상업자본을 축적할 수 있었는데, 이를 바탕으로 한 16세기 이후의 상업상의 대변혁을 지칭하여 「商業革命」(Commercial Revolution)이라고 부르기도 한다.

흔히 16세기는 팽창의 시대라고 불린다. 이 경우 팽창은 유럽의 지리상의 팽창을 의미하는 동시에, 그로 인한 유럽 경제체제 일반의 팽창을 의미한다. 그러나 이러한 팽창은 뒤에 또한 17세기 위기의 직접적인 원인이 되기도 했다.

제 10 장 유럽의 絕對主義

1. 絕對主義의 性格

절대주의(Absolutism)란 유럽史上 16세기에서 18세기에 이르는 정치·경제·사회를 총체적으로 지칭하는 용어이다. 이 시기의 유럽은 봉건적 질서를 탈피하여 근대적 질서에로 이행해가고 있었다. 절대주의는 이같은 이행 과정상의 과도기적 질서로서 지칭된다. 절대주의의 핵심은 절대왕정에 있었으며, 이 경우 절대왕정이란 봉건제후의 지방분권적 정치체제를 지양하고 왕권을 중심으로 행정·사법·군사면에서 중앙집권을 달성해 간 정치체제를 의미한다.

절대왕정의 성립과 유지에 있어서 핵심적인 요소는 관료제와 상비군이었다. 절대왕정의 관료들은 봉건귀족에서 변신한 者들이거나 새로이 부상하는 시민계급 출신인 者들이었다. 이들은 국왕의 이름으로, 혹은 국왕을 위하여 권력을 행사했는데, 때문에 백성의 公僕으로서의 관료가 아니라 오직 군주를 위한 관료였다. 이들에게는 封土가 아닌 祿俸이 지급되었으며, 지방관의 경우는 국왕 이름의 特權 행사가 보장되기도 했다.

상비군 제도는 국내의 통일, 질서 유지, 外敵의 방어, 對外遠征, 植民地의 획득 등에 있어 필수 불가결한 요소였다. 絕對王政期의 상비군은 주로 용병으로 충당되었다. 15세기 이후의 인구증가에 따른 유랑민이라든가, 후진 지역과 하층 계급 출신의 빈민들이 용병으로 기용된 것은, 절대왕정의 군사력 유지라는 측면 이외에도 사회적 고용 효과를 가질 수 있었다.

절대왕정기의 經濟政策은 이같은 관료제나 상비군과 무관하지 않다. 관료와 상비군을 유지하기 위해서는 國庫가 충실해야 했기에, 경제정책의 최우선 목표는 국가 재원의 증대에 있었던 것이다. 이러한 경제정책의 요체는 重商主義(mercantilism)에 있다. 중상주의의 제 1 단계는 重金主義(bullionism)로서, 이는 國富의 상징인 金銀의 보유량을 극대화하려는 정책이다. 이 경우 해외 식민지는 원자재, 특히 金銀의 채광지로서 중요하다. 제 2 단계는 무역차액제도(the system of balance of trade)이다. 이는 적극적인 수출 증대와 수입 억제를 통해 국내의 富를 보호·육성하기 위한 것이다. 구체적으로는 보호 관세가 실시되고 각종의 수출장려책이 추진된다. 제 3 단계에서는 보다 적극적인 국내 공업의 보호 육성책이 추진된다. 무역 차액의 성공 여하는 결국 국내 공업의 발달 정도에 달려 있기 때문이다. 이 경우 해외 식민지는 원자재 시장으로서뿐만 아니라 상품시장으로서도 중요한 의미를 지니게 되며, 종래의 산업 자본가들과는 다른 신흥 자본가들이 국왕의 지원하에 해외 진출에 적극 가담하게 된다. 여전히 봉건세력이 강대하고 시민계급이 충분히 성장하지 못한 단계에서 국가의 이같은 경제활동의 통제는 불가피한 것이었다. 이로써 국가는 권력을 확대해 나갈 수 있었고, 봉건 사회의 해체과정에서 위기를 느낀 봉건세력과 상승의 기회를 노리는 시민계급은 이 권력 내에서 자신들의 권리를 유지 내지 확장해 나갔던 것이다.

절대왕정의 이론적 기초로는 王權神授說이 널리 유포되었다. 근대 국가의 성립 초기에 있어 主權과 국가 이성은 오직 군주에게 집중되었으며 이를 합리화한 것이 「君主의 권리는 神으로부터 받은 권리를 地上에서 실현하는 것」이라는 왕권신수설이었다. 루이 14 세의 「짐은 곧 국가다」라는 言明은 이러한 시대적 상황을 克明하게 보여주고 있다.

요컨대 절대주의는 봉건세력과 시민세력의 균형 위에 성립되었다. 그러나 이 균형은 일시적이고 매우 불안정한 것이었다. 즉 시민계급은 점차 상승해 갔고 봉건세력은 점차 쇠잔해 가고 있었다. 그리하여 시민세력에 위협을 느낀 국왕은 봉건세력과 결탁하여 새로운 균형을 모색했으나, 이러한 연계는 市民革命과 그 뒤를 이은 産業革命에 의해 일소되고 마는 것이다.

2. 에스파냐의 絕對王政과 네덜란드의 獨立

에스파냐의 絕對王政

에스파냐는 이슬람과의 오랜 동안의 투쟁과 강력한 카톨릭적 전통 속에서 절대왕정을 탄생시켰다. 아라곤의 페르디난드(Ferdinand)와 카스틸의 이사벨라(Isabella)가 결혼하여 성립된 이 왕국은 1516년 에스파냐 왕가의 단절과 더불어 즉위한 합스부르크의 카알 5세와 그의 아들 펠리페 2세(Felipe II, 1556～98)에 이르러 최고의 상승기를 맞이하였다. 즉 에스파냐는 본국 이외에도 네덜란드, 밀라노, 나폴리 등의 유럽 영토와 아메리카 지역에 광대한 식민지를 영유하였고, 특히 펠리페 2세가 영국 여왕 메리와 결혼한 뒤에는 유럽의 최강자로 군림하였다. 1571년에는 터키를 레판토(Lepanto) 海戰에서 격파하여 지중해의 패권을 차지했으며, 1580년에는 포르투갈을 합병함으로써 에스파냐는 세계 최고의 부강을 자랑하였다.

이같은 에스파냐의 융성이 新大陸 發見 이후의 막대한 양의 귀금속 유입과 무역에 기인함은 두 말할 나위도 없다. 그러나 이러한 혜택이 지속적인 國富의 증진에 사용되지 않고, 오히려 비능률적인 관료제의 유지라든가 궁정의 사치라든가 끊임없는 전쟁 비용으로 유용되었다는 데 에스파냐의 문제가 있었다. 에스파냐는 이슬람에 대한 再征服을 통해 국가건설을 했으므로 西歐的 의미의 봉건제도는 성립되지 않았었다. 그러나 오히려 토지는 귀족과 교회에 의해 집중되어 있었으며, 신대륙과의 무역으로 막대한 돈을 번 상공 부르조아지들 역시 토지 매입을 통해 전통적 신분질서 내에 편입되기를 원했기 때문에 지속적인 산업발전이 이루어질 수 없었다. 그리하여 네덜란드나 영국 같은 선진공업지역으로부터 물품을 수입했으며, 이는 에스파냐 富의 해외 유출을 가속화시켰다. 게다가 왕실 재정의 주요 원천이었던 移動牧羊者組合인 메스타(Mesta)의 횡포는 농업에 타격을 주었으며, 30여만의 이슬람계 원주민 모리스코(Morisco)에 대해 17세기 초에 취해진 추방조치는 우수한 농업 인력의 손실을 초래하였다.

펠리페 2세의 무차별한 카톨릭 강요 정책 역시 에스파냐의 몰락을 재촉했다. 그는 레판토의 海戰이나 프랑스 종교전쟁에 개입함으로써 막대한 전비를 지출했고, 에스파냐 國富의 원천이었던 네덜란드에 강압적인 종교정책을 취함으로써 이 지역의 독립을 허용하고 말았다. 더구나 영국 여왕 엘리자베스를 응징하기 위해 파견한 무적 함대가 패퇴하자(1588), 에스파냐는 급격히 몰락하기 시작했다. 귀금속의 유입도 1630년대 이후 급격히 감소했으며, 인구 역시 16세기 초의 800만에서 17세기 초에는 600만으로 감소하였다.

네덜란드의 獨立

네덜란드의 독립은 에스파냐에 있어 불가결한 稅源의 상실이라는 결정적 타격을 주었다. 네덜란드는 중세를 통하여 북해 및 발트해 무역의 중심지로서 상업이 융성했으며, 13세기 경부터는 모직물 공업이 발달하여 도시와 시민계급이 현저히 발달하고 있었다. 비록 15세기 이후에는 합스부르크 왕가의 지배를, 1555년 펠리페 2세의 등극 이후로는 에스파냐의 지배를 받기는 했으나, 네덜란드의 各州는 자치를 누리고 있었으며 북부에서는 캘빈교도들이, 남부에서는 카톨릭교도들이 각기 우위를 점하고 있었다.

펠리페 2세는 네덜란드의 신교도들에 대한 종교재판을 강화하면서 강압적인 종교정책을 실시하였는데, 1560년대부터는 이같은 강압정책에 대한 반발이 시작되었다. 이에 펠리페 2세는 1567년 알바(Alba)公과 군대를 파견하여 가혹한 탄압을 강행하였다. 알바공은 상공업자가 중심이 된 캘빈교도에게 重稅를 과하여 상공업의 발달을 저지하고 종교재판을 강화함으로써 통치 6년간 약 8,000여명을 처형하였다. 이에 대항하여 1572년 오렌지公 윌리엄(William the Silent of Orange, 1533~84)을 주축으로 신교의 북부 7주는 독립전쟁을 시작하였다. 홀랜드(Holland)州를 중심으로 한 이들 위트레흐트同盟 7州는 1581년 영국의 원조를 얻어 獨立을 선언하기에 이르렀다. 에스파냐로서는 구교가 강한 남부 10州는 제어할 수 있었지만 북부에 대해서는 어쩔 수 없었다. 그 후 30년전쟁을 마무리짓는 베스트팔렌條約(1648)으로 열국으로부터 승인받는 절차만 남았을 뿐, 17세기 초 이후 네덜란드 연방(United States of Netherland)은 근대 국가로서의 면모를 갖추어가기 시작했다.

네덜란드는 17세기 이후 암스테르담을 중심으로 유럽 경제의 주축이 되어갔다. 모직물과 조선업, 동유럽과 서유럽을 연결하는 곡물 및 목재의 仲介商業은 네덜란드 번영의 원천이었다. 특히 1602년 東印度會社의 설립 이후 네덜란드는 국가의 강력한 지원하에 아시아를 비롯한 후진 지역에로의 식민지 경영에 적극적으로 나서게 되었으며, 17세기 중엽에는 과거 에스파냐의 역할을 대신하기에 이르렀다.

네덜란드의 독립은 大商人을 중심한 시민계급의 승리였고, 이들이 주축이 된 자유방임체제는 유럽 여타 지역의 동경의 대상이 되었다. 화가 렘브란트, 철학자 스피노자, 국제법의 그로티우스 등이 출현한 것도 이 시기의 일이었다.

그러나 내수기반이 취약했고 국력의 기초를 불안정한 중개무역에 두고 있었던 네덜란드는 17세기 중엽 영국의 「航海條例」(1651)를 비롯한 각종 제재조치와 프랑스의 도전으로 인해 쇠퇴의 길을 걷기 시작했다. 이제 유럽의 중심은 에스파냐에서 네덜란드로, 이어서 영국에로 옮겨가기 시작했던 것이다.

3. 英國의 絕對王政

튜더王朝와 英國의 發展

영국의 절대왕정은, 장미전쟁을 거쳐 종국적 헤게모니를 장악한 랑카스터家의 헨리 7세(Henry VII)의 튜더王朝로부터 시작된다. 장미전쟁은 봉건귀족의 세력을 크게 약화시켰을 뿐 아니라 전쟁에 시달린 중산층으로 하여금 혼란과 무질서를 극복할 수 있을 강력한 국왕의 출현을 기대하게 만들었다. 이에 헨리 7세는 봉건귀족의 私兵制(livery and maintenance)를 폐지하는 등 擬似封建制(Bastard Feudalism)에 기인하는 무질서의 원인을 제거하는 한편, 외국 상인을 억제하고 국내 상인을 지원함으로써 절대왕정의 견고한 기반을 마련하였다.

뒤를 이은 헨리 8세(Henry VIII, 1509~47)는 영국 교회를 로마 교회로부터 분리시키는 한편 상비군을 강화하고 의회를 비롯한 憲政上의 모든 제도들을 자신의 지배하에 둠으로써 절대왕정을 확립하였다. 신교도를 몹시 박해하여 「유혈의 메리」(Bloody Mary)라고 불린 메리 여왕(1553~58)의 일시적인 카톨릭 복귀 후 등극한 엘리자베스 1세(1558~1603)의 시대는, 세익스피어에 의해 상징되듯이 영국 르네상스의 개화기요, 튜더 절대왕정의 절정기였다. 여왕은 신·구교의 극단파를 제외하고는 종교적인 관용정책을 실시하여 국민적 단합을 도모했고, 에스파냐의 무적함대를 격파하는 등 대외적인 자신감을 획득했으며, 의회와 행정부를 능률적으로 지휘하였다. 1600년에는 최초의 東印度會社가 성립되어 해외 진출의 발판이 마련되었다.

스튜어트王朝의 成立과 國王 對 議會의 對立

엘리자베스 여왕의 死後 튜더 왕조는 단절되고 메리 스튜어트의 아들인 스코틀랜드王 제임스 6세가 영국王 제임스 1세(James I, 1603~25)로서 즉위하였다. 그는 이미 英國王이 되기 전에 『自由王國의 진정한 法』이라는 논고를 통해 왕권신수설을 주장한 바 있었는데, 국왕으로 책봉되자 영국 국내 사정에 어두운 그는 이를 실천에 옮기려 하였다. 이에 의회는 반대의사를 표명하였다.

튜더왕조하에서의 의회는 국왕에 대한 순종의회였다. 그러나 국왕은 모든 국사를 의회를 통해 입헌적 절차에 따라 처리하였으며, 의회를 정책실현의 도구로서 적절하게 이용하였다. 그러나 제임스는 의회에 대한 국왕대권의 우위성을 지나치게 강조했을 뿐 아니라, 영국 主敎制度의 파괴를 지나치게 염려한 나머지 청교도들을 탄압하였다. 메이플라워(Mayflower)호가 아메리카 대륙으로 건너간 것도 이 시기의 일이었다(1620). 이에 의회는 국왕의 재정적 후원을 거부했고 의회의 권한을 강조한 大抗議書(Great Protestation, 1621)를 제출하였다.

찰스 1세(Charles I, 1625~49)는 父王 제임스 1세보다 국내 사정에 더

어두웠다. 찰스가 신임한 大主敎 로드(Laud)는 청교도에 대한 박해를 강화하여 청교도의 국외 이주와 국내의 반발을 재촉하였다. 이때 영국은 對에스파냐와 對 프랑스 전투에 가담하여 전비 염출이 불가피했다. 이에 찰스는 부득이 의회를 소집했는데, 의회는 오히려 權利請願(Petition of Right, 1628)을 제출하였고 찰스는 이를 승인할 수밖에 없었다. 그러나 그는 1629년 의회를 해산한 후 11년간 로드와 스트라포드(Strafford) 伯爵에 의지하여 전제정치를 실시하였다. 이 기간 동안 그는 본시 전시에 한하여 해안지대에서 징수하게 되어 있던 선박세(ship money)를 정규적인 인두세로서 징수하기도 하였고, 길드제도를 강화하였으며, 왕실 측근에게 경제적 이권을 남발함으로써 런던 상인들의 미움을 사기도 하였다.

찰스를 결정적인 궁지로 몰아 넣은 것은 스코틀랜드 문제였다. 로드가 1637년 스코틀랜드 장로교에게 영국국교회를 강요하자 반란이 일어났다. 이에 국왕은 런던 상인들의 협조를 얻으려 했으나 실패했고 결국 議會를 소집하였다(1640년 ; 단기의회, Short Parliament). 그러나 의회가 왕의 요청을 받아들이지 않자 왕은 곧 의회를 해산하였고 재개된 스코틀랜드와의 전투에서 패하였다. 그러자 왕은 다시금 1640년 10월에 의회를 소집했다(장기의회, Long Parliament). 이 때부터 영국 의회는 정치의 전면에 서서 1653년 해산될 때까지 내란의 정국을 주도해 나갔다.

4. 프랑스의 絕對王政

政治와 宗敎의 혼란

백년전쟁에서 부르봉 왕조의 성립에 이르는 시기 동안 프랑스는 對外的으로는 합스부르크 王家와 대결하고, 對內的으로는 신·구교 간의 갈등이 격화되는 등 극심한 혼란의 와중에 있었다. 장기간에 걸친 합스부르크家와의 대립은 카토—캄브레지條約(1559)으로 일단락되었으나, 곧이어 캘빈교도인 위그노와 구교 간의 종교전쟁이 발발하였다.

이 위그노 전쟁(1562~98)은 신·구교도간의 전쟁이라고만은 볼 수 없는 복잡한 양상을 띠었다. 위그노 중에는 상·공업자 중심의 시민세력 이

외에도 귀족, 심지어는 국왕까지도 가담한 경우가 있었으며, 영국이 위그노를, 에스파냐가 카톨릭을 원조하는 등 참여 세력이 다양했기 때문에, 위그노 전쟁은 국내 정치적인 면에서나 국제적인 면에서나 매우 중요한 사건이었다. 1572년 「聖바르돌로뮤(St. Bartholomew)의 대학살」 사건은 이 전쟁의 절정이었다. 수천명의 희생자를 낸 이 유혈극이 끝난 후, 위그노와 구교의 대립은 서로의 지도자를 암살할 정도로 극한에 이르렀다. 그러나 위그노 지도자인 부르봉家의 나바르王 앙리가 앙리 4세로서 발로아家를 이어 왕위에 오르면서, 이 혼란은 고도의 정치적인 해결책을 찾기 시작했다. 즉 앙리 4세는 스스로가 카톨릭으로 개종하면서 낭트 勅令(1598)을 반포하여 위그노에게 일정 지역에서의 信仰의 自由를 허용하였던 것이다.

부르봉 王朝와 絕對主義

낭트칙령으로 국내질서를 회복한 앙리 4세(1589~1610)는 이후 국내 산업 장려와 해외 진출에 힘썼으나 왕성하게 일할 나이에 광신자에 의해 암살되었고, 루이 13세(Louis XIII, 1610~43)가 9세의 나이로 즉위하였다. 부르봉 王朝 정치의 현저한 특징은 宰相들의 활약이었다. 루이 13세 時期에는 리슐리외(Richelieu, 1585~1642)가, 루이 14세의 미성년 시절에는 마자랭(Mazarin, 1602~61)이 그 역할을 담당하였다. 이들의 정책은 공히 왕권의 강화와 국력의 증진에 초점을 맞추었으며, 이를 위해 國家理性(raison d'état)을 강조하였다. 리슐리외는 지방 귀족세력을 누르고 중앙집권화를 꾀했으며 대외적으로도 30년 전쟁에 개입하여 독일의 신교도를 지원함으로써 프랑스의 국익을 증진했다. 마자랭은, 리슐리외 개혁의 결과 권한이 축소된 파리 고등법원과 귀족들의 「프롱드(Fronde)의 亂」(1648~53)을 진압하면서 절대주의의 기틀을 공고히 하였다.

루이 14세 時代

마자랭이 사망하자(1661) 성년에 달한 루이 14세는 親政體制를 구축하여 절대왕정의 전성기를 이룩하였다. 루이 14세의 국가 재정은 유능한 보좌관 콜베르(Jean Baptiste Colbert, 1619~83)가 담당하였는데, 어디까지나 왕의 충실한 관료로 만족했던 그는, 전형적인 重商主義 정책인 콜베르주의(Colbertism)에 입각하여 國富의 증진에 힘썼다. 콜베르주의는 한 국가가 정치적으로나 경제적으로 독립해 있어야 함을 전제하는데, 이를 위해서 국가는 자체 존립에 필요한 모든 물자를 국내에서 생산하거나 식민지에서 수입해 올 수 있어야 했으며, 수출을 늘리고 수입을 억제하여 국부를 증진시키고 외국에의 의존도를 낮춰야 했다. 이러한 이유에서 콜베르는 위로부터의 국내 공업의 보호 육성과 수출 증대, 적극적인 식민지 정책을 수행하였다. 그 결과 프랑스는 유럽의 전반적인 불황의 시기인 17세기에 유럽의 새로운 강자로 부상할 수 있었다.

그러나 이같이 증진된 國富는 산업에 재투자되기보다는 王室의 낭비라든가 특히 대외전쟁에 탕진되었다. 바로크 양식의 극치인 베르사이유 궁전은 17세기 프랑스의 문화적·경제적 번영과 루이 14세의 절대적 권위와 사치를 상징하는 것이었다. 한편 뤼보아(Lubois, 1641~91)의 프랑스 육군은 루이 14세의 대외전쟁의 상징이었다. 에스파냐의 펠리페 4세 서거 후 왕위계승 문제로 발발한 에스파냐領 네덜란드(지금의 벨기에)에 대한 전쟁(1667~68)은 이어서 네덜란드와의 전쟁(1672~78)으로 확대되었다. 이 전쟁에서 루이 14세는 일단 프랑슈 콩테지역을 확보하는 데 만족해야 했다. 10여년간 전열을 가다듬은 루이 14세는 다시 서부 독일로 팽창하기 위한 아우크스부르크동맹 전쟁(1688~97)을 일으켰다. 이 때에는 거의 전 유럽이 對佛同盟을 결성했고, 프랑스 해군은 영국 해군에 패하였다. 결국 프랑스는 뤼스위크(Ryswick)條約(1697)에서 알자스 지방 일부를 확보하는 데 머물렀다.

뤼스위크 휴전 4년만에 유럽은 가장 큰 전쟁에 휘말리게 되었다. 에스파냐의 카를로스 2세(1665~1700)의 유언으로 에스파냐의 전 영토를 루이 14세의 손자 필립에게 물려주자, 영국·네덜란드·오스트리아를 중심으로 대동맹이 결성되어 격렬한 전투가 벌어졌다. 다시 한번 유럽 세력균형의 원리가 작용한 것이다. 결국 전쟁은 위트레흐트(Utrecht)條約(1713)으로 끝났지만, 프랑스는 종전의 국경 지대의 점령지역만을 소유하게 되었고,

영국·오스트리아·네덜란드·브란덴부르크—프로이센·사보이·포르투갈 등의 동맹국은 각기 이권을 획득하였다. 특히 영국의 부상은 현저한 것이었다.

위트레흐트 조약의 결과 그 자체가 프랑스에게 불리한 것은 없었다. 그러나 루이 14세 치세 말기의 막대한 전비지출은 프랑스 재정을 파탄에 이르게 했으며, 특히 1685년 낭트칙령 폐지 이후 30여만의 위그노의 해외망명은 유능한 기술자와 상공업자들의 손실을 가져와 국내 산업을 피폐하게 만들었다. 그리하여 한때 太陽王이라고 불리었던 루이 14세가 死亡할 무렵(1715)에 프랑스의 영광은 이미 석양에 와 있었다. 프랑스 대혁명의 징조가 이 때부터 동트고 있었던 것이다.

5. 프로이센과 오스트리아의 絕對王政

30年戰爭과 베스트팔리아條約

아우크스부르크 종교화의 이후 소강상태에 있었던 新·舊敎의 종교적 대립은 보헤미아 분쟁에서 再燃되었다. 본시 보헤미아는 휘쓰運動의 본거지로서 신교도가 많았으나, 1619년 페르디난드(Ferdinand)가 보헤미아王이 되면서 신교도들을 탄압하였다. 그러자 신교도 귀족들은 캘빈派의 팔쓰(Pfalz)選帝侯 프리드리히를 보헤미아王으로 추대하여 전쟁을 일으켰다(1618). 이로써 歷史上 가장 대규모의 종교전쟁인 30년전쟁(1618~48)이 발발하였다.

1619년에 독일 황제가 된 페르디난드는 에스파냐를 비롯한 카톨릭 동맹(Liga)의 힘을 빌어 캘빈파 연합(Union)을 격파하였다(1620). 그러나 루터파의 덴마크王 크리스티안 4세(Christian IV, 1588~1648)가 개입함으로써 전쟁은 2단계로 진입하였다(1625). 덴마크軍이 독일 용병대장 발렌시타인(A.W. Wallenstein)에 격파됨으로써 카톨릭 세력은 절정에 달하였으나, 1630년 스웨덴의 구스타프 아돌프(Gustav Adolf, 1611~32)가 신교도 편에서 참전함으로써 결국 황제는 독일 내의 프로테스탄트 제후들과 화해하지 않을 수 없었다(1635).

30년전쟁의 3단계는 프랑스의 개입으로 전개되었다(1635). 합스부르크 王室의 강성을 경계했던 리슐리외로서는 카톨릭 세력에 대한 반발 때문이 아니라 신성로마제국에 대한 상대적 우위를 점하기 위해 스웨덴 및 독일 프로테스탄트 제후들과 연합전선을 폈던 것이다. 그리하여 신성로마제국—에스파냐의 구교세력은 수세에 몰리기 시작했고, 급기야는 베스트팔리아조약(1648)을 체결할 수밖에 없었다.

베스트팔리아조약은 근대적인 외교관계와 유럽 세력 균형의 원리를 확인한 국제조약이었다. 그 결과 종교적인 면에서는 캘빈派도 루터파와 마찬가지의 종교·재산·정치상의 특권을 향유할 수 있게 되었으며, 정치적인 면에서는 신성로마제국 내의 모든 제후들에게 독립주권이 부과되었고, 프랑스·스웨덴의 독일내 영토 확장이 이루어졌으며, 스위스와 네덜란드의 독립이 정식 승인되었다.

30년전쟁은 독일내의 막대한 物的·人的 손실과 신성로마제국의 몰락을 초래하였다. 16세기 이후 유럽 세력균형을 억압해 왔던 신성로마제국의 몰락은 프랑스를 중심으로 한 유럽 내의 새로운 세력균형의 실현을 의미하는 것이었다.

프로이센의 絶對王政과 7年戰爭

30년전쟁의 결과 독일 내의 영방국가들은 사실상의 독립국가로서 발전하게 되었는데, 그 수효는 300여개나 되었다. 이 중에서 가장 주목받을 만한 영방국가가 브란덴부르크-프로이센(Brandenburg-Preussen)이었다. 16세기 이후 엘베江 동부지역에서는 농산물 가격의 騰貴와 더불어 영주들이 농민의 자유를 박탈하고 이른바 구츠비르트샤프트(Gutswirtschaft), 즉 영주농장제를 실시하고 있었다. 바로 이러한 영주들의 후예였던 융커계층은 프로이센 절대왕정의 기반이었다.

프로이센 절대왕정의 기초가 마련된 것은 大選帝侯 프리드리히 빌헬름(Friedrich Wilhelm, 1640~88) 때였다. 그는 30년전쟁 피해의 복구에 노력하는 한편, 프로이센 귀족들의 領地內 권한을 강화시켜 주어 그들의 지지를 획득함으로써 절대왕정을 확립해 나갔다. 특히 그는 망명 위그노와 네덜란드 이주민을 적극 수용하여 영농 기술의 획기적인 발전을 꾀할 수 있었다.

大選帝侯의 아들 프리드리히 1세(1688~1713) 때에는 신성로마제국 황제로부터 프로이센王이라는 칭호가 승인되었고, 그의 아들 프리드리히 빌헬름 1세(1713~40) 때에는 절대왕정이 확립됨과 동시에 對外膨脹의 기틀이 마련되었다. 그는 융커계층의 도움으로 상비군과 관료제를 정비했으며 왕실 낭비를 억제하여 國庫를 충실히 했다. 그리하여 그의 아들 프리드리히 2세(1740~86)에 이르면 프로이센은 초강국으로 부상하게 된다.

프리드리히 2세가 유럽 내에 확고한 위치를 차지하게 된 것은 오스트리아 왕위 계승 문제에 개입함으로써였다. 신성로마제국 황제 카알 6세(1711~40)는 國事詔勅(Pragmatic Sanction)을 발하여 딸 마리아 테레지아(Maria Theresia, 1740~80)의 왕위 및 영토 상속의 합법성을 국제적으로 인정받으려 하였다. 그러나 그의 死後 에스파냐·프랑스·바이에른 選帝侯 등이 이의 부당함을 주장하여 각기 과거 自國의 영토를 되찾으려 했다. 이 기회를 이용하여 프로이센王 프리드리히 2세는 亞麻工業이 발달하고 석탄·철이 풍부한 실레지아를 점령하였던 것이다. 그러자 프랑스·에스파냐·바이에른 등은 프로이센 편에 가담하고, 영국은 오스트리아 편에 가담하여 8년간 국제분쟁이 계속되었다(1740~48). 유럽 내에서뿐만 아니라 아메리카 대륙에서도 英·佛 간의 패권 다툼으로 전개된 이 분쟁은 에익스-라-샤펠(Aix-la-Chapelle)조약에서 일단락되었다. 그 결과 프로이센은 실레지아를 그대로 영유하여 가장 큰 이득을 보았으며, 그밖의 문제에 있어서는 1740년 현재의 현상유지가 이루어졌다.

오스트리아 왕위 계승 전쟁의 여파는 곧이어 7년전쟁(1756~63)으로 이어졌다. 7년전쟁의 배경에는 이른바 「外交革命」(Diplomatic Revolution)이라고 불리는 국제관계상의 대변화가 자리잡고 있다. 즉 계승전쟁 이후 프로이센의 강성에 위협을 느낀 프랑스는 약 2세기간의 합스부르크-부르봉의 적대관계를 청산하고 오스트리아와 동맹을 맺었으며, 여기에는 러시아도 참여하였던 것이다. 그러자 프로이센은 식민지와 해상에서 프랑스와 대립하고 있었던 영국과 동맹을 맺었다. 그러므로 7년전쟁은 실레지아

탈환을 노리는 오스트리아, 프로이센을 경계하는 프랑스와 러시아, 프랑스의 海上權을 탈취하려는 영국 등 각국의 이해관계가 뒤얽혀 발생한 전쟁이었다.

7년전쟁은 프로이센의 실레지아 영유가 확인된 후베르투스부르크(Hubertusburg)조약(1763)과 에스파냐, 프랑스, 영국이 참여한 파리조약(1763)에 의해 일단락되었다. 특히 영국은 파리조약에 의해 北아메리카 대륙과 인도에서 에스파냐와 프랑스에 대해 압도적인 우위를 차지하였고, 이로써 세계적인 해상국으로 발돋움해 나갈 수 있었다. 또한 폴란드의 분할이 이루어진 것도 이 때였다.

한편 프리드리히 2세는, 內治에서는 절대군주로서의 탁월한 역량을 발휘하였다. 계몽군주인 그는 스스로를 「國民의 公僕」이라고 자처하면서 계몽전제정치(Enlightened Despotism)를 펼쳐 나갔다. 상공업 계층이 미숙하였던 프로이센적 상황하에서 그는 융커계층을 중심으로 상비군과 관료제를 강화해 나갔으며, 이러한 이유에서 융커계층의 농노지배권을 대폭 허용했다. 또한 그는 계몽사상에 심취하여 프랑스 문인들, 특히 볼테르를 私的으로 흠모했으며 중상주의 정책을 실시하여 국내의 낙후한 산업, 특히 군사관계의 섬유·금속공업을 발전시켰다. 이로써 프로이센은, 폴란드 분할을 통해 西프로이센을 획득한 1772년 당시 500만의 인구와 10만여의 군대를 가진 막강한 제국으로 발돋움할 수 있었다.

오스트리아의 絶對王政

오스트리아는 본래 합스부르크 王家의 所領으로서 16세기 중엽 에스파냐와 오스트리아가 분리되면서 카알 5세의 동생 페르디난드의 통치하에 들게 된 지역이다. 이 지역은 게르만, 보헤미아人, 헝가리人을 포함하는 複數民族으로 구성되어 있었기 때문에 통일적인 발전이 어려웠으며 벨기에 지역과 이탈리아 지역의 영토 역시 프랑스 및 에스파냐와의 이해관계 때문에 그 소유권이 불안정한 상태에 있었다. 더구나 왕위계승전쟁 이후 실레지아를 상실하는 등 오스트리아의 국력은 쇠잔일로에 있었다.

마리아 테레지아는 7년전쟁을 전후하여 중앙·지방행정을 전면 개편하고 사관학교를 설립하는 등 상비군과 관료제의 확립에 주력했으며, 유태교와 신교도를 탄압하여 국내의 정신적 통일을 꾀하였다. 그러나 오스트리아의 전면적인 개편을 계몽군주의 입장에서 다각도로 시도한 사람은 그녀의 아들 요세프 2세(Joseph II, 1765~90)였다. 그는 母王의 섭정이 끝난 1780년 이후 계몽사상에 입각한 개혁정책을 실시했는데, 농노의 해방, 사형과 고문의 폐지, 신앙의 자유의 인정, 교육의 대중화 등이 그의 개혁의 주된 내용이었다. 그러나 이러한 개혁의 대부분은 귀족들의 반발로 실패했으며, 게르만 중심의 국내 통일정책 또한 이민족의 저항에 부딪치게 되었다. 결국 그는 「가장 훌륭한 의도를 가졌으나 현실적으로는 아무 일도 할 수 없었던 요세프 2세가 여기에 잠들다」라는 묘비명을 스스로 작성한 군주로 그의 일생을 마쳤다.

6. 러시아의 絶對王政

러시아의 유럽 進出

러시아가 킵차크 汗國의 통치로부터, 즉 「타타르의 멍에」(Tartar Yoke)로부터 벗어난 것은 이반 3세(Ivan III, 1462~1505) 때였다. 그러나 17세기 로마노프(Romanov) 왕조에 이르기까지도 러시아는 여전히 농노제를 기반으로 한 짜르(황제)체제를 유지하고 있었으며, 폴란드와 스웨덴에 의해 유럽 진출이 막혀 거의 아시아적인 문화를 형성하고 있었다. 이러한 러시아가 유럽化되기 시작한 것은 피오트르大帝(Pëotr: Peter the Great, 1682~1725)에 이르러서였다.

그가 異腹 누이 소피아와 친위대인 스트렐치(Streltsy)의 섭정을 벗어나 親政을 실시한 것은 1689년부터였다. 이후 약 반세기 간은 러시아史上 가장 변화가 심했던 시기였다. 피오트르는 우선 內治에 있어 생활과 풍습에서 각종 제도, 산업발전에 이르기까지 러시아의 구석구석을 서구화하는 데 주력했으며, 그리스正敎로 종교적 통일을 꾀하였다. 보수파인 슬라브派(Slavophil)의 반발이 있었지만 국내의 서구화에 어느 정도 성공한 그는 곧 이어 유럽에로의 進出路를 찾아 나섰다. 먼저 터키로부터 아조프海 주변을 빼앗고, 스웨덴과의 「北方戰爭」(1700~21)을 통해 발틱海로의 출구를 탈취하여 그곳에 페테르스부르크(Petersburg)를 세웠다. 한편 그는 절대왕정의 기반이 될 관료기구의 확립과 상비군의 증가에도 심혈을 기울였으며 여기에 소요되는 경비는 농노제를 강화하고 각종 稅源을 새로이 창출하여 충당하였다.

에카테리나와 폴란드 分割

피오트르大帝 死後 37년간은 보수파와 서구파의 대립, 각종 궁정음모 등으로 혼란한 시기였다. 이같은 혼란은 독일에서 시집온 女帝 에카테리나(Tsarina Ekaterina, 1762~96)에 의해 종식되었고, 이후 러시아는 東歐의 강대국으로서 지위를 굳혔다. 內治에 있어서 그녀의 정책은 보수파와 서구파의 대립을 해소하고, 계몽군주로서 군림하는 데 있었다. 그러나 그녀의 교육쇄신정책, 학문의 보호 및 장려, 국내산업의 보호육성, 법률의 정비, 농노제의 개선 등 계몽군주적인 정책은, 당시 러시아의 상황에서는 성공할 수 없는 것이었다. 그리하여 1773년 푸가쵸브(Pugachov)의 농민반란과 프랑스 대혁명을 겪게 되자 엄격한 전제주의 정책으로 변환되었다. 이로써 농노제는 더욱 강화되었고 국내의 산업발전은 위축되었으며 봉건귀족의 세력은 가일층 확대되었다.

에카테리나 治世 기간에서 주목할 만한 현상은 러시아의 꾸준한 팽창이다. 東進은 캄챠카반도를 지나 알라스카에 이르기까지 진행되었고, 南進은 터키와의 전쟁에서 승리함으로써(1774) 흑해에 진출하여 보스포러스 해협과 다다넬스 해협의 통과권을 얻기에 이르렀다. 무엇보다도 중요한 것은 러시아가 폴란드의 분할에서 가장 큰 이득을 봄으로써 러시아의 유럽 진출의 장벽이 무너졌다는 점이다.

16세기까지만 해도 발트海와 흑해를 잇는 거대한 영토를 소유하고 있었던 폴란드는 17세기에 주변국들의 강성으로 인해 점차 쇠퇴해갔으며, 7년전쟁의 여파로 1772년에는 러시아, 프로이센, 오스트리아에 의해 영토의 1/4을 분할당하기에 이르렀다. 그후 2차(1793)와 3차(1795) 폴란드 분할에 의해 폴란드의 주권은 1차세계대전이 끝날 때까지 약 120년간 소멸되었다. 에카테리나는 바로 1772년의 1차 폴란드 분할時에 드비나江 및 드니예프르江 以東의 지역을 차지함으로써 유럽 진출에로의 발판을 다졌으며, 3차 폴란드 분할에서는 폴란드 영토의 약 6할을 차지하였다.

7. 유럽 列强의 植民地 競爭

16세기에서 18세기에 이르는 유럽史는 각국의 식민지 경쟁에 의해 특징지워지기도 한다. 식민지 건설의 선두주자였던 포르투갈과 에스파냐의 대립에서부터 시작된 열강의 경쟁은 7년전쟁이 끝난 1763년 파리條約에서 일단 종결된다.

식민지 건설의 선두주자는 에스파냐였다. 식민지로부터 유입된 막대한 金銀이 에스파냐의 國富를 증진시켰을 뿐만 아니라 유럽의 경제체제의 근저를 동요시켰음은 전술한 바와 같다. 그러나 에스파냐의 부강은 일시적인 것이었다. 왜냐하면 유입된 富는 국내 산업 개발에 사용되기보다는 절대왕정의 세력구축과 낭비에 전용되었으며, 설사 상·공업자들에 의해 자본이 축적되었다 하더라도 그 자본은 곧 봉건체제 속에 편입되려는 그들의 욕망으로 토지나 매관매직에 낭비되었기 때문이다. 무적함대의 패배(1588)와 그로 인한 네덜란드의 독립은 에스파냐의 이같은 내부 모순을 심화시켰다.

에스파냐로부터 독립한 네덜란드는 곧 동양으로 진출하였다. 네덜란드는 1602년에 東印度會社를 설립하였고, 에스파냐에 대항해서 동양무역의 이권을 점차 획득해 나갔다. 그리하여 17세기 중엽에는 거의 동양무역을 독점했고 국제금융업에 있어서도 他國을 압도하였다. 그러나 네덜란드의 강성은 중개무역에 근거한 것이었기에 크롬웰의 航海條例에 의해 심각한 타격을 받았으며, 英國과의 전쟁에서 패배함으로써 결정적으로 몰락의 길에 들어섰던 것이다.

17세기 후반 이후 유럽의 식민지 경쟁은 영국과 프랑스 간의 대결로 압축되었다. 양국의 경쟁 무대는 아메리카와 인도였다. 영국은 1600년 동인도회사를 설립하고 무굴제국의 쇠약을 틈타서 마드래스, 봄베이, 캘커타를 빼앗아 인도 경영의 주도권을 잡았다. 프랑스의 경우는 앙리 4세(Henri IV, 1589~1610)時에 동인도회사를 설립했으며 루이 14세 때에 퐁디셰리(Pondicherry)와 샹데르나고르(Chandernagor)에 진출하였다.

아메리카에서도 사정은 비슷했다. 영국은 엘리자베스女王 때에 이미 버지니아를 개척하였고, 퓨리턴들의 이주로 뉴잉글랜드를 얻었다. 또한 네덜란드로부터는 뉴암스테르담을 빼앗아 뉴욕으로 개칭했으며, 18세기에 이르러 동부 13개州를 식민지로 개척하였다. 프랑스는 17세기 초에 캐나다 동부를 점령하였고, 루이 14세 시대에는 미시시피江 유역에 광대한 루이지애나 식민지를 개척하여 영국에 대립하였다.

이처럼 아메리카와 인도에서의 영국과 프랑스의 식민지는 서로 인접해 있었던 관계로, 양국간의 대립은 필연적이었고 유럽 내의 세력균형을 위해 촉발된 양국 간의 대립은 식민지 경쟁과 연결될 수밖에 없는 것이었다. 즉 윌리엄 3세의 영국王 즉위 이후 날카로와진 양국의 대립은 에스파냐 계승전쟁, 오스트리아 계승전쟁, 7년전쟁 등 이른바 제2차 100년전쟁을 거치면서 더욱 첨예화되었고, 전쟁의 영역 역시 유럽적인 것에서 세계적인 것으로 확대되었던 것이다.

프랑스 동인도회사의 뒤플렉스(Dupleix, 1697~1763)는 오스트리아 계승전쟁 때 영국의 마드래스를 탈취하여 한때 프랑스의 우위를 확보한 일이 있었다. 그러나 피트(Pitt the Elder, 1708~78)가 영국 수상으로 취임하면서, 특히 7년 전쟁 이후로는 영국의 우위권이 확립되어 나갔다. 즉 영국은 피트 體制(Pitt's System)에 힘입어 아메리카와 캐나다의 국지전에서 승리를 거두었을 뿐 아니라, 인도에서도 클라이브(R. Clive)의 플랏시 전투 승리(1757)로 인도 지배의 기초를 확립했다. 더구나 7년전쟁의 결과 파리 조약에서는 프랑스로부터 캐나다 및 미시시피江 以東의 영토를 획득해 프랑스에 대한 우위를 결정적인 것으로 만들었다. 그리하여 18세기 후반 이후 영국은 「해가 지지 않는 나라」로서 부상할 수 있었다.

제 11 장 17·8세기의 文化

1. 바로크 藝術

바로크(baroque)란 16세기 말부터 18세기 중엽까지의 유럽 예술 일반을 지칭하는 용어로서 사용된다. 원래 「불규칙적인 모형」을 뜻하는 포르투갈語에서 유래한 이 용어는 근대를 형성해 나가는 인간의 새로운 힘의 자각, 즉 스스로의 사회를 형성하고 자신의 운명을 개척할 수 있다는 힘의 자각의 예술적 표현이었다. 베르사이유 宮殿이나 聖 베드로 大聖堂의 건축 양식에서 볼 수 있는 웅장하고 화려한 이면에는 지나친 기교와 과장이라는 불안정한 요소들이 숨어 있는데, 흔히 이러한 불안정함은 위기 의식의 소산이라기보다 새로이 각성된 힘의 분출작용으로서 이해되는 것이다.

바로크 藝術의 본질은 형식과 내용의 급속한 분열이었다. 음악의 경우는 르네상스로부터 물려받은 음악 형식에 개인의 정서 내지 열정을 폭넓게 담아보려는 시도가 이탈리아를 중심으로 이루어졌다. 말하자면 음악을 사용하여 이념과 감정을 격렬하게 표현하려는 시도가 이루어진 셈인데, 이 같은 시도는 음악 작품이 지녀야 할 질서 내지 규칙과 긴장관계를 형성했던 것이다. 이러한 긴장은 알맞는 매체에 의해 다양하게 표출되었다. 즉 르네상스의 획일화된 연주기법을 벗어나 알맞는 악기나 알맞는 가사(성악)에 의해 개성있게 표현된 것이다. 이탈리아의 프레스코발디(Frescobaldi, 1583~1643), 스카를라티 父子(Scarlatti, 父 Alessandro, 1659~1725, 子 Domenico, 1685~1757), 비발디(Antonio Vivaldi, 1675~1743)라든가, 바하와 헨델같은 이들은 기악곡 분야에 뛰어난 작품들을 남겼다. 한편 바로크 음악의 특징은 몽테베르디(Claudio Monteverdi, 1567~1643)에 의해 창시된 오페라에서도 잘 표현되고 있다. 이탈리아 출신의 룰리(Jean Baptiste Lully, 1633~87), 영국의 퍼셀(Henry Purcell, 1659~95), 비엔나의 푹스(Fux, ?)

는 이탈리아의 오페라에 민족적 요소를 첨가하면서 개성있는 오페라 양식을 발전시켰다.

바로크의 회화 역시 대상들을 왜곡함으로써 대상이 지니는 자연적 한계를 넘어 화가의 열정을 표현했다. 따라서 기교면에서는 선명한 색채나 선보다는 음영의 미묘한 대조와 단계적인 색조의 결합이 강조되었다. 플랑드르의 루벤스(Peter Paul Rubens, 1557～1640), 네덜란드의 렘브란트(Rembrandt van Rijn, 1609～69), 에스파냐의 벨라스케스(Diego Velasquez, 1599～1660) 등은 이 시대의 대표적인 화가들이다.

18세기에 이르면 바로크 美術의 불안정함은 보다 안정되고 세밀한 로코코(Rococo) 양식으로 바뀌었으며, 음악의 경우에도 하이든(Joseph Haydn, 1732～1809), 모짜르트(Amadeus Mozart, 1756～91), 베토벤(Beethoven, 1770～1827) 등에 의해 古典音樂 체계가 확립되었다.

文學의 경우에도 바로크 정신이 잘 나타나고 있다. 프랑스에서는 소위 古典主義(classicism)로 불리는 古典을 규범으로 하는 문학 양식이 발전하였으나, 그 내용에 있어서는 급변하는 세계와 인간의 典型이 역동적으로 표현되고 있다. 코르네이유(Corneille, 1606～84)와 라신(Racine, 1639～99)의 비극이라든가 몰리에르(Molière, 1622～73)의 희극은 프랑스 고전주의의 대표적인 作品들이다. 영국에서는 셰익스피어 이후에도 여전히 세련된 영어 文體가 개발되지는 못한 상태에 있었으나, 밀턴(Milton, 1608～74), 버년(J. Bunyan, 1628～88), 디포우(Daniel Defoe, ca. 1660～1731) 등에 의해 淸敎徒的인 인간상과 실험적이고 모험적인 불안정한 인간상이 동시적으로 묘사되었다. 독일에서는 18세기 초까지도 이렇다할 문학 형식이 계발된 바 없었으나, 18세기 후반에 이르러 소위 고전주의문학 형식의 합리적 태도에 반발하는 독일 국민문학이 탄생하였고, 뒤이어 낭만주의 운동이 "疾風과 怒濤"(Strum und Drang) 운동이라는 새로운 문학운동이 일어났다. 괴테(Goethe, 1749～1832)와 실러(Schiller, 1759～1805)는 그 白眉를 장식한 인물이었다.

2. 科學革命

17세기 과학 혁명은 실험 정신과 분석 정신의 소산이었다. 실험은 중세시대에도 끊임없이 계속되어 왔으며, 특히 프란시스 베이컨(Francis Bacon, 1561∼1626)이 歸納法을 강조한 이후 관찰과 실험을 위한 도구의 개선은 현저한 것이었다. 갈릴레이(Galileo Galilei, 1564∼1642)의 망원경, 레벤후크(Anton van Leeuwenhoek)의 현미경, 토리첼리(Torricelli)의 기압계 등은 자연 현상의 관찰에 있어서 획기적인 진보였던 것이다. 더구나 과학을 위한 各國王室의 지원은 이같은 과학의 발전을 더욱 촉진시켜 주었다. 그 중 영국의 런던王立學會(Royal Society of London, 1662)와 프랑스의 과학 아카데미(Académie des Sciences, 1666)는 가장 유명했다. 이들 學會에는 당대의 사회적 혼란을 피해 연구에만 전념하려는 많은 과학자들이 몰려들어 정기적인 學術誌를 간행하였다.

그러나 이같은 실험의 발전만으로 科學革命이 이룩될 수는 없었다. 실험이란 아직 발견되지 못한 세계와 현상에 대한 확인작업일 뿐 세계관 그 자체를 변혁할 수 있는 것은 아니기 때문이다. 세계를 보는 눈이 바뀌어야 했다. 말하자면 세계를 類比的(analogical) 관점에서 보던 전통적 세계관이 뒤바뀌어야 했던 것이다. 프랑스의 데카르트(René Descartes, 1596∼1650)에 의해 시작된 분석기하학은 세계관을 바꾼 「精神革命」이었다. 분석기하학은 자연의 기하학적 모형들을 數式化할 수 있는 길을 열어 주었고, 따라서 「유사성」에 입각하여 인식되던 세계를 「동일성과 차이」에 의해 인식될 수 있게끔 해주었던 것이다. 그리하여 완전한 확실성(perfect certainty)이 없는 진리, 즉 개연적 진리는 더 이상 진리로 간주될 수 없게 되었다.

이같은 수학의 발전은, 코페르니쿠스, 케플러, 갈릴레이로 이어지는 자연법칙의 정식화, 특히 地動說을 비롯한 일련의 우주운행 법칙의 정식화와 병행한 것이었다. 이러한 자연과학의 진보는 뉴우튼(Isacc Newton, 1642∼1727)에 이르러 정점에 도달하여 전우주법칙을 설명할 수 있도록 해주었다. 뉴우튼은 『자연철학의 수학적 원리』(*Philosophiae Naturalis Principia Mathematica*, 1687)에서 중력의 법칙을 수식화했던 것이다. 이로써 이른바 「과학혁명」(Scientific Revolution)이 이루어지게 되었다.

물론 17세기는 여전히 종교적 편견과 미신에 사로잡혀 있는 시기였으며, 前述한 제과학의 성과도 당대에는 「革命的」인 것이 못되었다. 그러나 자연의 법칙이 하나하나 발견되면서, 이를 인간 이성의 법칙에도 적용시키려는 「啓蒙主義의 프로그램」이 18세기 이후 왕성하게 전개되었으며, 이 프로그램은 산업 및 과학기술의 발전과 함께 인간의 자연정복 의지의 밑거름이 되었다.

3. 政治·社會·思想

17·8세기는 근대가 형성되던 시기인만큼 사상적인 면에서도 다양한 방식들이 실험되었다. 우선 17세기의 과학혁명과 관련을 맺으면서 인식론상에서 두개의 거대한 조류가 형성되었으니, 하나는 영국의 經驗論이요, 다른 하나는 대륙의 合理論이었다. 베이컨과 홉스(Thomas Hobbes, 1588～1679)에 의해 발전한 경험론은 대상 인식의 근거를 감각 경험에서 찾아 經驗知에 의거한 귀납체계를 발전시켰다. 데카르트와 스피노자(Benedictus Spinoza, 1632～77)에 의해 발전한 합리론은 가장 종국적인 진리에 대한 直觀知에서 출발하여 모든 지식을 연역적으로 재구성하는 형이상학의 체계를 시도했다. 이 두 조류는 각기 인간이성의 진리획득 가능성에 대한 믿음을 전제하고 있으며, 이러한 理性中心主義(logocentrism)는 18세기 계몽사상의 근거가 되는 것이었다.

17세기의 사상은 정치적인 면에서도 근대국가의 성립에 상응하는 이론적 근거를 제시했다. 이미 마키아벨리와 보댕(J. Bodin, 1520～96)에 의해 제시되었던 君主權은, 17세기에 들어서면서 「王權神授說」로 발전하였다. 프랑스의 보쉬에(Bossuet, 1627～1704)는 루이 14세의 절대왕정을 지지하면서 국왕은 오직 神에게만 책임진다고 주장하였다. 영국의 제임스 1세 역시 강력한 왕권신수설의 신봉자였다.

그러나 17세기말에 들어서면서 보다 사회적인 관점에서 군주, 국가, 사회의 관계를 규명하려는 시도가 이루어졌다. 이러한 조류는 주로 국가와 사회의 존립에 필요한 계약관계를 재정립하는 데 主眼을 두는 것이었다. 영국의 홉스는 자연상태에서의 인간의 모습을 「만인 對 만인의 鬪爭」으로 규정하여, 인민이 모든 주권을 국가의 절대성에 양도해야 함을 역설했다. 그의 『리바이어던』(*Leviathan*, 1651)은 바로 이 절대국가의 모습을 묘사한 것이었다. 17세기말의 영국은 명예혁명에 성공했고 이로써 새로운 입헌정치의 길이 열렸다. 이같은 변화는 로크의 『政府論』(*Two Treatises of Government*)에서 가장 적절히 반영되었다. 그는 경험론에 입각하여, 인간의 자연상태는 오직 自然法만이 지배하는 백지상태라고 주장하였다. 국가란, 이 자연법에 근거하는 자연권을 보호하기 위한 인민의 계약에 의해 성립된 것이었다. 그러므로 인민의 권리는 국가에 양도된 것이 아니라 위임된 것이다. 만일 국가의 法과 제도가 이 계약관계를 성실히 이행할 수 없을 경우에는 그것을 수정할 수 있는 권리 역시 인민에게 있다.

계약은 인간 이성의 합리성에 대한 믿음에 근거한다. 이같은 믿음은 18세기에 들어서면서 유럽諸國내에 일반화되었는데, 여기에는 뉴우튼 이래로 자연법칙을 인간본성(human nature)에도 적용하여 새로운 인간관을 정립하려는 시도가 크게 영향을 미쳤다. 계몽주의(Aufklärung)는 이러한 시대 사조를 반영하는 것이었지만, 각국의 사정에 따라 그 성격이 조금씩 달랐다. 영국의 계몽주의는 혁명 이후에 발전했기 때문에 로크에게서 볼 수 있듯이 시민사회의 원리를 천명하고 市民革命의 정당성을 입증하려는 방향으로 나아갔다. 그러나 프랑스의 계몽주의는 영국의 사상을 받아들여 시민을 계몽·선도하려는 방향으로 나아감에 따라 사회현상에 대한 비판과 유토피아적 성격이 현저했다. 그런가 하면 東歐의 경우는 절대군주가 계몽사조를 받아들여 계몽군주라는 이름으로 「위로부터의 개혁」을 추진했기 때문에 종교 내지 윤리비판에는 철저했지만 정치·사회에 대한 비판에는 많은 제약이 가해졌다.

프랑스의 몽테스키외(Montesquieu, 1689~1775)는 로크의 사상을 발전시켜 『法의 精神』에서 입법·사법·행정의 3권 분립을 주장했으며, 사회·

경제·지리적 조건에 따라 정치제도가 다를 수 있음을 지적했다. 볼테르(Voltaire, 1694~1788)는 정치적인 면에서는 몽테스키외와 마찬가지로 온건하였으나, 理神論的 입장에서 교회의 부패와 사회의 미신 등을 풍자하여 대중을 계몽했을 뿐 아니라, 東歐의 계몽 군주들에게도 많은 영향을 주었다. 프랑스 계몽사상가 중에서 가장 급진적이고도 체계적인 논리를 전개한 인물은 루소(Jean-Jacques Rousseau, 1712~78)였다. 그는 『社會契約論』에서 국가의 존재이유를 전체 인민의 「一般意志」(general will)에 둠으로써, 직접 민주정치의 이상을 피력했다. 그의 모범이 된 것은 자연상태였다. 자연상태에서의 인간은 평등과 공동의 善을 실현했으나, 인간 개인 의지들의 집적인 자연상태로부터의 疏隔을 심화했다는 것이 그의 주장이다. 이같이 타락한 인간성의 치유 수단은 정치적인 면에서나 사회적인 면에서나 교육 내지 계몽에 의존하는 것이었는데, 『에밀』은 그의 교육 사상을 집약한 작품이다. 루소의 사상은 당대인에게 가장 과격하고 급진적인 것으로 어필했으며, 프랑스 혁명과 특히 로베스피에르에게 많은 영향을 주었다.

또한 백과전서파(Encyclopedists)로 알려진 디드로(Diderot, 1713~84)와 달랑베르(D'Alembert, 1717~83)도 총 33권에 달하는 백과전서 속에 당대의 지식체계를 집대성하여 보급함으로써 계몽사상의 전파에 일익을 담당했다. 경제이론면에서도 과거의 重商主義에 대항하는 학설들이 나타났는데, 프랑스의 케네(Quesnay, 1694~1774)를 중심한 重農主義者들은 토지와 농업에 國富의 근원을 둔 자유방임주의를 주장했으며, 아담 스미스(Adam Smith, 1727~90)는 『國富論』에서 자유방임주의를 보다 체계적으로 발전시켜 고전경제학의 발판을 마련했다.

한편 봉건세력의 힘이 오히려 강화되고 있었던 독일지역에서는 사회 변혁보다는 내면적 인간성의 변혁에 초점을 맞춘 계몽사상이 발전했는데, 그 결과 칸트(Kant, 1724~1804)를 필두로 하는 독일 觀念論이 등장했다. 독일관념론은 어떤 면에서는 계몽주의에 대해 비판적이었는데, 특히 이성에 대한 맹신을 거부한다는 점에서 그러했다. 결국 독일관념론은 낭만주의운동으로 전개되면서, 여타 선진지역과는 판이한 국가이념과 역사관을 제시했다.

제 12 장 市民革命의 時代

1. 英國 革命

革命의 性格

「英國革命」이라는 용어는 그렇게 넓게 사용되는 말은 아니다. 일반적으로 17세기의 영국에는 두 차례의 혁명, 즉 퓨리턴혁명과 명예혁명이 일어났었다. 또한 퓨리턴 혁명은 영국에서는 大叛亂(Great Rebellion)이나 內亂(Civil War)으로 간주되기도 하며 혁명이라는 용어는 명예혁명에만 사용하는 경우가 많다.

이와 같이 用語의 사용은 보기에 따라서 가볍게 보아 넘길는지 모르지만 실은 그 용어를 사용하는 역사가들의 역사의식 내지 역사관을 반영하고 있다고 본다. 대반란이라는 용어는 퓨리턴 혁명을 국왕에 대한 반역행위로 보는 견해이고, 명예혁명에만 혁명의 칭호를 부여하는 것은 근대영국의 형성에 있어서 명예혁명이 퓨리턴 혁명보다도 더 결정적인 의의를 지니고 있다는 생각을 반영하고 있다.

처음 혁명이 일어난 1642년에서부터 명예혁명체제가 성립된 1689년까지의 50년간에 있어서 영국에는 어떠한 변혁이 일어났는가, 또 그것은 어떤 의미에서 근대영국사회 성립에 획기적인 것이라고 할만한가 라는 물음에 대해 대답할 수 있을 때 영국혁명이라는 용어를 사용할 수 있을 권한이 주어진다. 이 두 차례의 혁명을 「市民革命」이라고 해석하는 것도 근대화의 요청과 결부시켜서 많은 연구가 진행되었다.

이때 특징적인 것은 유럽 시민혁명 후에 생긴 근대시민사회를 「近代化」에 의한 모범이라고 생각할 수 있다. 한편 유럽제국의 시민혁명의 비교연구에 의해서 어떤 시민혁명은 「典型的」이라든가 「徹底的」이라고 하는 형용사가 붙게 된다. 여기서 「전형적」이라고 불리어지는 것은 영국혁명보다 한 세기 후에 일어난 프랑스혁명이다. 문제는 평가를 내리는 가치기준에 달려 있다고 본다. 이러한 평가는 근대사회 성립사가 오로지 「資本主義發展史」라고 하는 시각에서 연구가 되어 왔기 때문에 무엇보다 혁명의 사회경제사적 내용에만 관심이 집중된 데에 그 원인이 있다.

어디까지나 시민혁명은 그것이 발생한 국가의 近代社會形成의 도상에 있어서 정치적 혁명이고 국가구조의 근본적인 전환을 의미한다. 따라서 시민혁명에 있어서 국가기구 내지 정치제도와 관련된 면을 결코 무시할 수 없다.

이러한 견해는 絕對主義國家의 태내에서 자라서 혁명을 일으킨 원동력이 된 사회 경제적인 요인을 부정하는 것은 아니지만 혁명의 구체적인 경과와 그 성과를 오로지 사회 경제적 시각에서만 찾으려는 태도는 지양되어야 한다는 것이다. 역점을 두어야 할 것은 모든 시민혁명을 一般論에 해소시킬 것이 아니라 17세기라고 하는 시점에서 더우기 영국이라고 하는 국가에서 일어난 혁명의 독자성에 대한 인식이라고 하겠다.

革命의 展開

국왕과 의회의 충돌에서 시작된 內亂은 정치적으로는 절대주의 對 의회주의, 종교적으로는 국교도 對 청교도라고 하는 이제까지의 대립이 표면화된 것인데, 일반적으로 북부와 서부의 전원지역에 지반을 둔 봉건귀족·聖職者·前期商人·지주 등으로 이루어진 국왕파(일명 騎士黨, Cavalier)와 대체로 런던을 중심으로 하여 남부와 동부지방의 도시나 직물공업지역을 지반으로 하여 산업자본가·自營農民(Yeomanry)·젠트리(Gentry)·청교도 등의 후원을 받은 의회파(일명 圓頭黨, Roundhead)의 싸움은 처음에 국왕파에게 유리하게 전개되었지만, 의회는 長老制의 채용을 조건으로 스코틀랜드와 맹약을 하여 그 원조로 1644년 마스턴 무어(Marston Moor) 전투에서 국왕군을 크게 격파하였다. 올리버 크롬웰(Oliver Cromwell, 1599~1658)이 크게 명성을 떨친 것은 바로 이 싸움에서부터이다.

그는 鐵騎兵(Ironsides)이라고 하는, 경건한 청교도 자영농민을 중심으로 하는 엄격한 군사적 훈련을 받은 騎兵隊를 조직하였다. 이 기병대를 모델로 한 新型軍(New Model Army)은 1645년 네이스비(Naseby) 전투에서 국왕군을 크게 격파하였다. 그후 국왕군은 연패하고 국왕 찰스 1세(Charles I)는 스코틀랜드군에게 체포되어 제1차 내란은 끝났다.

議會派의 分裂

내란은 이와 같이 의회파의 우세로 끝났지만 의회 내부에서 분열대립이 발생하여 사태는 복잡한 양상으로 전개되었다. 의회 내에는 감독제도의 폐지와 장로제를 확립하며 입헌군주제를 주장하는 정치적으로 온건한 장로파(Presbyterians)와 王制의 폐지와 議會專制的 경향을 띠고 있는 정치적으로도 급진적인 독립파(Independents)가 대립하였다. 이 대립은 또한 의회와 군대의 대립이기도 하였다. 국왕은 이 대립을 이용해서 다시 비밀리에 외국과의 원조를 교섭하였기 때문에 내란 후의 사태수습은 더욱 곤란하였다.

장로파 의회는 내란 직후 국왕에게 하나의 提案(Newcastle)을 제출하여 장로제에 의한 국가의 안정책을 내세워 국왕과 재삼 타협을 시도하였으나 국왕은 이에 쉽게 응하지 않았다. 장로파 의회는 드디어 군대(독립파)의 해산을 기도하였다. 軍은 이를 거부하였으며, 의회로부터 국왕의 권한을 박탈하고 軍會議(Council of the Army)를 조직하여 하나의 독립된 政治體를 결성함으로써 군인으로서가 아니라 영국인으로서 압제적인 의회에 대해 인민의 권리를 주장하였다.

이와 같은 의회와 군과의 대립 속에서 크롬웰은 종종 국왕과의 타협을 시도하였지만 국왕이 좀처럼 응하지 않았으므로 軍部는 더욱 과격해지고 그 일부(水平派, Levellers)는 왕정을 폐지하고 인민주의적인 민주주의국가의 수립안을 발표하였다(The Agreement of the People).

그후 국왕·의회·군대 및 스코틀랜드와의 사이에 여러 차례 교섭이 행하여졌지만 드디어 軍部는 무력으로써 간섭하고 장로파 의원을 추방(Pride's purge)하고 독립파 의원만의 의회(Rump parliament)가 되었다. 공화주의사상이 강한 독립파는 국왕 찰스 1세를 심문하고 고등재판소의 판결에 의하여 국왕을 폭군·모반인·살인자 및 공공의 적이란 이름으로 처형하였으니 이를 淸敎徒革命(Puritan Revolution)이라고 한다.

共和政과 크롬웰의 獨裁

국왕이 처형된 후 군부와 의회(殘部議會)는 우선 貴族院(House of Lord)을 폐지하고 국무회의(Council of State)를 설치하여 共和政(Commonwealth)을 선포하였다. 이 시대를 영국사상 가장 고난의 시대로서 共和政時代(1646~60)라고 부른다.

대내적으로는, 첫째로 잉글랜드에서는 질서의 문란·경제계의 혼란·重稅, 생활의 곤궁 등 급진분자와 반동분자의 쌍방으로부터 공격을 받아 불안과 반항이 계속되었으며, 둘째로 스코틀랜드에서는 長老制를 인정할 것을 조건으로 하여 찰스 1세의 아들(후에 찰스 2세)을 국왕으로 하여 반항하고, 세째로 아일랜드에 있어서도 많은 카톨릭 교도들이 공공연하게 新政府에 대해 무력적 反抗을 시도하였다.

대외적으로는 식민지 및 대륙의 여러 국가들은 신정부를 인정하지 않았을 뿐더러 네덜란드는 혁명정부 반대의 선두가 되어 영국의 해외무역을 방해하고 그 해외시장을 소란케 하였다.

이와 같은 국내외의 악조건하에서 신정부의 중심인물인 크롬웰은 먼저 아일랜드를 공격하여 반란군을 일소하고, 이어 스코틀랜드를 침공하여 국왕파를 파괴하였고 찰스 2세를 프랑스로 망명시켰다(1650). 그는 또 본국의 급진주의자들(水平派)을 제압하였고, 네덜란드에 대해서는 航海條例(Navigation Act, 1651)를 발포하여 상업활동에 큰 타격을 주었다.

이와 같은 여러 정책을 수행하기 위하여 강력한 권력을 필요로 하였는데 의회는 무기력하였고 輿論으로부터도 유리되었다. 그리하여 크롬웰은 武力으로 장기의회를 해산하고(1653. 4) 선거가 아니라 지명에 의하여 새 의회(指名議會, Barbone)를 만들었지만, 무능하기 때문에 곧 해산되고 스스로 정치·군사의 독재권을 잡아 새로운 국가를 수립하였다(1653). 이때 만들어진 성문헌법인 統治章典(Instrument of Government)은 민주헌법을 위장한 군부독재의 헌법이었다. 이 헌법에 의하면 국가의 최고 권력자는 護國卿(Lord Protector)이고, 이를 보조하는 15명으로 구성된 평의회라는 의회는 3년에 한번씩 개회되고 立法 課稅權을 가지며, 호국경은 법령을 거부할 수는 없지만 그 발포를 연장할 수 있는 권한을 가진다는 사항이 규정되었다. 이와 같은 정치를 護國卿政治(protectorate)라 하는데, 크롬웰이 終身의 호국경이 되어 그의 독재정이 시작되었다.

그러나 국왕파를 제외한 의회가 개회되어 여러 가지 혁신적인 입법이 행해졌고, 장로파가 의회의 다수를 차지하고 있기 때문에 의회나 크롬웰 및 그를 지지하는 군대와의 사이에 대립이 생기고 국내에도 反크롬웰파가 반항하였기 때문에 그는 다시 의회를 탄압하고 군사적 독재를 단행하였다. 그는 또한 전국을 11개의 軍管區(district)로 나누고 각 管區長에는 軍司令官(Major-general)을 임명하여 징병·과세 등의 권한을 부과시켜 반대세력을 억압하였으며 엄격한 청교도적 사회정책을 강행하여 일상생활까지도 간섭하였다.

이와 같은 삼엄한 생활에도 불구하고 크롬웰이 단기간이지만 獨裁支配權을 유지한 것은 첫째로, 그가 강건한 군대의 지도자였다는 점을 들 수 있고, 둘째로 그 엄격한 질서하에 무역이나 산업이 번영하였다는 점, 세째는 그의 외교정책이 영국인의 애국심을 만족시켜 경제적으로 영국을 유리하게 하였다는 점을 들 수 있다.

王政復古와 찰스 2세

1658년 크롬웰이 59세로 病死하고 그의 아들 리처드 크롬웰(Richard Cromwell, 1626~1712)이 護國卿이 되었다. 그는 악의는 없지만 재능이 없는 인물이었기 때문에 군부나 의회를 제압하지 못하고 무질서와 혼란만을 남기고 퇴위하였다(1659). 드디어 1648년에 추방되었던 장로파 의원들이 들어와 새로운 의회가 소집되었다. 이때 크롬웰의 部下였던 몬크(Monck, 1608~70)는 스튜어트家의 부활에 노력하였고, 결국 프랑스에 망명하였던 찰스 2세가 1660년 런던에 돌아와 왕위에 올랐다. 20년에 걸친 내란과 10여년의 공화정이 끝나고 스튜어트家의 王政復古(Restoration)가 되었다.

찰스 2세는 즉위 직전에 네덜란드의 브레다에서 다음과 같은 약속을 선언하였다(Breda 선언).

1) 王領·貴族領으로 공화정시대에 매각된 토지에 대해서는 신토지 소유권을 인정한다.

2) 혁명에 관계된 사람들 중에 의회의 결정에서 제외된 자 이외에 대해서는 사면한다.

3) 군대의 未拂의 급료를 지불한다.

4) 信仰의 자유에 대해서는 의회가 바라는 법률안을 인가한다.

그러나 당시의 의회에는 장로파와 국왕파의 수가 많아 공화정에 대한 반감이 강하였기 때문에 이 선언은 그대로 실행되지 않고 토지를 빼앗긴다든가 극형에 처해진 자가 많았다. 특히 1661년에 성립된 의회는 국왕파가 다수를 차지하고 있어 반동적인 색채가 강하였고, 종교적으로는 國敎再建, 비국교도 압박의 諸立法을 제정하였다. 지방의 관리를 국교도로 강제한 地方自治體法(Corporation Act, 1661), 성직자에게 國敎를 강제하는 祈禱方式統一令(Act of Uniformity, 1662), 4명 이상의 비국교도의 집회를 금지하는 集會令(Conventicle Act, 1664), 성직에서 추방된 성직자를 그 敎區에서 5마일 이상 떨어진 곳에 살게 하는 5마일條令(5 Miles Act, 1665) 등의 법률은 당시의 위정자 클래렌던(Clarendon, 1609~74)의 이름을 따서 일반적으로 클래렌던法典이라고 불리어졌다. 클래렌던은 전부터 국왕의 훌륭한 고문이었고, 즉위한 후에도 施政의 중심인물로서 국교주의정책의 실시에 노력하였다. 그러나 1666년에 클래렌던이 실각하자 5명의 대신으로 이루어진 소위 커밸(Cabal)정권이 성립되었다.

이 무렵부터 국왕 찰스 2세의 태도는 반동화하기 시작했고 한때 네덜란드, 스웨덴 등과 3국동맹을 맺고 프랑스에 대항했으나 얼마 뒤에는 프랑스왕 루이 14세와 밀약하고 보조금을 얻어내면서, 네덜란드와의 開戰, 舊敎 인가를 약속하였다. 1672년에 국왕은 신앙의 자유를 선언하고 암암리에 구교를 묵인하려고 하였지만 의회의 반대로 인하여 철회하였다. 의회는 곧 審査律(Test Act, 1673)을 통과시켜 국교도 이외의 자를 공직에서 추방하였다. 커밸 정부도 이 때문에 해체되었다. 또 「人身保護律」(Habeas Corpus Act, 1679)에 의해 국민의 자유를 존중하고 부당한 재판으로부터 국민을 보호할 것을 명백히 하였다.

政黨의 出現

의회의 세력이 이와 같이 강화되면서 자주 개회되었을 무렵, 정당이 발생하기 시작하였다. 그 하나는 국내의 혁명에 반대하고, 질서와 평화를 갈망하며 왕에 충실하고, 국교주의를 신봉하는 보수파의 사람들로 대부분이 귀족과 지주로 이루어진 토리黨(Tory 黨)이었고, 다른 하나는 왕권을 제한하고, 국민의 자유를 확대하며 종교상으로는 관용을 주장하는 진보파의 사람들로 대부분 산업가, 대도시의 상인들에게 지지되었던 휘그黨(Whig 黨)으로 나누어져 있었다.

이 두 정당은 복잡한 결합관계를 이루고 의원의 매수도 행하여져 정치가 혼란하여졌다. 예를 들어 구교도 음모사건(Popish plot, 1678)을 계기로 의회의 일파는 王弟이며 구교도인 요크公 제임스(James)를 왕위 계승자의 지위에서 배제하려고 王位繼承排斥法案(Exclusion Bill, 1679)을 제출하였다. 이 법안의 지지자가 휘그당이며 반대자가 토리당이었다. 왕은 토리당과 결합하여 의회를 폐회시킨 채 반대당인 휘그당을 탄압하며, 그 지반인 도시로부터 자치권을 빼앗고 토리당원들을 도시의 관리로 임명하였다. 찰스 2세의 말년은 이와 같이 反動的이었다.

名譽革命

이와 같은 반동기에 구교도로서 專制主義者였던 찰스 2세의 동생 제임스 2세(James II, 1685~88)가 즉위하였다. 그가 즉위하자마자 찰스 2세의 庶子 몬머드(Monmouth)가 왕위계승권을 주장하면서 반란을 기도하였지만 실패했고, 왕의 구교도 보호와 전제주의는 점차로 노골화되어, 토리·휘그 양당을 비롯하여 일반민중으로부터도 혐오를 받게 되었다. 反王的 경향을 조장하게 된 국왕의 정책은, 「血의 審判」(Blood Assize)이라 불리어진 참혹한 재판, 상비군의 창설, 審査律의 무시, 종교위원회의 설치, 信敎자유의 선언 등 구교도 보호의 여러 정책을 들 수가 있다.

이와 같이 政勢가 反王的으로 되어갔을 때 왕태자가 탄생하여 구교적 군주를 후계자로 계승하려는 위험을 통감한 사람들은 드디어 의지를 결집하고 제임스의 전처의 딸 메리(Mary)의 남편인 네덜란드의 오렌지公 윌리엄에게 비밀리에 사람을 보내어 국민의 자유를 보호하기 위해 영국에 와 줄 것을 요청하였다.

對佛戰爭을 일으켜 영국을 反佛同盟에 끌어넣으려고 생각한 윌리엄은 요청을 받아들여 영국으로 오게 되었다. 한편 제임스 2세는 지위의 위험을 느끼고 여러 가지 수단을 강구하였지만 민심의 완전한 離反을 알아차리고 곧 프랑스로 망명하였다(1688). 윌리엄은 런던으로 들어와 假議會를 소집하고 메리와 공동통치자로 즉위하였다. 한 방울의 피도 흘리지 않고 최고의 통치자의 교체에 성공한 이 혁명을 영국인들은 명예혁명(Glorious Revolution)이라고 부른다.

議會의 發展

1689년 윌리엄과 메리는 정식으로 공동통치자로서 戴冠하였고, 의회는 또 이 해에 중요한 제 법안, 즉 1) 權利章典(Bill of Right), 2) 軍罰令(Mutiny Act), 3) 寬容令(Toleration Act)을 가결하였다.

첫번째의 「권리장전」은 마그나카르타(Magna Carta)나 권리청원과 더불어 영국헌정사상 중요한 것의 하나이다. 그 내용은—① 의회의 승인없이 국왕은 法律의 施行을 정지한다든가 면제할 수 없다. ② 의원의 선거는 자유롭게 하며 의회 내의 言論의 自由를 인정한다. ③ 과중한 벌금이나 보석금, 참혹한 형벌을 과하지 말 것, ④ 의회를 자주 개회할 것 등으로 되어 있다.

두번째의 「군벌령」은 군대의 조직을 정하고 의회가 군대를 지배할 수 있는 법조항을 포함시켰으며, 세번째의 「관용령」은 구교도를 제외한 모든 非國敎徒에게 신앙의 자유를 인정한 것이다. 信仰의 自由가 그만큼 확대되었다는 점은 중대한 역사적 의의를 갖는다.

2. 美國의 獨立革命

革命의 背景

영국의 아메리카 植民活動은 특허를 얻은 大商人들에 의해 이미 엘리자베스여왕 시대에 시작되었으며 스튜어트王朝의 전제정치와 非國敎徒에 대한 탄압이 심해지면서 종교적 자유를 찾아 이주한 청교도들에 의해 본격화되었다. 1620년 메이플라워號가 떠난 이후 계속된 大移民(Great Migration)으로, 1777년에는 조지아州를 포함한 대서양 연안의 13개州가 건설되었다. 各州의 사정은 조금씩 달랐으나 남부의 경우는 노예를 사용하는 농장경영이 압도적이었고, 북부에서는 자영농민과 상공업자 및 무역업자들의 활동이 현저했다.

이들 식민지 諸州에 대해 영국 정부는 본국의 법률을 적용하였고 구태의연한 중상주의정책을 실시하였기 때문에, 식민지의 무역이나 산업은 제약을 받을 수밖에 없었다. 그러나 1760년 초까지의 아메리카는 영국의 비교적 「건전한 방임」 속에서 自治의 기틀을 마련해가고 있었으며, 현실 정치도 상류계층을 주축으로 하는 식민지 의회에 의해 자치적으로 이루어지고 있었다. 또한 각주의 공동체 의식도 매우 굳건한 상황이었다.

영국과 아메리카의 관계가 급격히 변화한 것은 7년 전쟁이 끝난 1763년 이후였다. 파리조약에 의해 캐나다와 미시시피江 以東의 지역이 영국소유로 되면서 영국 식민지에 대한 프랑스의 위협이 일소되었고, 이는 아메리카인들의 自治에 대한 자신감을 상승시켜 주었다. 반면에 영국의 입장에서는 광대한 지역의 방위 부담을 줄이기 위해 농민들의 서부 이주를 제한한다든가, 아메리카를 본국의 상품시장으로 묶어두기 위해 식민지의 공업 발전을 제한하는 정책을 취해야 했다. 양 지역의 이해관계의 상충은 영국 수상 그렌빌(Grenville)의 정책에 의해 첨예화되었다. 그는 식민지 방위부담과 7년 전쟁으로 인한 영국의 부채를 아메리카인들에게도 분담시키기 위해, 빈번히 이루어지고 있었던 밀수행위를 엄격히 근절함과 동시에 설탕조례(1764)와 같은 관세수입증대책을 시행했으며, 심지어는 印紙條例

(Stamp Act, 1765)를 통해 모든 문서, 책자, 팜플렛에 인지세를 부과했던 것이다.

植民地의 反抗

애초부터 아메리카는 신앙의 자유를 찾아나선 이들의 피난처였고, 18세기에 이르러 급증한 非英國系 이민들 역시 값이 싼 자유토지라든가 산업상의 일자리를 찾아온 경우가 대부분이었다. 특히 미국지역의 경우는 캐나다 지역이나 南美와는 달리 봉건체제가 이식된 바 없었으며, 따라서 아메리카인들이 유럽에서 가지고 온 자유·평등의 이념은 유럽의 어느 지역보다도 높은 실현가능성을 가진 것이었다. 이러한 아메리카적 특수성은 영국 정부의 통제에 대응하면서 점차 견고해졌다.

식민지의 불만은 印紙條例에 대한 거부로 시작되었다. 9개州의 대표들이 뉴욕에서 인지조례를 저지하기 위한 회의를 열고, 앞서 버지니아 회의에서 채택한「대표 없는 곳에 과세할 수 없다」는 원리를 재확인하였다. 그 결과 인지법은 폐기되었으나, 영국 의회는 차후 식민지를 통제하기 위한 근거를 마련하기 위해 선언법(Declaratory Act, 1766)을 제정하였고, 이어서 茶, 종이, 페인트, 유리 등의 수입품에 관세를 부과하기 위한 타운센드法(1767)을 제정하였다. 이로써 본국과 식민지의 대립은 중요 국면에 접어들었다. 1773년의 보스턴 茶黨事件은 사태를 더욱 악화시켰다. 보스턴 항구에 정박중이던 동인도회사의 선박에 선적된 茶상자를 인디언을 가장한 시민들이 탈취하여 바다에 버린 것이다. 이에 영국 정부는 보스턴항을 폐쇄하는 등 강경조치를 취했으며 식민지 대표들은 제1차 대륙회의(Continental Congress, 1774)를 열어 본국 의회의 식민지에 대한 입법권을 부정하고 본국과의 통상 단절을 결정하는 등 대응책을 마련했다. 마침내 1775년 4월 보스턴 근교의 렉싱턴 콩코드(Lexington-Concord)에서 영국군과 식민지 민병대의 최초 접전이 이루어졌고 이로써 독립전쟁이 발발하였다.

獨立戰爭과 合衆國의 成立

1775년 5월의 제2차 대륙회의는 조지 워싱턴(George Washington, 1732~99)을 총사령관으로 선출하여 영국에 대한 무력항쟁을 결정한 후 조지 3세에게 불평등의 시정을 촉구하는 마지막 탄원서를 보냈다. 그러나 노드(North) 내각의 식민지 탄압은 강화되었고, 여전히 분열 상태에 있었던 일반 여론도 대륙회의의 방향을 점차 혁명으로 결정해갔다. 영국과의 絕緣과 아메리카 공화제의 실현을 촉구한 토마스 페인(Thomas Paine, 1739~1809)의 『커먼 센스』(*Common Sense*, 1776)는 여론의 통일에 크게 기여했다.

1776년 7월 4일 대륙회의는 독립선언서를 채택하였다. 3부로 구성된 선언서에서, 제1부는 인간의 生得的 權利를 천명했으며, 제2부는 영국에 대해 전쟁하지 않을 수 없는 이유를 제시했고, 제3부는 독립을 선언했던 것이다. 이로써 사태는 전쟁 국면에 돌입했다. 처음에는 식민지軍에게 불리했으나, 1777년 사라토가(Saratoga) 전투에서의 승리는, 국내 여론을 통합하고 국제적인 지지를 얻는 데 크게 기여했다. 유럽의 자유주의자들이라든가 영국에 적대적이었던 프랑스(1778년 2월), 에스파냐(1779), 네덜란드(1780) 등이 식민지편에서 참전하였다. 러시아, 오스트리아, 프로이센도 무장중립을 선언하여(1780) 아메리카를 측면 지원하였다. 영국은 국제적으로 완전히 고립되었고 힘을 얻은 식민지軍은 요크타운에서의 승리(1781)로 승세를 결정했다. 이에 굴복한 영국은 1783년 파리 조약에서 식민지의 독립을 승인하고, 北으로는 오대호, 西로는 미시시피江, 南으로는 조지아를 경계선으로 그 안의 영토가 식민지의 것임을 인정하였다.

독립을 쟁취한 후 가장 심각한 문제로 대두된 것은 분립주의와 연방주의 간의 대립이었다. 대륙회의가 마련한 연합규약의 초안(1777)은, 아직 권위가 없었다. 그러나 戰後의 경제적인 불황은 강력한 중앙 연방정부의 수립을 뒷받침했으며, 이에 발맞추어 자본가와 대농장 경영자 등의 온건파가 주도권을 장악하여 혼란을 수습해 나갔다. 그리하여 1787년 필라델피아에서는 연합규약을 대신할 헌법의 제정회의가 열렸는데, 이 때 채택된 헌법은 몽테스키외의 3권분립의 원리에 입각하여 입법, 사법, 행정의 3권을 연방의회, 최고재판소, 대통령에게 각각 分屬시키는 것을 골자로 하였다. 비록 각 州에는 폭넓은 자치권과 노예제가 용인되었지만, 중앙에는 연합의회보다 훨씬 강력한 연방정부가 성립되었던 것이다. 이 연방정부의 수반인 대통령에 최초로 당선된 인물은 조지 워싱턴이었다.

獨立革命의 性格과 意義

하나의 정치적 조직으로서의 아메리카합중국은 확실히 혁명에 의해 창설되었으며, 이는 1776년의 독립선언 가운데 명시된 바 있다. 물론 이 사건을 단순한 전쟁, 즉 영국의 지배에 대한 성공적인 저항으로 간주하려는 견해도 없지는 않다. 이 견해에 의하면, 미국은 건국 이전부터 「自由」의 가치를 전통적으로 고수해 왔는데, 영국의 지배가 강화되자 이 전통적 가치를 수호하기 위해 싸워 이겼다는 것이다. 이 경우 미국의 저항은 보수적인 운동으로서 해석된다. 반면에 2차 세계대전 이전에 미국 史學界를 지배했던 비어드(C.A. Beard)類의 혁신주의적 해석에 의하면, 1776년의 사건은 영국에 대한 저항일 뿐 아니라 식민지 귀족에 대한 민중의 저항이기도 하다는 것이다. 이 경우 그 사건은 일종의 사회혁명으로서 1770년경부터 1848년에 이르는 대혁명 기간의 유럽의 혁명들과 맥을 같이한다고 간주된다.

중요한 것은 혁명의 성격을 규명함에 있어 미국적 특수성이 반드시 전제되어야 한다는 점이다. 물론 식민지 사회는 개척 초기부터 계급의 분화가 진행되어 왔으며, 양극화로 인한 갈등도 적지 않았다. 그러나 미국에 유럽처럼 견고한 구제도가 형성되었던 것은 아니며, 개척 초기부터 미국민에게 형성된 정신(흔히 자유로 대표되는)이 외세 배척의 기반이 되었음도 부정할 수 없는 사실이다. 여하튼 미국 혁명은 헌정적인 면에서나 사회개혁적인 면에서 「革命」으로 불릴 자격이 충분히 있다고 할 수 있다. 미국 혁명은 비어드의 말처럼 「모든 권위를 전도시켰다」고는 할 수 없겠지만, 미국 사회 내부의 변혁에 크게 이바지했으며, 더구나 유럽을 비롯한 전세계의 피압박민과 피압박 민족에게 희망을 주었다. 계몽사상의 이상들은 바로 미국에서 현실화되어 유럽으로 역수출되었던 것이다. 미국혁명이 지니는 세계사적 의의는, 그것이 자유의 이념을 내면화하는 데 그치지 않고 차후 전개될 혁명의 세기에 희망과 자신감을 고취했다는 점에서 찾을 수 있을 것이다.

3. 프랑스革命과 나폴레옹時代

革命의 背景

프랑스혁명은 봉건적 잔재와 전제 왕권이 결합된 앙시앵 레짐(Ancien Régime)에 대해 시민계급이 도전한 市民革命의 典型이다.

앙시앵 레짐하의 프랑스에는 身分制가 여전히 남아 있어서 제 1 신분(성직자)과 제 2 신분(귀족)은 제 3 신분에 비해 엄청난 특권을 누리고 있었다. 총인구 약 2,700만명 중 50만이 채 못되는 1, 2 신분은 전 국토의 약 1/2을 소유하고 있었으며, 면세의 특전은 물론 國稅의 1/4을 연금으로 지급받고 있었다. 상공업면에서도 귀족, 특히 부르조아 출신의 法服貴族(noblesse de la robe)은 왕권에 기생하여 독점의 특권을 마음대로 누릴 수 있었다.

국민의 대다수로 구성된 제 3 신분은 직업상으로나 재산상으로나 매우 다양하고 이질적인 집단이었는데, (1) 중산층 이상의 부르조아계층, (2) 도시 빈민, (3) 농민으로 크게 나뉠 수 있다. 이 중 가장 중요한 계층은 금융업과 상공업에 종사하거나 법률가, 의사, 문인 등 자유직업에 종사하는 부르조아 계층이었다. 물론 상층 부르조아지와 쁘띠부르조아(小市民)를 합쳐 보아도 그 수는 얼마되지 않았으나, 이 부르조아 계층은 국가 재정에서 큰 몫을 담당하고 있었고 사회적 상승에 대한 기대감도 지니고 있었다. 도시 빈민은 주로 임금 노동자들이었는데, 전 인구에서 그들이 차지하는 비율은 적었지만, 대도시 특히 파리의 경우는 인구 60만 중 절반을 차지하고 있었다. 생활고에 찌들린 이들은 아직 계급의식을 형성할 단계에는 와 있지 않았지만 혁명의 향방을 결정할만한 잠재적 역량을 지니고 있었다.

제3신분의 80% 이상은 농민이었다. 농민층은 자본가적 농업경영가, 자영농(라부레르), 소작농과 折半小作農(메타예), 영세농, 농업노동자 등 다양한 모습을 지니고 있었으나, 대다수의 농민은 자기 토지만을 가지고는 생활하기 힘든 형편이었고, 특히 18세기의 급격한 인구 증가와 분할상속제는 농민의 영세화를 가속화하고 있었다. 농민의 봉건적 의무도 봉건적 반동에 의해 가중되었으며, 오히려 농민의 전통적인 공동체적 권리는 감소하였다. 따라서 농민의 교회와 귀족에 대한 불만은 도시민의 경우보다 심각한 상태에 있었던 것이다.

革命의 展開

앙시앵 레짐에 내포된 모순은 왕실의 재정난에 의해 표출되었는데, 이를 이용하여 절대왕정에 최초의 타격을 가한 것은 귀족, 특히 고등법원을 중심한 법복귀족이었다.

프랑스의 왕실 재정은 루이 14세 말년부터 심각한 국면에 접어들었으나, 베르사이유의 위세로 인해 은폐되어 있다가 루이 16세(Louis XVI, 1774~92) 때에 본격적으로 드러나게 되었다. 루이 16세는 즉위 초에 튀르고(Turgot, 1727~81)를 등용하여 재정개혁을 시도했으나, 면세특권을 침해한다는 이유로 귀족의 반발에 부딪쳤고, 왕비 마리 앙투아네트 역시 사치를 위해 긴축재정에 반대했다. 뒤이은 은행가 네케르(Necker, 1732~81)의 등용도, 미국 독립전쟁에 사용한 막대한 비용 때문에 별 실효를 거둘 수 없었다. 네케르의 후임으로 재무장관에 임명된 칼론느(Calonne, 1734~1802)는 다시 귀족에게 세금을 부과하려 했다. 그는 고등법원의 반대를 피하기 위해 왕실 측근의 귀족계급으로 구성된 名士會의 소집을 요구하였다. 그러나 1788년에 소집된 명사회는 칼론느의 제안에 반대했고, 오히려 고등법원은 1614년 이래 소집된 바 없는 3部會(États généraux)의 소집을 강력하게 요구하였다. 이 위기를 귀족들의 상승기회로 포착한 것이다.

사태는 귀족들의 의도와는 다르게 진행되었다. 1789년 5월 베르사이유에서 개최된 3부회는 1, 2신분과 3신분의 대결장이 되었다. 귀족을 견제하려는 절대왕권의 지지 속에서 3신분 대표들은 신분별 의회를 거부하면서 국민의회(National Assembly)를 선포하여, 1, 2신분에게 합류할 것을 권고하였다. 하급 성직자를 제외한 귀족 성직자들은 대부분 이를 거부하였고, 마침내 평민 대표들은 미라보(Mirabeau, 1749~91)를 중심으로 헌법개정이 이루어질 때까지 해산하지 않을 것을 서약하였다(Tennis Court Oath, 6월 20일). 국왕은 제헌의회(Constituent Assembly)의 구성에 원칙적으로 합의했고, 귀족 성직자의 참여를 권고하였다. 그러나 의회가 개인의 자유, 사회적 평등을 목적하는 헌법개정에 착수하자, 국왕은 반동귀족의 강력한 권고에 따라 의회를 해산하려 하였다. 파리 시민은 이에 대처하기 위해 민병대를 조직하였고 급기야는 압제와 전제의 상징이었던 바스티유 감옥을 점령하였다(7월 14일).

바스티유 함락 소식은 농촌을 자극했으며, 농촌의 흥분은 이내 대공포(Grand Pear)로 확산되었다. 귀족이 음모를 꾸미고 있다든가, 앞잡이로 외국군과 비적을 이용하려 한다는 소문은 농민폭동을 유발했다. 국민의회는 대책을 강구해야 했다. 1789년 8월 14일의 봉건제 폐지 선언은 바로 이러한 예기치 못한 상황에서 급조된 것이었다. 뒤이어 혁명의 방향과 이상을 제시한 『人間과 市民의 權利宣言』이 반포되었다(8월 26일). 전문 17조로 된 이 선언서는 '앙시앵 레짐'의 사망문서인 동시에 혁명이 지향하는 새로운 시민 사회의 기본원리를 밝힌 것으로서, 근대 민주주의 역사상 가장 귀중한 문헌의 하나이다. 인간은 권리에 있어서 자유롭고 평등하게 태어났음을 선언한 이 문서는 언론, 출판, 신앙의 자유와 법 앞의 평등과 課稅의 평등을 규정했으며, 主權在民과 인민의 재산권을 확인하였다. 국가란 이같은 자연권의 보호수단이며, 따라서 인민의 자연권을 보호할 수 없는 정부나 압제에 대한 저항권 역시 인권선언에 명시되었다.

그러나 사태는 계속 악화되었다. 사회의 기층 경제는 전년도의 흉작으로 인한 식량 부족과 실업자의 증가로 동요했고, 파리에서는 계속적인 선동, 소요, 혼미가 계속되었다. 루이 16세는 혁명의 진전을 소화하지 못했고, 의회 역시 혁명 주도세력인 애국파의 분열로 진통을 겪었다. 이러한 상황에서 부녀자들의 베르사이유 행진에서 시작된 10월 폭동이 발생했다. 부녀자들은 마침내 국왕의 거처를 파리로 옮기는 데 성공했고, 이로써 국왕과 의회는 파리 시민의 보호감시하에 놓이게 되었다.

革命의 擴散과 恐怖政治

혁명이 일단락된 후 국민의회가 처한 가장 시급한 문제는 재정문제였다. 의회는 교회 재산을 몰수하여 매각하였고, 성직자기본법을 제정하여 교회를 국가에 종속시켰다. 또한 산업과 경제활동의 활성화를 위해 길드 동업조합을 폐지했으며, 소요 사태의 확산을 방지하기 위해 「샤플리에法」으로 노동자의 파업을 금하였다. 그러나 국민의회(혹은 제헌의회)의 가장 중요한 목적은 새로운 헌법의 제정에 있었는데, 1791년에 의회는 능동적인 유산시민에 의해 선출되는 의회와 입헌군주제를 골자로 하는 헌법을 제정하였다.

새로운 헌법에 의해 소집된 입법의회는 유산계급의 지배체제라는 한계를 지니고 있었다. 게다가 절대왕권의 회복을 꿈꾸는 루이 16세는 입헌군주제를 받아들일 수 없었고, 결국은 국외탈출을 시도하기에 이르렀다(1791년 6월). 민중은 왕의 퇴위를 요구했다. 그러자 유럽의 전제 군주들은 혁명의 열기가 파급될 것을 두려워하였고, 프랑스 망명 귀족들은 反革命을 선동하였다. 입법의회는 선수를 쳐서 오스트리아와 프로이센에 대해 혁명 전쟁을 시작하였다(1792년 4월). 初戰에서 프랑스는 패전을 거듭했다. 그러나 각 지방에서 의용군이 조직되고, 「라 마르세이유」의 노래는 전국을 휩쓸었다.

전쟁 열기가 고조되면서 국내 사태도 급진전하였다. 파리의 각 지구 대표들은 혁명위원회를 구성하여 市行政을 장악하였고, 이어서 입법의회는 왕권을 정지시키고 새로운 헌법제정을 위한 국민공회(National Convention)의 소집을 결의하였다. 9월에 소집된 국민공회는 공화제를 선포하였다. 국민공회 초기에는 온건파인 지롱드당이 우세하였지만, 국왕과 왕비를 처단하면서부터(1793.1.13) 급진파인 자코뱅을 중심한 산악당(Montagnards)이 헤게모니를 장악하였다(1793.6.2).

우여곡절 끝에 기초된 1793년의 헌법은 재산에 의한 정치참여 제한을 철폐하고 모든 시민에게 선거권을 부여하는 등 매우 민주적인 내용을 담고 있었다. 그러나 대외적으로는 봄에 영국을 중심으로 제 1 차 對佛同盟이 형성되었고, 국내적으로도 경제난과 물가앙등이 겹쳐 방데, 리용 등 여러 지방에서 反革命의 내란이 발생하였다. 그러자 자코뱅의 지도자였던 로베스피에르(Robespierre, 1758~94)는 공안위원회(Committee of the Public Safety)를 중심으로 혁명 정부를 수립하였으며, 혁명재판소를 강화하여 국내외의 反革命 물결에 대처하였다. 헌법의 실시는 평화의 시기가 도래할 때까지라는 유보조건으로 미루어졌다. 혁명 독재와 공포정치(Terror)가 수립된 것이다.

산악파와 공안위원회는 군대를 재건하고 국내외의 반란을 진압하는 데 전력을 기울였다. 그런가 하면 봉건제를 보상없이 폐지하고 독점 금지, 최고가격제 등을 실시하여 경제난을 타개하기 위해서도 노력했다. 수많은 반혁명주의자들과 온건파들이 단두대의 이슬로 사라졌다. 그리고는 그들의 재산을 몰수하여 무산시민에게 분배하려는 시도도 있었다. 이러한 일련의 조치는 로베스피에르의 "德의 共和國"의 이념에서 유래한 것이었다. 그는 국민의 생활 방식 전체를 급진적으로 개혁하여 유토피아를 건설하려 했는데, 「最高存在」(Suprem-being)에 대한 예배의 강요라든가, 革命曆의 제정, 미터법 제정 등은 그러한 의지의 결과였다.

1794 년 봄에 혁명군은 국내외의 반란을 모두 진압할 수 있었고, 공포정치의 이유였던 비상사태는 종식되었다. 그러나 로베스피에르는 루소적인 유토피아 곧 "덕의 공화국"을 건설하기 위한 노력에 계속 매달렸다. 심지어는 동지 에베르와 당통을 처형하는 데도 서슴지 않았다. 그 결과 자코뱅은 상퀼로트와의 유대를 상실했고 온건파 협조자들을 잃어버렸다. 유산 시민의 공포심 역시 로베스피에르를 거부하게 만들었다. 마침내 1794 년 7 월말 국민공회는 로베스피에르와 그의 동료들을 단두대에 보냈다. 革命曆으로는 테르미도르日이었기 때문에 이 사건을 "테르미도르의 반동"이라고 부른다.

로베스피에르 몰락 후 국민공회는 1793 년의 헌법을 폐기하고, 1795 년에 양원제 의회와 5 名의 총재(Director)로 구성되는 집행부를 규정한 헌법을 제정하였다. 그러나 총재정부는 혁명의 여파와 경제난국, 대외문제 등 산적한 어려움을 극복하기에는 너무 무력했다. 그리하여 다시 위기가 조성되었고, 이 위기는 나폴레옹의 등장을 예고했다. 나폴레옹의 독재정치는 프랑스 혁명의 대단원을 장식했다.

나폴레옹의 登場

혁명의 와중에서 지칠대로 지쳐버린 프랑스 국민은 안정을 희구하였고, 상공업자들은 영국에 대항할 시장 개척을 위해 강력한 정부를 기대하였다. 알버트 하이마(Albert Hyma)가 말했듯이, 「이제 프랑스인이 필요로 하는 것은 민주주의도 인민주권도 자유도 아니었고 오직 질서와 실력과 승리뿐이었다」. 이 기회를 포착한 자가 나폴레옹(Napoleon Bonaparte, 1769~1821)이었다. 코르시카 출신의 무명장교였던 나폴레옹이 두각을 나타낸 것은 1796년 이탈리아에서 오스트리아軍을 격파하면서부터였다. 그러다가 1799년 영국을 중심으로 제 2 차 對佛同盟이 결성되자, 원정 중이던 이집트로부터 급히 귀국하여 총재 정부를 쓰러뜨리고 統領政府를 수립하였다(부르메르 18일의 쿠데타). 1802년에 終身統領에 취임하고 對佛同盟을 격파한 나폴레옹은 소강상태를 이용하여 內治에 힘을 기울이고 1804년에는 황제에 취임하여 帝政을 시작하였다.

그의 통치는 자본주의의 발전에 필요한 기초를 확립하는 데 주안을 두었다. 그는 프랑스 은행을 설립했고, 재정의 안정을 도모했으며, 상공업을 장려했으며, 대학을 설립하여 문화사업에도 힘을 기울였다. 또한 카톨릭을 부활하여 국민의 신앙심을 달래기도 했다. 1804년에 제정된 나폴레옹 法典은 근대적 법질서의 모범이 된 것으로서 혁명 중 자본가 계급이 쟁취한 권리를 체계화하였다. 그러나 편의에 따라 개인의 권리를 국가이익에 종속시키는 등 帝政의 유지에 주안을 두었다는 점에서 그의 內治는 대륙계몽군주의 경우와 유사한 점도 많았다.

1805년에는 제 3 차 對佛同盟이 역시 영국을 중심으로 결성되었다. 나폴레옹은 트라팔가(Trafalgar)에서 넬슨(Nelson)이 지휘하는 영국함대에 패해 영국 원정에는 실패했으나, 대륙에서는 혁혁한 승리를 거두었다. 러시아와 오스트리아를 공략하여 남독일에 라인동맹을 만들었고(1806), 자신의 형제들을 나폴리와 네덜란드의 國王의 자리에 앉혔다. 이로써 신성로마제국은 해체되어 오스트리아, 프러시아, 라인동맹으로 갈라지게 되었고, 1808년에 이르면 나폴레옹의 제국은 멀리 발틱海로부터 아드리아海에 이르는 광대한 지역으로 팽창할 수 있었다.

대륙봉쇄령과 나폴레옹의 沒落

유럽 대륙을 제패한 나폴레옹은 영국을 고립시켜 해상권도 장악하기 위해 영국과 대륙과의 교역을 금하는 이른바 대륙봉쇄령(Continental System)을 베를린에서 반포하였다. 여기에는 대륙 전체를 프랑스의 상품시장으로 만들려는 무모한 의도도 포함되어 있었다. 결국 대륙봉쇄는 프랑스에게 불리하게 작용하였다. 왜냐하면, 영국은 봉쇄 초기의 생산과잉을 극복하면서 유럽 이외의 광대한 시장을 개척하여 오히려 逆封鎖(Anti Continental System)로 맞서 나갔기 때문이다. 영국의 해군력은 프랑스의 식민지와의 교역을 차단했고, 이로써 원자재 시장을 상실한 프랑스는 대륙의 대규모 수요에 응할 수 있을 대량생산체계를 발전시킬 수 없었다. 더구나 영국의 제품이 우수하기 때문에 성행할 수밖에 없는 밀무역도 프랑스에게는 치명적이었다. 뿐만 아니라 나폴레옹의 지배하에 들어간 나라들은 점차 민족주의적 저항을 시작하였다.

1812년 러시아는 自國經濟의 사활이 걸려 있는 영국에 대한 곡물 및 목재 수출을 과감하게 재개하였다. 이에 나폴레옹은 배신한 러시아를 응징하기 위해 운명적인 러시아 침공을 감행하였다. 러시아의 교묘한 후퇴 작전에 말려든 프랑스軍은, 기아와 추위 속에서 퇴각을 시작했으나, 프로이센 등에 의해 퇴로마저 차단당했다. 이 기회에 제4차 對佛同盟이 결성되었으며 동맹군은 1813년 10월 라이프치히 전투에서 대승을 거두었다. 이것이 이른바 유럽의 해방전쟁이었다. 곧이어 나폴레옹은 퇴위되어 엘바섬으로 유배되었다. 그러나 다음해 재기한 나폴레옹은 인기를 잃고 있었던 부르봉 왕조의 루이 18세를 추방하고 「백일천하」를 이루었으나, 웰링턴이 지휘하는 동맹군에 의해 워털루 전투에서 패배하여 다시 세인트헬레나섬으로 유배되었고, 그곳에서 일생을 마쳤다.

革命과 나폴레옹體制의 意義

프랑스 革命은 시민 계급을 주축으로 봉건적인 앙시앵 레짐과 절대왕정의 전제정치를 타파한 전형적인 시민 혁명이었다. 이것은 자유·평등·우애라는 계몽주의적 신조가 전통적 사고방식을 타파한, 그럼으로써 근대국가의 이데올로기의 방향을 결정한 사건이기도 했다. 그러나 혁명은 유혈속에서 급진적으로 전개되었고, 이러한 급진성은 反革命과 反動의 세력을 키워나갔다. 이러한 점에서 프랑스 혁명은 「미완성 혁명」으로 불리어지기도 한다.

그렇지만 혁명을 종식시킨 나폴레옹체제가 내건 표어는 프랑스 혁명의 이념 그대로였다. 프랑스뿐 아니라 유럽 구석구석에 이르기까지, 나폴레옹이 제시한 「自由」의 이데올로기는 수많은 시민계급과 봉건제하에 시달리던 농민들에게 희망을 안겨 주었다. 프랑스 혁명이 전제되지 않은 나폴레옹체제는 성립될 수 없었던 것이다. 나폴레옹 자신은 프랑스 혁명의 정통적인 계승자라고 볼 수 없다. 그렇다 하더라도 그가 혁명의 성과를 市民階級과 토지 소유자 농민에게 되돌려 주었으며, 프랑스 국민에게 「위대한 국민」으로서의 영광을 맛보게 했음은 틀림없는 사실이다. 결국 나폴레옹체제는 시민 계급의 위기의식에 편승하여 혁명의 급진화를 방지하는 의미에서의 反動이었지 舊體制에로의 復歸라는 의미에서의 반동은 아니었던 것이다.

한편 프랑스 혁명의 열풍에 휩싸였던 유럽 諸國은, 나폴레옹체제에 반발하면서 民族主義를 키워나갔다. 그리하여 구체제로부터 자유를 획득해야 한다는 프랑스 혁명의 命題와, 견고한 국가만이 자유를 보전할 수 있다는 민족적 각성은 자유주의와 민족주의라는 이름으로 서로 결합되기도 하고 상충되기도 하면서 19세기 유럽사의 큰 두 줄기를 형성했던 것이다.

독일과 이탈리아의 통일이 촉진된 것은, 나폴레옹의 자의적인 영토정책에 힘입은 바 크거니와, 나폴레옹의 몰락 역시 스스로가 뿌린 자유의 씨앗에 의해 이루어졌다는 점에서 우리는 다시 한번 역사의 아이러니를 경험하게 된다.

제 13 장 産業革命의 時代

1. 産業革命의 背景

아메리카와 유럽 각국에서 발생한 시민혁명이 정치·경제적인 면에서 근대국가와 근대인의 윤곽을 그린 것이었다면, 산업혁명은 近代性(modernity) 그 자체를 형성한, 다시 말해 근대인의 삶의 모습 그 자체를 형성한 대사건이었다. 야수 상태의 인간이 농경 생활을 시작하면서 형성해 온 전통사회(traditional society)는 적극적인 自然支配의 소산인 산업혁명의 결과 산업사회(industrial society)로 변형된 것이다. 유럽 각국의 경제적 경쟁, 17세기에서 18세기 초반에 이르는 동안 꾸준히 축적된 자본, 시민 세력의 급속한 대두, 국내와 식민지에 형성된 광대한 상품시장 등은 대량생산 체계를 요구했으며, 이를 위한 기계의 발명 곧 기술혁명을 촉진시켰다. 그러나 科學革命 이래 급진전된 자연지배 욕구와 합리적·분석적 태도가 산업 혁명의 배경이 되고 있음 역시 간과할 수 없다. 기술혁명은 과학혁명의 성과 없이는 불가능했던 것이다.

이같은 산업혁명이 영국에서 먼저 발생한 까닭은 어디에 있을까? 영국은 일찌기 시민혁명을 완수했고, 자유 시민의 산업활동이 최대로 보장되고 있었다. 특히 엘리자베스 시대 이래의 산업장려책은 毛織物工業을 기반으로 한 영국의 산업을 유럽내 최고의 위치에 올려 놓았다. 이러한 상황에서 상공업자의 정치적 발언권이 증가했음은 물론, 그들의 자본 축적도 여타 지역에 비해 훨씬 용이했던 것이다. 이자율도 5% 이하로 고정되어 산업 발전에 유리하게 작용했다. 농촌의 경우에도 소위 농업혁명을 계기로 요먼층이 성장할 수 있었으며, 양차에 걸친 엔클로저 운동(Enclosure Movement)은 농업 자본의 축적에 기여했다. 한편 엔클로저 운동 이후 급속히 농업 생산에서 소외되어간 小農들은 工場勞動者化함으로써 값싼 노동력을 풍부하게 제공해 주었다. 이처럼 資本, 市場, 勞動이라는 자본주의의 발전 요건을 골고루 갖춘 지역은 영국밖에 없었던 것이다.

2. 産業革命의 經過

英國의 경우

영국의 산업혁명은 목면방직업으로부터 촉발되어 제철업과 교통·통신 부문에 이르기까지 폭넓게 전개되었다. 1733년 존 케이(John Kay)의 「나는 북」(flying shuttle, 飛梭)의 발명은 織布技術에 큰 변화를 가져왔다. 직포생산에서 4배 이상의 능률이 오르자 오히려 綿絲의 부족현상이 나타나 방적기의 개량을 자극했다. 1764년 하그리브스(Hargreaves)는 제니방적기를 발명했고, 이어 아크라이트(Arkwright)는 수력방적기를, 1779년에는 크롬프턴(Crompton)이 양자의 장점을 살린 뮬(mule)방적기를 차례로 발명했다. 한편 織機 역시 급속도로 발전했는데, 1791년 카트라이트(Cartwright)와 와트(Watt)는 증기기관을 이용한 방직기를 발명하여 종래의 手織機를 대신하였다. 이로써 18세기 말에 이르면 木綿工業과 毛織物工業은 수공업 체제에서 거의 벗어나 공장제 체계로 이행되었다.

이같은 직물공업의 발전은 그에 필요한 연료 및 기계 수요의 증가를 수반함으로써 석탄업과 제철업의 기술혁신을 초래하였다. 제철업은 특히 나폴레옹 전쟁으로 크게 자극되었고, 계속 증가하는 공장과 기계시설, 농기구의 기계화, 수도관과 가스관, 특히 1830년 이후의 철도부설 등으로 안해 급속히 발전했다. 그리하여 1848년의 영국 철생산은 200만톤에 달하였으며, 이는 세계 총 철생산량을 능가하기에 이르렀다. 한편 석탄 수요는 공업용 연료로서뿐만 아니라 일상 난방용으로서도 크게 증가하였는데, 1800년의 영국 석탄 소비량은 약 1,100만톤이었으나, 1870년에는 1억톤을 넘어서게 되었다.

한편 철강, 석탄 등 무거운 화물을 수송하고, 복잡한 상거래를 신속하고 원활하게 처리할 수 있기 위해서는 교통과 통신의 발전이 필수적이었다. 1830년 영국의 스티븐슨(G. Stephenson)이 발명한 증기기관차는 이러한 요구의 소산이었다. 이로 인해 철도부설 작업이 큰 성황을 이루었다. 증기기관은 선박에도 이용되었다. 내륙수로뿐 아니라 대양 항해에도 증기선이 사용되면서 국내와 세계의 상품대량교환이 가능해졌다. 통신기관 역시 급속도로 발전했는데, 영국의 경우 1840년에는 값싸고 신속한 「페니우편」(penny post)제도가 시작되었고, 1851년에는 미국의 모오스(Samuel Morse)에 의해 발명된 전신이 영국 해협에 가설되었다.

유럽 大陸과 美國의 경우

프랑스에서 산업혁명이 본격적으로 진행된 것은 1830년 7월혁명 이후의 일이지만, 급속한 산업발전은 1870년 이후 10년 동안 이루어졌다. 독일은 정치적 분열과 사회 경제적 후진성으로 인해 산업발전이 늦었다. 그러나 1830년대의 관세동맹과 1840년대 이후의 철도부설은 독일 산업발전의 밑거름이 되었으며, 1870년 이후 20년간의 독일 경제의 발전은 매우 경이적인 것이었다. 프랑스로부터 배상금과 함께 알사스 로렌 지역을 양도받음으로써 풍부한 철·석탄을 획득할 수 있었던 독일은 후진산업 국가로서는 일급의 지위를 차지했던 것이다. 이밖에 스위스, 네덜란드, 스웨덴, 덴마크 등도 1830~70년 사이에 산업발전의 기틀을 마련했다. 미국은 1793년 휘트니(Whiteney)가 繰綿機를 발명했고, 풀턴(Fulton)이 증기선을 고안했으며(1807), 모오스가 電信을 발명하는 등(1844) 산업 발전에 획기적으로 공헌했으나, 미국 전지역이 본격적으로 산업화에 진입한 것은 1840년대 이후의 일이다. 그리하여 19세기말에 이르면 미국은 독일과 함께 영국에 도전할 정도의 성숙한 산업국가로 발전한다.

3. 産業革命의 結果

비단 영국과 유럽 대륙, 아메리카 등 선진산업국가에 국한시키지 않더라도 산업혁명 내지 급속한 産業化가 초래한 결과는 미증유의 것이다. 20세기 초중반에 들어서서야 산업화가 시작된 후진산업국가의 경우에는 오히려 더욱 엄청난 변화를 겪고 있다고 해도 과언이 아니다. 요컨대 근대화(modernization)의 요체는 산업화에 있다.

산업화가 낳은 두드러진 결과는 전통사회에 대한 급속한 파괴였다. 이 같은 파괴는 소외의 양상을 띠면서 전개되었다. 疎外의 외면적 현상은 공간적·지역적 소외이다. 산업화는 도시에로의 인구집중을 수반하며 따라서 국토 내의 중심지(도시)와 주변지(농촌)를 형성하였다. 주변지(marginalized area)는 비단 농촌에 국한되는 것이 아니라 문화적·경제적으로 소외된 도시 변두리 지역이나 빈민가를 포함하는 것이었다. 이러한 疎隔 현상은 국가 간에도 적용되었는데, 말하자면 중심국과 주변국이 고정되면서 크고 작은 국제분쟁과 기술 이전의 문제를 야기하고 있는 것이다.

또한 이러한 疎外는, 계급의 兩極化에도 적용된다. 새로운 공장주, 관리인, 은행가 등 모든 종류의 기업가들은 자본가와 합세하여 경제와 사회, 종국적으로는 정치까지 좌우하는 근대적 산업부르조아지를 형성했다. 이에 대하여 공업의 발달에 비례해서 증가한 공장노동자는 주변 지역의 유휴인력과 몰락하는 수공업자를 흡수하면서 점차 뚜렷한 계급의식을 가진 근대적인 프롤레타리아 혹은 임금노동자 계급을 형성했다. 이같은 계급의 양극화는 勞使葛藤을 빈번하게 야기하여 근대의 가장 심각한 문제로 대두되었다.

한편 소외는 인간 정신에 내면화됨으로써 중대한 사회 문제를 야기하였다. 생산자와 생산품이 유착되어 있었던 전통사회의 노동양식은 分業化와 專門化가 가속화되면서 사라져갔고, 이로써 생산자가 생산과정 곧 노동으로부터 소외되는 현상을 낳았다. 소외는 결국 전통적인 공동체의 유대관계를 파괴하기에 이르렀다. 「군중 속의 고독」, 「원자화된 인간」은 자아와 타인을 상품화함으로써 자기 소외와 유대감 상실에 처한 인간을 말한다.

그러나 산업화가 소외라는 부정적 결과를 낳은 것만은 아니다. 산업혁명 초기의 노동자들의 생활은 비참하였으나 그 이전보다 악화된 것은 아니었으며, 사회적인 上向 가능성도 이전보다 훨씬 증가하였다. 뿐만 아니라 임금을 포함한 노동 조건은 점차 개선되었고, 의약과 위생시설의 발전은 생활 환경과 평균 수명에 있어서 현저한 진전을 결과하였다. 노동권이나 조합결성권을 포함한 다수 인민의 정치 참여도 시일이 경과함에 따라 강화되었다. 또한 계급의 양극화도, 중산층의 형성으로 둔화되었으며, 대중의 상품소비도 대량 생산과 유통구조의 발전에 의해 증가하였다. 산업화가 낳은 결과 중 가장 획기적인 것은 인간 생활에 있어서 合理性 내지 계산성의 발전이었다. 대중 교육, 대중 민주주의, 대중 매체 등 대중을 합리적 결정에로 이르게 하는 수단들은 그것들이 특수한 목적에 악용되지 않는 한, 인간 관계에 있어서 종래에는 볼 수 없었던 합리적 태도를 강화해 주었던 것이다.

그렇다 하더라도 오늘날 산업화는 환경오염 문제와 국가간, 지역간, 계층간의 공평한 사회·경제·정치·문화적 分配의 문제 등 산적한 문제를 안은 채 결코 피할 수 없는 역사적 숙명처럼 우리 앞에 다가와 있는 것이다.

제14장 自由主義와 내셔널리즘의 成立

1. 自由主義와 내셔널리즘

19世紀 유럽史의 前提

19세기 유럽史는 프랑스革命과 産業革命에 의해서 열린 새로운 地平위에서 추진된다. 프랑스혁명의 충격은 국제정치의 무대 위에 革命과 反革命의 대립하는 두 물결을 창출해 냈고, 유럽 각국의 國內政治에도 지대한 영향을 끼쳤다. 프랑스혁명은 유럽 思想에도 강렬한 충격을 주어 혁명에 의해서 실천적으로 구축된 원리는 19세기 유럽사상에 움직일 수 없는 전제가 되었다.

그러나 프랑스혁명의 거대한 世界史的 意義 때문에 상대적으로 덜 주목된 산업혁명은 조용히 그러나 그만큼 한층 강력히 추진되어 全市民社會를 變革하고 노동자계급을 정치의 무대 위에 나서게 함으로써 그 거대한 세계사적 의의를 역사에 각인하였다. 그리하여 나폴레옹의 大陸體制에 의해서 상징되는 19세기의 첫출발은 프랑스혁명과 산업혁명이라는 「二重革命」의 바탕 위에서 관찰해야 하거니와 이러한 視角은 적어도 19세기 전반을 통해서 그 타당성을 유지한다고 말할 수 있을 것이다.

自由主義의 擴大

자유주의는 市民革命과 産業革命의 진전과 함께 확대되었다. 일찌기 영국의 名譽革命에서 반포된 「權利章典」(1689)은 국민의 권리와 자유를 승인했고, 이로부터 1세기만에 공표된 미국의 「獨立宣言」이나 프랑스의 「人權宣言」은 인간의 기본적 제권리를 선명히 규정함으로써 자유주의의 확대에 크게 기여하였다. 프랑스혁명에 뒤이은 나폴레옹의 유럽 支配는 낡은

封建的 絕對主義的 지배 아래 있던 유럽 여러 나라에 自由主義的 思想을 전파하는 데 큰 구실을 하였다. 한편 산업혁명은 새로 등장한 부르조아지의 경제적 성장의 계기가 되고, 勞動者階級에게는 정치의식의 각성의 계기가 됨으로써 양자 모두에게 자유주의의 구현을 위한 투쟁의 기반을 제공하였다.

자유주의는 19세기에 들어서면서 크게 확대되어 「自由의 時代」라는 말이 생기기도 하지만, 1870년경에 그 기초가 놓이기까지는 많은 고난과 우여곡절을 겪어야 했다. 유럽의 여러 나라는 제가끔 다른 歷史的 條件 속에서 다른 형태의 자유주의의 발전을 도모하였다. 자유주의가 비교적 순조롭게 발전한 것은 영국이고, 프랑스에서는 近代的 市民層의 발전이 상대적으로 약했기 때문에 자유사상을 실현해 나가는 데 애로가 컸다. 따라서 모처럼 성취한 프랑스혁명의 성과를 정착시키기에는 나폴레옹의 軍事的 獨裁에 의존하지 않을 수 없었다. 영국이나 프랑스보다 後進地域이던 프로이센은 나폴레옹의 침입을 계기로 자유주의적 개혁을 여러 모로 시도하게 되지만 좌절을 면치 못하였다.

나폴레옹의 유럽지배가 종식되고 反革命的 復古時代가 열리면서 자유주의의 흐름은 큰 타격을 받았다. 영국에서 保守政治가 시행되고, 프랑스에서 부르봉王朝가 부활되고, 무엇보다도 오스트리아 수상 메테르니히(Metternich)가 이끈 國際的 協調體制는 유럽에서의 자유주의적 운동을 적극적으로 탄압하였다. 1815년에 비인會議에서 이루어진 국제체제를 비인反動體制라고도 부르는데, 이러한 체제도 1830년의 7月革命을 고비로 크게 동요했다. 즉 프랑스에서 부르봉왕조가 무너지고, 새로 루이 필립이 등극하여 立憲王政을 선포했던 것이다. 영국에서는 1830년의 총선거에서 휘그(Whig)黨이 승리하면서 의회의 개혁이 추진되고, 自由貿易主義가 채용되면서 대외적인 거래도 활발해지고, 사회의 전반적 분위기도 자유주의적인 경향으로 흘렀다.

자유주의의 기운이 크게 고취된 것은 바로 1848년의 혁명 때이다. 1848년 프랑스에서는 2月革命이 일어났고, 유럽 여러 나라는 모두 혁명의 와중으로 휩쓸려 들어갔다. 메테르니히 자신이 수상자리에서 물러나지 않을 수 없었던 이 혁명은 비인體制를 붕괴시키고 말았다. 프랑스에서는 共和國이 수립되었고, 이탈리아에서는 잠시나마 맛치니에 의한 로마共和國의 건설이 있었고, 영국에서는 차아티스트운동이 벌어졌고, 오스트리아는 統治領內의 소수민족의 맹렬한 저항을 받았고, 프랑크푸르트의 國民議會에서는 「獨逸國民의 基本權利」가 선언되었다. 한편 이 혁명을 계기로 부르조아지와 프롤레타리아트의 계급적 대립이 顯在化함으로써 마침내 자유주의는 부르조아적인 성격을 띠게 되었다.

내셔널리즘의 擡頭

國王權과 封建的 身分制를 폐지한 프랑스혁명은 국민적 통합을 실현함으로써 내셔널리즘 대두를 위한 근본적 바탕을 마련하였다. 혁명 초기에 이미 사람들은 「市民」이라고 인사했고, 「우리나라 만세」라고 외쳤다. 이렇듯 내셔널리즘은 프랑스혁명에서 탄생한 것이다. 혁명 때 시민들이 애창한 「라 마르세예즈」(La Marseillaise)가 自由·平等·博愛의 정신을 밝히고 있듯이 혁명이 한창일 때에 내셔널리즘은 시민적 민족의식의 건전성을 나타내고 있었다. 그러나 혁명에 뒤이은 나폴레옹전쟁에서 혁명을 지키기 위한 防衛的 戰爭目的은 사라지고 다른 나라에 희생을 요구하는 侵略的 戰爭으로 그 양상이 바뀌어졌다. 이로 말미암아 프랑스의 내셔널리즘은 專制政治로부터 해방을 바라던 여러 이웃나라의 기대를 저버리고 오직 자기 나라의 이익을 추구하는 침략적인 내셔널리즘으로 변질되어 갔다.

나폴레옹의 대륙지배는 유럽 도처에서 反나폴레옹的 民族運動을 야기하였다. 그것은 大陸體制라고 일컬어지는 나폴레옹의 시책에 대한 항거였다. 내셔널리즘의 발현에 다름없는 스페인의 게릴라抗戰을 필두로, 피히테(J. G. Fichte)의 유명한 강연 「獨逸國民에게 告함」이 상징하듯이 맹렬한 反프랑스的 민족의식이 끓어 올랐다. 19세기 초엽 비인體制下에서도 내셔널리즘의 물결은 높아만 갔다. 중남미 여러 나라가 연이어 독립했고, 그리이스가 마침내 독립했고, 벨기에도 독립했다. 다시 1848년에 이르러서는 프로이센, 이탈리아를 비롯하여 폴란드, 헝가리, 루마니아같은 지역에서 내셔널리즘운동이 격화하여 이로 말미암아 國際的 協力體制로서의 비인體

制는 마침내 붕괴하고 말았다.

내셔널리즘의 흐름은 일정하지 않고 민족마다, 국민마다 다른 특징을 갖는다. 國民的 統一을 목표로 삼았던 독일·이탈리아의 내셔널리즘은 그 성격이 매우 특이했다. 이 두 나라의 경우 통치자는 民族意識을 자극하여 民衆의 힘을 용이하게 이용할 수 있었고, 국가에 의한 강력한 정치·경제·군사력의 결집과 조종이 가능했다. 東유럽의 작은 나라들과 같이 오직 독립만을 지향한 내셔널리즘은 세력확대를 목적으로 하는 강대국의 對外政策에 흔히 이용당하였다.

19세기의 내셔널리즘은 保守主義와 自由主義가 혼합된 것이었다. 보수주의적 입장에 편향된 내셔널리스트는 민족 자체의 특징적 관례, 풍습, 역사적 발전 등이 지니는 가치를 강조했다. 자유주의적 입장은 더 많은 民族自決權, 더 많은 政治參與, 보다 폭넓은 代議制度, 국가의 官僚的 介入에 대한 더 많은 개인의 자유 등을 주장했다. 프랑스혁명이 낳은 자유주의와 내셔널리즘은 제가끔 階級의 解放, 民族의 獨立이란 어려운 문제를 안은 채 19세기의 역사를 엮어갔다.

2. 나폴레옹의 유럽體制

나폴레옹의 登場

1795년 10월 파리에서 있은 王黨派의 反亂을 진압함으로써 유명해진 나폴레옹은 다음해 3월 약관 27세의 나이로 이탈리아遠征軍 司令官에 임명되었다. 그의 대담한 전략과 한없는 정열과 탁월한 지휘역량은 사병들로 하여금 서슴없이 전투대열에 나서게 하였다. 그는 우세한 오스트리아軍을 격파하여, 북부이탈리아의 롬바르디아 지방에서 몰아내고, 베네치아를 격파하고 비인에 육박하였다. 1797년 10월 그는 캄포 포르미노條約(Treaty of Campo Pormino)을 맺어 오늘날의 벨기에인 오스트리아領 네덜란드의 점령을 인정받았고, 北이탈리아에 치살피나共和國(Cisalpine Republic)과 리구리아共和國(Ligurian Republic)을 만들어, 이를 프랑스의 보호 아래 두었다.

1793년 봄 이번에는 영국의 인도 支配에 도전하고자 이집트遠征에 나섰다. 당시 總裁政府는 지나치게 유명해진 나폴레옹의 출타를 환영하였다. 이집트원정에서 그는 피라밋의 싸움에서 승리, 카이로에 입성할 수 있었으나 아부키르灣에 정박중인 프랑스함대가 넬슨(Nelson)이 이끄는 영국함대에 의하여 괴멸됨으로써 승리의 문턱에서 원정은 실패로 끝났다. 이 무렵 영국은 러시아·오스트리아 등과 함께 第2次對佛大同盟을 맺어 프랑스를 크게 위협하고 있었고, 프랑스의 국내사정은 總裁政府가 左右兩勢力의 공격을 받아 불안한 나날을 보내고 있었다. 이러한 실정을 알게 된 나폴레옹은 이집트를 조용히 탈출하여 파리에 귀환, 1799년 11월 9일 군대의 힘으로 의회를 해산시키고 총재정부도 무너뜨려 쿠데타에 성공하였다.

1799년말, 새 헌법이 국민의 압도적 지지투표로 채택되면서 프랑스는 共和國으로 남았으며 나폴레옹 자신은 10년 동안 집권할 수 있는 第一統領의 자리를 잡았다. 그는 인민의 지지를 계속 받고자 征服戰爭을 계속하였다. 다시 알프스를 넘어 北이탈리아에 침입, 오스트리아軍을 무찌르고 1801년에 뤼네빌(Luneville)條約을 맺음으로써 라인左岸을 영유하게 되었다. 이 무렵 영국만이 敵對狀態로 남겨졌었으나 1802년에 아미앵和約(Peace of Amiens)을 맺도록 강요하는 데 성공, 마침내 프랑스는 유럽의 이웃 나라들과 평화롭게 공존할 수 있게 되었다.

나폴레옹은 많은 征服事業을 벌여 그가 死去하기 수년 전에 남은 征服地라고는 별로 없었다. 그는 오히려 內治를 개혁하는 데 영속적인 성과를 거둔 바 있다. 그는 우선 中央集權的 統治機構를 정비하면서, 프랑스 혁명정신에 입각한 民法典을 제정하였다. 나폴레옹法典이라 일컬어지는 이 민법전은 법 앞에 만인의 평등, 종교적 관용, 봉건적 제도 및 특권 폐지, 배심에 의한 재판 등을 규정하였다. 이 법전은 西유럽 여러 나라는 물론, 프랑스 식민지이던 미국 루이지애나州의 法制度에 크게 영향을 미쳐 하나의 典型으로 남았다. 稅制의 신중한 정리, 부패의 조절, 金本位制의 확립, 오늘날까지 강력한 영향력을 지닌 「프랑스銀行」의 창립 등 금융제도를 확립하였다. 그의 內政改革은 이밖에도 각 분야 전반에 걸쳤다. 국가관리 아래 장악된 교육제도, 교회 叙任權의 관장, 토목건축공사의 확장 등 많은 업적을 남겼다. 나폴레옹의 統治를 지지한 것은 봉건적 속박에서 해방되면서 부유해진 부르조아지와 농민이었다. 부르조아지는 나폴레옹의 軍事政權에 의해서 左右兩翼으로부터의 위협에서 보호받았고, 정부에 의해서 넓은 시장이 주어졌고, 또한 영국상품의 경쟁으로부터 보호받았다. 또한 혁명에 의해서 토지를 얻은 농민들은 封建制의 復活이 두렵고 무엇보다도 자신의 토지를 지키기 위해 강력한 병사를 공급하여 나폴레옹의 정책을 적극적으로 돕는 支持者가 되었다. 이와 같이 內政改革과 征服事業에 성공할 수 있었던 나폴레옹은 1802년 終身統領이 되었고 다시금 1804년에는 人民投票에 의해서 황제의 位에 올랐다.

유럽 支配와 沒落

1803년 영국이 아미앵和約을 파기하자 나폴레옹은 영국 本土上陸作戰을 세웠다. 그러자 1805년 영국, 오스트리아, 러시아, 스웨덴 등 여러 나라에 의해서 第3次對佛大同盟이 결성되었고 같은해 5월에는 트라팔가(Trafalgar)海戰이 있게 되는데, 나폴레옹은 이 싸움에서 영국의 넬슨제독에게 大敗하였다. 바다에서는 늘 약세였던 나폴레옹이지만, 육지에서는 이를 만회하여 오스트리아와 러시아의 연합군을 아우스테를리쯔(Austerlitz)의 싸움에서 격파할 수 있었다. 이어 1806년 나폴레옹은 神聖로마제국을 해체하고 西南독일의 여러 領邦을 묶어서 라인同盟을 결성케 하였다. 프로이센은 러시아와 연합하여 나폴레옹에 항거했으나 예나와 아우에르시테트에서 大敗, 수도 베를린은 점령되었다. 이로써 틸지트和議(Treaty of Tilsit)가 맺어지고, 나폴레옹은 프로이센으로부터 엘베江 以西地域을 몰수하여 베스트팔렌王國을 세우고 옛 폴란드領에는 바르샤바大公國을 세워서 모두 라인동맹에 가담시킴으로써 유럽支配體制를 강화하였다.

유럽대륙 안에서 패권을 잡은 나폴레옹은 베를린勅令(1806)과 밀라노勅令(1807)을 발표하여서 새로운 對英政策을 확립하였다. 이는 다름 아닌 大陸封鎖로써 영국에 경제적 타격을 주려는 정책이었다. 이른바 大陸體制라고도 일컬어지는 對英强硬政策은 해상권을 잡고 있던 영국에게 별다른 큰 타격을 주지 못하고 오히려 대륙의 여러 나라가 고통을 받는 결과를 초래하였다. 영국과의 교역을 단절한다는 것은 경제적으로 후진한 대륙 여러 나라에 큰 타격이 아닐 수 없었다. 나폴레옹은 1807년에 경제적으로 영국에 의존적 위치에 있었던 포르투갈에 出兵하고, 다음해에는 마찬가지로 에스파니아를 강점하려고 했으나, 이들 민족의 강력한 저항을 받고 실패하였다. 半島戰爭이라고도 일컬어지는 이 전쟁은 民族意識을 바탕에 깔고 외세에 대항하여 싸워 이긴 19세기적 典型的 民族主義의 발현으로 해석할 수 있다. 이는 나폴레옹의 최초의 패배요 그의 帝國이 解體의 길로 들어서는 최초의 계기로 되었다.

나폴레옹의 大陸體制에 결정적 타격을 준 것은 러시아의 반발에 있었다. 대륙봉쇄로 말미암아 對英 곡물수출이 불가능해진 러시아는 국내의 불만이 고조되어 封鎖令에 순응할 수 없는 지경에 이르렀다. 그리하여 1811년 이후로는 공공연히 봉쇄령에 불복하게 되고 마침내 영국과의 通商을 재개하였던 것이다. 이에 대해서 분격한 나폴레옹은 오스트리아와 프로이센과 연합하여, 1812년 大軍을 이끌고 모스크바遠征에 나섰다. 그는 모스크바市를 점령하는 데 성공하였으나 러시아측의 焦土化作戰에 말려들어 나폴레옹軍은 기아와 추위에 빠지게 되고, 이윽고 농민 게릴라들의 저항과 러시아軍의 공격을 받고 大敗하고 말았다.

러시아에서의 패배는 독일에서의 解放戰爭과 諸國民의 전쟁을 야기케 한 큰 요인이 되었다. 다시 말해서 第4次對佛大同盟에 결집한 영국, 러시아, 오스트리아, 스웨덴 등의 동맹군은 1813년 라이프찌히의 싸움에서 나폴레옹을 격파하고 다음해인 1814년 3월말 파리를 점령하였다. 帝位에서 실각한 나폴레옹은 한때 재기하여 이른바 百日天下의 권좌에 앉을 수도 있었으나 끝내 1815년 6월 워털루戰鬪에서 재차 대패, 남대서양상의 孤島 聖헬레나에 유배되어 한평생을 마쳤다. 나폴레옹 실각 후에 유럽은 國際秩序를 회복하기 위해 비인會議를 열고, 비인體制를 확립하게 된다.

3. 비인 體制의 成立과 崩壞

비인體制의 成立

나폴레옹이 엘바섬에 유배된 후에 유럽諸國은 戰後處理를 위해 오스트리아의 비인에 모였다. 프랑스 대표 탈레랑(Talleyrand)은 러시아, 프로이센, 오스트리아 같은 對立的 利害關係에 있는 나라를 이용해서 자기의 주장인 正統主義를 관철하였다. 메테르니히도 프랑스革命을 방지하는 목적에서 정통주의의 유효성을 인정했고, 마침내 여러 나라의 동의로 비인 會議의 지표가 되었다. 이 회의의 議定書는 나폴레옹의 엘바섬 탈출사건으로 서둘러 의결되었고, 이로써 비인體制는 그 뒤로 30년간 유럽諸國의 정치와 사회를 규제하게 되었다.

1815년의 비인회의는 베스트팔리아協議(1648), 유트레히트協議(1713), 파리講和會議(1919) 등과 같은 등급의 중요한 국제회의 중의 하나이다. 이 회의의 의결은 그것의 持續性 때문에 유명하거니와 이 회의가 남긴 가장 값진 결실은 훗날 「유럽協調」라고 일컬어지는 國際的 協調體制를 낳았다는 것이다. 그리하여 비인회의 이후 유럽에는 오랜 평화가 유지되었는데, 1850년대에 일어난 크리미아戰爭 때까지 유럽의 강대국 간에는 전쟁이 없었고, 더우기 나폴레옹戰爭과 비교할만한 유럽적 규모의 全面戰爭은 1914년까지 일어나지 않았다. 이 체제의 기능은 이른바 4大强國(영국·러시아·오스트리아·프로이센) 사이에 정기적 회합을 갖는 것이었는데, 뒤에 敗戰國인 프랑스의 참여가 있었고, 또한 약간의 변동은 있었지만, 19세기 중엽까지 잘 지속되었다. 이 체제의 4대지주이던 4國同盟은 진정한 의미에 있어서 國際的 政府였다고도 평가되지만, 이를 가리켜 강대국 간의 勢力均衡의 原理의 실현이었다고 말할 수 있다.

이 회의의 지표인 正統主義의 原則에 따라서 프랑스, 에스파니아, 나폴리에서는 부르봉王家의 支配體制가 부활했다. 정통주의의 원리가 그 논리적 극단까지 현실에 적용되었다면 神聖로마帝國이 부활되었을지도 모르겠으나, 역시 그러한 원리는 반드시 실천될 수 있는 것만은 아니었다. 러시아는 바르샤바大公國을 병합, 강대한 육군으로써 유럽의 경찰이 되려는 야심을 갖고 있었으나, 영국·오스트리아·프랑스의 반대로 말미암아 그 過半의 영토를 차지하는 데서 멈추고 폴란드立憲王國을 건립하여 짜르가 그 王을 겸임하였다. 영국은 러시아의 中歐進出을 저지하려고 프로이센과 오스트리아를 강화하여 對佛·對露障壁을 만들고자 의도하였다. 영국도 많은 이득을 보았는데, 이를테면 말타島·아프리카의 케이프식민지, 실론 같은 해외영토를 획득하여 海上植民帝國의 지위를 확립하게 되었다. 프로이센의 작센地方 領有는 프랑스·오스트리아의 반대로 北半에 한정되었지만, 폴란드의 일부와 라인지방의 병합으로 영토를 확대하였다. 오스트리아는 케이프식민지를 잃은 和蘭에 그 代償으로 네덜란드舊領을 양보했고, 그 대신 북부 이탈리아의 롬바르디아와 베네치아를 획득하였다. 이같이 영토문제를 처리하는 데 적용된「勢力均衡」과 代償主義의 원칙은 小國家分割을 정당화하는 大國의 야심을 擬裝하는 방편에 다름없었다.

비인 體制下의 抵抗과 獨立

러시아황제 알렉산드르 1세가 제창한 기독교적 友愛精神에 기초한 神聖同盟은 메테르니히에 의해서 自由主義運動의 억압을 위한 수단으로 이용되었다. 그러나 억압을 위한 현실적인 수단은 영국 외상 카슬레이에 의해서 제창된 4國同盟이었다. 독일의「統一과 自由」를 절규한 학생과 지식인의 부르셴샤프트(Burschenshaft)는 메테르니히가 주도하는 카알스바트(Karlsbad)의 決議에 의해서 탄압되었다. 스페인의 리에고 라파엘(Riego Rafael)大領이 지도한 군대가 농민의 지지를 받으면서 일으킨 反封建的 革命(1820~23)은 5國同盟의 베로나會議의 결정에 따라 프랑스軍을 파견하여 탄압하였다. 1820년에 이탈리아에서도 스페인의 혁명에 자극되어 카르보나리黨의 맹렬한 저항의 물결이 각지로 번져갔으나 오스트리아군에 의해서 진압되었다. 러시아에서는 解放戰爭에 참가했다가 西歐思想에 접촉되었던 청년장교들이 조직한 秘密結社가 봉기(1825. 12. 26)를 시도했으나 곧 탄압되었다.

미국의 독립과 프랑스革命은 라틴아메리카에도 깊은 영향을 주었다. 여기에 더해서 나폴레옹군의 이베리아 반도 석권은 中南美 식민지에 본국으로부터 독립할 기회를 주었다. 1804년의 프랑스領 하이티의 독립을 효시로 中南美 일대에 獨立運動의 물결이 번져갔다. 에스파니아왕실은 神聖同盟의 간섭을 요청하였으나, 영국이 이를 반대 5國同盟을 탈퇴하기에 이르렀다. 무력으로 밀접한 관계에 있었던 영국은 중남미 식민지의 독립을 지지하였고, 미국에게 不干涉主義의 共同宣言을 제안하였다. 미국은 1823년 유럽대륙과 남북아메리카대륙과의 相互不干涉主義의 원칙을 내용으로 한 먼로宣言을 단독으로 표명함으로써 영국의 경제진출을 억제하면서 중남미 諸國의 독립을 지지하는 입장을 취했다. 이러한 배경 속에서 1820년대에 대부분의 중남미 식민지가 독립하였다.

비인體制는 이른바 「東方問題」인 그리이스의 獨立鬪爭에 대한 반응에서 모순을 드러냈다. 1821년 그리이스 지식계급의 秘密結社 헤타이리아 필리케(Hetairia Philiké)가 주도한 그리이스의 독립투쟁은 러시아의 지지를 기대하고 일으켰던 것이었다. 그러나 러시아는 神聖同盟의 원칙을 내세워 원조를 거부함으로써 투쟁은 우선 실패로 끝났다. 터어키는 그 다음해 독립운동의 진원지인 키오스섬의 대학살을 감행, 그리이스를 탄압했고 이뿐 아니라 다시 이집트軍을 침공케 하여 괴멸상태에 빠뜨렸다. 이에 대해서 1827년 영국·러시아·프랑스 3국의 간섭이 있게 되자, 터어키는 3국의 조정을 거부하였다. 그러자 러시아황제 니콜라이 1세는 터어키에 宣戰布告하고, 交戰끝에 1828년 9월 터어키와 아드리아노플條約을 체결하였다. 러시아는 터어키로 하여금 그리이스를 비롯하여 와라키아, 몰다비아, 세르비아에 自治를 인정케 하고 이들을 러시아의 保護國으로 만들고, 또한 다다넬즈·보스포러스 兩海峽의 항해의 자유를 얻었다. 러시아의 이러한 발칸진출에 놀란 영국과 프랑스는 1828년 런던會議를 열고 그리이스의 완전독립을 결정하였다. 그리이스의 독립은 쇠퇴해가는 터어키제국의 발칸統治의 虛點을 찌르고 나선 열강들의 國際的 角逐의 틈바귀 속에서 얻어진 利點에 다름없었다. 다시 말해서 흑해에서 지중해로 진출하려는 러시아와 인도로 가는 통로의 안전을 다지는 영국과 東地中海에 세력을 부식하려는 프랑스 등의 경쟁의 틈바구니에서 新生그리이스가 탄생한 것이다. 터어키를 도와서 그리이스의 반란을 진압하려던 메테르니히의 指導體制는 그리이스의 독립을 계기로 크게 흔들렸다.

7月革命과 그 影響

부르봉 왕가의 王政復古로 처음 등극한 루이 18세는 원만한 시정을 하였으나, 그를 이은 샤를르 10세는 舊制度의 부활을 적극 추진하다가 1830년에 7月革命을 맞이하게 된다. 이 혁명에서 직접적 촉매의 구실을 한 것은 총선거로 野黨의 승리가 확정되었음에도 새 의회를 소집조차 하지 않고 해산한 국왕의 폭거에 있었다. 격분한 민중이 7월 27일부터 「榮光의 3日間」의 파리市街戰을 벌임으로써 끝내 부르봉왕조와 특권층의 지배를 종식시켰다.

7월혁명은 프랑스를 神聖同盟으로부터 이탈시켰을 뿐 아니라 유럽 각국에 큰 동요를 일으키게 하였다. 브뤼셀의 市民蜂起로 벨기에는 네덜란드로부터 독립을 쟁취하여 立憲君主國이 되었다. 독일에서는 중부·북부·서남부 등의 諸邦에서 立憲運動이 활발해졌으나 메테르니히의 탄압으로 1834년 이후에 침체하였다. 폴란드는 1830년 11月蜂起에 실패하여 立憲制가 폐지되면서 「짜르」의 專制下에 들어갔다. 이탈리아에서는 카르보나리의 폭동이 재연했으나 오스트리아軍에 의해서 진압되었고, 그 뒤로는 맛치니의 대중적 청년이탈리아黨이 이를 자유와 통일을 위한 민족운동으로 전개해 나아간다. 벨기에를 제외하고 이렇듯 일련의 革命이 한결같이 좌절된 이유는 나라마다 특수한 사정이 있었지만 넓게 보아서 市民階級이 성숙하지 못했기 때문이었다. 그리고 시민계급의 성숙은 경제적 성장을 배경으로 하는 것임을 간과해서는 안 될 것이다.

프랑스는 7월혁명 후 오를레앙公 루이 필립이 왕위에 오르고 大부르조아지가 政權을 독점하게 되었거니와 막상 혁명대열에서 활약한 중산시민 이하의 가난한 계층에게는 選擧權이 부여되지 않았다. 그리하여 中産市民層내지는 勞動者層의 쟁의와 폭동은 그치지 않았다. 이들의 입장은 단순한 폭동이 아니라 共和主義的 反政府運動을 감행하는 것이었다. 1831년에 리용의 産業場에서 벌어진 폭동이나 1832년에 파리에서 있은 共和派의 봉기는 그 대표적 사례이다. 1834년에 이르러 共和派들의 反政府運動은 군대의 힘으로 유혈의 탄압을 받고 일단 좌절되고 말았다.

浪漫主義의 成立

浪漫主義란 19세기 초기 유럽문화의 여러 국면에 전파된 일정한 定義를 내리기 어려운 일종의 「감정」 내지 「기분」을 존중한 思想運動이다. 浪漫派運動에 기여한 각 개인의 공헌은 제각기 그 특징을 갖고 있다고 볼 수 있으나 한 가지 공통적 전제가 되는 것이 있다. 그것은 浪漫主義者들이 18세기말에 啓蒙主義에 항거했을 뿐만 아니라 계몽주의적 著述家를 추종하는 낭만주의자들의 견해에도 항거했다는 것이다. 계몽주의자들이 진실을 찾고자 일방적으로 理性과 知性의 역할을 강조한 것과는 달리 낭만주의자들은 느낌이나 감정의 중요성을 강조했다. 그리고 이런 것들에 대한 人間的 經驗의 현실은 정신보다는 영혼에, 두뇌보다는 마음에 있다고 믿었다. 또한 낭만주의는 自然에 대한 깊은 존경, 形式에 대한 경멸, 초라한 사람에 대한 감상적 사랑, 세계를 再建하겠다는 불타는 욕망 등을 함축하였다. 1830년경에 이르러 낭만주의는 그 성장의 절정에 이르렀다.

낭만주의적 감정은 우선 美術 분야에서 뚜렷이 나타난다. 독일의 프리드리히(Caspar David Friedrich, 1774~1840), 영국의 터어너(Joseph Mallord Turner, 1775~1851), 그리고 프랑스의 들라크르와(Eugéne Delacroix, 1798~1863) 같은 화가들은 낭만주의 예술의 어떤 原型을 나타낸 것은 아니로되 낭만주의 시기의 미술 중에서 가장 우수한 모습을 나타내고 있기 때문에 언급되는 것이다. 이들은 다른 모든 화가와 마찬가지로 예술가란 자기 자신을 작품을 통해서 나타내야 한다고 믿었다.

音樂 분야를 보면 미술분야보다 덜 革命的이었음을 알 수 있다. 音樂史家들은 일반적으로 古典主義 시기를 18세기로, 浪漫主義 시기를 19세기로 보고 있으나, 양 시기 사이의 연속성을 강조할 뿐만 아니라 하이든, 모짜르트, 베에토벤에 의해서 발전되고 개선된──예컨대 소나타, 현악사중주, 교향곡──형태는 낭만주의 시기까지 지속되었던 것으로 보고 있다. 약

간의 낭만주의적 작곡가들은 자유롭게 활동하였으나 역시 古典的 調和의 체계는 19세기에도 지배적인 경향으로 남았다. 그러나 初期浪漫主義의 작곡가로서 슈베르트(Franz Schubert, 1798~1828), 멘델스존(Felix Mendelssohn, 1809~47), 슈만(Robert Schumann, 1810~56), 베를리오즈(Hector Berlioz, 1803~69)는 전통적인 음악형태에 새로운 의미를 불어넣었고 음악의 기능을 다시 새로이 해석하였다. 이에 비해 브라암스는 낭만주의의 테두리 안에서 古典의 形式美에 되돌아가려는 노력을 기울인 음악가였다.

문학으로서의 낭만주의는 19세기 전반까지 대부분의 나라에서 실현되지 못했으나, 문학이 啓蒙主義에 항거하기 시작한 것은 18세기 중엽부터이다. 1740년 후에 성장한 영국의 감리교파들, 루소(Jéan Jacques Rousseau, 1712~78)의 저작, 1770년 이후 독일에서 전개된 「질풍과 노도」(Sturm und Drang)로 알려진 文學運動 등이 모두 낭만주의의 단서를 열었던 것이다.

독일의 경우 괴테의 『파우스트』, 실러(Schiller, 1759~1805)의 『발렌시타인』같은 명작이 나왔고, 이에 뒤이어 본격적인 낭만주의 문학작품을 산출한 작가로서 실레겔(Schlegel)兄弟, 노발리스(Novalis), 그리고 하이네 등을 들 수가 있다.

낭만주의는 철학, 역사학, 경제학, 역사법학 분야에도 많은 영향을 끼쳤다. 독일觀念哲學은 일찌기 칸트가 착수하여 피히테, 셸링에 이르러 완성되었는데, 이는 18세기의 理性을 중시한 계몽사상에 대한 비판으로서 성장한 것이며 개인의 主觀的 觀念을 實在視하는 철학의 일파였다. 또한 헤겔에 이르러 客觀的 觀念論의 입장이 발전되었다.

4. 1848년의 유럽革命

1848년 1월 12일 시실리섬 팔레르모에서 市民暴動이 일어나 나폴리國王 페르디난트 2세(Ferdinand 2)의 失政에 항거하였다. 팔레르모의 봉기는 처음에는 주목을 끌만한 사건은 아니었으나 그뒤로 4개월 사이에 50여 차례의 혁명이 유럽 각지에서 일어났다는 사실 때문에 역사적으로 큰 의미를 지닌다. 1848년의 유럽革命은 대체로 두 가지 유형으로 나누어 볼 수 있다. 그 하나는 팔레르모類型인데, 外來統治者 및 메테르니히와 그의 同盟者들에 대한 내셔널리즘的 民衆反亂으로서 이탈리아·독일·오스트리아·그리고 헝가리 등에서 일어난 혁명이었다. 그 다른 하나는 프랑스類型으로서 下層庶民에 대해 배타적인 施策을 펴 온 정부에 대한 규탄과, 민주주의적 개혁에의 요구로서, 스위스의 혁명과 벨기에 및 영국에서 발생한 騷動이 그것이다. 이들 여러 나라는 中産層을 위주로 시책을 펴 왔던 것이다.

1848년의 유럽혁명은 비인體制를 붕괴시켰고, 정치적·사회적 개혁을 불가피하게 가져왔으며 東유럽 諸民族에게는 民族意識을 고취시켰다. 특히 이 혁명은 유럽의 어떤 통치자도 자신의 王冠의 안전을 믿을 수 없게 만들었고, 또한 노동계급의 활동을 처음으로 정치무대의 前面에 나서게 하였다.

프랑스의 2月革命

7月革命의 결과로 「시민의 國王」이란 별호를 받고 왕위에 오른 루이 필립의 정부는 자유주의적 개혁에 착수, 信仰·出版의 자유, 選擧權의 확대 등 일련의 自由化施策을 펴 나갔다. 그러나 産業革命의 진전에 따라, 정부는 은행가·자본가들과 결탁, 부르조아지에 유리한 金權政治를 강행하게 되면서 內治와 外政에 많은 실책을 거듭하였다. 이러한 정치환경 속에서 때마침 1846년에서 47년에 걸친 흉작으로 苦境에 처하게 된 노동자들은 루이 블랑(Louis Blanc), 프루동(Pierre J. Proudhon)과 같은 社會主義者들의 지도 아래 격렬한 노동운동을 벌이고 있었다. 2월혁명은 普通選擧를 요구하는 민중의 「改革宴會」를 정부가 금지하자 이에 불복하고 맞선 파리 民衆의 봉기에서 비롯한다. 바리케이드를 쌓고 혈투를 벌인 시민들의 저항으로 7月王政은 도괴되고 왕은 영국으로 망명하였다.

이와 같이 성립한 第2共和國臨時政府는 혁명을 주도한 민중들의 요구대로 과감하게 民主主義的 政治改革을 단행하였다. 또한 사회주의 閣僚 루이 블랑의 제안에 따라 失業對策으로서 「國立作業場」을 설립하여 사회주의 정책도 펴 나갔다. 그러나 이 작업장은 경영면에서 실패하여 사회주의 정책은 많은 비판을 면치 못하였다. 이러한 비판은 憲法制定議員 선거를 위한 4월의 普通選擧에서도 여실히 나타나게 되는데, 社會主義者는 선거에서 완패하고 말았던 것이다. 가장 큰 패인은 사회의 急進化를 두려워했던 부르조아지와 小土地所有農民들이 사회주의의 등장을 외면한 데 있다고 볼 수 있을 것이다.

5월에 가서 노동자들의 國會亂入事件이 있었다. 이는 정부가 폴란드의 民族主義者들의 기대를 배반하고 그들에 대한 원조를 거부한 데서 야기되었던 사건이다. 이를 구실로 정부가 國立作業場을 폐쇄하자 6월 23일 파리의 노동자는 다시 봉기하게 되었는데, 곧 루이 카베냐크(Louis Cavaignac) 장군에 의해서 진압되었다. 「6月事件」에 투신했던 노동자의 대부분은 큰 공장의 賃金勞動者가 없었고, 市中의 수공업자·직공·소상인 등 이른바 小市民層이었다.

카베냐크의 독재가 추진되면서 부르조아 共和派는 右傾化하고, 이 틈을 타서 부르봉派, 오를레앙派같은 舊勢力이 부활하는 가운데 第2共和國의 헌법이 마련되었다.

獨逸의 3月革命

프랑스의 2月革命이 성공하였다는 소식이 라인강을 건너자 점차로 독일 전역이 혁명의 소용돌이로 변해갔다. 끝내 3월 중순에는 비인과 베를린에서 폭동이 일어나게 됨에 따라 메테르니히의 失脚과 함께 비인體制도 붕괴되었다. 各邦에서 市民內閣과 憲法制定議會가 개설되고, 국민에게 憲法制定을 약속하게 되었다. 오스트리아의 농민은 봉건적 부담으로부터 해방되었다.

오랜 숙원이던 國民議會가 5월 18일 프랑크푸르트에서 개최되었다. 330명의 代議員의 구성을 보면 4명의 직공과 1명의 농민을 제외하고 모두 中產層이었다. 그런데 국민의회는 憲法制定과 法的인 문제에 치중하였을 뿐, 정치적 미숙성 때문에 혁명을 실제로 지도할만한 역량이 없었다. 특히 중산층 출신 인사들은 날로 保守化하여 이러한 입장이 국민의회에도 반영되었다. 국민의회는 폴란드 포즈난州의 解放運動이라든가 실레스비히와 홀시타인 兩州의 독일 귀속운동도 억압하였다. 또한 국민의회가 1849

년 3월초에 「獨逸國憲法」을 제정하여 프리드리히 빌헬름(Friedrich Wilhelm) 6세를 국왕의 位로부터 皇帝로 추대하였으나 국왕은 국민에 의한 皇帝選任을 거부하였다. 이 무렵의 오스트리아나 프로이센의 분위기는 反革命의 승리가 결정적으로 무르익어 마침내 欽定憲法의 발포, 憲法制定議會의 무력해산이 감행되고 혁명 전의 絶對主義로 復歸하였다.

이탈리아와 東歐의 民族運動

2월 12일 팔레르모市에서 일어난 반란을 최초의 반란으로 손꼽지만, 이탈리아 본토에서는 3월17일 밀라노, 베네치아의 반란을 첫 신호로 온 국민이 열광의 도가니로 변하게 된다. 사르데냐王의 지휘 아래 이탈리아 의용군이 오스트리아에 선전하였던 것이다.

그러나 오스트리아 황제도 반격에 나서, 보헤미아를 制壓하고, 이탈리아에서는 사르데냐軍도 격파하여 차츰 失地를 회복하였다. 또한 크로아티아軍과 제휴하여 잃었던 비인市도 革命派로부터 탈환하였다. 다시 헝가리에 진격하였으나 革命政府의 완강한 저항을 받게 되자 1849년 8월 러시아軍의 도움을 요청하여 비로소 헝가리를 평정하였다. 한편 이탈리아에서는 맛치니와 여러 사람들이 시도했던 短命의 로마共和國의 건립이 있었다. 그러나 유럽의 다른 지역에서와 마찬가지로 이탈리아에서의 모든 혁명도 실패로 끝났다. 다만 이들은 이번 혁명을 계기로 이탈리아의 통일과정에서 중요한 단계를 내디딘 셈이다.

1848년의 혁명의 물결은 東歐地域에도 파급되었다. 합스부르크帝國 통치하의 小數民族이 바란 것은 한결같이 民族的 獨立을 쟁취하는 일이었다. 마자르人을 필두로 보헤미아의 체크(Czechs)人, 아드리아海의 크로아티아人(Croatians), 그리고 트랜실베이니아의 루마니아人 등, 이 帝國의 동방지역은 벌떼같이 봉기하였다. 帝國의 중심부는 이미 모든 질서가 마비되었고, 메테르니히도 반세기가 넘는 공직생활에서 사임, 평범한 마차를 타고 비인을 빠져나가 영국으로 망명하였다.

헝가리議會는 독립된 責任內閣의 구성, 市民的 自由의 확립, 부역과 그 밖의 封建的 諸權利의 폐지 등을 규정한 「3月法」을 황제로 하여금 승인케 하였다. 보헤미아에서는 市民的 自由, 封建的 負擔의 폐지, 보헤미아·모라비아·실레지아 3州 統合과 독립 등을 요구했다. 체크人은 汎슬라브주의를 주장, 오스트리아 영내의 슬라브系 민족을 규합하려고 했으나 여의치 못하였다.

폴란드는 숙원인 민족의 해방을 실현코자 反亂을 일으켰으나 실패로 끝났다. 반란을 주도한 地主가 착취에 시달려 온 농민의 습격을 받고 좌절함으로써 민족해방이란 과제는 실패로 끝나고 만 것이다. 폴란드分割支配國인 오스트리아·프로이센·러시아 3국은 反地主的 農民反亂의 長期化에 견디다 못해 러시아領을 제외한 다른 지역에 거주하는 농민에게 農奴制와 賦役의 폐지, 貧農의 해방을 용인하였다. 폴란드의 반란은 진압되고 분할상태는 계속되었으나 유럽에 미친 영향도 컸다.

루마니아에서도, 몰다비아·발라치아·트랜실베이니아 등 3지역에서 독립을 위한 혁명이 벌어졌다. 발라치아에서는 대규모의 大衆運動과 함께 臨時革命政府가 수립되어 封建制의 폐지, 言論·出版의 자유, 小數民族의 해방 등이 선언되었으나 터어키와 러시아軍의 공격으로 끝내 임시정부는 괴멸하고 말았다. 루마니아 혁명은 좌절했으나 망명자들은 古代로마의 영광을 민족의 자랑으로 삼으면서 大루마니아主義에 의한 통일국가 건설의 꿈을 가지고 전진하게 되었다.

1848년의 유럽革命은 높은 희망을 가지고 시작되었던 것이다. 그러나 실망과 좌절의 결과만 가져왔다. 民衆의 도전을 받았던 統治者들은 거의 예외없이 1849년에 와서 그들의 권위를 再主張하였다. 憲法制定을 허락했던 나라에서는 이를 곧 철폐하든가, 또는 혁명에서 주창되었던 원칙을 인정했던 나라에서는 곧 이를 부인하고 말았다. 그러나 혁명의 충격은 적어도 50년 동안은 남게 되었고, 무엇보다도 여러 나라에서 民族的 統一과 독립을 촉구하였다는 점에서 역사적 의의가 있을 것이다.

勞動運動과 社會主義思想의 展開

이미 18세기 중엽 영국에서 産業革命이 시작될 무렵 職人, 勞動者, 一般民衆은 식량강탈이나 그들의 손에 의한 價格制定같은 직접 행동형태를 취한 일이 많았고, 또한 羊毛織工들 사이에는 結社가 생겨 고용주와 賃金交涉을 벌이는 일이 있었다. 1790년대에 들어서는 織工이 조직적 운동을 각지에서 벌였다. 그러나 노동운동이 본격적으로 전개된 것은 1830년대였다. 1836년 오코너(O' Conner)와 윌리엄 러베트(William Lovett)의 지도 아래 결성된 런던勞動者協會가 議會請願書 형식으로 1838년 5월에 공표한 人民憲章은 한마디로 영국 노동자들의 본격적인 정치운동이었다. 이들은 인민헌장에서 성인 남성의 普通選擧, 선거권의 平等, 秘密投票, 의회의 每年改選, 下院議員의 財産資格 철폐, 의원의 給與支出 등 6개 항목을 게시하였다. 차아티스트라고 불렸던 이들의 목적은 사회질서 자체에 도전해서 궁극적으로는 「人民의 幸福」과 「진정한 社會的 平等」을 실현하는 데 있었다. 그리고 이러한 목표를 실현하는 길은 「진정한 政治的 平等」을 획득하는 데 있다고 인식한 점이 이 운동의 특징이었다. 이들의 운동형태는 기관지의 발행, 抗議의 스트라이크, 서명 모으기 등 매우 다양했고, 下院에 청원서를 제출한 것도 3차에 이른다. 청원을 위한 서명운동에서 1842년에는 무려 331만명의 서명을 받을 정도로 운동은 활발했다. 의회는 請願을 거부했고, 차아티스트들은 이에 맞서서 1개월 간의 「國民休日」을 단행하겠다고 주장하기도 했으나, 1848년 4월의 大請願集會에서 당국이 대량으로 투입한 특별경찰의 철저한 탄압으로 대중운동으로서의 차아티즘(Chartism)은 그 이후 쇠퇴하였다.

차아티즘이 쇠퇴한 1850년대 전반은 英國資本主義의 전성기에 해당한다. 이 무렵 노동자들의 생활상태는 점차로 개선되면서 노동운동 자체가 전투적 성격을 잃게 되고 차츰 體制 내에 흡수되어 갔다. 차아티즘 이후의 영국의 노동운동은 體制에 적응하면서 組合員의 이익을 증진시키는 것이 주목적이었다. 1871년에는 노동조합의 法的 地位와 組合資金의 보호를 규정한 勞動組合法의 제정이 있게 되는데, 이는 지배계급의 위기감을 해소할 수 있는 방편이었고 또한 새로운 형태의 勞動組合運動의 성과이기도 하였다. 이로부터 노동운동을 규제하는 법도 생기고 또는 雇傭契約에 의한 使用主와 勞動者 사이의 평등의 원칙도 확립되어 갔다. 그러나 1881년에는 마르크스주의적 民主聯盟의 출현이 있었고, 또한 1884년에는 점진적인 개혁을 주장한 페이비언協會(Fabian Society)의 탄생이 있었다. 20세기에 들어서면서 이 협회는 종래의 自由黨 支配로부터 차츰 떠나서 독립적인 勞動者 政黨의 결성을 지원하게 된다.

유럽대륙과 北美洲에서의 노동운동의 전개는 영국보다 훨씬 늦었다. 프랑스와 독일은 1848년의 革命期를 전후해서 처음으로 고조되었으나, 본격적인 활동은 1860년대 이후이며, 미국의 경우도 대체로 같은 시기에 전개된다. 러시아에서는 1875년에 최초로 노동자 조직인 南러시아勞動者同盟이 출현하였다. 영국보다 後發한 나라의 노동운동을 보면 영국과 같이 資本主義體制의 발전에 대응해서 단계적으로 성장해 간 경우는 미국뿐이고 그밖의 나라에서는 찾아볼 수 없다.

미국은 1869년에 勞動騎士團의 결성을 거쳐 1886년에는 美國勞動總同盟으로 발전되어 갔는데, 노동자 정당을 만드는 일보다는 勞動組合運動을 통해서 노동운동을 펼쳐 나가게 된다. 프랑스의 노동운동은 파리코뮌 뒤로 침체기를 거쳐 다시 활발해지는데, 같은 職種의 연합체인 勞動組合聯盟이 1886년에 결성되고, 다른 직종의 조합이 지역별로 연합한 勞動去來所가 1892년에 결성되고 이 두 조합은 마침내 1894년에 이르러 합동해서 勞動總同盟이 되었다. 이 조합은 이미 1880년경부터 시작한 생디칼리슴(Syndicalisme)운동의 추진체 역할도 하였다. 독일에서의 노동운동은 정치적 성격이 강했다. 1848년에 全獨逸勞動者友愛會가 결성되고, 1863년에는 全獨逸勞動者協會 등이 결성되었고, 뒤에 獨逸社會主義勞動者黨으로 결집되어 이 정당이 노동운동을 지도하였다. 러시아의 노동운동은 혁명운동과 깊이 관련지어져서 처음부터 정치적 성격이 짙었다. 1883년에 勞動解放團이 조직되고, 1895년에는 레닌에 의한 勞動者階級解放鬪爭同盟이 조직되어 노동운동에 큰 영향력을 행사하였다.

노동운동의 진전과 함께 새로운 사회질서를 수립하려는 社會主義思想도 급속히 발전하였다. 사회내지 경제에 대한 관심은 産業革命 이래 많은 경제학자들, 예컨대 맬더스(Malthus), 리카르도(Ricardo), 밀(J.S. Mill)같은 古典學派들이 한결같이 가졌던 바이지만 이들이 추구하던 經濟法則의 발견이나 國家繁榮의 기초확립과 같은 문제와는 달리 사회주의의 구현에 관심을 보였던 것이 社會主義思想家들의 입장이었다. 생시몽(Saint-Simon), 푸리에(Fourier), 프루동(Proudhon), 그리고 루이 블랑(Louis Blanc) 등 많은 프랑스人들과 로버트 오우엔(Robert Owen) 같은 영국人을 지적할 수 있는데, 이들을 가리켜 空想的 社會主義者라고도 부른다. 이들은 상당한 범위 안에서 啓蒙主義者들의 후계자들이었다. 이들은 대체로 生產手段을 자본가의 손으로부터 해방하여 社會公有의 형태로 바꾸어야 한다고 생각하였다.

19세기 중엽에는 노동운동이 날로 심각해졌고, 이러한 배경 속에서 마르크스가 등장하게 된다. 그는 스스로 「科學的 社會主義」라고 하는 共產主義理論을 제창하고 노동운동에도 적극적으로 참여하였다. 오늘날 마르크스主義는 현실적으로 하나의 사상에 머무르지 않고 이 사상을 治國의 道理로 삼고 있는 나라가 있다는 점에서 많은 주목을 끈다. 마르크스주의는 자본주의를 인류역사의 진보의 결과로 보고 그 성과를 勞動者階級의 것으로 만들기 위해 프롤레타리아 獨裁를 실현해야 한다는 데에 궁극적 목적을 두고 있다. 마르크스는 포이에르바하(Feuerbach)의 唯物論, 헤겔의 辨證法理論을 연결하여 階級鬪爭理論을 낳았고, 여기에 애담 스미드 이래의 영국 경제학을 더해서 剩餘價值說을 확립하였다. 그는 1848년에 유명한 「共產黨宣言」을 발표하여 萬國의 노동자에게 단결을 호소하였는데, 이 선언은 그의 思想體系에 입각하여 요약한 일종의 世界觀이라고 볼 수 있다. 마르크스주의가 국제적으로 指導力을 발휘하게 되는 것은 19세기 말엽으로서, 제1인터내셔널의 붕괴(1876년)로부터 1889년 제2인터내셔널의 성립에 이르는 시기인데, 資本主義는 世界體制로서 확립되어가고 동시에 노동운동도 각국에서 급속히 발전하여 갖가지 社會主義政黨의 출현을 보게 되었다.

19세기말에는 독일 社會民主黨의 지도자 베른시타인(E. Bernstein)에 의한 마르크스주의의 修正理論이 나왔다. 이는 資本主義로부터 社會主義로의 移行의 必然性이라든지, 노동계급에 의한 혁명이나 프롤레타리아의 독재같은 것을 부정하고 社會主義는 勞動組合과 協同組合 및 民主的 議會活動에 의해서 혁명 없이 점진적으로 실현할 수 있다는 이론이다. 이러한 修正主義는 후일에 많은 난항을 거듭하면서 성장해간다.

제15장 19세기 歐美市民社會의 展開

1. 新生美國의 發展

19世紀 前半期

新生共和國 아메리카는 19세기 초 유럽의 혼란으로부터 중립을 지키면서 産業革命으로 분망한 영국에 면화·목재·곡물 등을 수출하여 경제적 기반을 착실히 다져 나갔다. 1800년에는 제퍼슨(Jefferson)이 제3대 대통령에 선출되면서 民主主義도 한층 발전하였다. 그는 안으로는 1803년에 미시시피강 以西의 루이지애나를 나폴레옹으로부터 구입하여 西部發展의 기초를 닦았고, 밖으로는 1812년의 美·英戰爭에서 미국의 국민의식을 높였을 뿐만 아니라 그 동안 영국에만 의존했던 工業製品의 수입을 단절하고 國內工業 발전을 위한 轉機를 마련하였다.

제5대 대통령 먼로(Monroe)는 1823년 먼로主義를 선언하여 舊大陸 諸國의 新大陸干涉을 배제함으로써 미국 政治組織의 獨自性을 과시하였다. 이 무렵부터 西部의 토지가 누구에게나 염가로 제공되어 서부 발전이 성황을 이루었고 이른바 프런티어 精神이 정치에 반영되기 시작하였다. 1828년 잭슨(Jackson)이 대통령에 당선되면서 미국의 민주주의는 兩黨政治로 착실히 확립되는데, 1830년대에 民主共和派는 民主黨으로, 國民共和派는 휘그黨으로 발전하였다. 그러나 당시 2大政黨을 움직인 사람들은 서부의 自營農이나 노동자가 아니라 資産을 가진 소수의 정치가 집단이었다. 그들은 정치이념에 의해서 결속하느니보다는 黨이 聯邦이나 州政權을 획득하게 되면 黨人을 관직에 임용하는 制度(Spoils System)에 의해서 黨規律을 세우고 있었다.

잭슨 자신이 서부의 빈농에서 立身한 사람이고, 동부나 남부의 전통이나 관습에 좌우되지 않고 정치를 밀고 나갔기 때문에 동부의 노동자나 남부의 小農들의 지지도 많이 얻게 되어 이른바 「잭슨 民主主義」란 별칭이 나올 정도로 좋은 평가도 받았다. 더우기 잭슨 民主主義의 성과로서 소수 株主의 독점체인 美國銀行의 再特許를 허락지 않고 하층계급의 입장을 옹호한 점이 흔히 지적되지만, 그 반면에 그가 남부 農場主의 기대에 부응해서 조오지아州 인디언 체로키族을 미시시피강 건너로 강제 이송하여 19세기 후반에 인디언 社會와 文化의 전면적 파괴의 先例를 만들고 있었던 것도 당연히 지적되어야 할 것이다.

서부로 향한 미국의 팽창주의는 포오크(Polk)대통령 때에 와서 텍사스를 奴隷州로 병합하기 위해서 멕시코와 전쟁을 치렀고 끝내 캘리포니아까지 미국 영토로 편입시켰다. 또한 경계가 不明한 채 美·英 양국간에 共同領有를 해 오던 오리건도 영국과의 타협으로 미국이 영유하게 되었다. 1853년에는 대서양 연안에서 태평양 연안에 이르는 오늘의 영토가 형성되었다.

南北戰爭이 일어날 때까지 미국의 경제는 각 地域的 特色을 살려 가면서 발전의 속도를 더해 갔는데, 북부의 機械制 大工業을 보면 1840년까지 纖維工業이 확립되고, 그 후에는 鐵加工業에서 製鐵工業으로 옮겨 갔다. 대규모의 운하와 철도가 건설되고 19세기 중엽까지 산업자본의 국내시장 통일의 기반이 거의 확립되었다. 남부는 변함 없이 면화수출로써 영국 산업자본과 밀접한 관련을 맺고 있었다.

南北戰爭 以後

이제 미국에 남겨진 큰 문제는 南北의 대립이었다. 資本主義制 工業을 바탕으로 保護關稅와 中央集權을 주장하는 북부와 農園制 農業을 바탕으로 自由貿易과 州의 自治를 주장하는 남부와의 불화는 날로 심화하여 黑人奴隷 문제를 쟁점으로 마침내 南北戰爭이 일어났다. 노예제를 인정한 남부와 이를 금지한 북부는 西部開拓에 따라 새로 탄생하는 州를 자기 편에 편입시키려는 경쟁에서 충돌을 면치 못하였다. 1860년 노예제 반대를 주장하는 共和黨의 링컨(Lincoln)이 대통령에 당선되자 남부 11주는 聯邦에서 탈퇴하여 南部聯合을 만들었다. 링컨 대통령은 이 탈퇴를 인정하지 않았고 곧 전쟁으로 돌입하였다. 전쟁은 처음 南軍의 우세로 추진되었으나 링컨은 奴隷解放令을 발한 뒤, 徵兵制를 펴고 해방된 노예도 聯邦軍에 편입시켜서 남부의 전투력을 약화시켰다. 우세한 海軍으로 남부를 봉쇄하고 다시 게티즈버그의 승리를 거쳐 마침내 1865년 4월 남부의 수도 리치먼드를 함락함으로써 남북전쟁은 종식되었다. 이 해 12월에 성립한 憲法修正 13조에 의해서 미국은 정식으로 奴隷制를 폐지하였다.

戰後의 再建時代에는 해방된 흑인을 미국 사회에 어떻게 적응시키느냐가 과제였다. 암살된 링컨의 뒤를 이은 존슨대통령은 링컨의 계획대로 남부 諸州를 곧바로 聯邦에 복귀시키려 했으나 共和黨 急進派는 1867년 3월 再建法을 제정해서 남부를 軍政下에 두고, 흑인에게 參政權을 보증하는 憲法修正 14조를 비준하였다. 그러나 이러한 새로운 조건이 흑인의 사회적 위치를 실제에 있어서 크게 개선하는 것은 아니었다. 白人들의 뿌리깊은 人種的 偏見 속에서 生을 영위하기에 필요한 資產도 教育도 없는 처지에서 흑인들은 새로운 형태의 예속제도인 分益小作制度 아래서 소작인의 신세가 될 수밖에 없었다. 한 번 주어졌던 선거권도 남부에서는 世紀의 轉換期에 다시 박탈되었다.

再建時代의 경제발전은 획기적인 것이었다. 남부의 풍부한 자원은 木棉工業·煙草工業을 발달시켜 이곳에서도 中產階級이 성장하여 미국 國民經濟의 일익을 맡게 했다. 大陸橫斷鐵道가 1869년에 완성되고 이민도 늘어났다. 대평원은 기계를 사용하는 대규모 농장으로 바뀌어 갔다. 西部의 발전은 北部의 공업에도 유리한 영향을 끼쳤다. 서부가 유리한 國內市場을 형성했던 것이다. 자동차를 비롯한 많은 工產品이 실용화한 것도 19세기 후반이다. 미국은 문자 그대로 大工業國이 된 것이다.

그러나 남북전쟁에서 19세기 말까지의 비약적인 경제발전의 시기는 미국 政治史上 가장 부패했던 시기로도 평가된다. 이런 정치적 타락의 시기에 근로자의 어려움이 제대로 받아들여질 까닭이 없었다. 勞動爭議는 자주 일어나고, 이를 탄압하고자 경찰개입이나 군대동원도 있었다. 1886년 5월 1일을 기하여 8시간 노동제를 요구하는 대규모 파업이 있게 되고, 제2인터내셔널은 이 파업에 連帶意識을 표시하여 5월 1일을 노동계급의 국제적 紀念日로 결정하였다.

2. 西歐 自由主義 社會의 展開

英 國

19세기 영국 정치의 특징인 自由主義의 확대는 1830년에 본격화한다. 프랑스 7月革命의 영향을 받고 1832년에 휘그(Whig)黨의 그레이(Earl Gray)내각이 성립하자 일련의 自由主義的 政策이 채택되었다. 즉 地主階級을 약화시킨 選擧法 改正을 비롯하여 團結禁止法의 폐지가 있었고, 한편 카톨릭 解放令, 奴隷使用禁止法, 工場法, 新救貧法, 都市自治法 등이 제정되었다. 이 시기에 정당도 재편성되어 지주·대상인층을 대표하는 보수적 토리(Tory)黨과 산업자본가·상인층을 대표하는 자유주의적 휘그黨이 양립하여 이른바 兩黨政治의 구현을 보게 되었다. 이렇듯 많은 사회개혁이 추진되었으나 노동계급의 參政權은 부인되었고 勞動組合은 법으로 인정되지 않았으며 工場法도 유명무실하였다. 그리하여 영국의 노동자들은 前章에서 밝힌 바와 같이 차아티스트運動을 벌였던 것이다.

19세기 중엽을 넘어서면서 영국의 자본주의는 번영기를 맞이한다. 국민의 생활수준은 급격히 상승하여 전에 없던 富와 福祉를 누렸다. 19세기 후반을 통해서 노동자의 賃金은 30퍼센트나 上昇하였는데 熟練工의 경우는 그 이상 오른 것으로 평가된다. 그러나 19세기 말엽에는 새로운 경쟁자로서 특히 독일과 미국을 맞이하게 된다.

1867년의 제 2차 選擧法 改正이 이루어져 도시노동자의 대부분이 有權者로 되었다. 1872년에 無記名 投票制가 성립되었고 1884년에는 제 3차 改正으로 도시민의 選擧資格이 전국에 확대되어 지방 노동자의 대부분도 유권자가 되었다. 議會政治는 여성을 제외하고 국민적 기반을 확립해 나갔다. 노동계급은 번영에 발맞추어 資本主義 體制에 적절히 적응해 갔고 自由黨 지지세력으로 되어 갔다. 또한 1871년에는 勞動組合法이, 1870년에는 初等教育制度를 확립한 教育法이 각각 제정되었다. 그러나 高等教育을 받을 수 있는 것은 資產을 가진 소수자였다.

영국 외교는 팔머스톤(Palmerston)이 주도하였다. 그가 호언장담한 외교 정책의 기본은 유럽 열강의 세력균형을 유지하면서 영국 資本主義 발전을 위해 世界市場을 확장하고, 원료자원을 확보하며, 海外投資를 증대해 나가는 것이었다. 크리미아戰爭에서 러시아를 제압하고 오스트리아·프랑스를 견제하면서 폴란드와 이탈리아의 民族主義運動을 지원하였다. 중국에서는 阿片戰爭(1840~42) 이후 애로우號事件을 계기로 清國의 開港이 있게 되고 이로써 새로운 시장을 확보하게 되었다. 인도에서 세포이의 反亂(1857~58)을 계기로 東印度會社로부터 정부가 경영권을 이양받아 식민지 지배를 강화하였다.

팔머스톤을 계승한 디즈레일리(Disraeli) 수상은 1875년 로드차일드(Rothchild) 商社의 자금을 빌어 이집트로부터 수에즈運河 管理株式(Controlling shares)을 사들여 근동에 거점을 확보하였다. 한편 인도지배를 강화하여 빅토리아 여왕에게 인도女帝의 칭호를 헌정하였다. 1878년 베를린 會議에서는 러시아의 南下意圖를 저지하는 데 성공함으로써 「名譽와 함께 平和를 가지고」 귀국하였다. 글래드스톤(Gladstone)은 디즈레일리의 팽창주의에 대해서 小英國主義를 제창하고 오히려 아일랜드自治法案을 제출하는 등 自由主義 政策을 폈다.

1873년에 시작한 大不況과 1879년의 농업위기는 전에 없이 영국에 심각한 타격을 주었다. 1880년대 말에는 실업자가 속출하여 곤란한 사회문제로 되었다. 이러한 사회문제의 해결을 위해서는 기업의 獨占化와 對外的 帝國主義化가 성취되어야 한다는 주장이 나오게 되면서 차츰 영국의 지배계급은 帝國主義 政策에서 활로를 찾게 되었다. 한편 노동계급은 1893년 獨立勞動黨을 결성함으로써 부르조아지로부터 독립한 독자의 길을 찾아 나섰다.

프 랑 스

1848년의 2月革命은 第2共和政의 수립을 가능케 하였지만 나폴레옹 1세의 조카인 루이 나폴레옹 보나파르트에 의해서 이 혁명의 본래 이상과는 달리 帝政으로 탈바꿈되었다. 즉 그는 1851년 12월에 쿠데타를 결행, 大統領權限을 강화하고 다시 다음해 12월에 國民投票를 거쳐 나폴레옹 3세로서 즉위하여 第2帝政을 펴 나갔다. 프랑스革命 이래 일찌기 保守化한 小農層 전반을 支持基盤으로 삼고, 한편 단독적인 힘으로는 支配階級으로 성립할 수 없었던 부르조아지를 딛고, 또 한편으로는 아직 성숙하지 못한 노동계층을 닫고 이들 양자의 균형 위에서 자신의 위치를 차지할 수 있었던 것이 바로 나폴레옹 3세의 過渡的 獨裁體制였다. 부르조아지는 議會政治를 통해서 階級支配를 관철할만한 힘이 없었고, 한편 小農層은 자본주의적 분해의 위기에 직면하였고, 또한 양자 모두 프롤레타리아트의 운동에 두려움을 품고 있었기 때문에 皇帝를 옹립하였던 것이다. 이러한 나폴레옹的 政治狀況을 보나파르티즘(Bonapartism)이라고 개념적으로 파악할 수 있거니와 보나파르티즘과 絶對主義의 질적 차이는 후자가 封建的 土地所有를 기반으로 삼고 있는 데 대해서 전자는 자본주의적 소유관계를 기반으로 삼고 있다는 점이다.

第2帝政의 安定期였던 1850년대에 나폴레옹 3세는 프랑스의 옛 명예를 되찾고 새 나라의 경제발전에 크게 공헌하였다. 社會主義者인 생 시몽의 사회이론에 강한 영향을 받았던 황제는 사회복지에 관련한 경제문제에 순수한 관심을 쏟았다. 크레디 모빌리에(Crédit Mobiliet)라는 投資銀行의 창설, 철도와 항만공사의 확장, 도시에 가스燈 설치, 광산·조선업의 확장 등 획기적인 경제발전이 이룩되었다. 1852년에 발발한 크리미아戰爭에서 승리한 프랑스는 1855년 萬國博覽會를 열었고 파리市를 새 都市計劃에 따라 화려하게 가꾸어 그 번영을 과시하였다.

1860년에는 英佛協約이 체결되었고 스위스·벨기에와도 같은 조약이 체결되어 이를 계기로 自由貿易의 原則이 세워졌다. 自由化政策은 강력히 추진되었는데 이에 대해서 產業資本家나 銀行은 환영하였으나 中小부르조아지는 반발하였다. 이 무렵부터 野黨勢力도 확대되었다. 한편 노동자들은 團結權의 승인을 요구하게 되고, 1864년 2월에는 노동자의 政治的 權利와 社會的 平等을 요구하는 60人宣言이 발표되었다. 마침내 황제는 같은 해 5월에 勞組의 團結權을 승인하기에 이르렀다. 이처럼 부르조아지와 프롤레타리아트 모두가 강대해짐으로써 보나파르티즘은 그 存在基盤을 차츰 잃어 가고 있었다.

이러한 國內情勢 속에서 나폴레옹 3세의 멕시코支配를 의도한 出兵(1862~67)은 실패로 끝났다. 이에 뒤이은 1869년의 총선거에서 부르조아지와 急進共和派로 이루어진 反政府派의 진출이 4할을 넘게 되고 또한 國民投票에 의해서 황제의 권한도 대폭 축소되었다. 1870년에는 비스마르크의 교묘한 외교술에 말려든 普·佛戰爭에 패함으로써 프랑스 第2帝政은 완전히 붕괴되었다.

第2帝政 붕괴 후 1871년 1월의 총선거에서 티에르(Adolphe Thiers)가 行政長官에 선출되었다. 그는 패망한 나라의 首班으로서 假政府를 조직하여 독일과의 講和條約을 체결했고, 무엇보다도 社會主義政權의 수립을 외치던 파리코뮌의 反亂을 1주간의 치열한 시가전 끝에 진압하였다. 1873년 티에르는 君主政體로의 복귀를 바라던 王黨派의 반발에 부딪쳐 실각했다. 그러나 왕당파의 연합세력이 균열을 보이자 이 틈을 탄 共和主義者 감벳타(Gambetta) 등의 활약으로 1875년에 임기 7년의 大統領制를 채택한 第3共和政權이 수립되었다. 이 정권은 왕당파와의 결정적인 대결을 피한 穩健共和派에 속하는 產業資本家나 銀行業者 등 大부르조아지가 지배하는 共和制를 택하였다.

小政黨이 分立하여 좀처럼 안정을 얻지 못한 프랑스 정국에는 1880년대에 불랑제(Boulanger) 장군이 국민적 영웅으로 등장하여 한때 쿠데타 위기조차 몰고 왔던 사건이 있었는데, 이는 강력한 國家權力의 등장을 바라던 국민적 기대가 낳은 결과였다. 1890년대에는 左右 兩派가 격돌한 드레퓌스(Dreyfus)事件이 발생하여 다시금 정국을 혼란의 극으로 몰고갔다. 이러한 와중에도 부르조아 政權이 자리를 잡는 듯이 보였으나 다시금 동요하여 1889년 이후에는 社會主義運動이 착실히 지반을 굳혀 갔고 1905년에는 다수의 사회주의 단체의 통합이 실현되어 統一社會黨이 결성되었다. 이 정당은 그후 1次世界大戰에 이르기까지 議會에서 유력한 정당으로 활약하였다.

3. 後進的 民族主義社會의 展開

獨逸 · 오스트리아

19세기 초 시타인(Stein)과 하르덴베르크(Hardenberg)에 의해서 추진된 프러시아의 國制改革은 農奴解放이 상징하듯이 위로부터의 近代化改革이었다. 그러나 1848년에 이르러 아래로부터의 市民革命에 봉착하여 큰 난관을 겪으면서 급기야는 1849년과 1850년에 欽定憲法을 제정하게 된다. 이 헌법은 국왕의 강력한 권한 아래 議會의 권한을 제한한 것이 특징이다. 下院選擧의 경우 전 국민을 直接稅에 따라 3계급으로 나누고 각 계급이 同數의 選擧人을 선출하여 그 선거인이 議員을 선출하는 不平等 間接選擧法이 실시되었다. 명목상으로는 立憲的 體制를 갖추었지만 실제로는 王權에 밀착된 융커層이 弱體의 부르조아지를 포섭해서 권력을 행사하는 프러시아 특유의 體制를 갖추었던 것이 특색이다.

오스트리아에서는 欽定憲法조차 파기되었고 「新絶對主義」라고 하는 專制的 官僚國家가 자리잡고 있었다. 이러한 보수적인 오스트리아의 統一性은 王冠 · 군대 · 관료제도 · 카톨릭 교회, 그리고 제한된 범위 안에서의 경제 및 문화에 있었다. 헌법이 없는 곳에 議會가 있을 리 없고, 內閣은 황제의 칙령이나 기존 법률을 시행하는 기관에 불과했다. 13세기 이래 600년 전통에 빛나는 합스부르크 王朝도 오스트리아 · 이탈리아 전쟁에서의 패배 후 自由化의 물결을 막지 못하게 되었다. 1861년에 兩院制 議會를 설치, 프러시아와 함께 명목상의 立憲國家가 되었다. 1867년에는 헝가리의 自治를 인정함으로써 오스트리아 · 헝가리 二重帝國을 세우게 되었다.

1862년 프러시아 수상으로 취임한 비스마르크는 政治의 藝術家였다. 그는 교묘한 外交術로 우선 오스트리아와 손잡아 덴마아크를 격파한 후 다시 오스트리아를 격파하여 실레스비히 · 홀시타인 지방을 빼앗았다. 1866년 普 · 墺戰爭에서는 마인江 이북을 통합, 北獨聯邦을 발족시킴으로써 小獨逸主義에 의한 민족 통일의 길로 성큼 다가섰다. 나폴레옹 3세를 교묘히 유인한 普·佛戰爭에서는 전격작전으로 프랑스軍을 격파하고, 1871년 1월 빌헬름 1세의 皇帝即位式을 베르사이유 궁전에서 거행함으로써 역사적인 통일 獨逸帝國의 성립을 보았다. 이 새로운 독일 국가는 독특한 구성을 갖는데, 즉 4王國·6大公國·5公國 그 밖에 22君主國 그리고 3自由市와 1帝國領으로 이루어진 聯邦이었고 君主國家들의 복합체였다. 국가원수로서의 皇帝는 프러시아 왕이 겸임하며 帝國宰相은 프러시아 首相이 겸임하였다.

강력한 권한을 쥔 비스마르크는 우선 產業資本家와 제휴하여 軍需工業을 확충하고 英·佛에 맞서는 세계강국에의 길로 발돋움하였다. 비스마르크는 카톨릭敎徒와의 대결로부터 社會主義者의 탄압으로 목표를 옮기면서 1878년 社會主義彈壓法을 마련, 사회주의자나 공산주의자의 집회·결사·출판·시위행위 등을 금지하였다. 반면에 그는 많은 社會立法으로 노동자의 생활을 보호하고 그들의 복지를 증진시켰다.

비스마르크는 유럽의 勢力均衡을 유지하면서 독일의 세력신장을 도모하고자 능란하게 同盟關係를 맺었다. 1878년 베를린會議를 주재한 후 프랑스를 고립시키고자 1879년에 오스트리아와 2國同盟을 체결했고, 다시 1882년에 독일·오스트리아·이탈리아 사이의 3國同盟을, 1881년에는 독일·오스트리아·러시아 사이의 第2次 3帝同盟을 체결하였다. 한편 산업혁명을 통해 크게 발전한 국내산업은 獨占資本을 형성하기 시작했고 金融資本과의 유착도 추진되었다. 1888년 빌헬름 2세가 즉위하면서 새로 형성된 獨占資本을 배경으로 新船路 政策을 펴나가자 융커와 舊產業資本家를 기반으로 삼았던 비스마르크는 불가피하게 퇴진할 수밖에 없었다. 이로써 비스마르크는 2년 후에 사임하고 동시에 그가 수립한 유럽의 勢力均衡體制도 무너지고 독일은 새로운 帝國主義 時代로 진입하게 되었다.

이탈리아

비인會議 이래 이탈리아 안에서의 독립국은 北部의 사르데냐뿐이었고 그 밖에 北部는 오스트리아, 中部는 로마교황, 南部인 나폴리·시칠리아는 부르봉 王朝의 지배 아래 놓여 있었다. 이렇게 分立狀態에 있었던 이탈리아에서는 秘密結社 카르보나리(Carbonari)나 부오나롯티(Buonarrotti) 같은 과격파가 1830년의 7月革命 후에 각지에서 반란을 기도하고 있었고, 民主共和國 건설을 지향하던 맛치니(Mazzini)도 大衆的 운동을 벌이고 있었는데, 때마침 1848년의 혁명이 일어나자 이들의 움직임은 民族復興運動(Resorgimento)으로 확대되었다. 그러나 이 운동은 실패로 끝나고 사르데냐 首相 카부르(Cavour)가 맡아 위로부터 추진되는 復興運動으로 성격이 바뀌었다. 영국의 立憲制度를 찬미하던 카부르는 영국과 프랑스의 制度를 배워 사르데냐 政治에 활용함으로써 이 나라를 近代國家로 탈바꿈하는 데 공헌하였다. 그는 또한 크리미아 전쟁과 對오스트리아 전쟁에서 승리하여 위세를 떨쳤다. 1860년에는 시칠리아에 반란이 일어나자 반란측을 지원하는 가리발디를 원조하여 反亂軍이 정복한 兩시칠리아王國을 사르데냐 왕에게 獻呈케 했다. 나폴리에서 맛치니 등 民主共和派의 운동이 퇴조하자 1861년 3월 17일 이탈리아王國을 선포하고 사르데냐의 엠마뉴엘(Victor Emmanuel) 2세가 국왕으로 추대되었다. 그후 베네치아와 로마도 병합되고 또한 수도를 로마로 옮겨 명실공히 이탈리아는 완전한 통일국가로 되었다.

통일 후의 이탈리아王國은 立憲君主國이었으나 有權者數는 전인구의 2퍼센트에 불과했고 소수의 土地貴族이 농민과 민중을 억압하면서 中央集權體制를 유지하고 있었다. 북부는 綿工業과 絹織業, 酪農業 등으로 공업발전을 보였는데, 大土地 所有制에 과실재배를 주업으로 하는 남부는 근대화에 뒤져 있었다. 게다가 1881년 이후로 農業恐慌이 발생하여 많은 사람들이 移民으로 떠났다.

普佛戰爭 이후 이탈리아는 독일 및 오스트리아와 함께 3國同盟을 맺고 뒤늦게나마 아프리카 진출에 나섰다. 1876년에 성립한 데프레티스(Depretis) 內閣 이후 選擧權의 확대, 2년간의 無償義務敎育制같은 개혁이 있었다. 그러나 농업공황이 있은 뒤로 사회문제가 심각해짐으로써 계급대립이 격화되고 사회주의자의 활동 등이 활발해졌다. 1892년에는 이탈리아 勤勞者黨이 결성되었는데 후에 社會黨으로 개칭되었다.

東歐의 少數民族

유럽史 전반에 걸쳐 항상 외면당해 온 東歐 少數民族에게 있어서 19세기는 그들 나름의 民族的 覺星의 시기였다. 러시아·오스트리아·프러시아 등 3국의 分割統治를 받은 폴란드, 합스부르크帝國이 지배한 체코슬로바키아, 헝가리, 크로아티아(Croatia), 그리고 터어키 支配下의 발칸 지역 등에서 전개된 民族運動은 그들의 강인한 독립의지를 나타내었다.

폴란드는 1795년 이래 3국의 分割支配下에 있었다. 1831년 11월「保守革命」이라고 일컬어지는 봉기를 비롯하여 1846년의 크라코우의 봉기와 1848년의 유럽革命期에 있어서의 봉기 등 일련의 움직임이 있었으나 많은 인명의 희생에도 불구하고 民族解放은 실현되지 못하였다. 다만 오스트리아와 프러시아 支配下의 지역에서는 有償의 農民解放이 있었다. 다시 1863년 1월 바르샤바市에서 러시아 지배에 항거한 봉기가 일어나자 이해 3월 農民解放令을 반포함으로써 봉기의 銳鋒은 꺾이고 말았다. 이 나라의 독립은 第1次 世界大戰 이후로 미루어지고 3국의 종속하에서 資本主義化가 추진되었다. 폴란드의 民族解放運動은 서구 노동자들과 자유주의자들의 많은 공감과 지지를 받았고 유럽 사회에 저항의식을 심어 주기도 하였다.

합스부르크의 帝國은 열 하나의 민족으로 구성되어 있었는데, 1848년의 혁명 후 민족의식이 높아지면서 헝가리, 크로아티아, 트랜실베이니아, 베네치아 등이 1861년의 2月憲法으로 재강화된 帝國의 지배에 반발, 帝國議會에 대표를 보내지 않았고, 체코인과 폴란드인도 의회에서 자리를 박차고 퇴장하였다. 다만 헝가리만이 1867년의 和解에 따라 內政面에서 완전한 자치권을 갖는 二重帝國을 세웠다.

보헤미아 지방에서 다수를 차지했던 체코인은 1867년 이후 모라비아와 실레지아를 합친 獨立王國의 재건을 주장하고 帝國議會를 거부하였으나 1880년 체코語와 독일語의 同等性을 인정받고 의회에 복귀하였다. 체코는 제국 안에서는 先進地域이었으나 독립을 쟁취하기에는 第1次 世界大戰이 끝날 때까지 기다려야 했다.

발칸지역을 개관하자면, 처음으로 독립을 쟁취한 것은 1829년의 그리이스이지만 최초로 獨立革命을 일으킨 것은 세르비아였다. 1804년 이래 지속된 세르비아의 줄기찬 봉기는 터어키의 탄압으로 실패로 끝났지만, 러시아의 지원으로 1830년에 自治公領이 되었다. 1821년에는 그리이스 이외에 루마니아 南部의 와라키아와 알바니아에서 터어키에 대한 반란이 일어났고, 이어 발칸 諸民族의 터어키에 대한 全面的 반란이 일기 시작하였다. 가장 강렬한 지배 아래 있었던 불가리아는 뒤늦게 시작하여 1834년에 최초의 봉기가 있었으나 政治的 變革은 19세기 후반으로 넘겨진다.

루마니아에서는 1848년의 革命에 때를 같이하여 獨立革命을 일으켰는데 몰다비아에서는 패배하였으나 와라키아에서는 성공하여 共和政府를 수립하였다. 그러나 러시아는 正統主義 精神에 따라 군대를 파견, 이 정부를 해체하였다. 몰다비아 및 와라키아 兩公國은 크리미아 전쟁 후 파리條約에 따라 1861년 터어키의 宗主權 아래 통합, 루마니아 自治公領이 되었다. 이 나라에서는 農奴解放에 가까운 土地改革이 있었고 議會도 개설되었다.

이렇게 독립운동을 추진해 온 발칸의 여러 民族은 1865년에서 67년에 이르는 시기에 세르비아를 중심으로 발칸同盟을 결성, 이 지역 전체를 터어키와 오스트리아로부터 해방할 것을 결의하였다. 마침내 1875년에는 보스니아・헤르체고비나에서 반란이 일어났고 이를 세르비아와 몬테네그로가 지원하였다. 다시 1876년에는 불가리아에서 반란이 일어나자 터어키의 엄청난 학살행위가 자행되었다. 이를 계기로 다음해 러시아는 터어키에 開戰, 전쟁에 패한 터어키는 1878년의 상・스테파노 및 베를린條約에서 루마니아, 세르비아, 몬테네그로의 完全獨立을 인정하였다. 불가리아는 터어키를 宗主國으로 하는 自治國이 되었다. 이와 같이 발칸의 여러 民族들은 民族主義時代라고 일컬어지는 19세기 全般에 걸친 오랜 투쟁 끝에 獨立國 또는 自治國으로 되었다. 이로써 발칸지역은 터어키에 대신한 슬라브人의 침투를 보게 되며 머지 않아 오스트리아 勢力과의 각축장으로 변모하게 된다.

4. 러시아의 짜리즘과 近代化

데카브리스트의 反亂을 진압한 니콜라이 1세는 더욱 自由主義的 改革運動을 엄격히 다스려 專制國家體制를 강화하였다. 이를테면 농민 자녀에 대해서 中等敎育을 금지했고, 自由主義者는 대학에서 추방했다. 1848년의 유럽革命의 연쇄적 결과인 폴란드·헝가리의 革命運動도 러시아軍에 의해서 진압되었다. 서구적 근대화를 주장하던 西歐主義者와 피오트르大帝 이전의 옛 러시아를 찬미하던 슬라브主義者와의 논쟁도 난국을 현실적으로 수습하지는 못하였다.

러시아는 터어키가 발칸 지대에 사는 그리이스 正敎徒에 대한 보장을 거부하자 1853년 5월 터어키에 宣戰함으로써 크리미아 戰爭을 일으켰다. 이 전쟁에서 터어키와 西方同盟軍의 반격을 받은 러시아는 끝내 패배하였다. 결국 서구의 先進資本主義 帝國의 優位가 입증된 셈이다.

크리미아 전쟁 직후 알렉산드르 2세는 農奴解放을 불가피하게 단행하였다. 그 무렵 農奴制에 대한 반항도 거세었지만 이 제도의 존속은 軍制改革과 鐵道建設 등을 위주로 한 러시아의 工業化에 장애요인이 된다는 상황판단에서 1861년에 단행되었다. 농민의 인격적 해방은 무상이었으나 분양된 토지의 분배는 유상으로 시행되었다. 領主 의이익을 온존시킨 위 조건부 해방이었기 때문에 농민은 지주에 종속된 상태로 머무를 수밖에 없었다.

러시아에서는 농노해방에 이어 일련의 개혁이 단행되었다. 국가의 行政機構의 개혁을 비롯하여 地方自治機關으로서의 젬스트보(Zemstvo)의 설치, 司法制度上의 개혁을 통한 身分別 裁判體系의 철폐와 陪審制의 채용, 初等國民學校法의 제정, 軍制改革 등 다채로운 변화가 있었다.

한편 인텔리겐챠들 사이에는「人民의 속으로」가서 그들을 계몽하고 계몽된 농민의 힘으로 짜리즘을 타도하자는 움직임이 있었다. 이 움직임은 러시아의 전통적 農民共同體를 찬미하였으나, 자본주의적 발전의 추세를 이해하지 못하고 끝내 농민을 동원하는 데도 실패하였다. 뒤에 이 움직임은 社會革命黨의 탄생에 영향을 미쳤다.

크리미아 전쟁 후 러시아는 중앙아시아와 아무르 지방으로 진출하였는데, 1873년에는 독일·오스트리아와 三帝同盟을 체결하고 재차 발칸 방면으로 향했다. 前節에서도 언급했듯이 1875년 발칸지역에서 터어키 支配에 항거하는 반란이 일어나고 다음해 불가리아 大虐殺事件이 일어나자 이 문제에 관련해서 영국·프랑스·독일·오스트리아·이탈리아·러시아 등 列强이 콘스탄티노플會議를 열고 터어키에 內政改革案을 제시했으나 터어키는 이를 거부하였다. 이 사건을 계기로 러시아는 단독으로 開戰하고 1878년에는 콘스탄티노플에 육박하였다. 터어키는 루마니아를 비롯한 발칸 여러 민족에게 독립을 인정했고 불가리아에는 自治權을 인정했다. 또한 러시아는 발칸지역에서 큰 權益을 얻었다. 그러나 이에 대해서 영국과 오스트리아가 격렬한 반대를 하게 되어, 비스마르크의 조종으로 열린 베를린 會議에서 러시아는 다시 權益의 축소를 보게 되었다. 이로부터 국제간의 力學關係에 변화가 오게 되어 獨·露關係는 멀어지고 露·佛 간에 동맹이 체결되었다. 이로써 발칸은 汎슬라브主義와 汎게르만主義의 대립이 격화되어 갔고 20세기 초엽에 가서는 第1次 世界大戰의 근원지가 되었다.

알렉산드르 2세는 그의 內政改革을 위한 노력이 있었음에도 1881년 끝내 「人民의 意志黨」의 암살로 죽고 지극히 보수적인 알렉산드르 3세가 즉위하였다. 러시아는 19세기 말엽까지 공업분야에서 전면적인 발전을 보았고 鐵道建設에도 크게 진척하였으나 계속 農業國家로서의 바탕을 벗어나지 못했다. 따라서 부르조아지는 西歐에서 볼 수 있는 바와 같은 獨自的 政治勢力을 형성하기에는 아직 弱體의 위치에 있었다. 러시아의 부르조아지는 짜르와 地主層에 의한 下向的 近代化 政策에 순응하는 처지에 있었기 때문에, 議會도 개설하지 못하였고 市民的 自由도 보장받지 못한 상태에 있었다. 앞서 가는 서구사회로부터 흘러 들어오는 先進思想은 날로 늘어나고, 반면에 사회는 침체된 채 머물고, 貧農層과 새로 형성되어가는 勞動階級의 불만은 계속 누적되어 갔다. 이러한 모순에 찬 러시아의 현실은 어둡고 불안한 장래를 예고하는 듯하였다.

5. 19世紀 유럽의 知的 進展

1830년 이후의 知的인 進展을 가리켜 知的인 革命이란 말로도 표현할 수 있다. 그것은 演繹的 合理主義的 傳統이 거의 완전히 사멸했다는 사실에서 찾을 수 있을 것이다. 과연 새 시대의 철학은 科學의 反響에 다름 없었다. 이는 宇宙에 관한 문제가 궁극적으로 해결되었다든지 인간은 사고할 능력을 상실했다는 뜻이 아니라 科學이야말로 오직 가치있는 지식의 원천으로 받아들여졌다는 것이다. 즉 經驗主義의 승리가 거의 확정적이었다고 말할 수 있을 것이다. 또한 추상적 合理論보다 구체적 경험으로부터 진실을 이끌어 낸 哲學이 거의 완벽한 자리를 잡게 되었다고 말할 수 있다. 모든 前時代와 비교하자면 1830년에서 1914년까지의 시기는 科學的 進步가 절정에 달했던 시기였다. 생각컨대 純粹科學이 근대에서 차지하는 위치는 13세기에 스콜라哲學이 차지하는 위치와 같다고 말할 수 있을 것이다.

自然科學

19세기에 가장 위대한 발전을 획기한 것은 生物學과 醫學이었다. 특히 생물학에 있어서 두드러지는 업적은 有機的 進化論에 대한 새로운 해석이었다. 영국의 차알스 다아윈(Charles Darwin)이 19세기 중엽 生物進化論을 대성하여『種의 起源』(*The Origins of Species*)을 간행함으로써 근대 생물학은 확고한 지위를 차지하게 되었다. 그의 주장에 의하면 생물은 生存競爭과 自然陶汰에 의해서 適者만이 살아 남을 수 있고 진화하는 것이다. 다아윈의 학설은 科學界는 물론 思想界에도 큰 파문을 던졌다. 영국의 스펜서(Spencer)는 進化論的 哲學을 낳았고, 오스트리아의 멘델(Mendel)은「遺傳의 法則」을 확립하였다. 한편 생물학의 놀라운 융성은 近代醫學의 발달에 지극히 큰 영향을 주었다. 微生物 연구에서 단서를 연 근대의학은 세균의 비밀을 차례로 밝혀 나갔다. 結核菌과 콜레라菌의 발견자 독일人 코호(Koch)와 化膿菌, 狂犬病 예방법의 발견자 프랑스人 파스퇴르(Pasteur)를 비롯한 많은 학자들의 노력으로 19세기 말까지 의학이론과 치료에 위대한 성과가 있었다.

자연과학에 있어서의 또 하나의 위대한 성과는 「에너지 不滅의 法則」을 확립한 것이었다. 熱이 일종의 운동인 것은 옛부터 알려졌고, 前世紀末 프랑스의 라브와지에(Lavoisier)가 比熱의 개념을 확립했으나 19세기 前半 독일人 마이어(Mayer)가 이 說을 발전시켰으며 영국人 주울(Joule)의 연구를 거쳐 독일人 헬름홀쯔(Helmholz)에 의하여 法則으로서 확립되었다. 이로써 자연현상이 모든 에너지의 形態變化에 근거한다고 하는 혁명적인 생각이 熱力學뿐만 아니라 자연과학 전 분야에 퍼졌다. 한편 19세기에 들어오면서 電氣와 磁氣가 서로 별개의 것이 아닌 電磁氣學으로 인식하게 되고, 영국인 패러데이(Faraday)와 맥스웰(Maxwell)이 電磁氣理論을 완성함으로써 熱力學에서 생긴 「에너지 不滅의 法則」과 함께 電氣에너지의 이용이 가능하게 되고 「電氣의 세기」인 20세기로의 길이 열렸다.

化學 분야에서는 이미 18세기 말에 수많은 元素가 발견되었고, 특히 영국人 돌턴(Dalton)의 原子說이 나타나는 등 화학은 19세기에 와서 크게 발전하였으나 電磁氣學의 발달에 따라서 화학연구도 크게 진보했던 것은 주목할만하다. 또한 독일人 뵐러(Wöhler)에 의한 尿素의 인공적 합성은 처음으로 有機物을 인공적으로 합성하는 데 성공한 사례였다.

수학도 종래에는 다른 분야를 위한 應用的 學問에 불과했던 것이 19세기부터 純粹科學으로서 발전하였다. 특히 유클리드幾何學을 부정하는 非유클리드 幾何學이 독일인 가우스(Gaus) 등에 의해서 수립되어 哲學思想과 함께 인간의 思考에 큰 영향을 주었다.

人文·社會科學

18세기까지 학문은 별로 분화하지 않았으나 19세기에 들어오면서 自然科學의 발달로 그 속에 갖가지 부문이 생기게 된 것과 같이 歷史學·經濟學 등 人文·社會科學도 부문별로 분화된 연구가 추진되었다.

歷史學에서는 資本主義의 발달로 국가와 민족 사이의 대립항쟁이 격화된 시대적 상황에 상응해서 국가적·민족적 자각을 높이는 방향으로 학문의 발달이 있었고 동시에 정확한 歷史的 事實의 구명을 존중하는 近代正統史學이 확립되었다. 독일에서는 史料批判 硏究를 시작한 니부르(Niebuhr), 역사의 과학적 기초를 확립한 近代史學의 아버지 랑케(Ranke), 그리고 트라이취케(Treitschke), 몸젠(Mommsen) 등을 배출했는데, 이들은 대체로 19세기 독일의 國政을 반영해서 政治史 연구에 중점을 두었다. 영국에서는 기후·식물 등 물리적 환경에서 역사적 因果關係를 설파한 버클(Buckle)을 배출했고, 또한 프랑스에서는 이와 유사한 사상에 입각한 테느(Taine)가 나왔다.

자연과학의 발달은 인문과학에도 큰 영향을 미쳐 現實主義的·經濟主義的 哲學을 발전시켰고 다시 이에 대한 반성으로서 개성을 존중하는 個性主義 哲學도 성립시켰다. 우선 현실주의적 입장은 마르크스(Marx)·엥겔스(Engels)가 창시한 唯物論을 꼽을 수 있고, 사회현상 속에 있는 法則을 과학적으로 추구하려던 콩트(Comte)의 實證主義 哲學이 있고, 이보다 다소 앞서서 「最大多數의 最大幸福」이란 표어로 이름 높은 벤담(Bentham)의 功利論이 있다. 다음으로 個性主義 哲學은 과학적 입장에 서는 客觀性 존중의 편향이나 자본주의가 가져온 社會不安을 배경으로 하고 그 반동으로서 성립한 개성이나 주관을 중시하는 철학이 있다. 독일의 쇼펜하우어(Schopenhauer)와 위대한 개성을 超人으로 부른 니이체(Nietzsche), 그리고 實存主義哲學의 창도자 키에르케고오르(Kierkegaard) 등이 유명하다.

사회과학의 발달도 현저하였다. 經濟學에서는 애담 스미드(Adam Smith)의 이론을 발전시켜 勞動價値說을 설파한 리카아도(Ricardo)와 다시 이를 완성한 마르크스가 있다. 영국 正統經濟學의 추상성을 공격한 독일의 新歷史學派의 시조 시몰러(Schmoller)가 유명하다. 法學에서 독일의 사비니(Savigny)가 있는데 그는 自然法에 입각하여 종래의 추상적 법학을 中世의 로마법 연구를 통해서 시정함으로써 歷史學派를 열었다.

文 學

19세기 초의 浪漫主義가 자연과학의 발전이나 資本主義의 성장에 따라 현실로부터 유리되자 그 反作用으로서 현실을 있는 그대로 묘사하려는 寫

實主義가 등장하였다. 그러나 마침내 자본주의의 발전이 사회에 암영을 초래하자 實證的 方法으로 사회의 추한 면을 사실대로 표현하여 사회에의 관심을 높이려는 自然主義가 출현하였다.

寫實主義文學의 거장으로서 『赤과 黑』으로 유명한 스탕달(Stendhal), 『人間喜劇』의 발자크(Balzac) 등 프랑스 문학이 유명하고, 영국의 중류·하층계급을 묘사한 대커리(Thackeray)와 디킨즈(Dickens)가 力作을 내놓았다. 또한 러시아로 流入된 사실주의는 고골리(Gogol), 『아버지와 아들』을 쓴 투르게네프(Turgenev), 『카라마조프家의 兄弟』를 쓴 도스토예프스키(Dostoievskii), 『안나 카레니나』의 톨스토이(Tolstoi)에 의해서 크게 성장하였다.

自然主義 文學으로는 『마담 보봐리』의 플로베르(Flaubert)에서 비롯하여 유전을 다룬 소설 『루공-마쿠아르』(Les Rougon-Macquart)의 졸라(Zola), 『女子의 일생』을 쓴 모파상(Maupassant)을 낳았다. 영국의 하아디(Hardy), 독일의 하우프트만(Hauptmann)도 자연주의의 거장이다. 北歐에서는 『人形의 집』의 입센(Ibsen), 스트린드베리(Strindbery)가 유명하다. 자연주의는 당시의 자연과학의 융성에 발맞추어 전 유럽을 풍미하였고 그 기법은 그후 미국과 東아시아에도 적극적인 영향을 미쳤다.

19세기말에 다가서면서 資本主義의 모순이 노정되자 유럽은 동요를 나타냈다. 啓蒙思想 이래의 밝고 낙천적인 경향은 상실되고 자연주의 문학은 깊은 절망감을 나타내기 시작하였다. 특히 문학에서는 자연주의를 배척하고 다시금 감정을 존중하려는 新浪漫主義運動이 「藝術을 위한 藝術」을 설파하였다. 이 운동에는 프랑스의 象徵主義 시인 말라르메(Mallarmé), 랭보(Rimbaud), 벨기에의 神秘主義 희곡작가 마테링크(Maeterinck), 영국의 唯美主義 희곡작가 윌드(Wild)가 많은 역할을 하였다.

藝 術

繪畫에서도 낭만주의적 畫風 속에서 리얼리즘의 싹이 튼다. 寫實主義는 프랑스의 쿠르베(Courbet)에 의해서 대표되고 다시 나아가서 自然主義는 밀레(Millet)의 農民生活을 소재로 담은 작품을 낳았고, 이어 繪畫技法上으로는 마네(Manet)를 시작으로 자연과학의 발달을 배경으로 하는 視覺의 과학적 추구까지 시도했던 印象派를 낳았다. 그러나 世紀末에는 이에 대한 반동이 나타나게 되는데, 즉 主觀을 존중하고 對象 속의 영원한 것을 잡으려고 하는 後期印象派의 세잔(Cézanne)이 나왔다. 조각에는 자연주의 시대의 거장 로댕(Rodin)이 나왔다. 프랑스는 文學과 美術 분야에서 지도적 지위에 섰고 그 경향은 20세기까지 지속되었다.

音樂에서의 浪漫主義는 문학이나 다른 예술 분야에서와 같이 쉽사티 시들지 않았다. 19세기의 중엽이 넘도록 그 절정을 유지했고 그것은 現世에도 지속되고 있다. 19세기 후반에는 음악의 표현이나 이념에서 많은 변화가 있었고 이는 문학이나 미술에서의 경향과 비교할 수도 있으나 정확한 平行을 긋기는 어렵다. 19세기의 낭만주의 음악은 두 독일인 음악가 슈만(Schumann) 과 멘델스존(Mendelssohn)의 작품에서 강조되고 있다. 쇼팽(Chopin)과 리스트(Liszt)도 19세기를 산 낭만주의 作曲家였다. 19세기 후반의 대표적 작곡가는 예술계의 革命家인 바그너(Wagner)였다. 그가 音樂劇이라고 스스로 부른 오페라에서 행동·언어·음악·무대효과를 함께 혼합하는 技法을 적용하였다. 그의 생각은 실로 모든 예술을 융해하여 하나의 全體를 구성하는 것이었다.

19세기 음악의 또 하나의 특징은 내셔널리즘의 推進力으로 구성되어 갔다는 점이다. 미국을 포함한 모든 유럽 국가에서 민요가 발굴되어 大作에 반영되었다. 보헤미아의 스메타나(Smetana)와 드보르작(Dvorák), 노르웨이의 그리이그(Grieg)의 작품에서 내셔널리즘의 특징이 잘 나타나고 있다. 핀란드인 시벨리우스(Sibelius)도 이 부류에 속하지만 20세기 전반을 산 인물로서 단순한 國民音樂의 경지를 훨씬 넘어서서 오히려 普遍性을 충분히 살린 작품을 써 냈다. 러시아의 음악에서 내셔널리즘의 强調가 현저한 것은 너무나 잘 알려진 사실이다. 차이코프스키(Tchaikovsky)를 포함하여 보로딘(Borodin), 뭇소르그스키(Moussorgsky) 등은 유럽적인 음악의 폭과 조화를 버리지 않았으나 그들의 작품 속에는 새 맛과 함께 正統에서 이탈한 슬라브적 가락의 熱情的 理解가 담겨져 있는 것이 특징이다.

제16장 帝國主義時代의 開幕

돌이켜 볼 때 유럽문명은 「地理上의 發見」으로 해외로 팽창하기 시작하여 17,8세기에는 植民帝國을 건설하였는데, 특히 미국의 유럽化는 그 최대의 성과였다. 나폴레옹이 패배한 19세기 초에는 오직 한 나라의 植民帝國이 남게 되는데, 그것은 바로 전통적 海上帝國인 영국이었다. 비인體制가 확립된 1815년 이후 60년 동안 해외식민지 爭霸戰은 없었고, 이 무렵의 유럽은 海外帝國建設에 무관심한 편이었다. 다시 말해서 유럽은 自由貿易의 원칙 아래 상거래를 하는 지역에 정치적 영향력을 행사할 필요가 없다고 생각했던 것이다. 물론 이 시기에 해외팽창이 전혀 중단되었던 것은 아니다. 실제로 프랑스는 알제리에 진출했고, 영국은 인도 지배를 강화했고, 네덜란드는 자바섬과 그 인접지역을 적극적으로 개발했다. 또한 西歐强國들은 일본의 문호를 개방했고, 중국에 침투하기 시작했다. 그러나 중요한 사실로서 지적할 수 있는 것은 유럽사람들 사이에는 뚜렷한 분쟁이 없었고, 해외팽창문제를 위요한 조직적인 계획도, 어떤 教義나 「이즘」(ism)도 없었다는 것이다.

1870년대와 1880년대에 와서 갑작스럽게 植民地問題가 두드러지게 등장하였다. 歐美의 先進資本主義諸國은 지구의 대부분을 분할하였고, 그리하여 세계지도는 1900년에 이르러 8 내지 10가지의 색깔로 유럽의 領有地를 나타내게 되었다. 1870년대 이후의 世界分割過程은 경제적으로나 정치적으로나 근세의 植民主義的 重商主義的 팽창과정과 그 성격을 달리한다. 전에는 아프리카의 노예나 인도·자바섬·廣東 같은 지역의 產物을 사오는 것으로 만족했고, 또 한편으로 유럽의 각종 공업제품을 팔 수 있는 市場을 확보하는 것으로 그쳤다. 그러나 바야흐로 유럽人들은 아시아·아프리카 지역으로 보다 적극적으로 침투하여 광산·농장·항만시설·철도·공장·은행 같은 產業施設에 자본을 투입하게 된 것이다. 다시 말해서 유럽

强國들은 자기네 정부나 대기업들의 경제적·금융적 利害를 「帝國主義的 政策」을 통해서 非유럽세계 안에 발전시켜 나가게 된 것이다. 적어도 1900년까지 영국을 선두로 유럽의 資本主義 諸國은 商品市場과 資本投資 지역을 찾아서 아시아·아프리카같은 후진지역에 경쟁적으로 진출하여 이들을 식민지나 從屬國으로 분할하였다. 20세기에 들어오면서 자본주의의 발전과 식민지 확대로 말미암아 帝國主義時代는 본격화하고, 유럽列强間에는 치열한 경쟁을 거듭해오다가 마침내 第1次世界大戰을 맞이한다.

19세기말 70년대를 기점으로 개막된 제국주의시대는 제국주의 전쟁에 다름없는 第1次世界大戰의 발발로 한 時代의 단락을 맞이하게 된다.

1. 歐美列强과 世界政策

美 國

南北戰爭 후 세계 최대의 工業國으로 급성장한 미국의 자본주의는 獨占段階로 들어갔다. 20세기 초에는 巨大企業이 등장하고 金融資本을 정점으로 하는 財閥이 정치와 결탁하여 전국의 경제를 지배하였다. 이들 재벌의 독점에 대한 민족의 저항으로서, 특히 주목되는 것은 西部 및 南部農民의 포퓰리즘(Populism) 運動이었다. 1892년 이들은 人民黨을 결성하고 農勞共同鬪爭을 표방하면서 정치·경제 전반에 관한 개선책을 당국에 요구하고 나섰다. 銀貨自由鑄造에 의한 가격상승, 철도 전신 전화의 國營化, 정부의 企業規制, 정치의 民主化 등을 요구하고 나선 포퓰리즘운동은 聯邦과 州議會에도 크게 진출하여 기성의 정치질서를 뒤흔들었다.

이 시기의 미국 자본주의는 企業이 주식의 增募에 의존하지 않고 自己資本의 축적으로 성장하여 거의 國內市場만을 상대로 경쟁과 집중을 거듭하면서 거대한 獨占團體를 만들었던 것이 특징이다. 또한 노동운동도 현저한 성장을 보여 숙련노동자 중심의 職能別組合의 모임인 미국 勞動總同盟의 출현을 보게 되었다. 社會主義運動도 그 황금시대를 맞아 여러 黨派를 결집한 社會黨이 1901년에 출현하였다. 이 당은 노동자계급을 중심으로 포퓰리즘의 전통을 지키는 농민과 中產知識層을 폭넓게 포섭하여 사회적으로 무시할 수 없는 政治勢力으로 성장하였다.

20세기에 들어서면서 도시 中產階級에 속하는 인사들이 주동하는 革新主義運動이 전국적으로 퍼졌다. 많은 학자 사상가가 사회문제에 관심을 쏟고 저널리스트들은 社會惡을 폭로하여 世論을 환기하였다. 정치의 民主化, 公共事業에 대한 규제, 兒童勞動의 금지, 婦人勞動의 보호 등 사회복지정책이 추진되었는데, 무엇보다도 社會正義의 실현이야말로 革新主義者들이 해결하려는 가장 기본적인 문제였다. 1901년에 대통령에 취임한 디어도어 루우스벨트는「公正去來」의 표어를 내걸고 公共의 이익을 위한 정부의 적극적 관여의 필요성을 강조하고, 聯邦政府의 규제에 의한 나쁜 폐습의 억제에 많은 성과를 거두었다. 1913년에 대통령이 된 윌슨은 獨占을 기르는 不正競爭을 정부의 권한으로 강력히 억제하는「新自由主義」이념을 내걸고 社會改革을 실현하였다. 윌슨이 목적한 것은 獨占資本主義의 모순을 정치권력을 통해서 해결하고 體制의 合理化로 안정을 도모하는 일이었다. 그러나 이러한 정부의 개혁은 국민들의 개혁에의 열망과 감정을 완화시키려는 支配層의 의도에 따라서 전개되었다. 미국은 20세기 초에 종래의 레이세이·페어體制로부터 獨占資本主義體制로 방향전환을 하고, 외교면에서도 이러한 성격이 반영되어 카리브海 지배와 아시아 진출 같은 帝國主義時代에 어울리는 정책을 펴 나가게 된다.

英 國

19세기 중엽까지 世界經濟의 主導權을 잡아 오던 영국도 미국과 독일의 등장으로 그 優位를 잃게 되었다. 이러한 상황을 타개하기 위해 1870년대부터 적극적인 植民政策을 추진하게 되었다. 금융자본의 海外投資는 특히 南아프리카에서 富를 축적하여 갔다. 영국은 식민지 유지를 위해 종래의 고립주의로부터 同盟政策으로 전환하여 군비를 확충, 독일과의 충돌에 대비하였다.

영국은 미국이나 독일만큼 현저하지는 않았지만, 금융자본의 獨占段階로 진출한 이래, 노동운동도 상대적으로 격화해 갔다. 1884년 마르크스주의적 성향의 社會民主聯盟이 결성되고, 이와는 달리 점진적 社會改良主義를 주장하는 「페이비언」協會도 활동을 벌였다. 1893년에는 右派的 「獨立勞動黨」이 조직되어 사회주의사상이 보급되었다. 1900년에는 노동조합과 사회주의 단체의 대표가 모여 「勞動代表委員會」가 조직되고, 이 단체가 1906년에 「勞動黨」으로 개명하여 이 해의 총선거에서 29명을 의회에 보내고, 이어 1910년의 선거에서는 40명을 당선시켰다.

영국의 노동자는 다른 나라에 비해서 훨씬 높은 賃金을 받고 있었기 때문에 언제나 어려운 社會問題를 타협적으로 해결할 수 있었다. 이러한 노동자의 높은 임금은 다름 아닌 식민지에서 오는 막대한 이윤에서 얻어진 것이었다. 그러나 1911년에는 實質賃金의 저하로 노동자들의 대규모 파업이 있게 되는데, 영국의 內政은 이같은 큰 위기를 第1次世界大戰의 발발로 일단 해소하게 된다.

프랑스

1870년대 이후의 프랑스는 金融資本과 軍部가 제휴하여 北아프리카와 인도차이나에 식민지를 급속히 확대하고, 러시아에는 막대한 金利投資를 하였다. 원래 국내기업의 집중은 독일보다 뒤졌었으나 19세기말에서 大戰까지는 重化學工業과 銀行資本이 성장하여 경제발전을 순조롭게 이끌었다. 이 시기에 공업적·금융적 寡頭支配勢力이 형성되어, 이들은 이른바 高利貸帝國主義란 말이 있을 정도로 高額의 金利投資를 하였다. 그 주요 대상국은 러시아로서 外國投資 총액의 4分의 1을 차지하였다.

1884년 노동조합의 合法化 후 職能別 조직이 차례로 생겼고, 또한 勞動去來所가 각 도시마다 생겨서 지역적 노동운동의 거점이 되었다. 이 무렵의 노동운동은 파업 같은 직접행동으로 자본주의의 타도를 주장한 것이 특징인데, 정치활동을 배제한 생디칼리슴의 영향이 컸다. 第1次世界大戰이 가까와지면서 노동자들의 파업도 유럽에서 가장 격렬해진다.

獨逸

後發한 독일 자본주의는 급속한 발전을 하게 되는데, 重工業·化學工業

및 電氣工業에서 현저한 발전을 이루었다. 특히 군수산업과 관계가 있는 부분에서 현저하였다. 이러한 발전에 투입된 자본은 주로 普佛戰爭의 승리로 얻은 50억프랑의 賠償金이었고 또한 알사스·로렌의 工業地帶도 발전에 큰 비중을 차지하였다. 독일은 국제경쟁력을 높이기 위해 일찍부터 獨占體를 창출해내어, 資本集中이 높은 기업이 아니고는 살아 남기 어려울 정도로 소수의 巨大獨占體가 産業을 지배하였다. 이렇듯 급성장한 산업의 國外市場을 개척하기 위해 적극적인 外交政策으로 전환한 독일은 아프리카와 中近東에 진출하게 되며, 동시에 영국과 建艦競爭을 벌여 大海軍 건설에 박차를 가했다.

독일의 노동운동은 비스마르크의 社會立法 내지는 社會主義者 鎭壓法이 있었음에도 불구하고 늘 자유주의적 노동조합보다는 사회주의적 노동조합편이 우세했다. 國際社會主義運動(제 2 인터내셔널)에서 지도적 위치를 차지했던 독일 社會民主黨은 1912년의 총선거에서 110의 議席을 갖는 제 1 당이 되었다. 사회의 점진적 개량만을 주장한 社會黨內 修正主義派는 독일의 中國進出을 긍정하면서 이러한 진출이 식민지의 文明化를 위해 기여하게 된다고 주장하였다.

러 시 아

19세기말 러시아의 산업발전은 현저하였다. 단적으로 보아서 1887년 이후 불과 10년만에 工場勞動者 수는 1,300만으로부터 2,100만으로 증가하고, 銑鐵生産量은 60만톤에서 200만톤으로 늘어났다. 이 숫자는 西歐나 미국보다 뒤떨어지지만, 증가의 속도는 세계 1위를 차지하는 것이었다. 이러한 발전은 외국자본, 특히 프랑스 資本參與로 이루어진 것이다. 1891년에 시작되는 關稅引上과 시베리아 橫斷鐵道 建設 등에서 볼 수 있듯이 러시아 帝國主義는 급속한 발전단계로 들어갔다. 1890년에 26퍼센트, 1900년에 무려 40퍼센트를 넘는 外國導入資本에 대한 비판과 불만이 폭발하여 농민운동과 노동운동을 가열하였다. 이 무렵엔 知識人의 憲法制定運動도 활발하였다.

러시아의 마르크스主義者는 1898년에 러시아社會民主黨을 발족시켰고,

1903년 第2次大會에서 실질적 創黨을 보았는데, 이들은 社會主義를 종국적 목표로 삼고, 그에 앞서 民主共和制의 실시, 8시간 노동제의 실시, 農奴制의 폐지, 자유와 평등의 구현 같은 강령을 채택하였다. 그러나 黨員의 자격문제 때문에 레닌(Lenin)이 이끄는 볼셰비키(多數派)와 멘셰비키(少數派)로 대립, 뒤에 분열하였다.

20세기 초 世界經濟恐慌의 와중에서 獨占形成을 추진했던 러시아는 독특한 군사적·봉건적 帝國主義國家가 되었다. 그러나 노동운동·농민운동·학생운동 등이 거듭되는 가운데, 露日戰爭으로 인한 생활난과 예상치 않은 敗退로 혁명사태를 초래했다. 1905년 1월「피의 日曜日」사건을 계기로 혁명이 일어난 것이다. 노동자 대표의 소비에트와 專制政權 사이의 갈등과 충돌 속에서 12월에는 혁명의 물결이 고조되어 노동자에 의한 모스크바 武裝蜂起까지 있었는데, 결국 정부군에 의해서 진압되었고 혁명은 퇴조하였다. 흔히 第1次 러시아革命이라고 일컬어지는 이 사건은 1907년까지 지속되었다. 러시아정부는 스톨리핀(Stolypin) 改革에서 새 農業法을 공포하여 사태 수습에 진력하였으나 오히려 富農層에 유리한 결과를 주었을 뿐이었다.

列强의 植民地 分割

앞에서 살핀 대로 미국과 유럽에서는 1870년대 이후 카르텔·트러스트·콘체른 같은 巨大獨占體가 형성되어 경제생활에 깊은 영향을 끼치게 되고, 銀行資本과 產業資本이 융합한 금융자본에 의한 金融寡頭制가 형성되어, 상품수출과는 별도로 資本輸出이 성행, 이로써 국제적 獨占體制가 형성되었다. 이렇듯 資本主義體制를 재편성한 歐美列强은 새로운 시장과 식민지를 찾아서 세계의 후진 지역, 특히 아시아·아프리카에 본격적인 진출을 개시하였다. 따라서 이 시대는 世界分割 戰爭과 關稅戰爭의 시대이며, 열강에 의한 帝國主義 植民地 體制가 확립되는 시대였다. 아프리카·서남 아시아·태평양지역 등의 분할상태를 차례로 살펴보면 다음과 같다.

19세기 최후의 30년간에 지금까지 암흑대륙으로 불리어진 아프리카는 불과 이디오피아와 리베리아 2국을 제외하고는 모두 분할되었다. 리빙

스턴(Livingston)과 스탠리(Stanley)에 의한 탐험을 효시로 유럽人들은 경쟁적으로 진출하였다. 영국의 大陸縱斷政策과 프랑스의 橫斷政策은 서로 충돌하여 1898년에 파쇼다(Fashoda)事件을 일으켰다. 이미 이 사건에 앞서 1884년에는 베를린會議가 열려 아프리카에서의 勢力範圍의 협정이 있었다. 벨기에는 콩고지방을, 프랑스는 알제리를 포함한 西北아프리카(튀니지·모로코)를, 영국은 케이프식민지에서 로디지아에 이르는 南아프리카·케냐·우간다·나이지리아·黃金海岸을, 포르투갈은 앙고라·모잠비크를, 독일은 토고·카메루운을 각기 領有하든지 혹은 세력범위로 삼았다. 아프리카分割에 늦게 참가한 이탈리아는 동양권의 에리트리아(Eritrea), 소말릴란드(Somaliland)를 점령했으나 1894년에 이디오피아戰爭에서 패하였다.

중앙아시아에서는 영국과 러시아가 맞수였다. 영국은 인도에 이르는 통로의 안전을 위해 아프가니스탄과 페르시아로 진출하려는 러시아를 경계하였다. 아프가니스탄은 제2차 아프가니스탄·영국戰爭(1878~80) 이후 영국의 보호국이 되고, 이란도 英露協商의 결과로 북부는 러시아, 남부는 영국의 勢力圈으로 되고, 중부의 작은 지역만 남기고 이 나라의 從屬化가 추진되었다.

태평양 지역도 역시 영국의 진출이 현저하였는데, 말레이야·오스트레일리아·뉴우질랜드·北보르네오·뉴우기니 등을 領有하였다. 미국은 美西戰爭으로 필리핀·괌섬을 얻고 또한 하와이도 원주민女王을 강제로 退位시키고 병합하였다. 러시아는 시베리아를 거쳐 만주로 南下政策을 취하여, 1858년에 黑龍江 이북을 병합하고, 이어 1860년에는 沿海州를 얻고 여기에 軍港 블라디보스톡을 건설하였다. 네덜란드는 자바섬을 거점으로 수마트라·발리 등 주변왕국들을 정복하고 和蘭領 인도를 1911년에 형성하였다. 인도에서 영국으로부터 배제된 프랑스는 베트남·라오스·캄보디아 등을 점유하고 1887년 프랑스領 인도차이나聯邦을 형성하였다. 아시아에서의 열강의 帝國主義政策은 마지막으로 중국에 집중되어 이른바 中國分割이란 사태를 일으켰다. 애로우號事件과 프랑스宣敎師殺害事件들을 구실로 제국주의적 침투가 노골화하여 무역·군사면에서의 利權뿐만 아니라 철도·광산의 이권 획득, 은행경영과 금융지배 등이 추진되었다. 淸日戰

爭에서 패배한 중국은 사실상 半植民地로 전락하였다.

이와 같은 아시아·아프리카 지역의 경제적 수탈과정에서 原住民 社會는 엄청난 희생과 굴욕을 겪었다. 전통적 自立經濟體制는 파괴되고, 정치적 자유는 억압되고, 때로는 고유문화에 대한 억압도 자행되었다. 이러한 植民地化는 한결같이 원주민의 民族的 抵抗을 낳았고, 때로는 전쟁상태로 발전하기도 하였다. 아시아·아프리카 諸民族의 民族獨立을 위한 수많은 투쟁의 역사는 오늘날 主體的으로 연구되고 서술되고 있다.

帝國主義時代의 戰爭

帝國主義時代의 전쟁은 두 개의 유형으로 나눌 수 있다. 첫째로, 제국주의 열강 간의 植民地 分割 또는 재분할을 에워싼 전쟁과, 둘째로 제국주의적 침략에 대항하는 反植民地戰爭으로 나눌 수 있다. 露日戰爭이나 第1次世界大戰은 전자에 속하고, 보아戰爭이나 義和團事件은 후자에 속한다. 이밖에도 열강국 간에는 항상 잦은 충돌이 있었고 식민지에서의 독립투쟁은 수없이 많은 기록을 남기고 있다.

보아戰爭(1899~1902)은 보아人의 트랜스바알共和國과 오렌지共和國이 케이프식민지를 경영하던 영국人을 상대로 싸운 전쟁이다. 네덜란드人과 現地人의 혼혈 후손인 보아인들이 1864년에 다이아몬드 광산과 금광을 발견하게 되자 영국사람이 흘러들어와 보아인과 충돌한 데서 유발된 전쟁이었다. 1899년에는 제2차전쟁이 일어나 보아인들은 게릴라戰으로 20만의 英國軍을 괴롭혔으나 결국 1902년에 굴복하고 말았다. 보아인의 두 공화국은 英領 南아프리카에 병합되었다.

美西戰爭(1898)은 老大國 에스파니아와 新生國인 미국과의 쿠바문제를 에워싼 전쟁이었다. 에스파니아의 지배로부터 독립하려던 쿠바에서 獨立抗爭이 벌어지자 에스파니아軍은 학살을 자행하였는데, 이에 대한 미국 내의 世論이 쿠바인을 동정하게 되면서 양국간에는 전쟁으로까지 발전하였다. 이 전쟁의 배경에는 5천만불에 이르는 미국의 投資를 위태롭게 만들 수 없다는 문제도 있었다. 쿠바와 마닐라灣에서 4개월간 싸워서 승리한 미국은 괌섬과 필리핀을 얻어 아시아 진출의 기지로 삼게 되었다. 쿠바는 독립하게 되나 실제로는 미국에 예속되었고, 푸에르토리코는 미국의 영토가 되었다.

義和團事件(1899~1901)은 일본을 포함한 西歐列强의 제국주의적 침투에 대항한 中國民衆의 항쟁이었다. 「扶清滅洋」을 기치로 내걸고 義和拳敎를 믿는 종교적 비밀결사 義和團이 1899년 12월 山東省에서 폭동을 일으키자 궁핍한 농민과 실업자가 대거 참여함으로써 큰 사태로 발전하였다. 다음해 선교사, 기독교도, 그리고 외국인들에 박해를 가하면서 북상하여 北京에 이르렀다. 清朝의 保守派는 이해 6월 列國에 선전포고를 발하고 이를 이용해서 排外運動을 전개하였다. 北京의 外國公使館이 공격되자, 8개국(英·美·露·獨·佛·墺·伊·日)이 연합하여 출병, 의화단사건을 진정시켰다. 1901년 義和團議定書가 조인되고 清朝는 스스로 軍備撤去를 약속하고, 외국군대의 주둔을 인정하고, 거액의 배상금을 지불하여 철저히 半植民地化하고 말았다.

露日戰爭(1904~05)은 帝政러시아와 新生帝國 일본 사이의 제국주의적 전쟁이었다. 일본은 영국과 미국의 지원을 받고, 러시아는 독일과 프랑스의 지원을 받는 국제적 力學關係가 깔린 전쟁이었다. 이 전쟁은 일본이 19세기 이래의 宿敵인 영국과 러시아 사이에 끼여들어 영국을 대신해서 러시아와 싸운 점에서 일종의 代理戰爭이었다. 러시아의 만주와 한국 진출은 일본·미국·영국 등이 반대하는 입장이었는데, 일본이 러시아 세력 저지에 직접 나섬으로써 전쟁으로 발전하였다. 1904년 일본의 기습공격으로 시작된 이 전쟁에서 일본은 육상과 해상에서 모두 승리하였으나 戰力이 소모되어 전쟁을 계속할 수 없었다. 美大統領 디어도어 루우스벨트의 주선으로 포오츠머드 條約을 체결, 일본은 만주와 한국에서 갖가지 利權을 얻어 침략의 계기로 삼게 되었다.

2. 第1次世界大戰

大戰前의 國際關係

유럽의 국제관계는 이미 19세기 말부터 3國同盟과 3國協商으로 구체화된 두 진영의 첨예한 대립으로 불안정한 상태에 있었다. 전자는 1882년 독일·오스트리아·이탈리아 3국 사이에 체결된 동맹이고, 후자는 露佛同盟, 英佛協商, 英露協商을 한데 묶은 것으로서 1907년에 완성된 軍事同盟을 지칭한다. 이 당시의 국제관계의 성격은 3國協商의 성립과정에 잘 반영되어 있는 바, 이는 국가 간의 결속이 이해관계에 따라서 얼마든지 離合集散할 수 있음을 보여준다. 3國協商의 구체적 과정을 살펴보면 다음과 같다.

먼저 露佛同盟(1894)은 露獨 사이의 再保障條約(1887)이 更新되지 못하고 만료되자 러시아가 프랑스에 접근하여 새로운 동맹관계를 맺게 됨으로써 이루어진 것이었다. 러시아와 독일의 결별은 독일이 「新航路」政策을 택하여 외교정책의 전환을 꾀한 데에 그 원인이 있었다. 다음으로 1904년의 英佛協商은 파쇼다事件으로 상징되는 양국 간의 植民政策上의 對立이 있었음에도 불구하고 新興强國 독일에 대항해서 체결된 협상이었다. 이 협상으로 인해 두 나라는 뉴우펀들랜드 漁業權, 이집트·모로코 문제 등에서 일련의 화해를 보았다. 끝으로 1907년의 英露協商은 사실상 식민지 분할을 그 내용으로 하는 협정이었다. 19세기 최대의 국제적 대립은 영국과 러시아의 갈등이었으나, 露日戰爭에서 패배한 러시아가 발칸으로 政策轉換을 함으로써 야기된 독일·오스트리아와의 긴장에 대처하기 위해 성립된 이 협상에서 두 나라는 티벳·아프가니스탄·페르시아에 관한 식민지 분할협정을 체결하였다.

이와 같이 국제적 대립관계는 그 주축이 오랜 英·露關係로부터 英·獨관계로 바뀌었다. 英·獨 두 나라의 치열한 建艦競爭을 비롯하여 독일의 3B政策과 영국의 3C政策의 날카로운 대립은, 전쟁이 발발할 경우 세계적 규모로 확대될 가능성을 예시하고 있었다.

발칸問題

第1次世界大戰의 직접적 계기가 된 것은 「유럽의 火藥庫」라고 일컬어지는 발칸半島에서의 民族問題였다. 발칸의 諸民族은 19세기 이래 汎슬라브主義와 汎게르만主義의 소용돌이 속에서 크나큰 위험을 배태하고 있었다.

英露協商을 체결한 후에 러시아의 관심사는 東아시아와 中央아시아로부터 다시금 발칸반도로 옮겨졌다. 러시아의 발칸政策은 汎슬라브主義를 내걸고 터어키 支配下에 있는 슬라브人의 민족운동을 지원하는 것이었다. 러시아의 이러한 정책은 다수의 슬라브系 주민을 領內에서 통치하는 오스트리아·헝가리帝國에 危機感을 조성했으며, 또한 터어키를 據點으로 삼고 있는 독일의 東方政策을 위협하는 것이었다. 1908년 터어키에서 靑年터어키黨의 革命이 일어나자, 이 틈을 타고 불가리아가 독립을 선언하게 되고, 오스트리아도 보스니아州와 헤르체고비나州의 倂合을 선언하였다. 그런데 兩州의 주민은 주로 세르비아人이었기 때문에 세르비아는 汎슬라브主義를 주창하는 러시아의 지원을 받아 이들 同族을 함께 모아 統一國家를 만들 작정이었다. 한편 러시아는 이 兩州의 병합을 國際問題化해서 이를 去來條件으로 삼아 다다넬스海峽問題를 自國에 유리하게 이끌려고 시도하였으나 실패하였다.

1912년 발칸同盟이 결성되자 러시아는 이 동맹을 오스트리아에 대한 防壁으로 삼고자 환영하였다. 그러나 이 동맹은 러시아의 의도와는 달리 兩次에 걸친 터어키와의 전쟁을 통해서 결국 불가리아의 러시아로부터의 離反, 독일과 터어키 사이의 제휴 강화, 특히 독일 장교에 의한 터어키軍의 再建 등 러시아를 비롯한 協商國側에 불리한 결과를 초래하였다.

反戰運動

유럽 强國들이 軍備擴張을 서둘게 되자, 차츰 국민의 부담이 증가하고, 동시에 전쟁 위기가 높아지자 군비확장이나 전쟁에 반대하는 움직임이 있게 되었다. 1899년과 1907년에 열린 헤이그平和會議나 제 2 차 인터내셔널의 反戰運動이 이러한 움직임의 대표적 경우이다. 특히 후자는 대회를 개최할 때마다 戰爭反對를 결의하고, 民族自決, 秘密外交의 배척, 軍備縮小 같은 주장을 내세웠다. 톨스토이나 퀘이커敎徒 같은 인도주의적 종교적 입장에서 행해진 戰爭否定論도 거센 反戰運動을 뒷받침하였다.

그러나 민중의 소박한 民族主義的 감정을 이용하려는 각국의 지배층은 여론 조작을 통해서 反戰運動의 위력을 약화시켰다. 사실 전쟁이 발발하자 人道主義나 社會主義勢力은 민중들의 적개심 속에서 고립되어 갔고, 제 2차 인터내셔널에 속했던 많은 政黨들은 자기 나라의 전쟁을 防衛戰爭이라는 명목하에 시인하였다. 레닌 같은 소수의 사회주의자들은 전쟁 중에도 反戰運動을 계속했으나, 이미 國民政黨으로의 길을 걸었던 독일 社會民主黨도 자기 나라가 겪는 전쟁에 대해서 철저한 부정적 입장을 취하지 못했다.

大戰의 勃發

1914년 7월 28일 사라예보事件으로 오스트리아가 세르비아에 宣戰함으로써 第1次大戰은 시작되었다. 이 두 나라 사이에 벌어진 전쟁에 同盟과 協商關係로 맺어진 유럽의 强國들은 차례로 참가했다. 터어키와 불가리아는 同盟側에 가담하고, 일본 또한 英·日同盟을 이유로 協商國側에 가담하였다. 한편 이탈리아는 3國同盟을 파기하고 중립을 선언했다가 뒤에 協商國側에 참가했다.

독일은 실리이펜(Schlieffen)계획에 따라 開戰後 벨기에를 석권하고 북방으로부터 파리에 육박하였으나 9월 마른作戰에서 실패, 참호전으로 전환하면서 西部戰線은 교착상태에 빠지게 되었다. 東部戰線에서도 독일군은 開戰初에 東프로이센에 침입한 러시아軍을 탄넨베르히 전투에서 격파한 뒤에, 다시 1915년 여름 폴란드와 西러시아에서 적을 구축하고 난 다음 陣地戰으로 들어갔다. 그 후에도 西部戰線의 베르덩같은 곳에서 攻防戰이 거듭되었으나 승패 없는 長期戰으로 정체되었다. 한편 海軍力에서 영국이나 프랑스에 뒤졌던 독일은 海上權을 상실하게 되어 영국해군의 해상봉쇄를 받아 군수품과 생활물자의 조달이 곤란해지면서 1915년부터 統制經濟를 강화하고 식빵의 배급제를 실시하였다. 海上封鎖에 대한 보복으로 독일이 無制限潛水艦戰을 개시하자 미국은 독일과 단교하고 유럽에서 벌어진 전쟁에 참전하였다. 미국의 참전은 戰況을 일변시켰다. 미국은 유럽派兵에 병행해서 協商國側에 대규모의 군수품 지원과 재정 원조를 단행하여 협상국측의 승리에 기여하였다. 그 결과 터어키와 불가리아는 항복하고 오스트리아도 單獨 休戰條約을 체결하였다. 전쟁으로 피폐한 독일에서는

反戰運動이 일어나고 곧 이어 혁명이 발발하여 帝政은 붕괴하고, 共和政府가 새로 등장하여 협상국측과 휴전을 맺었다.

3. 러시아 革命과 獨逸의 敗戰

러시아革命과 單獨講和

러시아에서는 위로부터의 近代化가 추진되어 資本主義體制가 실현되고 있었으나 정치적으로는 의연히 로마노프 왕조의 專制支配가 존속하고 있었다. 이 나라에서 부르조아지의 獨自的 政治活動이 가능해진 것은 20세기 초였다. 형식적이나마 議會制度가 허용된 것이 1906년이었는데, 자본주의의 進展度에 비하면 정치제도의 근대화는 현저히 뒤진 상태에 있었다. 위로부터의 近代化를 추진하는 나라에서 흔히 볼 수 있는 일이지만, 러시아에서도 專制政權과 外國資本의 역할이 컸기 때문에 상대적으로 부르조아지의 自立性은 취약해서 體制依存的이었다. 반면에 노동자들은 자본의 성격과는 관계없이 資本總額에 비례해서 늘어났고, 더우기 급속한 工業化過程에서 노동자의 大企業 集中率이 대폭 높아지면서 低賃金에서 얻어지는 자본의 有機的 構成도 매우 높아져, 20세기 초에는 그 성장속도가 세계에서 으뜸가는 위치에 이르렀다. 전체적으로 보아 협소한 産業基盤 위에 일찌기 형성된 獨占이 지배하는 러시아 경제는 프랑스 자본에 종속하면서 국제적 帝國主義經濟體制의 한 모퉁이를 담당하고 있었다.

이러한 정치적·경제적 환경 속에서 市民的 自由가 보장되지 못한 채 低賃金과 과다한 노동시간 등 열악한 노동조건에 시달리면서, 勞動組合에 의한 改善의 길조차 막혀 있던 것이 러시아 노동자들의 생활상태였다. 1905년의 革命과 1917년의 러시아革命은 이러한 위로부터의 近代化體制에 대한 저항이었다.

기실 帝政러시아는 국내의 누적된 모순을 은폐하기 위해 서둘러 1次大戰에 참전하였다. 大戰 직전에 불안했던 사회정세는 開戰과 동시에 고조된 민족주의적 열기 속에서 수습되었으나, 그것도 일시적인 현상에 불과했다. 官吏의 무능과 군수공업의 낙후에서 오는 군수물자의 부족, 英佛 양국의 이익에 종속된 무리한 作戰에서 오는 차질 등이 겹쳐져 전쟁은 부진했다. 1915년에 러시아軍은 前線에서 전면적 후퇴를 하게 되면서 國內의 질서는 깨어지고 生活苦로 말미암아 파업이 격증하였다. 1917년에 들어서면서 식량사정이 현저히 악화하여 빵집 앞 행렬에서 소동이 일게 되면서 혁명은 시작되었다. 다음날 파업이 확대되고 군대가 혁명에 가담하기 시작하면서 수도는 무정부상태로 변했다. 國會는 臨時委員會를 조직하여 형식적인 권력을 쥐었고, 한편 노동자와 군인 대표들로 소비에트가 조직되어 사실상 민중을 장악하였다. 이로써 두 개의 權力機關이 병존하게 된 셈이었지만, 출발 당시의 소비에트는 스스로 權力을 장악할 의사가 없었다. 부르조아 세력을 대표하는 議會多數派가 장악한 臨時政府가 니콜라이 2세를 퇴위시켰다. 이것을 3月革命(露曆 : 2월革命)이라고 한다.

임시정부는 전쟁을 속행하여 聯合國의 지지를 얻었으나, 생활이 궁핍한 민중과 전쟁에 지친 군대는 전쟁을 계속할 기력이 없었다. 4월에 망명으로부터 돌아온 레닌은 「4月테제」를 발표하고 민중 사이에 지지를 확대해 나갔다. 이에 대해서 부르조아지는 「革命的 祖國防衛主義」를 주장하는 소비에트 多數派와 협력해서 社會革命黨系의 케렌스키(Kerenskii)를 임시정부의 수반으로 삼고 전쟁을 수행해 나갔다. 9월에는 코르닐로프(Kornilov) 장군의 反革命事件이 일어났으나, 볼셰비키가 조직한 赤衛軍의 주도 아래 저지되었다. 反革命을 진압시킨 후 볼셰비키의 黨勢는 늘어나고, 트로츠키(Trotskii)에 의해서 페트로그라드의 노동자는 무장봉기를 목표로 굳게 조직되고 있었다. 레닌은 마침내 11월 7일을 기하여 무장봉기를 결정하였다. 이날 페트로그라드의 주요건물들은 볼셰비키의 군대에 의해 점령되었다. 11月革命은 조직적인 저항 없이 쉽게 이루어졌다. 마침내 革命委員會는 임시정부의 폐지와 소비에트 政權의 수립을 선포하고 地主的 土地所有制의 폐지, 노동자에 의한 生産管理 등을 아울러 선언하였다. 이어 소비에트 정권은 모든 交戰國에 無併合 無賠償 民族自決을 원칙으로 하는 즉각적인 강화를 호소하는 「平和에 관한 布告」를 발표하였다. 이것을 11月革命(露曆 : 10월革命)이라고 한다.

獨逸革命과 大戰의 終熄

소비에트 정권이 요망한 講和에 응한 것은 독일측이었다. 그러나 독일측은 소비에트의 제안을 무시하고 굴욕적 내용의 강화를 제안했다. 레닌 등은 러시아革命의 성과를 지키는 일이 중요하다는 이유로 反對派를 설득, 1918년 3월 브레스트·리토프스크條約을 맺고 전쟁을 종결지었다. 그러나 이 조약은 다음해 독일의 敗戰으로 모두 해소되었다.

러시아와 강화를 체결한 독일은 東部軍을 西部戰線으로 옮겨 大攻勢를 취했으나 결국 연합군의 반격으로 독일의 군사정세는 결정적으로 불리하였다. 長期戰으로 인하여 국민생활은 피폐해지고 국민들의 불만은 계속 누적되어 갔다. 이미 1917년에 군수공장에서 대파업이 있었고 大洋艦隊의 水兵反亂이 일어났으며, 1918년 1월에는 100만명이 참가한 대파업이 있었다. 11월 3일 키일軍港의 出航命令拒否事件에서 시작된 수병반란은 독일혁명의 발화점이 되었다. 다음날 勞兵評議會가 키일市를 지배하게 되면서 혁명의 물결은 北독일 항구로 확대되고 서부와 남부의 대도시에도 勞兵評議會가 출현하였다.

뮌헨에서는 혁명이 성공했고 11월 9일 베를린에서 일어난 勞動者의 봉기에 軍도 발포를 거부하였다. 이날 황제는 退位하고 독일帝政도 일순간에 붕괴하였다. 정권은 社會民主黨의 에베르트(Ebert)에게 위임되고 그에 의해 임시정부가 구성되었다. 한편 全獨勞兵評議會는 앞으로 制憲議會를 소집해서 정권을 이 의회에 이양할 것을 결의하였다. 이로써 독일혁명은 러시아革命과 다른 길, 즉 소비에트(評議會) 정권이 아닌 議會政權의 길을 가게 된다.

오스트리아에서도 戰線의 붕괴는 帝國內의 여러 민족의 독립을 가능케 하였다. 폴란드·헝가리·체코슬로바키아·유고슬라비아가 줄지어 독립했다. 비인에서는 社會民主黨이 지도하는 군중시위가 共和制를 요구하고 나섰고, 11월 12일 황제 退位가 있은 뒤에 共和國 수립이 선언되었다. 이로써 유럽의 3大帝國인 러시아·독일·오스트리아는 第1次世界大戰에서 붕괴한 것이다.

獨逸臨時政府는 국내의 혁명 발발로 크게 위축된 가운데 무조건 항복에 가까운 가혹한 조건을 수락하고 항복하였다. 11월 11일 독일측은 연합국과의 休戰協定에 조인하고, 이로써 동원 병력 6천5백만, 사망자 700만을 낸 第1次世界大戰은 5년만에 종식되었다.

제17장 제 1 차 世界大戰 후의 世界

1. 베르사이유 體制와 歐美諸國의 動向

베르사이유 體制의 成立과 變質

1919년 1월 18일부터 6월까지 戰勝國들의 대표들은 파리 교외 베르사이유 궁전에 모여 講和會議를 개최했다. 27개국이 참가한 이 회의에 독일과 러시아는 제외되었다. 처음에는 영국·프랑스·미국·이탈리아·일본 등 5개국 각 2인의 대표(유럽 3국은 수상 및 외상, 미국은 대통령 및 국무장관)로 구성된 「10人會議」가 중심이 되어 당면문제를 풀어갔다. 그 후에 유럽문제는 「4人會議」(英·佛·伊의 수상 및 美 대통령)에서 또는 이탈리아를 제외한 「3人會議」에서 결정하였다. 3強大國을 제외한 22개국은 실질적인 심의에서 배제되었다. 강화회의는 美 대통령 윌슨이 終戰에 앞서 미국의회에 제출했던 教書 「14條의 平和原則」을 그대로 받아들여 회의의 원칙으로 삼았다. 이 원칙의 基調를 이루는 것은 國際協調와 民族自決이었으나, 강대국 간의 비밀조약과 약소민족에게 주었던 연합국의 약속으로 인하여 실제로 그것을 적용함에는 많은 곡절이 있었다. 특히 民族自決 問題는 영국과 프랑스의 식민지 지배체제를 유지하기 위하여 유럽에만 한정해서 적용되었다.

연합국은 유럽의 국경을 새로 확정함에 있어서 민족자결의 원칙을 적용하였다. 우선 오스트리아·헝가리帝國의 敗戰을 기회로 그 治下에 있던 민족으로서 독립 또는 분리를 선언한 사실을 연합국은 승인하였다. 그 결과로 세르브 크로아트 슬로벤(Serb Croat Slovene)國(뒤에 유고슬라비아로 개칭)이 탄생하고, 인종과 언어가 유사한 체크(Czechs)族과 슬로바크(Slovaks)族으로 구성된 체코슬로바키아가 수립되었다. 또한 18세기 이래 독일·오스트리아·러시아 3국에 분할되었던 폴란드를 부활시켰다. 덴마아크는 1864년의 프로이센과 오스트리아를 상대한 전쟁의 결과로 프로이센에 할양했던 북부 실레스비히(Nord-Schleswig)를 회복하였다. 이밖에도 핀란드·에스토니아·라트비아·리투아니가 일제히 독립하였다.

그러나 민족자결의 원칙을 적용하는 데에는 强大國의 恣意가 적지 아니 작용했다. 이 원칙은 독일·오스트리아의 弱體化에는 쉽게 적용되면서, 연합국의 이익을 위해서는 무시될 수 있었다. 예컨대 독일과 오스트리아 두 나라의 統合을 금지했고, 또한 南티롤(Südtirol)의 독일인 居住地域을 이탈리아에 편입시켰다.

회의는 國際聯盟의 창설을 결정한 뒤에 독일문제로 難航을 계속했다. 대륙에서의 세력균형을 중요시하고 독일의 共產化를 염려했던 영국은 독일에 대해서 비교적 관대했으나 독일의 再起를 두려워했던 프랑스는 라인강을 防衛線으로 책정할 것을 강력히 요구했다. 회의는 이를 조정한 끝에 라인 左岸의 독일영토를 5~15년간 연합국의 군사점령하에 두기로 합의했다. 독일은 해외의 植民地 전부를 잃고, 프랑스는 지난 세기에 프로이센과의 전쟁에서 잃었던 알사스·로렌 두 지역을 되찾았다. 이밖에도 독일은 인접국가에 많은 영토를 양도하였다. 또한 단찌히는 국제연맹 관리하의 自由市가 되고 자아르 지역의 석탄은 프랑스에 보내졌으며 行政權은 국제연맹에 옮겨졌다.

독일은 이러한 草案에 반대하였으나 수락할 수밖에 없었고 이로 인해 독일은 1910년에 비하여 영토의 8분의 1, 인구의 10분의 1, 철광생산 75%, 석탄생산 20%를 잃었다. 더우기 독일은 전쟁책임을 지고 배상금으로 1320억 마르크를 지불하도록 1921년에 정해졌다.

베르사이유條約은 1919년 6월 28일 조인되었고, 시간과 장소에 따라 연합국과 패전국 사이의 個別的 講和條約이 별도로 체결되었다. 이로 인해 패전국들이 공통으로 겪어야 했던 문제는 극도의 군비제한과 배상금 지불의무 및 많은 영토의 상실이었다. 오스트리아는 舊領土의 4분의 3을, 헝가리는 3분의 2를 잃었다. 터어키는 屬領을 잃었고 아시아 안의 터어키는 한때 英·佛·伊 3국의 세력하에 놓였다.

베르사이유體制는 러시아를 봉쇄하려는 의도를 가지고 있었다. 전쟁 당초에는 연합국의 一員이던 러시아가 베르사이유講和會議에서 배제되었을 뿐 아니라 國際聯盟에서도 배제되었다. 소련의 입장과는 관계없이 東유럽群小民族國家의 독립이 승인되고, 소련과의 국경선도 폴란드와 루마니아의 경우 일방적으로 설정되었다. 그리하여 1920년 소련과 폴란드는 國境線問題로 전쟁까지 치렀다. 이러한 결정들의 배후에는 동유럽의 反蘇的 民族國家들이 소련에 대한 방파제의 구실을 할 수 있다는 국제정치적 고려가 있었던 것이다. 또한 베르사이유 체제는 아시아·아프리카 諸民族의 民族自決을 거의 외면하였다. 舊터어키領의 아랍지역과 독일의 해외 속령은 대부분 국제연맹의 委任統治領의 형식으로 열강 사이에 분배되었다. 한국의 민족자결이 인정되지 못하였던 것은 말할 나위도 없다. 베르사이유 체제는 帝國主義的 植民地 支配를 부정하지 않았던 것이다.

베르사이유條約의 발효와 함께 1920년 1월 國際平和機構로서 국제연맹이 정식으로 발족하였다. 그 창설에 앞장섰던 미국은 戰後에 세력을 얻은 共和黨의 반대로 연맹가입을 거부하였기 때문에 聯盟은 미국을 제외한 영국·프랑스·이탈리아·일본 등 4개국을 常任理事國으로 정하고 국제문제의 해결을 위해 노력하였다. 처음에는 聯盟加入國을 戰勝國과 中立國으로 한정하였다.

戰後 유럽의 국제질서를 창출하고 전승국인 영국과 프랑스에 유리한 세계적 再分割體制를 확립한 베르사이유체제는 태평양과 東아시아문제를 처리한「워싱턴體制」와 함께 전후 10년에 걸쳐 세계질서를 확립하였다. 미국이 주도한 워싱턴會談은 東아시아 해역에서 해군력의 균형을 유지하려는데 주목적이 있었다. 영국·미국·일본 등 3국은 5:5:3의 비율로 주력함을 유지하는 군축조약을 체결하였다. 중국문제에 관해서는 機會均等·門戶開放 등 미국이 주장하는 원칙을 승인하는 9개국 조약이 맺어지고 태평양의 領土保全 문제에 관해서는 4개국(美·英·佛·日)조약이 맺어졌다. 이 회담에서 일본의 중국 진출이 억제됨으로써 일본과 美·英의 대립이 있게 되어 太平洋戰爭의 遠因을 형성하였다. 베르사이유體制가 유럽에서 소련을 배제하고 독일을 봉쇄하는 英·佛 主導의 체제였다면, 워싱턴體制는 東

아시아에서 소련을 배제하고 일본을 봉쇄하는 美·英主導의 체제였다. 장차 1世代도 못 가서 다시 유럽문제에 관여하게 될 운명의 미국과 소련이었지만, 미국은 베르사이유조약의 비준을 거부하고 고립주의 노선을 택하였고 소비에트 러시아는 전쟁 중에 유럽 정치무대를 떠났으나 자신이 불참한 가운데 이루어진 이 조약에 항의하고 부인하였다.

독일과 소련을 국제적으로 고립시키려는 歐美戰勝國들의 의도가 담겨진 베르사이유체제는, 시간이 흐름에 따라 이 두 나라에 대하여 敵意보다는 협조로 대응해 갔다. 먼저 영국이 불황 타개를 위해 1921년에 소련과 통상협정을 맺었다. 1922년 4월 이탈리아의 제노바에서 열린 국제회의는 독일 및 戰後 처음으로 초치된 소련과의 國交回復問題를 협의했다. 이 회의에서 구미제국은 帝政러시아의 公債支拂을 요구하였으나 소련은 오히려 革命 때 서구제국이 자행한 干涉戰爭에 대한 손해배상을 요구하고 나섰기 때문에 회의는 결국 결렬되었다. 그러나 이 회의 중 독일과 소련이 제노바 근교의 작은 온천 라팔로에서 조약을 체결함으로써 서구제국을 놀라게 하였다. 양국은 賠償의 상호포기, 外交·通商關係의 再開를 협정했고 비밀 군사협정도 부가되었다. 라팔로條約은 獨·蘇 양국에게는 국제적 고립으로부터의 탈출을 의미하였다. 1924년에 영국·프랑스·이탈리아·중국이, 1925년에는 일본이 각각 소련연방을 승인하였다.

독일에 대한 協調的 關係改善策이 미국에 의해서 마련되었다. 그 직접적인 계기는 독일의 賠償支拂不履行을 이유로 프랑스와 벨기에軍이 루우르 지방을 점령한 데 있었다. 미국도 러시아革命의 유럽 파급과 독일의 혁명을 우려하고 있었다. 1924년에 성립한 도오즈(Dawes)案으로 독일의 배상지불조약은 크게 완화되었다. 第1年次 10억 마르크 중 8억 마르크는 公債發行을 인정했다. 그 이후 독일은 거액의 外資를 주로 미국으로부터 받아서 경제재건에 사용했다. 독일의 배상금 지불로 영국과 프랑스 등은 大戰中에 미국에 빚진 戰債를 상환할 수 있었다. 한 해 전 1923년 1월에 루우르 지방을 점령했던 프랑스가 撤兵하여 베르사이유體制는 안정을 회복했다. 1930년에 미국에 의해 성립된 영(Young)案은 배상총액을 1139억 마르크로, 지불기간을 59년으로 정했는데 독일이 이에 동의함으로써 프랑스는 라인 지방에서도 철군하였다.

1925년에는 로카르노 條約에서 독일에 대한 集團安全保障體制가 성립되고 이 조약에 의거해서 독일은 1926년 9월 국제연맹에 가입하였다. 이로써 베르사이유體制는 그 동안 독일을 억압하던 입장을 크게 완화하기에 이른 것이다. 또한 1928년 8월에는 美國務長官 켈로그(Kellogg)와 프랑스 外相 브리앙(Briand)의 제창으로 15개국이 모여 不戰條約을 조인하였다. 이 브리앙·켈로그 協定은 전쟁포기를 선언한 것이었는데, 뒤에 독일과 소련을 포함해서 63개국이 참가하였다. 1933년에는 독일과 일본이 탈퇴하고, 반면에 그 이듬해에 소련이 가입하여 상임이사국이 되었다.

美國의 躍進

第1次大戰은 미국의 모습을 크게 바꾸어 놓았다. 전쟁 직후의 일시적 불황과 사회적 불안 속에서 윌슨 대통령의 理想과 自由主義는 외면되고, 1920년의 대통령 선거는 財界의 강력한 지지를 받은 共和黨의 대승으로 귀착되었다. 하아딩(Harding)이 당선한 이래 쿠울리지(Coolidge)와 후우버에 이르도록 3대에 걸쳐 共和黨은 전성기를 누렸다. 공화당 집권시대는 한 마디로 말하면 孤立主義下에서 大資本擁護政策을 추구했던 시대이다. 미국은 大戰을 경과하는 사이에 債務國에서 債權國이 되고 세계자본주의의 왕좌를 차지하였다. 세계금융의 중심도 런던의 로버어트街에서 뉴욕의 월街로 옮겨졌다. 미국정부는 保護主義的 高率關稅로 국내산업을 보호하고, 부당경쟁을 배제하고 기업의 合理化와 能率化를 지도해서 이른바 實業文明의 개화에 성공하였다. 자동차공업을 대표로 라디오·영화·전기·화학·건설 등 新產業의 획기적 발전을 보았다. 미국의 시민생활 양식도 큰 변화를 겪게 되고 영화나 재즈같은 대중문화가 정착되어 갔다.

그러나 이러한 번영의 그늘에서 농업은 불황에 시달렸고 石炭產業, 綿工業도 부진하였다. 국민소득의 배분도 지극히 불균등해서 생산력의 상승과 서민의 구매력은 극히 불균형한 상태에서 심화되어 갔다. 1928년 이후 경제활동 자체에 상응하지 않는 이상한 株式의 부움이 일어나다가 마침내 1929년 10월 뉴욕 株式去來所에서의 株式價의 대폭락을 계기로 미국은 역사상 최대의 經濟恐慌을 겪게 되었다.

英國·프랑스의 民主化

戰後의 서구제국은 勝者의 경우도 전쟁으로 인한 파괴와 침체에서 한동안 고심할 수밖에 없었다. 적어도 1922년까지는 심각한 戰後의 不況이 지속되었다. 전쟁으로 상실한 시장과 저하된 구매력에 관계없이 다시 가동된 공장에서 쏟아져 나온 생산품이 남아 돌았기 때문이다. 그러나 1920년대는 政治의 民主化가 실현되었던 시기로서 큰 의의를 지닌다. 영국과 프랑스의 사정을 살펴보면 다음과 같다.

영국에서는 1918년 선거법이 개정되어 男女普通選擧法과 30세 이상인 여성의 參政權이 인정되었다. 여성이 참정권을 얻게 된 것은 이들이 대거 직장으로 진출한 결과였다. 1928년에는 남성과 동등하게 여성전체에 참정권이 확대되었다. 오랜 숙원이던 정치의 민주화가 실현된 것이다. 선거법 개정과 전후의 불황이 원인이 되어 전통적 자유주의경제를 고집하는 自由黨은 1922년과 다음해의 선거에 패하여 第3黨이 되었다. 그 후 노동당의 급속한 대두로 保守黨과 勞動黨이 이 나라의 2大政黨의 전형을 확립하였다. 1924년 영국 최초의 노동당 내각은 少數黨 內閣으로서 독일 및 소련과 國交를 정상화하고, 소련과는 借款提供을 포함한 英·蘇基本條約에 조인하였으나, 보수당은 反蘇·反共政策을 고집, 의회를 해산시켜 선거에서 노동당을 패배시켰다. 1926년에는 탄광노동자를 중심으로 하는 총파업이 일어났으나, 노동자의 참패로 끝났다. 파업의 원인은 악화일로에 있는 영국경제의 優位回復을 위해 보수당 내각이 실시한 金本位制 復歸에 따른 산업부진이었다. 1929년에는 다시 노동당이 第1黨으로 등장하였다.

영국은 전쟁중에 있은 미국과 일본의 진출, 식민지 종속국들의 資本主義의 發展 등으로 戰後 세계경제에서 종래와 같은 優位를 상실했다. 또한 帝國內의 政治的 編成에도 변화를 겪게 되는데, 전쟁참여와 경제발전 등으로 지위의 상승을 본 自治領은 外交的 自立權을 인정받게 되고, 이로써 영국 본국의 指導權은 크게 저하했다.

大戰中 독일군에 의하여 동부와 북부 공업지대에 큰 피해를 입었던 프

랑스는 러시아·터어키 양 帝國의 붕괴로 이 두 나라에 투자했던 자금을 회수하지 못한 상태에서, 미국에게는 거액의 戰債를 진 債務國이 되었다. 이러한 경제적 어려움에 직면한 프랑스의 정치정세는 매우 복잡하였다. 政局은 四分五裂하여 혼란의 극에 이르고 정부는 부르조아政權의 타도를 의도하는 極左와 王政의 부활을 꾀하는 極右로부터 양면공격을 받고, 內閣이 한 해에 두번 또는 다섯번씩 경질되는 한심한 형편에 놓였다. 이렇듯 혼란한 정치상황 속에서 국민대중은 항시 중도를 지켰던 것이 특징이다. 1919년 右派와 中道勢力을 연결한 「국민블럭」이 선거에서 대승하여 對蘇干涉戰爭, 東歐諸國의 衛星化, 루우르 지방의 점령 등을 강행하여 유럽에서의 우위를 확보하려고 노력하였다. 그러나 이러한 일종의 軍國主義的 外交强硬策은 내외에 많은 비난을 사고, 특히 정부의 민중운동 탄압과 增稅政策은 국민들의 불만을 사게 되었다. 그러한 결과로 1924년의 선거에서 急進社會黨·社會黨 같은 「左派聯合」이 대승하여 에리오(Herriot)내각이 성립하였다. 에리오 내각은 루우르 지방으로부터의 撤軍, 로카르노條約의 체결로 소강상태를 유지하였으나 프랑貨의 하락을 막지 못하여 1926년에 프왱카레(Poincaré)가 전후에 재등장하여 左右 兩派의 擧國一致內閣이 조직되었다. 1928년에는 프랑貨를 5분의 1로 切下하여 재정의 안정을 도모하였다. 이로써 프랑스 경제는 겨우 안정되어 번영의 길로 들어서게 되었으며 미국 다음가는 세계유수의 金 보유국이 되었다.

內政의 안정을 얻은 프랑스는 차츰 외교정책에서도 현상유지를 하였다. 브리앙은 外相으로서 각 내각을 역임하였는데, 국제협조정책을 취하여 도오즈案과의 타협, 로카르노條約의 체결, 不戰條約의 성립, 폴란드·체코슬로바키아·루마니아·유고슬라비아 등 동구제국과의 安全保障條約 체결 등 다각적인 평화외교를 전개하였다. 이들 東歐諸國은 「小協商國」으로 불리고 있었는데, 프랑스는 이들과 밀접한 관계를 맺어 보호자로서의 위치에 서게 되었다.

獨逸의 回復

독일에서는 1919년 1월의 스파르타쿠스(Spartakus)團의 內亂, 바이에른의 소비에트정권수립 등 共產黨의 활약이 있었으나, 이 나라의 共產化를 염려한 연합국의 도움도 있어서 政權은 온건한 社會民主黨이 잡게 되고 자본주의체제는 유지되었다. 6월에 연합국과 講和條約이 조인되고, 계속해서 8월에는 역사상 가장 民主的이라고 평가되는 바이마르憲法이 공포되었다. 主權은 人民으로부터 나온다고 규정한 이 헌법은 20세 이상 모든 남녀의 直接秘密投票에 의한 의원선거제와 임기 7년의 大統領制를 정하였다. 그러나 대통령의 권한이 유난히 커서, 특히 非常大權의 행사를 규정하고 있어, 후일 히틀러 독재를 용이하게 한 요인이 되었다. 또한 노동자를 경영에 참가시킨 經營協議會에 관한 조항은 경제질서의 사회화 경향을 여실히 반영하고 있었다. 그러나 혁명에 앞장섰던 軍部는 바이마르憲法에 불만을 품었었고 群小 右翼團體들도 반대하는 기세였다.

이러한 과정을 거쳐 共和國은 그 체제를 갖추어 가고 있었으나, 거액의 배상금에 대한 賠償不履行을 이유로 프랑스가 강행한 루우르지방 占領에 반대하여 행해진 독일의 怠業戰術은 생산의 정체와 인플레를 야기시켜 국민생활을 도탄에 빠뜨렸다. 또 左右翼의 정치투쟁이 격화되어 사회질서는 극도의 혼란상태에 빠졌다. 1923년 8월 首相이 된 시트레제만(Stresemann)은 루우르지방에서의 對佛抵抗을 중지시키고 새 화폐 렌텐마르크(Rentenmark)를 발행하여 마르크貨의 폭락을 막았다. 이미 前節에서 언급한 바 있지만 1924년 도오즈案의 성립, 로카르노條約의 체결, 라인란트 점령군 철수, 獨蘇中立條約의 調印 등 국제관계가 크게 개선되었다. 또한 경제면에서는 산업의 합리화와 콘쩨른의 발달로 독일경제는 1924년에서 28년 사이에 상대적 안정기를 나타냈다. 정국도 1925년 에베르트의 사망으로 右派의 힌덴부르크(Hindenburg)장군이 대통령에 선출되었다. 그의 治下에서 社會主義革命을 계기로 성립한 바이마르共和國의 성격도 크게 변질하고 독일은 날로 資本主義國으로 발전해 갔다. 이러한 독일경제의 회복은 外國資本의 도입이나 產業合理化 같은 인위적 수단에 힘입은 바 커서 외국의 경기변동에 영향을 받기 쉬웠다. 1929년에 시작된 세계적 공황의 물결이 밀어 닥치자 이 나라도 큰 타격을 받게 된다.

이탈리아 파시즘의 登場

독일을 포함한 서구제국이 民主主義의 진전을 보이고 있을 때 유럽의 일각에서 민주주의를 역행하는 全體主義體制가 움트고 있었다. 이탈리아는 전쟁에는 이겼으나 講和會議에는 패하였다고 말해지듯이 국민 모두가 베르사이유體制에 불만을 품고 있는 가운데 경제적 난관에 봉착하였다. 戰後에는 영국과 미국에서 오던 戰時資金이 두절되어 戰時經濟로부터 平時經濟로의 전환이 원활히 이루어지지 않아 혼란상태에 빠졌기 때문이다. 화폐가치의 폭락과 물가의 앙등, 실업자와 귀환병사의 증대 등 국민생활은 날로 악화하여 勞動爭議와 農民暴動이 각지에서 일어났다. 특히 北이탈리아의 여러 도시에서는 노동자의 공장점거와 파업 및 生産管理에의 간여로 마치 프롤레타리아 혁명에 임박한 듯한 형세를 나타내고 있었다. 이렇듯 공산주의의 발호로 무정부상태에 이른 이탈리아에는 강력한 정부의 출현을 바라는 분위기가 있었다.

이러한 상황을 타고 출현한 것이 뭇솔리니(Benito Mussolini)의 파시스트黨이었다. 사회당 탈당자와 퇴역군인 등을 모아 1919년 3월 발족된 파시스트黨은 외견상으로는 民主主義·社會主義·國粹主義를 결합한 독특한 이데올로기를 내걸고, 자본가에 대한 重稅, 婦人參政權, 8時間 勞動, 노동자의 경영참가, 이탈리아의 국위선양 등을 강령으로 내걸었다. 이들은 反共과 애국적 슬로우건 아래 경찰과 군대와 협력해서 노동자의 집회나 데모대를 습격하고 이따금 流血의 시가전도 벌였다. 이탈리아의 左傾革命化를 두려워 한 자본가단체는 이들에게 자금을 공급하여 파시스트당은 급속히 그 세력을 넓혀갔다. 1922년 10월 이탈리아의 좌익세력이 분열하고, 中道的自由·民主聯合內閣은 弱體化하여 정국이 혼미해진 틈을 타서 뭇솔리니는 수만의 무장 파시스트를 이끌고 「로마進軍」을 단행, 마침내 정권을 손아귀에 넣었다. 이와 같은 비정상적 정권장악 과정을 거쳐 이탈리아는 세계 최초로 파시즘의 승리를 거두고 반대파의 탄압과 정당의 해산을 강행하여 파시스트獨裁國家를 수립하였다. 뭇솔리니는 1923년 우선 選擧法에 수정을 가해서 第1黨에게는 자동적으로 3분의 2의 의석을 준다는 多數代表

主義의 新選擧法을 가결하였다. 이같은 방법으로 1925년 그는 정부의 首相으로서 독재적 지위를 확보하였다. 1928년에는 헌법을 개정하여 국회의원의 선출은 파시스트大評議會가 미리 선출한 官選議員 후보자에게 선거민이 찬부를 표시하는 것만으로 확정하게 되었다. 뭇솔리니는 統領이라 불리고 대평의회의 議長이자 국회의 지배자이며 국가의 首相이었다.

뭇솔리니는 우선 1927년에 리라貨를 전쟁 전의 27%로 切下하여 화폐가치의 안정을 도모했다. 다음으로 산업의 합리화로 工業生產力을 높이고 농민에게는 대규모 疏水工事를 일으켜 종합적인 土地改良事業을 촉진하였다. 그는 外相을 겸임하면서 24년 유고슬라비아와 로마조약을 맺고 피우메(Fiume)를 장악하고, 26년에는 알바니아를 사실상 保護國으로 만들었다. 그는 로마問題를 1929년의 라테란(Lateran)條約으로 해결하여 정부와 교회의 반목을 해소했다.

東歐의 獨裁化

第1次大戰의 종식과 함께 東歐를 지배해 온 러시아·오스트리아·독일·터어키 등 4帝國이 붕괴하여 힘의 공백이 생기자 앞을 다투어 독립한 이 지역의 군소국가들은 제각기 民族國家의 모습을 갖추어 갔다. 그러나 발트 3국과 폴란드·체코를 제외한 다른 나라들은 모두 王制를 채택하고 있었다. 정치적으로나 경제적으로나 후진지역이었던 東歐에 있어서 러시아革命의 영향은 자못 큰 것이어서 소수민족의 반응은 두려움과 영합이 엇갈린 것이었다. 헝가리의 소비에트革命, 알바니아의 獨立革命, 불가리아의 9月革命 등 급진적 人民運動이 일어났으나 모두 진압되었다. 불가리아·유고슬라비아·폴란드·루마니아에서는 1920년대에 農民政黨이 정권을 잡았었으나 모두 단명으로 끝났었다.

東歐에는 1920년대 초에 立憲的 民主的 政府가 출현하였으나 체코를 제외하고는 전반적으로 좌절되었다. 물론 나라마다 특수한 사정이 있었으나 이들 新興民族國家의 民主化가 성장하지 못하고 유산된 원인은 몇 가지로 크게 묶어 볼 수 있다. 議會制的·民主制的 전통의 취약성내지는 不在, 교육인구의 부족, 반동적·반민주적 요인의 위협, 볼셰비즘이 주는 불안,

旣成의 少數指導層에 대한 불만 등이 경제적 大不況이 주는 긴장과 함께 뒤섞여서 이 나라들의 민주화의 길을 가로막았다. 이밖에도 대외적으로는 동구제국을 소련의 방파제로 삼으려는 전승국들의 의도와 프랑스의 對獨包圍政策이 이들 群小民族國家의 진로에 압력으로 작용하였다.

헝가리에는 일찌기 호르티(Horthy)의 獨裁體制가 성립했고, 불가리아에는 국왕 보리스(Boris) 3세의 독재체제가 성립했으며, 폴란드는 프랑스 憲法의 모범을 빌어 1921년에 민주주의의 길로 출발하였으나, 5년만에 필수트스키(Pilsudski)의 쿠데타로 獨裁化가 실현됐다. 알바니아에서는 1928년 조그(Zogu)가 국왕이 되어 독재체제를 확립했고, 유고에서도 1929년 국왕 알렉산더 1세가 역시 독재체제를 확립하였다. 그리이스에서는 1924년 國民投票로 共和制를 채택했다가 1935년에는 王制가 부활하였으며 다음해 메타크사스(Metaxas)장군의 독재체제가 성립하였다. 東歐少數民族圈은 바야흐로 독재정치의 시대를 맞이한 것이다.

러시아의 一國社會主義

레닌이 이끄는 볼셰비키革命政府는 11月革命으로 일단 권력장악에 성공한 셈이었으나, 권력의 뿌리를 굳게 내리기에는 많은 시련을 겪어야 했다. 反革命勢力의 끈질긴 도전과 연합국의 干涉戰爭으로 內亂은 1918년에서 21년까지 지속되었다. 프랑스革命에서 자코뱅의 테러가 있었듯이 赤色 테러도 내란중에 자행되었다. 아뭏든 러시아를 휩쓴 미증유의 유혈과 황폐 속에서 혁명은 추진되었다. 그러나 간섭전쟁은 오히려 러시아국민을 공산당 주변에 결집시키는 결과를 가져왔고, 연합군이 철수하자 러시아 국내의 白衛軍은 곧 괴멸했다. 실로 소비에트政權은 간섭전쟁의 과정에서 도리어 강화되었는데, 이것은 土地改革의 성공으로 인구의 압도적 다수를 차지하는 농민의 지지를 얻었기 때문이다.

이 전쟁의 종결과 함께 소비에트 정부는 지금까지 추진해 온 戰時共產主義政策을 철폐하고, 1921년부터 황폐한 국민경제의 부흥을 위해 新經濟政策(NEP)으로 전환하게 되었다. 지금까지 강행해 온 土地改革과 產業의 國有化政策은 실제에 있어서 도시와 농촌의 交換關係를 파괴하여 도시의 식량사정을 지극히 악화시켰다. 더우기 곡물의 國家專賣制는 농민의 供出拒否를 초래했고 필요 이상의 작물은 만들지 않는 풍조를 낳았다. 그리하여 농촌의 곡물 수확은 줄어들어 전쟁 전의 5분의 2 정도밖에 안되었다. 이러한 농촌사정에 더해서 1921년의 볼가 지방의 대기근은 수백만의 餓死者를 냈다. 이러한 상황 속에서 정부에 대한 농민의 불만이 고조되어 우크라이나와 코카서스에서는 폭동이 빈발하고, 工場勞動者와 水兵들의 파업이 일어났다. 이러한 사정이 경제정책의 전환을 불가피하게 가져왔던 것이다. 新經濟政策에서는 농민의 생산의욕을 떨어뜨린 食糧徵發制를 폐지하고 대신 糧食稅를 곡물이나 화폐로 받았다. 즉 수확의 일부를 양식세로 납부하고 나머지는 농민으로 하여금 자유판매하도록 인정했다. 또한 공업분야에 있어서도 20인 이하의 종업원을 사용하는 小企業의 私營化를 인정했다. 또 새로 國立銀行을 창설하고 外資를 도입하게 되었다. 이러한 일련의 新經濟政策을 이른바 資本主義體制로부터 社會主義體制로 옮겨가는 과도적 단계의 정책이라고 말하거니와, 국가의 통제하에서 자본주의적 요소를 인정하는 것이었다.

1924년 레닌이 病死하자 후계자 선정을 에워싸고 격렬한 爭霸戰이 일어났다. 그것은 스탈린과 트로츠키의 대립으로서 전자의 一國社會主義와 후자의 永久革命論 사이의 격렬한 논쟁이었다. 이 논쟁은 러시아 같은 후진국에서도 社會主義의 건설이 가능하다는 입장과, 혁명을 계속 世界的으로 확대해 나가야 한다는 입장이었다. 결국 1927년에 트로츠키는 패하고 그의 일파는 要職에서 추방되었을 뿐 아니라 黨에서도 제명되었다. 그후 스탈린은 부하린 등 右派의 간부도 당의 中樞로부터 제거하고 차츰 지도권을 장악하였다. 스탈린은 7년간 新經濟政策을 추진하여 전쟁 전의 경제력을 회복하였다. 뒤이어 1928년에 第1次 5個年計劃을 착수, 이른바 一國社會主義 건설에 나섰다. 이 야심적 계획을 歐美의 여러 나라에서는 믿지 않았으나 4년 3개월만에 목표에 도달한 것으로 전해진다. 또한 1928년부터 集團農場(Sovkhoz)과 國營農場(Kolkhoz)이란 테두리 안에서 농민을 조직하는 운동이 전개되었다. 개인의 收益을 인정한 新經濟政策의 추진과정에서 생긴 富農層(Kulaks)이 문제가 되면서 이들에게 공격이 집중되고 또한 集團化에 익숙지 않은 농민의 저항을 배제하기 위해 적지 않은 무리와 강제가 있었다. 그러나 1934년에는 농업의 85%가 집단화하기에 이르렀다. 5개년계획이 추진되던 시기에 資本主義諸國은 경제공황의 수렁 속에서 고전하고 있었고, 러시아는 獨力으로 착실히 경제발전을 추진하였다.

2. 世界經濟恐慌과 資本主義諸國의 對應

世界經濟恐慌과 美國의 對應

세계경제는 大戰 직후의 혼란기를 지난 뒤에 1924년부터는 번영기로 들어섰다. 국제무역이 성행하고 새 공장이 즐비하게 건립되고 날로 확충되어갔다. 그러나 이러한 번영도 여러 모로 취약성을 지닌 번영이었다. 갑작스런 경제팽창은 주로 信用貸付에 바탕을 둔 것이었다. 또한 노동자들은 균형잡힌 배당을 받지 못하고, 賃金은 이윤과 분배보다 훨씬 뒤졌기 때문에 결국 서민들의 購買力은 기술적으로 생산가능한 거대한 生産高를 흡수할 수 없었다. 또한 1920년대는 전세계를 통하여 만성적 農業不況이 지속했던 시기로서 농부들은 빚을 갚을 수 없을 뿐 아니라 工產品을 구입할 수도 없었다. 이러한 경제적 배경은 經濟恐慌의 소지를 안고 있었다.

1929년 10월 뉴욕株式市場은 장기간에 걸친 投機부움 끝에 일대폭락을 겪게 되었다. 과거의 어떤 不況보다도 훨씬 광범위하고 심각한 것이었다. 미국에서 일어난 공황은 은행·철도 그 밖에 각종 회사의 도산을 초래했고, 모든 영역에서 취직의 기회가 없어지고 마침내 심각한 生活難을 겪게 하였다. 미국의 경제공황은 다른 資本主義 諸國에도 파급하여 미증유의 世界的 經濟恐慌으로 확대되었다. 이 大恐慌은 이미 10년 동안 지속된 農業不況과 연계되어 경제 전반을 위협했고 1933년까지 계속됐다. 미국의 生産은 1932년에 이르러 1929년의 절반으로 떨어지고, 수출은 3분의 1로 격감하고 도산된 은행은 3년 간에 5000에 이르렀다. 이미 만성적 불황을 겪던 농업은 더욱 악화되고 1932년의 小麥價格은 史上 最低를 기록했다. 1932년의 실업자 수는 1500만명에 달하였다. 공황 자체를 낙관적으로 전망하던 후우버 대통령은 失業救濟·復興金融公社의 설립 등 적극적인 대책을 강구했으나 生產統制를 기피하고 赤字財政을 위험시하였기 때문에 성과를 거두지 못했다.

1933년 3월에 취임한 프랭클린 루우스벨트는 비상한 결의를 가지고 경제정책을 펴나갔다. 그는 자유방임적인 개인주의의 폐단을 지양하고 개인의 운명을 全體에 의존케 하는 원칙을 택하였다. 이른바 個人主義로부터 集產主義(Collectivism)로의 移行을 단행한 것이다. 다시 말해서 사회에 있어서의 개인의 自由를 보장하기 위하여 國家統制에 의한 강력한 정책을 전개한 것이다. 그는 이른바 뉴우딜(New Deal)이란 정책을 가지고 議會에 호소하고 정부의 권한을 증대시켰다. 뉴우딜의 二大支柱는 1933년의 全國產業復興法과 農業調整法이었다. 前者는 미국 전체의 기업을 조직화하여 각 기업을 그 성질에 따라 몇 개의 그룹으로 나누고, 각 그룹 안에서 需要와 供給을 조정하는 권한과 아울러 가격을 결정하는 권한, 그리고 그 밖에 경영을 조정하는 권한을 가질 수 있게 하는 法이었다. 또한 이 法은 노동고용증대와 노동자의 구매력 확대를 위해 公共事業에 수 10억달러의 자금을 투입하도록 허용하였다. 테네시江 開發公社를 설립한 것이 그 대표적 예이다. 後者는 잉여생산물을 해외시장에 덤핑하는 방법을 지양하고 농민을 조직화하여 생산을 절감케 하고 농산물가격을 높여 수요와 공급의 안정과 균형을 도모하는 계획을 立法化한 것이었다. 이밖에 노동조합을 法的으로 공인하고, 최고노동시간과 최저임금을 정하고 또한 미국 勞動史上 처음으로 團體交涉權을 인정하였다. 종래의 職業別 勞動組合(AFL)과 구별되는 미숙련노동자 중심의 產業別 組合(CIO)이 1938년에 조직되었다.

유럽 各國 및 日本의 對應

恐慌으로 인한 타격은 유럽에서도 심각하였다. 특히 독일의 경우 자본 부족으로 인한 경제혼란이 컸는데, 공업생산과 수출은 1932년에 이르러 1929년의 절반 정도로 떨어지고, 실업자는 600만명을 넘고, 완전취업자는 노동조합원 중 3분의 1 정도에 불과했다. 1931년 5월 오스트리아의 크레디트-안슈탈트銀行(Credit-Anstalt Bank)이 파산함으로써 유럽에는 金融恐

慌이 일어났는데, 이 영향이 독일에 파급되어 모든 은행이 문을 닫는 지경에 이르렀다.

영국의 경우도 세계공황에 휩쓸려 300만명의 실업자를 냈다. 植民地工業의 발전과 南美市場으로부터의 후퇴에서 야기된 무역부진이 영국경제에 타격을 주었고, 여기에 더해서 미국 후우버 대통령이 제의한 모라토륨과 독일의 賠償支拂不能으로 인한 재정상의 차질 등으로 경제적 궁지에 빠지게 되었다. 1929년 勞動黨內閣을 조직했던 맥도날드는 失業保險費의 삭감으로 黨에서 추방된 뒤에 다시 1931년 8월 保守黨 및 自由黨과 함께 擧國內閣을 조직하고, 긴축재정과 增稅로 수지균형을 맞추어 가면서, 金本位制를 이탈하고 파운드貨의 平價切下를 단행, 수출의 호전을 기대했다. 1932년에는 오타와에서 英聯邦經濟會議를 열고 협정을 체결했는데, 이를 계기로 전통적 自由貿易主義를 버리고 帝國經濟블럭을 형성하여 공황 극복의 길에 나섰다. 오타와協定은 영국경제 안정에 공헌했으나 열강의 경제블럭 형성을 촉진시켜 새로운 世界大戰의 길을 열게 하는 한 요인을 만들었다. 경제학자 케인즈(Keynes)가 1936년에 「雇用·利子 및 貨幣에 관한 一般理論」을 발표, 赤字財政에 의한 대규모 公共事業으로 失業을 없앨 수 있다고 주장하였다. 그의 이론은 뉴우딜정책에 채용되어 큰 성과를 거둔 바 있다.

유럽의 다른 나라보다도 物價水準이 낮았던 프랑스는 세계공황의 와중에서도 한 동안 번영의 행운을 누렸다. 그러나 파운드貨와 달러의 評價切下로 프랑貨가 상대적으로 높아지자, 1931년 무렵부터 경제사정은 악화하였다. 다른 나라가 恐慌으로부터 벗어난 1935년에도 프랑스의 工業生産은 1929년의 약 7할 정도에 머물렀다.

이탈리아의 경우 産業復興機關의 설립으로 산업·금융체제가 재편성되어 獨占體와 國家의 제휴가 강화되었다. 뭇솔리니는 디플레 정책으로 물가유지를 시도했으나, 원만한 유지가 어렵자 경제위기로부터 벗어나기 위해 軍備增强과 전쟁방법을 택했다. 이탈리아는 이디오피아를 침략하여 다음해 이를 병합하였다.

1920년대에 이미 불황을 겪은 日本經濟는 1927년의 金融恐慌과 1929

년의 大經濟恐慌으로 경제사정은 크게 악화하였다. 그러나 공황의 과정에서 경제의 독점화가 추진되어 巨大財閥의 형성이 현저했다. 국내시장이 협소한 일본은 대륙침략을 의도하게 되며 1931년에 滿洲事變을 일으켜 그 후 15년 동안 중국대륙을 植民地化하였다.

3. 나찌스의 擡頭와 人民戰線

나찌스의 擡頭

세계공황의 영향을 가장 강렬하게 받은 독일에서는 실업자가 수백만에 달하고 사회불안이 심각해져, 국민이 급진화하면서 左右로 분열하였다. 중산계급과 농민은 中間政黨으로부터 나찌당에 기울고, 지금까지 社會民主黨을 지지해 온 노동자는 공산당쪽으로 기울었다. 히틀러가 이끄는 나찌스(독일國家社會主義勞動黨)는 처음 소수 國粹主義者의 도당에 불과했으나 大恐慌 후 급성장하여 1932년 7월 230의 의석을 갖는 第1黨이 되었다. 나찌당이 성장한 까닭은 國家主義的·社會主義的 강령이 중산층의 지지를 얻고 이를 흡수하여 당세를 확장하고, 한편 공산당의 진출을 두려워한 財界와 軍部의 지지를 얻은 데 있다. 1933년 1월 히틀러는 國家人民黨과 聯立內閣을 구성하였으나, 국회에서 과반수를 차지하지 못하여 곧 國會改選을 단행하였다. 투표 전의 1개월 동안 나찌당은 온갖 수단을 다 써서 반대파를 테러리즘으로 제압하였다. 투표일 1주 전에는 國會議事黨 放火事件을 일으켜 이를 계기로 공산당과 반대세력을 탄압하였다. 다음날 「國民과 國家를 방위하기 위한 大統領令」을 발하여 市民的 自由의 헌법상의 보장을 철폐하고, 경찰이 체포영장이나 사법당국의 허가 없이 시민을 체포·구금할 수 있게 됨으로써 그후 12년 동안 독일국민은 독재정치의 사슬에 묶이어 살게 되었다. 그러나 3월 5일의 선거에서 나찌당은 43.9%의 得票率을 보였을 뿐이었다. 단독으로 과반수의 의석을 얻지 못한 히틀러는 野黨을 위협 또는 기만해서 3월 23일 「全權委任法」을 새국회에서 가결케 하였다. 이로써 사실상의 독재권을 장악한 히틀러는 야당과 노동조합을 해산하고, 司法權의 독립과 地方自治를 부정하고, 교육 · 문화 · 교회도 모두 政府統制下에 두었다. 대통령 힌덴부르크가 사망한 뒤에는 스스로 「總統」이라고 부르고 絶對權을 장악하였다. 國防軍의 將兵은 모두 히틀러 개인에게 무조건 복종을 서약케 하였다. 그리하여 나찌당에 의한 독일의 파시즘체제는 확립되었다.

히틀러는 재벌의 협력으로 강력한 경제통제를 실시하고, 失業問題도 곧 해결하였으나, 이는 대체로 군대의 강화, 군수공장의 확장, 그리고 군사적 목적을 위한 土木事業에서 청소년을 흡수함으로써 가능했던 것이다. 나찌즘하의 독일 사회는 한결같이 지도자원리에 지배되어 비판이 허락되지 않았고 이에 반대하는 사람은 유태인과 함께 비밀경찰에 의해 희생되었다.

히틀러는 軍縮會議에서 「對等의 권리」가 실현되지 않은 것을 이유로 1933년 10월, 일본 다음으로 國際聯盟과 軍縮會議에서 탈퇴하였다. 1934년 1월 독일은 폴란드와 不可侵條約을 맺어, 프랑스의 對獨包圍體制에 구멍을 뚫었는데, 이는 독일이 폴란드로부터의 간섭 없이 오스트리아와 체코에 대한 행동의 자유를 얻게 되었음을 의미하는 것이었다. 이해 7월 히틀러는 오스트리아 나찌스에 폭동을 일으키게 하여 독일과 오스트리아의 병합을 시도하였으나, 뭇솔리니가 국경지대에 군대를 동원 이를 견제함으로써 실패하고 말았다.

1934년 소련이 國際聯盟에 가입하고, 이어 다음해에 프랑스 및 체코슬로바키아와 相互援助條約을 맺게 되자, 이에 대항해서 독일은 영국에 접근, 英獨海軍協定을 맺고 독일의 해군력을 영국의 35%까지 인정받게 되었다. 이는 프랑스 해군력에 필적하는 것으로서 독일의 再武裝政策을 사실상 인정하는 것에 다름없었다. 결국 베르사이유條約은 양측이 모두 무시함으로써 붕괴되기 시작하였다.

파시즘의 擴大

나찌당의 권력장악은 세계의 파시즘운동을 활성화했다. 파쇼政權은 1920년대에 이탈리아와 헝가리에서 성립했으나, 1930년대에는 독일뿐만 아니라 오스트리아 · 포르투갈 · 스페인 등에서도 세워졌다. 일본에도 파쇼정권이 세워졌다. 1939년까지 27개의 유럽 제국 중 10개국만이 異質政黨 사이의 정상적 정권경합이나 시민의 자유로운 사고와 행동이 보장되었다. 이들 10개국을 지적하자면 영국, 프랑스, 네덜란드, 벨기에, 스위스, 체코슬로바키아, 핀란드 그리고 스칸디나비아 3국 정도였다. 소련은 아직도 프롤레타리아 獨裁를 例證하고 있었고, 그밖에 유럽 국가들은 크건 작건 파시스트라고 부를 수 있는 獨裁政體를 가지고 있었다. 프랑스에는 1934년에 「악숑 프랑세즈」(Action Française)를 필두로 極右的 파시스트 단체가 속출했고, 영국에서도 보수주의자이며 사회주의자이기도 했던 모슬리(Mosley)가 「영국파시스트연맹」을 창설하였다. 1930년대에는 파시스트운동이 유럽을 열병같이 몰아쳤다.

人民戰線

경제공황의 충격과 나찌즘의 진전에 따라 파시즘운동이 유럽에 번졌으나, 이러한 움직임은 각국의 민주세력에 人民戰線이라고 하는 형식의 결속을 촉진하였다. 1924년 이래 우익정당의 진출이 현저했던 프랑스에서 1935년에는 社會黨, 急進社會黨, 統一勞動總同盟, 그리고 反파쇼 민주주의 옹호로 전술전환을 한 共產黨, 反파시즘 知識人監視委員會 등 다수의 단체가 모여 인민전선을 결성하였다.

1936년에는 에스파니아에서도 自由主義諸政黨, 社會黨, 共產黨 등이 「人民블럭協定」을 조인하고 인민전선을 결성하였다. 2월의 총선거에서 右派 및 中道派의 205의석에 대해서 人民戰線派는 268의석을 획득하여 세계 최초의 人民戰線政府가 성립하였다. 그러나 이 승리의 날로부터 대지주, 교회, 그리고 군부 등 보수세력은 독일·이탈리아와 제휴하여 武力反擊을 감행하게 되었다. 에스파니아의 屬領에 속한 모로코軍이 그들의 지도자 프랑코(Franco)장군의 지휘로 반란을 일으켜 本土에 상륙하게 됨에 따라 처절한 내란이 시작되었다. 영국이 선도하여 독일, 이탈리아, 소련 등을 포함한 27개국으로 구성된 국제적 不干涉委員會가 있었으나 아무런 기능을 발휘하지 못했다. 독일과 이탈리아의 파시스트 정권은 反政府軍에 대대적인 군사원조를 하고, 반대로 소련은 정부군을 돕고, 구미 각국에서 3만명이 넘는 의용군도 참가해서 全體主義와 人民戰線의 대결이 치열하게 전개되었다. 2년반 동안의 전쟁 후 에스파니아 내란은 반란군의 승리로 끝났다. 이로써 프랑코 장군은 파시스트 정권을 장악하는 데 성공하였다.

4. 西아시아와 아라비아의 民族運動

터어키의 革命

넓은 영토와 강력한 술탄(Sultan)의 지배를 자랑하던 터어키도 20세기에 들어오면서 크게 쇠퇴했다. 종교적으로 민족적으로 복잡한 구성을 가졌던 이 나라에 침투해 들어온 西歐帝國主義 제국의 압박은 날로 가중되고 있었다. 이러한 중압에 대항해서 憲法制定을 주장하는 민중의 소리가 고조되고 있을 때 러시아혁명의 파도가 밀어닥쳐 터어키 사회는 한층 동요하게 되었다. 1907년 靑年터어키黨은 파리에서 대회를 열고 專制的 술탄 압둘 하미드(Abdule Hamid) 2세의 타도를 결의하였다. 다음해엔 영국과 러시아가 터어키의 分割을 협정하여 터어키를 더욱 자극하였다. 그리하여 이해 7월 사로니카에서 혁명이 터져, 19세기에 한 차례 公布된 적이 있는 헌법의 부활과 자유를 요구하게 되었다. 全 마케도니아의 軍團이 이 혁명에 호응하고 민중도 이를 지지하였다. 革命軍 진압을 위해 투입된 군대도 발포를 거부하고, 오히려 혁명군에 가담하였다.

革命勢力의 敵은 술탄이나 大地主만은 아니었다. 혁명이 발칸 일대에 미칠 것을 두려워했던 오스트리아는 곧 바로 보스니아와 헤르체고비나를 倂合하고 불가리아의 독립을 획책하여 터어키의 內政에 개입하였다.

이러한 복잡한 상황 속에서 터어키는 선거를 치렀는데, 靑年터어키黨은 過半數를 획득하고 革命軍은 수도 이스탐불을 점령, 술탄을 退位시켰다. 이로써 청년터어키黨은 터어키의 政治權力을 완전히 장악하였다. 그러나 지주나 부르조아지가 주도한 이 정당은 사회개혁을 추진하여 封建的 土地所有制를 폐지할 의도를 갖지 않았고 오히려 독일이나 오스트리아와 借款을 체결, 터어키의 식민지화를 추진하고 있었다. 한편 새정부는 汎터어키

主義를 내걸고 학교수업을 모두 터어키語로 통일하도록 강요함으로써 領內의 他民族의 불만을 자극하여 이들의 民族運動을 야기시켰다. 터어키가 지배한 여러 민족 중에서 아라비아人들의 民族運動이 가장 격렬하였다. 이러한 터어키領內의 혼란은 침략의 기회를 노리던 列强에게 절호의 기회였다. 영국과 프랑스는 아라비아 제국의 민족운동을 지지하고, 이들의 特權階級과 손잡고 세력을 부식하였다. 이러한 움직임은 동시에 터어키에 접근한 독일에 대항하는 것을 의미하였다.

경제적으로나 군사적으로나 독일에 밀착했던 터어키帝國은 第1次大戰에서 主軸國側에 가담하여 싸우다가 패전, 술탄政府가 불리한 조건을 수락함으로써 나라의 대부분이 분할되는 위기를 맞게 되었다. 靑年터어키黨이 중심이 된 大國民議會는 무스타파 케말(Mustafa Kemal)을 총사령관으로 선임하고 케말 휘하에서 궐기한 國民軍은 그리이스軍을 아나토리아에서 구축하였다. 1922년 앙카라의 國民政府는 술탄制의 폐지를 선언하고, 열강의 利害對立을 적절히 이용하여 다음해 거의 기적적으로 自主獨立共和國을 건설하는 데 성공하였다. 스스로 서구화하려는 경향이 강했던 이 나라는 케말의 독재적 권력 아래 政敎의 분리, 文字의 개조, 婦人의 해방, 經濟計劃 등 근대화 정책이 추진되었다. 이로써 터어키는 近代的 民族國家로서 새출발을 하게 된 것이다.

이란의 革命

터어키의 동쪽에 위치한 이란에서도 列强의 대립이 치열하였다. 북쪽에서는 러시아가 침입하고, 남쪽으로는 영국이 들어와 1901년에 石油開發權을 수중에 넣었다. 앵글로·이란회사가 그 開發權을 인수하여, 아바단島의 精油工場을 건설한 것이 1909년의 일이었다. 이곳에 대한 독일의 관심도 날로 높아져 3B政策의 終點을 확보하려는 공작과 함께 反英運動을 벌이고 있었다. 이와 같이 유럽 强國의 침입 때문에 이란 농촌에도 貨幣經濟가 침투하고 地主의 수탈이 자행되어 농민의 빈곤은 날로 격심해졌다.

1905년의 러시아 혁명은 이란에서 러시아 세력이 강했던 것만큼 이란 국민에게 큰 충격이 아닐 수 없었다. 이해 말에 몇 사람의 商人이 샤에 의해서 학살당한 사건이 있었다. 이 사건을 계기로 누적된 불만이 터져, 격분한 국민은 抗議集會를 열고 憲法을 시행하도록 요구하고 나섰다. 다음해 샤의 양보로 의회가 소집되고 헌법이 가결되었는데, 민중들은 制約條件이 붙은 헌법에 만족하지 않고 계속 封建的 支配體制의 폐지와 외국세력의 배제를 요구하는 민중운동을 벌였다. 혁명의 물결은 地主, 부르조아지, 그리고 샤와 타협해서 계획된 反革命 쿠데타를 격파하고, 또한 이란의 분할을 책동하고 공공연히 무력간섭을 시도했던 영국과 러시아 세력을 배척했다. 그 중에서도 革命派의 무장병력은 각지에서 샤의 군대와 러시아 장교가 지휘하는 反革命軍을 격파하였다. 1909년 테헤란을 장악한 혁명파는 샤를 추방하고 王子를 옹립하였다. 그러나 反革命의 파도가 다시 밀어닥쳐 이해 11월 제 2議會가 소집되어 지주·부르조아지 출신의 의원들은 혁명파의 武裝解除를 결정하였다. 러시아와 영국의 내정간섭이 이에 뒤따르게 되면서 反動의 득세와 植民地化가 추진되었다.

第1次世界大戰에서 이란은 中立을 선언하였으나 영국과 러시아 연합군과 독일·터어키 同盟軍이 침입하여 국토는 戰場으로 바뀌었다. 전후에는 영국이 이란을 保護國化하려는 야망을 가지고 접근하고, 소련은 군대를 앞세워 침입함으로써 혼란과 손실을 겪었다. 이 국난을 이겨낸 리다 샤팔레비(Rida Shāh Pahlawī)는 國民議會의 의결로 國王에 추대되었다. 새 국왕의 治下에서 민족주의가 발흥하여 외국인 관리의 해고, 中央集權의 강화, 産業의 장려, 政教의 분리 등 近代化가 추진되고, 1935년에는 國號를 정식으로 이란이라고 부르게 되었다.

제18장 제 2 차 世界大戰과 戰後의 世界

1. 英·佛의 宥和政策과 獨逸의 侵略政策

獨逸의 再武裝

1935년 3월 독일이 再軍備宣言을 하자 이에 자극을 받은 소련과 프랑스는 相互援助條約을 맺었다. 독일은 이 두 나라의 제휴에 대항해서 1936년 3월 7일 베르사이유 條約과 로카르노 條約을 공공연히 위반하면서 라인란트非武裝 지대에 군대를 진입시켰다. 이러한 독일의 대담한 군사행동은 일종의 도박행위였다. 왜냐하면 프랑스군의 저항이 있을 경우 곧 후퇴하도록 명령을 받고 취했던 행동이었기 때문이다. 그러나 프랑스는 영국의 협력을 얻지 못하여 강경조치를 취하지 못한 채 사실상 이를 묵인하였다. 이러한 묵인은 이미 독일의 재군비선언을 묵인한 데 이어 두번째의 宥和政策이었다. 독일의 라인란트 進駐는 프랑스가 東歐諸國에 대해서 약속했던 군사적 보장을 마비시키고 國際聯盟의 권위를 실추시켰다.

東歐의 親樞軸化

1936년 10월 베를린·로마樞軸이 성립하고, 다음달인 11월에 일본을 포함한 3국의 防共協定이 체결되면서 유럽 안의 세력판도에는 변화가 있었다. 즉 프랑스의 군사적 보장이나 국제연맹의 안전보장에 사실상 의지할 수 없게 된 동구제국은 독일과 이탈리아의 위협 앞에 개별적으로 대응할 수밖에 없었다. 폴란드의 보수적 支配層은 독일의 東進이 있을 경우, 이에 편승해서 東方으로 영토를 확대하여 폴란드 全盛時代를 재현하려는 의도를 가지고 있었다. 발칸반도에서도 나찌스 독일의 대두는 제 1 차세계대전에서 독일쪽에 가담해서 싸우다 패한 헝가리와 불가리아로 하여금 활기를 되찾게 하였다. 1934년 2월 그리이스·유고·루마니아·터어키 등 4국은 발칸 協定을 맺고 발칸반도의 현상유지를 위해 노력했으나, 영국·프랑스의 對 독일 이탈리아宥和政策과 독일·이탈리아의 발칸반도로 향한 경제적 진출 때문에 1936년 8월에는 루마니아가, 1937년 1월에는 유고가 각기 독일 및 이탈리아에게 自國의 안전보장을 얻고자 관계를 계선하는 정책전환을 하였다. 제 1 차 세계대전 후 反獨·反蘇라고 하는 이중의 국제적 역할을 맡고 있던 東歐諸國은 새로 등장한 독일·이탈리아樞軸勢力의 影響圈으로 흡수되어가면서 親樞軸化했고 반면에 反蘇的 경향을 띠게 되었다. 다만, 체코만이 프랑스 및 소련과 相互援助條約을 맺고 있었다.

獨逸의 東方進出

독일의 라인란트 진주를 묵인하고 에스파니아 내란 개입에 대하여 不干涉主義를 견지한 영국과 프랑스의 나약한 태도에서 전쟁을 두려워하고 있음을 간파한 히틀러는 보다 적극적인 侵略政策을 펴 나갔다. 국내에서 정치적 지위를 굳히고, 軍備增强에 성과를 거둔 히틀러는 전쟁의 위협과 나찌스 5列의 활약으로 싸움 없이 오스트리아倂合에 성공하였다. 독일의 오스트리아 병합에 대해서 영국과 프랑스가 아무런 저항도 하지 않자, 자신을 얻은 히틀러는 다시 체코슬로바키아 侵略에 나섰다. 1938년 9월 영국, 프랑스, 독일 그리고 이탈리아가 모인 뮌헨會談은 영국과 독일 프랑스와 독일 사이의 不戰을 선언함과 동시에, 독일의 최후의 영토적 요구라고 하는 쥬데텐(Sudeten) 지방의 割讓을 승인하고, 이를 체코슬로바키아에 강요하였다. 뮌헨協定은 독일에 대한 영국과 프랑스 양국의 宥和政策의 절정이라고 볼 수 있으나, 그 사실상의 저의는 독일의 침략의 방향을 東方, 즉 소련으로 향하게 하여 西方의 이 두 나라는 전쟁의 圈外에 서려는 데 있었다. 뮌헨에서 자신의 요구가 전면적으로 관철되리라고 생각하지 않았던 히틀러는 영국과 프랑스의 弱點을 적극적으로 인식하게 되면서, 그 다음달에는 폴란드에 대해서 단찌히의 반환을 포함한 폴란드回廊에서의 特權을 요구하기 시작했다. 더우기 히틀러는 뮌헨의 합의를 무시하고 1939년 3월 체코슬로바키아 全土를 제압하여 독일의 保護領으로 만들었다. 이탈리아도 독일의 침략에 힘입어 다음달 알바니아를 병합하였다.

영국과 프랑스의 宥和政策이 의도한 바는 독일과 소련의 충돌이었으나, 소련은 西方의 이들 두 강국이 소련과 더불어 도일을 상대로 맞싸울 의도가 없음을 알아차리고 外交政策의 전환을 기하였다. 1939년 8월 갑자기 獨·蘇 不可侵條約이 체결됨으로써 유럽의 국제관계는 새로운 양상을 띠게 되었다. 이는 독일이 영국과 프랑스에 一戰을 벌일 태세를 갖추고자 일시적으로 소련과 타협한 결과에 다름없었고, 소련으로서는 자기를 무시하고 뮌헨회담을 진행한 영국과 프랑스의 타협정책에 대한 대응이었다. 독일의 對蘇接近은 온 세계를 놀라게 했거니와, 反파시즘運動을 추진해온 프랑스 등 서구제국의 共產黨에게 큰 혼란을 일으키게 하였다.

2. 제 2 차 世界大戰의 勃發과 擴大

폴란드侵略과 소련의 進出

1939년 9월 1일 독일은 예고 없이 폴란드 侵攻을 감행하였다. 이에 맞서 폴란드와 相互援助條約을 맺고 있던 영국과 프랑스가 독일에 선전포고함으로써 第2次世界大戰은 시작되었다. 폴란드는 단 2주만에 괴멸하였는데, 영국과 프랑스는 선전포고 이후 7개월간이나 적극적 공격을 취하지 않아서 「기묘한 戰爭」이라고 불리기도 하였다. 소련은 폴란드의 東部地域에 진주하여 제1차세계대전 후에 있은 소련·폴란드戰爭에서 잃은 땅을 되찾아, 다시금 폴란드分割이 이루어졌다. 이 해 11월에는 國境問題로 소련과 핀란드 사이에 전쟁이 일어났는데, 영국과 프랑스는 핀란드를 지지하여 對蘇戰爭을 벌이게 되고, 國際聯盟은 전례없이 소련을 제명하는 결의를 하였다. 그러나 노르웨이와 스웨덴은 中立을 유지하여, 영국군과 프랑스군이 요망한 영토통과를 거부함으로써 소련·핀란드戰爭은 局地戰으로 끝나게 되고 交戰 4개월만에 휴전이 성립되었다. 소련은 이 전쟁에서 신승하여 자신의 요구를 실현할 수 있었다. 또한 소련은 1940년 6월 루마니아로부터 제1차세계대전 후에 잃은 벳사라비아와 北부고비나를 다시 찾아 국경을 서쪽으로 넓혔다. 같은 해 8월에는 발트 3국을 병합하여 西部防衛線을 좁혔다.

프랑스의 降伏

1940년 봄 충분한 준비를 갖춘 독일군은 본격적인 西方侵攻을 개시하여 우선 4월에 덴마아크와 노르웨이를 급습하여 점령하였다. 5월에는 네덜란드, 벨기에 그리고 룩셈부르크를 석권하고, 이어 프랑스 本土를 침공하여 6월 14일 파리를 無血占領하였다. 구원군으로 프랑스에 진주했던 영국군은 기적적인 덩커크撤收로 全滅을 면하였다. 戰意를 잃은 프랑스는 6월 17일 독일에 항복하였다.

전쟁준비가 아직 충분하지 않았던 이탈리아는 독일의 勝勢에 고무되어 6월에 參戰, 알바니아에서 그리이스에 침입하였으나 영국이 지원하는 그리이스軍의 반격을 받고 후퇴하였다. 한편 일본은 프랑스의 항복을 받고 9월에 南進策의 據點으로서 프랑스領 인도차이나에 침입하였다. 1940년 9월 독일, 이탈리아 그리고 일본 등 세 나라의 軍事同盟이 성립하여 樞軸國사이의 共同鬪爭體制가 확립되었다.

체임벌린(Chamberlain)에 대신하여 首相으로 취임한 처어칠은 「피와 勞苦와 눈물과 땀」의 抗戰을 국민에게 호소함으로써 독일과의 본격적인 전쟁을 시작하였다. 독일은 空軍에 의한 대대적인 영국 폭격을 감행하였으나, 영국 공군의 應戰으로 독일측도 큰 손실을 입고 결국 실패로 끝났고 이로 말미암아 히틀러는 영국 본토 상륙작전을 단념하였다. 독일은 1940년 10월 헝가리, 루마니아 그리고 불가리아를 장악하고 다음해 1월에는 유고슬라비아와 그리이스를 전격작전으로 점령하여 발칸半島를 모두 석권하게 되면서 소련과 정면으로 맞섰다. 서로 소련軍事同盟을 맺은 일본과 독일 두 나라의 挾攻의 위험을 피하기 위하여, 1941년 4월 일본과 더불어 中立條約을 맺었다.

獨逸과 소련의 戰爭

1941년 6월 22일 독일은 獨·蘇 不可侵條約을 파기하고 240개 師團의

大兵力으로 소련을 침공하였다. 독일은 對蘇戰도 전격작전으로 年內에 종결지을 예정이었다. 미국과 영국도 소련측의 저항은 빠르면 몇 주간, 늦으면 몇 개월 정도로 끝날 것으로 판단하였다. 소련은 효과적인 反擊作戰을 세우지 못하여 開戰初에는 열세에 몰렸다. 미국과 영국은 독일에 대항하기 위해 소련에 원조를 단행함으로써, 일찌기 소련이 1930년대에 바랐던 社會主義國 소련과 資本主義國 미국 및 영국 사이에 反파시스트國際聯合이 성립하였다. 이로써 제 2 차 세계대전은 파시즘과 反파시스트 民主主義國際聯合의 전쟁이라는 새로운 성격을 갖게 되었다.

독일군의 진격은 모스크바에 가까와지면서 둔화되고, 마침내 겨울이 다가오면서 소련은 유리한 조건 아래 독일군의 主力을 격퇴하여 1942년 1월 모스크바 방위에 성공하였다. 이를 고비로 천하무적을 자랑하던 나찌스機甲部隊의 神話는 무너졌다. 獨·蘇戰은 長期總力戰으로 바뀌면서 그 동안에 특히 영국은 反擊을 준비할 시간적 여유를 얻게 되었다.

太平洋戰爭의 勃發

나찌스독일의 군사적 성공을 보아 오던 일본은 이 기회를 놓칠세라 1941년 12월 미국, 영국 그리고 네덜란드와 전쟁을 시작하였다. 하와이 眞珠灣의 기습공격으로 시작된 이 전쟁은 개전 당초에 미국의 太平洋艦隊와 영국의 極東艦隊를 격파하고 홍콩, 필리핀 그리고 말레이 등 동남아시아 일대와 남태평양의 섬들을 점령하였다. 이에 앞서 같은 해 7월 일본군은 군수물자를 얻고자 프랑스領 인도차이나에 침입하여 美·日關係를 악화시킨 바 있었다. 이로써 해묵은 中·日戰爭은 太平洋戰爭으로 확대되었다. 독일은 일본에 호응해서 미국에 선전포고함으로써, 제각기 시작한 유럽의 戰爭과 아시아의 戰爭은 하나로 연결되어 유럽 중심의 제 1 차세계대전과 다른 대규모의 世界大戰으로 확대되었다.

3. 제 2 차 世界大戰의 終局과 聯合國의 國際會議

獨逸의 敗退와 大戰의 終熄

1942년 8월부터 1943년 2월 사이에 지속된 스탈린그라드攻防戰에서 독일군 정예부대 30만명이 포위되어 섬멸됨으로써 獨蘇戰爭의 양상은 완전히 反轉하였다. 독일군은 크루스크 부근에서 그들의 機甲戰力 56개 사단을 결집하여 최후의 반격작전을 시도하였으나 소련군에 패배하고 말았다. 이로써 독일군의 총퇴각이 시작되고 전쟁은 끝을 맞게 되었다.

소련은 독일·소련戰爭初부터 미국과 영국측에 第2戰線의 早期開設을 요구하고, 미국과 영국은 1942년 중에 개설할 것을 약속한 바 있었다. 그러나 美·英聯合軍은 1942년 11월 북아프리카에 상륙하여 독일과 이탈리아 混成의 아프리카軍團(15개 사단)과 싸워 1943년 5월 이들을 격멸하고, 獨蘇戰의 第2戰線으로서의 프랑스 상륙은 뒤로 미루었었다. 이는 樞軸國의 大軍을 소련에 맡기고, 영국의 東部 지중해 방면에서의 이익과 이집트防衛를 우선적으로 고려한 것으로 풀이되거니와, 그러한 결과로 소련은 모스크바攻防戰에 뒤이어 거의 獨力으로 樞軸軍의 主力과 싸울 수밖에 없었다.

미국과 영국 聯合軍이 북아프리카를 平定한 뒤에 시칠리아섬과 이탈리아 남부에 상륙하자, 이를 보게 된 이탈리아에서는 쿠데타가 일어나 뭇솔리니가 체포되고, 바돌리오(Badoglio, Pietro)政權은 연합군에 항복하였다. 그러나 이탈리아 주둔 독일군은 뭇솔리니를 구출하여 이탈리아 北半部에 新國家를 수립하여 최후까지 抗戰하였다.

攻勢로 나선 소련군은 우크라이나를 해방하고, 1944년 4월 국경을 넘어 루마니아를 거쳐 발칸半島로 진출하였다. 발칸의 독일군은 本國과의 두절이 두려워 그리이스로부터 철군을 단행하였다. 이 움직임에 따라 8월에는 루마니아에서, 9월에는 불가리아에서 연이어 政變이 일어나고 새 政府는 聯合國측에 서서 독일에 선전포고하였다. 독일 占領下의 유고, 알바니아, 그리이스에서는 좌익세력을 중심으로 反獨逸民族解放戰爭이 끈질기게 계속되어, 소련의 발칸 진출을 전후로 하여 레지스탕스 세력을 기반으로 하는 臨時政府가 수립되었다. 그리이스에서는 독일군이 철수한 뒤에 英國軍이 진주하여 反獨레지스탕스 세력을 무장 해제하고 전쟁 전의 國王制復活을 시도함으로써 그리이스內亂이 발발하였다. 폴란드와 헝가리에서도 독일이 패퇴하자 反獨레지스탕스 세력을 중심으로 親蘇的 臨時政府가 수립되었다. 이와 같이 1944년중에 東歐諸國에서는 戰前과 전혀 다른 體制의 기초가 전쟁중의 反獨레지스탕스 세력 속에서 형성되어 갔다.

한편 1944년 6월 미국과 영국 연합군이 史上空前의 규모의 노르망디作戰을 강행하여 약속보다 2년 늦게 獨·蘇戰의 第2戰線이 개설되었다. 독일군은 바야흐로 본격적인 挾攻에 고전하게 되고 프랑스, 네덜란드, 벨기에 등을 차례로 빼앗겼다. 1945년에 들어서면서 急進擊을 계속한 소련군 先發部隊와 東進해 온 미군이 4월말에 엘베江에서 서로 만났다. 5월 1일 소련군은 베를린에 돌입하였고, 히틀러는 자살하였으며, 마침내 독일군은 5월 7일 無條件降伏하였다. 敗戰에 앞서서 독일은 미국 및 영국과의 休戰을 희망했으나 실패로 끝났다.

한편 太平洋戰爭의 경우 緖戰에서 우위를 지켰던 일본은 일찌기 1942년 6월 미드웨이海戰에서 큰 타격을 받은 뒤에 1943년 2월 과달카날島에 미군이 상륙한 것을 轉機로 계속 수세에 몰려 패퇴를 거듭하였다. 1944년 여름 사이판이 함락되고, 이 해 10월부터 1945년에 걸쳐 필리핀, 硫黃島, 오끼나와의 순으로 미군의 상륙이 있게 되고, 공군에 의한 일본 本土爆擊이 격화되는 가운데 原子爆彈의 투하와 소련의 참전으로 戰意를 상실한 일본은 8월 15일 항복하고 말았다.

聯合國의 國際會議

獨·蘇開戰이 있은 직후 1941년 8월 영국의 처어칠 수상과 미국의 루우스벨트 대통령은 大西洋上에서 회담하고, 戰後의 世界에 대한 양국의 기본적 입장을 밝힌 大西洋憲章을 발표하였다. 이는 영토의 不擴大, 주민의 의사에 따르지 않는 領土變更의 거부, 주민에 의한 政體의 자유로운 選擇

權의 존중과 빼앗긴 정부의 회복 등 8개 항목으로 된 헌장으로서 뒤에 國際聯合憲章의 출발점이 되었다. 이 헌장은 戰後의 平和會議까지는 일체의 戰後處理協定을 인정하지 않는다는 원칙을 세움으로써 第1次世界大戰에 있었던 바와 같은 비밀협정을 배제하였다는 데 의의가 있으나, 영국의 植民地 支配에는 이 원칙이 적용되지 않았으며 東歐問題와 특히 폴란드 문제에서 미국과 소련의 대립의 요인을 남겼다.

大西洋會談에 이어 일련의 국제회의가 연합국 사이에 있었다. 1943년 1월 카사블랑카會談에서 이탈리아上陸作戰이 합의되고, 1943년 8월 퀴벡會談에서 프랑스 上陸作戰이 결정되고, 동시에 原子力에 관해서 미국과 영국 사이에 협정이 체결되었다. 1943년 11월 蔣介石이 참가한 카이로會談과 곧 이어 같은 해에 스탈린과 회동한 테헤란會談에서 각기 對日·對獨作戰의 방침이 세워지고, 戰後의 平和維持의 原則에 관해서도 양해가 있었다. 특히 테헤란 회담에서 독일 占領과 武裝解除 문제를 비롯하여 소련과 폴란드 國境線에 대한 合意가 있었다. 독일의 항복을 목전에 두고 1945년 2월에는 크리미아 반도의 休養地 얄타에서 미국, 영국 그리고 소련 세 나라의 頂上會談이 열려 戰後處理에 관한 구체적 문제가 토의되고, 무엇보다도 國際聯合創立問題가 검토 합의되었다. 이 회담에서 미국이 전부터 요구해 오던 第2戰線의 개설을 위한 소련의 對日參戰協定이 체결되었다. 얄타회담은 공동의 적을 앞에 두고 3국 간의 협조가 最高潮에 달했던 사실을 입증하거니와, 이러한 友好關係는 전후에도 계속될 것으로 기대되었다.

國際聯合의 成立

1945년 4월 샌프란시스코會談에서 111條로 이루어진 國際聯合憲章이 승인됨으로써 國際聯合이 탄생하였다. 이 국제조직의 구상은 1941년 1월의 大西洋憲章에서 비롯하며, 그 후 여러 차례의 會合을 거쳐 결실을 보게 된 것이다. 국제연합은 또한 國際聯盟의 이념을 계승하는 국제평화유지기관으로서 발족하였다. 미국이 국제연맹 구성에 공헌하였음에도 불구하고 이 기구에 끝내 참가하지 않았던 것과는 달리 國際聯合의 결성에는 시종 적극적인 참여와 추진을 해 왔다. 더우기 국제연맹에서는 처음부터 외면당했던 소련이 함께 참가함으로써 명실공히 國際的인 機構로서의 체모를 갖추었다.

국제연합에서는 安全保障理事會가 總會 이상의 기능을 가지고, 미국·영국·프랑스·소련·중국 등 5개국이 常任理事國으로서 이른바 拒否權을 행사할 수 있게 되었다. 또한 국제연합은 국제분쟁을 처리하는 데 병력을 사용할 수 있어 평화유지에 구체적 대책을 마련한 셈이었다. 국제연합에는 國際通貨基金과 유네스코 같은 여러 專門機關이 부설되었다. 베르사이유體制에서는 소련이 소외되고, 民族自決의 원칙도 유럽에만 적용되고 아시아·아프리카에는 적용되지 않았으나, 국제연합에서는 소련과 중국이 常任理事國의 지위를 확보하고, 더우기 從屬的 諸民族의 독립이 실현되어 국제 간에는 새로운 정치판도가 형성되었다.

샌프란시스코의 國際聯合創立大會에서 있은 美·蘇間의 의견대립을 조종하기 위해 트루먼(Truman) 대통령은 타협을 시도, 폴란드 問題에서 소련이 지지하는 新政府를 승인하였다. 그 결과로 1945년 7월 베를린 교외 포츠담에서 3국정상이 회동하여 獨逸處理問題를 협의하였다. 또한 이 회담이 공표한 포츠담宣言에서 對日戰收拾策과 戰後處理問題가 확정되었다.

4. 제2차 世界大戰 후의 世界

獨逸과 東歐問題

제2차 세계대전의 戰後處理는 미국과 소련의 대립으로 難航을 거듭하여 오늘에 이르도록 원만한 결말을 보지 못하고 있다. 소련군이 진주한 東歐諸國에서는 공산당을 중심으로 하는 親蘇的 좌익세력이 득세하였다. 東歐에서는 土地改革이 실시되고 保守的 要因이 파괴되고, 社會主義的 計劃經濟가 소련의 지도 아래 추진되었다. 東歐 여러 나라 중에서 그리이스만이 오랜 內亂 끝에 소련의 영향권 밖에 설 수 있었다. 미국측은 東歐에서의 左翼勢의 등장을 소련의 뒷받침에 의한 인위적 확장으로 보고, 정치적 압력과 경제원조에 의한 견제를 시도하였으나 이미 전쟁 전의 舊支配體制가 붕괴한 이곳을 현실적으로 장악한 것은 소련과 親蘇的 政治勢力이었다.

독일의 전후처리 문제에서 서방측과 소련의 의견 대립은 한층 심각하여 전쟁 중에 이루어졌던 聯合國으로서의 우호관계는 무너지고, 冷戰事態로 발전하였다. 독일을 民主化, 非나찌化한다는 기본문제에는 의견을 모았으나, 이를 실현하는 具體案이나 講和에서는 합의를 보지 못하고 끝내 4국에 의한 分割占領이 지속되었다. 서방측 占領地域에서는 일찌기 경제적 통합과 정치적 민주화가 추진되고, 소련 점령지역에서는 그들 나름의 土地改革과 獨占資本의 해체 등 사회주의 사회건설이 추진되었다. 1948년 6월 서방측 점령지역에서 單獨通貨改革이 있자 포츠담協定 위반이라고 항의한 소련은 西獨과 西베를린 사이의 교통차단을 단행하였다. 서방측은 이에 맞서 空輸로 장벽을 극복하였는데, 東西의 관계는 이로부터 악화일로를 걷게 되었다. 1948년 9월에는 독일聯邦共和國基本法(본憲法)이 제정되면서 이어 독일聯邦議會가 성립하고 기독교民主同盟의 아데나우어(Konrad Adenauer)가 首相으로 선출되고 이로써 새 국가가 수립되자, 소련을 제외한 西方諸國은 이 나라와 平和條約을 맺었다. 이에 대항해서 소련점령 지역에서도 이른바 독일民主共和國의 수립을 선언하였다. 이와 같이 독일에는 東西가 分斷된 상태에서 두 나라가 탄생한 것이다.

한편 나찌스독일과 同盟關係에 있던 이탈리아·루마니아·불가리아·헝가리 등은 1947년 2월에 있은 파리講和會議에서 독립을 회복하고, 永世中立을 원한 오스트리아는 1955년 5월 聯合國協約을 맺고 독립하였다.

東아시아問題

東아시아에서도 美·蘇 간의 대립은 한국과 일본에서 표면화하였다. 그 결과로 한국은 오늘날까지도 國土의 分斷狀態를 면치 못하고 있으며, 6.25動亂을 필두로 갖가지 민족적 비극을 겪고 있다. 패전국 일본과의 講和는 중국의 共產化와 韓國動亂의 발발로 미국에 의해서 서둘러 추진되어 1951년 9월 샌프란시스코에서 서방측 48국과 平和條約이 맺어짐으로써 일단락을 보았으나, 소련·중공·인도·버어마는 이에 조인하지 않았다(소련파는 1956년 日·蘇共同宣言으로 국교를 회복하고, 중공과는 終戰後 33년만인 1978년 10월에 平和條約이 체결되었음). 越南에 대한 미국의 信託統治案은 소련이 동의하였으나 舊植民地支配의 붕괴를 두려워한 영국의 반대로 실현되지 못하고 영국과 중국에 분할 점령되었다가 프랑스軍과 교체되고, 그 처리는 프랑스와 베트남 2국 간의 교섭에 맡겨졌다.

美蘇의 冷戰

전후의 세계는 世界平和를 실현하려는 國際聯合의 노력이 있었음에도 불구하고 美蘇關係의 대립으로 兩分되어 갔다. 1946년 3월 처어칠이 미국의 한 대학에서 행한 연설에서 「鐵의 장막」을 외쳐, 소련의 팽창정책을 비난한 것을 필두로 1946년 9월 버언즈(Byrnes) 美國務長官이 슈투트가르트에서 소련의 독일정책을 공공연히 비난한 데 이어, 1947년 3월 트루먼 독트린이 美國議會에서 공표됨으로써 冷戰은 결정적인 단계로 들어갔다. 트루먼은 全體主義體制의 위협을 지적하고, 이에 대항해서 싸우는 「自由로운 國民」을 지지하는 것이 미국 외교의 기본적 원칙이라고 천명하였다. 같은 해 6월 마아샬計劃에 따라 소련과 東歐圈을 제외한 西유럽 16국으로 구성된 歐洲經濟協力機構(OEEC)가 설립되고 총액 193억달러에 달하는 미국의 대외원조금이 지출되었다. 미국의 원조는 西歐의 復興과 「自由世界」의 결속을 가져왔고, 이로써 유럽에서의 共產勢力의 진출 방지에 공헌하였다. 무엇보다도 그리이스와 터어키 두 나라를 원조함으로써 共產主義를 저지한 것은 트루먼의 강력한 외교정책의 결과로 손꼽힌다. 프랑스와 이탈리아에서는 이러한 冷戰의 추세에 따라서 정부 내의 각료 중에서 공산당원을 배제하였다. 이에 대항해서 東歐諸國은 1947년 10월 共產黨情報局(Cominform)을 만들고, 1948년 2월에는 체코의 政變으로 東歐體制를 정치적으로 다지고, 경제적으로는 1949년 1월 東歐經濟相互援助會議(COMECON)를 설립하여 東歐圈의 결속을 도모하였다.

1949년 4월 마침내 미국은 캐나다 및 西歐 10국과 더불어 北大西洋條約機構(NATO)를 설립하였다. 1951년에는 그리이스 및 터어키가 가맹하고 1954년에는 再軍備를 갖춘 西獨이 프랑스의 완강한 반대를 누르고 이에 가맹하였다. 西方陣營에 대항해서 1955년 5월 소련은 東獨을 포함한 東歐 7국과 함께 바르샤바條約機構(WARSAW PACT)를 결성하였다. 이로써 유럽은 미국과 소련을 중심으로 하는 정치·경제·군사의 二大블럭이 형성되고, 독일의 분단은 거의 고정되고 말았다.

美蘇冷戰에 의한 軍事的 블럭化는 유럽에만 국한되지 않았다. 중국대륙의 共產化와 1950년 6월의 韓國戰爭의 발발은 동아시아와 동남아시아에서 反共的 軍事同盟의 결성을 서둘게 하였다. 1950년대 전반에 미국은 한국·필리핀·중화민국(臺灣)과 개별적 軍事同盟條約을 체결했고, 오스트리아·뉴우질랜드와도 군사동맹(ANZUS)을 맺었다. 1954년 9월에는 東南아시아條約機構(SEATO)가 결성되었다(SEATO는 베트남전쟁에서 그 기능을 발휘하지 못했고, 미국의 中國政策轉換으로 1977년 6월 완전히 해소되었다).

1955년 中東에서의 아랍民族運動에 대처하기 위해 영국은 터어키·이란·파키스탄 등과 中東條約機構(METO)를 결성하였으나, 1958년 7월 이라크가 革命後 이 기구를 탈퇴함으로써 中央條約機構(CENTO)로 개편되고, 차츰 미국의 영향력이 강화되었다.

미·소의 대립은 國際勞動組織에도 미쳤다. 1945년 3월 미·영·소 3국이 노동조합을 제창하여 世界勞動組合聯盟(WFT)이 창립되었으나 마아샬計劃을 에워싼 의견대립으로 결렬되었다. 미국·영국·네덜란드 등 서방측 勞組는 世界勞聯으로부터 탈퇴하여 1949년 10월 國際自由勞動組合聯會(ICFTU)를 조직하였다. 전쟁 후에 모처럼 성립한 勞動運動의 통일적 전개는 일단 좌절되었으나 노동운동 자체는 각국마다 전쟁 전에 비해서 크게 진전하여, 어느 나라에서든 사회적으로 무시할 수 없는 영향력을 갖게 되었다.

西方世界의 變貌

제 2 차세계대전은 영국·프랑스·독일·이탈리아 같은 유럽의 强國에게 극도의 국력소모를 강요했으나, 미국에게는 경제적 번영을 안겨주었다. 미국은 戰後 세계 공업생산력의 절반과, 자본주의 세계에서 유통하는 총수출규모의 3분의 1을 점유하였다. 미국은 이미 1944년 7월 國際金融會議에서 金 대신에 미국화폐를 國際通貨로 확정한 體制(IMF)를 확립하여 자본주의 세계의 경제적 지도국이 되었다. 미국은 전쟁 전의 고립주의를 버리고 國際聯合의 創立, 트루먼 독트린, 마아샬計劃, NATO創設 등을 통해서 유럽문제에 적극 개입하여 反蘇封鎖政策을 확립하였다. 유럽의 資本主義諸國으로서 미국의 원조를 받지 않은 나라가 거의 없거니와, 이런 관계로 世界政治에 있어서 미국의 비중은 날로 높아갔다.

미국은 美洲機構(OAS)의 설치로 판 아메리카體制의 안정을 도모하고, 中國內亂, 韓國戰爭, 인도차이나戰爭, 레바논出兵, 베트남戰爭 등 아시아의 분쟁에도 적극적으로 개입하여 전쟁 전의 영국·프랑스·네덜란드 또는 일본에 대신해서 전후의 아시아安保와 反共體制確立에 큰 역할을 하였다.

국내적으로는 1946년의 中間選擧에 승리한 共和黨이 노동조합원만을 채용하는「非開放的 工場」운영을 금지하는 태프트·하아틀리法(Taft-Hartley Act)을 제정(1947년 6월)하여 노동자의 團結權에 제한을 두었다. 뉴우딜時代의 와그너法을 수정한 이 法은 公共의 복지나 경영에 해롭다고 인정되는 노동자의 활동을 저지하는 데 그 목적이 있다. 1950년대에는 유명한 매카아디(McCarthy)旋風을 일으켜 反共體制가 강화되었다. 매카아디上院議員이 제창한 赤色分子 색출 선풍은 冷戰體制下의 미국사회의 경직성을 단적으로 잘 나타내거니와, 처음에는 의회도 아이젠하워 대통령도 침묵을 지켰으나 마침내 民主黨이 다수를 차지한 上院에서 그를 비난하는 결의를 함으로써 원만히 수습되어 갔다. 미국사회의 뿌리깊은 문제인 人種問題, 특히 黑人差別廢止問題가 아이젠하워 政權治下에서 크게 대두한 이래 줄곧 어려운 未解決의 문제로 남게 되었다.

민주당의 케네디가「뉴우 프런티어」란 旗幟를 내걸고 선거에서 승리, 1961년 1월 대통령에 취임하였다. 케네디政權의 발족은 1939년 이전의 정치에 아무런 관련이 없는 새 세대의 등장이었는데, 실제로 새로운 정치풍토의 양성을 가능케 하였다. 미국의 위신과 지도력의 회복을 주장한 그는 對蘇政策에도 유연성을 보이고 후진지역의 民族主義나 中立主義의 평가에도 새로운 면모를 보였다. 그는 달러防衛政策으로 자유진영 내의 여러 나라와 對立關係를 낳았고 外交政策에서도 쿠바, 인도차이나, 中國問題 등에서

「힘의 政策」을 펴 나갔으나, 平和共存의 분위기를 지켜 나가는 데에도 큰 역할을 하였다. 그는 트루먼 대통령 이래의 人種差別撤廢問題를 적극적으로 추진하였으나, 불행히도 1963년에 암살됨으로써 뜻을 펴보지 못한 체 끝나고 말았다. 케네디의 죽음은 미국사회가 지닌 복잡한 모순과 병리를 극적으로 나타낸 것이다.

영국은 英聯邦의 경제적 특권을 포기하게 되면서 지난날의 世界强國으로서의 면모를 상실하였다. 영국은 아시아에서 인도를 비롯한 옛 식민지의 독립을 인정하고, 中共을 일찌기 승인하는 등 유화정책을 폈다. 또한 그리이스內戰에 관여하였다가 뒤에 미국에 맡기고, 팔레스타인 問題處理에도 능력이 부쳐 1948년 5월 國聯에 위임하고 철수하였다.

프랑스는 佛蘇協約을 체결하고 對獨 강경정책을 견지함으로써 독자적 외교노선을 지향하였으나, 미국의 對蘇封鎖政策의 일환으로 제기된 西獨支援政策에 동조하지 않을 수 없었다. 프랑스는 시리아 및 레바논에서 1946년에 철군하였으나 인도차이나의 再支配에 집착하여 1946년 이래 9년간 인도차이나戰爭을 지속하다가 힘의 한계에 도달하여 마침내 休戰하였다. 1954년 10월에는 알제리아民族獨立運動의 진압에 나섰는데, 완강한 저항에 부딪쳤을 뿐만 아니라 국내의 비판도 비등하여 1962년 7월 現地植民者의 반대에도 불구하고 알제리아의 독립을 승인하였다. 인도차이나와 알제리아에서 있은 兩次의 植民地戰爭은 대전 후의 프랑스의 再興을 현저히 저해하였다. 1958년 강대한 권한을 갖는 第5共和制의 초대 대통령에 선출된 드골이 核武器를 개발하여 對美自立의 군사적 기초를 다지고, 1964년에는 中共을 승인, 獨自的 外交路線을 전개하였다. 西獨과는 적극적인 제휴를 하면서 미국과 가까운 영국을 견제함으로써 달러貨와 파운드貨의 가치를 하락시키기도 하였다.

1956년 7월에는 이집트의 낫세르(Nasser) 首相이 수에즈運河의 國有化를 宣言함으로써 지중해 일대에 세계대전 이후 처음으로 戰雲이 감돌기 시작하였다. 영국과 프랑스는 이 운하의 「國際化」를 꾀하고 이스라엘군의 이집트 공격을 중개하는 최후통첩을 보냈는데, 이집트가 이를 거부하자 英佛 兩軍도 군사행동을 취하여 運河地帶를 점령하였다. 이러한 강경조치는 국제적 비난을 받았고, 소련측의 강경한 경고도 있어서 英·佛 兩國은 停戰에 응하고 철병하였다. 이 사건으로 말미암아 영·불의 國家的 權威는 실추되고 中東으로부터 전면적인 후퇴를 감수할 수밖에 없었다. 영·불에 대신하여 미국이 1957년 1월 아이젠하워 독트린을 발표하고 중동에 적극적으로 개입하였다. 즉 인도차이나·중동·이스라엘·북아프리카·그리이스 같은 곳에서 영·불의 세력이 후퇴한 데 대신하여 美國勢力의 진출이 있게 되었다.

戰後 미국의 경제원조로 부흥한 資本主義諸國 중에서 특히 서독·프랑스·이탈리아·일본 등은 50년대 중엽부터 눈부신 경제성장을 보였다. 西유럽에서는 1958년 大陸의 6국이 모여 유럽經濟共同體(EEC)를 구성하고 급속한 경제성장을 이룩하였다. 이 공동체는 미국의 의사와는 달리 對共產圈貿易을 추진하여 독자적으로 경제력을 확충해 나갔다. 西歐諸國은 東西貿易뿐만 아니라 차츰 독자의 外交路線을 전개함으로써 대전 후 自由世界에서 미국이 차지하던 지도적 위치를 상대적으로 약화시켰다. (영국은 1963년 유럽經濟共同體에 참가할 것을 희망했으나, 드골의 반대에 부딪쳤던 관계로, 1967년에 파운드貨切下를 단행하여 자신의 지위를 낮추고 나서 1971년에 유럽共同體(EC)에 가맹할 수 있었다. 이로써 유럽共同體는 바야흐로 미국·소련 등과 대등한 세계 제3의 經濟單位가 되었다. 그런데 유럽經濟共同體(EEC)는 유럽石炭鐵鋼共同體, 유럽原子力共同體와 통합하여 EC, 즉 유럽共同體로 바뀐 바 있다.)

전후 西獨의 경제번영은 프랑스를 능가하였고, 한때는 國民總生產이 서방세계에서 2위를 차지하였다. 그러나 獨逸統一問題에서는 원만한 해결을 못 보고 이 민족의 최대의 숙제로 남게 되었다. 1954년 西獨이 再武裝을 시작한 뒤에 소련은 분할된 독일의 현재적 상황에 입각한 東西獨逸의 자주적 교섭에 의한 통일문제의 해결을 제창한 데 반하여 서방측은 전독일의 自由選擧를 통일의 전제로 하는 입장을 계속 견지하였다. 이러한 서방측의 입장은 1957년의 「獨逸統一에 관한 4國(미·영·불·서독)宣言」에서도 거듭 천명되었다. 1961년 여름 베를린에 장벽이 구축되면서 西獨은 東獨의 존재를 무시하려는 방침이 굳어지고 이로써 兩獨關係는 통일을 거부하는 방향으로 나가게 되었다.

이탈리아는 1950년대 후반부터 기적적 고도성장을 기록하고 유럽經濟共同體로부터 최대의 이익을 얻었으나, 低賃金을 바탕으로 하는 경제력은 1963년 이후 賃金의 上昇 때문에 크게 하락하였다.

東歐圈의 形成

제 2 차세계대전 이후에도 제 1 차세계대전 이후에 겪었던 것과 마찬가지로 東歐에서는 혁명적 변화가 있었다. 東歐少數民族國家에는 소련을 배경으로 하는 공산주의의 물결이 휩쓸었다. 1919년에는 東歐와 中歐에서 공산주의의 위협을 물리칠 수 있었으나, 1945년 이후에는 피할 수 없는 사실로서 現實化했다. 이러한 변화는 소련의 후원과 지도가 크게 작용하여 실현되었다.

우선 유고슬라비아에서는 1945년에 共產黨의 지도자 요시프 브로즈(Josip Broz)—티토로 알려진—가 정권을 획득하여 人民共和國聯邦의 수립을 선언하였다. 이어 알바니아·불가리아·폴란드·헝가리·루마니아·체코슬로바키아에서도 革命이 성공하여 1948년까지 東歐 전체가 공산당 지배하에 들어갔다. 이들 東歐諸國은 土地改革을 통해서 大領地를 땅 없는 농민이나 영세토지소유자에게 분배하고, 銀行業이나 대규모산업을 國有化하고 다만 소규모 기업의 私有를 인정하였다. 이밖에 많은 자산이 協同組合에 인도되기도 하였다. 또한 이들 東歐諸國은 지리멸렬한 경제재건을 위해 計劃經濟를 추진하여 상당한 성과를 이루었다.

그러나 스탈린의 지배 아래 추진된 東歐圈의 결속은 결코 순탄하지만은 않았다. 유고슬라비아가 民族的自主路線을 걷게 되자, 이는 공산주의의 국제적 연계에 위배되는 행위라고 규탄, 코민포름에서 除名하는 사태가 있었다. 그러나 스탈린 死後 유고와 소련과의 관계는 호전되고, 티토와 흐루시초프는 모스크바宣言을 통해서 「社會主義發展의 길은 나라에 따라서 다르다」는 데 합의하였다.

유고의 轉向은 東歐에 확대되는 非스탈린主義化의 첫 파도에 불과하였다. 스탈린主義에 대한 항거는 1953년 6월 체코의 工業地帶 필센(Pilsen)에서 일어난 노동자의 파업과 데모, 그리고 東베를린에서 발생한 노동자의 폭력적 봉기와 같은 형태로 나타났다. 1956년 6월에는 폴란드의 포즈난(Poznan)에서 노동자의 폭력적 봉기가 발생하면서, 이를 계기로 反스탈린派 티토主義者로서 8년 전에 추방되었던 고물카(Wladyslaw Gomulka)가 第1書記로 추대되었다. 폴란드의 政變이 전해지자 헝가리의 부다페스트 市民은 일제히 궐기하여 소련군과 保安隊에 무력으로 저항하였다. 이 위기 속에서 政權은 한때 民族主義者 나기(Imre Nagy)에 의해서 장악되었으나, 사태는 더욱 확대되면서 전국으로 퍼졌다. 소련의 大軍이 개입하여 헝가리의 저항은 진압되었는데, 이는 흐루시초프의 말에 의하면 「社會主義가 싸워 얻은 것」을 지키기 위한 명분 아래 취해진 진압이었다. 헝가리事態는 反共產主義的 性格을 갖는 저항이었다.

世界大戰에서 심각한 타격을 받은 소련은 750만의 戰死者 및 行方不明者를 내고, 생산설비도 태반이 파괴되고, 미국과의 대립으로 미국으로부터의 경제원조도 못 받는 어려운 조건 아래서 경제건설을 서둘렀다. 西獨으로부터는 現物賠償도 못 받았고, 동독과 만주, 북한 같은 곳에서는 많은 生產財를 수탈하여 戰後의 경제복구에 충당했다. 1946년 이래 重工業 위주로 제4차 5個年計劃을 추진하여 1950년에는 공업생산면에서 전쟁 전보다 73%의 증가율을 보였는데, 소비재나 농업생산은 지극히 부진하였다. 1958년에는 이른바 一國社會主義建設의 완성을 공언하고, 1959년에는 새로 7個年計劃에 돌입하고, 1962년의 第22次黨大會에서는 一國共產主義建設을 목표로 하는 새 강령을 채택하였다. 소련은 전후의 악조건에도 불구하고 產業發展에 큰 성과를 거두어 미국 다음가는 工業大國으로 약진하였다. 그러나 冷戰時代의 소련 사회는 스탈린獨裁體制下의 비밀경찰이나 강제수용소 등이 보여주듯이 어둡고 硬直된 社會였다.

1953년 3월 거의 30년간 독재자로서 소련에 군림하던 스탈린이 死去한 뒤에, 이 나라에서는 集團指導體制가 채택되고, 스탈린 시대와는 다른 분위기가 조성되었다. 이를테면 소련은 한국에서의 休戰協定調印에 노력을 기울였고, 인도차이나停戰도 도왔고, 1955년에는 오스트리아와 講和條約을 맺었다. 1956년 2월 흐루시초프 第1書記는 제20차 공산당대회에서 스탈린批判演說을 행함으로써 소련정치에 하나의 전환점을 마련하였다. 그는

1959년에 야심적인 7個年經濟計劃을 세워 일련의 農政改革을 단행하고, 經濟管理의 地方分權制를 채택하여 생산현장의 創意를 북돋았고 특히 전에 없이 절대필수품 이외에 일반소비재 생산을 단행하였다.

1958년 3월 흐루시초프는 首相이 되면서 서구진영과의 「競爭的 平和共存政策」을 적극적으로 펴 나갔다. 1959년 그는 미국을 방문 아이젠하워 대통령과 회담하고, 國聯總會에 출석하여 軍備의 전면 폐지를 제안하는 등 共存의 분위기를 높였다. 그러자 1960년 소련 上空에서 미국의 U2型 정찰기가 격추되는 사건이 발생하여 美·蘇關係는 다시 냉각되었다. 그후 1961년 8월 소련측은 東·西베를린의 교통을 엄중히 제한하고, 西베를린의 境界에 벽을 쌓기 시작했다. 이것은 1949년 이래 주로 西베를린을 경유하여 西獨으로 가는 피난민의 수가 350만에 달하고, 특히 청년들의 이동이 많아 東獨의 存立 자체를 위협하게 됨으로써 취해진 비상조처로서 平和的 競爭에서 東獨의 패배를 실증하는 것에 다름 없었다. 이밖에도 소련은 核實驗을 再開하여 긴장을 격화시키는 정책을 취했으나 平和共存을 기본으로 하는 원칙적 입장은 지켜 왔다. 1962년에는 쿠바에 설치한 소련의 미사일基地가 발견됨으로써 쿠바危機가 야기되어 美·蘇 간의 긴장은 절정에 이르렀다. 케네디 대통령의 쿠바封鎖와 같은 강경조치로 결국 소련은 미사일을 철거함으로써 미·소 간의 위기는 회피되었다. 쿠바事態는 東·西 간의 진지한 대화의 필요성을 통감케 하여 1963년 여름 美·英·蘇 간에 部分的 核實驗禁止條約이 체결되어 戰後의 동서관계에 큰 전환의 시기를 맞았다.

西아시아의 獨立

프랑스의 委任統治領이었던 시리아, 레바논은 大戰 후 反佛鬪爭을 전개, 1946년 英·佛 군대의 철수와 함께 완전한 독립을 달성하였다. 영국의 위임통치하에 있던 트란스요르단(Trans Jordan)도 1946년에 독립하였다. 팔레스타인에서는 대전중 유태인 難民의 유입이 격증하여 先住하는 아랍人과의 대립이 격화하였는데, 英軍의 철수함과 동시에 1948년 5월 유태人들은 이스라엘의 建國을 선언하였다.

아랍諸國은 이스라엘의 건국을 인정치 않았다. 이스라엘은 독립후 아랍聯盟諸國과의 싸움에 승리함으로써 國際聯合이 책정한 팔레스타인分割案을 외면하고 점령지역을 확대함으로써 80만명의 아랍難民을 낳았다. 敗戰 후의 아랍 세계에는 近代化의 물결이 밀어닥쳐 일련의 革命的 變化가 있었다. 1949년의 시리아 쿠데타, 1951년의 요르단王 暗殺, 1952년 7월의 이집트革命, 1958년의 이라크革命 등 각국마다 근대화를 위한 體制改革의 노력이 지속되었다. 이란에서는 1951년 親英政權이 타도되고 석유의 국유화가 시작되었으나 이를 강행한 모사데크 首相은 1953년의 軍部쿠데타로 퇴진하고, 石油國有化政策도 수정되었다. 1954년의 협정에서 종래 영국 자본에 의해서 독점되었던 이 나라의 석유산업은 미국의 석유자본이 크게 간여하게 되었다.

아프리카의 獨立

대전 후의 아프리카에서도 도처에 民族運動이 전개되었다. 1945년 탄생한 아랍聯盟에서 지도적 위치를 차지하고, 1952년 혁명을 통해서 共和國을 선포한 바 있는 이집트를 필두로 1950년대에 독립한 나라는 리비아·수단·모로코·튀니지·가나·기니 등 6개국이었다. 특히 1959년 이후 영국·벨기에·포르투갈의 각 植民地에서는 격렬한 민족운동이 전개되어 白人植民主義者를 동요시켰다. 「아프리카의 해」라고 불린 1960년 한 해에는 英·佛·伊·白이 지배한 17에 달하는 舊植民地 保護領 및 信託統治領이 主權國家가 되었다. 1960년대에는 다시 15국이 독립하였는데, 아프리카의 民族運動은 北部의 아랍·아프리카로부터 中·南部의 블랙 아프리카로 확대해 나갔다. 그러나 독립을 달성한 아프리카의 여러 나라에는 오랜 植民地 支配의 잔재가 여러 형태로 남아 있어 진정한 의미의 獨立이 실현되기란 용이한 일이 아니었다. 경제적으로 後進한 이들 아프리카 제국에는 經濟援助라는 명목으로 개입하는 강대국의 이른바 新帝國主義도 등장하여 親西歐的인 나라와 中立的인 나라들 사이에 복잡한 반응을 불러일으켰다. 新生國 상호 간에는 식민지 시대에 정해진 人工的 國境의 재조정 문제와 그밖에 國內部族 간의 利害의 대립과 반목 때문에 아프리카의 전도는 많은 난제를 남기고 있다.

아프리카民族主義運動에 자극을 준 것은 아시아·아프리카諸民族의 우호와 단결을 바탕으로 世界平和維持를 결의한 1955년의 반둥會議였다. 이 회의에 참가했던 아프리카의 民族代表들 중에서 가나의 엥크루마(Nkrumah)는 1958년 4월에 아프리카獨立國會議를 열고, 이어 12월에는 第1次아프리카人民連帶會議를 열었다. 1960년에 유엔총회에서는 새로 가맹한 아시아·아프리카諸國의 요구로「植民地解放宣言」이 채택되었다. 또한 1963년 이디오피아의 수도 아디스아바바에서 아프리카 30국에 의한 아프리카統一機構(OAU)가 결성되었다.

核禁問題와 平和運動

原子力의 국제적 관리를 위한 노력은 1946년 1월 國際聯合原子力委員會의 창립으로 비롯하였다. 미국은 憲章에 담겨진 協約의 실천을 위해 국제적 조사관리체제의 확립을 주장한 반면, 소련은 국내적 문제에 대한 국제기관의 개입을 거절하면서 原爆의 使用禁止를 강력히 요구하여, 끝내 委員會는 아무런 성과도 거두지 못했다. 미국으로서는 소련의 陸軍에 대항할 수 있는 軍事手段이며, 소련에 양보를 구할 수 있는 國際政治의 수단이라고 볼 수 있는 原子爆彈을 미국이 만족할 수 있는 代償 없이 放棄할 의사는 없었다. 소련으로서는 미국의 原爆獨占의 장기화를 가능케 하는 段階的管理案이나 강대국의 拒否權과 무관한 管理方法에 동의할 수 없었다. 그러나 무엇보다도 미·소간의 상호불신이 核禁止 問題를 해결하지 못한 핵심이었다. 미국의 예상과는 달리 4년 후인 1949년 소련은 독자적으로 原爆開發에 성공하였다. 이로써 국제관리가 이루어지기 전에 미·소의 原爆製造競爭이 벌어졌고, 冷戰體制에서 오는 적대적 감정은 이 경쟁에 박차를 가했다.

1952년 10월 영국이 第3의 核保有國이 되고, 같은 해 11월 미국이 水素爆彈을 개발하자 소련도 다음해 8월에 水爆을 개발하였다.

바야흐로 인류는 수소폭탄의 위험에 직면하게 되면서, 마침내 原水爆禁止를 촉구하는 平和擁護運動이 벌어지게 되었다. 1949년 4월 第1次世界

平和擁護大會가 파리와 프라하에서 동서 각국의 민간지식인을 결집한 가운데 열렸고, 1950년 3월에는 이 대회의 世界委員會가 原子兵器의 使用禁止를 호소하는 스톡홀름 어피일을 제출, 미·소의 核戰爭을 두려워하는 사람들의 공명을 얻는 가운데서 이해 10월까지 5억에 달하는 서명을 받았다. 이 署名運動이 크게 주효한 것은 트루먼 대통령이 韓國動亂에서 原爆使用을 시사한 데서 연유하거니와, 이에 뒤이어 1951년 2월에는 5大國平和條約의 체결을 촉구하는 베를린 어피일이 제출되었다. 1952년 12월에 있은 비인諸國民平和大會에서는 「對話」「긴장완화」「韓國戰爭의 즉각 중지」등을 호소했다. 또한 1954년에는 原水爆戰爭反對의 비인 어피일이 제출되어 많은 지지와 서명을 얻었다. 이밖에 世界政府論者와 퀘이커敎徒가 각기 平和運動을 벌였다.

核使用禁止와 더불어 平和를 염원하는 인류의 외침은 날로 높아지고 있으나, 가공할 온갖 형태의 核兵器는 날로 새롭게 개발되어 인류파멸의 위험은 한낱 망상이 아닐 정도로 그 성능과 위력을 축적해 가고 있다.

宇宙時代의 開幕

1957년 10월 4일 소련은 역사상 처음으로 人工衛星 스푸트니크를 쏘아 올리는 데 성공하였다. 이러한 소련의 성공은 이보다 2개월 앞서 위성발사에 사용한 大陸間誘導彈(ICBM)을 실험하는 데 성공함으로써 가능했던 것이다. 1959년 10월에는 같은 인공위성으로 달의 裏面撮影에 성공하여 우주공간과 달세계 탐구의 문을 열고 宇宙時代의 開幕을 고했다. 미국도 소련의 스푸트니크 발사 후 1년만에 위성 개발에 성공하여 치열한 宇宙競爭을 벌이게 되었다. 1961년 4월 소련은 보스톡 1호를 쏘아 올려 가가린(Yuri Gagarin) 少佐가 처음으로 우주공간을 비행하고, 1965년 3월에는 보스톡 2호로 인간의 宇宙遊泳이란 快擧가 있었다. 우주경쟁에서 한발 늦은 미국은 아폴로計劃에 전력을 기울여 1965년 6월 와이트(E. White) 소령이 20분 동안 우주 유영에 성공하였다. 1969년 7월에는 아폴로 11호가 소련을 앞질러 달 表面에 인간을 착륙시켜 月面의 岩石採取 등 일련의 탐사를 하였다. 宇宙時代의 開幕은 온 인류의 환호와 성원을 받는 가운데 실현되었으나, 날이 갈수록 갖가지 宇宙兵器를 개발하여 軍事的 攻擊目的에 사용하는 경향이 짙어져서 깊은 우려와 실망을 더해 가고 있다. 宇宙開發이 가져올 결과는 실로 미지수의 문제로 남아 있다. (1975년에는 미국의 아폴로號와 소련의 소유즈號가 우주공간에서 도킹함으로써 美·蘇 간의 地上에서의 우호적 協力關係가 우주에서 실현되었다.)

5. 現代의 文化

自然科學의 革命的 發展

20세기는 실로 科學萬能의 時代라고 말할 수 있다. 現代科學의 대부분의 기초는 19세기 말에서 20세기 초에 걸쳐 확립되었다. 이 시기에 原子는 고체의 粒子란 것에 대신해서 축소된 太陽體系같이 이해되었고, 放射能現象이 발견되었으며, 에텔의 假說은 파괴되고, 시간과 공간은 상대적인 것으로 나타났다. 또한 이 시기에 精神分析學이 확립되었고, 질병에 대한 細菌의 理論도 완벽하게 확립되었고, 더우기 遺傳의 法則도 형성되었다.

현대과학에 있어서 物理學의 업적만큼 혁명적 성과를 거둔 일도 드물 것이다. 1905년에 아인시타인은 相對性原理, 時空의 連續性, 量子力學 등을 통해서 물리학을 「뉴우튼的 世界構造」로부터 해방하여 이 분야에 있어서의 현대의 새로운 발명을 뒷받침하였다. 현대의 새 發明은 다시 19세기 말의 光學的 諸發見과 협동하여 電子工學 같은 분야에서 괄목할 발전을 가능케 하였다. 1927년 독일의 물리학자 하이젠베르크(Werner Heisenberg)는 유명한 「不確定性의 原理」를 창출해 냈다. 즉 한개의 電子가 어떤 명확한 因果的 法則에 따르지 않고, 한 궤도로부터 다른 궤도로 뛰어넘는 것을 발견하였다. 따라서 옛부터 믿어 온 宇宙의 因果性에 관한 기계적 원리는 이미 타당성을 상실하고, 우주는 다시금 어떤 일이든지 일어날 수 있는 극히 자유로운 공간이 된 셈이다.

物理學上의 진전은 原子의 分裂로 그 안에 함유된 에너지를 방출하는 것을 가능케 하는 데 도움을 주었다. 이는 科學史에 있어서 빛나는 업적의 하나였다. 1932년 채드윅卿(Sir James Chadwick)은 中性子를 발견하였는데, 이는 原子를 충격하기 위한 理想的 武器였다. 1939년 두 명의 독일 物理學者 옷토 하안(Otto Hahn)과 슈트라스만(F. Strassman)은 중성자의 충격으로 우라늄原子를 분열하는 데 성공하였다. 原子分裂에 관한 지식을 원자폭탄을 製造하는 데 처음으로 이용하였다는 것은 현대문명의 비극이 아닐 수 없다. 이러한 엄청난 위력의 무기를 개발해 낸 것은 美國防省을 위해 모인 一群의 과학자들이었다. 그들 중의 몇 명의 물리학자는 나찌스나 파시스트政權의 탄압으로 미국에 망명해 온 사람들이었다. 이들의 작업은 1945년에 완성되어 그해 7월 原子彈의 첫 시험에 성공하였다. 8월 6일에는 일본 廣島에, 9일에는 長崎에 각각 原子爆彈이 투하되어 상상을 초월하는 처참한 파괴력을 보여주었다. 이보다 더욱 놀라운 파괴력을 과시한 것은 水素爆彈으로서 1952년 11월 美國原子力委員會에 의해서 첫실험에 성공하였다. 이 수소폭탄의 위력은 히로시마에 투하된 원자탄(TNT 20,000톤)의 250배에 해당하는 5메가톤에 달한다. 소련도 다음해 8월에 수소폭탄을 개발하여 미국과 소련 사이에는 핵무기의 균형이 이루어지고 있거니와, 현대과학 기술이 이같은 가공할 戰爭手段을 제조해 내는 데 활용되고 있는 것은 인류의 장래를 위해 큰 불행이 아닐 수 없다.

第1次世界大戰 이래 生物科學에서 이룩한 큰 진전은 바이러스의 발견이었다. 바이러스들은 천연두, 소아마비인 인플루엔자 등으로부터 보통 감기에 이르기까지 수많은 무서운 疾病의 근원이거니와, 이러한 질병들 중에서도 천연두는 이미 오래 전부터 예방접종으로 다스려졌지만, 1918년 이후에는 醫學의 진전으로 新紀元의 기초가 확립되었다. 1935년에는 독일人 게르하르트 도마크(Gerhard Domagk)가 처음으로 설파劑를 발견한 이래 계속 이와 유사한 많은 약이 만들어져서 류머티즘熱, 임질, 성홍열, 뇌막염 등을 治癒 또는 豫防하는 데 크나큰 효과를 거두었다. 1930년경에 플레밍卿(Sir Alexander Fleming)은 페니실린으로 알려진 抗生劑를 만들었다. 항생제는 화학약품으로서 살아 있는 有機體로부터 생산되며 박테리아를 沮止 또는 殺菌하는 힘을 가지고 있다. 1940년에는 두번째로 유명한 항생제인 스트렙토마이신이 셀만 왁스만(Selman Waksman)에 의해서 발견되었다. 스트렙토마이신은 結核退治에 큰 공적을 세웠고, 그 뒤로 여러 종류의 항생물질이 쏟아져 나왔다. 이밖에도 1918년 이래 醫學分野에서 이룩한 業績으로는 당뇨병 치료에 효험이 있는 인슐린의 발견, 癌에 대한 放射線의 처치, 각종 새 비타민과 뇌하수체호르몬의 발견, 그리고 정신치료법의 발전 등, 헤아릴 수 없이 많은 성과를 거두었다.

정신병 분야에서 프로이트의 독특한 精神分析治療法이 갖는 의미와 성과는 혁명적인 것이었다. 프로이트의 정신치료법은 神經病 환자가 自己行爲의 원인을 알게 되면, 수시로 자신을 알맞게 조절하여 정상적인 생활을 영위할 수 있다는 확신에 근거하고 있다. 그에 의하면 理性은 직접 환자의 장해의 근원이 되는 「無意識의 領域」까지 도달하지 못한다. 오직 환자 개인만이 자신의 가장 어렸을 때의 기억 속에서 구체적으로 면밀한 일들을 찾아내는 길고도 느린 精神分析의 過程을 통해서, 자신의 의식의 흐름 속에 숨은 억압, 즉 신경병적인 행위에 나타나는 「障害」를 설명할 수 있는 중요한 사실들을 抽出할 수 있는 것이다. 프로이트는 이로써 18세기 이래의 合理主義的 傳統과 결별하였다. 종교를 「幻想」으로밖에 보지 않는 프로이트였지만, 그 자신은 일종의 종교적 숭배를 받은 지도자였다. 그의 제자들 중에서 스위스의 융(Jung)은 종교적 신앙을 갖고 「集團的 潛在意識」이란 말을 널리 보급했으며, 오스트리아人 알프레드 아들러(Alfred Adler)는 새로 「劣等意識」이란 보편적 술어를 만들어내었다.

프로이트의 정신분석학이 창작의 세계를 비롯하여 철학, 역사학 및 예술에 끼친 영향은 복잡하고 간접적인 것이므로 몇 마디로 槪括할 수는 없으나, 지극히 심대한 것이었음을 明言할 수 있다. 의사이면서 정신병 치료에서 출발한 프로이트의 業績은 「人文科學」의 여러 분야에 침투하여 19세기 이래의 科學的 合理主義的 唯物論에 대한 反動을 조장하였으며, 또한 直觀과 「豫感」과 感受性의 부활과 함께 역설적으로는 부르조아적 樂觀主義에 대한 스토아的 實存主義的 반발을 강화하여 각 분야에 걸친 現代思想의 형성에 기여한 바 컸다.

現代世界의 人文科學

1918년 이후의 철학은 그 대부분이 悲觀과 混亂의 기록을 나타내고 있다. 이 시기에 살았던 思想家들은 주변의 변화에 깊은 우려를 나타내었고, 특히 第1次世界大戰을 새로운 暗黑時代의 到來로 보았다. 조오지 산타야나(G. Santayana)는 물질주의의 세계에 싫증이 나서 로마의 한 수도원으로 들어갔고, 그는 사회문제를 해결하려는 사람들의 노력이나, 그를 에워싸고 일어나는 知的·政治的 논쟁에 무관심했다. 이보다 더 큰 변화는 영국의 철학자 조어드(C. E. M. Joad)에게서 찾아 볼 수 있다. 不可知論者요, 一夫多妻制와 安樂死의 主唱者이며, 국왕이나 조국을 위해 어떤 환경 아래서도 싸우지 않을 것을 서약하는 옥스퍼드誓約의 작성자인 조어드는 1953년 그의 죽음에 앞서서 原罪論의 확고한 支持者로서 어두워져 가는 세계에서 삶의 빛으로서의 기독교 신앙을 옹호하는 사람이 되었다.

人間과 人間世界의 悲觀主義에 이바지한 가장 뛰어난 철학은 스위스系 독일인 신학자 카알 바아드(Karl Barth)와 미국인 라인홀드 니이버(Reinhold Niebuhr)의 新正統主義였다. 이 두 철학자는 칼빈主義의 어휘에 접근해서 세계가 당면한 문제를 논의하였다. 그들은 이 세계가 만물을 지배하는 全能한 神性에 의해서 지배될 것으로 믿었다. 新正統主義와 유사한 목적을 가지면서도 그 형식과 내용에서는 전혀 다른 입장을 마리탱(J. Maritain)과 그의 추종자들의 新스콜라哲學에서 찾아볼 수 있다. 신정통주의가 다만 新教徒들로만 이루어진 데 대해서 新스콜라哲學은 단연 카톨릭이 우세했다. 그러나 양편은 모두 자신의 종교에 대한 비관적 견해에서 서로 가까이 접근하였다. 니이버는 프로테스탄트哲學이 허용하는 과도한 良心의 自由를 개탄했고, 마리탱은 지나치게 권위에 의존하는 카톨릭의 경향을 비판하였다.

철학에 있어서 페시미즘의 深層은 實存主義로 알려진 움직임에 의해서 도달되었는데, 이는 1938년경의 프랑스에서 가장 폭넓은 형태로 퍼졌다. 사르트르(Jean-Paul Sartre)에 의해서 정착된 實存主義는 자유로운 개인으로서의 인간의 實存이 生의 기본적 사실이란 원리에서 그 명칭을 택한 것이다. 그러나, 이 자유는 인간에게 도움이 안되고, 그 대신 고뇌와 공포의 원인인 것이다. 개인은 자유로운 行爲者이지만, 자기 행위에 대해서 도덕적으로 책임을 져야 하는 것을 깨닫기 때문에 개인은 조화되지 않는 세계에서 자신을 낯선 사람으로 느낀다. 버림받고 절망적인 상태에서 도피하는 방법은 「連累」의 길에, 다시 말해서 인간적인 일들에 적극적으로 참여하는 데 있다. 신을 믿을 만한 확신을 가질 수 없었던 사르트르는 신은 현대과학에 의해서 架空的인 것으로 위축되고 있다고 판단하였다. 사르트르의 無神論的 實存主義에 앞서서, 19세기 중엽 이래로 덴마아크의 신학자 키에르케고오르(Kierkegaard)의 基督教的 實存主義의 가르침이 있었고, 또한 1930년 이래 기독교적 배경을 갖는 실존주의의 유명한 解釋者로서 카알 야스퍼스(Karl Jaspers)가 있다.

현대의 어둡고 불확실한 소용돌이 속에서 樂觀主義를 지킨 두 사람의 現代哲學者로서 우리는 영국 태생의 알프레드 화이트헤드(Alfred Whitehead)와 존 듀우이(John Dewey)를 손꼽을 수 있을 것이다. 정치나 사회 이론에서 自由主義的인 화이트헤드는 진실의 확실성을 굳게 믿었고 또한 자애로운 神에 대해서 변함없는 신앙을 간직하였다. 듀우이는 實用主義 哲學者로서 1918년 이전에 명성을 얻었다. 그는 철학은 「최종적이고 절대적 實體」를 다루느니보다는, 인류를 움직이는 도덕적 힘을 계몽하는 일에 공헌해야 한다고 촉구하였다. 그는 이 시대의 다른 철학가들과는 달리 인류의 知性의 힘에 건전한 확신을 가지고 있었다. 듀우이의 實用主義 哲學과 어딘가 유사한 내용의 論理的 實證主義로 알려진 새로운 유럽 철학이 있다. 이 철학은 1920년 경에 루돌프 카르납(Rudolf Carnap), 옷토 노이라트(Otto Neurath), 한스 라이헨바하(Hans Reichenbach) 같은 지도자들로 이루어진 이른바 비인學派에 의해서 확립되었다. 이러한 새 움직임은 루드비히 비트겐슈타인(Ludwig Wittgenstein)의 著作에서도 그 정신을 이끌어냈다. 논리적 실증주의는 엄격한 科學哲學이다. 그것은 수학이나 물리학으로 실증할 수 있는 범위를 제외한 價値나 理想 등과는 무관한 철학이다.

1918년 이후의 사회 및 정치철학에는 민주주의를 무시함으로써 위기를 심화시킨 理論도 있었다. 그 代表的 事例는 이탈리아人 빌프레도 파레토(Vilfredo Pareto)와 독일人 오스발트 슈펭글러(Oswald Spengler)였다. 이들의 선구는 생디칼리슴의 창시자인 조르쥬 소렐(Georges Sorel)이었다. 이들은 대중을 무시하고, 민주주의를 불신하고, 反知性的 생각을 가지고, 강하고 진취적인 지도자를 찬양하는 데 동의하였다.

第2次大戰 이후에는 보수적 政治·社會哲學이 크게 번지고 있었다. 이 철학은 共産主義의 그림자가 퍼지고 있는 전후의 상황에 대처하기 위해서 등장하였다고 볼 수 있을 것이다. 이 새로운 움직임의 전형은 오스트리아의 경제학자 프레드릭 하이에크(Fredrick A. Hayek)로부터 시작한다. 그는 資本主義에 대한 모든 형태의 集産主義的 방해를 비난하였는데, 그 이유는 집산주의야말로 사회주의나 또는 공산주의 내지는 파시즘으로 이행하게 된다는 것이었다. 정치적으로 다양한 新保守主義는 피터 비이레크(Peter Viereck), 러슬 커어크(Russell Kirk) 및 에리크 베겔린(Eric Voegelin) 같은 사람들의 작품에서 예시되었다.

마르크스主義는 그의 死後 많은 분파를 낳았는데, 러시아 혁명의 성공으로 그 有效性을 입증하는 듯이 보였다. 그러나 마르크스주의는 어디까지나 科學萬能主義의 기준에서 볼 때 가능할 뿐, 大衆社會狀況이나 人間疎外狀況의 구원과는 인연이 없는 것으로 보인다. 마르크스주의는 그것의 변증법적 유물론이 잠재적으로 갖는 救世主義的 世界觀 때문에 이데올로기로서 그 생명력을 유지하고 있다고 볼 수 있을 것이다.

經濟恐慌과 두 차례의 전쟁을 치르는 동안에 文學運動은 앞에서 살핀 바 있는 철학분야와 유사한 경향을 나타냈다. 많은 경우에 있어서 어디서 철학이 끝나고 어디서 문학이 시작하는지를 말하기는 어려울 것이다. 주요 문학가, 시인, 그리고 극작가들은 社會 및 政治的 問題에 깊이 간여했고 더우기 인간의 희망과 운명에 깊은 관심을 기울였다. 점차 인간적 존재는 神에 의해서 「天使보다 약간 낮게」 創造된 것이기보다는 「원숭이보다 조금 높게」 창조된 것으로 보이게 되었다. 1920년대에 유행한 「무우드」는 개인의 비극적 운명에 대한 覺醒과 冷笑와 先入見이 작용한 것이었다. 이 시기는 소위 「잃어버린 世代」의 시기였다. 이러한 어휘는 헤밍웨이(E. Hemingway), 도스 파소스(J. Dos Passos)의 初期小說, 엘리어트(T.S. Eliot)의 詩, 유진 오니일(Eugene O'Neill)의 演劇 같은 데서 정착되었다.

헤밍웨이는 전쟁의 어리석음과 야비함을 통찰하여 하나의 典型을 만들어 냄으로써 다른 작가들의 추종을 받았다. 엘리어트는 삶이란 곧 권태와 좌절에서 마멸된 살아 있는 죽음이라고 봄으로써 현대사회생활 속의 삶의 悲劇性을 지적하였다. 이외에도 1920년대를 풍미한 작가로는 올더스 헉슬리(Aldous Huxley), 레마르크(E. Remarque), 드라이저(Theodore Dreiser), 싱클레어 루이스(Sinclair Lewis), 토마스 만(Thomas Mann), 그리고 제임스 조이스(James Joyce)를 손꼽을 수 있다.

1930년대의 現代文學은 새로운 국면에 들어갔다. 經濟大恐慌은 문학의 방법과 목적을 재검토하도록 강요했다. 이를테면 작가들은 나태한 여인의 좌절이나 억압된 욕망보다 무엇인가 더 나은 것을 쓰도록 요청되었다. 문학은 심각한 목적을 가져야 하며, 그것은 야비한 것, 잔인한 것, 그리고 야만적인 것을 告發해야 하고, 사회를 위해 보다 正當한 길을 제시해야 한다는 것이었다. 이러한 새로운 傾向은 존 스타인벡(J. Steinbeck)의 작품을 비롯하여 앙드레 말로(André Malaux)의 소설이나 로버트 셔어우드(Robert Sherwood)의 희곡에서 잘 나타나고 있다. 한편 이 시기의 많은 작품 중에는 樂觀主義的 性格이 스며 있었다. 또한 소수의 경우에 비극과 죽음 속에서도 아름다움을 찾았다. 토마스 울프(Thomas Wolfe)의 철학은 예리한 知性을 통해서 미국 민주주의의 장래에 確信과 樂觀을 부여하였다. 카알 샌드버그(Carl Sandburg)의 시에서도 그러한 활기찬 낙관주의가 표현되었다.

1940년대에는 前代의 여러 傾向이 그 지속성을 드러냈다. 포오크너(William Faulkner)는 깊숙한 미국 남부의 후미진 고장에서 벌어지는 노골적이고 근본적인 人間行爲의 描寫에 헌신하였다. 제 2 차세계대전 후에는 나찌스의 폭정이나 전쟁에 맞선 戰爭英雄을 묘사한 글도 많이 나왔다. 노오만 메일러(Norman Mailer)나 제임스 존스(James Jones)의 작품들은 군대생활의 거칠고 무자비한 모습을 現實主義에 입각해서 잘 묘사했다. 今世紀 중엽의 문학적 분위기는 1960년대까지 지속되었다. 이 무렵에도 현대생활의 복잡성과 잔인성에 대한 환멸에 찬 태도와 저항이 있었다. 더우기 현대사회가 요구하는 劃一主義와 個性의 박탈에 대한 항거가 두드러지게 나타났다. 그 대표적 작가인 보리스 파스테르나크(Boris Pasternak)의 소설에서 개성을 무시한 集團主義와 劃一主義가 명쾌하게 고발되고 있다. 그의 소설의 영웅은 「오직 個人만이 진실을 추구한다」고 외치고 있는 것이다. 우리는 또한 프랑스人 알베르 카뮈(Albert Camus)의 온건하고 사려깊은 색조의 哲學的 小說에서 성숙한 인간이 엄청난 어려움에 직면해서 이를 征服하든지 또는 용기와 권위를 가지고도 敗北하는 것을 볼 수 있다.

現代藝術

페시미즘, 환멸 그리고 혁명 같은 것은 1차대전 후에 번창한 허다한 예술운동에서도 나타났다. 繪畵의 경우 旣成의 전통 미술에서 볼 수 있는 美의 개념을 떠나 이 시대의 不幸을 화가의 의지대로 표출해 보려는 노력이 두드러지게 나타났다.

現代繪畵는 대개 두 파로 나눌 수 있을 것이다. 그 하나는 전통과 격식을 존중하는 表象的 부류의 회화이고, 다른 하나는 實驗的이며 非表象的인 것으로서 말하자면 단순히 「現代畵」라고 일괄할 수도 있는 회화이다. 實驗繪畵는 참으로 다채로운 것이지만, 그 대부분은 現代畵의 거장 파블로 피카소(Pablo Picasso)에 의해서 시작되었다. 그가 확립한 큐비즘은 그림의 대상을 그 근저에 깔린 기하학적 요소로 분해하려는 시도에서 비롯된 것이다. 피카소는 세잔(Cézanne)과 마티스(Matisse)가 창안한 變形의 방법뿐만 아니라 美學的 가치에 대한 旣成的 관념과의 절연이 무엇인가를 배워서 자신의 큐비즘을 발전시켰다.

1930년대까지도 회화는 주로 현대회화의 다양한 표현이라 할 後期印象派의 전통에 의해서 지배되었다. 아마도 가장 의미있는 경향은 독일 화가 그로스(George Grosz)의 작품에서 나타난 表現主義일 것이다. 표현주의적 회화의 독특한 목적은 의미를 전달하는 것으로서 특히 예술가 자신의 격렬한 느낌을 그리는 데 있다. 결국 형태는 무시되고, 화가가 「自己精神의 상태」를 나타내기에 필요하다고 생각되는 범위 내에서 무엇이든지 변형이 자행된다. 그런데 후기 표현주의자들이 社會諷刺家였다는 것은 주목할 만한 사실이다. 기성적 規範藝術에 대한 보다 난폭한 저항운동으로는 무엇보다도 超現實主義를 꼽을 수 있거니와, 그 대표적인 인물은 스페인 사람

살바도르 달리(Salvador Dali)였다. 전쟁과 精神分析學의 복합적 영향 아래 1918년 경에 시작한 超現實主義의 움직임은 終戰 뒤에 있은 虛無主義時代에 성장하였다. 이를 추종하는 사람들의 목적은 자연의 세계를 나타내는 것이 아니라 인간정신의 반응을 그리는 것이었다.

1930년대 후에 한동안 극단적 모더니스트畵派의 기괴하고 무정부주의적인 회화는 실질적으로 몰락을 겪었다. 이들의 極端的인 表現들은 평범한 사람들의 듬직하고 대중적인 예술에 의하여 대치되었다. 새로운 움직임의 대표들 중에서 멕시코의 디에고 리베라(Diego Rivera), 요제 오로즈코(José Clemente Orozco)와 미국 화가 토마스 벤튼(Thomas Benton), 아돌프 데엔(Adolph Dehn), 윌리엄 그로퍼(William Gropper), 그랜트 우드(Grant Wood) 등이 있었다. 이들 화가들의 기본적 목적은 현대세계의 社會實相을 묘사하고 또한 농민과 노동자들의 희망과 투쟁을 여실하게 표현하는 것이었다. 이들의 작품은 과거의 어떠한 慣例에 집착한 바 없고, 그 表現內容에서 이해할 수 없는 어려운 것은 아무것도 없었다.

1950년경에 회화에서 혁신적인 움직임이 상당한 주목을 끌기 시작하였다. 그것은 정확히 말해서 抽象的 表現主義라고 부를 수 있을 것이다. 그 대표적 인물은 지금까지로는 잭슨 폴록크(Jackson Pollock), 윌리엄드 쿠닝(William de Kooning), 그리고 프란츠 클라인(Franz Kline) 등이었다. 이 畵派는 表現主義, 큐비슴, 그리고 超現實主義 등에 많은 영향을 받은 바 있다.

現代音樂은 현대회화나 건축과 달리 하나의 독특한 양식을 수립하지 못한 것 같다. 20세기에 이르러 음악은 종래와 다른 音階를 사용하여 不協和音과 不調和音을 강조함으로써 또는 대중적인 재즈音樂의 강렬한 리듬을 차용함으로써 고전음악의 영역을 확대하려는 시도를 보였다. 古典的浪漫的 공식으로부터의 逸脫은 대체로 두 개의 유형이 있어 왔는데, 이는 넓게 印象主義와 表現主義로 나타났다. 전자는 느낌과 상상을 암시하는 음악적 音響의 品質을 개발하려고 노력하고 있으며, 후자는 감각적 효과보다는 形態에 관계하면서 抽象으로 향하는 경향이 있다. 인상주의 음악의 대표자는 드뷔시(Debussy)였고, 그의 영향을 가장 잘 반영한 작곡가는 모리스 라벨(Maurice Rabel)이었는데, 라벨에 이르러 덜 詩的이며 덜 繪畵的으로 되었고, 보다 견고한 짜임새와 함께 일정한 냉정성을 확립하였다.

인상주의보다 더 급진적이고 더 영향력을 가진 表現主義는 비인 사람인 아놀드 쇤베르그(Anold Schönberg)가 확립한 無音調主義와 러시아 사람 이고르 스트라빈스키(Igor Stravinsky)에 의해서 가장 잘 표현된 多音調主義의 두 유파가 있다. 無音調主義는 일정한 음조의 연관성의 개념과 절연함으로써 作曲의 통상적 원리를 무너뜨리고 있다. 스트라빈스키가 대표격인 多音調主義는 바하와 初期 多音調主義者들의 정신으로부터 도출된 급진적 對位法을 구사하고 있다. 이것 또한 유럽的 和聲의 遺産에 대한 반항에 다름없다.

창조적 현대예술은 미술이든 음악이든 복잡하고 까다롭지 않은 것이 없으며, 따라서 아직 大衆의 理解에 이르기까지는 요원한 느낌도 없지 않다. 대중의 취미와 창조적 소수인의 취미 사이에 가로 놓인 간격이야말로 현대사회의 위기적인 단면이 아닐 수 없다. 그러나 소수인의 예술이 몰락하고 대중예술만이 융성하리라고 생각할 수는 없다. 결국 對照的인 여러 취향과 생각이 共存하는 가운데에서 예술의 多樣性이 추구되고, 발전되어 복잡한 현대사회를 구성해 나가고 있는 것이다.

東洋文化史

제 1 장 先史時代의 中國

1. 原中國人의 出現과 그 文化

일반적으로 人類歷史에 있어서 文字 발명과 기록 이전의 역사는 先史時代로 취급한다. 선사시대는 또 舊石器時代와 新石器時代로 그 문화적 성격과 특징에 따라 양분한다. 구석기시대의 인류는 몇십만년의 긴 세월 동안에 나무·뿔·돌 등으로 工具와 武器를 만들어 사용하면서 자연에 도전하였고 주변의 맹수와 투쟁하였다. 그 결과로 인류는 자연계에 수반하는 수많은 어려움을 극복하였고 또 種族保存과 번식에 성공하여 여타의 동물처럼 멸종되지 않았다. 그리고 이어서 신석기시대를 전개하면서 찬란한 人類文化를 창조 발전하기 시작하였다.

신석기시대는 인류가 다방면에서 기술상의 혁신과 진보를 이룩하고 인종이 분화되던 시기이며 현인류문명의 기원이 시작되었던 시대였다. 먼저 기술상의 진보를 보면 구석기시대의 打製石器에서 磨製石器에로 발전하였고 製陶術이 발명되어 陶器가 만들어졌다. 또 農耕이 발명되고 동물의 사육이 시작되었으며, 농경의 시작과 동물의 사육은 인류의 정착생활을 강요하여 마을과 읍이 형성되기 시작하였다. 신석기시대의 이같은 기술상의 혁신과 진보는 인류생활을 구석기시대에 비교하여 월등하게 충족하고 여유있는 생활을 누리게 하였다.

이 신석기시대의 기술상의 혁신과 진보는 맨 처음 오리엔트에서 일어나 기원전 3000~2000년경 사이에 유라시아대륙 전역에 확대 전파되었다. 이에 각지의 인류는 각 지역의 환경과 조건에 적응하면서 농경과 목축을 영위하였다. 그리고 토착지역의 생활조건, 환경, 음식 등의 다른 환경과 조건 속에서 긴 세월을 거치는 동안 人種分化가 진행되었다. 따라서 신석기시대의 인류는 백인의 코카서스人種(Caucasoid), 黃人의 몽고人種(Mongoloid), 그리고 흑인(Negroid)으로 분리되어 발전하게 되었다. 백인의 코카서스 인종은 유럽・북아프리카・서남아시아・지중해연안 등지에 정착하고, 黃人의 몽고 인종은 동아시아 및 아메리카 대륙에 퍼지고, 흑인종은 아프리카・인도・오스트레일리아 등지에 거주하게 되었다.

이와 같이 신석기시대의 인류는 인종의 분화를 진행하면서 기술상의 혁신과 발전에 의해 목축과 농경에 종사하면서 점차 문화를 창조 발전하기 시작하였다. 이에 따라 여러 지역에서 여러 종류의 문화가 발생하였는데 나일강 유역, 메소포타미아의 유프라테스강・티그리스강 유역, 서북인도의 인더스강 유역, 동북아시아의 黃河 유역에서 마침내 현인류문명의 기원이 되는 古代文化가 발생하게 되었다. 그리고 중국의 黃河文化는 세계 4大文化發祥地의 하나인 黃河文明에서 기원하였다.

황하유역에서 발생된 황하문명의 배경을 살펴보면 다른 여러 문명 지역과 마찬가지로 선사시대의 일부인 구석기시대까지 올라간다. 고고학자들의 시대구분에 의하면 중국에 있어서 구석기시대는 初期舊石器時代・中期舊石器時代・後期舊石器時代로 구분된다.

초기 구석기시대는 지질학으로 제 4기 洪積世의 第1氷間期 또는 第2氷間期에 해당되는 시기로 지금으로부터 약 50~60만년 전으로 추정된다. 이 무렵의 황하유역을 포함한 北中國의 기후는 온화하고 다습한 아열대성 기후에 속했다. 그리고 이 시기에 거주했던 인류를 보면 北京人이 거주했던 것으로 추측된다. 황하유역의 山西・陝西 등지에서 발견된 유물에 의하면 이들 北京人은 尖狀器, 刮削器 등과 같은 각종의 석기를 사용하고 있었다. 생활은 땅굴 속에서 영위했으며 수렵 위주의 생활이었는데 사슴・이리・코끼리・말・낙타・산돼지・물소 등이 수렵의 주대상이었다. 또 이들 北京人은 불을 사용할 줄 알았다. 그들이 남긴 유물 중에서 불에 탄 獸骨과 器物이 많이 발견되는데 이것은 北京人이 火食을 하였다는 사실을 의미한다. 또 北京人은 과실 草根 莖 등의 採食을 한 흔적도 보인다. 北京人이 火食과 채식을 하고 그들이 사용했던 器類를 보면 그들의 생활이 상당히 발달되었던 것을 알 수 있다.

北京人 다음으로 나타난 인류가 河套人인데 이들 河套人은 일명 오르도

스人이라고 불린다. 이들은 지금으로부터 10만년에서 20만년 전에 해당되는 中期舊石器時代에 거주하였다. 河套人의 유물은 山西·陝西·綏遠·寧夏 등지에 많이 분포되었는데 이들이 사용한 工具를 보면 모두 石片으로 燧石製의 도끼, 石英製의 긁개·骨角器 등을 사용하였다. 출토된 유물에 의하면 이들 오르도스人은 동굴·호수가에서 생활하였고 사슴·코뿔소·곰·맘모스 등을 사냥하였으며 北京人과 마찬가지로 불을 사용할 줄 알았다. 이들 오르도스人은 대개 北京人과 현생 중국인 조상으로 추정되는 신석기시대의 山頂洞人과의 중간에 살았던 인종으로 추측된다. 상당한 시일이 지난 후에 북중국에는 다시 추위가 시작되고 몽고고원에서의 세찬 바람으로 석회석가루가 중국 북부를 덮기 시작하였는데 이것이 黃土層의 형성이었다. 이 시기는 대개 홍적세의 말기로 황토 쌓이는 것이 끝나자 다시 기후가 따뜻해졌으며 이 시기에 어디서 인종이 다시 나타나 살기 시작하였는데 이것이 곧 중국의 현생인류로 알려진 周口店의 上洞人이었다. 이들 上洞人은 다른 지역의 신석기시대의 인류와 같이 넓은 지역에 集落을 형성하고 농경에 종사하였다. 또 가축을 사육했으며 磨製의 석기를 사용하고 土器를 제작하여 사용하였는데 이것이 중국에 있어서 신석기시대의 개막이다.

2. 黃河文化의 形成

황하유역에서 발달된 중국 신석기시대의 문화를 그들이 사용했던 土器를 중심으로 살펴보면 두 계층으로 나눌 수 있다. 하나는 彩陶文化(The Culture of the Red Pottery)이고 다른 하나는 黑陶文化(The Culture of the Black Pottery)이다. 채도문화는 스웨덴의 앤더슨(J.G. Anderson)이 河南省 仰韶村에서 발견하였기 때문에 일명 仰韶文化라고 한다. 仰韶文化의 유적지를 보면 陝西·河南省을 중심으로 甘肅·遼寧·河北·山西 등지에 걸쳐 있다. 이들 지역에서 발굴된 유물에 의하면 仰韶人은 돌칼·돌괭이·돌도끼 등의 工具를 사용하였고, 竪穴式 가옥을 짓고 상당히 큰 촌락을 이루고 살았다. 물론 농경에 종사하였고 소·돼지·염소·말 등의 동물을 사육하였고 鬲·鼎 등의 三足土器를 제작 사용하였다. 이들 仰韶人은 기원전 6000년에서 3500년 경에 살았던 것으로 추측되며 그 골격은 오늘날 인종적으로 혼합이 적었던 중국 남부인과 비슷하여 原中國人(Proto-Chinese)이라고 부른다.

彩陶文化에 이어서 흑도문화가 나타났는데 이 黑陶文化는 요동반도에서 남으로 抗州에 이르기까지 주로 해안을 따라 분포되었는데 산동반도가 그 중심지역이 된다. 山東省 龍山鎭 城子崖에서 그 대표적 유물이 많이 발견되었으므로 이 문화를 龍山文化라고 부른다. 이 용산문화의 특색은 흑도가 주류를 이루고 있기 때문에 墨陶文化라고 부른다. 용산문화는 대개 기원전 3500~1800년 사이에 발전 융성했던 문화로, 그 특징을 보면 황하중류 하류의 지리적 혜택과 진보된 농경기술로 仰韶人보다 선진적 문화생활을 영위하였다. 그러나 仰韶, 龍山의 두 문화가 古代 中國文化 발전에 깊은 영향을 끼쳤던 것은 농경의 발전과 邦 또는 邑으로 불리는 도시의 건설이었다. 오늘날 고고학적 발굴물에 의하면 山西의 萬泉荊, 陝西의 半坡村 등의 여러 유적지에서 粟粒이 많이 발견되었는데 이것은 原中國人으로 알려진 仰韶人이 粟을 포함한 旱地 농작물을 대대적으로 재배하였음을 의미한다. 또 粟粒과 함께 관개농작물인 水稻가 발견되었는데, 이는 仰韶 시대에 어느 정도 관개농업이 행해진 사실을 의미한다. 따라서 粟粒이 발견된 유적지와 水稻가 발견된 위치 등을 종합해보면 당시에 天水농업에 의한 粟과 같은 旱地농작물이 대대로 행해지고 있으면서도 일면에서는 소규모이긴 하지만 관개농작물인 水稻가 부분적으로 재배되고 있었던 사실을 알 수 있다. 그리고 이같은 선진적인 농경은 龍山人에게 전수되었다. 그러므로 龍山文化의 발달과 더불어 용산인의 황하유역에서 양자강 중류에까지의 이민과 팽창은 仰韶시대의 농경문화를 全中原 지역에 확대하게 되었다. 여기에서 황하유역에서 양자강 유역에 이르는 광대한 중원지역은 농경지대로 변모하고 중국의 찬란한 고대문화를 잉태 발전시킬 수 있는 경제적 기반을 마련하였다.

또 중국 고대문화 형성에 龍山文化의 공헌은 青銅器物의 제작, 도자기 제조, 城邑 조성, 文字 형태에 가까운 符號의 발명 등인데, 이 중에서 가장 큰 공헌은 城邑의 축조였다.

이 城邑은 황토의 성벽으로 둘러싸인 城邑도시였는데 성읍 내에는 주민이 거주하고 성읍 외에는 농경지가 전개되었다. 이같이 城邑과 주변 농경지로 구성된 도시규모의 聚落 형태는 新石器 말기 華北平原의 공통적 현상으로 中國의 기록에는 邦 邑 國으로 나타나고 있는데 일종의 도시국가를 의미했다. 그리고 중국의 최초국가였던 殷(商) 王朝는 이같은 城邑국가의 하나였던 商邑이 주변의 성읍국가를 제압하여 복속시키고 王朝로 발전하였던 것이다.

그러므로 殷王朝는 신석기시대에 황하유역을 중심으로 번성했던 仰韶龍山文化의 기반 위에서 출현하였다고 할 수 있으며, 동시에 殷·周王朝의 국가구조, 농경에 기반한 사회경제 체제와 문화창달도 이 두 문화권에서 깊은 영향을 받게 되었다. 그리고 이런 점에서 볼 때 仰韶 龍山의 두 문화는 고대 중국문화의 요람이었다고 할 수 있다.

제 2 장　殷·周의 開國과 中國文化의 形成

1. 殷 文 化

중국에서 최초의 왕조로 밝혀진 殷王朝(ca. 1800~1100 B.C.)는 그 초기의 국가 형성과 발전 과정은 아직 밝혀지지 않고 있다. 그러나 殷代의 많은 고고학적 유물에 의하면 殷왕조는 龍山文化圈에 기원을 갖고 있는 것으로 추측되고 있다. 그러나 분명한 사실은 殷왕조는 황하유역을 중심으로 전개된 邦·邑·國의 여러 도시국가 중에서 점차로 흥기하여 기원전 1500년경에는 河南省 安陽에 도읍하여 세력을 구축하고 또 황하 연변에 산재하고 있던 여러 部族 내지 弱小의 도시국가들을 복속시켜 은왕조를 창건하였던 것으로 추측된다.

이렇게 주변 여러 氏族을 규합 복속시켜 왕조를 형성한 殷王室은 하늘에 있는 上帝의 권위와 위엄을 빌어 일종의 神權政治를 행하였다. 그러므로 殷왕실은 卜辭라고 하는 신비적 방법으로 上帝의 의견을 타진하고 그 神意에 의해 국가행사를 주도하였다. 이에 따라 여러 씨족은 殷王이 대행하는 上帝의 명령에 따라 국가의 안전과 번영을 비는 제사와 농사 등의 王事에 협력하였다. 이런 의미에서 볼 때 卜辭는 단순히 神意를 탐지하는 呪術的 行事가 아니고 국가운영의 정치적 외교적 행사였다고 할 수 있다.

또한 殷왕실은 殷氏族의 귀족자제 및 殷왕실과 通婚關係에 있는 다른 씨족의 귀족 자제들로 구성된 多子族을 중심으로 강고한 무력을 보유하고 있었고 복속씨족 내지 국가의 배반·이탈 등이 발생하였을 때는 이 多子族을 중심한 원정대를 파견하여 殷의 정치적 지배를 관철시켰다.

殷代의 사회를 보면 이 당시에는 원시씨족제는 붕괴되고 家父長的 氏族制에로 이행단계에 있었으며 또 지배계급과 피지배계급으로 계급분화가 이루어졌다. 씨족장을 중심한 지배계급은 殷王族 및 각 씨족의 지배계층으로 구성되었다. 이들 지배귀족은 많은 토지를 소유하고 다수의 노예들을 거느리고 있었으며 도시에서 거주하였다. 피지배계층은 일반농민들로 구성되었는데 이들은 교외에서 거주하며 농경에 종사하였고 일반 사역의 의무를 지고 있었다. 또 일부는 각종의 청동기 제작, 黑陶·白陶 등의 도자기 생산에 사역되었고, 土木建築 등의 공사에도 징발되었다.

殷代의 문화는 靑銅文化로 대표된다. 殷墟에서 출토되는 각종의 청동제품을 보면 그 우수한 제조술, 정묘한 문양, 방대한 규모 등은 세계적 수준이다. 또 청동기류 이외에도 象牙細工品, 玉類, 정교한 黑陶와 白陶의 도기는 殷문화의 호화찬란함을 자랑하고 있다. 또 후대에 漢字의 기원이 되었던 甲骨文은 殷문화의 소산 중에서 가장 획기적이라 할 수 있다.

그러나 찬란하고 호화스러운 殷文化는 殷氏族의 독창적이라기보다도 中原의 여러 지역에서 산발적으로 발전하였던 문화가 殷의 정치적 군사적 통일과 안정 속에서 집적되어 종합적으로 발전한 것이라 할 수 있다. 그리고 이같은 殷代의 문화는 다음에 일어나는 周王朝에 전승되어 중국 古典文化를 형성하는 데 결정적 역할을 하였다고 할 수 있다.

2. 周 文 化

殷이 황하유역을 중심으로 고도의 靑銅文化를 이룩하고 있던 무렵 서쪽의 陝西省 황하 상류의 渭水 일대에는 周라고 하는 유력한 도시국가가 일어나고 있었다. 周가 자리잡은 위수 지역은 땅이 비옥하여 농경에 적당하였고 서쪽의 甘肅과 동쪽의 中原을 연결하는 교통의 요지에 있었기 때문에 周는 이 두 방면으로부터 문화를 받아들여 발전하고 있었다. 또 氏族勢力이 확대됨에 따라 주변의 여러 씨족을 병합하여 차차 강성하여갔다. 특히 文王 때에는 국력이 크게 신장되어 殷의 위협이 되었다. 그리고 다음 武王 때에는 殷의 東方에 대한 대원정의 여폐를 틈타 피폐해진 殷을 공략하여 牧野에서 殷族을 패배시키고 鎬京에 도읍하여 周王朝(1111 B.C.)를 창건하였다.

이같이 왕조를 창건한 周는 殷의 정복으로 획득된 광대한 영토를 효율적으로 지배하기 위해 河南省 洛邑에 새 도시를 건설하여 신왕조의 수도로 정하고 광범위한 정복지에 周王室의 형제 및 근친 등을 分封 排置하여 개국의 기틀을 확립하였다. 그리고 이들 제후들을 효과적으로 지배하기 위하여 대내적으로는 宗親 간의 上下分別 親疏有別을 규제하고 宗子尊重과 同族意識을 강조하는 宗法制度를 제정하여 天子에서 諸侯 卿大夫에 이르는 누층적 宗法秩序를 형성하였다. 또한 외면으로는 제후에게 君臣之禮를 의미하는 朝覲을 강행하여 周왕실과의 군신관계를 분명히 하였다. 그러므로 이같은 宗法的 봉건제도의 정치조직는 周왕실을 중심으로 형성된 一家의 천하로서 내면적으로은 혈연적 유대에 의탁하면서도 외면적으로는 철저한 군신관계를 확립했던 정치제도였다고 할 수 있다. 그러나 각 諸侯國의 內政은 諸侯에게 일임되어 있었고 周王의 직접적 관여는 거의 배제되어 있었다.

周代의 社會組織은 왕을 포함한 王族, 諸侯, 卿大夫 등의 지배계급과 피정복민이었던 殷遺民 및 신석기 이래의 토착민으로 구성되었는데, 귀족계급은 정치 군사력을 장악하고 토지를 소유하였던 통치자였다. 피지배계층이었던 일반농민은 대부분이 農耕에 종사하였다. 농민은 교외에서 土地神을 모신「社」를 중심으로 촌락공동체를 형성하여 집단적으로 농경에 종사하고 귀족에 대한 租稅와 徭役을 담당하였다. 舊殷遺民은 주로 상업에 종사하였는데 邦·邑 또는 諸侯國 간을 왕래하면서 귀족의 사치품과 소금·아연·구리·농구 등의 기타 생활 필수품을 조달 공급하였다.

그러나 이같은 封建制度는 시일이 경과함에 따라 약화되었다. 먼저 周王室과 諸侯와의 혈연적 관계는 점차로 소원되어 갔으며 또한 周왕실의 무력도 쇠약해져 諸侯에 대한 控制力이 약화되었다. 이에 반하여 諸侯는 독립적 경향이 강해졌으며 기원전 8세기에는 경제·군사적인 면에서 周왕실을 능가하는 諸侯가 출현하게 되었다. 이 무렵 서북방의 유목민의 활동도 또한 활발하여져 周 변방을 자주 침입하였다. 기원전 770년 周平王 때에 周室에 내분이 있게 되자 마침내 북방의 犬戎族이 대대적인 침입을 하여 鎬京을 함락하고 平王을 살해하게 되었다. 이에 주왕실은 鎬京을 버리고 洛邑으로 천도하였는데 이것이 周의 東遷이었다. 그리고 周의 東遷 이후 주왕실은 더욱 쇠약해져 제후에 대한 무력적 정치적 공제력을 완전히 상실하고 반면에 유력한 諸侯의 정치적 무력적 활동이 시작되었는데 이것이 春秋時代의 개막이었다.

제 3 장 春秋戰國時代

1. 政治的 變化와 發展

춘추전국시대는 周王室의 東遷(770 B.C.)에서 秦의 통일까지 약 600여 년 간을 의미한다. 그리고 춘추전국시대는 다시 양분되는데 전기를 春秋時代(770~403 B.C.), 후기를 戰國時代(403~221 B.C.)라 한다. 춘추시대의 명칭은 孔子가 저술했다고 하는 『春秋』에서 유래하였고, 전국시대의 명칭은 『戰國策』의 명칭에서 역시 유래한 것이다. 그리고 역사적 사실로 구분해 보면 周의 東遷에서 晋이 3分되어 韓·魏·趙가 독립했던 기원전 403년까지를 춘추시대라 하고 그 이후로부터 秦이 중국을 통일했던 기원전 221년까지를 대체적으로 전국시대라 한다.

먼저 춘추시대의 大勢를 보면 초기에는 180여국이 존재하였다고 하나 국명과 위치는 자세히 알 수 없다. 그 중 중요한 국가를 들어보면 宋(河南省), 衛(河南省), 魯(山東省), 曹(山東省), 陳(河南省), 蔡(河南省), 紀(山東省) 등의 諸國이었는데 춘추 초기에는 西周의 영향을 받아 문화가 가장 발달하였다. 그리고 이 중에서 宋은 무력적으로도 강하여 최초의 覇者가 되었다. 그러나 中原에 위치한 이들 제국은 상호 밀접되고 견제되어 영토적 발전을 계속할 수 없었다. 그러나 이와 반대로 中原 주변에 위치한 齊(山東), 晋(山西), 楚(湖北), 秦(陝西), 등의 주변국가는 이웃 국가로부터 견제받는 일이 없었고 또 그 주변지역은 夷狄이 거주하는 미개지역이었으므로 얼마든지 영토적으로 발전할 수 있었다. 그러므로 춘추 중기 이후부터는 이들 주변 제국은 영토적으로 팽창하고 무력적으로 성장하여 제각기 차례로 中原에 진출하기 시작하였다. 이것이 宋, 齊, 晋, 楚, 吳에 의한 5覇의 출현이다. 이들 5覇는 무력적으로 패권을 장악하고 「尊王攘夷」의 명분하에 당시의 국제사회를 주름잡았다. 그러나 춘추시대의 국제정세를 보면 晋, 齊, 宋을 중심한 中原勢力과 중원으로 진출하려는 南方의 楚와의 충돌과 대립으로 시종하였다.

한편 이와 같이 춘추시대의 국제관계는 남북간의 대립과 항쟁으로 계속되는 동안에 각국의 내부에는 또 권력투쟁이 전개되어 새로운 변화가 일어났다. 춘추 초기의 각국은 諸侯를 중심으로 그 一族이 정치·군사·외교 등을 장악하고 일사불란하게 발전을 도모했으나 정치에 참여한 일족들의 세력이 점차로 강해짐에 따라 權臣들로 변모하고 정권을 독점하였다. 그리고 정권을 장악한 이들 권신들은 군주를 축출 혹은 폐출시키고 자신이 즉위하기도 하였는데 그 대표적인 것이 魯의 三桓氏, 晋의 六氏, 齊의 田氏였다. 삼환씨는 魯의 실권을 장악하고 국정을 농락하였으며, 북방의 강국이었던 晋은 韓·趙·魏·知·范·中行 등의 六氏에 의해 국정이 농락되다가 마침내 韓·魏·趙의 3국으로 분할되고, 동방의 강국 齊도 권신 田氏에게 찬탈당하였다. 또한 이와 병행하여 국제적으로는 패권 장악을 위한 각국 간의 상호공벌병탄의 와중에서 약육강식의 상태가 전개되었다. 그리고 이같은 결과로 춘추 초기에 180개의 諸侯國이 춘추말기에는 13개국으로 줄어들었다. 그러므로 각국의 군주는 대내적으로는 권신으로부터 君權을 보호하고 대외적으로는 약육강식의 상호공벌 속에서 自國의 國命保存을 위해 부국강병의 개혁을 강행하지 않을 수 없었다.

따라서 각국의 군주는 혈연 비혈연의 관계를 가리지 않고 인재를 등용하기 시작하고 制度와 機構의 개편을 통해 君主權을 강화하고 부국강병책을 강구하였는데 여기에서 郡縣制를 기반으로 한 관료제도가 서서히 발달하기 시작하였다. 이와 동시에 각국은 점차로 독립 주권적 領土國家로 변모하고 전국시대에는 秦, 齊, 魏, 韓, 趙, 楚, 燕의 7국으로 압축되어 상호 공방전이 더욱 치열해졌다.

한편 날로 치열해가는 상호공벌과 병탄의 와중에서 각국은 內政改革과 혁신을 단행하여 부국강병을 도모하였는데 이 중에서 가장 성공한 국가가 북방에 위치한 秦이었다.

秦이 웅거하였던 關中地方은 천연의 요새였으며 비옥한 평야를 갖고 있었다. 또 문화는 낙후되었으나 中原의 전통과 인습에 얽매이지 않았다.

그러므로 다른 6國에서는 상상조차 할 수 없는 대담한 개혁을 시행할 수 있었는데 그것이 秦孝公 때 행해진 商鞅의 變法이었다. 상앙 변법의 성공에 의해 일약 군사적 강국으로 발전한 秦은 동방의 6國과 대립 항쟁하게 되었다. 여기에서 춘추시대에 楚 대 晋·齊·宋의 남북대립은 秦 대 6국의 동서대립의 형세로 변모되었다. 그리고 秦의 급속한 中原 진출에 위협을 느낀 6국은 合縱策, 連衡策 등으로 秦의 고립 또는 6국간의 결속을 도모하고 秦을 견제하였으나 秦은 그의 막강한 군사력과 교묘한 외교술로 6국의 결속을 무산시킨 뒤 6국을 하나씩 정벌 병탄하여 기원전 221년에는 全中國을 統一하게 되었다.

2. 社會經濟上의 變化

춘추전국시대는 중국 역사상에 전무후무할 정도로 사회 경제상의 변화와 발전이 이룩되었던 시대라고 할 수 있다. 먼저 사회상의 변화와 발전을 보면 전술한 바와 같이 春秋前期의 사회는 西周時代의 사회조직을 이어받아서 왕족과 제후를 포함한 귀족계층과 농민과 상인 등으로 구성된 피지배계층으로 구성되어 있었다. 그러나 春秋中期에 이르면 牛耕의 발명과 鐵器의 사용에 따라 사회경제상의 많은 변화를 야기하였다.

먼저 사회상의 변화를 보면 당시의 농민은 다수의 씨족원으로 구성된 氏族共同體에 속해 있었고 농경은 씨족원으로 구성된 대가족에 의해 경작되고 있었는데 牛耕의 발명과 鐵器 사용은 소가족 단위의 농경을 가능케 하였다. 이에 따라 종래의 씨족공동체는 급속도로 해체되기 시작하고 여기에서 방출된 농민은 광범위한 自作의 小農民層으로 변모하였다.

또한 鐵器의 사용은 관개시설 및 치수사업의 확충을 가능케 하여 농경지의 비약적인 확대를 가져왔고 이것은 필연적으로 농업 생산량을 비약적으로 증진시켰다. 그리고 이같은 현상은 결과적으로 인구증가와 더불어 또 상업의 발전을 가져왔다.

春秋 이전에는 수공업은 官府에 예속하였으나 춘추시대에는 농민들과 마찬가지로 해방되어 독립수공업자가 되어 분업이 행해졌다. 여기에서 石

工, 玉工, 骨工 등의 專門工이 출현하였다. 그리고 이들은 諸分野에서 정묘한 수공품을 생산하여 왕실과 귀족에게 공급하는 일면 잉여의 生產品을 商品化하였다.

여기에서 상업은 수공업에서 분리되어 발전하기 시작하였다. 그리고 도시가 발전함에 따라 도시의 일각에서는 「市」를 형성하여 일정시간에 영업을 계속하였다. 이에 따라 市場이 형성되고 정기적인 상품거래가 시작되었으며 또 貨幣가 주조되어 사용되었다. 이같은 결과로 각국에는 지역적 조건과 환경에 따라 流通經濟圈이 형성되고 그 중에는 巨富를 이루어 각국간을 넘나드는 국제적인 貿易商人이 출현하게 되었다. 그리고 이같은 상업의 발전과 확대로 마침내 商人階層이 형성되었다. 상인계층의 형성과 대두는 종래에 西周時代의 봉건사회 속에서 농업만이 유일한 생산수단이었고 농업을 위주로 해서 형성되었던 사회 속에서 새로운 계층이 대두하였음을 의미한다. 또한 이 당시에는 상인계층이 발생하였을 뿐만 아니라 士人階層이 새로이 발생하였다. 전술한 바와 같이 春秋中期 이후에는 각국의 군주가 안으로는 君主權 강화를 도모하고 밖으로는 國命 保存과 覇權掌握을 위해 내정을 개혁하고 혈연 비혈연의 관계를 가리지 않고 유능한 인재이면 다투어가면서 등용하였다. 또 일면으로 종래의 氏族共同體의 해체는 새로운 소농민층의 형성과 더불어 많은 자유인을 방출하였는데 그 중의 일부는 농업이나 상업 등의 생산업에 종사하지 않고 오로지 교육과 독서를 통해 관리로서 任官 出世하려고 하였다. 따라서 독서와 학문으로 무장한 이들 士人階層은 새로운 지식계급으로 등장하였으며 각국의 內政改革과 무력적 충돌과 대립을 야기하는 국제정세에 편승하여 각국의 정치에 깊이 참여하고 宰相職에까지 승진하여 마침내 布衣宰相時代를 연출하기도 하였다. 또 다른 일면으로 이들 사인계층은 학문과 사상의 발전에 몰두하였는데 이것은 儒家 및 諸子百家의 발흥을 가져왔다.

3. 諸 子 百 家

春秋戰國時代는 정치적으로는 혼란과 격동이 난무하였던 시대였지만 사상적으로는 중국 역사상에 전무후무한 발전의 시기였는데 그것은 곧 諸子百家의 발흥이었다.

전술한 바와 같이 춘추전국시대는 西周時代의 정치·윤리·도덕·가치관 등의 舊秩序와 制度 및 傳統이 붕괴되고 각 제후국이 主權 領土國家에로 변모 발전했던 시대였다. 이같은 현상은 大宗과 小宗 간의 혈연적 유대에 기반을 둔 宗法秩序의 부정이었으며 氏族共同體 해체와 더불어 소농민층의 성장 및 상업의 발달로 인한 상인계층의 형성은 농업에 경제적 기반을 구축하고 농경사회에 전통질서를 확립한 봉건사회와 그 禮教秩序에 대한 否定이었다. 그리고 이와 같은 舊制度 舊秩序 및 傳統의 붕괴는 필연적으로 극렬하고 다양한 변화와 발전을 초래하고 새로운 역사 형성의 기반이 되는 新事態와 諸變化를 야기하였다. 따라서 당시의 사상가들은 구전통 및 구질서의 붕괴에 깊은 충격을 받고 동시에 새로이 전개되는 사태와 변화에 응하여 제각기 독창적인 思想을 전개하였는데, 이 중에서 제일 먼저 일어난 사상이 孔子(552~479 B.C.)에 의해 창시된 儒家思想이었다. 공자는 유가사상의 근본을 「仁」에 두었고 「仁」의 성취는 가족간의 孝悌로부터 시작한다고 하였다. 공자에 의하면 孝悌는 인간이 선천적으로 부여받은 인간의 기본적 감정이고 萬人에 공통되는 感情이었다. 또 이를 확대하면 사회 결합의 기본요소이고 나아가서는 인류결합의 근본으로 보았다. 그러므로 공자는 孝悌에 입각한 家族道德을 중시하고 이 가족도덕을 사회규범으로 확대하고 다시 이것을 정치의 최고원리로 부상시켰다. 그리고 이같은 가족제도와 도덕적 기반 위에 형성된 周代의 宗法的封建制度를 이상으로 하고 여기에 修身齊家治國平天下의 논리를 전개하였다. 이같은 공자의 정치사상은 궁극적으로는 가족도덕을 정치의 최고원리에까지 확대시킴으로써 정치와 윤리도덕 간의 구별을 없애고 그 조화속에 周代의 봉건제도를 기반으로 한 道德的 政治世界의 具現에 그 목표를 두고 있음을 알 수 있다.

공자 死後 이같은 정치사상은 제자인 孟子(372?~289? B.C.)와 荀子(298?~235? B.C.)에 전하여졌다. 孟子는 戰國時代의 인물로 공자의 사상을 이어받아 「性善說」을 주장하고 또 약육강식과 권모술수의 覇道政治를 배격하고 「仁」과 「義」를 기본으로 한 實踐道德에 입각한 王道政治를 내세웠다. 荀子는 인간의 본성을 惡한 것으로 보고 「性惡說」을 주장하였으며 엄격한 禮와 도덕을 제정하여 인간 행위를 규제하고 교육을 통해 이를 선도해 나가야 하는데 그 禮와 道德의 제정은 군주의 임무라고 하였다. 그리하여 有德賢人의 군주 아래 禮治와 道德敎育이 시행되어 사회에 충만될 때 사회는 均徧不備의 이상세계에 도달한다고 하였다.

그러나 권력정치의 난무, 약육강식의 국제정세 속에서 禮治와 道德政治를 주장하는 儒家思想은 각국 군주들에게 채택 실현될 수 없었다. 그러나 漢帝國이 중국을 통일하고 안정된 사회를 이룩하게 되자 마침내 국가의 指導理念으로 채택되어 중국사상의 주류로서 동양사회 전반에 큰 영향을 주게 되었다.

道家思想은 老莊學을 말하는데 道家의 원조는 老子로 알려지고 있으나 노자의 생애와 생존연대에 대해서는 확실치 않다. 老子의 중심사상은 虛無自然의 道에 있었다. 이에 의하면 우주만물의 본체는 道인데 이 도를 체득하기 위해서는 인위적 문화발생 이전의 원시사회로 복귀해야 된다고 하였다. 이같은 老子思想은 文物, 禮樂, 制度 등으로 구성된 사회와 문명을 부정하고 天地自然의 이치에 따라 無慾無爲의 자연 속에서 우주만물의 근원인 「道」에 돌아갈 것을 주장한 것이다. 이같은 노자사상은 戰國中期의 莊子에 계승 발전되어 老莊思想으로 불리었다. 이 노장사상은 후대에 神仙說 및 민간신앙과 결합되어 道敎로 성립하였는데 유교가 지배계층의 사상으로 발전하였던 것에 비해 도교는 민간사상으로 발전하였다.

墨家思想은 춘추 말기에서 전국 초기에 在世하였던 墨子(480~390 B.C.)에 의해 창시되었다. 묵자학설의 기본개념은 兼愛說에 두었다. 묵자에 의하면 인간에게는 兼愛와 別愛가 있는데 別愛는 일종의 이기심으로 社會不和·不平等의 요인, 천하의 大敵으로 보았다. 반면에 兼愛는 愛他心으로 타인 사회 국가를 자기의 일부로 간주하여 사랑하는 것이다. 그리고 근본적으로는 인간의 이기심을 없애고 자타의 구별이 없는 무차별의 兼愛를 달성하여 均分의 평등세계를 구현하는 것이었다. 이같은 묵가사상은 儒家의 家族主義 社會階級性 禮樂尊重을 배척한 것으로 한때는 유가사상과 더불어 큰 세력을 가졌다. 그러나 유가사상이 漢代에 國教로 채택된 이래 급속도로 쇠약해졌다.

法家思想은 춘추전국시대의 주요 사상 중 제일 늦게 출현하였다. 이 시대의 주요 사상의 주장을 보면 道家는 無爲之治, 儒家는 禮治 내지는 德治, 墨家는 兼愛主義를 주장했는데 이는 모두 文治主義였으며 유가사상에 대한 反論내지 新舊思想 간의 대립에서 연유하였다. 그러나 법가사상은 이같은 문치주의에 입각하지 않고 당시 主權 領土國家 간의 대립 항쟁이라는 각박한 현실에 그 학리적 기반을 두었다. 그러므로 法家들은 예치와 문치를 배격하고 武力과 經濟力 함양을 위한 부국강병책을 연마 강구하였다. 그리고 부국강병을 위해 君主權 강화를 도모하고 또 信賞必罰을 전제하고 신분의 귀천 고하를 부정하는 획일적인 法治를 주장하였는데 이같은 法治思想은 荀子의 禮治主義에서 출발하여 당시 약육강식의 냉혹하고 각박한 현실 속에서 전제군주권의 강화와 그 지배를 합리화했던 현실적인 정치사상이었다. 이 법가사상은 李悝·商鞅에 의해 발전되어 오다가 전국말기의 韓非子·李斯에 의해 대성되었다.

이상과 같은 儒, 道, 墨, 法家의 사상 이외에도 많은 학술과 사상이 전개되었다. 만물은 모두 陰과 陽의 상반된 二元的 원리에 의하여 생성한다고 하는 陰陽說, 만물의 구성원소를 木·火·土·金·水로 보는 五行說, 상업으로부터 농업을 옹호했던 農家權謀術策으로 合縱과 連衡을 주장한 縱橫家 등이 발흥했으나 객관적 진리를 추구하는 학문으로 발달하지 못하고 모두 부질없이 정치에 이용되고 말았다.

제 4 장 秦·漢帝國의 成立과 古典文化의 完成

1. 秦·漢帝國의 統一

戰國時代 7국간의 오랜 대립과 항쟁은 기원전 221년 秦에 의해 마침내 통일되었는데 여기에서 중국은 최초로 中央集權下의 統一帝國을 보게 되었다.

중국을 통일한 秦王 政은 자신의 功과 德은 三皇五帝에 비하여 높다고 생각하여 皇帝로 개칭하였다. 다음에 정치적으로는 李斯의 의견에 따라 周代의 봉건제도를 폐지하고 중앙집권적 관료제도를 채택하였다. 이에 따라 먼저 中央官制를 제정하여 丞相·太尉·御史大夫를 두었는데, 승상은 일반 행정을 담당하는 일면 황제를 대신하여 國政을 총괄하였다. 태위는 국가의 兵事를 도맡아 취급하였으며, 어사대부는 일종의 감찰기능을 가지고 이들 업무를 감시하였다. 또 지방은 전국을 36郡으로 나누고 郡은 다시 몇 개의 縣으로 나누었는데, 이들 郡과 縣은 모두 중앙정부에서 임명된 관리들에 의해 통치되었다. 이와 같은 중앙집권적 관료제도는 西周時代의 宗法的 封建制度와는 달리 황제의 통치력이 중앙에서 지방 말단에까지 미칠 수 있었던 지배체제였는데 이후 시대에 따라 그 결점이 보완되면서 2000여년간 중국 歷代王朝의 핵심적 지배체제로 발전하였다.

또 秦始皇帝는 다른 여러 가지 면에서 통일정책을 시행하였다. 그는 먼저 文字와 貨幣를 통일시키고 또 전국 이래의 자유분방하고 자신의 통일정책에 대해 비판을 자주 가하는 處士들의 비평을 막기 위하여 많은 儒生들을 생매장하고 諸子百家書를 불사르는 焚書坑儒를 단행하였다.

진시황은 대외적으로 북방의 匈奴를 구축하고 또 이들의 침입을 막기 위해 甘肅에서 滿洲에 걸쳐 수천리의 萬里長城을 쌓았으며 또 남방의 百越을 정벌하여 南方으로 영토를 확대하기도 하였다.

그러나 진시황의 사치스러운 阿房宮 건축, 만리장성을 포함한 빈번한 토목공사, 장기적인 외정 그리고 엄혹한 法治와 統一政策은 일면으로는 백성의 생활을 핍박하였고 타면으로는 舊貴族과 신흥 土豪의 반감을 초래하여 전국에 불만과 원성이 쌓이게 되었다. 이같은 추세 속에서 남방 순시 중에 있던 진시황의 급격한 사망은 마침내 전국의 반란을 유발하였다.

진시황 死後 최초의 반란은 陳勝·吳廣을 필두로 시작되었으나 곧 전국적으로 확대되었다. 그리고 기원전 206년에 秦은 진시황을 뒤이은 胡亥의 무능과 趙高, 李斯 간의 불화 그리고 반란의 소용돌이 속에서 마침내 멸망하였다.

그러나 中國史에 있어서 진시황의 功績은 대단히 크다고 할 수 있다. 진시황은 오랫동안 분열되었던 중국을 통일하였고 그가 지배체제로서 채택한 中央集權的 官僚制度는 이후 중국 역대왕조의 지배체제로 계승되었다. 또 진시황의 중국통일 이전 중국 문화는 지역적 특성에 따라 다양하게 발전하였는데 진시황의 중국통일로 하나의 정치적 안정 속에서 중국문화가 종합, 보편적으로 발전할 수 있는 기틀이 형성되었다. 또 만리장성의 수축은 북방민족의 남침을 제어하는 보루가 되었으며 오늘날 중국 本部와 영토를 확정짓는 획기적 업적이었다.

秦帝國 멸망 이후 전국의 전세는 구귀족세력을 대표하는 項羽 집단과 신흥 농민세력을 대표하는 劉邦 집단의 싸움으로 압축되어 漢楚戰으로 변모되다가 기원전 20년 垓下의 결전에서 劉邦이 승리함으로써 마침내 漢帝國이 창건되었다. 漢 제국을 창건한 劉邦은 秦이 지나친 法治와 급진적인 郡縣制의 강행으로 실패하고, 또 項羽는 봉건제도 부활을 시도하였다가 실패한 사실을 감안하여 그는 봉건제와 군현제를 절충한 郡國制度를 실시하였다. 즉 수도 長安을 중심한 전국의 3분의 1의 지역은 중앙정부의 직할지로 하여 郡縣制度를 실시하고 나머지는 劉氏一族 내지는 공신들에게 분봉배치하였다. 그러나 劉邦의 정치적 이상은 秦代와 같은 중앙집권적 관료국가의 형성이었으므로 이후「衆建諸侯政策」「削地政策」등을 강행하여 제후의 세력을 꺾고 文帝·景帝 때에는 同姓諸侯까지도 吳楚七國亂을 계기로 없애 버림으로써 漢은 郡縣制를 전국적으로 실시하게 되었다. 그리

고 여기에서 秦이 실패하였던 전제군주하의 중앙집권적 관료국가가 형성되었고 중국은 古代 統一帝國의 완성을 보게 되었다.

다음 漢武帝(159~87 B.C.)는 이같이 통일된 帝國의 國基를 내외적으로 더욱 공고히 하고 발전을 도모하였다. 즉 漢武帝는 우선 儒敎를 국교로 채택하여 新帝國의 정치이념으로 삼았다. 따라서 忠孝의 儒家思想은 중앙과 지방의 학교에서 교수되어 관리 양성의 지침이 되고 나아가서는 중국의 정치 도덕 및 일상생활의 규범이 되었다.

또 武帝는 匈奴에 대해 개국 이래의 소극적 정책을 버리고 적극적 정책으로 전환하여 匈奴攻略에 나섰다. 漢의 대대적인 공략에 흉노는 그 세력이 크게 쇠약해져 漠北으로 후퇴하였다. 그러나 武帝는 이에 그치지 않고 張騫을 西域에 파견하여 서역제국과 군사동맹을 체결하여 흉노를 협공하려 하였다. 이 계획은 수포로 돌아갔으나 이때부터 漢은 西域 사정을 알게 되었고 이후 중국 민족이 중앙아시아로 진출할 수 있는 계기를 마련하였다.

武帝는 또한 남방에도 정벌을 감행하여 越人과 西南夷를 복속시켜 南海日南 등의 郡을 설치하고 韓半島에도 진출하여 樂浪 등의 4郡을 설치하였다.

이같이 大帝國을 건설한 漢은 前漢 後漢을 통하여 400여년간 중국을 지배하였는데 이는 정치적으로 볼 때 중국이 중앙집권적 관료제도하에 하나의 거대한 統一帝國을 형성하였음을 의미한다.

2. 漢代의 文化發展

약 400여년간 중국을 통일하고 정치적 안정을 이룩했던 前·後 漢代는 문화적으로 볼 때 春秋戰國時代에 발전하였던 중국 고유의 문화가 종합적으로 결실되었던 시대였다고 할 수 있다.

먼저 董仲舒의 건의에 의해 國敎로 채택된 유교는 통일국가의 지도이념으로 정립됨에 따라 「忠孝」를 중심한 儒家思想이 중앙과 지방의 학교에서 교수되고 정치 도덕 일상생활의 사회적 公德과 규범으로 변모되었다. 또 유교의 국교 채택은 유학의 발전을 자극하였다. 따라서 易·書·詩·春秋·

禮記의 五經博士를 두어 후진을 양성하고 焚書坑儒 때 사라진 經典을 수집하였으므로 유학이 크게 발전하였다. 그러나 학풍은 대체로 경전의 字義해석과 주석에만 힘쓴 결과로 訓詁學이 발달하였다. 훈고학자로서 馬融, 鄭玄 등이 유명하였는데, 훈고학의 발달은 유교의 형식화, 고정화를 초래하여 유교에 대한 일반의 흥미를 잃게 하였다. 그러나 이들의 古書의 발굴과 註釋에 대한 필생의 업적으로 유교의 경전이 정리되고 수집되어 이후 유교가 장족의 발전을 할 수 있는 기반을 형성하였다 할 수 있다.

또 이때는 통일국가의 완성과 더불어 체계적인 역사의 편찬도 필요하였으므로 司馬遷의 紀傳體에 의한 『史記』, 班固의 『漢書』가 각기 출판되었다. 『史記』는 周王에서·漢武帝時까지 고금의 역사를 관통하는 綜合史였고, 『漢書』는 고대통일제국의 완성을 본 大漢帝國의 역사만을 기술했던 斷代史였는데 이는 모두 후대에 중국 역사 기술의 모범이 되었다.

漢代의 문학은 武帝 때부터 융성하기 시작하였다. 진시황 때 분실되었던 典籍이 정리 복구되고 많은 학자들이 자유로이 활동함에 따라 문학도 부흥되었다. 楚辭의 뒤를 이은 賦가 유행하였고 樂府詩가 또 유행하여 한대 문학의 주류를 형성하였다. 또 五言詩·七言詩가 융성하였고 史記의 列傳 같은 것은 한편의 아름다운 傳記文學이었다. 許愼의 『說文解字』는 漢代 학문의 깊이를 말해주고 있다.

또 미술 공예방면에는 絹織物·漆器·銅鏡의 제작이 우수했고, 후한시대 蔡倫의 종이 발명은 중국문화의 보급과 발달에 큰 역할을 하였을 뿐만 아니라 唐代에 서양으로 그 製紙法이 전해져 세계문화사상 말할 수 없는 큰 공헌을 남겼다.

한편 漢代의 이같은 강대한 제국 건설과 문화발전은 당시 주변의 諸民族에게 많은 정치적·문화적 영향과 자극을 주게 되어 이들 諸民族은 서서히 정치적·문화적 활동을 개시하였다.

3. 中國 周邊民族과 文化交流

고대 동북아시아에 있어서 국가활동과 문화창조의 전개과정을 살펴보면

黃河沿邊을 포함한 中原 일대에 먼저 殷王朝가 형성되어 중원의 여러 지역에서 발달된 문화를 종합하여 찬란한 靑銅文化를 이룩하였고, 殷을 계승한 周王朝는 역시 殷文化를 전승하고 여기에 周族의 독창성을 가미하여 역시 찬란한 청동문화를 발전시켰다. 이와 같이 諸夏世界는 殷·周王朝의 지속적 창업과 교체를 통해 국가적 활동을 계속하고 이에 따라 정치군사력이 사방으로 신장되고 문화가 더욱 발전 확산되었다. 반면에 諸夏族 이외의 주변의 諸族은 당시까지는 농경생활에 진입하지 못하고 유치한 유목, 수렵 등의 原始的 생활상태로 그들의 의식주는 皮革·生食·穴居의 상태를 벗어나지 못하였다. 그러므로 이들 諸異族은 당시 비옥한 農耕地帶를 점유하여 풍부한 경제적 생활과 선진문화를 창조하여 향유하고 있던 諸夏世界에 일면으로는 무력적 침략을 자행하였고 다른 일면으로는 평화적으로 접근 內附하여 諸夏族과 잡거하면서 점차 동화되어 갔다. 따라서 諸夏族은 주변 諸異族이 무력적 침입과 약탈을 감행해 오는 경우 人面獸心의 금수로 간주하였고, 반면에 평화적으로 접근하여 內附하는 경우에는 諸夏文化에 대한 愛慕 心醉 憧憬으로 간주하여 이들을 포섭 동화시켰다. 그러므로 上古 中原 일대에는 殷·周族을 중심한 諸夏世界는 국가의 창건, 문자 발명, 청동문화의 창달, 사상과 학술의 발전 등의 다양한 문화발전이 지속되고 정치·군사력이 사방으로 신장되고 있던 반면 주변의 諸異族은 원시적 반유목, 반농경의 생활 속에서 오로지 諸夏世界에 대한 무력적 침입과 약탈 아니면 內附 同化의 과정만 반복하였고 諸夏世界에 비견할 만한 독창적 문화를 창조하지 못하였고 국가활동도 없었다. 이런 결과로 上古 中原에서 국가조직과 문화창달 등은 오로지 諸夏世界의 전유물이 되었다.

그러나 秦漢帝國의 형성과 더불어 북방 유목민족 중에서도 匈奴族을 주축으로 한 유목국가가 출현하게 되었다. 흉노족은 원래 몽고 초원지에서 유목생활을 하고 있던 遊牧民族이었다. 그러나 서방 유목민족인 스키타이(Scythians)의 金屬文化의 영향을 받아 호전적인 騎馬民族으로 성장하고 일상생활품과 노예의 획득을 위해 중국 북변을 자주 침범 약탈하였다. 이같은 과정에서 기원전 3세기 말에 흉노족은 冒頓單于의 통솔하에 통일을 형성하고 또 주변 諸族을 복속시켜 몽고를 중심으로 타림(Tarim) 분지까지를 포함하는 강력한 유목국가를 형성하였다. 그리고 漢高祖를 平城에서 패배시키고 漢을 무력적으로 압박하여 매년 많은 歲幣를 받았다.

그러나 漢武帝 때에 이르러 이같은 굴욕적인 관계를 만회하기 위해 흉노에게 대반격을 가하였다. 또 흉노의 포로로부터 흉노의 以西地方에 많은 국가가 존재함을 알게 된 武帝는 이들 국가와 군사적 동맹을 맺어 흉노를 협격하기 위해 張騫을 이 지역으로 파견하였다. 張騫은 이 여행에서 군사적 동맹의 목적은 실패하였으나 그 대신 서역에 대한 자세한 사정을 알게 되었다.

당시 西域은 보통 좁은 의미로서는 파미르(Pamir: 葱嶺) 이동의 新疆省 서부를 지칭하였으며, 넓은 의미에서는 파미르 서쪽의 西투르키스탄을 포함하였는데 당시 漢代의 파미르 이서에는 安息(Parthia), 大夏(Batoria), 大宛(Ferghana) 등의 제국이 있었고, 동쪽에는 타크라마칸(Takramakan)사막의 오아시스 일대에는 아리안族이 많은 도시국가를 형성하여 번영하고 있었다. 그리고 타크라마칸 사막의 남북에는 동서 간의 교통로가 형성되어 중국과 서아시아 및 인도와의 문화교류와 교역이 행해지고 있었다. 따라서 張騫의 보고로 이 지역의 중요성을 알게 된 漢은 무역로를 확보하기 위해 흉노와 더욱 치열한 공방전을 전개하였고 흉노 구축과 大宛 遠征으로 漢은 파미르 以東地方에 西域都護府를 두어 장악하게 되었다. 또 後漢 때는 班超가 西域都護로서 漢의 위세를 더욱 높였다. 이같은 결과로 동서문물의 교류와 교역이 크게 행해졌는데 특히 중국의 명주가 멀리 로마제국에까지 교역되어 이 무역로는 서양인에 의해 Silk-Road로 불리었다. 또 後漢 때는 이 길을 통해 서북인도로부터 중국에 佛敎가 전래되었으며 唐代에는 서방에서 아라비아種의 軍馬·琵琶·琥珀 등의 보물, 胡桃·葡萄 등의 식물, 波斯錦·毾㲪毛 등의 모직물, 樹下美人圖·植物圖案 등의 공예품, 胡樂으로 불리는 西樂 등이 들어왔고, 반면에 중국에서도 서방에 전래된 것이 많았다. 일찌기 鑿井法이 서역의 오아시스에 전해졌고 8세기에는 製紙術이 전해졌고 또 指南鐵이 소개되었다. 중국적인 특색이 있는 것이면 무엇이든지 거래하였다. 또 언어를 분석해보면 몽고어 중에는 이란어의 성분, 터어키語

중에서 중국어의 성분이 남아 있는데 이같은 사실은 동서간의 교류와 교역은 物產뿐만이 아니라 상인을 포함한 각층의 사람들이 상호 왕래하였음을 의미한다.

또 이같은 비단길은 서아시아와 중국에만 한정되었던 것이 아니었다. 이 비단길을 통해 유럽과 인도, 중국과 인도, 중국과 유럽과 직접 간접으로 연결되었고, 몽고고원과 아시아 제국에까지 관련되었다. 경주 고분에서 발견된 古新羅 속의 西域文化 요소가 이를 말해준다.

또 漢代의 문화 발전은 아직까지 원시생활 속에 있는 중국 주변의 제민족에게 국가형성과 문화창달을 자극하였다. 특히 漢武帝가 위만조선을 멸하고 樂浪 4 群을 한반도에 설치하였던 것은 만주, 한반도, 일본에 많은 문화적 자극과 발전을 주게 되었다. 이에 따라 1 세기경에는 고구려가 남만주 北韓에 걸쳐 국가를 형성하고 南韓에서는 馬韓, 辰韓, 弁韓 등이 부족국가를 이루고 있다가 新羅와 百濟의 2 國으로 성립되었다. 또 일본에서는 미생문화권 속에 다수의 부족국가를 이루고 있다가 4 세기경에 大和國이 일어나 통일세력으로 성장하고 樂浪文化와 韓文化의 영향을 받아 통일국가에로 발전하였다.

제 5 장 遊牧民族의 活動과 中國의 分裂

1. 五胡 十六國時代

後漢 멸망 후 전개되었던 魏, 蜀, 吳의 3國 정립과 무력적 항쟁을 종식시키고 중국을 다시 통일하여 晋(265~316)을 건국하였던 것은 魏의 權臣 司馬炎, 즉 晋武帝였다. 건국 이후 武帝는 魏가 宗親이 빈약하여 권신이 발호하고 나라를 잃게 된 것을 거울삼아 사방의 요지에 一族을 分封 排置하였는데 이들은 각기 강력한 무력을 보유하고 있었다. 또 武帝는 천하통일의 이유로 각지 州郡의 武備를 해체하여 반란의 소지를 없게 하였다. 그러나 이같은 武帝의 정책은 北方 유목민족의 남침의 위험과 分權的 封建制度가 가져올 수 있는 위험을 내포하고 있었는데 이것이 암우한 惠帝가 등극하자 곧 폭발되었다. 즉 외척과 종친 간에 권력싸움이 일어나고 이것은 순식간에 八王亂(300~306)으로 확대되었다. 또 이같이 晋의 불화와 弱體가 폭로되자 이 틈을 탄 북방의 유목민족이 일제히 일어나 南侵을 개시하였다. 이에 중국은 다시 대혼란에 빠지게 되었는데 이때에 중국을 침입한 유목민족을 살펴보면 匈奴, 鮮卑, 羯, 氐, 羌의 5胡였다.

당시 이들 유목민족의 속성을 보면 이들은 광대한 초원지대에서 소, 말, 양 등의 가축을 사육하면서 水草를 따라 이동하는 유목생활을 하였다. 이들의 의식주는 皮革 肉食 텐트생활이 전부였다. 겨울에는 씨족의 遊牧地에 모여 氏族共同體를 형성하여 겨울을 지냈다. 그러므로 이들 유목민은 수초를 따라 이동하는 유목생활을 하였지만 氏族長의 영도 아래 氏族的 社會體制를 갖추고 있었다. 또 이들의 경제는 水草를 따라 가축을 방목하는 유목생활이었다. 유목 이외의 경제란 주변 농경민을 침입 약탈하여 얻는 전리품 및 소수노예를 이용한 원시적 농경뿐이었다. 따라서 원시적인 씨족적 사회체제와 유목생활은 生產性의 향상을 기대할 수 없고

富의 축적이 불가능하였기 때문에 農耕社會에서 볼 수 있는 것과 같은 정치, 사회, 경제적 발전의 기반이 형성될 수 없었다. 여기에 遊牧民族의 停滯性이 있었다.

그러나 이들 유목민족은 원시적인 氏族組織과 경제적 빈곤에도 불구하고 강인한 체력과 능란한 騎馬術에 의해 그 약점을 보충하고 있었다. 그리고 유능한 지도자가 출현하는 경우에는 일시에 막강한 세력을 형성하고 遊牧國家를 건국하여 주위를 제압하였다. 그러나 이같은 유목민족의 匈奴帝國도 漢武帝의 반격을 받아 쇠약해졌다. 또 後漢時에는 남북으로 분열되어 北匈奴는 서방으로 이주하여 유럽에서 훈족(The Huns)으로 나타났으며, 南匈奴는 오르도스지방에 정착하였다. 또 이 당시에는 羯族이 山西 지방에 들어와 정착하기 시작하고 鮮卑族이 몽고와 만주에서 세력을 형성하기 시작하였다. 青海 지방에는 티벳계통의 氐, 그 남방에는 羌族이 할거하고 있었는데, 이들 유목민족이 5 胡로서 魏晋南北朝時代의 주역들이었다. 이들 유목민족은 晋武帝가 중국을 통일할 즈음 漢에 귀의하여 四川, 甘肅, 陝西 등지에 들어와 漢族과 잡거하면서 農耕에 종사하고 중국문화의 영향을 받고 있었다. 그러나 晋이 八王亂에 의해 약화되고 내부의 불화가 일어나게 되자 일제히 中原 침입을 개시하여 화북 지방에 할거하면서 각지에 왕국을 건설하였다. 그리고 130 여년간에 16 국이 흥망을 거듭하였는데 이것이 5 胡16國時代이다. 이같은 5 胡16國은 계속 전개되었던 상호공벌과 흥망 속에서 華北은 後魏의 太武帝에 의해 통일되고 江南은 宋에 의해 통일됨으로써 남북으로 대립되었다. 이것이 南北朝의 형성이었다.

한편 이같은 남북조시대에 北魏는 平城에서 洛陽으로 천도하고 辮髮과 胡服을 금지하고 불교와 유교의 장려, 漢人과의 결혼 장려 등의 지나친 漢化政策을 실시하다가 이에 불만을 품은 鮮卑族이 반란을 야기함으로써 北魏는 東魏·西魏로 양분되고, 다시 東魏는 北齊로, 西魏는 北周로 바뀌어졌으나, 北周가 北齊를 멸망시키고 일시 華北을 재통일하였다. 그러나 581 년에 北周는 외척인 楊堅에게 나라를 빼앗겼는데 이것이 곧 隋의 文帝였다.

한편 흉노에 의해 晋이 멸망되자 진왕실의 일족은 江南으로 이동하여 建康에 다시 나라를 세웠는데 이것이 東晋이다. 그리고 이전의 晋을 동진과 구별하기 위해 西晋이라 하였다. 강남으로 이전한 東晋은 100여년간 계속되었으나 왕권은 강력하지 못하여 멸망되고, 이어서 180년 동안 宋·齊·梁·陳의 4王朝가 연달아 교체되었다. 그러나 天子의 폐립, 王朝의 교체는 궁정과 지배계층 간의 소란에 그치고 일반민중에게는 직접적 영향을 주지 않았기 때문에 江南開發은 꾸준히 계속되고 北朝와는 성격이 다른 화려한 南朝文化를 이루었다.

2. 胡漢社會의 成立

사회 경제적으로 보면 魏晋南北朝時代는 대토지를 소유한 豪族이 노예적 노동력으로 농경을 경영하면서 사회 경제의 전반을 장악하였던 시대였다. 이들 豪族의 발생을 보면 前漢時代까지 거슬러 올라갈 수 있으나 본격적 대두는 後漢末부터였다. 후한말의 계속된 정치적 혼란 속에 관료들의 세력이 약화되자 그 동안 사회 경제적으로 세력을 신장하여 오던 대토지 소유자들이 豪族으로 변모하여 사회경제의 주동적 세력으로 등장하게 되었다. 그리고 위진남북조 시대에는 일부의 豪族은 유목민족과 제휴하여 胡漢社會를 이룩하고 다른 일부는 晋室과 더불어 강남으로 이주하여 江南 개발의 주력이 되었다.

魏晋南北朝時代에 북방 유목민족이 점령한 강북지방의 사회구조를 보면 정복민이었던 유목민은 대개 정치 군사적 실권을 장악하였다. 그리고 경제적으로는 광대한 토지를 소유하여 유목귀족으로 변모하였다. 한편 西晋의 멸망과 더불어 江南으로 이주하지 못한 豪族들은 이같은 유목귀족들과 通婚하고 사회 경제적으로 협력하는 가운데 유목귀족과 더불어 새로운 지배층으로 변모하였다. 이 결과 유목귀족들은 중국의 豪族들을 통해 農民層을 확보하고 중국문화의 혜택을 입고 중국의 정치적·문화적·사회적 지식을 입수하여 국가경영에 관한 도움을 받을 수 있었다. 또한 遊牧貴族과의 결합에 의해 무력적 보호와 도움을 받은 豪族들은 이를 통해 그들 豪族의 경제적, 사회적 지위와 재산을 유지하였다. 이런 점에서 이들 두 계층은 상호보완관계에 있었다고 할 수 있다. 그리고 이같은 상호보완 관계와 제휴를 더욱 강화해주었던 것이 九品中正制였다.

九品中正制는 魏文帝 때 시행되기 시작하였는데 이는 정부가 郡에는 小中正, 州에는 大中正을 두어 인물을 발탁케 하였다. 中正官은 우수하고 才德이 있는 그 지역 출신으로 임명하였다. 그러나 대부분의 중정관이 豪族 출신이었기 때문에 이 제도의 운용은 豪族들에게 독점되었다. 豪族의 자제가 쉽게 관리에 진출함으로써 豪族의 경제적·사회적 지위는 더욱 강화되고 또 정치적으로는 당시의 유목귀족과 긴밀한 유대를 가질 수 있게 되어 마침내 中世豪族 門閥社會를 이루게 되었다.

그러나 豪族에 의한 大土地兼倂, 農民의 佃戶에로 전락 및 노예화는 납세와 노동력 제공의 원천이었던 건실한 농민층의 몰락을 초래하고 결국 이것은 국가의 정치적 경제적 기반을 약화시키는 것이었으므로 江北의 국가들은 占田制, 均田制 등을 창안하여 호족세력을 억압하였다. 물론 이같은 중앙정부의 정책은 소기의 목적을 달성하지 못하였지만 이같은 정책의 결과로 北朝에서는 호족의 세력이 어느 정도 제어되었다.

그러나 南朝에서는 호족세력의 성장이 극도에 달하였다. 江北에서 晋室을 따라 이주한 호족들은 대부분의 관직을 독점하고 강남의 토착 호족들을 차별 멸시하였다. 또 이들은 북에서 내려온 유민들을 수용하여 佃戶 食客으로 포섭하여 황무지를 개척하여 대토지 소유자가 되었다. 또 이들은 문벌을 자랑하기 위하기 족보를 많이 만들었기 때문에 門閥尊重의 경향이 극단에 달하였다. 그리고 비록 天子라고 하더라도 문벌이 낮으면 명문거족 앞에 머리를 들지 못할 정도였다.

3. 南北朝時代의 文化

이 시대에는 정치적 불안과 혼란에도 불구하고 문학, 예술, 학술, 사상 등이 대단히 발전하였다. 특히 이같은 여러 분야의 발달은 유목민족이 지배하였던 北朝보다도 南朝에서 더욱 발달하였다.

먼저 사상면을 보면 前漢 이래 융성하였던 유교는 이후 經典의 字句解釋과 考證만을 일삼는 訓詁學으로 치우쳐 사회 지도이념의 지위를 상실하였다. 또 王莽의 찬탈, 異民族의 침범과 끝없는 살육전, 권문세가의 횡포는 마침내 뜻있는 사대부계급에 실망과 실의를 안겨주게 되었다. 따라서 이들은 保身의 일환으로 또 개인주의와 자유를 구하여 불안한 사회로부터 도피하였다. 그리고 세상을 풍미하고 유교의 예절을 비웃고 인생의 허무를 논하고 老莊의 自然을 즐기고 일체의 정치에 관여하지 않았는데 이를 淸談이라 하였으며, 그 중에서도 소위 竹林七賢이 그 대표자들이었다. 따라서 이같은 淸談思想은 당시의 문학·예술면에도 반영되어 自然主義 文化의 발전에 큰 영향을 주었으며 또 당시 정치인에게 스며들어 관리의 무능과 무사안일주의에 빠지게 하여 정치의 기강을 흐려놓기도 하였다.

또 이 시대는 종교의 발전을 가져왔는데 그것은 道敎의 발전과 佛敎의 융성이다. 南北朝 이전의 중국사회에 있어서 종교는 국가의 이념적 또는 심리적 통치방법으로 이용되어 왔다. 그러나 전술한 바와 같이 유교가 사회의 지도이념으로서 지위를 상실하고 異民族의 부단한 침입과 연이은 흉년은 현실에 대한 실망과 허무감을 가져왔다. 따라서 이같은 난세 속에서 일반백성은 정신적 위안과 안식을 불교와 도교에서 얻으려 하였다.

불교는 後漢 중엽 이후 서역을 통해서 전래되었는데 三國時代를 지나 魏晋南北朝時代에 이르게 되면서 난세가 계속되자 정신적 안정을 구하는 民心에 호응하여 급속도로 전파되었다. 또 君主들은 불안에 떨고 있는 민심을 수습하기 위해 불교를 보호 장려하고 이를 통해 정신적으로 사회적 안정을 도모하려 하였다. 이같은 이유로 군주들은 國費로 대사찰을 건축하고 또 저명한 佛僧을 政治顧問으로 초빙하였다. 이에 따라 불교는 크게 융성하게 되었다. 당시 불교의 활동과 발전상을 보면 인도에서는 高僧 佛圖澄, 서역에서는 고승 鳩摩羅什같은 승려들이 들어와 전파에 노력하고, 중국에서는 法顯 宋雲, 慧生같은 고승들이 출현하고, 또 인도에 들어가 많은 佛經과 서방문화를 가져왔다. 이 결과로 중국에서는 三論, 律, 成實, 澄盤, 淨土, 禪 등의 여러 종파가 형성되었다.

또한 사찰은 국가 또는 豪族으로부터 토지 혹은 기타의 막대한 시주를 받았으므로 佛像, 佛寺의 건조가 매우 성행하였다. 이 결과로 前秦 시대에는 敦煌에 千佛洞, 北魏 시대에는 雲崗石窟 등의 불교의 걸작품이 창조되어 오늘날까지 불교의 精粹를 보이고 있다.

이 시대에는 불교의 융성과 더불어 道敎도 발전하였는데 원래 도교는 원시적 민간신앙이었던 不老長生術, 五斗米敎, 神仙說, 陰陽五行說, 讖緯說 등이 합쳐서 형성되고 여기에 老莊思想이 가미되어 도교로 발전한 것이었다. 또 불교가 들어온 뒤에는 그 교리와 조직면에서 크게 영향을 받아 교리와 의식이 체계화되었고 또 敎團과 布敎의 격식도 갖추게 되었다. 특히 寇謙之는 교단을 쇄신하고 교리를 정립하여 도교의 이론적 기초를 세워 도교 발전에 크게 공헌하였다. 이같은 결과로 도교는 北魏 太武帝의 신임을 받아 크게 발전하게 되었고 여기에서 유교 불교와 더불어 중국 사상의 주류를 이루게 되었다.

魏晋南北朝 시대의 문학과 예술은 주로 南朝에서 귀족사회를 중심으로 크게 발전하였다. 江南으로 南遷한 晋室과 호족은 江南 개발에 중국역사상 일대 전기를 마련하였을 뿐만 아니라 문화의 중심을 江南에 옮김으로써 강남을 문화의 중심으로 하였다. 당시 강남은 기후가 온화하고 토지가 비옥 풍요하였으므로 당시 귀족사회는 우아하고 풍만한 문학과 예술을 발전시켰는데 이같은 문화와 예술은 특히 六朝時代를 중심으로 난숙되었다. 詩에서는 陶淵明과 謝靈運이 전원시인으로 이름이 높았고, 문장가로서는 梁의 昭明太子가 유명하였다. 그가 편집한 文選에는 당시의 대표적 문장이 수록되어 있다. 또 이 당시에는 學問도 발달하여 『水經注』『荆楚歲時記』 등의 민속지가 편찬되었고, 농업기술서로서 『齊民要術』이 씌어졌다.

이상으로 볼 때 魏晋南北朝 시대는 유목민족의 활동과 豪族의 성장 대두를 들 수 있는데 이들 유목민족은 南侵 이전에 農耕社會의 성분을 자신들 중에 내포하였고 어느 정도 漢化되었던 상태였다. 또 이들은 중국에 왕국을 건설하였을 때에는 농경과 목축의 병존을 의미하는 農牧併存社會를 건설하였다. 따라서 이같은 왕조의 성격을 후대 征服王朝(Dynasty of conquest)에 비교해 볼 때 浸透王朝(Dynasty of Infiltration)라 할 수 있다. 또한 이 시대는 호족을 주축으로 한 門閥時代였음에도 불구하고 君主權 강화를 위한 노력은 꾸준히 계속되어 尙書省에는 국가의 일반적인 재정 · 典禮 · 敎育 · 軍政 · 刑罰 등의 사무를 맡아보는 六部(吏部, 祠部, 度部, 左民, 都官, 兵

部)가 발달되고 경제면에서는 토지의 國有를 원칙으로 하는 均田制가 창안되고 北周에서는 과거제도의 효시가 되는 시험에 의한 인사채용이 실시되기 시작하였다. 이러한 점에서 볼 때 魏晋南北朝 시대는 유목민족의 南侵에 의해 胡漢社會를 형성하고 호족에 의한 문벌사회를 형성하였지만 다른 일면으로는 속에서 隋·唐의 統一帝國을 잉태할 요소가 서서히 生成하고 있었다고 할 수 있다.

제 6 장 隋·唐의 中國統一

1. 隋·唐의 國家組織

後漢末 이래의 중국사회의 내분과 북방 유목민족의 침입을 수습하고 남북으로 분열된 중국을 다시 통일한 것은 隋의 文帝(581~604)였다. 일차적으로 중국을 통일한 隋文帝는 그의 통일사업을 추진하기 위하여 官制의 정비, 學術의 진흥, 科擧制의 창설, 均田制의 시행 등 통일정책을 계속 수행하였다. 그러나 이같은 文帝의 통일사업은 그의 아들 煬帝(604~618)의 惡政과 失政으로 초래된 隋의 멸망으로 단절되었다. 그러나 뒤이어 중국을 통일하고 이같은 隋의 통일사업을 계승 추진한 것은 唐(618)이었다.

唐은 먼저 制度의 정비를 단행하였는데 대체로 그것은 隋制를 모방하여 中央集權化를 도모하였다. 먼저 중앙의 최고기관으로 中書 門下 尙書의 三省을 두었다. 중서성은 勅令의 初案을 작성하고 문하성은 이를 심의 결정하였으며 상서성이 그 결정을 집행하였다. 또 그 효율적인 시행을 위해 정책의 성격과 종류에 따라 吏部, 戶部, 兵部, 禮部, 刑部, 工部의 6部를 두었는데 여기에서 唐代의 三省六部制가 완성되었다. 또 이같은 행정과 정무의 신속하고 정확한 집행을 위해 시행세칙을 제정하였는데 이것이 律令格式이었다. 「令」은 諸制度의 조직과 상하구분을 규정한 것이고 「格」은 各司에서 취급할 업무소관을 명기한 것이었다. 또 「式」은 各司의 업무소관에 관한 규정과 시행세칙을 설명한 것이고 「律」은 이상의 격식과 규정에 어긋나는 경우 처벌을 명시한 것이었다. 이상과 같은 시행세칙과 규정은 唐代 律令政治의 기초를 이루었을 뿐만 아니라 또 御史臺를 두어 관리를 감독하였다.

唐은 또 이같이 방대한 관료제도의 운영을 위한 官吏 충원을 위하여 科擧制度를 채택하였다. 과거제도는 일종의 관료 선발시험제도였는데 九品中

正制와 같이 혈연과 가문에 의하지 않고 개인의 재능에 따라 인재를 선발하는 것이었다. 과거제도는 관료의 충원과 정비를 통해 전제군주권 강화에 절대적 공헌을 하였을 뿐만 아니라 이후 學術과 學制의 발달, 士大夫계급의 형성, 중국문화의 통일 등에 아주 심대한 영향을 끼쳤다.

唐은 또 토지제도에 있어서 획기적인 조치를 취하였다. 즉 土地國有를 원칙으로 하는 均田制를 실시하였다. 이 균전제에 의해 토지를 국가로부터 지급받은 18세 이상의 均田農民은 대개 100畝의 토지를 지급받아 농경에 종사하고 60세에는 국가에 반납하였다. 그리고 국가의 토지를 경작하는 동안에는 「租」「庸」「調」의 세금을 부담했는데 「租」는 粟 2石을 내는 田地稅였고, 「庸」은 20일간의 勞役稅였고, 「調」는 지역 특산물을 내는 일종의 附加稅였다. 그리고 「安史의 亂」 이후에는 兩稅法으로 개정되었는데 이는 각자 재산의 정도에 따라 여름 가을에 걸쳐 두 차례 稅納하는 것이었다.

또 국가로부터 토지를 지급받아 농경에 종사한 균전농민은 兵役義務를 가졌다. 唐代의 병제는 府兵制였는데 이는 농민이 병역의무를 지는 兵農一致의 제도였다. 따라서 唐代의 모든 군역은 소농민층으로 구성된 균전농민에 의해 수행되었다.

唐은 이상의 제도를 통해 小農民層을 국가의 경제적, 사회적 기반으로 확보하고 과거제도를 통해 豪族의 발생과 대두를 방지함으로써 사회적, 정치적 안정을 이루었다. 그리고 안정된 均田農民에 의해 국가의 稅源을 확보하고 또한 균전농민의 성실한 병역의무의 이행을 기반으로 大唐帝國을 경영하고 찬란한 唐文化를 꽃피울 수 있었다.

2. 唐代의 文化

唐代 문화의 특색은 漢代에 육성된 중국문화를 기반으로 하고 魏晋南北朝 시대에 수입된 불교 등 외래문화를 흡수하여 새로운 문화를 형성한 데 있었다.

먼저 文學面에서 보면 詩文이 현저히 발달하여 律詩와 絕句가 완성되어

韻律의 아름다움을 발휘하였는데 玄宗 때의 李白(701~762), 杜甫(712~770)가 가장 유명하였다. 李白은 호방하고 품격높은 시를 많이 남겼고, 杜甫는 깊은 정서를 담은 비장한 시를 많이 썼다. 문장으로서는 韓愈(768~824), 柳宗元(773~819)이 유명하여 古文體를 부흥시켰는데 이것은 宋 이후의 散文文學의 선구자가 되었다.

또한 唐代에는 역사학, 지리학이 크게 발달하였다. 중국의 正史인 南史, 北史, 晋書, 梁書 등이 편찬되었다. 또 중국 최초의 史學理論書라고 할 수 있는 劉知幾의 『史通』이 이때에 씌어졌다. 지리서에는 『古今郡國縣道四夷述』과 『元和郡縣志』가 편찬되었다. 또 미술도 현저히 발달하여 글씨에는 歐陽詢·虞世南·褚遂良 등이 유명했으며, 그림에는 인물화에 閻立本, 산수화에 李思訓·王維 등이 유명했는데 이들의 그림은 모두 개성을 대담히 노출한 것이었다.

또한 唐代에는 어느 분야보다도 종교가 활발한 활동을 전개하였다. 唐은 王室 姓이 老子와 같은 李氏라 하여 도교를 특별히 보호 장려하였다. 따라서 道士를 관리로 등용하는 道擧를 따로이 실시하고 각 州에 道觀을 두어 도교를 크게 발전시켰다.

불교는 六朝時代의 뒤를 이어 더욱 발전하였다. 玄奘(602~664)이 인도에 건너가 불경을 가져와 번역에 착수하고 종래의 經典 상의 오류도 바로 교정하였다. 또 교리 연구가 활발해지고 많은 종파가 발생하였는데 江南의 智顗(538~597)는 天台宗을 개창하고 三論宗이 吉藏에 의해 창시되었고 杜順·法藏이 華嚴宗을 세웠다. 또 玄奘의 『大唐西域記』와 義淨의 『南海寄歸內法傳』은 당시 인도를 비롯한 동남아시아 제국의 종교·언어·풍속 등을 이해하는 데 중요한 문헌이 된다.

이 당시에는 외래 종교도 많이 전래되었는데 祆教(Zoroasterianism)는 중국에 들어와 있는 이란계의 서역인 사이에 많이 퍼져 長安, 敦煌, 洛陽 등지에 사찰이 있었다. 사산朝 페르시아에서 일어난 마니教(Manichaeism)는 역시 그 사찰이 長安을 비롯한 각지에 있었고 그 경전이 번역되기도 하였다. 네스토리우스教(Nestorianism)는 5세기 중엽에 들어왔는데 이는 기독교의 일파로서 중국에서는 景教라 불리었는데 長安에 사원을 가지고 있었다.

唐代의 이같은 異國 종교의 전래는 동시에 이국적인 풍속·음악·학술·미술 등을 아울러 가져왔으므로 唐文化는 이국적, 국제적인 홍취가 충만하게 되었다. 또 중국을 통일한 唐은 여기에 南北朝 시대의 文化를 융합하였으므로 唐代文化는 찬란하게 발달되고 난숙하였을 뿐만 아니라 국제적이고 이국적이었다. 그리고 이같은 문화의 중심이었던 長安은 인구가 100만이 넘는 국제도시로 콘스탄티노플, 바그다드와 함께 政治, 經濟, 文化의 중심으로 그 영광을 자랑하게 되었다.

3. 唐帝國과 東아시아諸國

隋, 唐의 통일국가의 성립과 대외발전 및 찬란한 문화 발전은 주변의 諸民族에게 많은 정치적, 문화적 영향을 주게 되었다. 먼저 西北아시아 방면을 보면 柔然이 匈奴의 고토를 차지하고 세력을 형성하여 北魏를 침범하였고, 靑海지방에서 일어난 吐谷渾은 羌族의 고토를 차지하고 세력을 형성한 뒤 西域과 南朝 사이의 중계무역에 종사하다가 隋煬帝 唐太宗의 토벌을 받아 멸망하였다. 突厥은 알타이 방면에 있던 유목민이었는데 6세기 중엽에는 몽고를 중심으로 세력이 강대해져 南은 중국, 東은 만주, 西는 페르시아에 접하는 대세력을 형성하였으나 내분으로 東突厥, 西突厥로 양분되었다. 이 중에서 東突厥은 唐 건국시에 협조하기도 하였다. 그러나 唐이 중국 통일을 완성하자 당의 협격을 받아 東突厥, 西突厥이 차례로 망했다. 당은 이들 故地에 각기 燕然都護部, 安西都護部를 두어 통치하였다.

이같이 북방 유목민족은 유목민족 특유의 기동성과 전투력에 의해 일시에 세력을 형성하고 國家活動을 전개하여 중국을 괴롭혔으나 고유의 민족문화를 창조하지 못하고 차례로 중국에 동화되었으나 동북아시아의 諸民族의 양상은 달랐다. 당시 만주에는 佟佳江 유역에서 흥기한 고구려가 扶餘族, 濊族, 沃沮 등을 병합하여 통일국가를 형성하고 있었고, 韓半島 서남부에는 百濟가 馬韓 54國을 복속시켜 통일국가를 지향하고 있었다. 또 한반도의 동남부에는 新羅가 흥기하여 辰韓 12國을 통합함으로써 고구려, 신라, 백제의 삼국정립이 형성되었다. 이들 3國은 상호 대립 항쟁하면서도 고유문화를 계승 보호하고 일면으로 中國文化를 받아들여 찬란한 三國문화를 발전시켰다. 또 3國을 통일한 新羅는 부지런히 唐의 문물을 받아들여 佛敎文化를 기반으로 한 統一新羅 시대의 貴族文化를 발전시켰다.

또한 한반도 남부해상에 위치해 있는 일본도 그 국가활동을 전개하였다. 일본은 645년에 大化改新을 행하여 唐王朝의 정치제도를 모방하여 律令體制를 확립하여 중앙집권적 관료국가를 형성하고 中國과 韓半島文化를 받아들여 飛鳥文化를 발전시켜 日本古典文化를 이룩하였다. 이 시기에 한반도와 일본에서 중앙집권적 국가형성과 발전 및 고유문화를 기반으로 한 佛敎文化는 이후 中國文化와 더불어 동북아시아 文化圈을 형성하는 데 결정적 역할을 하게 되었다.

제 7 장 宋의 建國과 官僚國家의 形成

1. 君主獨裁의 官僚制度 形成

宋의 건국은 5代 10國 武人時代를 전제하고 있다. 5대 10국 시대는 唐의 절도사 朱全忠이 唐을 멸하고(907), 宋을 건국했던(960) 54년간을 말한다. 이 시대에 河南省을 중심한 황하유역에는 後梁(909~923), 後唐(923~936), 後晋(936~941), 後漢(947~950), 그리고 後周(951~96)가 5代를 형성하고, 또 中原 이남과 변경에는 唐末의 蕃鎭들이 각기 10國을 형성하였는데 중원의 5代朝와 합쳐 이를 5代10國 시대라 한다. 그러나 5대10국의 건국자는 대부분이 異民族 출신이거나 신분이 낮은 蕃鎭의 武將이었으므로 종래의 문벌과 사회의 전통을 인정치 아니하였다. 또 이들 5代의 무인집단은 자신들의 무력적 이해관계에 따라 수시로 이합집산하였으므로 政治, 社會, 文化면에서 전통과 질서가 많이 파괴되어 버렸다. 이에 따라 名門貴族들은 다 몰락되어 버리고 武人政治만이 전개되었는데 이 중에서 後周의 절도사 趙匡胤이 政變에 의해 帝位에 올랐는데 이것이 송의 태조이다. 宋太祖는 唐末 이래의 끝없는 兵亂과 武人政治의 폐단을 통감하고 있었으므로 즉위 즉시 무인 제거 작업을 개시하였다. 따라서 論功行賞의 이용, 蕃鎭의 교체와 감축, 토벌 등의 방법을 통해 무인세력을 일단 제거하였다. 연후에 송태조는 文治主義를 기본으로 하는 중앙집권적 관료국가를 건설하기 시작하였다.

그는 먼저 中央官制 정립에 노력하였다. 隋·唐시대의 3省6部制는 5代10國時代를 지나면서 붕괴되어 그 원형을 잃었는데 宋은 이 3省制를 부활시키고 또 송대 특유의 제도와 기구를 첨가하여 새로운 中央集權的 官僚制度를 정비하였다. 먼저 정치를 심의하는 中書省과 軍事를 관장하는 樞密院을 두고 門下省을 폐지하였다. 이에 따라 중서성과 추밀원이 권력의 핵심이 되었다. 그리고 이 두 기구를 강화시키기 위하여 특수기구를 설치하였는데 그것은 翰林院과 樞密使이다. 한림원은 天子의 顧問으로 天子의 측근에 두었는데 이를 통해 귀족들의 정치간섭을 制御하였다. 추밀사는 帝命을 출납하였는데 宰相의 직책까지 겸임하게 되어 역시 귀족을 견제하였다. 따라서 송대에는 이 兩院이 항시 천자의 측근에 있어 천자를 조력하여 귀족세력을 제어 억제하고 君主專制權力의 확립에 큰 역할을 하게 되었다.

地方官制는 지방을 路로 나누고 路의 장관으로 師, 漕, 憲, 倉의 4司를 두어 각기 兵權, 財政, 刑訟, 常平倉, 義倉 등을 맡아보게 하였다. 路 밑에는 府, 州, 軍, 監을 두었는데 이들 지역에는 각기 知府事와 通判을 임명하였다. 지부사는 民政, 財政, 刑獄, 兵權을 맡아보고, 통판은 이를 감독하는 직책을 가졌다. 송대의 이같은 지방관제는 地方官의 職責分散과 상호 감시체제로 조직되었음을 알 수 있는데 이는 한마디로 말해서 권력의 분산을 도모하고 이를 통해 중앙에 대한 反亂을 사전에 봉쇄하기 위한 것이었다고 할 수 있다. 宋代의 이러한 경향은 兵制에 있어서도 나타나고 있다.

宋의 兵制는 禁軍, 廂軍, 鄕兵으로 구성되어 있는데, 금군은 천자의 친위병으로 수도를 수호하고, 상군은 鎭兵 혹은 州兵으로 특수 지방을 경비하였다. 향병은 일종의 民兵으로 향토를 수비하는 것이었다. 그러나 과거 지방의 節度使 또는 蕃鎭의 횡폐에 놀란 宋은 이를 방지하기 위해 廂兵에서 자질이 우수한 精兵은 모두 뽑아서 禁軍에 편입시켜 버렸기 때문에 지방의 廂兵과 鄕兵은 弱體化를 면하지 못하였다. 그 결과로 송은 지방에서의 반란을 방지할 수 있었으나 반면에 북방 유목민족의 부단한 침입을 받게 되자 宋은 중국 역사상 가장 나약한 弱體王朝로 전락하였다.

한편 宋은 이같은 방대한 官僚制度의 실시에 따라 수많은 인원이 필요하게 되었는데 그 충원을 위해 科擧制를 실시하였다. 宋代의 과거제는 鄕試, 省試, 御殿試로 구성되었는데 이 과거시험에 합격하여야만 관리가 될 수 있었고, 아무리 명문귀족의 자제일지라도 이 치열한 시험에 합격하지 못하면 관리가 될 수 없었다. 따라서 귀족계급의 세력은 약화되고 반면에

科擧試驗을 통해 새로운 官僚層이 형성되어 君主에 절대복종하는 지배계급으로 등장하였다. 또 이같은 관료층의 형성을 중심으로 새로운 士大夫계급이 대두되었다. 이 사대부계급은 대부분이 지방의 地主層으로 구성되었다. 전술한 바와 같이 송대에는 名門의 귀족자제도 과거시험을 거치지 않고서는 관리가 될 수 없었다. 또 관리가 되기 위해서는 과거시험의 합격을 위해 일정한 유교의 素養을 쌓지 않으면 안되었다. 그러므로 상당한 경제적 여유가 있는 지방의 지주층만이 과거시험을 준비할 수 있었다. 여기에서 지주층을 중심으로 많은 讀書人이 형성되고 많은 科擧合格者를 배출하게 되었다. 그리고 이를 중심으로 사대부계급이 형성되었다. 그러므로 이상으로 볼 때 宋代는 과거를 통해 君主에 절대 복종하는 官僚層과 이를 포함하는 士大夫 계급이 형성되었는데 이 새로운 지배계층은 거의 귀족계급과 귀족정치를 근본적으로 몰락시키고 등장한 새로운 지배 계급이었다.

그러나 관료 간의 政策上의 이념 대립, 출신지·학벌에 의한 朋黨이 새로이 조성되어 派閥政治의 양상을 띠게 되었다.

2. 王安石의 改革과 그 失敗

宋太祖 太宗이 남방에서 중국을 통일하고 있을 즈음 북방에서는 새로운 유목민족인 契丹이 遼를 세워 북부 중국을 통일하였다. 원래 契丹族은 10세기 초에 遼河의 상류에 거주하고 있었는데 耶律阿保機가 출현하여 契丹의 여러 부족을 통일하고 국호를 「遼」라 하였다. 이가 遼의 太祖(907~926)였는데, 그는 동으로는 渤海國을 멸망시키고 다음의 太宗은 後晋의 건국을 도운 대가로 중국 북부의 일부인 燕雲 16州를 얻어 중국에 진출하였다. 이에 요는 송과 충돌하게 되었다. 宋太宗은 당시 통일의 여세를 빌어 大兵을 일으켜 燕雲 16州를 회복하려 하였으나 송이 불리하여 澶淵의 盟(1004)을 맺고 和議하였다. 이 盟에서 송은 요에게 매년 多額의 歲幣를 보내기로 하였는데 이 화약은 요가 망할 때까지 계속되었다.

또한 이 당시 宋의 서변에는 티벳系의 탕구트(Tangut)가 일어나 세력을 확대하고 11세기에는 그 추장 李元昊가 독립하여 西夏 또는 大夏라 하였다. 西夏는 서방의 위구르와 吐蕃을 정벌한 뒤 大軍을 거느리고 송에 침입하였다. 이에 송은 西夏와도 和平을 맺고 매년 많은 歲幣를 보내기로 하였다.

이에 따라 송은 대외적으로 遼와 西夏에 막대한 歲幣를 지출해야 했고 대내적으로는 官僚組織의 팽창과 軍備의 확충으로 방대한 재정이 필요했다. 또, 大國이면서 遼 西夏와의 굴욕적인 和約을 맺지 않을 수 없는 정치적인 입장도 문제되었다. 이에 神宗(1067~1085)은 國政을 쇄신시키고 國威를 진작시키기 위하여 당시의 신진인물이었던 王安石(1021~1086)을 副宰相으로 등용하여 國政改革에 착수하였다.

王安石의 개혁은 富國强兵策의 일환으로 먼저 국가재정의 충실을 위한 新法을 발표하였다. 왕안석의 신법은 青苗法, 市易法, 均輸法, 募役法과 保甲, 保馬의 諸法으로 구성되었는데, 전자는 국가의 財政 수입을 증대하기 위한 조치였고, 후자는 兵農一致의 國防力 향상에 목적을 두었다. 이같은 王安石의 新法은 상당한 성과를 거두어 국가의 적자재정을 흑자재정으로 전환시키고 國力도 증강시켰다. 그러나 이같은 개혁은 당시 사회에 깊은 뿌리를 박고 있던 大地主와 大商들의 이해관계에 얽히고 또 地主層에 기반을 둔 北方官僚들의 반대에 봉착하여 실패로 돌아가게 되었다. 그후 이같은 王安石의 개혁정책을 두고 이를 지지하는 南方官僚들의 新法堂과 이를 반대하는 舊法堂이 출현하여 심각한 당쟁이 전개되고 이 결과로 國政은 더욱 혼란에 빠지게 되었다.

이같이 송에서 당쟁이 한창일 때 만주의 松花江 유역에 거주하고 있던 女眞族의 完顔部 추장 阿骨打(1115~1123)가 金(1115~1234)을 세웠다. 송은 燕雲 16州를 회복하기 위해 金과 동맹을 맺고 遼를 협공하였다. 그러나 송의 무력함을 알게 된 金은 요를 멸한 여세로 남하하여 開封을 함락시키고 徽宗과 欽宗 및 기타 王族 3000여명을 만주로 납치해 갔다. 여기에서 송은 멸망하였는데 徽宗의 아들 康王이 江南으로 도망하여 臨安에 도읍하여 南宋(1127~1279)을 건국하였다. 그리고 이전의 송은 北宋이라 하였다.

3. 宋代의 社會經濟

宋代의 사회는 士大夫階層의 형성으로 특징지어진다. 전술한 바와 같이 官僚充員을 위한 科擧制度의 전면적 실시로, 귀족의 特權階級과 高官職의 세습이 사라지게 되었다. 여기에 자연히 지방 지주층을 기반으로 한 관료 지식계급, 즉 사대부계급이 형성되었다. 그리고 이같은 사대부 계급층에서 과거 급제자가 나오면 이를 官戶라 하였는데 이들은 국가로부터 免役·免稅 등의 특권을 부여받아 사회적으로 큰 세력을 가지고 있었고 종래의 귀족계급을 대신하여 社會支配階層을 이루게 되었다.

또한 이같은 관료 사대부계급은 일반적으로 농촌에서 莊園을 경영하고 있었다. 이같은 장원은 원래 唐末期에서부터 발전하였는데 송대에는 幹人 또는 幹僕이라는 관리인을 두고 佃戶 또는 客戶를 使役하여 경영하였다. 대개 佃戶는 대부분이 몰락된 농민으로서 지주에게 예속되어 있었으며 장원의 토지를 小作하고 五六割의 소작료를 바쳤다.

송대에는 또 都市가 발달하였다. 도시의 발달은 원래 唐代부터 활발하였는데 이같은 도시 발달의 원인을 보면, 농업방면에서는 장원의 生產方式에 의해 농업생산력이 증가하고 특히 江南에 있어서 水田의 개발이 촉진되어 물자의 유통이 원활하였다. 또 唐末 5代時代에 각국이 지방 개발에 힘써 많은 자원이 개발된 위에 宋의 정치적 통일은 유통경제의 범위를 전국적으로 확대하였다. 따라서 이같은 생산력의 증가와 상업의 발달은 각지에 크고 작은 도시 발달을 급속도로 촉진하였다.

송대의 도시는 街路에 점포·여관·여인숙이 늘어섰고, 坐商, 客商 등이 상주하여 상업에 종사했다. 상공업자들은 동업자끼리 「行」을 조직하여 共存共榮과 相扶相助를 도모하였다. 또 시가에는 酒樓, 茶房, 勾欄(극장) 등의 오락시설이 즐비하였으며, 종래 귀족들만이 즐겼던 오락·유희·연중행사 등이 일반에게 개방되었다. 이같은 사실은 상인의 사회적 지위를 높였을 뿐만 아니라 송대 平民文學을 발전케 하였다. 또한 이같은 상업의 발전과 평민문학의 발생은 유럽에서와 같이 平民社會의 성립을 가져오지는 못하였지만 종래 귀족 중심의 사회에 큰 변혁을 가져온 것은 주목할 일이었다.

송대에는 또 農業과 工業이 크게 발달하였다. 농업은 특히 양자강 이남의 稻作이 크게 발달하였다. 특히 南宋 시대에는 園田, 湖田, 圩田 등의 水利田이 크게 발달되고, 또 벼의 품종개발도 행해지고 水稻 개발로 一年二毛作이 가능케 되어 쌀의 생산량이 배로 증가하였다. 또 唐 중기부터 시작된 茶 마시는 습관은 송대에 더욱 유행되었다. 따라서 茶의 재배가 四川省 福建省 江西省을 중심으로 집중적으로 재배되고 정부는 茶를 專賣品으로 하여 거액의 이익을 취하였다. 또한 茶의 특허상인들은 西夏, 契舶, 女眞 등에 수출하여 역시 거액의 이익을 취하였다. 이에 따라 茶는 소금, 絹織, 金銀의 품목과 더불어 당시 중국경제의 일대 세력을 형성했던 품목 중의 하나가 되었다. 또 송대에는 福建에서 처음으로 木棉이 널리 재배되기 시작하였는데 후세 무명옷 발전의 기틀이 되었다.

송대의 공업은 陶磁器, 絹織物, 漆器 등이 주류를 형성했다. 도자기는 중국의 역대를 통하여 발전하고 있었으나 그 기술은 송대에서 제일 발달되었다고 할 수 있다. 특히 송대에는 차마시는 습관의 유행으로 도자기의 발전을 더욱 촉진시켰는데 河北 定州의 定窯, 江西의 汝窯, 浙江의 彰泉窯 등지에서 상등품이 만들어졌다. 또 견직물은 여태까지는 부유층 및 貴族의 사치품으로 그 보호하에 생산되었으나 송대에는 점차로 특권계급의 수요를 벗어나 일반 사람을 대상으로 각지에서 생산되기 시작하였다. 그 주요 산지를 보면 河北省, 山東省, 河南省, 江蘇省 등지였는데, 茶 도자기와 아울러 송대 외국의 주요 수출품이었으며 우리나라와 일본은 물론 동남아시아, 인도, 아라비아 지방에까지 수출되었다.

漆器도 송 이후에는 그 제조 기술이 더욱 발달하여 고급품과 일반 실용품이 대량으로 생산되었는데 浙江 지방의 溫州·湖州, 湖北省의 襄陽, 四川省의 成都가 모두 유명한 생산지였다. 또 이때는 製紙業도 발달되어 기술의 개량이 행해지고 생산량도 증가하였는데 四川의 竹絲紙, 安徽의 澄心堂紙, 浙江省의 竹紙 등이 유명했고, 붓·먹 등의 문방구류는 지방의 특산물로서 대단히 발달하였다.

따라서 송대의 농산물 및 加工品의 발달은 전술한 바와 같이 도시발달의 한 요인도 되었지만 이와 아울러 상업의 발달과 화폐경제를 촉진시켰다. 도시에서는 坐商, 客商 등이 상업에 종사하였는데, 좌상은 점포를 가지고 상업에 종사하였고, 객상은 대자본으로 지역간의 內地商業에 종사하였다. 또 지방에서는 각지에 定期市가 열려 상업의 활동을 더욱 원활히 하였다. 정기시는 처음에 草市라 하여 보잘것 없이 발달하였는데 시일이 지남에 따라 차차 발달하여 一定時日에 一定地域에서 물품을 교역했던 定期市로 발전하였다. 이것이 나중에는 다시 鎭市로 발달하였다. 이같은 지방 定期市의 발달은 大小의 도시와 지방 농촌 간의 물자를 교류시키는 데 큰 역할을 하였고, 이를 통해 수도인 開封과 지방도시, 지방도시와 농촌 간의 유통경제권이 형성되었다.

또한 이같은 商業의 발달과 상인계층의 형성은 당연히 화폐의 필요성을 유발하여 銅錢, 鐵錢 그리고 지폐였던 交子, 會子 등의 여러 종류의 화폐가 발행되어 상품의 유통과 상업의 발달을 더욱 촉진하였다. 그리고 국내의 이같은 상업의 발전은 당연히 해외무역에로 연결되지 않을 수 없었다.

宋代의 海外貿易은 唐 중엽 이후부터 중국에 진출하기 시작한 아라비아人과의 무역을 중심으로 행해졌다. 당시 아라비아인은 육로로 隊商을 조직하여 중앙아시아를 거쳐 長安 기타의 도시에로 도착하여 물품을 교역하였다. 그러나 송대의 아라비아인과의 무역은 해상을 통해 대규모로 행해졌다. 당시의 국제적인 商港은 廣州, 泉州, 明州, 臨安 등지였는데 이들 諸港은 아라비아, 이란 등지에서 온 많은 무역상인으로 붐볐으며 廣州의 경우에는 250여척의 무역선이 일시에 정박하기도 하였다. 당시 교역품을 보면 아라비아에서의 물품은 향료·약품·보석·진주·노예 등이었고, 중국의 수출품은 도자기·차·견직물 등이었는데, 무역량이 증대하게 되자 宋은 市舶司를 두어 關稅를 징수하고 또 일체의 사무를 총괄케 하였다. 이같은 해외무역의 발달로 송대의 중국 선박도 동남아시아의 諸島, 인도네시아, 인도, 아라비아, 이란 방면까지 진출하여 아라비아인에 못지않게 해상 활동을 전개하였다. 그리고 이같은 교역과 무역의 활동으로 아라비아 숫자·악보 등이 중국에 전해지고, 중국의 나침반·화약 등이 西方에 전해지는 등, 東西文化 交流에도 큰 역할을 하였다.

이와 같이 송대에 있어서 생산력의 증가, 상업의 발달, 도시의 발달 등을 포함한 사회 경제적 변화와 발전은 유럽에 있어서와 같이 市民社會의 성립까지는 도달하지 못하였으나 귀족 중심 그리고 보수적인 중국 사회에 큰 변혁을 주었다.

4. 宋代의 文化

宋代의 文化는 사회 경제적 변화와 발전에 못지않게 다채롭게 발전하였다. 먼저 思想과 學問의 발전을 보면 가장 대표적인 발전이 宋學의 成立이라 할 수 있다. 송대에 와서는 유학은 종래의 訓詁的이고 治術 위주의 經學 중심에서 宇宙生成의 이치와 인간의 본성을 밝히려는 「格物致知」의 新儒學으로 발전하였다. 또 이같은 신유학은 실천적 과제로서 유교의 근본정신에 입각한 大義名分과 君臣父子의 관계를 정립하는 이론을 내세웠다. 이같은 신유학의 전개는 北宋의 周敦頤(1017~73)에서 시작되어 그의 제자 程顥·程頤에 계승되고, 南宋의 朱熹(1130~1208)에 의해 완성되었다. 그러므로 이 신유학을 朱子學 또는 性理學이라고 한다. 이후 이같은 주자학은 유학의 正統으로 되어 宋 君主의 중앙집권적 관료체제의 이념적 구실을 하였고 사회질서 유지와 교육지침의 사상적 지주가 되었다.

한편으로 이같은 유학의 혁신은 학문분야에서도 반영되어 새로운 저술이 행해졌다. 歐陽修는 『春秋』의 대의명분을 연구하여 道義의 근본을 밝히고자 했고 이러한 관점에서 『新唐書』, 『新五代史』를 다시 썼다. 또한 사대부 사이에는 당시 북방 민족의 정치적 압력에 반발하여 華夷思想 및 正閏論이 성했고, 역사의 교훈과 경험을 정치에 반영해보려는 노력에서 司馬光은 『資治通鑑』을 썼는데, 여기에서 쓰여진 記事本末體는 새로운 史體로서 종래의 編年體, 紀傳體와 더불어 중국의 대표적 역사서술 형식의 하나가 되었다. 역사를 제외한 학문적 저술도 많이 편찬되었다. 地理에는 樂史의 太平寰宇記, 制度에는 文獻通考, 鄭樵의 通志 등이 나왔고, 太平御覽, 太平廣記, 冊府元龜 등이 모두 송대에 편찬되었다.

송대의 종교는 역시 佛敎와 道敎를 들 수 있는데 불교는 唐末 때 큰 타격을 받아 쇠퇴하였으나 5代 시대를 지나면서 부흥하기 시작하였다. 또 송 역시 불교를 보호하였기 때문에 淨土宗, 禪宗, 天台宗, 律宗의 여러 종파가 성했으나 이 중에서 禪宗과 淨土宗이 가장 성행하였다. 특히 선종은 內省的 自己修養에 비중을 두는 사대부계급의 歸依를 받아 宋學의 성립과 발전에 큰 영향을 끼쳤다. 또한 이 당시 불교계의 가장 큰 업적은 대장경의 출판이었다. 太祖 開寶 4년(971)에 시작되어 12년의 시일을 거쳐 5000부의 대장경이 완성되었는데 이 北宋版의 대장경 완성은 중국의 佛敎 發展史에 획기적인 것이었다.

道敎도 송대에는 국가의 보호를 받아 융성하였다. 불교의 영향을 받아 도교의 大藏經도 편찬되었으며 새로운 종파도 형성되었는데 全眞敎, 太一敎, 眞大道敎, 正一敎 등이었고 이 중에서 全眞敎가 가장 성행하였다. 이것은 王重陽이 儒·佛·道의 3敎를 조화하여 창시한 것이었는데 주로 孝經, 般若心經, 道德經이 중심사상이 되었다. 그러나 송대는 외국과의 해상무역에 의해 서방의 문물이 많이 도입되었음에도 불구하고 唐代와 같은 外來宗敎의 활동이 없었던 것은 의아한 일이었다.

송대의 문학은 古文復興의 풍조가 유행하였다. 唐 중기에 생존하였던 韓愈·柳宗元 등이 발전시킨 古文體가 그대로 유행하였고, 여기에 歐陽修·曾鞏·王安石·蘇洵·蘇軾·蘇轍 등이 나와 唐代의 韓愈·柳宗元과 더불어 唐宋8大家의 이름을 남겼다. 또 서민문학도 발달하기 시작하여 口語小說이 보급되었으며 詞(歌曲)와 曲(戱曲)은 元代에 깊은 영향을 주었다. 雜劇도 이 시대에 庶民文藝로 일어났는데 이것은 처음에 도시의 일각에서 행해진 보잘것 없는 통속극이었다. 그러나 차차 발달하여 궁정에서부터 시정인에 이르기까지 사회 각층의 환영을 받아 크게 발전하였고 元代의 元曲의 기원이 되었다.

송대에는 美術이 중국 역사상 가장 발달한 시기였는데 그것은 조정에 畵院을 두고 그림을 장려하였기 때문이었다. 이 畵院에서 융성한 院畵는 풍염한 색채를 중시하였는데 黃居寀, 李唐, 徽宗 등이 유명하였다. 또 송대는 山水畵가 발달하였다. 이는 전문적 기법에 구애받지 않고 자기의 詩

情을 표현하는 화풍이었는데 이것이 文人畵였다. 北宋 때의 米芾이 문인화에 유명하였다.

宋代는 이와 같이 文·藝가 발전하였을 뿐만 아니라 科學上의 발명도 많았다. 아라비아, 인도의 영향 아래 地理學, 數學, 金石考古學, 自然科學 등이 진보하였고 특히 11세기 초의 화약 발명, 11~12세기경의 나침반의 발명, 그리고 인쇄술의 발전은 획기적인 것이었다. 인쇄술의 발명은 구텐베르크보다 400년이 앞섰고, 화약·나침반은 아라비아를 통해 유럽에 전해져 유럽 봉건제도의 몰락과 지리상의 발견에 큰 영향을 끼쳤다.

이상으로 송대의 社會·經濟·文化上의 시대적 추이를 보면 학문·사상·미술 등은 지주·관료 등의 지배계급에 의해 발달되고, 상인을 포함한 도시의 신흥계급에 있어서는 서민적인 문예와 공예 등이 활발히 발달하였음을 알 수 있는데, 이것은 중국 歷代王朝에서 볼 수 없는 매우 異例的인 현상이었다.

제 8 장 征服王朝의 出現

1. 遼王朝의 二元的 國家組織

앞에서 언급한 바와 같이 몽고의 고원과 사막을 중심으로 동쪽의 만주, 서쪽의 중앙아시아 일대는 초원과 사막 및 삼림지대로서 소, 양, 말을 사육하고 水草를 따라 이동생활을 하는 遊牧民社會가 형성되었다. 그리고 시일의 경과와 더불어 이러한 유목민사회에도 서서히 國家가 形成되기 시작하였다. 그리하여 기원전 3세기 말에는 冒頓單于에 의해 匈奴遊牧國家가 성립되었고, 여기에서 아시아 역사상 최초의 遊牧國家가 출현하였다. 이후 유목민은 내몽고 지방을 중심으로 활동했던 鮮卑계통, 외몽고 일대를 본거지로 활동했던 터어키계통의 丁零, 柔然, 突厥 등으로 분리되어 수렵과 유목생활을 계속하면서 국가활동을 전개하였는데, 이같은 여러 유목민족 중에서 강력한 유목국가가 출현하면 주변의 여러 유목민은 被支配族으로 변모하고 그들 고유의 氏族組織과 共同體의 생활을 영위하면서 支配族의 통치와 경제적 수탈을 받았다. 이같은 과정 속에서 일면 중국의 우수한 農耕文化와 풍요한 경제생활에 유혹된 일부 유목민족은 중국의 북변에 접근하여 漢族과 雜居하고 농경에 종사하면서 중국사회에 유입 침투하였다. 그리고 중국사회가 혼란에 빠졌을 때는 중국 본부에로 남침하여 5胡16國과 같은 浸透王朝를 건설하기도 하였다. 그러나 宋代를 전후한 시대에는 이들 유목민족이 유목지에서 강력한 국가를 형성하여 정복수단에 의해 중국을 정벌하여 통치했던 征服國家가 나타나기 시작하였는데 이같은 최초의 정복 국가가 바로 遼였다.

遼를 세웠던 契丹族은 6세기 경에 동몽고의 시타무렌 강변을 본거지로 하여 유목생활을 하고 있었다. 거란족은 8部族으로 나눠져 氏族生活을 하고 있었는데 9세기 말에 통일의 기운이 일어나더니 迭剌部 출신의 耶律

阿保機가 일어나 거란족을 통일하고 또 주변 諸族을 정벌하여 세력을 확장하고 또 남으로는 중국의 華北地方에서 많은 중국인을 이주시켜 軍, 政, 社會 등의 각 방면에 쇄신을 행하여 국력을 양성하였다. 그리고 916년에는 중국처럼 神冊이란 年號를 정하고 또 皇帝라 칭했다. 이같이 국력이 강해진 遼는 초원일대에 정주하지 않고 926년에는 渤海國을 멸하여 만주일대를 장악하고 그다음 次代德光(太宗) 때에는 華北進出을 감행하였다. 그 당시 중국은 5代10國의 紛亂時代였으므로 쉽게 燕雲 16州를 얻을 수 있었다. 그러나 宋이 중원을 통일하게 되자 南進은 일시 저지되고 양국은 대치의 상태로 접어들었다.

한편 이같이 영토를 확장한 거란은 946년에 국호를 遼라 개칭하고 국가체제를 정비하기 시작하였다. 먼저 광대한 중국의 농경지대와 문명세계를 점령한 거란족은 그의 본거지였던 몽고초원을 버리지 않고 초원과 농경의 양세계를 영유하였는데 이것은 영토소유만의 문제가 아니고 국가조직과 구조, 사회체제, 문화 등의 모든 방면에 요의 國家的 性格을 규정하였다. 먼저 요의 국가조직을 보면 部族制와 州縣制의 二元的 조직이었다. 부족제는 거란족의 氏族制 위에 형성되었고, 주현제도는 中國民에 대한 郡縣的 통치방법이었다고 할 수 있다. 이에 따라 行政府도 거란족을 위한 北面과 중국인을 위한 南面의 二元制로 구성되었고, 法制도 거란 고유의 部族法과 중국의 唐法으로 구성되어 시행되었다. 문화면에서도 선진적인 중국문화의 영향을 많이 받았지만 거란족 고유의 요소가 유지되었는데 그 대표적인 예가 몽고적 요소와 漢字의 요소를 가미하여 만들어진 契丹文字의 제정이었다. 종교도 중국의 儒·佛·道의 3교를 신봉하면서 동시에 거란족의 전통적 샤머니즘도 행해지고 국가의 最高儀式과 行事에도 반영하였다. 그리고 미술, 건축, 도시건설에도 中國風의 양식과 거란 고유의 양식이 합쳐진 독특한 風을 이루었다.

이상과 같이 遼는 국가의 조직과 구조, 문화, 사회체제 등에서 모두 二重 二元的 요소를 구비하였는데 이같은 二元的 支配體制를 가졌던 것이 征服王朝의 특성이었다. 다음 12세기에 이르면 遼를 이어서 나타난 女眞族의 金朝는 華北의 전역을 정복하여 그 지배자로 되고, 요의 二元的 支配體制

를 답습하였다.

2. 金王朝의 成立과 國家組織

金朝를 세우기 이전의 여진족은 만주 동남부의 삼림지대에서 반유목 반농경의 씨족생활을 영위하고 있었다. 그리고 서쪽의 遼, 남쪽의 고려와 교역을 행하고 또 바다를 건너 宋과도 조공을 통한 교역을 행하고 있었다. 그러나 12세기에 이르러 完顏部에서 阿骨打(1115~1234)가 출현하여 여진족을 규합하여 통일세력을 형성하고 遼의 세력을 만주에서 축출하였다. 그리고 동북 만주를 근거지로 하는 金을 건국하였다. 이어서 날로 세력이 강성해진 金은 遼의 上京 中京 등을 차례로 함락하고 또 宋과 밀약을 맺고 遼를 협공하여 멸망시켰다.

이에 따라서 金은 여진족의 본거지였던 만주와 遼의 영토였던 몽고와 하북지방을 영유하게 되었다. 이같이 유목 초원지대와 화북의 농경지대를 영유하게 된 金은 遼의 二元的 支配體制를 모방하여 채택하였다. 따라서 화북지방의 중국인에 대해서는 중국식의 郡縣制度로 통치하였는데 이는 거란의 왕실로부터 임명된 漢人의 관리가 전통적 중국식의 행정을 통해 통치하였던 것을 의미한다. 또 여진족을 비롯한 被遊牧民族에 대해서는 猛安 謀克制로써 통치하였다. 이 猛安 謀克制는 원래 여진국 고유의 군사조직이었는데 태조 阿骨打가 이를 개정하여 행정과 군사적 기능을 함께 보강하였다. 행정적으로 보면 猛安 謀克은 三百戶를 一謀克部로 하고 또 十謀克을 一猛安部로 조직하여 각각 그 長인 謀克 猛安으로 다스리게 하였다. 또 군사적으로 보면 1謀克部에서 100명의 장정을 징집하여 1一謀克軍을 조직하고 10謀克軍을 1猛安軍으로 편성하여 역시 그 長인 猛安 謀克으로 통솔케 하였는데 이 猛安謀克制度는 군사조직이자 바로 행정조직이었으며 이 謀克猛安制度는 전유목민족에게 실시하였다. 이와 같이 金의 2원적 지배방식은 遼의 이원적 지배제도를 모방 답습한 것이데 이는 유목민족이었던 여진족과 농경민인 중국인의 독특한 전통과 생활양식 등을 고려한 소치에서였다. 그러므로 遼代에서와 같이 金朝에서도 여진족 고유의 舊俗이 보존되고 여진족의 漢化 방지가 행해졌으며 漢字와 거란문자를 참고하여 여진문자가 만들어졌다. 또 정부의 지원 아래 漢書가 여진문자로 번역되었으며 여진語가 보호 사용되었다. 따라서 정부의 이같은 시책에 의해 여진족 고유의 풍물과 舊俗이 존중 보존되고 질박 강건한 기풍이 유지될 수 있었다. 그리고 이같은 조치에 의해 金은 征服國家로서 그의 二元的 支配方式을 관철시킬 수 있었다.

그러나 이같은 二元的 支配體制에도 약점이 없었던 것은 아니었다. 정착의 농경민이었던 중국인과 유목수렵민족이었던 여진족은 상호 융합할 수 없는 생활상의 근본적인 차이가 있었으며 또 피정복민인 중국인의 문화적 수준이 정복민인 여진족보다 월등히 우수하였으므로 긴 시일이 지남에 따라 여진족의 漢化를 방지할 수 없었다. 또 漢化된 여진족은 사치와 무사안일에 빠져 여진족 고유의 질박강건한 기풍을 상실하고 또 이같은 漢化 현상은 여진족 내부에서 상호 갈등과 불화를 조성하여 마침내는 정복왕조의 몰락을 초래하였다.

그러나 遼 왕조를 시초로 하여 등장한 정복왕조의 출현과 그의 二元的 支配體制는 아시아의 中世에 있어서 획기적인 사실로 金朝에 의해 답습되고 다시 몽고제국의 출현에 의해 정치·사회·군사적으로 더욱 정비되고 체계적으로 발달됨으로써 몽고제국의 핵심적 지배조직으로 되었으며 淸제국에까지 깊이 영향을 미치게 되었다.

제 9 장 蒙古帝國의 成立

1. 칭기즈칸과 蒙古帝國

기원전 13세기 초 몽고 草原에서 흥기한 몽고帝國은 유목민족에 의한 遊牧國家였지만 그 역사적 충격과 의미는 아시아대륙뿐만 아니라 유럽대륙도 포함한 세계를 뒤흔들만큼 큰 것이었다.

몽고제국의 興起는 오논(Onon)河를 중심하여 유목생활을 영위하던 몽고족에서 테무진(Temujin, 1206~1241)이 나타나 주변 諸族을 규합하여 國家活動을 시작한 데서부터 연유한다. 이전의 몽고지방은 위구르 遼·金의 지배를 번갈아 받아 왔는데 13세기 초에 테무진이 출현하여 몽고족을 통합하고 다음에는 알타이山에서 몽고지역에 이르는 광대한 지역을 장악하고 있던 나이만(Naiman)부족을 복속시키고 內外蒙古를 통일하였다. 연후에 오논河 유역에서 諸部族의 추대를 받아 汗位에 올랐는데 이가 칭기즈칸(Chingiz Khan)이었다.

汗位에 오른 칭기즈칸은 우선 西夏와 金을 공략한 뒤 대군을 이끌고 西進하여 西遼를 멸하고 중앙아시아의 諸國을 평정하였다. 또 자신은 인도의 인더스강변에까지 진출하는 한편 諸將들로 하여금 남러시아를 정벌케 하였다. 칭기즈칸이 죽은 뒤에는 三子 오고타이가 쿠릴타이(Khuriltai)의 추대를 받아 汗位에 즉위하였는데 그는 칭기즈칸의 遺志를 이어받아 金을 멸하고 조카인 바투(Batu)를 총사령관으로 한 유럽원정군을 조직하여 유럽대원정을 감행케 하였다. 이에 바투 원정군은 우랄 볼가의 양유역에 진출하여 모스크바를 비롯한 러시아의 태반을 유린하고, 폴란드에 침입하여 독일 諸侯의 연합군을 발시타트(Wahlstatt)에서 격파하였다. 또 일지군은 헝가리 평원을 점령하고 도망가는 마자르(Magyars)왕을 추격하여 오스트리아에까지 진출하였다. 그러나 太宗이 죽었다는 소식이 들어오자 원정군은

回軍하였는데 바투는 볼가강 하류의 사라이에 머물러 킵차크(Kipchak)汗國을 세웠다. 오고타이汗이 죽은 뒤에 汗位繼承 문제로 인한 내분의 발발로 몽고세력은 일시 쇠약해졌으나 몽케(Mönke)汗에 이르러 몽고세력은 다시 확대되어 쿠빌라이(Khubilai)가 티벳 운남 베트남을 공격하고 훌라구(Hulagu)가 페르시아 방면을 정복하고 시리아 이동과 합쳐 일汗國을 세웠다. 몽케汗이 죽자 쿠빌라이가 반대파를 제압하고 汗位에 즉위하였다. 쿠빌라이(世祖)는 수도를 北京으로 옮겨 大都라 일컫고 국호를 元(1271)이라 하였다. 그는 즉위 이후 중국 경영에 주력하여 宋의 수도 臨安을 함락하여 南宋을 멸함으로써 中國征服을 완료하였다. 또 동으로는 韓半島의 고려를 침입하여 복속시키고 일본을 원정하고 또 南伐軍을 일으켜 安南, 캄보디아, 샴, 자바의 여러 나라를 복속시켰다. 이리하여 몽고는 太祖 칭기즈칸에서 쿠빌라이의 世祖에 이르는 70여년에 걸쳐 유럽과 아시아에 걸친 광대한 영토를 정복하였는데 이는 서유럽, 인도, 이집트, 일본을 제외한 세계의 全文明地域을 통일한 인류 역사상에 그 유례가 없는 世界帝國이었다.

그러나 몽고는 이 광대한 영토와 그 안의 잡다한 여러 민족을 일률적으로 통치할 수 없었다. 그러므로 칭기즈칸 때부터 一族과 功臣에게 영토를 분봉하여 통치시켰는데 다소의 변천을 거쳐 世祖 때에는 統治方法과 領域이 확정되었다. 이에 따라 광대한 몽고제국은 元朝, 킵차크汗國, 일汗國, 차가타이汗國, 오고타이汗國으로 분리되었다. 元朝는 중국, 만주, 몽고를 차지하고, 킵차크汗國은 사라이에 도읍하여 南러시아, 시베리아 서남부를 소유하고, 일汗國은 타브리즈에 수도를 정하고 이락지방을 통치하였다. 또 오고타이汗國은 에밀에 도읍하여 외몽고 남부와 알타이에서 바르하시湖에 이르는 지역을 지배하였다. 그러나 이들 4汗國은 처음부터 독립적 경향이 강하여 병립의 형세였다. 특히 世祖는 본격적으로 중국 지배에 착수하기 위해 수도를 중국 내의 北京(大都)으로 옮기어 政治的 中心地로 하고 몽고 본래의 本土를 지방으로 하는 帝國의 新統治方式을 취하였는데, 이같은 세조의 통치방식은 종래에 몽고의 본토를 帝國의 政治中心으로 하고 중국 및 기타 농경지역을 地方으로 했던 종래의 통치방식과 판이한 것이었다. 4汗國은 세조의 이같은 新統治方法에 반발하여 元의 宗主權을 인정치 않고 元朝와 대립 충돌하게 되었다. 이 결과로 4汗國은 완전히 독립하게 되어 몽고제국은 사실상 분열되었다. 이같은 추세 속에서 중국식의 국가 건설을 염원한 세조는 중국식의 연호를 제정하고 국호를 元이라 명명하고 여기에서 중앙집권적 관료제도를 채택함으로써 元朝가 성립되게 되었다.

2. 元朝의 成立과 中國支配

몽고본토, 全中國, 만주, 운남, 티벳을 소유하고 고려를 복속시킨 元朝는 동아시아의 전역을 거의 장악한 大帝國이었다. 이같이 대제국을 형성한 元朝는 중앙집권적 관료제도를 그 지배방식으로 채택함으로써 中國風의 국가로 변모하였다. 먼저 중앙정부의 조직을 보면 국가행정을 총괄하는 中書省, 군사를 취급하는 樞密院, 감찰과 재판을 맡은 御史臺로 구성되었다. 그리고 上都 大都를 중심한 內蒙古, 河北, 山東, 山西의 지역은 직할지로서「腹裏」라 하고, 기타 지방에는 11개의 行省(行中書省의 약칭)을 두어 어느 정도 分權的 政治를 행하였는데 이 行省은 중앙의 三大官廳과 대등한 것으로 황제에 직속하였다. 그리고 행성은 다시 路·府·州·縣으로 나눠져 각 長官에 의해 통치되었다. 그러나 政權의 중추를 이루고 있던 것은 쿠빌라이汗을 중심으로 한 몽고 귀족 쿠빌라이汗의 고문이었던 漢人과 이란人 일부 학자 그리고 쿠빌라이 정권 수립에 공이 있던 漢族 출신의 武將들이었다. 그러나 元朝의 정치적 성격을 살펴보면 중국식의 관료국가만은 아니었다. 당시 元帝國의 文武要職은 몽고 귀족들이 독점하였는데 이들 몽고귀족은 원래 千戶, 百戶 등의 遊牧小領主들의 자손들이었다. 元朝 성립 이후 이들은 신분적 특권을 받아 귀족으로 변모하고 또 세습적 관료귀족의 지위가 주어져 文武의 요직을 독점하였다. 이같은 현상은 元朝가 중국식의 官僚國家로 변모하였지만 몽고시대부터 발달하여 온 신분적 질서를 파괴하지 않고 교묘히 전제적 관료조직에 삽입시켜 몽고족을 우대하였던 사실을 말한다. 그러므로 元朝는 전제적 관료국가였지만 실제로는 이같은 세습적 관료귀족들에 의해 지배된 일종의 貴族政治였다고 할 수 있다.

元朝의 '사회조직과 제도 역시 복잡하였다. 元朝의 영토는 광대하였고 여기에 거주하는 인종도 다양하였으므로 民族別 身分制度를 창안하여 사회제도와 질서를 수립하였다. 먼저 지배민족인 몽고족을 國族이라 하여 가장 우대하고 文武의 요직을 안배하였다. 제 2 계급으로는 일찍부터 몽고인과 행동을 같이한 西아시아의 제민족인 色目人으로, 이들 色目人은 재정과 경제를 담당케 하였다. 제 3 계급은 金朝治下의 渤海人, 契丹人, 女眞人, 漢人 등으로 구성되었는데 이들을 漢人이라 칭하고 끝까지 저항하였던 南宋人은 南人이라 하여 최하의 말단에 두었다.

또한 인구별로 신분제도를 검토해 보면 제 1, 제 2 계급은 4, 5 萬戶에 불과하였는데, 제 3 계급인 漢人은 200 萬戶, 제 4 계급인 南人도 1,000 萬戶가 넘었다. 문화적으로 보면 지배족인 몽고족은 정치적으로는 우월하였으나 문화적 수준이 낮고 또 인구도 많지 않았다. 반면에 被支配民인 漢人과 南人은 정치적으로는 피지배계층이었으나 인구면에서 절대적으로 다수를 차지했고 경제 문화면에서도 몽고족에 비하여 월등히 우수하였다. 그러므로 元朝의 사회는 階級的 社會였을 뿐만 아니라 경제·문화·인구에 있어서도 불균등한 複合的 社會였다고 할 수 있다. 이에 따라 元朝는 다수 종족으로 구성된 복합적 사회를 中央集權的 統治制度에로 귀속시켰으나 실제 통치방법은 상당히 다르고 또 다양했다. 우선 호적부에 4大 종족인 몽고족·色目人·漢人·南人을 별도로 등록케 하고, 治安·司法·稅法 등에 있어서 각 종족의 언어·관습·습속에 따라 융통성있게 운영하였고 중앙정부의 획일적 운영과 간섭을 피하였다. 이런 점에서 볼 때 元朝社會는 支配民族인 몽고족이 정치적으로 우월하고 특권적이었으나 종족에 따른 상위한 法體系를 유지하고 그 운용을 다양하고 융통성있게 구사하였던 것을 알 수 있다.

征服王朝로서 元朝는 그의 軍制와 軍事的 支配體制에 대하여 많은 노력을 기울였다. 즉 元朝의 정치권력의 中樞地였던 上都와 大都를 포함한 長城과 華北 일대와 여기를 포함한 黃河 이남 江南의 경제지역을 연결하는 大運河 지대를 제일 중요시하였다. 그러므로 이같은 전략적 요충지에 따라 군사력을 배치하였는데 腹裏의 직할지에는 元朝의 최고 정예군단을 편성하여 侍衛親軍으로 배치하였다. 다음으로 중요한 華北 일대, 河南, 陝西, 四川 등지에는 다음으로 강한 몽고군단을 배치하였다. 長城의 주변과 江南의 중요 지역에는 漢人諸軍團을 배치하였다. 이같이 元朝는 京師를 중심으로 三重의 방위태세를 구축하였다. 그리고 기타의 변두리 지역에는 토착민으로 구성된 土民軍이 수비를 담당하였고 필요시에는 중앙의 諸軍團이 이동하여 보강 협조하였다. 또 廣東, 廣西, 福建 등의 남방 지역에는 양자강 연안의 漢人萬戶府가 2, 3년에 한번씩 이동하고 몽고 방면에는 腹裏의 侍衛軍團이 5, 6년에 한번씩 이동하여 수비를 담당하는 방어계획을 수립하였다. 이와 같이 元朝는 征服國家로서 몽고군을 主力軍으로 엄중한 군사제도와 방어태세를 구축하여 놓았다.

대개 元朝의 이상과 같은 통치제도의 형성과 완비는 35년간 재위에 있었던 쿠빌라이汗에 의해 이룩되었는데 이에 의해 元朝는 그 國基를 공고히 할 수 있었고 장기적 발전과 번영을 구가할 수 있었다. 특히 南宋의 정벌로 여기에서 얻은 광대한 영토, 江南의 경제지역, 방대한 인구를 元朝의 지배하에 둘 수 있었는데, 당시 南宋은 동아시아에 있어서 문화가 가장 발달하였고 인구가 가장 조밀하였으며 諸物產이 풍부하였던 지역이었다. 따라서 元朝는 일시에 인구가 수배로 증가하고 경제력이 수십배로 상승되는 등의 국력의 팽창을 가져왔다. 그리고 이것은 元朝 발전의 원동력이 되었다. 따라서 元朝는 쿠빌라이汗 이래 成宗, 武宗, 仁宗, 英宗 시대를 포함한 100여년간은 번영과 평화를 누리게 되고, 또 그 저력으로 西方의 여러 汗國과의 대립에서 우위를 점유할 수 있었고 마침내 蒙古帝國의 宗主國으로 그 위치를 확고히 할 수 있었다.

3. 元朝와 西方의 4汗國

칭기즈칸이 유우라시아대륙에 蒙古帝國을 건립하였으나 그 광대한 영토와 거기에 거주하는 복잡한 민족적 요소로 統一的 支配體制는 수립하지 못하고 몽고제국은 元朝와 서방의 4汗國으로 분리되어 상호 병립되었다. 그러나 쿠빌라이汗이 元朝를 수립하고 宗主權을 주장하자 여기에 제일 먼저 도전한 것이 몽고적 색채가 가장 강하였던 오고타이汗이었다. 오고타이汗 하이두(Haidu)는 전몽고의 지배권을 주장하는 元朝에 도전하여 전후 40여년에 걸친 항쟁을 하였다. 그러나 그 결과로 오고타이汗國은 쇠약해져 마침내 차가타이汗國에 병합되었다. 종주권 장악을 위요하고 전개된 元朝와 오고타이汗國과의 항쟁은 전통적 遊牧精神을 이어받은 하이두와 遊牧과 農耕의 각 요소를 포함하고 중국식의 專制國家로 변모된 원조와의 항쟁이라고 할 수 있는데, 이것은 대몽고제국이 建國期를 지나서 안정되어 가는 과정에 불가피하게 일어났던 정치적 분쟁이었다고 할 수 있다. 그러므로 오고타이汗國의 패배 이후 諸汗國은 元朝의 종주권을 암암리에 묵인하였다. 이에 따라 元朝와 西方諸汗國 간에는 평화가 회복되고 元朝를 종주국으로 한 西方汗國도 번영의 길을 걷게 되었다. 그러나 西方汗國은 정치적으로는 완전 독립하였으므로 몽고제국은 사실상 분열의 상태에 빠졌고, 또 汗國은 모두 문화적 수준이 낮은 반면에 다수의 被支配民族은 문화수준이 훨씬 높았으므로 西方諸汗國은 그 지역의 문화와 풍속에 동화되고 또 支配地의 이익을 대표하여 상호 대립하면서 발전해갔다. 그리고 각 汗國은 정치적으로는 독립되었으나 상호간의 교통과 통상은 개방하였으므로 이로 인해 東西의 文物이 많이 교류되었는데 특히 킵차크 汗國과 일汗國은 유럽과 아시아의 중간에 위치하여 東西文化의 交流에 다대한 공적을 남겼다.

4. 東·西의 文物交流

동, 서간의 海上·陸上을 통한 교역과 문물교류는 중국에서는 唐·宋의 성립과 서방에서는 사라센帝國의 형성에 의해 활발히 진행되기 시작하였다. 그러나 서방과 동아시아 간의 직접적 접촉에 의해 문물교류가 행해진 것은 칭기즈칸에 의한 몽고제국의 형성에서부터였다고 할 수 있다. 元朝의 4汗國을 포함한 몽고제국의 영역은 서유럽, 인도, 이집트, 일본을 제외한 유우라시아의 문명세계를 포함하고 있었다. 또 이와 같은 세계제국 성립으로 종래에 동서의 交通과 通商을 방해했던 인위적 장애물과 간섭이 제거되었다. 또 몽고도 이같은 광대한 영토를 효과적으로 統治하기 위해 도로를 정비하였다. 또 도로 연변에는 驛站을 설치하고 각 역참에는 말과 馬夫를 두어 중앙정부와 지방관청 간의 수송과 전달에 종사케 하였고 서방의 汗國도 이를 모방하여 驛站을 두었기 때문에 동, 서간의 교통이 크게 발달하였다.

먼저 동, 서간의 교통로는 陸上과 海上의 3路로 구성되었다. 먼저 陸上路를 보면 하나는 北方路로서 외몽고의 카라코룸(和林)에서 출발하여 오고타이汗國의 수도 에밀을 거쳐 바르하시湖, 카스피海의 북안을 통과하여 킵차크汗國의 사라이에 이르는 길이었는데, 이 北方路는 원래 스키타이 민족이 개발한 草原의 길이 이때에 다시 개척된 것이었다. 다른 하나는 역시 카라코룸에서 출발하여 차가타이汗國의 수도 알말리크에 이르고 여기에서 다시 西투르키스탄으로 확대되며 카스피海의 북안을 거쳐 사라이에 이르는 中央路였는데, 이 길은 종래에 개척된 天山北路였다. 다른 하나는 南方路로서 古代의 비단길로 大都에서 동, 서 투르키스탄의 오아시스 일대를 통과하여 일汗國의 수도 타브리즈와 바그다드에 이르는 길이었다.

또 이같은 동·서의 橫斷路는 다시 중국 內地의 교통과 연결되었는데 그 길은 카라코룸에서 上都를 거쳐 大都에 이르고 다시 大都에서 운하를 거쳐 江南의 무역항인 泉州에 이르러 마침내 海上路와 연결되었다. 해상로는 泉州를 出發港으로 하여 자바, 말레이지아, 세일론, 인도, 페르시아, 콘스탄티노플 등지로 연결함으로써 여기에서 동, 서를 연결하는 陸上·海上路가 완성되었다고 할 수 있다. 또 이같은 교통로는 서아시아, 몽고, 중국만을 연결하였던 것은 아니었다. 많은 支線을 통해 서유럽, 인도, 동아시아의 諸國에까지 직접 간접으로 연결되었다.

이와 같이 동, 서의 교통이 발달되고 여행의 안전이 몽고제국의 성립에 의해 보장되자 동, 서간의 육상·해상을 통한 交易活動이 급격히 활발해지고 이를 통해 서방의 천문학·지리학·수학·역학 등의 自然科學과 兵器·砲術·宗敎 등이 동방에 전래되고 또 많은 종교인, 여행자 등이 중국을 내왕 방문하게 되어 유례없는 동, 서간의 문물이 교류되게 되었다.

먼저 서방측의 활동을 보면 당시 서유럽은 게르만족의 봉건제도의 확대에 따라 농경을 위주로 한 폐쇄고립의 사회 속으로 젖어들었던 반면에 아라비아에서 興起한 이슬람文明圈이 번창하여 동서간의 육상·해상의 교역활동에 종사하였는데 이들은 唐代에 이미 동방에 진출하여 활동하였다. 이같은 사라센의 교역과 무역활동은 元代에도 그대로 계속되었다. 이들 이슬람상인들은 수천인으로 구성된 대규모의 隊商團을 조직하여 육로로 중앙아시아의 諸交通路를 통해 카라코룸 및 大都에 도착하여 동, 서 무역에 종사하였고, 또 海上으로도 大船團을 조직하여 중국 남단에 도착하여 교역활동에 종사하였는데, 당시의 抗州, 廣州, 溫州 등지에는 이슬람人의 상주로 인해 新羅坊과 같은 香坊 香港이 형성되었다. 또 이같은 海外交易은 이 지역의 발달을 초래하여 당시 抗州는 인구 100만이 넘었고, 泉州는 세계 제일의 무역항으로 발전하였다. 한편 이같이 해외무역량이 많아지자 元朝는 이들 무역항에 市舶司를 설치하여 關稅를 징수하고 또 특정상인에게 자본과 선박을 대여하여 정부의 수입을 올리기도 하였다.

또한 동,서간의 교통발달과 교역의 번영은 이슬람系의 상인들만 자극하였던 것이 아니었다. 많은 여행가, 선교사들이 元에 來朝 혹은 방문하여 관리생활도 하였고 布教活動에 종사하고 또 많은 여행도 하였다. 13세기경의 이탈리아 수도사였던 피아노 카르피니는 교황 인노센트 4세의 명에 의해 여러 명의 수행원을 대동하고 남러시아, 중앙아시아를 경유하여 카라코룸에 도착하여 기독교諸國에 대한 武力的 侵攻을 중지해 달라는 로마교황의 公翰을 전달하고 그 이듬해 동일한 路程을 따라 귀국했다. 그는 귀국한 후에 짧은 『見聞錄』(*Historia Mongolorum*)을 남겼는데, 여기에서 그는 우연히 중국을 「차이나(China)」라고 表記하여 주목을 끌고 있다.

카르피니가 몽고를 다녀간 지 수년 후에 역시 프란체스코교단 소속의 수도사 류브루크(Ruysbrooch)가 교황의 親書를 휴대하고 콘스탄티노플을 떠나 흑해와 크리미아를 건너 남러시아, 중앙아시아를 거쳐 카라코룸에 도착하였다. 이 여행의 목적은 몽고와 상호 同盟關係를 체결하여 聖地 예루살렘을 회복하는 데 있었다. 류브루크의 목적은 달성되지 못하였지만 귀국 후 그 역시 旅行記錄을 남겨 당시 東方世界의 여러 사정을 밝혀주었다. 그러나 류브루크는 중국 본토까지 깊숙이 들어가지 못하였기 때문에 중국에 관한 서술은 피상적인 것에 그치고 말았다. 당시 중국의 實體를 발견하여 서구인에게 소개한 사람은 마르코 폴로(Marco Polo)였다. 마르코 폴로는 1245년 베니스 상인의 아들로 태어났다. 그의 부친 니콜로와 숙부 마페오는 일찌기 東方貿易에 종사하였고 쿠빌라이汗의 궁정에 출입하여 신임을 받았다. 그리고 귀환 때는 汗의 사절로 로마교황에게 바치는 親書를 전달하기도 하였다. 마르코 폴로는 이같은 부친을 따라 17세부터 동방무역에 수행하였는데 그는 단시일 내에 몽고語, 中國語, 위구르語, 티벳語를 익혔다. 또 그는 쿠빌라이汗의 신임을 받아 公式特使로 몽고제국의 각 지방을 순회하였고 元의 南宋征服 이후에는 중국의 각지, 그리고 중국의 최남단이고 동시 최고의 무역항이었던 泉州에까지 여행하였다. 이렇게 17년간 元朝에서 관리로 재직한 마르코 폴로는 1292년에 본국으로 귀환하여 고향 베니스에서 여생을 보내면서 자신의 직접 견문과 체험 관찰을 바탕으로 『東方見聞錄』을 저술하였다. 이 「동방견문록」은 最盛期 몽고제국의 여러 모습을 기록하고 있을 뿐만 아니라 宋代의 호화찬란했던 중국문화까지 자세히 소개하고 있다. 그러나 마르코 폴로의 大元帝國 및 中國文化에 대한 사실적 소개는 당시 기독교적 도그마에 빠져 기독교문명 이외의 高度文明世界의 존재를 부인하고 있던 서구인에게는 받아 들일 수 없는 것이었다. 그러므로 마르코 폴로의 『동방견문록』은 당시에는 신빙되지 않았지만 이질적인 高度의 文明世界를 서구세계에 최초로 소개한 역사상에 그 유례를 찾아볼 수 없는 旅行報告書였다.

또 元末에는 모로코人 이븐 밧투타가 아프리카·아시아의 각지를 여행하면서 海路로 중국에 來航하였고 중국의 사절로 서유럽을 순회한 소마(Sauma)도 이 시대에 속한다. 또 로마교황의 명령으로 몬테 코르비노(Monte Corvino)는 燕京에 교회를 세우고 30여년간 기독교의 포교에 종사하였다. 이와 같이 元代에는 이루 말할 수 없을 만큼 많은 사람이 來朝혹은 방문하였는데 이 결과로 서방의 종교와 학예가 전래되어 東,西 文物交流의 극성을 이루었다. 먼저 學藝의 傳來로 地理, 天文學과 暦學을 꼽을 수 있다. 페르시아人이었던 자말웃딘(札馬剌丁)은 각종의 천문관측기를 제작하였고 郭守敬과 그 일행은 역시 천문학에 필요한 여러 종류의 관측기를 제작함과 동시에 「授時曆」을 만들었다. 또 阿老瓦丁과 亦思馬因은 서역의 응용과학을 이용하여 종래의 拋石器를 개량하였는데 이것은 南宋 정복에 큰 공을 세웠다. 또 몽고인은 그들의 정복사업을 위해 地理學에 대해 큰 관심을 가졌는데 朱思本은 아라비아 地圖製作法을 배워 새로운 지도를 작성하였고 李澤民은 중국에 있어서 최초의 세계지도라고 할 수 있는 「聲敎廣被圖」를 제작하였다.

또한 서방의 종교도 많이 전래되어 크게 유행하였다. 이슬람교는 아라비아와 페르시아 상인들이 많이 내왕하여 활동하였으므로 크게 융성하였다. 이 이슬람교는 唐代에 들어왔으나 元代에는 더욱 번창하여 淸眞敎로 불리었고 중국의 西北변과 江南의 여러 항구 도시에 많이 퍼졌다. 현재 중국에는 이슬람교인이 3~4천만이 있는 것으로 추정되는데 이들은 모두 이 당시 중국에 來住한 이슬람교도의 자손들이다. 기독교는 唐代에 네스토리우스派가 들어왔으나 쇠퇴하였다. 그러나 몽고제국의 형성과 더불어 다시 敎勢를 확장하여 몽고족 출신의 많은 교인을 갖게 되었는데 주로 남러시아에서 몽고에 걸쳐 세력을 떨쳤다. 또 이 시기에는 로마 敎皇廳이 동방에 많은 관심을 갖고 몽고인과 중국인을 改宗시키기 위해 전술한 바와 같이 카르피니, 류브루크를 보냈으며 世祖 때는 마침내 다시 코르비노를 보내 교회를 세우고 聖書를 몽고語로 번역하여 본격적인 포교 활동을 벌였다. 이것은 舊敎가 중국에 처음으로 포교된 것을 말한다. 元代에는 불교도 성행하여 天台宗, 華嚴宗, 淨土宗의 여러 宗派가 모두 元室의 보호를 받아 융성하였는데 이 중에서 티벳의 불교인 라마敎가 크게 유행하였다. 라마교는 6,7세기 경에 티벳의 본보敎와 佛敎가 혼합되어 형성된 것인데 몽고 왕실의 호감을 받아 몽고 왕실과 귀족 사이에 크게 유행하였고 세조의 숭배를 받아 國敎的 位置를 누렸다.

이와 같이 元代에는 동,서간의 육상 해상로가 완성 연결되고 이를 통해 文物의 교역과 교류가 역사상에 그 유례가 없을 정도로 행해졌다.

제10장 明朝의 建國과 中國文化의 復興

1. 明의 國家組織

정복국가로서 중국에 군림한 元朝는 몽고族, 色目人, 漢人을 포함한 諸被支配民族에게 융합정치를 표방 실시했으나 정복국가로서 지배민족인 몽고족에게 정치 경제상의 여러 특권을 부여한 것은 피할 수 없는 것이었다. 따라서 몽고족은 國族으로 우대되고 王侯 貴族에서 말단의 族人에 이르기까지 정치 경제상의 특권과 우대를 받았다. 그러나 元末期에는 몽고의 왕실·귀족·관료들의 횡폐가 점차 심하여져 民田을 빼앗아 목장을 만들었다. 또 왕실의 방만한 財政으로 궁정의 낭비, 귀족·공신에 대한 支給이 남발되고 이 財源을 조달하기 위해 重税를 가하였다. 또 정치적으로는 汗位를 위요한 암투로 정치적 동요가 심하였고, 라마僧의 횡포한 행동과 재정적 낭비는 궁정의 풍기문란과 더불어 국가재정의 고갈을 가져왔다. 또 극도의 몽고至上主義를 취하여 문화 경제적으로 우월한 漢人, 특히 중국사대부계급을 압박하고 중국문화를 천시하여 服飾, 命名, 言語에 이르기까지 몽고풍을 강요함으로써 중국인의 민족적 반항을 초래하였다. 이같은 내부의 모순과 불합리 속에서 元朝의 통제력은 급속히 사라지고 곳곳에서 반란이 야기되었다. 많은 叛徒 중에서 특히 종교적 秘密結社였던 白蓮敎 신도들에 의한 紅巾의 亂이 가장 강력하였다. 이 중에서 紅巾의 일파로 일어난 朱元璋이 양자강 하류의 곡창지대를 장악함으로써 세력기반을 구축하고 차례로 諸叛徒를 격멸하였다. 그리고 1368년에 元의 수도 大都를 마침내 함락하여 南京에 도읍하고 국호를 大明이라 하였는데 이것이 大明帝國의 창업이었다.

明太祖 朱元璋은 몽고족을 축출하고 중국을 통일하자 元朝의 100여년 치하에서 침체된 중국 전통문화를 부흥하고 민족정신을 고취하는 데 전력

을 다하였다. 그는 먼저 몽고풍의 辮髮, 몽고어, 몽고복장 등을 일체 금하고 모든 제도를 隋·唐 이래의 傳統的 制度에로 복귀시켰다. 그러나 시대의 변천과 사회의 발전은 그것에 대응하는 새로운 제도의 필요성을 불가피하게 하여 여기에서 明代 특유의 君主獨裁體制가 확립되었다.

명대의 정치제도의 특징은 君主獨裁政治가 확립되는 반면에 행정기구의 分立 및 권력의 分散이라고 할 수 있다. 먼저 명태조는 종래 정치의 중심이었던 中書省을 폐지하고 그 하부기관이었던 六部, 즉 吏·戶·禮·兵·刑·工部를 각기 독립 승격시켜 황제의 직속으로 하는 한편, 宰相의 職을 없애고 天子의 자문기관으로 內閣大學士를 두었다. 또 종래에 군사관계를 맡아보던 樞密院을 없애고 兵籍을 취급하는 五都督府와 軍令을 맡아보는 兵部로 분리하고 감독기관으로서는 종래의 御史臺를 都察院으로 고쳤다. 또 지방에는 元代의 行中書省(行省)을 폐하고 대신 행정을 담당하는 布政使, 군사를 취급하는 都指揮使, 감찰을 담당하는 按察使로 분리하여 황제에 직속시켰다. 이리하여 명대에는 中央官制와 地方官制가 三權으로 분리독립되었는데 이것은 행정기구의 分立 및 권력의 分散을 도모한 것이었다. 또 농민지배를 관철시키기 위해 太祖는 즉위 직후에 각지에 관리를 파견하여 토지대장 『魚鱗圖冊』을 작성하고 또 各戶의 소유지 인구의 이동과 증감 등을 자세히 파악하고 거기에 기초하여 賦稅와 徭役을 공평히 부과하기 위해 『賦徭黃冊』을 제작하였다. 그리고 賦役 실시의 말단조직으로 「里甲制」를 만들었다. 「里甲制」는 지역적으로 인접하여 있는 百十戶를 一里로 하고 그 중 부유한 十戶를 선정하여 里長戶로 하고 나머지 百戶를 甲首戶로 정하였다. 그리고 다시 전체를 十甲으로 나누어 각 甲에 甲首, 각 里에 里長을 두고 매년 순번대로 一甲一里로 관리하는 제도를 만들었는데, 이 「里甲制」는 租稅 징수, 徭役 부과 등의 목적 이외에도 里內의 勸農, 교화, 재판 등의 기능을 자치적으로 행하였다. 이같은 「里甲制」는 한마디로 말해서 농촌에 거주하는 地主들의 기존세력과 권위를 이용하여 일반 농민을 지배했던 것으로 明은 이 제도를 통해 租稅나 徭役 등을 공평히 부과징수하고 동시에 농촌의 사회질서를 유지하고 이를 통해 황제의 農民支配를 관철시켰다.

이와 같이 명태조는 행정기구의 權力分散을 도모하고 또 一族의 諸侯王을 요충지에 분산 배치하여 왕실의 안전을 도모하고 또「里甲制」를 통해 農民支配를 관철시켰다. 이같은 명의 지배체제는 종래 역대왕조의 제도에 비하여 월등히 우수하였던 것으로 成祖 이후에 明은 많은 暗君이 나왔음에도 불구하고 왕조가 긴 수명을 누렸던 것은 이 우수했던 정치제도의 덕분이었다고 할 수 있다. 또 政治制度史面에서 볼 때 宋代에 강화되어 왔던 君主獨裁體制가 명대에 와서는 중국 역사상 그 유례를 찾아볼 수 없을 만큼 강화 확립되고 이같은 군주독재체제는 다음 淸朝에까지 계승되었다.

永樂帝와 中國의 對外發展

명태조가 사망한 뒤에 明은 王室과 諸王 간에 불화가 일어났는데 그것은 명태조를 이어서 즉위한 孫子 惠帝가 諸王의 세력을 두려워하여 그 권력과 세력을 축소시키려 했던 데서 연유했다. 이같은 중앙정부의 조치에 많은 諸王들이 반발하였는데 그 중에서 북변의 수비를 맡고 또 諸王 중에서 세력이 가장 강하였던 叔父 燕王이 마침내 무력으로 惠帝를 몰아내고 즉위하였는데 이가 永樂帝(1402~1424)이다. 영락제는 명태조의 유업을 계승하여 전후 5회에 걸쳐 친히 軍을 통솔하고 몽고에 원정하여 北方의 잔존세력을 멸하고 1421년에는 수도를 남경에서 北京으로 천도하여 수도와 북변의 방비를 일체화했다. 또 일면으로는 만주 河西 青海 방면을 제압하고 또 南海 방면에도 유의하여 安南 占城을 복속시켰다. 또 해상으로는 환관 鄭和로 하여금 대선단을 조직하여 南海大遠征을 감행케 하였다. 鄭和는 100여척의 선박과 3만여명의 병사와 선원을 이끌고 1405년에서 30여년간 전후 7회에 걸쳐 남해원정을 감행했는데 이 원정에서 鄭和는 南海諸國을 정복하여 복속시키고, 또 인도양을 거쳐 페르시아만, 홍해, 아프리카 동해안까지 진출하였다. 이와 같은 鄭和의 海外遠征은 중국의 역사상에 없는 획기적인 일이었다. 이에 따라 明의 國威는 남해, 페르시아, 아프리카에까지 이르고 남해의 30여국이 來貢하였다. 또 鄭和의 해외원정은 중국인에게 해외사정을 알리는 계기가 되었다. 이로 인해 廣東 福建지구의 사람들이 南洋으로 이민하여 오늘날 동남아시아에서 華僑社會의 성립을 보게 하였다. 그러나 鄭和의 遠征은 그 규모나 활동 범위에 있어서 십자군의 원정 또는 지리상의 발견에 비견될 수 있었지만 이를 계승하여 세계적으로 발전시킬 수 있는 市民階級의 성장이 없었으므로 大遠征 그 자체로 끝나 버리고 말았다.

한편 몽고의 사막과 南海에 영토를 확장하고 국위를 떨쳤던 明은 명대의 독특한 新兵制를 수립하였는데 그것은 衛所制를 실시한 것이었다. 衛所의 실시는 명태조 때 시작되었다고 할 수 있는데 중국 통일 이후에는 이를 정리하여 백성을 軍戶와 民戶로 나누었다. 군호는 병역의 직접 담당자였는데 이들은 일종의 세습적 군인으로 민호와는 다른 별도의 호적에 등록되고 府, 州, 縣에 설치된 都指揮使司에 소속되었다. 戰時에는 소속의 都指揮使의 명을 받아 출동하고 전쟁이 없을 때에는 衛所에 복귀하여 屯田을 경작하고 훈련을 하면서 방위를 튼튼히 하였다. 民戶는 일반 백성이 해당되었는데 이들은 병역의무가 없었고 국가의 세금을 통해 軍戶의 경비를 담당하고 있었다. 이같은 명대의 衛所制度는 唐末 이래의 募兵制의 폐단을 없애기 위해 새로이 고안되었던 것이다. 그러나 明 중기 이후에는 그 운영이 해이해져 高級軍官의 屯田私有化와 이에 따른 屯田兵의 탈출 등으로 그 모순이 드러나게 되었다. 이에 따라 衛所兵制의 유지가 곤란하게 되어 客兵, 民兵, 鄕兵 등이 나타나 임기응변으로 운영하게 되었다. 그러나 明帝國은 이와 같은 君主獨裁의 중앙집권적 관료제도의 완비 및 新兵制의 채용에도 불구하고 太祖, 成祖 이래로 凡庸한 군주들이 즉위하고 또 국내외적으로 여러 모순과 외환이 연속적으로 대두하여 國運을 기울어지게 하였다.

명대의 내적인 모순으로 먼저 들 수 있는 것은 宦官이었다. 명대에 환관이 대두된 것은 成祖 때부터였다. 환관은 궁중생활에 필수적 존재였으므로 중국 역대에 걸쳐 존재하여 왔다. 그러나 이들 환관은 종종 정치에 관여하여 화를 야기하였으므로 명태조는 건국 이후 환관의 정치 관여를 적극적으로 막았다. 그러나 환관은 永樂帝 이후로 점차로 득세하여 書記官으로 활동하고 또 황제의 측근에 侍立하여 國政에 참여하기 시작하였다. 특히 환관의 司禮太監은 황제를 대신하여 上奏文에 批答하고 帝命의 하달 등을 담당하였으므로 그 권력이 서서히 내각을 능가하게 되었다. 따라서 閣

臣이 실권을 장악하거나 정치를 행하려면 환관과 손을 잡지 않으면 안될 정도였다. 여기에서 명대의 정치는 황제를 정점으로 내각과 환관의 司禮監의 二軸을 중심으로 이루어질 정도로 환관 세력이 강대하여졌다. 여기에서 환관의 전횡이 심해지고 정치를 농락하게 되었다.

또 이때에는 北虜南倭의 외환이 심하여졌다. 당시 몽고족은 成祖 때에 입은 타격으로 세력이 약화되었으나 15세기 중엽부터 다시 세력을 회복하기 시작하였는데 서방의 오이라트(Oirat)族이 몽고를 통일하고 明을 자주 침입하였다. 당시 명의 英宗은 이를 격멸하기 위해 50만의 대군을 이끌고 출정했으나 土木堡에서 포로로 되었다. 또 16세기에는 타타르족이 강성하여 北京을 포위 공격하였다. 이에 따라 명의 몽고 지배는 완전히 무너지게 되어 長城을 수축하고 변방에 주둔병을 두어 방위에 주력하는 소극적 정책으로 변모하였다. 그러나 외환은 북방에서만 있었던 것은 아니었다. 남쪽의 海上으로부터 왜구의 창궐이 시작되었다. 당시 일본은 將軍足利氏가 점차 쇠약하여져 국내는 군웅이 할거하고 幕府는 이들을 통제할 힘이 없었다. 이에 왜구는 明과 朝鮮의 연안에 침입하여 막대한 피해를 주기 시작하였다. 특히 왜구의 활동은 명 世宗 때에 더욱 치열하여 山東, 江蘇, 浙江, 福建, 廣東의 동남해 연안은 모두 왜구의 약탈과 노략질에 의해 큰 피해를 당하였다. 이에 대해 명은 해안에 요새를 구축하고 군대를 주둔시켜 방비를 엄히 하고 또 수차에 걸쳐 병력을 동원하여 왜구를 격파하였다. 그러나 큰 효과를 보지 못하고 20여년 피해를 당했는데 이 때문에 명이 입은 피해는 아주 컸다. 또한 당시 일본을 통일한 豊臣秀吉은 1592년에 조선을 침범하였는데 명은 조선을 돕기 위해 50만대군을 파견하였다. 이 때문에 명은 거액의 軍費를 소비하여 明室의 사치 낭비와 더불어 國家財政의 궁핍을 가져왔다.

이와 같이 명은 北虜南倭의 외환이 심하여지고 환관이 정권을 장악하고 농락하는 가운데 관리들의 가렴주구가 심해지고 또 東林 非東林 간의 당쟁이 격화되어 정치가 해이해졌다. 이같은 결과로 流賊이 陝西, 湖廣, 四川, 山西, 河南 등지에서 봉기하였는데 이 중에서 陝西에서 일어난 李自成이 가장 강성하여 1644년에 北京을 함락시킴으로써 명은 멸망되었다.

2. 明代의 社會 經濟

대체로 明代의 사회는 지배계급으로서 王室貴族과 鄕紳을 포함한 官僚層이 있었고 양민과 천민이 被支配階級을 형성하고 있었다. 왕실의 近親, 外戚과 功臣을 포함한 귀족은 公, 侯, 伯 3종의 封爵을 받고 祿米, 祿田이 주어졌는데 녹전의 경우 토지 그 자체를 주었던 것이 아니고 그 토지에서 나오는 수입이 주어졌다. 그리고 정부가 토지를 관리하였는데 후에는 祿田受領者가 점차로 그 토지를 소유하게 되어 마침내는 莊田으로 변모하였다. 또 관료는 科擧合格者로 구성되었으나 蔭叙에 의해 高位官僚에 들어오는 사람도 많았다. 특히 중기 이후에는 이같은 蔭叙 출신의 관리가 많아 科擧 출신의 관료들을 압도할 지경이었다. 그러나 대체로 中央 및 地方官署의 요직은 과거 출신의 관료들이 장악하여 지배계급의 중추를 형성하고 있었다. 대개 이들 관료는 奉職의 대가로 職田을 받아 거기에서 나오는 稅收로 奉給을 충당하였는데 후에는 職田制를 폐지하고 祿米制로 대신하였다. 대개 이같은 관료층은 鄕紳 계급에서 나왔는데 향신이란 지방에서 富農地主層으로 형성되고 또 유교적 교양을 가진 지식인들을 의미했는데, 이 중에는 현역관료, 퇴직관료, 과거시험에 응시했으나 벼슬하지 않았던 秀才擧人 등이 포함되었으며 모두 지역사회에서 행세를 하는 지식계층이었다. 그러므로 이들 鄕紳도 지방의 敎化를 담당하고 여론을 형성했던 지도계층이었고 科擧를 통해 관리로 입신할 수 있었던 官吏候補者였다고 할 수 있다. 그러므로 이들은 일반 백성과는 구별되며 관리는 아니었지만 지배계급에 속했으며 국가로부터 徭役의 부담이 면제되었다.

明代의 일반백성은 良民으로 불리었는데 양민은 호적상 軍戶, 民戶, 匠戶, 項竈戶로 분리되었다. 군호는 병역을 세습적으로 담당했던 계층으로 衛所에 속해 있었고, 민호는 州縣, 장호는 工部, 竈戶는 監課司에 각기 속해 있었다. 이 중에서 국가의 통치상 가장 중요한 것은 민호였다. 민호는 일반농민 상인 및 匠戶에 편입되지 않은 도시 및 농촌의 수공업자로 구성되었는데 이들은 인구에 있어서 절대다수를 차지하였고 국가의 중요한 경제적 稅源이었고 徭役 담당자였다. 農民層은 국가재정의 기반이었기 때문에 太祖 때부터 보호되었고 또 「里甲制」를 통해 황제에게 지배되었다. 그러나 明 중기 이후부터는 국가재정의 파탄으로 재정부담이 농민층에 가중되고 또 세금의 銀納化에 의해 농민의 생활이 파탄되자 抗租運動을 일으키기도 하였다.

명대의 토지제도는 宋代에 발전하였던 大土地制度가 역시 성행하였다. 또 일반농민도 자기의 토지를 많이 소유하였는데 그것은 元末의 戰亂 및 인구의 감소로 주인 없는 토지가 많았기 때문이었다. 이에 따라 자기 토지를 소유한 自作農이 많이 출현하였다. 또 명대에는 많은 小作農이 있었다. 이들 소작농은 佃戶라고 하였는데 지주의 토지를 소작하여 수확물의 50～60%에 해당되는 소작료를 지주에게 납부하였다.

명대의 稅法은 초기에 里甲制度를 기초로 형성되었다. 먼저 토지대장인 『魚鱗圖冊』과 호적부인 『賦役黃冊』을 만들어 田賦와 徭役을 징수하였는데 里長 甲首가 징세의 책임을 맡았다. 당시 세금은 正稅인 田賦와 正役인 徭役 외에 관청의 雜役 租稅의 운반 驛傳 치안 유지 등에 필요한 많은 雜役이 있었다. 그러나 시일이 지남에 따라 黃冊과 魚鱗圖冊은 관리들의 부패로 잘못 기재되고 또 부정확하게 되어 稅의 부과와 징수에 폐단이 많아지게 되었다. 이에 明은 과세를 취급한 관리의 중간 착취와 농민의 부담을 공평히 하기 위해 世宗 10년경부터는 新稅法인 一條鞭法을 실시하였다. 이것은 종래의 복잡한 賦役制度를 개혁한 것으로 一州縣의 토지에 인구를 계산하여 成年男子에 대한 田賦 徭役 및 기타의 부담을 합쳐서 一條로 하고 그것을 백성의 능력에 응하여 할당하고 銀으로 납세케 한 것이다. 명대의 이같은 單一稅法은 점차 발달하여 清代에는 단일세인 地丁銀으로 되었다. 이런 점에서 명의 一條鞭法은 중국 稅法史上 획기적인 개혁이었다고 할 수 있다.

명대의 상업과 산업은 중기 이후부터 서서히 부흥되었다. 명 초기에는 王朝交替로 大戰亂이 야기되고 인구 감소와 더불어 농촌이 황폐되었는데 明 太祖는 즉위 후에 바로 농촌의 부흥과 농업 생산력의 회복에 각별히 노력을 기울였다. 따라서 유랑의 농민을 鄕里로 송환 정착시키고 土地와 耕

牛 種子 등을 대여하였다. 또 開墾政策을 장려하여 농경지를 확대하였다. 또 大地主의 많은 노예와 佃戶의 소유를 금하고 지주가 농민을 무제한 착취하는 것을 금하였다. 또 대규모의 治水 灌漑工事를 전개하였다. 이같은 정책의 결과로 太祖一代에 이미 인구가 증가하기 시작하고 농업생산의 기초가 다듬어졌다. 그리고 中期부터는 農業生產力이 크게 증가하고 각지에서 상품으로 팔기 위한 상업적 작물의 재배가 성해졌는데 이 중에서 가장 주목되는 것이 木花栽培였다. 목화재배는 唐中期에 시작되었지만 明代에는 전국적으로 보급되었고 이에 따라 棉布가 衣類로 일반화되었다. 또 桑(뽕)의 재배는 湖州 일대에서 특히 성행하였는데 明中期서부터 국내외의 絹絲의 수요가 급증하자 비약적으로 발전하였다. 또 17세기 초에는 남방에서 연초, 감자, 고구마, 옥수수, 낙화생 등이 수입되어 중요한 產物로 등장하였다. 또 이 당시에는 쌀생산도 비약적으로 증가하였는데 江西와 湖廣이 새로운 稻作中心地로 되었다.

한편 이같이 농업생산력이 증가하고 특종작물이 재배되자 지역에 따라 각종의 수공업이 발전하였다. 松江府 일대에는 綿織布業이 발달하고 蘇州, 湖州, 嘉興 지방에는 양잠업 및 견직물이 유명하였다. 江西省은 製陶業으로 이름났다. 廣東의 鐵器, 廣東·福建·江西의 砂糖, 福建의 藍 들은 모두 지역을 대표하는 특산물이었다.

그러나 이같은 수공업의 발달은 주로 농촌의 부업적 가내수공업으로 생산되었다. 이들 가내공업은 다수의 下層民이 家計를 보충하기 위해 영위하였기 때문에 규모가 영세하였고 또 商人資本이 침투되었기 때문에 이를 農村手工業者들이 생산력을 확대하고 단독적으로 販路를 개척하여 장악하기는 불가능하였다.

그러나 도시수공업의 경우에는 資本을 투자하고 임금노동자인 傭工을 고용하여 생산에 종사하고 또는 상업자본가가 客主가 되어 小手工業者에게 원료 및 생산수단을 공급하고 그 제품을 독점적으로 買收하는 등의 자본주의적 생산양식이 나타나기도 하였다.

한편 이같이 농업생산력이 크게 증가하고 각종의 수공업이 발달되자 상업이 또한 활기를 띠기 시작하였다. 국내 상업은 주로 江蘇, 浙江, 福建

등지의 東南海 지대에서 생산되는 絹織物, 藍, 砂糖의 제품과 북방 및 내륙지방의 棉花와 麥 그리고 華中 華南 지역에서 생산되는 수공업제품이 대소비지역이었던 北京을 중심으로 교류되었다. 그리고 이같은 全國的 交易을 통해 쌀, 棉, 藍 등을 취급하였던 상인 중에는 巨商들이 출현하였는데 이 중에서도 북방의 山西商人 남방의 新安商人들이 특히 유명하여 국내 상업계의 큰 세력이 되었다.

또한 이같이 상업이 전국적 규모로 발전하자 화폐가 많이 사용되었다. 明初에는 銅錢이 주조되었으나 이어서 元代의 화폐였던 交鈔를 본받아 만든 大明寶鈔의 지폐를 사용하였고 15세기 중엽에 銀이 유통하게 되자 銀본위의 화폐경제로 들어갔다. 특히 16세기말부터 에스파니아, 포르투갈 상인들과의 무역에 의해 다량의 멕시코 은이 유입되었는데 이 결과로 은의 유통이 더욱 활발해져 중국 경제계가 銀本位時代로 들어가게 되었다. 또 이같은 사실은 明代에 이르러 중국사회가 근대화의 방향으로 움직였음을 시사한 것이라고 할 수 있다.

3. 明代의 文化

명대의 문화는 한마디로 말해서 중국 전통문화의 再生과 復興이었다고 할 수 있다. 明太祖는 건국 이후 몽고의 풍속, 언어, 습관 등을 금지하였고 儒敎를 중심으로 새로운 사상의 정립을 시도하였다. 그러므로 成祖는 程朱의 설에 의하여 五經大全, 四書大全, 性理大全 등을 새로이 편찬하여 科擧 준비의 지침서로 사용케 하였다. 또 유교의 도덕을 家族倫理에로 간결히 요약한 「六諭」을 제정하여 농민교화의 지침으로 하였다. 이에 따라 유학은 官學으로 승격되어 사상의 주류를 형성하고 명의 國家理念으로 확립되어 백성의 교화에 선도적 역할을 하였다. 그러나 이같은 유학의 官學化는 시일의 경과에 따라 學說과 思想의 정체를 초래하여 자유로운 토론과 연구를 제약하였다. 이같은 결과로 명대의 사상계는 정체와 부진 속에 빠지게 되었는데 이런 경향에 반발하여 일어난 것이 陽明學의 성립이다.

양명학의 開祖인 王守仁(1472~1528)은 宋의 陸九淵의 학통을 이어받아

「知行合一」, 「心即理」, 「致良知說」을 기반으로 한 「主觀唯心論」을 주장하였다. 陽明에 의하면 「知行合一說」은 知와 行, 즉 良知와 實踐은 마음의 兩作用으로서 朱子의 生知後行說을 반대한 것이며, 「心即理」설에서 心과 理를 동일시하여 주관적 관념을 강조하였다. 또 「致良知說」을 만년에 주장하였는데 良知는 知(認識)와 行(實踐)의 통일체를 의미하는 것으로 학문의 목적은 이 良知를 체득하는 데 있으며 良知을 체득하는 경우 是非善惡을 직접적으로 판단할 수 있다고 하였다. 대체로 陽明의 이같은 주장은 주자학이 客觀唯心論을 주장한 데 대한 부정으로 主觀唯心論을 제창한 것이라고 할 수 있다. 이후 양명학은 左派와 右派로 분리되어 발전하였는데 양명학 좌파의 李卓吾, 顏鈞 등은 양명의 良知說을 극단으로 발전시켜 人心의 自由와 自律을 극단적으로 강조하여 修學을 태만히 하는 결과를 초래하고 또 형식과 권위에 비판 반발하다가 마침내 옥사당하였다. 양명학의 우파는 錢德洪, 羅洪先 등이었는데 이들은 좌파의 지나친 偏向과 극단성을 비판 반성하면서 양명의 良知說을 바탕으로 하여 修養과 學問의 필요성을 역설하였는데 이것은 朱子學의 방향에로 접근하는 것이었다.

또한 明末에는 순수한 주자학의 입장에서 양명학을 비판한 사람이 나타났다. 이들은 陳建, 顧憲成, 高攀龍 등의 東林學派였는데, 이들은 순수한 주자학에로의 복귀를 주장하고 經世致用의 實學主義를 고창하였다. 이같은 주장은 당시 사상계에 實學 위주의 신기운을 불어넣었는데 이같은 明末의 經世致用의 학풍은 淸初의 학문과 사상 발전에 연관되었다.

이상으로 中國近世思想의 흐름을 볼 때 宋・元代에는 주자학이 대표적이었고, 淸代에는 고증학이 발달되었다면, 明代에는 이 양명학이 당시 사상을 대표했던 학문이었다고 할 수 있다.

사상 이외에 명대의 학술과 문학을 보면 永樂帝 때 편찬된 『永樂大典』은 고금도서를 내용에 따라 분류한 것인데 2만2천백여권에 달했던 방대한 것으로 희귀한 자료를 많이 포함했다. 또 민간에서도 수집과 간행이 성해져 浙江 范氏의 天一閣, 江蘇 毛氏의 波古閣 등은 뛰어난 총서라고 할 수 있다. 또 명대의 經世致用의 학풍의 영향을 받아 實用學이 발달하여 李時珍의 『本草綱目』, 徐光啓의 『農政全書』, 宋應星의 『天工開物』 등이 저술되었는데 이들은 모두 농업기술, 식물과 약학, 과학기술과 지식에 관한 것이었다.

명대의 正統文學은 별로 발전을 보지 못하였다. 그것은 八股文이 제정되어 科擧 답안지 작성을 고정시킴으로써 문학과 사상의 자유로운 표현을 제한, 고갈시켰고 형식주의에 빠지게 하였다. 또 학문상의 論爭이 정치에 반영되고 지식인 사회를 불안케 하였던 요인에 많이 기인하였다고 할 수 있다. 그러나 庶民文學은 눈부신 발전이 있었다. 『水滸傳』『三國志演義』가 白話文으로서 현재와 같은 체제를 갖추었고, 『金瓶梅』『西遊記』같은 장편소설이 창작되었다. 단편소설로는 『古今奇觀』이, 희곡으로는 湯顯祖의 『牧丹亭還魂記』가 유명하였다.

명대의 미술은 北畫와 南畫로 분리 대립되면서 발달하였는데, 북화는 궁중화원을 중심으로 발달하였다. 北畫派의 특색은 사실적인 기교에 특색이 있었는데 仇英은 인물·풍속화에 능하였고, 산수화에는 周文靖이 유명하였다. 남화는 북화의 기교적 형식주의에 반대하는 文人 화가들로 구성되었는데 이들은 남방의 온화한 풍토를 배경으로 文人風의 그림을 많이 그렸다. 남화의 대표적 화가로는 沈周, 田文, 徵明 등을 들 수 있다. 또한 이때에는 서민의 취미로서 版畫가 유행하여 책의 삽화 등에 쓰였고, 공예도 발달하여 磁器, 絹布, 刺繡 등이 유명하였다.

그러나 明代文化의 특색은 西歐文物의 傳來와 그 영향에 있었다고 할 수 있다. 당시 서구인의 중국 진출은 1917년 포르투갈人의 來航에서 시작되었다. 중국에 진출한 포르투갈인은 마카오를 근거지로 中國貿易에 종사하였는데 이같은 서구인의 내왕과 무역 종사는 곧 카톨릭교의 선교사의 來航을 야기하였다. 이 중에서 특히 카톨릭교의 제수이트 교단에 속했던 프란시스 사비에르(Francis Xavier), 맛테오 릿치(Matteo Ricci), 아담 샬(Adam Schall) 등이 들어와 포교의 승인을 얻어 포교활동을 전개하였는데, 이들은 카톨릭교를 전달하였을 뿐만 아니라 서양의 地理學, 數學, 物理學, 曆學 등의 과학을 전했다. 이 중에서 특히 주목되었던 것은 鐵砲, 大砲 등의 兵器와 曆學, 世界地圖였다. 서양의 신식대포는 중국의 戰術을 일변케 하였고 曆學은 새로운 과학적 방법으로 日蝕을 정확히 예고할 수 있게 하였다. 또 유럽 天文學의 영향을 받은 徐光啓는 『崇禎曆書』를 저술하기도 하였다. 또 맛테오 릿치의 도움으로 작성된 『坤輿萬國全圖』는 漢字로 표기된 최초의 과학적 세계지도로서 지구가 둥글고 중국 이외에도 광대한 문명세계가 있다는 사실을 제시하여 중국인의 世界觀에 놀라운 변화를 가져왔다. 또한 李之藻는 『同文算指』『圜容較義』를 저술하여 서양의 실용적 산술을 소개하였고, 徐光啓는 맛테오 릿치의 도움을 얻어 유클리드의 기하학을 번역하여 『幾何原本』이란 이름으로 소개하였다.

이와 같이 서양으로부터 도입된 天文, 曆法, 數學, 地理學 등은 당시 중국의 지식계층에 깊은 충격과 영향을 주게 되었으며 또 그 결과로 明末의 학풍은 마침내 실용적인 경향으로 발전하게 되었다. 그리고 實用的 學風은 淸代에까지 계속되었다.

제11장 淸代의 中國과 周邊國家

1. 淸의 建國과 中國支配

後金의 建國

만주족은 고대 肅愼으로, 이후에는 勿吉·靺鞨로 불리었다. 宋代에 이르러 女眞으로 불려 金을 세워 南宋과 대치하다가 宋·蒙聯軍에게 멸망되었다. 몽고인들이 中原을 차지한 다음에 이들은 混同江 남북에 분거하면서 建州·海西·野人女眞의 3部로 나뉘었다.

明初에 들어와 명은 이곳에 建州衛를 설치하였는데 이들의 先世인 孟特穆 때 명에 입공하여 建州左衛都督이 되어 명의 간접 통치를 받았다.

명말에 누르하치(Nurhachi, 奴兒哈赤)가 그 부족을 통일하고 蘇子江 유역의 興京에서 汗位에 올라 金을 부흥시킨다는 의미로 국호를 後金이라고 하였다(1616). 그는 淸 太祖로서 薩爾滸에서 명의 대군을 물리치고 遼東평야로 진출한 다음 瀋陽으로 천도하였다.

누르하치는 만주의 여러 부족을 통합하고 이들의 통제를 조직화하기 위하여 만주 고유의 八旗制度를 만들고 8部의 貝勒으로 하여금 공동으로 議政에 참여케 하였다. 한편 東部의 內蒙古와 만주를 거의 다 평정하고 軍備를 정비하여 國勢가 강하여지자 명에 대하여 적극적인 공세를 폈는데 寧遠에서 부상을 입고 죽었다.

누르하치가 죽고 혼타이지(Hontaigi, 皇太極)가 帝位에 올라 太宗이 되었다. 太宗은 대내적으로 제도를 개편하여 皇權을 강화시키고 또한 대외적으로 명을 공격하기 위하여 우선 두 차례에 걸쳐 朝鮮을 정벌, 정치적으로 조선과 명의 관계를 끊어 후환을 없애고, 또한 경제적인 곤란을 타개하고자 하였다. 그리고 몽고를 예속시킨 다음 국호를 淸이라 고쳤다(1636).

清의 中國統一

太宗이 죽은 뒤 나이어린 世祖(順治帝)가 즉위하여 누르하치의 아홉째 아들인 多爾袞(Dorgon)이 섭정하게 되었다. 그는 명의 降將을 향도로 삼아 對明作戰을 펴다가 李自成이 입경하여 崇禎帝가 죽자 이를 구한다는 명분으로 吳三桂를 앞세워 入關, 마침내 北京으로 천도하였다.

당시 江南에서는 명의 일족인 福王·唐王·桂王 등을 받들어 遺臣들이 復明運動을 전개하고 있어 史稱 南明時代라 한다. 그러나 이들도 청에게 투항한 明將들에 의하여 평정되고 그 유공자들인 吳三桂 등을 왕으로 봉하여 雲南·廣東·福建에 주둔케 하였다.

그런데 이들 三藩의 세력이 커지자 聖祖(康熙帝)는 젊은 패기로써 撤藩을 기도하였는데 오히려 이들이 먼저 반란을 일으켰다(1673). 당시 청은 八旗의 실력이 떨어졌으므로 漢人의 綠營으로 8년만에 이를 평정하고, 뒤이어 臺灣에 있던 南明의 잔여 세력인 鄭成功의 세력도 평정하여 비로소 전 중국을 완전히 지배하게 되었다(1683).

그후 청은 대외발전을 가져와 聖祖는 동쪽으로 진출하는 러시아와 네르친스크(Nerchinsk)條約을 체결하고(1689), 黑龍江 유역을 확보하였으며 준가르(準葛爾, Zungar)部를 親征하여 외몽고를 영토로 삼았다, 世宗(雍正帝) 때에 다시 정벌하여 티벳·青海를 병합하였으며, 高宗(乾隆帝) 때에는 그들의 본거지를 토벌하는 등 十全武功에 의하여 영토를 크게 넓혀 동아시아의 전 지역을 그 세력 아래 두게 되었다.

청은 明代의 制度를 답습하는 이외에 특별히 藩屬을 다스리기 위하여 理藩院을 두었으며 雍正帝 때에는 軍機處를 두어 정치적인 실권이 內閣에서 이곳으로 옮겨져 중앙집권을 완성하였으며 황제의 독재권이 더욱 강화되었다. 지방은 두 省에 총독을 두고, 각 省에는 巡撫를 두었으며 그밑에 學政·布政使·按察使가 있어 교육·행정·사법을 분담하였다. 省 아래의 조직은 前代와 거의 비슷하였다. 결국 청은 중국의 제도로서 중국적인 統治를 한 셈이었다.

청의 중국통치정책은 중국 문화를 존중하여 懷柔政策을 취하였으며 그

렁지 못한 경우에는 威壓政策을 썼다. 즉 관리의 등용에서 滿·漢併用 방침을 세우고 과거제도를 실시하여 士人들의 길을 열어주고 학문을 장려하여 도서 편찬에 온 정력을 쏟게 하여 反滿感情을 해소시키려 하였다. 그러나 辮髮令을 내려 중국인의 기를 꺾고자 이른바 「有頭無髮, 無頭有髮」이란 말이 있게 되었으며, 反滿의 文辭를 사용한 이들을 투옥 또는 처형하는 文字獄을 일으키고, 禁書令도 내려 反滿思想을 탄압하였다.

이와 같이 청은 고도의 정치적인 기술로써 중국을 지배하였으나 乾隆말부터 서서히 쇠퇴하기 시작하였다. 즉 관리들은 점차 부패하고 八旗兵의 약화로 지배력이 떨어졌는데 사치풍조·물가의 폭등으로 생활의 불안을 가져왔다. 이러한 정치적·사회적인 모순은 漢人의 民族感情을 유발시키고 反淸的인 비밀결사들이 표면화되었다. 그리하여 乾隆末부터 嘉慶·道光시대에 白蓮敎徒의 亂을 비롯하여 계속 民亂이 일어났으나 漢人들의 鄕勇에 의하여 겨우 질서를 유지하여 나갈 수밖에 없었다. 이것은 바로 청의 弱體를 의미하기도 한다.

2. 淸代의 社會와 文化

淸代 社會와 經濟

청은 中國支配의 확립을 도모하면서 황폐화된 농지를 개간하여 농업을 장려하고 사회의 안정과 경제적 발달을 가져와 중국사회는 보다 성숙된 양상을 보여 주었다. 淸代 사회는 정복자인 八旗의 旗人이 청의 근간이 되어 圈地를 중심으로 우대받는 이외에 거의 明代 사회의 연장이었다.

사회의 지배층은 여전히 鄕紳들로 그들은 사회적·경제적으로 지방의 지주나 有力者로서 상층 鄕紳은 城居地主나 生員層을 중심으로 이루어졌고, 하층 鄕紳은 鄕居地主로 촌락조직의 중심이 되었다. 또한 상업이 발달함에 따라 商業資本과 결탁하거나 상업을 겸하여 不在地主로서 토지를 겸병하여 이들은 그들의 특권을 유지하려고 하였다. 따라서 농민은 佃戶나 傭工으로 전락하는 자가 많았다.

그러나 明末 이래 抗租運動을 통하여, 그리고 청의 농업보호정책으로 농민의 지위는 보다 향상되었으며 世宗 때에는 천민을 해방시켰다. 또한 인구가 급속도로 증가하게 되자 한인들에게 금지구역이었던 만주가 개방되고, 동남아시아로 이주하여 華僑가 되었다. 한편 청의 사회조직은 明代의 里甲制 대신 保甲制를 실시하였다.

明代에 이르기까지 湖南北 지방과 江浙지방이 쌀의 중요 생산지였다. 그러나 면직물을 중심으로 수공업이 발전하여 資本과 勞動이 분리되어 농산물의 상품화 현상이 두드러지게 나타났다. 따라서 쌀의 생산지는 湖廣이나 福建지방이 중심이 되고 木棉의 재배가 보급되었으며 茶의 생산량도 크게 증가되었다. 여기에 明末에 수입된 감자·고구마·옥수수 등 새로운 작물이 중요 농작물로 등장하였다.

明 중기 이래 江南을 중심으로 발전된 수공업도 점차 소규모 工場制 경영으로 바뀌었다. 특히 청대에는 명대의 匠籍制度를 폐지하고 그들의 신분을 해방시켰다. 또한 관영 수공업을 축소시켜 고용노동이 기초가 되어 크게 발전되었다. 면직물의 경우에 기술의 진보와 생산량이 증가하였고, 景德鎭의 陶磁器業도 분업화되고 전문화되어 생산 기술이 크게 향상되어 비단·茶와 함께 해외로 수출, 銀의 유입이 증가하게 되었다.

이와 같은 현상은 상업도 발달시켜 客商團으로 新安·山西 상인들이 상업자본을 주름잡고 있었다. 이에 票號·錢莊·典當業과 같은 금융기관이 나타나고, 주요 도시에는 會館·公所가 세워졌다. 또한 同鄕·同業者의 상호부조를 위한 幫도 조직되었다.

銀의 유통으로 화폐 경제가 발전하자 地租와 丁(人頭)稅로 되었던 세제를 합하여 地丁銀制度를 바꾸어 銀納化시킴으로써 토지 소유자로부터 징수하였다. 한편 외국과의 무역은 臺灣을 평정하고 海禁이 해제된 이후 활발하였으나 무역항은 廣州의 한 항구로 제한하고 公行을 통하도록 하는 등 불합리한 조건이 많아 중국으로 진출하려던 서양인들의 불만을 가져 왔다.

淸代의 文化

淸代는 知識人을 회유하고 또한 몇몇 황제들이 중국의 학술 문화를 좋아하고 장려하였기 때문에 문화가 크게 발전하였다. 그리고 문화의 주류도 政治의 중심인 北京보다는 經濟力이 풍부하고 明 이래의 전통을 갖고 있는 江南이 중심이었으므로 중국의 전통문화를 받아들이고 또한 이에 同化되었다. 清代 文化의 특색은 反滿思想을 근절시키는 것이 기본이었기 때문에 이에 따라 대규모의 圖書編纂과 실증적인 考證學이 일어났고, 한편 서양문화의 영향도 받았다.

학술은 엄격한 사상의 통제로 古典의 文獻에서만 학술적인 근거를 찾아 자유스러운 기풍이 사라지고 창조력이 결핍되었다. 초기 康熙帝가 朱子學을 제창하였으나 명말 이래의 顧炎武·黃宗羲 등은 陽明學에 대한 반동으로 經世實用을 주장하여 考證學의 문을 열었다.

그런데 顧炎武는 經學을, 黃宗羲는 史學을 중시하였다. 전자는 『日知錄』, 『天下郡國利病書』를 지었으며 그의 학문은 閻若璩·戴震·惠棟 등에게 계승되면서 吳派와 皖派로 나뉘어 발전되었는데, 兪樾·孫詒讓에 의하여 청말까지 전하여졌다. 후자는 『明夷待訪錄』, 『明儒學案』을 지었는데 그의 학문은 萬斯同·全祖望·章學誠 등에게 계승되면서 이른바 浙東史學派를 이루었다.

이밖에도 王船山은 경학 중에서도 純粹哲理를 제창하였으며, 實學을 주장한 顏元·李塨의 顏李學派와 중기부터 莊存與가 『春秋』 가운데 公羊學을 중심으로 새로운 사상을 발전시켜 劉逢祿·龔自珍, 그리고 康有爲로 연결지어지는 公羊學派가 대두되었다.

康熙·雍正·乾隆 시대의 풍부한 경제력을 바탕삼아 漢人을 회유하기 위한 정책으로 『康熙字典』·『佩文韻府』·『古今圖書集成』과 같은 방대한 것들이 황제의 명에 따라 편찬되었다. 乾隆 때에는 『四庫全書』가 편찬되었는데 이를 기회로 적지 않은 反滿的 도서가 禁書로서 소각되기도 하였다.

明末에 전래된 제수이트파의 기독교는 天主教로 불리었는데, 처음 중국의 전통을 존중하여 17세기부터 포교가 궤도에 오르고 또는 서양의 문물이 중국에 소개되었다. 그러나 뒤늦게 중국에 들어온 프란시스코파 등이 제수이트派의 포교 방법을 비난하여 典禮問題를 일으키었다. 이 때문에 禁教가 되어 선교사가 추방당하는 등 수난을 입게 되었는데, 바로 이때는 서양이 政治·產業革命 등으로 급변하는 시기였다. 따라서 中西文化의 교류에 중요한 역할을 하였던 선교사들이었기 때문에 중국의 국제사회 참여가 그만큼 뒤늦어지게 되었다.

문학은 明이래 古文의 영향으로 唐宋文을 배격하고 駢麗體를 제창한 孔廣森·紀昀 등이 있고, 이에 대하여 古文을 주장한 桐城派가 나타났는데 方苞, 姚鼐·曾國藩 등이 이에 속하였다. 또한 汪中같은 古·駢麗體의 절충파도 있다. 詩에는 錢謙益이 청의 詩壇을 확립하고, 康熙 때 王士禛이 神韻派를 만들어 청대의 詩宗이 되었다. 뒤이어 袁枚가 나타나 性靈說을 주장하고 후기에는 宋詩를 宗으로 삼는 同光體가 나타났다. 詞는 納蘭成德이 뛰어났고, 소설로는 曹雪芹의 『紅樓夢』, 吳敬梓의 『儒林外史』, 蒲松齡의 『聊齋志異』가 있으며, 희곡은 洪昇의 『長生殿傳奇』, 孔尚任의 『桃花扇傳奇』가 유명하였다.

미술은 董其昌의 영향을 받은 이른바 4王(王時敏·王鑑·王翬·王原祁)과 吳惲(吳歷·惲格)이 있는데, 吳는 西洋畵法에 능하고, 惲은 花鳥畵에 뛰어났다. 한편 宮廷畵院에는 선교사인 카스틸리오네(Castiglione : 郞世寧)와 지겔파스테(Sichelpasthe : 艾啓蒙)이 있어 중국 화단에 영향을 끼쳤으며, 서예는 嘉慶·道光 이후 碑學이 크게 일어났다.

3. 清代의 中央아시아와 日本

中央아시아

서아시아와 중앙아시아 일대에서 활동하고 있는 투르크 족의 세력은 한때 蒙古族의 억압을 받았다. 그러나 몽고족이 쇠퇴하면서 다시 활동하기 시작하여 비록 단명으로 끝나긴 하였지만 티무르제국이 건국되어 넓은 영토를 차지하고 있었다.

티무르 제국이 붕괴된 이후에 그 지배 아래에 있었던 이란 지방에서는 이란인의 국수 운동이 일어나 이스마일(Ismail)이 전 이란을 통일하고 사파비(Safavi, 1502~1736)朝를 세웠다. 그는 이슬람의 술탄 칭호를 버리고 페르시아語의 존칭인 샤아를 사용하였으며 또한 시아파의 이슬람교를 국교로 정하여 이란민족주의를 강조하면서 순나파의 아라비아·아프가니스탄 등에 대항하였다.

압바스 大帝 때 전성기를 맞이하였으며 18세기에 나디르 샤아(Nadir Sah)가 나타나 중앙아시아와 인도·오스만 투르크로 진출하여 위세를 떨쳤다. 그리고 그가 죽은 후에 테헤란에 서울을 둔 카쟈르(Kashgar, 1796~1925)朝가 성립하였으며, 무굴제국에게 복속되어 있던 아프간인들도 아프가니스탄 왕국을 세웠다.

또한 東차카가이 한국이 부흥되었으나 이들은 곧 준가르部에게 지배받았으며, 또한 준가르部가 淸의 정벌을 받아 복속되어 淸에서는 이를 回部라 불렀다. 한편 우주베크족은 부카라 칸(Bukhara Khan, 1505~1920), 히바 칸(Khiva Khan, 1512~1873), 코칸드 칸(Khokand Khan, 1812~1876)의 3칸국을 세웠다. 이들의 경제적인 기초는 중국과 러시아의 중계 무역이었는데 중앙아시아로 진출하려는 러시아의 세력에 눌려 그들의 보호국이 되었다가 타시켄트에 수도를 둔 우주베크 공화국이 성립되어 소련 연방에 편입되었다.

日 本

豊臣秀吉(Doyotomi Hydeyosi)이 죽은 후, 실권은 織田信長(Oda Nobunaga)의 또다른 장군인 德川家康(Dogugawa Ieyas)의 수중으로 들어갔다. 그는 1603년 征夷大將軍의 칭호를 얻고 江戶(Eto, 현재의 東京)에 막부를 성립시켜, 德川幕府가 明治維新 때까지 정권을 유지하였다.

德川時代의 정치 조직을 幕藩體制라 하는데 절대적 지배자인 將軍이 幕府를 장악하고 그 아래 여러 大名들이 자치권을 행사하였다. 그리고 大名들 이외에 旗本·御家人 등 장군에 직속된 武士들이 있어 막부는 직할 토지를 그들에게 나누어 주었다. 大名들 밑에는 家臣과 下級武士들이 있어 大名으로부터 封地 혹은 俸祿을 받았다. 天皇은 표면적으로 존경을 받았으나 조금도 실권이 없었으며 財政收入도 대단히 적었다. 막부에서는 親信을 京都에 상주시켜 皇室·貴族과 서부 大名들을 감독하였으며, 조정의

公卿 임명도 반드시 막부의 승인을 받아야 하였다.

막부 통치 아래 전 국민은 武士・農民・手工業者와 商人의 4등급으로 나뉘어 있었다. 武士는 각종 특권을 향유하고 政治에 참여할 수가 있었다. 전국통일에 의하여 촉진된 상업의 발달로 인하여 사회적으로 중요한 계급이 되어간 상인과 職匠 등을 총칭하여 町人이라 불렀다. 4등급 이외에 나라시대 이래 존재해 온 賤民이 있는데 이들은 郊區에 특수 부락을 형성하고 있었다.

일본의 海外貿易은 幕府 초기에 신속히 발전하였다. 처음 우리나라와 國交를 회복하고 중국과도 무역이 활발하였다. 막부는 특별히 朱印狀을 발급하여 關稅를 면제하여 주고 무역 장소도 제한하지 않았다.

천주교가 들어온 후 신속히 전국적으로 포교가 되었는데 豊臣秀吉 때 처음 放任政策을 쓰다가 후에 禁敎를 실시하였다. 그러나 철저하게 실시하지 않았을 뿐만 아니라 德川幕府 초기에는 對外貿易의 이익을 중요시하여 천주교의 전파를 묵인하였다. 그러나 이들 천주교도와 서남 大名들이 깊은 관계를 맺고 있고, 또한 대외무역으로 서북 大名들의 세력이 커지면서 막부의 통치를 위협할까 두려워 1611년에 天主敎의 禁令을 내리고 다음해에 선교사와 신도들을 박해하였다.

1637년에 島原農民들이 敎徒와 浪人을 중심으로 반란을 일으켰다. 이 난은 약 5개월 동안이나 계속되었으며 막부는 이 난을 평정한 이후 더욱더 禁敎政策을 쓰고 동시에 鎖國政策을 썼다. 특히 유럽인들을 축출하는 이외에, 本國人으로 이미 출국하여 외국에 나가 있는 자도 돌아올 수 없게 하였다. 1639년에는 鎖國令을 내려 외국과의 무역마저도 금지시켰는데 이와 같은 정책은 약 200여년간 계속되었다.

제12장 西勢와 中國·日本의 近代化

1. 西洋勢力의 中國進出

西洋人의 東洋貿易

십자군의 원정과 몽고의 西征에 의하여 西歐人의 동양에 대한 관심이 높아짐에 따라 동양의 물품이 그들이 갖고자 하는 동경의 대상물이 되었다. 또한 遠距離 무역이 발전함에 따라 東洋貿易에 종사하는 서양 상인들의 수도 점차 늘어갔다.

그런데 15세기에 들어와 오스만 투르크가 지중해의 제해권을 장악하고 東西貿易路를 차단하였기 때문에 서유럽에서는 동양 상품의 수입이 거의 두절상태에 이르렀고, 따라서 그 가격도 엄청나게 올라가기 시작하였다. 이에 서유럽인들은 투르크인의 방해를 받지 않고 동양으로 오고자 하는 욕망이 일어나 새로운 交通路를 발견하기에 이르렀다. 특히 제일 먼저 관심을 가진 것은 포르투갈인과 스페인인이었다.

1498년에 포르투갈의 바스코 다 가마(Vasco da Gama)는 喜望峰을 우회하고 인도의 캘리컷(Calicut)에 도착하여 직통 항로를 발견하는 데 성공하였다. 따라서 이 항로의 발견과 더불어 서유럽인의 東洋貿易은 본격적으로 발전되었고 여기에 宣教師들이 또한 참여하여 西勢가 물밀듯이 동양으로 들어왔다.

당시 동아시아는 중국을 중심으로 하여 아시아적인 세계 질서 속에서 이른바 中華思想과 朝貢이라는 관계를 갖고 유지되어 오던 사회였으며, 서양문명의 실용성을 인정하면서도 본질적으로는 중국문화가 우월하다는 생각을 버리지 못하고 있었다. 한편 중국은 땅이 넓고 생산되는 산물도 많아 자급 자족이 가능하였으므로 다른 나라와의 통상을 절실하게 필요로 하지 않았다. 그러나 외국 상인들이 중국에 와서 무역을 하고자 하면 이를 아주 막지 않았다.

포르투갈·스페인·네덜란드의 中國 進出

포르투갈은 印度航路 발견 이후 이른바 敎皇의 植民地 分界線에 의하여 동양무역을 독점하게 되어 당시 인도 무역을 지배하고 있던 아라비아 상인들을 몰아내고, 1537년에는 중국 廣東灣의 마카오(Macao : 澳門)를 永久租借地로 삼아 거점을 마련하였다. 이어 이들은 1543년에 日本의 種之島에 표착하여 철포를 전하고, 다음해에는 九州의 平戶에 商館을 설치하여 일본과 처음으로 무역을 시작하였다.

한편 아메리카대륙의 경영에 바빴던 스페인은 이보다 늦게 東洋으로 진출하였다. 이들은 필리핀을 점령하고 이곳을 무역 근거지로 삼았다. 그리고 중국의 廣東에 와서 무역하고자 하였으나 포르투갈의 방해로 뜻을 이루지 못하고 마닐라로 왕래하는 중국 상인들과 무역하였다.

이후 스페인으로부터 독립한 네덜란드가 동양 무역에 진출하였다. 이들은 東印度會社를 설립하고 자바섬에 바타비아(Batavia)를 건설하여 중국·일본과도 무역을 시작하였다. 특히 일본에는 이들에 의하여 西洋文物이 전해지기도 하여 이른바 蘭學이 일어나기도 하였다. 그러나 중국과의 무역은 역시 포르투갈인의 방해로 부진상태였다. 이에 이들은 臺灣을 점령하여 이곳으로 왕래하는 중국 상인과 무역하였는데, 그후 鄭成功에 의하여 축출당하였다가 淸朝가 臺灣을 평정하게 되자 중국과 다시 무역하게 되었다. 그러나 이들의 무역활동은 뒤이어 등장한 영국과 프랑스 세력에 눌리게 되었다.

러시아의 中國進出

러시아는 모스크바대공인 이반 3세(Ivan Ⅲ)가 킵차크汗國을 멸망시키고 그 지배로부터 벗어난 뒤 점차 그 세력 범위가 확대되어 이반 4세 때에는 南러시아로부터 우랄산맥에 이르는 지역을 차지하였다. 당시 黑海地方에는 카자크라는 유목민족이 있었는데 그 추장 예르마크(Yermark)는 우랄산맥 이동으로 진출하여 이곳에 있던 시비루汗國을 멸망시키고 그 정복지를 이반 4세에게 바쳐 러시아의 동방진출이 시작되었다. 그리고 17세기에 피오트르大帝(Peter the Great)가 등장하면서 더욱 활발하여졌다.

피오트르대제가 내세운 西歐化政策과 不凍港을 얻기 위한 東進·南進政策은 러시아의 전통적인 정책으로 되어 뒷날 러시아의 발전에 커다란 원동력이 되었다. 러시아는 카자크족을 선두로 시베리아 經略에 착수하여 17세기 중엽에는 캄챠카반도와 黑龍江 유역에까지 도달하였다. 그리하여 淸이 아직 전국을 통일하지 못하였을 때에 松花江 하류에서 몇 차례의 충돌이 일어났다. 이에 淸은 러시아와 네르친스크(Nerchinsk)條約을 체결하고 外興安嶺과 아이훈(Aigun : 愛琿)河를 경계로 양국의 국경을 정하였다(1689).

이렇게 하여 러시아 인의 흑룡강 유역 진출을 저지시켰으며 중국으로서는 처음으로 平等條約을 체결하였다. 또한 러시아館을 설치하고 러시아인이 北京에 다시 通商하도록 하고, 유학생들의 파견도 허락하였다.

雍正帝 때에 이르러 다시 캬흐타(恰克圖)條約을 체결하여(1727) 국경을 확정하고, 또한 캬흐타에서의 무역을 인정하여 마치 남쪽의 廣州와 같았다. 또한 잠시 중단되었던 유학생의 파견도 받아들였는데 이처럼 관대하였던 것도 준가르 문제와 관련이 있었다.

따라서 康熙·雍正 시대에는 러시아인들이 중국으로부터 비교적 禮遇를 받았고 중국의 실정도 비교적 많이 이해할 수 있었다. 그런데 乾隆帝 때에 러시아인의 北京무역을 금지하고 모든 것을 캬흐타로 제한하였다. 또한 분규로 閉市한 일도 일어났으므로 중국과 러시아의 관계는 다른 서양과의 관계와 같아졌다.

한편 북쪽으로는 베링 해협을 건너 알래스카(Alaska)를 점령하고 에카테리나 2세(Catherine Ⅱ) 때에는 일본의 북쪽을 탐험하여 千島列島를 점령하고 鎖國 日本을 위협하였다.

阿片戰爭과 南京條約

영국은 東印度會社를 설립하여(1600) 이를 중심으로 동양무역에 진출하였으나 주로 印度經營에 힘써 왔다. 그리고 18세기 후반에 이르러 프랑스와의 경쟁에서 패권을 잡게 되자 곧 중국 무역에 손을 뻗쳐 타국의 세력을 압도하게 되었다.

그런데 당시 淸에서는 외국과의 무역을 廣州 한 항구로 제한하여 허락하고, 또한 모든 무역은 公行이라는 특허 상인들에 의하여 독점, 대행되었으므로 東印度會社는 중국과의 무역에 많은 불편이 따랐을 뿐만 아니라 불리한 조건이 많아 유쾌하지 못한 것이었다.

그러므로 영국은 廣州 무역의 개선과 확대, 그리고 다른 항구의 개방 등 여러 가지 무역상 불합리한 조건을 타개하기 위하여 1793년에는 매카트니(George Lord Macartney)를, 1816년에는 암허스트(William Pitt Lord Amherst)를 사절로 중국에 파견하였으나 淸과의 교섭은 모두 실패로 끝났다. 따라서 영국은 武力으로 그 해결점을 찾고자 하였다.

영국의 東印度會社는 처음에 주로 모직물을 중국에 수출하고 차·비단·도자기 등을 수입하였으나 이후 영국에서는 茶의 수요가 격증됨에 따라 그 수입량도 증가하였다. 그런데 이에 비하여 영국의 모직물 수출은 증가되지 않았으므로 해마다 많은 양의 銀을 중국에 지불하게 되었다. 18세기 후반에 이르러 영국에서 산업혁명이 일어나자 공장의 시설과 이에 따르는 많은 자본이 필요하게 되어 영국은 銀의 해외 유출을 억제하였다. 그러므로 東印度會社는 銀의 대가로 印度産의 아편을 중국으로 들여보내 그 수지 균형을 맞추고자 하였다.

중국에서 아편 흡연의 악습은 明末부터 시작되었으나 淸代로 들어와 官吏들의 부패로 아편 밀수입이 성행되고, 또한 東印度會社의 阿片 수출로 중국의 阿片 수입량은 해마다 증가일로에 놓였다. 따라서 막대한 銀이 중국으로부터 국외로 유출되게 되어 淸은 아편 흡연의 禁令을 내리고, 1839년에 林則徐를 欽差大臣으로 임명하여, 廣州로 파견하였다. 林則徐는 廣州에 이르자 영국인 소유의 아편을 전부 몰수하여 소각해 버리고 아편 密貿易을 엄금하는 한편 英國商人들을 마카오로 추방하였다.

對中國貿易에 있어서 불리한 조건이 개선되기를 갈망하고 있던 영국은 이와 같은 구실을 좋은 기회로 여기고 전쟁을 일으켜 무력으로 목적을 달성하고자 하였다. 1842년에 英軍이 廣州를 함락하고 上海·鎭江을 거쳐 南京에 육박하게 되자 淸은 굴복하고 남경에서 강화 조약을 체결하였다.

이 조약의 내용은 배상금의 지불과 홍콩을 영국에게 할양하며, 廣州·厦門·福州·寧波·上海 등 다섯 항구를 개항하고 公行制度를 폐지할 것 등이었다. 이 조약에 이어 다음 해에 虎門條約을 체결하였는데 중국에 있어서 영국의 領事裁判權·最惠國待遇 등 중국에 대하여는 불평등한 것이었다. 또한 청은 영국과 프랑스와도 望厦·黃埔條約을 체결하여 그 문호를 개방하게 되었다. 특히 피동적으로 조약에 의하여 關稅自主權이 상실되고 외국인 거류지(租界)에서의 治外法權을 인정하여 중국은 국제사회에서 불평등한 지위에 있게 되고 서서히 半植民地化되기 시작하였다.

英佛聯軍과 北京條約

上海는 開港 이래 순조롭게 발전한 데 비하여 廣州와 그 부근 지역의 중국인들은 빈번히 영국인과 충돌하여 영국인의 廣州入城을 거부하였다. 또한 영국은 기대하였던 만큼의 중국무역이 성과가 없게 되자 북부지방의 開港과 使節의 北京駐在가 절실하게 되었다. 그런데 청은 이러한 영국의 요구를 거절하여 영국은 다시 武力으로 해결하고자 하였다.

이때 애로우(Arrow)號 사건이 일어났다. 즉 홍콩籍인 중국인의 애로우호의 선원들이 밀수용의자로 체포되어 일어난 것으로, 당시 兩廣總督인 葉名琛이 사건 해결을 소홀히 한 데서 확대되었다. 그러나 영국은 단독 出兵을 꺼리고 마침 프랑스 神父 샤프들레이느(Pére Auguste Chapdelaine)가 廣西省에서 피살되자 당시 해외로 발전하려는 나폴레옹 3세의 심리를 이용하여 聯軍을 조직하고 공동으로 중국과 작전하게 되었다.

聯軍은 廣州를 점령하고 다시 北上하여 大沽를 함락한 다음 天津으로 진격하여 청은 크게 당황하고 天津條約을 체결하였다(1858). 그 내용은 외국공사의 駐京 허가를 비롯하여 개항지의 증가 등을 중심으로 모두 56조에 달하는데 영국은 한 자도 수정하지 못하게 하였다.

한편 러시아도 중국으로의 진출에 게을리하지 않고 아이훈(愛琿)條約을 체결하여 흑룡강 이북 烏蘇里江 이동의 연해주 지역을 중국과 공동으로 관리하게 되었다. 그리고 또한 天津條約을 체결하도록 주선하여 미국과 함께 淸과 별도로 天津條約을 체결하였다.

그러나 이듬해 批准交換을 위하여 北京으로 가던 일행이 청의 포격을 받고 미국만이 교환을 마치게 되자 이에 격분한 英·佛聯軍은 天津을 거쳐 北京을 함락하였다. 따라서 咸豊帝는 뒷 일을 恭親王에게 위임하고 熱河로 피난하였으며 淸은 이에 굴복하고 영·불·러시아·미국과 다시 北京條約을 체결하였다(1860). 이 조약은 天津條約을 보충한 이외에 天津의 개항, 九龍을 영국에게 할양하며 배상금의 증액 등이 포함되어 있다.

英·佛聯軍의 北京 점령 기간은 불과 18일이었으나 滿淸貴族이 직접 西洋武力의 자극을 받고 西洋武器의 우수성을 인식하게 되었다. 또한 서양인에 대하여 가졌던 편견도 점차 수정하는 계기가 되었으며 종래의 夷務가 洋務로 바뀌게 되어 서양의 長技를 배워서 서양을 막아야 한다는 운동이 일어났다.

2. 中國·日本의 近代化

太平天國

乾隆末부터 관리의 부패, 軍紀의 해이, 인구의 급증 등으로 정치적 사회적 혼란을 가져와 白蓮敎徒의 亂을 비롯하여 反淸民亂이 일어났다. 특히 阿片戰爭 후 유럽의 제품이 대량으로 유입되어 중국에 경제적인 타격을 주게 되자 이 틈을 타서 洪秀全은 滅滿興漢을 구호로 太平天國을 세웠다(1851).

洪秀全은 廣州府考에 여러 차례 응시하다가 낙방되고 고향으로 돌아가 자칭 예수의 동생이라 하면서 拜上帝會를 조직하였다. 道光末에 廣西에 기근이 일어나고 이들의 세력은 더욱 커져 金田에서 起兵하였으며(1850), 天地會와 같은 秘密結社와 연합하여 揚子江 하류로 내려와 南京을 함락하고 이곳을 天京이라 고쳐 수도로 정하였다.

太平天國은 이른바 天朝田畝制度를 발표하여 토지의 均分, 地租의 감면,

奴隷賣買의 금지, 부녀의 纏足 금지, 儒家排擊 등을 내세웠으나 자체 내의 내분과 모순으로 인하여 그 세력이 점차 약화되었다.

청은 처음 무력한 官軍을 갖고 평정할 수 없자 전통문화를 존중하고 鄕土自衛를 위하여 조직된 鄕紳層의 鄕勇에 의지할 수밖에 없었다. 이때 曾國藩의 湘軍과 李鴻章의 淮軍이 이를 평정하였다.

한편 처음에 중립을 지키고 있던 서양 각국도 이들이 앞세우고 있는 기독교가 이단이었는 데다가 南京條約 이후 개항되어 크게 발전한 上海를 공격받게 되고, 또한 北京條約의 체결로 유리한 입장에 처하여지자 太平軍을 공격하는 태도를 취하였다. 上海의 서양인들은 傭兵들로 常勝軍(또는 洋搶隊라 함)을 조직하여 淮軍과 함께 태평군을 평정하였다. 따라서 太平軍은 15년만에 진압되고(1864) 그 잔당이 捻亂에 합류하였으나 淮軍과 左宗棠에게 평정되었으며 일부는 越南으로 들어가 뒷날 문제가 되는 黑旗軍이 되었다.

태평천국은 일종의 民族主義 革命으로 또한 中國革命運動의 선구라고 할 수 있다. 그러나 중국은 제국주의 침략에 효과적으로 대처할 수 없게 되고 근대적 개혁의 기회도 잃고 말았다. 한편 평정에 功이 있었던 漢人들의 政治的인 지위가 크게 향상되고 鄕勇은 지방에 있어 割据勢力을 증대시켜 뒷날 軍閥의 기원이 되었다.

洋務運動과 變法自强運動

태평천국을 평정한 曾國藩·李鴻章·左宗棠 등 漢人 출신이 정치적으로 크게 진출하고 또한 발언권마저 강하였다. 이들은 阿片戰爭을 겪고나서 중국의 후진성을 통감하고 서양의 機械·軍事技術을 도입하여 중국의 부강을 도모, 내우외환을 막으려는 운동을 벌였다. 이와 같은 自强運動을 洋務運動이라 하며 同治帝 때의 개혁이기 때문에 同治中興이라고도 부른다.

이 운동은 먼저 總理各國通商事務衙門을 설치하여 외교와 통상을 비롯한 洋務를 맡아보도록 한 다음 모두 30년 동안 계속되었는데 제 1기(1862~74)에는 서양의 군사 지식과 군기 제조의 소개, 제 2기(1875~84)에는 인재의 양성과 국방에 관련된 電報·鐵道의 건설 및 紡織·鑛業에 주의하고, 제

3기(1885~94)에는 富國을 중시하여 輕工業을 발전시키기 시작하고 利權를 회수하는 데 역점을 두었다. 따라서 外國語學校를 설립하고 유학생을 파견하였으며 특히 軍需工業과 造船工業을 일으켰다.

그러나 이 운동의 정신은 中體西用에 두어 외면적인 모방에만 만족하고 서양의 근대 정신을 이해하지 못한 채 軍事工業 중심의 근대적인 工業育成에만 노력하였을 뿐이었다. 여기에 이 운동을 이끌어 가는 인물들이 서양에 대한 올바른 인식을 하지 못하고, 또한 깊은 知識도 없었기 때문에 표면적으로는 성과가 있는 듯하였으나 한계성이 많았다.

한편 이 기간중에 列强의 압박은 계속되고 琉球·越南 등 藩屬에 대한 宗主權마저 상실하게 되었다. 더우기 거의 같은 시기에 근대화를 시작한 日本과 朝鮮問題를 둘러싸고 발발한 淸日戰爭에서 선전포고 없이 기선을 제압당한 중국이 패배하게 되었다. 이리하여 지금까지의 中興運動도 실패로 돌아가고 馬關(下關)條約을 체결하여 막대한 액수의 배상금을 지불하고 값싼 일본의 제품들이 중국시장에 진출하여 자체 공업 발전에 큰 피해를 받게 되고, 일본은 더욱 더 자본주의가 발전하게 되어 아시아의 새로운 帝國主義 國家가 되었다.

淸日戰爭의 패배는 청의 弱體를 폭로하게 되어 열강들은 다투어서 그들의 利權 쟁탈에 광분하였다. 일본이 대만을 차지한 이외에 러시아는 三國干涉의 공으로 東淸鐵道의 부설권과 旅順·大連의 租借를, 독일은 독일인 선교사 피살을 이유로 膠州灣과 山東半島 안의 철도부설권·광산채굴권을, 영국은 威海衛와 揚子江 일대를, 프랑스는 廣州灣을 각각 조차하여 그 세력 범위로 정하였다. 한편 미국도 국무장관 헤이(John Hay)가 문호개방을 선언하고 중국 진출의 기반을 닦으려 노력하였다(1899).

이와 같이 서구 열강의 진출이 격화됨에 따라 洋務運動의 모순을 반성하고 국가의 法制를 비롯하여 근본적인 개혁, 즉 立憲君主政으로 하고 富强을 도모하고자 하는 운동이 일어났는데 이를 變法自强運動이라 한다. 이 운동은 康有爲, 梁啓超가 중심이 되어 光緖帝의 지지를 받고 戊戌年(1898)에 약 100일 동안 실시되었기 때문에 戊戌變法, 康梁變法 또는 百日維新이라고도 한다.

그러나 이러한 개혁 운동은 보수적인 관료, 특히 西太后를 중심으로 하는 만주 귀족의 맹렬한 반대를 받고, 또한 袁世凱의 배신으로 실패하였다. 따라서 이 두 사람은 일본으로 망명하여 孫文이 중심이 되어 전개되고 있는 혁명 운동에 대하여 保皇運動을 일으키고, 또한 淸은 西太后 일파가 정권을 장악하여 다시 保守·排外的인 경향으로 흐르게 되었다.

日本의 近代化

阿片戰爭을 계기로 列强의 중국에 대한 진출이 빈번하여지면서 일본에 대한 관심도 커졌다. 1853년에 미국의 페리(Perry)提督은 浦賀에 상륙하여 개항을 요구하였다. 이에 일본은 다음해 美日和親條約을 체결하여 200년 이상이나 지켜 왔던 鎖國政策을 포기하였다. 그후에 英·佛·荷·러시아 등과 修好通商條約을 체결하였으나 이 조약은 治外法權과 最惠國待遇를 인정하고 關稅의 자주권을 상실한 不平等條約이었다.

그런데 開港 이후 경제의 혼란을 가져오고 생활의 어려움이 심하여져 1860년대에는 民亂이 격화되기는 하였으나 列强의 進出에 대항하기 위하여 봉건체제를 타파하고 강력한 中央集權國家를 건설하지 않으면 안된다는 절박한 사태에 직면하였다. 이에 봉건제도를 반대하고 정치·사회제도에 철저한 혁신을 요구하는 下級武士·農民·商人의 힘이 결합되고 막부세력에 대항하는 西日本의 薩摩·長州·土佐·肥前 등 大藩의 討幕運動에 의하여 大政奉還·王政復古를 실현하게 된 明治維新을 단행하였다. 그런데 이것은 일본의 근대화와 國勢의 발전에 공헌한 것은 사실이나 天皇·藩閥·官僚·軍人·大地主·財閥을 주축으로 하는 절대주의적인 성격을 띠고 있다.

明治 신정부는 5개조의 御誓文에 의하여 國政을 밝히고 版籍奉還·廢藩置縣을 실시하여 중앙집권체제를 굳히고 四民平等, 教育制度의 확립, 稅制의 개혁 등 근대화의 여러 정책을 적극적으로 실시하였다. 그러나 사회의 혼란을 막을 수 없어 專制政權에 불만을 품은 士族의 반항은 무력항쟁과 정치운동의 두 가지로 나타났다. 전자는 西南戰爭으로 정부의 진압으로 평정되고, 후자는 자유민권운동으로 국민의 지지를 받아 國會開設運動·

政黨의 설립 등 활발한 움직임을 보였으나 정부는 오히려 이를 억압하면서 天皇의 권력을 강화하고 議會의 권력을 제한하는 憲法(明治)을 반포하여 정부의 지위를 굳혔다.

한편 정부에서는 富國强兵策을 강행한 결과 軍需工業과 紡績·製絲業 등을 중심으로 산업혁명이 진행되었다. 그러나 국내 자원과 시장이 협소하므로 이를 해외에서 확보하지 않으면 안되었다. 그리하여 西歐列强에 대하여는 不平等條約을 개정하기 위하여 노력하는 한편, 인접된 약한 국가에게는 强硬策을 취하여 琉球를 병합하고 우리나라에도 손을 뻗쳤다. 특히 일본은 대륙이 그들의 생명선이라 주장하는 大陸政策을 표방하고 적극적인 진출을 꾀하였으며 점차 軍國主義化하기 시작하여 마침내 淸日戰爭이 일어나 여기에서 승리하여 비약적인 발전을 가져왔다. 그리고 日·露戰爭에서도 승리하여 資本主義가 급속도로 발전하였다.

제13장 中華民國의 樹立과 試練

1. 辛亥革命과 中華民國

清의 崩壞

北京條約에 의하여 기독교의 포교가 공인되고 외국인 선교사들의 활동이 활발하게 되자 각지에서 중국인들과 마찰을 일으켜 教案이 발생하였다. 또한 열강의 중국 진출은 중국인들의 排外感情을 높여주는 원인이 되었다. 清日戰爭 후 사회적인 혼란을 가져온 데다가 變法自强運動의 실패로 排外運動은 점차 격화되어 마침내 義和團事件이 일어났다(1899).

일찌기 山東省으로부터 義和拳이라 부르는 종교적 비밀결사가 있었는데 이들은 외국인·외화를 배척하고 교회를 습격하는 등 扶淸滅洋을 구호로 반제국주의적인 일을 해 왔다. 이때 西太后는 이들을 끌어 들여 열강세력을 배제하고자 하였기 때문에 義和團은 서태후의 지지 아래 北京으로 들어가 공사관 구역을 공격하였으며 清은 對外宣戰을 포고하였다. 이에 日·英·露·獨·佛·伊·美·墺 등 8개국은 함께 출병하여 八聯軍이 북경을 점령하고 이를 진압하였다. 그리고 청은 열국과 辛丑條約을 체결하게 되었는데(1901), 이때부터 외국군대가 北京에 주둔할 수 있게 되어 清의 위신은 더욱 크게 손상되었다.

한편 西太后의 對外宣戰에 대하여 東南沿海에 나가 있는 일부 지방장관들은 이 命에 따르지 않고 自保를 선언하여 淸廷의 명에 불복하는 사태가 일어나 청은 내부로부터 동요하기 시작하였다. 따라서 청은 국내의 불만을 수습하고자 위로부터의 개혁을 추진하여 나갔다. 官制를 비롯하여 教育·實業·軍事·法律 등 여러 방면에 대하여 개혁을 진행시켰다. 더우기 日露戰爭에서 일본의 승리는 立憲政治 때문이라는 입헌운동자들의 요구에 따라 입헌국가로 개혁하고자 資政院과 諮議局을 중앙과 지방에 설치하고 憲法大綱草案을 발표하여 9년 후에 國會를 소집한다고 하였다.

그러나 이러한 개혁은 憲政을 위장한 청의 延命策에 불과하였으므로 일반인들은 크게 실망하였다. 그 동안 일본에서 활동하던 保皇黨들도 혁명운동에 참여하는 이가 늘어나고 많은 華僑들과 유학생들도 여기에 적극적으로 가담하여 청일전쟁 후부터 孫文을 중심으로 활동하기 시작한 革命黨의 세력을 더욱 강화시켰다.

辛亥革命

청일전쟁 후 康有爲의 變法自强運動과는 달리 共和政을 목표로 하는 혁명운동이 일어났다. 孫文은 興中會라는 정치적 비밀결사를 조직하고 廣州에서 처음으로 혁명을 일으켰으나 실패하고 해외로 망명하여 각지에서 華僑들에게 혁명사상을 선전하고 革命資金을 모으는 데 온 힘을 기울였다.

한편 이 무렵 중국의 留日學生들을 중심으로 많은 혁명단체들이 일본에서 조직되었으며, 이들은 주로 간행물을 통하여 국내에서의 혁명사상을 보급하고 있었다. 또한 국내에서도 黃興의 華興會, 蔡元培·章炳麟의 光復會 등이 조직되어 혁명운동이 점차 활발하여 갔다.

義和團事件 이후 혁명세력이 점차 확대되어 나갔으나 이들은 각각 활동하고 있는 상황이어서 하나의 통합된 기구가 절실히 필요하게 되었다. 孫文이 미국과 유럽지역에서 혁명사상을 보급하다가 일본으로 돌아오자 東京에서 中國同盟會를 결성하고(1905), 「民報」를 발간하여 혁명사상을 보급하면서 이후 국민정부의 정치이념이 되는 三民主義를 그 강령으로 채택하였다. 이것은 滅滿興漢의 민족주의, 군주전제정치를 폐지하고 人民主權의 共和政治를 수립하자는 民權主義, 社會立法에 의하여 경제상의 不均等을 제거하자는 民生主義의 세 부분으로 되어 있다.

한편 국내에서도 민족의식이 크게 앙양되어 憲政實施의 요구와 利權回收運動이 전개되면서 鐵道敷設運動이 일어나 四川·湖南·湖北·廣東에서는 紳士層이 중심이 되어 스스로 민족자본을 동원하여 철도건설에 들어

갔다. 그런데 재정난에 빠진 清은 鐵道國有化를 발표하고 外債에 의하여 이를 건설하려 하였다. 이에 保路運動이 전개되었는데 특히 四川지방의 보로운동이 규모가 크고 전 省으로 확대되었다.

清은 이를 평정하기 위하여 武昌에 있는 軍을 四川으로 투입하게 되었다. 이에 武昌에 있던 革命黨員과 일부 군인들이 합세하여 1911년 10월 10일 혁명을 일으키고 黎元洪을 중심으로 武漢 일대를 점령하였다. 이와 같이 武昌에서 처음으로 혁명이 일어나자 각 지역에서도 여기에 호응하여 불과 2개월만에 열여덟곳, 아홉 省이 혁명을 선언하기에 이르러 마침내 혁명은 성공하였다. 이를 辛亥革命 또는 武昌首義, 第1次 革命이라 한다.

中華民國의 成立

각 省에서 혁명에 호응하게 되자 이들을 대표할 만한 기구가 필요하게 되었다. 이에 각 省의 대표들이 漢口에서 모여 中華民國臨時政府組織大綱을 결의하고, 이해 말에 孫文이 미국으로부터 유럽을 거쳐 귀국하자 그를 臨時大總統에 추대하여 南京에서 1912년 1월 1일에 취임, 中華民國이 수립되었다.

혁명 세력의 확대에 놀란 清은 즉시 袁世凱로 하여금 남쪽의 革命軍을 토벌하게 하였다. 그러나 袁世凱는 스스로의 세력을 강화하는 한편 남쪽과 和議를 통하여 시국을 수습하고자 하였다. 그러나 孫文이 임시 대총통으로 취임하여 자기의 욕심을 채울 수 없게 되자 和議를 부정하여 남북이 대립하게 되었다.

孫文은 평화적인 방법으로 清帝를 퇴위시키고자 袁世凱에게 임시 대총통의 職을 넘겨주기로 하였다. 그리하여 清의 宣統帝는 袁世凱의 종용으로 우대받는 조건 아래 퇴위를 선언하여 滿族의 중국 지배는 300여년이 채 못된 채 끝났고, 袁世凱가 두번째로 임시대총통에 취임하게 되었다.

한편 國民黨으로 개칭된 中國同盟會는 그의 반동을 막기 위하여 국회에 絕對權을 부여하는 臨時約法을 제정하여 대통령 중심제에서 內閣中心制로 바꿨다. 그러나 袁世凱는 수도를 南京에서 北京으로 옮기고 共和政의 정신은 아랑곳하지 않은채 스스로의 독재적인 권력을 강화시키는데 주력하였다. 이에 孫文을 중심으로 한 革命黨은 袁世凱에게 대항하여 第2次 革命을 일으켰다. 그러나 절대다수 議席을 차지하고 있던 國民黨의 혁명정신은 이미 해이하여졌고 借款에 의하여 강화된 袁世凱에게 진압당했다.

袁世凱는 국회를 이용하여 정식으로 대총통에 당선되고 국회에 대하여 더 이상 바랄것이 없게 되자 國民黨의 解散令을 내려 사실상 국회의 기능을 정지시켜 그 자신의 세력을 더욱 강화시켰다. 그리고 한걸음 더 나아가 대총통의 권한을 강화시킨 臨時約法을 수정 공포하였다. 그후 또 다시 중국은 共和政이 부적당하다는 주장을 제의케 하고 은밀히 帝政을 부활하여 자신이 皇帝가 되려고 여론을 조작하였으며 마침내는 國體를 共和政에서 帝政으로 바꾸고 등극을 준비, 年號를 洪憲이라고까지 하였다.

이와 같은 袁世凱의 帝制運動에 대하여 국내에서는 그의 야심에 대하여 맹렬한 반발이 일어났으며 2차 혁명의 실패 후 일본에서 조직된 中華革命黨을 중심으로 護國討袁軍을 일으켜 각지에서 反袁運動이 일어났다. 이를 第3次 革命이라 하는데, 이에 당황한 袁世凱는 帝政을 취소하고 대총통의 자리만이라도 유지하려 하였으나 그의 퇴진까지 요구하여 실의 속에 病死, 부총통이었던 黎元洪이 繼任하여 국회를 부활시키고 시국을 수습하고자 하였다.

軍閥과 北京·廣東政府의 對立

袁世凱가 죽은 후 北京政府는 北洋軍閥을 비롯한 군벌들의 정권쟁탈로 정치는 더욱 혼란에 빠졌으며, 한편 廣東에서는 孫文을 중심으로 西南지역의 군벌과 함께 軍政府를 조직하여(1918) 北京政府에 대항하는 南北對峙 형세가 이루어졌다. 군벌들은 각기 독립된 군대를 갖고 있을 뿐만 아니라 한 지역을 차지하고 있으면서 민중에게 가렴주구를 일삼았다. 또한 열강의 帝國主義 세력과도 야합되어 있어 民國樹立 이래 정치적 혼란을 가중시켰을 뿐만 아니라 전국적인 통일을 이루지 못하도록 하였다.

北京政府를 둘러싼 北洋軍閥의 싸움은 처음 段祺瑞를 중심으로 한 安徽(皖)派와 曹錕·吳佩孚가 중심이 된 直隷派의 대립에서 비롯되었다. 段祺瑞가 대총통인 黎元洪과 대립하면서 그 세력을 강화시키고자 일본으로부터 차관을 끌어들이고, 또한 제 1 차 세계대전에 참전하고자 하였다. 이에 대하여 廣東軍政府와 싸우고 있던 吳佩孚가 단독으로 軍政府와 강화하고 皖派의 제거를 선언하여 直皖戰이 일어났다. 그 결과 直派가 승리하여 北京政府의 실권은 曹錕이 잡게 되었다.

그러나 直派를 도왔던 奉派 張作霖과 直派와의 관계가 대립되어 또 다시 두 차례에 걸쳐 奉·直戰이 일어났고 결국 直派가 패배하여 奉派와 馮玉祥의 세력 아래 한때 北京政府가 무정부상태에 빠졌다. 이때 皖派의 段祺瑞가 재차 등장하여 馮玉祥과 奉派의 동의 아래 재차 집권하게 되었다.

한편 廣東에서 수립된 군정부도 孫文 등 혁명세력과 서남군벌과의 대립으로 孫文은 廣東을 떠났다. 따라서 孫文의 혁명은 또다시 좌절되고 말았으며 그는 上海로 가 『孫文學說』·『建國方略』·『建國大綱』 등 주요 저서를 집필하면서 中華革命黨을 中國國民黨으로 고쳤다. 이후 군정부는 서남군벌이 중심이 되었는데 廣東은 廣東人이 다스려야 한다는 주장 아래 陳炯明이 廣東을 차지하게 되었으며, 또 다시 孫文이 중심이 되어 廣州에서 비상국회를 소집하고 中華民國組織大綱을 통과시켜 그가 대총통이 되는 새로운 정부를 세웠는데 이것이 廣東政府이다(1920).

廣東政府는 우선 서남군벌을 토벌하고 이 지역을 차지한 이후, 또한 陳炯明의 반란도 진압한 다음 북벌을 시작, 北京政府의 정면으로 중국통일을 위한 전쟁에 들어갔다.

2. 中國共產黨의 創黨과 內戰

5·4 運動과 中國共產黨의 創黨

제 1 차 세계대전이 일어났을 때, 중국에서는 새로이 등장한 지식인·학생들을 중심으로 사상운동이 전개되고 있었다. 즉 陳獨秀를 중심으로 하여 발행한 『新青年』은 청년들에게 自主的·進步的·世界的인 자세를 취하자고 하면서 儒家思想을 예리하게 비판하고 民主主義와 科學主義를 제창하여 많은 공감을 얻었다.

한편 胡適은 文學革命·白話運動을 제창하여 진부한 古典文學을 버리고 명료하고 통속적인 社會文學을 주장하였다. 여기에 魯迅은 白話文으로『狂人日記』와『阿Q正傳』을 발표하여 이른바 新文化運動(文學革命)이 전개되었다.

그러나 경제적으로는 세계 대전으로 서구 자본주의가 퇴색되어 가고 일본의 독무대가 되었다. 일본은 袁世凱에게 만주·몽고 및 山東 지역의 利權을 빼앗기 위하여 山東 21個條를 요구하였다. 처음 袁世凱는 이를 거절하였으나 帝制運動을 전개하고 있던 때이라 일본의 원조를 받지 않으면 안되었는 데다가 최후통첩까지 받고 이를 승인하게 되었다. 그런데 제1차 대전에 참전한 중국은 戰勝國으로서 파리講和會議에 참가하여 山東에서의 利權을 되찾을 수 있다는 기대를 걸었으나 결과는 중국의 요구가 끝내 무시되고 말았다.

이에 北京의 대학생들이 중심이 되어 1919년 5월 4일에 山東 21개조의 폐지, 파리강화조약의 거부, 青島의 회수 등을 구호로 대대적인 시위운동을 전개하였다. 이 운동은 곧 전국적으로 확산되어 시민·상인·노동자들의 철시·파업으로 발전되어 北京政府의 약화를 초래케 하고, 또한 중국인의 反帝國主義的인 自覺을 각성케 하였다.

이와 같은 환경 아래 이미 러시아의 10월혁명 소식이 전해져 왔으므로 사회주의에 대한 관심이 높아졌다. 또한 코민테른도 중국에 대하여 깊은 관심을 보였다. 여기에 소련은 帝政러시아가 갖고 있던 중국에 대한 모든 이권을 포기한다고 선언하여 중국인들의 호감을 샀다. 그리고 北京大學 안에는 마르크스주의 연구회가 성립되고, 또한 지방에서는 코민테른의 지도 아래 공산당의 지부와 社會主義青年團이 조직되어 나갔다. 이들은 共產黨이란 간행물을 내어 공산당의 역사와 레닌의 저작을 번역 게재하면서 노동운동을 전개하여 나갔다.

그리하여 각 지역의 대표들이 1921년 7월에 上海에서 모여 제1차 全國代表大會를 개최하여 정식으로 中國共產黨이 창당되었다. 이들은 우선 노동운동을 계속 전개해 나가면서 그 세력을 확장하려 하였다. 그러나 그 조직은 예상하였던 것처럼 신속하게 확대되지 못하였으므로 기존 조직으로 전통을 갖고 있는 國民黨의 힘을 빌지 않으면 안 되었다.

第1次 國共合作과 北伐

중국을 통일하고 三民主義에 입각한 共和憲政을 실시하려던 孫文의 혁명운동은 여러 차례 실패를 거듭하였다. 그러나 러시아의 혁명은 성공하였으므로 孫文의 러시아 혁명에 대한 관심은 높았다. 여기에 中國共産黨의 創黨大會에 참석하였던 코민테른의 마링(Maring)이 共産黨員을 國民黨 안에 침투시키려는 노력이 코민테른에서 받아들여져 孫文과 요페의 공동선언이 발표되고 孫文의 聯蘇容共政策이 확정되었다(1923).

1923년 8월에 孫文은 소련의 제도와 군사조직을 살피기 위하여 蔣介石을 단장으로 하는 사찰단을 파견하였으며 정식으로 中國 國民黨改組宣言을 발표하여(1923.11), 중국 공산당원이 개인 자격으로 中國國民黨에 입당할 것을 허락하였다. 그리고 정식으로 中國國民黨 第1次 全國代表大會를 廣州에서 소집하여 聯蘇·容共·勞農扶助의 3대 정책을 결정하고 國共合作 및 黨組織을 소련방식으로 개조할 것을 결정하였다(1924).

따라서 중국 공산당원이 中國國民黨의 당 임원으로 새로이 선출되고 요직에도 배치되었다. 또한 군·정부의 최고 고문으로 소련에서 파견된 보로딘(M. Borodin)이 취임하여 명실상부한 國共合作이 이루어졌다. 그런데 이들은 합작하자마자 당내에 左派·右派 등의 명칭을 만들고, 간행물을 통하여 中國國民黨을 分化시키고 있었다.

더우기 孫文이 北京政府의 段祺瑞와 협상차 北京에 갔다가 서거하게 되자 黨內의 내분은 심화되었다. 이때 蔣介石은 黨務整理案을 제출하여 일단 수습이 되었으나 北伐을 진행하는 동안 결국 정부의 遷都問題로 공산당 세력이 강한 武漢政府와 蔣介石 중심의 南京政府의 대립을 가져왔다. 결국 蔣介石에 의하여 南京의 國民政府가 공산당을 제거한 淸黨을 하게 되자 武漢政府도 여기에 동조하였기 때문에 中國國民黨은 재단합되었으며 중국 공산당은 이후 농민폭동의 선동과 노동자의 파업 등을 일삼아 蔣介石의 北伐軍 후방을 크게 위태롭게 하였다.

孫文의 사후, 蔣介石이 軍·政의 실권을 장악하고 北伐을 시작한 것은

1926년 7월이었다. 처음 공산당은 北伐에 찬성하지는 않았으나 남쪽의 혁명 세력과 上海·武漢의 민중운동과 연결시키기 위하여 필요하다고 보았다. 때문에 北伐軍의 진군 속도는 상당히 빨랐다. 그러나 國共의 대립이 점차 격화되면서 蔣介石이 한때 革命軍司令官職을 물러났었으나 이후 재차 北伐하게 되었다.

이때 북방의 軍閥 가운데 馮玉祥과 閻錫山이 國民政府의 지시에 복종할 뜻을 통고하여 왔다. 그리하여 國民政府가 이들을 받아들였으므로 즉시 출동하여 北伐軍의 작전을 도왔다. 당시 北洋軍閥은 揚子江 이북으로 피하여 있었고, 北京은 奉派 張作霖의 세력 아래에 있었다. 그러나 軍閥軍은 이미 사기가 꺽이어 있었는 데 비하여 北伐軍은 순조롭게 진군하여 北京을 접수하였다. 또한 張作霖이 日人에 의하여 폭사당하자 奉派는 그의 아들 張學良이 지휘하였는데 張學良이 國民政府에 복종할 뜻을 표시하여 와 비로소 전 중국은 통일되었으며 北伐을 완성하게 되었다(1928).

中華 소비에트 政權과 剿共·長征

國共合作이 분열된 이후 중국 공산당은 이제 자신의 힘으로 혁명을 하지 않으면 안되었다. 이에 南昌蜂起를 일으켰으나 실패하고, 즉시 8.7會議를 소집하여(1927) 지금까지 中央委員의 중심 세력이었던 陳獨秀 등을 우익 기회주의로 비판하고 농민의 무장봉기를 획책하기로 결의하여 秋收蜂起와 海·陸豊蜂起 등을 일으켰다. 그러나 이러한 일련의 봉기들은 모두 실패로 끝났다.

이때 毛澤東은 秋收蜂起 실패 이후 잔여부대를 이끌고 井崗山으로 들어가 근거지를 마련한 다음 이곳에 소비에트政府를 설립하였다. 또한 각 지역에서도 소비에트政府가 수립되었는데 毛澤東이 이끄는 곳이 토지혁명을 단행하고 정규의 공산군(紅軍) 이외에 赤衛隊를 조직하는 등 다른 지구보다 크게 발전하였다.

한편 國民政府는 蔣介石에 의하여 北伐에 성공하고 이른바 訓政의 단계로 들어갔으나 李宗仁·馮玉祥·閻錫山 등 군벌들이 차차 반기를 들고, 또한 中國 國民黨內에서도 反蔣運動이 일어나는 혼란을 거듭하였다. 여기에 세계가 경제적인 공황에 빠지자 코민테른은 중국공산당에게 새로이 전개할 행동을 시사하여 長沙가 그들에 의하여 점령당하는 등 무장 도전을 받았다. 이에 蔣介石의 국민정부는 이를 즉각 탈환하면서 共產軍의 세력을 새롭게 인식하게 되었다. 따라서 蔣介石은 軍閥聯合軍에게 승리하자마자 곧바로 공산당의 토벌에 손을 댔다.

1930년 겨울, 蔣介石은 江西省 주석 魯滌平을 총사령관으로 첫번째 대대적인 작전을 폈으며(1次 共剿), 다음해 2월에는 何應欽으로 하여금 두 번째 토벌 작전에 들어갔으나 공산군은 유격전으로 맞서 별다른 성과를 거두지 못하였다. 이에 蔣介石은 6월에 본격적인 토벌을 결심하고 자신이 직접 지휘하여 점차 그들의 본부인 瑞金으로 좁혀 들어갔다.

그런데 이때 東北에서 滿洲事變이 일어났다. 蔣介石은 급히 토벌작전을 중지하고 南京으로 철수할 수밖에 없었다. 한편 共產軍은 그 철수를 뒤쫓아 진출하여 소비에트지구를 확대시켰다. 그리고 지금까지의 李立三 중심의 黨權이 陳紹禹 등 留蘇派에게로 넘어가고 1931년 11월에 瑞金에서 中華소비에트共和國臨時政府가 수립되었다. 이것은 일본의 침략을 받는 위기 속에 중국국민당의 국민정부 안에 또 하나의 공화국이 탄생되었음을 의미하고 있다.

한편 蔣介石은 외교적인 노력으로 日本의 침략을 수습해 나가면서 네번째로 토벌작전을 전개하였다. 이때 몇몇의 근거지를 제압하는 데 성공하고 1933년초에는 江西의 중앙소비에트로 진격하기 시작하였다. 그리고 8월부터는 다섯번째로 대대적인 공격을 감행하고 경제적인 봉쇄를 단행하여 中共의 紅軍은 위기에 몰리게 되었다.

따라서 紅軍은 10월에 부득불 瑞金을 포기하고 이른바 長征이 시작되었다. 長征은 江西에서 陝西 북쪽까지 1만 2천 km, 열여덟의 산맥을 넘고 열일곱의 강을 건너는 등 말로 표현할 수 없는 고난을 견디어 내면서 마침내는 中國共產黨의 새로운 이른바 「延安時代」를 열게 되었다.

3. 日本의 侵略과 抗戰

日本의 東北侵略

러·日戰爭에서 승리하고, 韓國을 병탄한 이후 제1차 세계대전을 맞아 공전의 번영을 누렸던 일본은 전후의 공황과 關東大地震으로 타격을 입었다. 특히 日本資本主義의 최대 시장인 중국에는 民族資本이 성장하고 美·英 세력이 다시 진출하여 일본에게 큰 타격을 주었다. 그리고 워싱턴 회의에서 일본의 중국에 대한 이권마저 포기하도록 되어 있어 일본을 더욱 초조하게 하였다.

이에 田中內閣은 1927년 6월에 軍部·外務·滿鐵의 수뇌를 모아 大連에서 東方會議를 개최하고 對中國政策의 기본을 정하였는데 滿蒙은 支那本土가 아니라고 선언하였다. 또한 중국의 北伐을 방해하고자 濟南(5.3)사건을 일으켰으나 中國은 통일되어 더욱 불안케 하였다. 이때 본토로 진출하였던 張作霖이 패하여 만주로 돌아오게 되었으므로 일본의 지배권을 위협할 가능성이 있어 그를 폭사시켰다.

日本軍部와 右翼은 滿蒙이 일본의 생명선이라 강조하고 조속한 시일 안에 이를 완전 장악하고자 우선 萬寶山事件을 일으켜 중국인과 한국인을 대립시켰다. 그리고 柳條溝의 滿鐵路를 폭파하여 놓고 이를 張學良의 軍소행이라 하면서 만주를 점령하고자 하는 이른바 9.18(滿洲)事變을 일으켰다(1931).

또한 만주를 통치하기에 편하도록 하기 위하여 清의 廢帝인 宣統帝 溥儀를 데려가고 漢奸인 鄭孝胥·金梁 등을 사주하여 滿洲善後會議를 瀋陽에서 소집하였다. 이렇게 하여 괴뢰정권인 滿洲國을 세웠다(1932). 한편 이보다 앞서 9.18事變 이후 각지에서 反日運動이 전개되자 일본은 중국인들의 주의력을 돌리기 위하여 1932년 1월에는 上海에서의 日貨排斥을 이유로 일본 낭인들을 사주하여 上海事變을 일으켰다. 그리고 다음해에는 熱河를 함락하고, 山海關으로부터 공격을 시작하여 長城의 여러 곳을 함락하였다.

第2次 國共合作과 抗戰

일본의 東北侵略에 대한 國民政府의 대책은 國際聯盟에 호소하여 외교적인 교섭을 통해서 해결하려 하였다. 따라서 국제연맹에서는 리튼(Lytton) 調査團을 파견하여 일본의 부당함을 밝혔으나 오히려 일본은 국제연맹을 탈퇴하여 버리고 말아 아무런 결과를 얻지 못하였다.

한편 국민정부는 '先安內後攘外'를 내걸고 오로지 紅軍의 토벌에만 주력하였다. 이에 대하여 中國共產黨은 함께 抗日鬪爭하자는 통일전선의 구호를 내세웠다. 그리고 長征 중 개회되었던 遵義會議에서 毛澤東이 지도권을 장악하게 되어 抗日救國鬪爭의 전개 과정과 對國民政府 관계에 하나의 전환점을 가져오게 되었다. 또한 이른바 8.1宣言을 발표하여 각 단체 黨派에 의한 통일적인 國防政府를 수립하여 一致團結·抗日할 것을 호소하였다.

이때 재야의 지식인들과 학생들도 일본의 침략이 시작되면서 國民政府에게 抗日하도록 청원과 시위를 전개하였으며 각계의 救國會가 조직되어 剿共(內戰)을 중지하고 一致抗日을 요구하였다. 이에 대한 國民政府의 정책은 여전히 剿共을 계속하는 것이었으므로 시위학생과 재야의 지도자격이었던 七君子들을 체포하기에 이르렀다.

이와 같이 재야의 항일투쟁소리가 높은 때에 國民政府는 張學良의 東北軍을 西安으로 보내 마지막으로 剿共作戰을 벌여 紅軍을 완전히 섬멸하려 하였으며, 또한 東北軍의 세력도 약화시키려 하였다. 이때 中國共產黨은 비밀히 張學良과 접촉하여 이른바 西安事變을 일으켜 蔣介石을 감금하고 그에게 內戰中止와 一致抗日할 것을 요구하였다. 이 사건은 일단 평화적으로 해결되어 시국의 대전환을 가져오게 되었다.

한편 일본은 滿洲侵略에 이어 軍部의 세력이 점차 확대되어 나갔다. 특히 1936년 2.26사건을 계기로 군국주의화는 더욱 가속화되었다. 일본은 7월 7일에 蘆溝橋 부근에서 野戰演習을 하다가 士兵이 실종되었다는 이유로 대대적인 침략을 도발하여 中·日 兩軍이 충돌하였다(7.7事變).

일본의 중국 침략이 본격화되자 蔣介石도 抗日에 우선하게 되어 紅軍을 國民革命軍으로 개편하도록 승인하고 中國共產黨을 대표한 周恩來가 蔣介石이 있는 廬山으로 와 國共提携를 공포하는 선언을 함으로써 제 2 차 國共合作이 이루어지고, 8 년에 걸친 中日戰爭 즉 抗戰이 시작되었다.

國民政府는 계속 戰勢가 불리하여 수도를 重慶으로 옮겨가면서 끝까지 抗日戰을 펴나가자 전쟁은 장기화되어 가는 양상을 나타냈다. 이에 일본의 近衛內閣은 東亞의 신질서라는 성명을 발표하고 中國國民黨 부총재인 汪兆銘을 회유하여 1940 년 南京에다 그를 주석으로 하는 親日傀儡政權을 세웠다. 그후 戰局은 미국이 주요 원료와 군수품의 對日輸出을 제한하고 獨·伊·日가 3 國軍事同盟을 체결하매 다시 日本製鐵이 절대 필요한 屑鐵과 석유마저 禁輸하였으므로 對美開戰으로까지 발전되어 중국의 抗日戰도 새로운 양상을 띠게 되었다.

抗戰勝利와 두 개의 中國

항전기간 중 중국공산당은 國共合作에 의하여 공개적인 활동을 전개하면서 또한 그들의 解放區를 확대하였으며, 國民政府軍에 대하여도 도발적인 행동을 하여 왔다. 때문에 미국은 國·共 간의 화해를 조정하려고 노력하였으나 쉽게 이루어지지 않았다. 그리고 終戰 후에는 쌍방의 대립이 受降問題에서부터 표면화되었으며 中國共產黨은 각지에서 무력 도발을 시작하였다. 이에 國民政府는 動員과 戡亂의 시기로 선포하고 이에 맞서 國·共 양측은 다시 內戰으로 들어갔다.

그러나 하나의 정부를 구상하고 있던 미국은 계속 조정에 나서 마침내는 8 월말에 蔣介石과 毛澤東이 重慶에서 만나 담판을 하게 되었으며, 그 결과 각 정당·사회단체 대표들로 구성된 政治協商會議가 개최되고 國·共 사이에 整軍協定이 조인되었다. 한편 동북지방에서는 國共 양군의 충돌이 격화되어 국민정부군이 해방군에 대한 공격을 시작함으로써 內戰은 다시 격화되었다.

1946 년 11 월에 中國國民黨은 中共과 民主同盟이 불참한 가운데 국민대회를 강행하여 中華民國憲法草案을 채택하고, 1948 년에는 제 1 회 국민대

회를 南京에서 개최, 蔣介石·李宗仁을 正副總統으로 뽑았다. 이에 中共은 新政治協商會議의 소집을 제안하여 民主黨派들로부터 지지를 받고 또한 전세도 中共에게 유리하게 돌아갔다.

1949년에 들어와 國民政府는 전세가 더욱 불리하여지자 和議를 제의하고 蔣介石이 사퇴하였으나 평화협정을 맺지 못하고 中共軍은 이미 揚子江을 건넜다. 또한 중공은 中國人民政治協商會議를 개최하고 共同綱領과 中央人民政府組織法을 채택하여 10월 1일 北京의 天安門 광장에서 中華人民共和國의 성립을 선언하였다.

이에 따라 國民政府는 蔣介石이 다시 복직하고 대륙으로부터 물러나 臺灣을 부흥기지로 삼고 이곳으로 철수하여 경제발전을 도모하면서 大陸光復의 꿈을 실현하고자 하였다.

제 14 장 印度文化의 黎明期

1. 印度 文化圈

印度의 地勢를 살펴보면, 그 북방은 힌두쿠쉬 산맥, 카라코룸 산맥, 히말라야 산맥과 같은 높은 산맥들에 의해 중앙아시아와 분리되어 있고, 본토는 대략 서북지방의 인더스강 유역과 동부지방의 갠지즈강 유역, 그리고 남부의 데칸고원 지구로 삼분되어 있다. 세 지역 중 가장 일찍 개척된 곳은 인더스강 유역이었다. 이 지역은 이집트의 나일강 유역과 메소포타미아의 유프라테스강·티그리스강 및 중국의 황하 유역과 더불어 세계문명의 發祥地 가운데 하나로서 알려져 있다. 그 이유로는 이 지역이 농경에 적합한 비옥한 평야였다는 것을 지적할 수 있겠지만, 그밖에도 인더스강의 하류지역은 바다를 통하여, 그리고 상류의 펀잡(Punjab)지방은 육로를 통하여 메소포타미아·페르시아·이집트·박트리아 등의 여러 지역과 왕래할 수 있었기 때문이기도 하였다. 이와 같이 인더스강 하류지역과 상류의 펀잡지방을 포함하는 광대한 지역이 하나의 문화권으로서 石器時代로부터 金屬器時代로 발전한 시기는 기원전 3,000년에서 기원전 2,500년경의 일이었다는 것이 영국인 마아샬 卿을 중심으로 한 고고학자들의 발굴작업에 의하여 밝혀졌다. 그 당시 이 지방에는 모헨조다로, 찬후다로, 쥬카르, 하랍파와 같은 都市文化가 발달하고 있었다.

모헨조다로(죽음의 지대)를 비롯한 여러 도시의 문화는 오늘날 인도인의 조상인 아리아族이 인도로 침입하여 오기 이전, 이 지역 일대에 거주하던 인종에 의해 건설된 문화였다. 그들은 제법 高度의 도시생활을 영위하고 있었다. 모헨조다로의 경우를 보면, 도시 주위에는 성벽이 쌓아졌고, 성내의 大小 가옥은 모두 잘 구운 벽돌로 만들어져 있었다. 도시계획도 정확하게 실행되어서 시가는 정연하였으며, 도심지대에는 광대한 규모의 공중목욕장·시장·물자저장소·집회소 등이 갖추어져 있었고, 상업구역도 있었다. 특히 배수구가 완비되어 있어서, 모든 집의 下水나 雨水는 자연히 가로의 하수구로 흘러 들어가도록 되어 있었다. 그러나 이곳에서는 메소포타미아의 여러 도시에서 보이고 있는 神殿이나 王宮과 같은 건축물은 확인되지 않았다. 다만 용도 불명의 대건축물도 있어서, 그곳이 숭배의 장소였다고 생각되고는 있으나 거기에서 우상적인 것은 발견되지 않고 있다.

당시 시민의 생활이나 관습에 관한 것도 다소 밝혀졌다. 성내의 주민은 대다수가 상공업에 종사하면서 풍부한 도시생활을 영위하였고, 城外의 부락은 주로 農耕을 하고 있었다. 농경부락에서는 농민들이 돌도끼나 돌칼 등을 가지고 보리·밀을 경작하였지만, 그 외에 목화·야자의 재배나 소·양·돼지·물소·코끼리 등의 사육도 행하여졌다. 즉 당시에 주식으로 이용되던 것은 麥類를 돌절구에 갈아서 가루로 만든 것이었으나, 때때로 육식도 하였던 것이다. 그리고 일상도구로는 주로 石器가 이용되었지만, 구리 또는 청동으로 만든 무기나 공작기구를 비롯하여 二輪의 牛車도 이미 만들어지고 있었다. 또한 금, 은이나 보석으로 만든 裝身具도 애용되고 있어서, 그때 인도는 이미 金石併用期의 문화적 단계에 있었다는 것을 보여주고 있다. 상공업이나 교역도 상당히 발달하여서 남부인도·버어마·아프가니스탄·이란 등지와 이미 밀접한 통교관계에 있었으며, 특히 메소포타미아의 슈메르문화와는 깊은 무역관계가 있었던 것으로 생각된다. 그들이 만들었던 여러 가지 모양의 토기 중에는 서남아시아 지방의 것과 아주 유사한 彩色土器도 있었다.

그들은 또 象形文字를 사용하고 있었는데, 石板에 소·호랑이·코끼리·물소·악어 등을 문자와 함께 예술적으로 조각한 印章도 새기고 있었다. 그리고 당시의 服飾으로는 여자는 腰布 위에 띠를 두르고 머리에는 목면으로 된 커다란 부채모양의 장식품을 붙이고 있었고, 남자는 왼쪽 어깨에서 오른쪽 옆구리 아래로 내려오는 옷을 입고 있었다. 그 외에 宗敎로서는 地母神 및 생식기의 숭배가 보편적으로 행하여졌다.

이러한 도시문화는 기원전 2,500년에서 원전기 2,000년경까지 번영하다가 갑자기 멸망하였다. 그 원인은 자세하지 않지만 遺跡을 통하여 볼 때, 외적의 침입보다는 인더스강의 범람 때문일 가능성이 큰 것으로 보인다.

2. 아리아族의 社會와 文化

현재 印度의 사회와 문화를 형성·보존하고 있는 아리아족이 중앙아시아 방면으로부터 편잡지방에 침입한 시기는 인더스 先史文化가 멸망한 후인 기원전 2,000년에서 기원전 1,500년경이었다. 그들의 생활을 잘 전해주고 있는 것으로는 세계에서 가장 오래된 문학서 중의 하나로서 기원전 1,200년 경에 작성된 리그베다(Rigveda)의 讚歌가 있다. 이것을 보면, 아리아族은 편잡지방에 침입한 후 2인승의 戰車를 이용하여 「다시우」 또는 「다사」라고 불리는 피부색이 검은 선주민을 정복하였다고 되어 있다. 이렇게 하여 정복된 선주민은 노예로 되었으며, 이들의 관계가 후에 인도의 姓階級制인 카스트 制度로까지 발전하게 되었던 것이다. 그 중 일부의 선주민은 남방데칸고원으로 달아났는데, 오늘날 데칸고원에서 독자의 문화를 형성하고 있는 드라비다족이 아마도 그 후손일 것으로 생각된다.

편잡시대 아리아족의 사회생활을 보면 그들은 가족을 단위로 한 크고 작은 부락을 형성하고 있었으며, 자연현상인 태양·토지·물·번개·불·바람 등을 신으로 섬기고 있었다. 그리고 각 부락들은 흙으로 만든 방위시설을 갖추고 있었고, 그 안에 안주하고 있던 가족 내에서는 父가 家長으로서 全權을 갖고 있었다. 그들은 수렵과 목축을 生業으로 하면서, 동시에 농경도 하였다. 즉 편잡의 삼림지대나 沼澤地를 개간하여 보리·밀을 재배하였는데, 벼의 경작은 아직 알려지지 않았던 것 같다.

그들의 정치조직은 部族을 단위로 하여 구성되었고, 각 부족에는 세습의 酋長이 있었다. 그러나 그 추장들의 권력은 대부분 部族會議에 의해 제한을 받는 것이었다. 아리아족이 편잡지방을 정복하고 定住生活을 시작하면서부터는 여러 부족 간에 대립이 발생하기 시작하였다. 부족 간의 싸움은 동시에 부족의 통합을 가능하게 하였는데, 그들 중 푸루, 투르바사,

야두, 아누, 드르휴의 다섯 부족이 강대한 세력을 형성하게 되었다.

편잡지방에서 거의 500년 정도 안주하던 아리아족은 다시 갠지즈강 상류의 평야로 진출하여 氏族制農耕社會를 확립하고, 司祭者 브라만계급의 지도하에서 농경생활에 종사하게 되었다. 이때부터 브라만이 사회의 지배계급으로서 등장하기 시작하였다. 그 후 기원전 1,000년에서 기원전 500년경에는 갠지즈강의 중·하류지역까지 진출하였으며, 이 때에는 鐵의 사용도 성행하였고 쌀이나 우유, 쇠고기도 애호하기 시작하였다. 그리고 직업의 분화에 의해 4종류의 身分制인 카스트제도도 성립되었다. 첫번째 계급인 브라만은 僧侶로서 종교와 학문을 담당하였고, 두번째의 크샤트리아는 왕족과 귀족계급으로서 전쟁과 정치를 관할했으며, 세번째 바이샤는 평민계급으로서 상공인이나 농민이 이에 속하였다. 그리고 네번째 수드라는 주로 被征服者인 노예계급들이었다.

아리아족은 갠지즈강 유역까지 진출하면서, 사회적·문화적으로 두드러지게 발전하였다. 그들 사이에서는 선주민과의 혼혈도 이루어졌고, 갠지즈강 유역의 비옥한 토지로부터는 많은 농산물도 수확되었기 때문에 물질생활은 상당히 풍부하여졌다. 이런 풍부한 물질은 상공업의 발달을 촉진시켰고, 그것은 또 貨幣經濟와 많은 도시의 출현도 가져왔다. 각 도시는 주위에 성벽을 쌓고 주변의 촌락을 그 세력권 내로 끌어들여 이른바 都市國家를 형성하였다. 이들 여러 국가 중 약소국가는 강국에 병합되고, 그리하여 강국의 수도는 점점 번영하였다. 이러한 대표적인 예로서 코사라·마가다·아반티·반사의 네 나라를 들 수 있다. 이들 중 특히 갠지즈강 하류지역의 마가다국에 아자타사트루왕(Ajatasatru)이 등장하면서 북인도의 대부분은 통일되었다. 그리고 그는 브라만교의 계급제도에 기반을 둔 종래의 씨족제사회를 지양하고 새로운 국가체제를 형성하기 위하여 신흥종교인 불교나 자이나교를 보호하였다. 이러한 정책은 군대조직에서도 엿볼 수 있다. 즉 씨족을 단위로 구성되었던 이제까지의 군대조직과는 달리, 브라만을 위시한 각 계급의 출신자들을 구성원으로 하는 傭兵組織이 이루어졌던 것이다. 그리하여 결국은 브라만계급을 대신하여 크샤트리아계급이 최상의 위치를 차지하게 되었다. 이것은 왕권의 신장과도 깊은 관계가 있는 것으로, 이러한 경향이 발전하여 기원전 321년경에 출현한 마우리아왕국(孔雀王朝)은 印度史上 최초의 대통일국가를 이루었던 것이다.

한편, 아리아족의 문화는 카스트제가 성립하면서 브라만계급을 중심으로 급격히 발달하였다. 그들의 經典인 베다에 대한 연구가 활발해지면서 신학·철학·윤리학·논리학 등이 파생되어 나왔고, 베다를 정확하게 합창하기 위하여 음성학·문자학·문법이 발달했으며, 신에 대한 供物時間을 정하기 위한 필요에서 천문학·역학·수학 등의 여러 학문이 발달하였던 것이다. 1년을 12개월로 한다거나, 5년에 한번 윤달을 두는 것도 이때에 이미 행하여졌다. 이외에 인도에서 가장 오래된 법률문서인 마누法典과 종교백과사전이라고도 할 수 있는 브라만서 및 「마하바라타」·「라마야나」와 같은 大敍事詩도 만들어졌다. 또 브라만서의 말미에 실려 있는 우파니샤드에 관한 것은 특필할만하다. 이것은 기원전 700년 내지 기원전 600년경에 이루어진 것으로, 苦惱로부터 解脫하고자 하는 인도의 철학사상을 전개하고 있으며, 近代 印度哲學에도 많은 영향을 주고 있는 것이다.

카스트제의 성립은 전술한 바와 같이 커다란 문화적 발달을 가져왔지만 한편으로는 사회를 고정화시킴으로써 브라만교는 형식화되어 갔고, 사상적·신앙적으로도 점점 정체화되어 갔다. 이러한 것을 탈피하고자 일어난 종교개혁운동이 佛敎와 자이나敎였다. 불교는 기원전 6세기 반경, 아리아系의 사카족이 세운 도시국가 카필라왕국의 王子인 고타마 싯다르타가 세운 종교이다. 그는 인간의 平等性과 八正道에 의해 현실의 苦惱로부터 解脫할 수 있는 실천적 방법을 가르쳤다. 또 자이나교는 자이나(勝者)의 존칭으로 불려졌던 바르다마나에 의해 창안되었는데 그도 역시 인생을 고통으로 보고 正信·正知·正業의 三寶를 통하여 영혼을 구제할 수 있다고 주장하였다.

제15장 印度의 古代文化

1. 古代 統一國家의 成立과 發展

찬드라굽타라는 한 청년은 기원전 321년경에 마가다國의 난다왕조를 대신하여 마우리아왕조를 세웠다. 그 후, 그는 서북 인도로부터 알렉산더대왕의 東進 이후 그곳에 거주하고 있던 그리이스세력을 몰아내고, 인도내의 대소 국가들을 통합하여 대제국을 건설하였다. 그리하여 마침내 「인도 최대의 왕」이라고까지 불려졌으며, 그 도시 파타리푸트라도 문화가 발달하여 「꽃의 도시」라고 불려지게 되었다. 그의 아들 빈두사라왕을 거쳐 손자인 아소카(阿育)왕에 이르러서는 南端을 제외한 전 인도가 통일되었다. 그러나 아소카왕은 對外政策보다는 광대한 영토내의 안정을 도모하는 일에 힘썼다. 즉 중앙의 시정방침을 새긴 大石柱를 영내의 각지 30개소에 세워서 일반민중을 정치적·도덕적으로 지도하기도 하고, 또 영내의 정치를 순찰·감독하기 위하여 특별한 관리를 임명하기도 하였다. 그리하여 中央集權的인 행정조직과 국가권력은 더욱 강화되어 갔다. 농업생산을 늘리기 위한 저수지나 운하의 건설, 그리고 서부 인도로부터 國都인 파타리푸트라까지 설치된 國道 등과 같은 대토목공사는 이런 강대한 중앙집권력 없이는 불가능했던 것이다. 또한 이러한 것을 바탕으로 하여 마우리아왕국은 경제적인 번영도 이룩할 수 있었다.

그러나 영토나 조직이 지나치게 광대했고, 당시 국내 각지의 농촌은 아직도 씨족제사회를 완전히 탈피하지는 못하고 있었기 때문에, 아소카왕의 死後 마우리아왕국은 갠지즈강 유역과 인더스강 유역의 동서로 분열되었다. 동부에서는 숭가왕국이 출현하여 인도의 전통을 이어받았고, 서북부에서는 그리이스 이주민들이 박트리아지방을 중심으로 인더스강 유역에까지 이르는 박트리아왕국을 건설하였다. 중앙아시아의 박트리아지방은 인도나 동아시아지방의 산물이 그리이스나 서아시아 방면으로 보내지는 관문이었기 때문에, 이곳에는 많은 그리이스 이주민들이 거주하였고 이들이 기원전 3세기 말경에 박트리아왕국을세 웠던 것이다. 이 왕국은 그리이스 문화를 인도에 전해준 중요한 역할도 하였지만, 기원전 1세기경 사카족에 의하여 인도로부터 완전히 驅逐되었다.

박트리아왕국이 멸망한 후에는 쿠샨왕국이 일어났다. 그 시조는 쿠줄라 카드피세즈(丘就卻)라는 토착 쿠샨족의 추장이었다. 이 왕국은 제3대 카니슈카왕 때에 간다라지방을 중심으로 인도와 중앙아시아를 포함하는 대왕국을 형성하였고, 로마 및 중국과 교섭도 하였다. 그러나 카니슈카왕이 죽은 지 약 100년 후에는 이 왕국도 멸망하고 말았다.

4세기 경에는 갠지즈강 유역의 마가다지방에서 굽타왕국이 일어나 인도의 대통일을 재현하였다. 그 시조는 찬드라굽타로서 후세에는 그가 즉위한 해(320년)를 「굽타紀元」으로 칭하고 있다. 그의 아들 사므드라굽타도 위대한 정복자로서 그는 편잡지방을 포함하는 북부 인도를 모두 정복하였다. 그리고 남부 인도의 여러 왕국으로부터도 朝貢을 받았다. 그리하여 이때부터 역대의 굽타 왕들은 「大王」이란 칭호 대신 「大王中의 王」이라고 불려지게 되었다. 王은 뛰어난 무인이었으나 문화를 보호하였고 佛教에도 깊은 이해를 보여주었다. 그 후 거의 5세기 중엽까지 번영하던 이 나라는 유목민 匈奴族이 서북 인도지역으로 침입하여오면서 동요되기 시작하였다. 특히 6세기 전반 말와지방의 통치자 야쇼다르만이 세력을 확장하기 시작하면서 굽타왕조는 마가다 부근을 영유하는 지방정권으로 몰락하였고, 결국 8세기 중엽 벵갈지방에서 일어난 파라왕조에 의해 멸망당하였다. 다만 7세기 초에 하루샤바르다나(戒日王)에 의한 북인도의 일시적인 통일도 있었지만, 왕의 죽음과 동시에 이 통일도 곧 瓦解되었던 것이다.

정치적인 면에서 볼 때, 역대의 굽타왕조의 直轄領은 많은 郡으로 나누어져 있었고, 郡長이 직접 그 郡들을 다스리도록 되어 있었다. 그리고 변경지방에는 總督을 배치하였는데, 그들은 행정권과 군사권을 가지고 직접 郡長을 임명하여 관할지역을 지배하도록 하였다. 때문에 그들의 지위는 사실상 반독립적이었고, 왕과 총독 및 군장들은 제각기 하나의 도시에 거주하면서 그곳을 정치·군사상의 거점으로 삼고 있었다. 이들 도시는 대다수가 강에 인접하여 건설되었으며, 성벽으로 둘러싸여 있었다. 또한 인공적으로 강물을 끌어들여 성내에는 우물·저수지·사원·집회장·공원 등을 갖추고 있었다. 그리고 도시의 거주자는 지방민과는 별도로 취급되어서 도시민에 관한 행정은 각 직업의 대표자로 구성된 議會에 의해 자치적으로 행하여졌고, 이와는 조금 다르게 촌락 거주자에 대한 郡 行政은 郡의 관리와 각 촌락집단 대표자로 구성된 법정에서 처리되고 있었다.

이 구렵 데칸고원 지대에서는 안드라왕조의 뒤를 이어 차르키아왕조가 일어났다. 그들은 7세기 전반인 푸라케신 2세 때에 안드라왕국의 거의 모든 영토를 정복하고, 페르시아 사산왕조의 코스로 2세와 使節 및 贈物을 교환하고 있었다. 또한 데칸고원의 남쪽에는 타밀(드라비다의 사투리 발음)이라고 불려지는 남인도가 있어서 人種的으로도 文化的으로도 북인도와 대립하고 있었다. 이 지역은 기원전 3세기 후반 아쇼카왕이 남인도에 불교를 포교할 무렵에는 케랄라·관드야·촐라의 3국으로 분열하여 서로 대립하고 있었는데, 4세기에는 팔라바 왕조가 나타나 南印度의 지배적인 세력을 형성하고 수세기 동안 데칸고원의 챠르키아 왕조와 勝敗를 다투었다. 그러나 8세기 중엽 수도를 공략당함으로써 그 패권도 빼앗기게 되었다.

2. 古代 統一國家의 社會와 文化

마우리아왕조 시대의 인도사회는 농경사회였으며, 그 기초적 구성단위는 村落이었다. 그리고 촌락은 제각기 長老를 중심으로 하는 自治的 共同體를 형성하고 있었다. 원래 촌락공동체는 씨족적 유대관계에 의하여 결합되어 있었다고 생각되지만, 마우리아왕국은 이러한 지배적인 씨족세력을 제거하고 통일국가를 완성하였던 것이다. 따라서 토지의 국유화가 단행되었으며, 어떠한 개인도 토지를 사유할 수가 없었다. 토지는 그 사람 일대에 한하여 주어졌고 경작자는 地代 외에 수확물의 1/4을 租稅로서 납부하여야만 했다. 그리고 게으른 경작자로부터는 토지를 회수할 수도 있었다.

당시 사회의 人的 關係에 대하여 보면, 비록 지배층과 피지배층과의 구별은 있었지만 초기 아리아족시대의 四姓에 의한 신분제인 카스트제는 인정되지 않았던 것 같다. 이 때의 지배층은 주로 왕족·관료·종교자·상인 등이었고, 하층계급으로서는 천민들도 있었는데 그들은 대부분 혐오와 멸시를 받는 직업에 종사하는 자들이었다.

굽타왕조 시대의 사회는 다수의 촌락공동체에 의하여 구성되어 있었다. 또한 각 촌락은 가족을 그 성원으로 하고 있었으며, 당시의 가족은 보통 家長을 중심으로 하여 이루어진 小家族들이었다. 그리고 촌락공동체 내부의 토지는 많은 家族地로 나누어졌고 그것은 영구히 자손에게 전하여졌다. 당시 토지면적을 나타내는 단위로 「一犁의 땅」이라는 것이 있었는데 이것은 소 6마리에 犁 1대를 가지고 경작할 정도의 땅을 가리키는 말이었다. 이를 통하여 볼 때, 경작은 각 가족으로부터 소를 모아서 공동으로 실시하였다는 것을 알 수 있다. 그리고 촌을 둘러싸고 있는 사방의 경계지는 공유지로서 분할하지 않았다. 다만 가족의 성원으로 가족지가 없는 자나 가족에 예속되어 토지를 경작하는 隷農 또는 소작농 등의 非血緣者가 그 일부를 경작하는 것을 허락하고 그 수확의 일부를 人頭稅로 하여 촌의 氏族神에게 공납하기도 하였다. 그리하여 정부로부터 징세나 치안의 유지를 위임받은 촌의 유력자 중에는 이들 隷屬民을 자기 촌의 경계지로 불러 들여 개간시키고 면세의 특권을 얻어서 마침내 지주귀족으로까지 성장한 자도 있었다.

이들 촌내의 가족지 및 경계지를 경작하는 자들은 생산물의 일정액을 地租로서 국가와 왕실에 따로따로 납부한 외에도, 인두세와 각종의 잡세 및 관세 등을 지불하여야 했다. 이들의 위에는 종족의 長으로서 촌락공동체를 지배하는 貢納領主가 있었고, 또한 그들은 보다 큰 집단인 부족의 장, 즉 대영주 또는 대왕에게 종속되어 있었다. 결국 이들 대영주나 대왕 중의 覇者로서 굽타국왕이 군림하고 있는 것이다. 촌에는 농민 외에도 각종 수공업자·이발소·세탁소 기타 여러 종류의 하급노동자가 거주하고 있었는데, 그들은 境界地의 일부를 점유한다든지 또는 수확의 일부를 할당받는다든지 하는 대신 무보수로써 村의 일을 해주고 있었다. 또 상인도 있었지만 그 지위는 낮아서 수공업자와 함께 노예로서 양도되고 있는 예까지 있다. 이에 비하여 도시의 수공업자나 상인은 상당히 완비된 조합을 조직하여 자치적으로 공동단체의 일을 처리하고 있었다. 寺院이나 브라만은 이들 상인에게 금전을 대여해 주었고 상인은 그것을 활용하여 이익을 얻었으며, 그 일부를 利息으로서 貸與者에게 지불하였다.

마우리아왕조 치하에서의 인도문화는 전술한 바와 같이 그 수도가 「꽃의 도시」라고 불릴만큼 커다란 발전을 보여 주었다. 그 후 아소카왕 때에 이르러서 이 왕국의 문화는 불교와 깊은 관계를 맺게 되었다. 그는 즉위한 지 7년만에 불교에 귀의하였다. 그리고 9년째 되는 해에 東南 印度의 카링가왕국을 정복하고 10만의 死傷者를 내었다. 그러나 많은 사상자를 낸 데 대해 깊은 양심의 가책을 받은 아소카왕은 더욱 열렬한 불교 귀의자가 되었으며, 동시에 마우리아왕국의 정책도 무력보다는 도덕적·종교적인 방법에 의존하게 되었다. 아소카왕은 그의 정치적 이상의 실행 여부를 관찰하기 위하여 국내를 巡行하기도 하고, 혹은 佛陀의 유적을 찾아 다니며 여러 곳에 佛塔을 세우기도 하였다. 이와 같이 아소카왕이 佛法을 국가통치의 근본정신으로 정한 것은 그가 불교에 귀의했다는 개인적인 이유 외에도 광대한 영토에 여러 종류의 민족을 포함하고 있는 마우리아왕국으로서는 불교와 같이 보편성을 가진 종교에서 국가통치의 지도원리를 찾을 수밖에 없었던 때문이기도 하였다. 그리하여 아소카왕의 보호로 불교는 전 인도에 弘布되어 실론섬에까지 불교가 전해지게 되었다. 또 불교경전의 정리 및 통일사업도 행하여져서 이때 처음으로 경전이 당시의 일용어인 팔리語로 씌어졌다. 오늘날 아시아의 남방 여러 지역에서 읽혀지고 있는 小乘佛教 經典은 이때의 것에 그 기반을 두고 있다.

아소카왕에 의하여 인도 전역에 퍼진 불교는 그 후 2세기경인 쿠샨 왕조의 카니슈카왕 때에 大乘佛教로서 서북 인도나 중앙아시아 및 북방의 여러 지역에 전하여졌다. 대승불교는 기원전 1세기경 그 당시 주류를 이루고 있던 보수적 교단인 小乘佛教에 대항하여 원시 불교의 근본정신으로 되돌아가자는 구호와 함께 일어난 것으로, 3세기경에는 이론적으로도 이미 체계화되었다. 大乘佛教와 밀접한 관계가 있는 것으로 간다라미술이 있다. 이것은 간다라지방의 박트리아系 그리이스인에 의한 그리이스문화와 인도 불교문화와의 융합에 의하여 생겨난 새로운 문화였다. 원래 인도에서는 釋迦를 인간의 모습으로 나타내는 것을 두려워하였지만, 神을 人間像으로 표현하던 그리이스미술의 영향을 받아 佛像이 만들어지기 시작했던 것이다. 때문에 그 불상의 모습은 그리이스인의 모습을 하고 있었다. 이러한 간다라미술은 특히 카니슈카왕 시대에 가장 유행하였으며, 동시에 불교와 더불어 중앙아시아를 거쳐 중국·한국·일본에까지 전하여져 아시아의 불교미술에도 깊은 영향을 주었다.

굽타왕조 시대는 印度文化의 中興期였다. 이 시대에는 특히 브라만계급을 중심으로 한 힌두주의의 부흥이 그 특색으로 나타나고 있다. 우선 종교·법률의 분야에서는 유명한 「마누法典」이 이 시대에 더욱 정비되었고, 「라마야나」 및 「마하바라타」도 지금의 모습으로 수정되었다. 특히 후자에는 위대한 哲學詩 「神歌」가 삽입되어 있는데, 이것은 힌두교의 최고정신을 실제형식으로 표현한 것으로서 교도들에 의해 일반적으로 애독되고 있는 것이다. 梵語가 부활하여 발달한 것도 이 시대의 특징 중 하나이다. 또 宮廷英雄詩나 劇도 왕실의 애호를 받아 많은 걸작들이 만들어졌으며, 「구름의 使者」나 「季節의 循環」 등과 같은 서정시도 성행하고 있었다.

굽타시대에는 잉크나 철필 등이 일반적으로 사용되고 있었다. 그리고 이러한 필기도구의 사용은 과학의 발전을 도와서 천문학·수학·의학 등이 상당히 발달하였다. 천문학은 4세기 이후 그리이스천문학의 풍부한 지식을 수입하여 더욱 진보하였다. 태양·달·혹성의 운행을 정확하게 기술하고 있으며, 또 幾何學의 원주율계산 결과를 이용하여 지구의 주위를 정확하게 산정하고 있다. 引力의 법칙을 처음으로 알아낸 것도 인도의 천문학자 바스카라자루야였다. 이와 같이 천문학이 발달한 기초에는 수학의 진보가 있었다. 특히 인도인이 발명한 독특한 숫자는 代數學의 특이한 발달을 촉진시켰다. 8세기 중엽에 압바스朝의 교주 알 만수르의 궁정에서 굽타시대의 브라마굽타天文書가 아라비아어로 번역된 것은 유명하다. 약료 및 외과 요법도 발달하여, 수스루타의 저작은 그 이전 의학의 지식을 집대성한 것으로 이슬람시대의 아라비아의학에까지 영향을 주고 있다.

造形藝術에 있어서도 많은 업적을 찾아볼 수가 있다. 우선 동굴사원이 상당수 현존하고 있는데, 훌륭한 회화와 조각으로 유명한 아잔타 석굴사원은 그 대표적인 것이다. 지상의 사원으로서는 남인도 카포테스바라寺등의 힌두교사원이나 북인도의 부다가야大塔 등이 있다. 또 남인도에는 마말라푸람에 있는 팔라바조시대의 七塔과 같이 하나의 巨塔으로 된 독특한 석탑도 있다. 조각으로서는 소위 굽타彫像이 있는데 그들은 간다라예술에서 보였던 그리이스의 영향을 소화시켜 인도화하고 있다. 그리고 繪畵는 사원벽의 장식으로서 사용되기 시작하였으며, 그 대표적인 것으로는 아잔타동굴의 벽화가 손꼽히고 있다. 또한 금속세공도 상당히 발달하여서 찬드라굽타 2세의 서명이 있는 델리 부근의 鐵柱는 탁월한 철공기술을 보여주고 있는 한 예이다.

굽타시대의 화폐로서는 금·은·동의 세 종류가 있었다. 金貨와 銅貨는 형식이나 무게에 있어서 쿠샨왕조의 디나貨를 모방한 것으로 이미 오래전부터 통용되었던 것이며, 은화는 찬드라굽타 2세가 우즈자이니의 사카왕국을 정복할 때에 이 지방 그리이스系 太守의 화폐를 모방하여 만든 것이었다. 이것과는 달리 후나族의 은화는 페르시아 사산왕조의 은화를 모방하고 있었다.

제16장 印度의 中世社會

1. 라지푸트 時代의 政治와 社會

647년에 하루샤바르다나(戒日王)가 죽은 후, 북인도가 혼란기를 맞이하면서 인도 북방으로부터는 많은 이민족들이 침입하기 시작하였다. 라지푸트족이 출현하여 북인도 전역에 확대되기 시작한 것도 이때부터였다. 그들은 戰士階級으로서 강력한 세력을 형성하여 마침내 북인도 전역을 차지하게 되었다. 이들은 모두 32종족으로 이루어져 있었으며 그 중 프라티하라家와 찬델家 및 포와르家 등이 유력한 부족이었다. 각 부족들은 농경을 천시하고 馬上에서 창을 휘두르는 것으로 자랑을 삼았다. 그리하여 부족들 간에는 자주 분쟁이 일어났고, 거기에 몰두하던 그들은 결국 10세기 말에 일어난 터어키系 이슬람국가에 의해 전복되고 말았다.

라지푸트시대의 새로운 정복자들은 인도 고유의 촌락공동체를 기반으로 하여 봉건제도를 성립시켰다. 봉건영주는 보통 「地主貴族」이라고 불려지는 종족장·왕족·기사 등이었다. 특히 종족장이나 왕족은 여러 가지 특권을 가지고 무력으로써 왕의 권력에 저항하는 경우가 많았다. 원래 라지푸트의 가족 내에는 「골라」 또는 「다사」라고 불리는 많은 예속민이 딸려 있었는데, 유력한 족장은 이와 같은 수백인의 奴僕으로 이루어진 부대를 가지고 있었다. 이 외에도 왕의 권력에 제약을 가한 또 하나의 계급은 세습의 대신들이었다. 특히 軍事大臣이 최고의 지위를 차지하고 采邑에 관한 군사상·정치상의 문제를 처리하였다. 그리고 民政大臣은 농경지 및 각종 징세 등의 재정부문을 장악하였다. 따라서 봉건영주도 이 대신들을 통하여 지령을 받았고, 騎士들은 그들의 뜻에 따라 움직였던 것이다.

당시 갠지즈강 하류의 벵갈·비하르지역에는 굽타왕조를 멸망시킨 파라왕조가 군림하고 있었다. 파라왕조는 불교를 보호하고 예술을 애호하였기 때문에 회화·조각 및 청동을 비롯한 금속의 鑄造技術이 상당히 발달했으며, 僧院이나 灌漑를 위한 대저수지의 수축도 아주 성행하였다. 그리고 12세기 초에는 세나왕조가 나디야를 중심으로 일어나 파라왕조로부터 독립을 하고 있었지만 이들 두 왕조는 12세기 말 이슬람군에게 점령당하였고, 이 때 亂을 피하여 티벳으로 간 승려에 의해 梵語 문헌이 티벳어로 번역되기도 하였다.

한편, 데칸고원에서는 강력했던 차르키아왕조도 8세기 중엽에 이르러서는 쇠퇴하고 토착의 라슈트라쿠타왕조에게 멸망당했었는데 10세기 후반에는 다시 후기 차르키아(동 차르키이) 왕조가 발흥하였다. 이 후기 차르키아왕조는 13세기에 데칸전체를 정복하고 남 인도의 촐라왕국 및 팔라바왕조와 대립하게 되었다. 당시 남인도에서는, 9세기에서 13세기에 걸쳐 촐라왕조가 팔라바왕조를 대신하여 覇權을 주창하고 있었으나 13세기 이후에는 다시 판디야왕조가 촐라왕조에 대신하여 남인도의 최강국이 되었다. 베니스의 여행가 마르코 폴로는 이 나라를 두번 방문하였는데 왕은 外國人이 와서 무역하는 것을 장려하였다고 기술하고 있다.

촐라왕조나 판디야왕조의 왕들은 모두 정통파 힌두교도로서 자이나교도를 박해하였다. 이것은 위대한 두 종교개혁자인 산카라 아차리야와 라마누자의 영향 때문이었다. 전자는 시바派의 道士로서 梵 외에 實在는 없고 개인의 정신도 梵의 일부이며 물질은 환상에 불과하다고 하였다. 후자는 전자의 교리에 반대하여 비슈누를 최고의 신으로 하고, 비슈누는 인류를 구하기 위하여 때때로 인간으로 變身하여 지상에 나타난다는 것을 주장하였다.

2. 初期 이슬람 諸王朝時代의 政治와 社會

7세기에 아라비아에서 일어난 이슬람교는 아라비아민족의 民族主義와 결합하여 大 이슬람제국을 출현시켰다. 그리고 그 일부가 8세기 초에 서북 인도의 신드지방을 공략하고는 약 3세기 동안 이 지역에 이슬람왕국을 세우고 구자라트 및 데칸의 힌두인 왕국들과 통상을 하였다. 또한 중앙아시아에서 유목생활을 하고 있던 터어키人의 여러 부족이 이슬람교로 개종하여 10세기 말 아프가니스탄의 가즈나에 이슬람국가를 세웠다. 그 왕 마하무드는 異教徒를 改宗시키는 것을 의무로 여기고 자주 인도에 침입하였다. 그리하여 결국은 라지푸트족들의 연합군을 격파하고 펀잡지방을 정복하게 되었던 것이다. 가즈나왕조가 쇠퇴한 후에는 고르왕국이 일어났다. 12세기 중엽 무하마드 고리왕은 노예출신의 장군 쿠트부딘과 함께 페샤와르에서 벵갈灣에 이르는 北印度 전부를 정복하였다.

이 이래로 힌두인은 북인도에서 지배자로서의 지위를 상실했고 대신 노예출신의 군주를 받드는 노예왕조가 북인도에 세워졌다. 궁정에 속했던 노예들은 40인으로 된 단체 또는 회의를 조직하여 실권을 장악하였고 그들 뜻대로 왕을 폐립하였으며 국내의 광대한 封地 및 중요한 관직을 모두 점유하고 있었다.

13세기에 노예왕조를 대신하여 일어난 하라주왕조의 알라 우딘은 무굴인(터어키계 이슬람교도)의 침입을 격퇴하고 북인도의 주요부에 군림한 최초의 이슬람교도였다. 알라 우딘은 무력에 의한 對外征服뿐만 아니라 內政에서도 여러 가지 개혁을 단행하였다. 그리고 그것은 수세기 동안 인도사회에 영향을 주었다. 즉 힌두인의 지주귀족이 봉건영주로서 갖고 있던 여러 가지 특권을 인정하지 않았으며, 더우기 그들을 감시하기 위해 密偵團까지 조직하였다. 농민에게는 地租를 면제해 주었지만 반대로 지주귀족에 대해서는 5할의 地租 외에도 家屋稅·收草稅 등과 같은 특수세를 부과시켰다. 또 코란이 금하는 음주·난혼 및 힌두교도의 승마·무기휴대 등을 엄하게 단속하였다. 다음으로 군사적인 입장에서 統制經濟를 실시하였다. 그는 무굴군의 침입에 대비하여 常備軍을 두고 있었는데, 당시 南印度로부터의 사치물자 유입으로 화폐가치가 떨어지고 물가는 심하게 상승하여 병사들의 생활이 곤란하게 되었었다. 그래서 왕은 勅令을 발표하여 독단적으로 생활필수품 및 사치품의 가격을 결정함으로써 병사들이 어느 정도 생활할 수 있도록 하였던 것이다. 수공업도 보호하여서 400인의 견직공이 일하는 국영공장에서는 여러 종류의 직물이 만들어졌다.

하라주 왕조의 뒤를 이어, 14세기에는 투구루크왕조가 인도를 지배하였다. 두번째 왕인 무하마드 투구라크는 비범한 인물로 그에 대해서는 당시 델리에 체재하고 있던 유명한 아라비아 여행가 이븐 밧투타가 상세하게 기록하고 있다. 무하마드 투구라크는 착실한 이슬람교도로서 사생활에서도 이슬람교의 계율을 엄격하게 지켰지만, 한편으로는 상식을 벗어난 행동도 하였던 이중적인 성격의 소유자였다. 그는 수도인 델리의 주민을 데칸의 다울라타바드로 강제 이주시킨 적도 있었고, 팽창된 군비의 조달을 위하여 징세청부제도를 채용하여서 농민들에게 고통을 주기도 하였다. 또한 동전을 은화의 대용화폐로서 통용시키려 했으나 실패하여 막대한 재정상의 손실을 가져오기도 했다. 결국 구쟈라트와 신드지방에서 반란이 일어나 왕은 종군중에 병사하였고, 후계자로서 종제인 피루즈샤가 즉위하였다. 영명한 이 왕은 국력의 회복에 힘을 기울였다. 地租의 評定人을 임명하여 전국을 순시시켰고, 약 25종의 惡稅를 폐지하였으며 관개사업도 활발히 추진하였다. 또 많은 촌과 도시도 건설하였는데 새로운 수도의 건설에는 많은 전쟁포로들을 노예로 삼아서 사역시켰다. 그리고 이교도에 대해서는 가혹한 박해를 가하였으며, 힌두교 神殿을 파괴하고 그 재료로 이슬람사원을 짓기도 하였다.

초기 이슬람 제왕조시대에서는 처음으로 정규적인 행정조직이 정비된 것도 이 왕의 치세 때였다. 왕은 정치·군사상 최고의 권력자였고 그 아래로 재상이 있었으며 지방의 여러 州는 주로 왕족의 장군에 의해 통치되고 있었다. 財政制度도 정비되어서 州의 知事는 회계기록을 보존할 의무가 있었고 그것은 규칙적으로 검사받아야만 하였다. 화폐는 금화 및 은화를 사용하였으며, 금·은의 함유량은 주의깊게 지켜졌다.

그러나 피루즈 샤가 죽은 후 귀족들은 당파를 이루어 세력다툼을 벌였고 왕의 폐립도 제멋대로 하기 시작하였다. 이때, 사마르칸드를 중심으로 西아시아 전역을 정복한 티무르가 인도에 침입하여 델리를 철저하게 약탈하였다. 그리고 그 후예들은 사이드왕조를 세웠었지만 부후룰 로디라는 아프칸人 귀족에게 왕위를 빼앗겼다. 이 로디王家의 마지막 왕위는 이브라힘 로디에 의해 계승되었는데, 그는 귀족들을 불신하여 많은 귀족의 지위를 박탈하였다. 결국 귀족들은 카불의 왕 바부르에게 원조를 요청함으로써 바부르는 인도침입을 결심하였고, 파니파트에서 인도군을 격파하였다. 여기에서 델리의 초기 이슬람왕국은 그 종말을 고하였던 것이다.

초기에 인도를 침입했던 이슬람교도는 그 수가 적었던 데 비하여 정복한 지역이 넓었고 도로도 발달하지 못했으며 인도의 말이나 습관도 알지 못하였기 때문에 델리의 왕(Sultan)은 힌두인 귀족들에게 많은 권한을 주었다. 힌두인들도 관직에 나가기 위해 페르시아어를 학습하게 되었고, 그 결과 우루두라는 混合語가 발생하였다. 옛부터 인도에 침입했던 그리이스인이나 사카족, 후나족 등의 여러 민족은 인도사회에 동화·흡수되어 왔었다. 그러나 이슬람교도는 독자의 종교와 문화를 가진 支配種族으로서 인도사회의 상층부에 위치하여 이교도인 힌두인을 지배하였던 것이다. 그리고 소수의 이슬람교도들 사이에서는 힌두인 여성과의 잡혼도 이루어졌고 그 후세들에 의해 兩者의 관습이 융합되기도 하였다. 또한 이 때에 라마난드라고 하는 자는 힌두교와 이슬람교의 대립을 초월한 입장에서 인간의 고뇌, 특히 가난한 피정복계급의 영혼을 구제하고자 하는 새로운 종교운동을 일으켰는데 이것은 후에 시크(Sikh)교가 발흥할 수 있는 기반이 되었다.

3. 무굴帝國의 興亡과 그 社會

티무르제국의 붕괴 후, 그 후손 중 한명인 바부르는 카불에서 새로운 왕국을 세웠다. 이 당시의 인도는 로디왕조의 내분으로 국내가 혼란하였기 때문에 이것을 틈타 바부르는 印度遠征을 결행하였다. 결국 火砲라는 신무기를 갖고 있던 바부르군이 북인도를 정복하게 되었고, 그 영역의 대부분은 장교들에게 封地로서 분배되었다.

바부르의 후계자 후마윤도 용감한 인물이었으나 器量面에서는 그의 父를 따라가지 못하였다. 그는 아프칸인 장군인 세르 샤와의 전투에서 대패하고 서북인도의 각지를 유랑하다가 페르시아군의 도움으로 겨우 카불에서 은거하게 되었다.

세르샤는 델리왕좌에 올랐던 이슬람왕 중에서 가장 위대한 군주였다.

실제로 그의 업적은 전쟁에서의 승리보다 통치자로서의 훌륭한 제도를 수립했던 점에 있었다. 불과 5년이란 짧은 통치기간 중에 幹線道路의 완성·법률과 질서의 정비·신앙의 자유·지방행정조직의 정비·관세 및 기타 잡세의 폐지 등 모든 行政制度를 현명하게 개선하고 확립할 수 있었던 것이다. 또 양질의 은화를 발행하여 1루피의 은화중량을 180그레인으로 정하였는데, 이 표준은 근대 영국정부에서도 채용하고 있는 것이다. 그러나 그가 행한 개혁들이 인도역사상에서 차지하는 중요한 의의는 인도에 하나의 民族的인 國家를 형성할 수 있는 기틀을 준비하도록 해 주었다는 것과 다음에 오는 아크바르대제시대의 영광을 가져올 수 있도록 마련해 주었다는 점이다.

세르샤는 라지푸트족의 요새를 포위하던 중 사고로 폭사하였다. 그 후 왕위계승문제로 국내가 혼란한 틈을 타서 카불에 은거하던 후마윤은 델리를 탈회하고 다시 무굴왕조를 부흥시켰다. 후마윤이 죽은 후, 그 아들 아크바르가 어린 나이로 즉위하였다. 그리고 歷戰의 名將 바이람 칸이 그를 보좌하였다. 아크바르는 4년 후에는 내부의 당쟁을 일소하고 자신이 직접 정치를 할 수 있었다. 그러나 소수의 아크바르정권에 대하여 그 주위에는 강세를 자랑하는 힌두교도인 라지푸트족들이 있었고, 또 인도내지에서는 유력한 이슬람교도인 아프간 귀족들이 아크바르를 敵視하고 있었다. 이로 인하여 아크바르는 이미 힌두인을 회유하기 위하여 라지푸트의 쟈이푸루家에서 왕비를 맞이하였으며, 또 이제까지 힌두인에게 부과되었던 巡禮稅나 人頭稅를 폐지하였고 힌두인 포로 및 그 가족을 노예로 삼는 일을 금지시켰다. 그러나 복종을 거부하는 부족들에 대하여는 정복을 감행하였고, 마침내 이런 회유와 강압의 이중정책을 통하여 북인도를 완전히 지배하게 되었다. 아크바르는 비범한 군사적 재능에 의하여 얻은 이 광대한 版圖를 뛰어난 행정적 수완에 의하여 훌륭하게 다스렸다. 그가 무굴제국의 진정한 건설자로 말해지는 이유도 그 행정상의 공적에 있는 것이다.

아크바르는 토다르 말을 起用하여 中央權力의 신장을 꾀하였다. 토다르 말은 젊을 때 세르 샤 밑에서 일하던 사람으로 재정적 수완이 뛰어난 자였다. 그는 우선 전국의 토지면적과 작물의 종류 및 토질을 고려하여 可

耕地를 4등급으로 나누고, 제각기 생산물의 1/3을 地租로서 화폐로 납부하도록 했다. 그리고 부정을 막기 위해 이제까지 10년간 징수되었던 액수를 평균내어 定額으로 하고 그 후 5년간 납입이 이행되면 이 결정을 영구적인 것으로 하였다. 각 촌에는 村落會計官이 있고, 그 위로 각 徵稅區에는 하급징세관이 있었다. 이 하급징세관들은 보통 세습되었으며, 그들은 지방의 관습이나 토지소유에 대해서 잘 알고 있었다. 그리고 地租 외에 관세나 각종의 수수료 등이 있었지만, 이외의 많은 잡세들이 폐지되기도 하였다. 토다르 말이 실시한 이 제도들은 오늘날 印度 稅制의 기초가 되고 있다.

아크바르는 중앙집권의 효과를 얻기 위하여 세제개혁 외에 官制의 개혁도 실시하였다. 이것은 軍政이라고도 할 수 있는 것이었다. 행정구분으로서 州와 區를 두었고, 區는 다시 징세구분으로서의 徵稅區로 나누어졌다. 州는 知事에 의해 다스려졌고, 知事 아래로는 승마병의 수에 비례하여 등급이 나누어진 관료군이 있었다. 이 등급은 1만騎에서 7천騎를 지휘할 수 있는 최상층의 3등급으로부터 최저 10騎에 이르기까지 30등급으로 나누어져 있었다. 관리는 문관이면서 동시에 무관이었으며 자기 지역내의 법과 질서를 유지하고 국고에 채울 세금을 거두어 들일 직무가 있었다. 그리고 전쟁시에는 병마를 이끌고 집합하도록 되어 있었다.

종교적인 면에서, 아크바르는 이슬람교도였지만 힌두교의 교의도 학습하였다. 그리고 각종 교파의 대표자를 소집하여 토론시키고 그 공통점을 채택하여 독자의 折衷宗敎를 만들고는 「神聖宗敎」(Din Ilāhi)라 이름붙였다. 아크바르가 이슬람교도만의 왕이 아니고 인도 전체의 제왕이 된 이상 정치적인 입장에서도 이러한 보편적인 성격의 종교는 필요한 것이었다. 그러나 신성종교는 아크바르의 죽음과 동시에 소멸되고 말았다.

뛰어난 조직자였던 아크바르는 무력에 의해 통일한 인도를 하나의 국가로 통합하려는 이상을 가졌던 최초의 인물이었다. 그러나 그의 만년은 훌륭한 치세에도 불구하고 비참한 것이었다. 아들 중 몇 명은 나쁜 습벽으로 인하여 일찍 죽고, 太子 살림은 父王에게 반항하였기 때문에 근심이 가중된 아크바르는 마침내 병에 걸려 죽고 말았다. 그리고 태자인 살림이 즉

위하여 자항기르라 칭하였다. 자항기르는 데칸지방의 여러 왕국을 결합하였고, 또 펀잡지방을 완전히 정복하였다. 그러나 궁정 내부에서는 皇位의 계승문제로 다툼이 일어나 왕자 쿠스루가 독살되고 황후 일족이 실권을 잡았다. 그 후원으로 왕자 쿠람이 왕위의 쟁탈전에서 승리하고 샤 자한이란 칭호로 왕위에 올랐다.

샤 자한의 치세는 무굴제국의 황금시대라고 말하여진다. 제국의 조직은 훌륭한 결실을 맺어서 皇室의 年收는 2억 2천만 루피에 달했다. 궁정의 생활이 호사화려했던 것은 1천만루피의 가치가 있는 황금옥좌가 있었다는 것에서도 알 수가 있다. 많은 궁전이나 이슬람사원 중에서도 가장 유명한 「타지 마할」은 완성되기까지 20年이란 세월과 4천만루피의 건축비를 투자한 것이었다. 그러나 이와 같이 영화를 극한 왕조하에서의 농민생활은 반드시 개선되었다고는 할 수 없었다. 오히려 人力과 物力의 공급대상으로서 부담만이 가중되었던 것이다. 그 결과 농경지는 황무지로 변하였고, 1630년부터 3년 동안에 걸쳐 구자라트지방은 기근과 질병이 유행하여 상황이 매우 처참했었다. 1657년에 샤 자한이 중병에 걸리자 그의 네 왕자들은 王位爭奪戰을 시작하였다. 결국 세째 아들인 아우랑그제브가 父王을 감금하고 제위에 올랐다.

아우랑그제브의 50년에 걸친 장기간의 치세는 두 시기로 나누어진다. 전기, 즉 1659년에서 1681년까지의 약 20년간은 오로지 북인도의 통치에 힘을 다하였던 시기이고, 후기 즉 1681년부터 죽을때까지는 데칸의 마라타족을 복종시키려 했으나 결국 실패하였던 시기이다.

전기는 비교적 평화로운 시기였다. 이 당시 엄격한 정통파 이슬람교도였던 아우랑그제브는 이교도를 개종시키는 것을 의무로 여기고 있었다. 그리하여 힌두교도는 물론이고 비정통파 이슬람교도인 시아宗도 탄압하였다. 또한 아크바르에 의해 폐지되었던 비이슬람교도에 대한 人頭稅도 부활시켰다. 그 결과 쟈트족이나 라지푸트족들과의 장기적인 전쟁이 일어나게 되었던 것이다.

이 당시 데칸지방에서는 토착의 마라타족 지도자 시바지이가 세력을 규합하여 무굴군을 격파하고 카르나타크를 정복하였다. 그리고 시바지이는 라이가르에서 고대 인도제국의 儀式에 따라 즉위한 후에 뛰어난 行政能力을 발휘하여 확고한 통치를 하고자 하였다. 수세기 동안 이슬람교도의 지배하에서 자취를 감추고 있던 힌두교의 정신이 부활하기 시작한 것도 이때부터였다.

아우랑그제브는 데칸의 마라타족을 정벌하기 위해 원정군을 보내어 시바지이의 후계자 삼바하지이를 체포하고 그 왕국의 대부분을 점령하였다. 그러나 마라타군도 항복하지 않고 게릴라전으로 무굴군을 거의 20년 동안 괴롭혔다. 결국 무굴군은 아후마도나가루로 퇴각하게 되었고 황제는 그곳에서 89세의 고령으로 죽었다.

아우랑그제브 이후 무굴제국의 왕 중에는 특출한 인물이 없었기 때문에 국력은 약화되었고, 데칸이나 벵갈 등 여러 지역은 제각기 독립하였다. 특히 데칸 삼바하지이의 왕자인 사후는 북정을 감행하여 말와와 분데르칸드, 구자라트지방을 유린하였다. 마침 이때 페르시아의 나디르 샤가 인도를 침입하여 델리는 철저하게 파괴되고 무굴제국의 몰락은 결정적으로 되었다. 그리고 아프가니스탄은 이것을 틈타 독립하였다. 사후의 재상으로 있던 바지이 라오가 죽은 후, 그 아들 바라지이 라오가 재상으로 되었다. 그는 쿠데타에 의해 실권을 잡고 자기 뜻대로 그 나라를 지배하였다. 이 때가 마라타왕국의 전성시대로 중부 인도의 대부분과 탄조르 등의 남인도 각지 그리고 구자라트·말와 등의 북인도 각지를 지배권 안에 넣고 있었다. 그러나 이들 마라타族은 영토의 확장에 그다지 힘쓰지 않았고, 정복지에 대해서도 기존의 지배자를 그대로 왕위에 둔 채 1/4稅, 1/10稅 등의 징세조직에 의해서 지배하는 정책을 취하고 있었다. 그 후 북인도에서는 나디르 샤의 아들 아흐마드 샤 아브달리가 인도를 침입하여 라호르를 점령하고 마라타군의 일부를 격파하였다. 재상 바라지이는 주력군을 북상시켜 델리를 점령했지만 교묘한 아흐마드 샤의 작전에 걸려 파니파트 전투에서 전멸되었다. 그 결과 국내는 분열되었으며 재상 일족 사이에도 분쟁이 일어나 봄베이의 영국정부가 간섭하게 되었다. 1792년에 와렌 헤스팅스는 마라타족을 중심으로 한 힌두제국의 동맹군을 쳐부수고 살세트를 영국에 할양시켰다.

제17장 英國의 植民統治와 印度의 獨立

1. 英國의 印度制覇

1453년에 콘스탄티노플이 오스만 터어키에게 점령되면서 유럽은 주로 인도에 의존하고 있던 향료, 특히 저육·조리·의약에 이용하고 있던 胡椒의 수입이 어렵게 되었다. 그리하여 터어키 영내를 거치지 않는 항로를 필요로 하게 되었고, 결국 喜望峰을 우회하는 인도항로가 포르투갈에 의해 발견되었던 것이다. 1498년 바스코 다 가마가 인도 서해안의 캘리컷에 도착하면서부터 포르투갈의 활동은 더욱 활발하여져서 호르무즈와 말래카를 점령하고, 여기에 시장을 설치하게 되었다.

그 후, 다시 고아를 점령하여 근거지로 삼고, 구자라트해안·벵갈만안·세일론 등에 商館을 설치하였다. 또한 제주이트선교사들도 무굴제국의 궁정에서 커다란 세력을 형성하게 되었다. 그러나 그들은 완고한 구교도로서 힌두교도나 이슬람교도와 결코 타협할 수 없었다. 또 그들과 빈번하게 무역을 하던 남인도의 부유한 힌두왕국 비자야나가르의 몰락은 그 번영에 큰 타격을 주었다. 게다가 그들의 무적함대가 영국에 패배당함으로써 포르투갈해상세력의 몰락은 결정적인 것이 되고 말았다.

1600년에는 영국의 동인도회사가 창립되었다. 그 당시 株主는 겨우 125인이었고 자본금은 7만파운드에 불과했다. 주주는 각자 출자하고 선단이 돌아왔을 때 그 이익을 분배받았다. 1661년에는 그 본거지를 스라트에서 봄베이로 이전하였는데 이곳이 후에 봄베이管區의 중심지로 되었다. 뒤이어 1690년에 쌀·비단·硝石 등의 물자가 풍부한 벵갈지방의 출입구인 갠지즈강 하구에 윌리엄要塞를 건설하였다. 이것은 캘커타市의 前身으로 벵갈관구는 여기에서 비롯된 것이다. 또 동해안의 넬로르지방에 식민한 영국인들은 당시 황무지였던 지금의 마드라스市 토지를 土侯로부터 빌어 세인트조지 요새를 구축하였는데 이곳이 후에 마드래스관구의 기초가 되었다.

한편, 네덜란드도 1602년에 東印度會社를 건립하였고, 1619년에는 자바에 바타비아를 건설하고 이를 본거지로 하여 포르투갈 및 영국의 세력을 香料群島에서 몰아낼 정도로 강대한 海上王國을 이룩하였다. 그렇지만 인도 본토에서는 실권을 갖지 못했다.

프랑스의 동인도회사는 영국보다 수십년 뒤인 1664년 코르베르에 의해 세워졌으며, 그것은 영국이나 네덜란드와는 달리 정부에 의하여 만들어진 것이었다. 이들은 마드래스 남방에 퐁디셰리를 건설하였고, 또 갤커타에 대항하기 위해 그 북방 찬다르나가르에는 商館을 설치하기도 하였다.

이 당시 영국과 프랑스는 오스트리아계승전쟁을 발단으로 세계 각지에서 식민지 패권다툼을 벌이고 있었다. 인도도 예외는 아니었으며, 최초에는 프랑스가 우세하였다. 그러나 영국인 클라이브의 주도하에 전개된 끈질긴 투쟁은 결국 극적인 세력전환을 가져왔고, 뒤이어 양국 간에 일어난 7년전쟁을 계기로 프랑스는 인도에서 거의 모든 세력을 잃게 되었다. 이로 말미암아 영국은 인도에서 우월권을 확보할 수 있었다. 그리고 벵갈의 초대 知事로 임명되었던 클라이브가 친수라의 네덜란드인들로부터 항복을 받음으로써 영국은 인도에서 최고권을 갖게 되었다. 클라이브가 귀국했을 때 벵갈왕은 무갈왕조의 샤 알람을 받들고 영국군에게 도전했었는데 결국 패배함으로써 벵갈과 비하르는 실질상 영국의 영토가 되었다. 무굴의 황제는 영국으로부터 恩給을 받는 대신에 벵갈, 비하르 및 오릿사의 징세권을 영국의 동인도회사에게 내주고 말았다.

2. 英國의 初期 印度統治

17세기 유럽에서는 君主專制主義가 번창하였다. 그리하여 서구의 여러 제국들은 강대한 군주권을 유지하기 위해 많은 관료와 상비군을 필요로 하였기 때문에 거액의 경비가 요구되었고, 이것은 결국 국가본위주의의

重商主義를 발생시켰다. 즉 자국의 상공업을 발전시키기 위하여 保護貿易을 실시하였고, 식민지인들의 자유나 이해는 돌보지 않게 되었던 것이다.

이것에 대해, 18세기에 발생한 啓蒙主義는 국가가 통제를 하면서도 소비자로서의 일반민중, 특히 식민지인들의 利害를 생각하지 않으면 안된다는 경제사상을 성립시켰다.

결국 18세기 영국의 인도정책은 이들 두 사상이 융합하여 형성된 것이었다.

클라이브는 중상주의를 표방하고 인도를 단지 원료나 재화의 공급지로 삼는 방침을 취하였다. 즉 동인도회사의 군대가 각지의 土侯를 보호하는 대신 많은 재화나 토지를 양도받았고, 그 위에 이들 토지에 관한 재정 및 군사상의 권리는 회사가 장악하고, 행정 및 사법상의 권리만 토후에게 부여하는 二重政策을 취하였다.

그 후, 관할영토가 확대되면서 영국정부는 1773년「東印度會社 管理法」을 제정하게 되었다. 즉 벵갈지사를 총지사로 승격시켜 마드래스 및 봄베이의 양 관구를 통할하도록 하였으며, 參事會를 설치하여 그 권한을 제어하도록 하였던 것이다. 초대 총지사로 와렌 헤이스팅즈가 부임하였을 때, 벵갈州는 착취와 기근으로 피폐해 있었으며 회사의 재정도 붕괴상태에 있었다. 또한 극단적인 중상주의정책의 결과로 아메리카대륙의 광대한 식민지를 잃게 되었기 때문에, 헤이스팅즈의 인도정책은 크게 변하여 계몽주의가 많이 가미되게 되었다. 즉 그의 정책은 식민지의 민력을 향상시켜 회사의 수입을 증가시키고, 서서히 그 운영력을 증가시키고자 한 것으로 다시 말해 啓蒙化된 重商主義라고도 할 수 있는 것이었다.

1784년에는 윌리엄 피트에 의해「印度條令」이 공포되어 중역회나 주주총회 외에 군사·사법·재정의 집행권을 행사하는 管理局이 설치되었다. 그리고 이에 따라 본국정부의 감독권도 한층 강화되었다.

「印度條令」에 반대하여 헤이스팅즈가 사임하고 코온월리스가 총지사로 부임하였으나, 그도 역시 전임자를 계승하여 더욱 계몽적인 정책을 추진하였다. 그 개혁 중 중요한 것은 벵갈에 영구적인 地租制度를 수립하려고 시도했던 것이다. 즉 코온월리스는 重稅 때문에 농민이 토지를 버려 황무지가 많아진 것을 알고, 징세를 청부맡았던 지주로부터 정부에 지불되는 세액을 일정 불변의 것으로 하는 氷久地租制度를 행하였던 것이다. 그 결과, 소위 「영구벵갈지주」라고 알려진 계급이 발생하게 되었으며, 이제까지 촌락공동체의 成員으로 있던 小自作 農民은 이들 새로운 지주의 소작인과 같이 되어 버렸다. 이와 같이 정부와 농민의 사이에 있는 일종의 지주가 징세책임을 지니고 있는 제도를 자민다리制度라고 하는데, 주로 북인도에서 행하여졌다.

이것에 대하여 마드래스 등의 남인도에서는 라이야트와리제도라 하여 토지의 査定官이 정기적으로 토지를 평가하여 세액을 결정하면 농민이 직접 정부에 세금을 납입하는 징세제도가 실시되고 있었다.

3. 英國의 帝國主義的 諸政策과 세포이의 叛亂

1798년에 총지사가 된 웰즐리는 더욱 적극정책을 수행하여 권력을 확장시켰다. 그는 아직까지 프랑스와 결속되어 있던 남인도의 여러 왕국을 무력으로써 강압하여 프랑스 세력을 일소하고, 土侯의 군대를 해산하였으며 영국의 駐剳官과 分遣隊를 배치하였다. 그리고 그 비용을 土侯에게 부담시키는 군사원조동맹을 강제적으로 체결시켰다. 이와 같이 하여 마이소르와 카르나틱을 병합하였고, 하이드라바드와 기타의 지역을 보호국으로 만들었다. 특히 마라타왕국에 간섭하여 종속적인 조약을 맺도록 하였다. 그러나 나폴레옹과의 전쟁으로 시달리던 본국정부는 이 적극책을 좋아하지 않았다. 그리하여 그후 總知事가 된 민토우는 소위 「不干涉政策」을 취하여 편잡에 자리잡고 있는 시크敎徒의 왕국과 수호조약을 맺음으로써 그 東進을 막고 인도에 진출하려는 나폴레옹의 기도를 격파하는 데 전력을 다하였다. 다행히 나폴레옹이 모스크바 원정에 실패함으로써 프랑스군 침입의 염려는 없어졌다.

1813년 동인도회사는 특허의 기한이 다했기 때문에, 인도에 온 모든 개인에게 印度貿易을 개방하고 상인 및 선교사가 아무 제한도 없이 회사의 영지에 들어오는 것을 인정한다는 조건으로 계속 그 특허를 연장하였다.

다음의 총지사 헤이스팅즈 후작은 네팔의 구르카를 토벌하여 인도군에게 편입시키고, 중앙인도에서 맹위를 떨치던 핀다리 匪賊을 섬멸하였으며 복수를 맹세하고 일어났던 마라타 여러 나라의 동맹군을 각각 격파하였다. 여기에서 수세기 동안 인도를 지배했던 마라타왕국은 멸망하고 데칸의 대부분은 봄베이관구에 편입되었다. 그리고 다음의 총지사 암헤르스트는 막대한 희생을 지불하면서 버어마를 원정하였다. 그러나 그의 후임인 벤팅크는 내정의 개혁에 힘을 기울였고, 그 동안의 군사행동에 의해 궁핍해진 재정을 복구하려 노력하였다. 남편이 죽으면 아내도 같이 화장시킨다는 비인간적인 사티制度를 법적으로 금지했고, 세습적인 암살단 타그를 근절시켜 경찰제도를 개혁하였으며 사법상의 개혁도 단행하여 법정에서 사용하던 페르시아어를 힌두어로 고쳤다. 그 외에도 영어교육을 실시하고 대학을 설립하는 등 계몽주의적 내정을 행하였던 것이다.

1833년에 동인도회사 독점의 여파가 사라지면서 영국인은 누구나 인도에 와서 정착하거나 자기의 재산을 가질 수 있게 되었다. 그 뒤에 취임한 오크랜드 총지사는 러시아의 남하를 견제하기 위해 아프가니스탄에 출병했었는데 실패로 그치고 말았다. 그러나 그의 후임인 에렌보로우는 신드를 병합하였고, 달하우시 때에는 다시 시크교도를 격파하여 편잡을 병합시켰다. 달하우시는 다시 버어마에 원정군을 보내어 그 남부를 빼앗고 이어 우드를 병합하는 등 제국주의정책을 추진하는 한편, 많은 대운하와 철도 및 우편시설을 건설하는 등 내치에도 노력하였다. 또한 많은 土侯國에 대해서는 소위 「失權의 原則」을 적용하여 土侯에게 嗣子가 없을 때는 이것을 병합하는 정책을 취하였다.

이와 같은 상황 하에서, 도시의 수공업자는 綿布와 같은 영국상품의 유입으로 실직상태에 빠졌고, 농민은 토지소유권을 상실하고 동시에 인상된 세율로 고통을 받았으며, 승려는 교육 및 재판의 독점권을 상실하였고, 土侯들은 사유지를 몰수당하게 되었다. 그리하여 그들은 서로 공통의 이해관계를 갖고 영국의 정책에 대해 반항하기 시작했다. 특히 영국의 교육을 받은 일부 지식계급의 계몽운동에 의하여 비판의 정신은 날로 고조되기만 하였다.

이와 같이 민족운동의 일반조건이 성숙하여 가던 때에 인도군에 편입되어 있던 토민병 세포이들이 난을 일으켰다. 이 난은 후에 민족의 봉기로 확대되어 중부 인도에까지 파급되었다. 그들은 「舊時代에로의 復歸」를 기치로 내세우고 있었지만 土侯나 승려 및 농민, 수공업자 등등 각 계급들의 요구하는 내용이 서로 달랐기 때문에 행동의 일치를 가져올 수가 없었다. 따라서 영국군에게 효과적으로 대처하지를 못하였다. 결국 이 반란은 실패하였지만, 인도의 절반 정도를 차지하는 지역의 주민이 일치하여 처음으로 反英抗爭을 전개했다는 점에서 그 의의가 매우 큰 사건이었다.

영국정부는 이 반란을 통하여 인도의 통치를 동인도회사에 맡길 수 없다는 것을 알고 1858년에 인도를 영국의 直轄地로 하였다. 그리고 이제까지의 총지사를 總督으로 개칭하여 직접 정치를 하도록 하였다. 초대 총독이 된 카닝은 차례로 구제도를 개혁하여 민심을 안정시켰으며, 또 「印度參事會條令」에 의하여 참사회에 인도인을 참가시켰고, 「借地令」에 의해서 借地人을 지주로부터 지켜주었다. 그리고 이제까지 토후의 영토를 병합하던 정책을 고쳐서 그대로 그들의 영토로서 인정해 주면서 다스리는 「分割統治政策」을 채택하였다. 1877년에는 빅토리아 여왕이 인도황제를 겸하게 되었고, 인도와 영국과의 관계는 정치상·경제상 더욱 밀접하게 되었다.

4. 印度의 近代化와 民族運動

영국은 세포이의 반란으로 군대나 기타 여러 가지 물자의 수송이 더욱 긴요하게 되었다. 또한 南北戰爭으로 인해 아메리카로부터의 原綿 수입이 정지되면서 印度綿의 수요가 더욱 증가하였고, 수에즈운하의 개통으로 무역은 더욱 왕성하여졌다. 이러한 상황들은 인도에서의 철도의 발달을 가져왔고, 철도의 발달은 곧 인도 근대화의 출발점이 되었다. 연료의 필요로 인한 탄광업의 발달 외에도 면공업을 비롯하여 많은 土着工業이 급속히 성장하였던 것이다. 또한 정부도 여러 곳에서 공장지대를 세우고 새로운 산업들을 장려하였다. 결국 산업이 발전됨으로써 노동자계급이 발생하였고, 생활이 어렵게 된 농민들 사이에서는 봉기도 일어났다. 종교계도 그 영향을 받아 계급과 종교의 차이를 버리고 人道主義로 돌아갈 것과 민족의 정신을 존중하지 않으면 안된다는 것을 주장하여 인도인의 민족적 자각을 호소하였다. 또 일반지식계급의 운동도 활발하여서 1876년에는 바네르지를 중심으로 하여 印度協會가 결성되었는데 그들은 토착어 신문과 손을 잡고 영국의 여러 정책에 대해 공격을 가하였다. 정부는 이러한 민중의 反英運動을 무마시킬 목적으로 인도인 상층부에게 어느 정도 양보를 함으로써, 마침내 印度國民會議가 결성되었다. 그러나 그 구성원에 농민 및 노동자의 대표는 참여하지 못하였다. 환언한다면, 성장기의 민족자본을 쥐어진 자와 지식분자가 영국과 협조하여 그 발전을 도모하고자 한 것으로서, 결국 정부의 협력기관과 같은 역할만 하게 되었던 것이다.

1899년에 부임한 22대 총독 커어즌은 러시아의 남하에 대비한 군사상의 필요에서 西北邊疆州를 建置하였다. 또 20세기가 되어 현저하게 발전한 토착공업을 억압하였으며, 독일과 미국의 진출로 판로가 좁아진 영국 금융자본을 인도로 도입시키기 위해 이제까지의 銀本位를 金爲替本位制로 바꾸었다. 그리고 그 자본들은 주로 黃麻工業·석유업·탄광업·차재배업 등의 여러 산업 및 정부증권과 철도에 투자되었다.

이와 같이 인도의 확보를 강화하려는 영국의 정책은 벵갈을 벵갈本州와 동벵갈·아샘의 2주로 분할하여 통치하려는 벵갈분할법의 발포로서 나타났다. 이때는 日露戰爭에서의 일본의 승리로 인도인의 민족적 자각이 크게 고취되고 있던 때였다. 그러므로 分割法反對의 運動은 직접 이해관계가 있는 벵갈의 자민다르를 비롯하여 중소공업자나 농민들까지도 가담하게 되었고, 얼마 안 있어 봄베이, 편잡 등에도 파급되었다. 드디어 이 운동은 반영운동으로까지 발전하여 민중은 영국상품을 보이코트하기 시작했고, 게다가 이제까지 온건한 태도를 취하고 있던 國民會議도 1906년에 「영국제품의 배척」·「국산품 애용」·「자치」·「국민교육」이라는 4가지 슬로우건을 내세우며 반영운동을 지도하기 시작했다. 이에 대한 타협책으로서 영국은 1909년에 「印度參事會法」을 발포하여 인도인들의 참사회 참가를 확대해 주기로 하였다.

그리고 여태까지 구태의연한 종교생활에만 집착하던 이슬람교도들도 그들의 권익을 보호하고 대변할 기구인 이슬람聯盟을 창설하였으며, 그들 자신의 대표를 선택할 권리를 갖게 되었다. 또한 영국의 벵갈분할법도 영국국왕 조오지 5세의 인도 방문을 계기로 폐지되어 인도는 비교적 평온한 가운데 세계대전을 맞이하게 되었다.

大戰의 발발과 함께 國民會議를 위시한 인도의 지도자들은 자진하여 영국을 지지하였다. 때문에 인도는 막대한 전비와 병력을 부담하게 되었고, 그로 인하여 인민들의 생활은 더욱 어려워졌다. 결국 反英思想이 다시 고개를 들기 시작하였고, 각지에서는 自治獲得運動이 발발하게 되었다. 이때에는 영국도 양보를 할 수밖에 없었다. 그리하여 州에는 兩頭政治制度라고 하는 부분적 책임제를 실시하였고, 동시에 인도인을 행정·입법의 양 기관에 다수 채용하는 통치법개혁안을 만들었다. 그러나 총독의 권한에는 변화가 없었으며, 완전한 자치란 것도 아직 요원한 것이었다.

대전 후에 있어서도, 資力을 축적하게 된 토착의 산업가나 전쟁으로 생활이 어렵게 된 농민·노동자들은 각자의 입장에서 민족운동에 가담하였다. 그러한 중에, 민족운동의 위대한 조직자 간디가 정치계에 나타나면서 민족운동은 널리 일반대중에게까지 파급되었다. 특히 그가 「非暴力 不服從運動」과 같은 행동원리를 내세워 민중을 일깨워 주었던 점은 아주 획기적인 것이었다. 그러나 이에 대한 영국정부의 탄압도 더욱 가혹해졌다. 심지어 반영시민대회의 민중에게 무차별사격을 하여 많은 사상자를 낸 사건까지 발생하였다. 이 사건은 인도 전토에 강한 영향을 주어서 國民會議도 재판소·선거·영국상품·납세 등을 배척하는 결의를 하였으며, 이를 계기로 힌두·이슬람 양 교도도 서로 동맹을 맺게 되었다. 그러나 이 반영운동은 다시 자본가·지주에 대한 반항운동으로까지 발전하였기 때문에, 간디도 이것을 진압하려 하였고, 결국 그토록 격렬하였던 민족운동은 일시 중단되어야만 했다.

國民會議는 1922년에 양파로 분열되었다. 그 중 네루와 보스를 중심으로 한 急進派는 이제까지의 無抵抗主義를 버리고 적극적으로 의회에 참가하여 자치를 획득하려 하였다. 그들은 印度 獨立聯盟을 만들어 완전한 독립을 목표로 내세웠다. 간디도 네루를 國民會議의 의장으로 추대하여 黨議의 통일을 꾀하고, 1930년에 제 1회 불복종운동을 전개하였다. 정부가 간디를 체포하고 탄압을 되풀이하였지만 운동은 계속되었기 때문에, 결국 영국의 노동당 내각은 런던에서 3회에 걸친 英印圓卓會議를 열고 인도측의 대표를 초대하여 새로이 발포될 인도헌법의 내용에 대해 협의하였다. 영국은 이러한 타협책과 동시에 한편으로는 불복종운동을 계속 탄압하였기 때문에 이 운동도 점점 분산되었으며, 결국 1934년에 불복종운동의 정지와 國民會議派의 의회참가가 발표되었다. 그 후 간디는 은퇴하였고 네루는 별도로 사회주의를 내세우는 別派를 결성하게 되었다.

영국정부는 1935년에 「印度政府法」을 발포하였다. 그 주요한 사항은 첫째 영국령 인도의 諸州와 土侯國을 통합하는 印度聯邦을 조직하고, 둘째 각주에 자치권을 부여하여 책임내각을 결성하며, 세째 버어마를 인도로부터 분리한다는 내용들이었다. 그러나 이 때는 이미 완전한 독립만이 인도의 유일한 목적이 될 수 있었기 때문에, 이것은 인도국민을 만족시켜 줄 수 없었다. 결국 이 법령에 따라 선거가 실시된 결과 11개 州 가운데 7개 州에서 國民會議派가 州 政府를 실제로 단독 조직할 수 있었다. 그리하여 그들은 인도 민중을 위한 施政方針을 세우고 영국의 보호하에 있는 土侯國의 봉건적 기구에 공격을 가하는 등 반영운동을 전개하였다. 그리고 네루를 대신하여 급진파의 총수 보스가 國民會議派의 의장이 되면서 연방제를 반대하고 독립을 주장하였지만 온건파의 반대로 사직하고 말았다. 그러나 그는 자기의 신념을 관철시키기 위해 「前衛 블럭」(Forward Bloc)을 결성하고 실력에 의한 독립을 얻으려고 계속 노력하였다.

5. 第2次 世界大戰 이후의 印度

1939년 9월 영국이 독일에 대해 선전포고를 함으로써 제 2차 세계대전이 본격적으로 발발하였다. 인도의 國民會議派도 파시즘을 배격하였지만 동시에 영국에 대한 협력도 거절하고 독립을 위한 불복종운동을 다시 전개하였다. 그러나 1차 대전 때와는 달리 이슬람교도들과의 공동전선은 기대할 수 없었다. 그들은 소수민족으로서 인도가 독립하면 힌두교도들에게 박해를 받을까 염려하였던 것이다. 그래서 이슬람교도연맹 총재인 진나는 파키스탄州 수립 운동을 일으켜 이슬람교도가 많은 지역에 이슬람 국가를 건설하고 印度를 분할 통치할 것을 주장하였던 것이다. 또한 국민회의파는 반영운동을 주창하면서도 그 실행은 주저하였기 때문에 정부는 國民會議派 내의 급진파 인물들을 탄압하여 민족통일전선을 와해시킬 수가 있었다.

戰後, 아시아 전역의 식민지·半식민지에서는 민족운동이 더욱 고양되었다. 인도에서도 대전 중 군수산업의 이윤에 관여했던 인도인 민족자본가들이 정치권력의 移管을 요구하고 있었다. 그 위에 영국 본국에서는 노동당 내각이 새로 세워지면서 이런 새로운 사태에 대처하기 위해 새로운 식민 정책을 취하여야만 했다. 그리하여 결국은 1947년 8월 인도가 인도연방과 파키스탄의 두 자치령으로 분할되었으며, 자와하랄 네루가 인도의 초대 수상이 되었고, 총독이었던 마운트배튼은 다시 연방국인 인도의 초대 총독으로 취임하였다. 그리고 파키스탄에서는 진나를 초대 대통령으로 선출하였다.

1946년 12월에 소집된 제헌의회는 인도가 영연방의 자치령이 되면서부터 최고 통치기구가 되었다. 제헌의회는 1949년에 헌법을 완성하였고 1950년에 그것을 공포하였는데, 그날이 바로 인도가 대통령을 수반으로 하는 민주공화국이 된 날이었다.

신헌법과 함께, 인도는 모든 성인들의 선거권에 기반을 둔 1952년의 제1차 총선거를 위한 준비를 하였다. 당시, 2차 대전 동안 세력을 얻은 공산주의자들은 단지 몇몇 지역에만 그 조직이 있었으며, 힌두교집단들은 그 광신자들이 간디를 암살한 이후부터 불신을 당하고 있었다. 그리하여 선거 결과 국민회의당은 모든 곳에서 극적인 승리를 거두게 되었다. 중앙의회의 489席 중 국민회의당이 362席을 얻은 데 비해 공산주의자들은 23席, 사회주의자들은 12席을 차지한 것으로 끝나고 말았다. 그 결과 라젠드라 프라사드 博士가 5년 임기의 대통령으로 선출되었고 자와하랄 네루가 수상이 되었다. 1952년의 제1차 총선거와 1957년의 제2차 총선거

사이의 기간은 인도 발전의 시기였다. 제 1 차 5개년계획(1950~55)이 완료되었고, 그 개발목표는 완전히 성취되었던 것이다. 그리고 제 2 차 계획(1956~61)은 더욱 대규모의 야심적이고 전면적인 목표를 가지고 시작되었다. 1957년에 실시된 제 2 차 총선거는 국민들이 네루의 통솔력이 성공적이었다는 것을 보증해 준 것과 같은 것이었다. 네루의 마지막 총선거(제 3 차 총선거)는 1962 년 국내외의 불안요소들이 증가하는 가운데 실시되었다. 그러나 국민회의당은 이때도 놀랄만한 지지를 받았다. 중앙의회의 하원 516석 중 355석을 차지하였으며, 네루가 수상으로서 계속 집권하게 되었다. 그러나 대통령으로 있던 라젠드라 프라사드 博士는 사임하고 부통령이던 라다크리쉬난 博士가 대통령을 계승하였다.

네루는 인도에 정치적으로 민주주의 전통을 세웠고, 경제적으로는 3차에 걸친 5개년 경제계획을 통하여 國富를 증진하고 국민들의 생활을 개선하려 했다. 그리고 대외적으로는 非同盟 中立政策을 채택하여 다른 정치적 이상을 가진 국가들과 공존하는 원리를 강력히 지지했다.

인도는 독립 이래 中共과도 우호적인 관계를 유지하고자 노력하여 왔었다. 그러나 1959년 국경문제가 발생한 이래로 양국은 충돌이 잦아졌고, 1962년 중공은 갑자기 인도의 국경지대에 침공을 감행하였다. 결국 영국과 미국·소련 등의 개입으로 中共은 전투를 중지하고 11월 21일 군대를 철수시켰지만 인도는 아직도 영토의 많은 부분을 중공에게 불법적으로 점령당하고 있다.

네루는 1964년 5월에 죽고, 랄 바하두르 샤스트리가 그를 계승하여 수상이 되었다. 이때 파키스탄은 인도와 대항하기 위해서 중공의 협력을 얻고자 캐시미르의 일부를 중공에게 할양한다는 조약까지 체결하고 1965년 4월 인도의 국경초소를 공격하였다. 그러나 영국수상 해럴드 윌슨의 중재하에 6월 30일 휴전협정이 조인되었다. 그 후에도 파키스탄은 계속 인도의 국경을 침범했지만, 인도군은 반격을 감행하여 그들을 패퇴시켰다. 결국 패배를 의식하게 된 파키스탄은 9월 22일 휴전에 동의하였고, 소련수상 코시긴의 중재로 양국은 1966년 1월 10일 작성된 平和宣言書에 조인하였다.

인도가 유리한 입장에 있으면서도 평화선언서에 동의함으로써 샤스트리는 인도가 얼마나 평화의 가치를 인정하고 있는가를 증명해 주었다. 그러나 심장의 약화로 고통을 받고 있었고, 그 위에 파키스탄의 분쟁문제로 육체적인 부담이 가중된 샤스트리는 타시켄트에서 심장마비로 서거하였다.

정치와 경제가 위급한 상황에 처한 가운데 1967년 2월 제 4 차 총선거가 실시되었다. 이때도 국민회의당이 하원에서 다수의 의석을 확보함으로써 네루의 딸 인디라 간디 여사가 수상으로 선출되었다. 라다크리쉬난 博士도 대통령에 재선되었지만 사임하였고 국민회의당의 자키르 후세인 博士가 선거 결과 대통령에 선출되었다. 선거 후에 간디 여사는 정치적으로 여러 가지의 어려움을 겪었다. 심지어 국민회의당 안에서도 그녀의 반대세력들이 발생하기까지 하였다. 그리하여 마침내 그녀는 선거를 통한 지지를 얻기 위해 1971년 3월 제 5 차 총선거를 실시한다고 선포하였다. 그리고 그 결과는 그녀 개인의 승리로 돌아갔다.

1971년 8월 9일 간디 여사는 소련과 평화・우호협력에 관한 조약을 체결하고 그 후 모스크바와 미국, 서구 유럽의 여러 나라들을 방문하였다. 그러나 1971년은 정부와 지방 자치주의자들 사이에 분쟁의 원인이 되었던 파키스탄 동쪽 州의 지위 문제로 파기스탄과의 논쟁이 점점 가중되던 해이기도 하였다. 파키스탄에 반대하는 방글라데시의 주장을 인도가 지지한 것에 대한 반동으로 파키스탄은 인도의 동・서 변경에 군대를 증강시켰다. 양 국가는 11월에 비상사태를 선포하고 전쟁을 시작하였으며, 이 전쟁은 12월 16일 파키스탄군이 다카에서 인도와 방글라데시군에게 항복할 때까지 계속되었다. 전쟁 동안 미국과 중공은 파키스탄을 지지했기 때문에 인도와 이 나라들과의 관계는 1971년말 심각한 긴장상태에 놓이게 되었다.

방글라데시와의 관계는 1972년에도 계속되었다. 새로운 국가의 수상 세이크 무집은 1월에 델리를, 2월에 캘커타를 방문하였으며, 모든 인도군대들은 3월 12일까지 방글라데시로부터 철수하였다. 그리고 파키스탄과의 긴장된 관계를 완화시키기 위한 시도도 간디 수상과 부토 대통령이 7

월 28일부터 8월 3일까지 인도의 시믈라에서 만났을 때 착수되었다. 그 협정에서 양측은 기존 문제들의 쌍무적인 해결책을 도색하였으며, 그 결과 1971년 12월 17일의 휴전선이 그대로 받아들여졌고, 인도에 있던 파키스탄 죄수들은 석방되었다. 그렇지만, 캐시미르 귀속문제는 제대로 해결되지 못한 채 아직도 후대인들의 문제로 남아 있다.

제18장 東南아시아 初期의 社會와 文化

1. 東南아시아의 文化的 性格

「東南아시아」라고 하면, 지역적으로 볼 때 中國과 인도 및 뉴우기니, 오스트레일리아 사이에 위치하면서 많은 人種이 살고 있는 나라들, 즉 베트남, 라오스, 캄보디아, 타이, 버어마, 필리핀, 인도네시아, 말레이지아를 가리킨다. 이 지역은 地圖上에 보이는 대륙과 섬 사이의 지리적인 구분 외에도, 歷史的인 관점에서 크게 세 부분으로 나눌 수가 있다. 즉 中國으로부터 문명을 받아들인 베트남 지역과, 원래 힌두문화의 영향을 받았던 캄보디아·타이·버어마·말레이지아·서인도네시아·발리·자바·수마트라, 보르네오의 일부 지역, 그리고 중국이나 印度文明과는 관계없이 더 후대에 내려와 이슬람이나 서구 기독교의 침투로부터 문화적인 영향을 받은 필리핀·동인도네시아·셀레베스·암보이나·기타 지역들 등으로 3분된다.

이러한 이유로 인하여, 이 지역의 문명이나 言語, 文字는 통일성이 결여되었고, 각국의 문명의 기원이나 후대의 역사에 있어서도 상당한 차이가 나타나게 되었다. 동남아시아의 여러 나라들은, 中國文化의 영향을 받은 나라건 또는 印度文化의 영향을 받은 나라건, 그 초기의 史料는 거의가 中國側의 기록에 남아 있는 것이 고작이며, 中國의 기록도 그들이 자주 접촉을 하던 나라들 외에는 등한시하였기 때문에, 베트남·캄보디아를 제외하면 동남아시아 각국의 初期 歷史는 거의 알려져 있지 않다. 그리고 오랜 기간 동안, 동남아시아 각국 사이의 접촉은 아주 드물었고, 발전도 고르지 않았으며 다른 외부세계와의 관계도 별로 갖지 못하였기 때문에 동남아시아의 초기 역사를 전체적으로 다룬다는 것은 불가능하다. 따라서 본장에서는 동남아시아 각국의 발전에 대한 일반적인 성격, 특히 王朝史보다는 文明의 成長에 관한 내용을 주로 하였다.

모든 동남아시아 국가들은 赤道地帶에 위치하고 있으며, 몬수운氣候의 영향하에 놓여 있다. 따라서, 기온의 변화는 심하지 않으나 습도의 차이는 크기 때문에, 평지나 물이 충분한 지역에서는 主穀으로서 쌀을 경작하였다. 그로 인하여, 문명과 국가의 발전은 高原이나 강하류의 三角洲에 국한되고, 울창한 밀림이 자리 잡고 있어서 경작이 불가능한 산간지역에는 원시적인 종족들이 거주하게 되었다. 그리고 이것이 또한 동남아시아 각국들의 지역적 분할을 초래한 하나의 중요한 이유가 되기도 한다.

고고학자나 역사가들은 서력기원의 초엽에 新石器人들의 大移動이 거의 끝났고, 당시 동남아시아 여러 나라에는 현 거주민들의 조상이 완전히 정착하였다고 믿고 있다. 그러나 여기에는 세 가지 예외가 있다. 즉 베트남인들은 역사시대에 들어오기까지 남베트남의 메콩강 유역으로부터 선주민들을 몰아내지 못했고, 버어마인들은 기원 8~9세기까지 버어마 내에 들어오지 못했으며, 현 타이인들은 13세기나 14세기 초엽에 이르러 겨우 타이에 들어왔던 것이다.

대략 기원 2세기경부터, 동남아시아 국가들은 힌두문화의 영향을 받기 시작했다. 인도 남부 출신의 貿易商들에 뒤이어 브라만 계급이 동남아시아 각국을 방문하였다. 이러한 중에, 브라만들은 각 부족의 추장들이 인도의 신을 숭배하도록 개종시켰으며, 또한 고대인도의 제도를 모방한 왕국을 세우게 했던 것이다. 그 인도의 영향은 수세기 동안 계속되었는데 후에 불교 승려의 도래로 더욱 강화되었다. 결국 필리핀, 동인도네시아, 북베트남을 제외한 대부분의 동남아시아 국가들은 印度로부터 전래된 문명을 받아들였으며, 종교적 언어로서 산스크리트어를 사용했고, 힌두사상이 널리 보급된 왕국을 창조하게 되었다.

그러나, 기원 1000년경까지의 동남아시아에 관한 기록은 거의 중국 史書에만 남아 있을 뿐이다. 중국 史書에는 漢代인 기원 3세기에 이미 남부 인도차이나, 즉 지금의 남베트남과 캄보디아 지역에 있던 왕국들에 관해 기술되어 있다. 또한, 後漢 때에는 말레이지아나 수마트라 지역의 왕국들에 관해서도 언급하고 있다. 그러나, 漢이 멸망하고 혼란기가 계속되면서 남방과의 접촉은 상당한 제한을 받기 시작했고, 중국에는 朝貢을 강요할만한 강력한 군주도 존재하지 않았다. 그로 인하여, 朝貢使節團을 통하여 정보를 입수하고 그 사실을 기록하던 중국 史家들의 활동은 거의 불가능하게 되었다. 다만 이 당시는 중국에 佛敎가 융성하던 시대로서, 많은 중국 승려들이 산스크리트경전을 입수하기 위하여 인도에 가고자 하였다. 이들은 험한 육로보다는 주로 동남아시아를 거쳐 인도에 도달하는 海路를 이용하였기 때문에, 그들이 남긴 여행기를 통하여 다소나마 당시의 동남아시아 상황을 엿볼 수가 있다. 그 후 唐代에 중국이 통일되면서 중국의 인도 순례승은 더욱 증가하였고, 唐王朝의 남방에 대한 외교관계도 중요성을 갖게 되어, 결과적으로 이 지역에 관한 중국 史書의 기록은 보다 많아졌다. 기록에 의하면, 당시 이 지역에서는 캄보디아의 앙코르 왕국과 수마트라를 중심한 스리비자야 왕국이 지배적인 위치에 있었다. 특히 남부버어마나 말레이지아의 西岸은 스리비자야 왕국의 직접적인 통치하에 있었다.

당시, 앙코르나 스리비자야 왕국이 다른 지역보다 발전할 수 있었던 것은 주로 지리적인 원인에 의한 것이었다. 즉 수마트라의 동남해안은 인도네시아군도나 남지나해를 印度洋과 연결시켜주는 유일한 통로로서, 인도와 동아시아 사이의 교통·무역은 당시에는 이 해협을 통과하지 않으면 안되는 요충지였다. 캄보디아는 메콩강의 중류에 위치하여 강과 호수의 물을 이용함으로써 富를 쌓아 많은 인구를 부양할 수가 있었다. 그리하여 메콩강과 짜오프라야강의 유역까지 장악할 수 있었고, 결국 동남아시아의 대륙에서 가장 발전되고 문명화된 강국으로 등장하게 되었던 것이다.

2. 東南아시아 諸國의 社會와 文化

캄보디아

7세기 초의 중국측 기록을 보면, 앙코르란 대도시가 건설되기 200년 전에 이미 진보적인 행정기구를 가지고 있었던 것 같다. 그리고, 이러한 사실은 폐허가 된 앙코르 이전의 遺蹟들 사이에서 발견되는 많은 碑文에 의해서도 증명이 된다. 그러나, 이들 비문은 주로 종교적인 문제와 관계있는 것이어서, 그것을 통하여 당시의 사회를 조명해보기는 어렵다. 따라서, 그 당시의 사회상을 알기 위해서는 그 지방을 여행한 적이 있는 중국인들의 기록물에 의존할 수밖에 없는 것이다. 캄보디아는 힌두적인 王權의 개념을 수용하여서, 왕은 곧 살아 있는 神으로서의 권한을 갖고 있었다. 화려한 도시 앙코르 톰에 수도를 건설한 것도 이러한 사상을 상징하기 위함이었다. 그리고 수도에는 왕 개인의 神殿이면서 동시에 죽은 왕들의 무덤인 건물들이 자리잡고 있는데, 그 중 가장 유명한 것은 앙코르 톰 부근에 있는 앙코르 와트 寺院이다.

550년경부터 15세기 중엽에 이르기까지 캄보디아인들은 처음에는 힌두교, 후에는 불교의 영향을 받으면서 위대한 문명과 훌륭한 建築 및 藝術을 창조하였다. 오늘날의 캄보디아는 앙코르시대를 계승한 것이며, 캄보디아 국민들 역시 그 당시인들의 후예인 것이다. 캄보디아인들이 위대한 문학과 역사기록을 갖고 있었던 것은 분명하지만, 참파와의 전쟁과 같은 불행이나 앙코르의 몰락 등으로 인하여 碑文 외에는 모두가 파괴되었고, 그로 인하여 이 방면의 연구는 어려운 실정에 있다.

앙코르 톰에 중심을 두었던 캄보디아 제국들의 대략을 살펴 보면, 800년에서 850년 사이에 자야바르만 2세가 메콩강 중류에 국가를 건설하였고, 1002년에는 수리야바르만 1세가 앙코르를 수도로 왕조를 세웠었다. 중국 史書에는 이 국가들이 정교한 정치조직을 갖춘 문명국으로 기록되어 있다.

1128년경부터 캄보디아는 강력한 왕국으로서 주변민족들 위에 군림하였고, 1140년 수리야바르만 2세의 강력한 지배하에서 그를 기념하기 위해 거대한 寺院 앙코르 와트가 세워졌다. 그 후에는 참파와의 전쟁으로 시달리다가, 유명한 자야바르만 7세(1181~1218) 때 국력을 회복하고, 힌두교 대신 佛敎를 도입하였다. 이때 많은 불교적인 建築物들이 세워졌다. 그러나 13세기 중엽에 주변민족이 성장하기 시작했고, 특히 1282년 몽고족의 인도차이나와 버어마 침입 이후 새로운 민족들의 도전을 받기 시작하였다.

그리하여 14세기에 이르러 캄보디아의 세력은 급속히 하락하였고, 새로이 흥기한 타이의 계속적인 공격에 못이겨, 결국 1450년 캄보디아 왕은 앙코르를 버리고 수도를 지금의 프놈펜으로 옮겼다. 그 후, 앙코르는 정글이 전 유적을 덮어버렸으나 몇몇 사원들은 순례여행지로 남아 있었다.

타 이

캄보디아가 쇠퇴하면서 강력한 세력을 형성하게 된 타이는 주로 戰士들에 의해 캄보디아 文明을 변형시킨 형태로 받아들였다. 그리하여 앙코르의 藝術이 소박하고 강건·정교한 데 비해 방콕의 예술은 서민적이고 경쾌·화려하였지만 강함이나 순수성이 결여되어 있다.

캄보디아와 타이, 베트남의 초기 역사는 현대에 이르기까지 중요한 결과를 남겨 놓았다. 즉, 캄보디아는 지금도 앙코르의 후예들에게 적대감을 갖고 있는 이웃 나라들이 침략해올까 봐 두려워하고 있다. 타이는 캄보디아와의 미묘한 관계로 인하여, 오래 전부터 캄보디아의 文字를 수용하고 있었으면서도, 1258년 王命에 의해 팔리語로부터 새로운 字體를 고안해냈던 것이다. 13세기 말엽, 타이 최초의 독립국이었던 수코타이 왕국은 쇠퇴하고, 더욱 호전적인 아유타야 왕국이 1347년에 등장하여 쇠퇴하는 캄보디아에 더욱 심한 압력을 가하였다.

수마트라와 자바

수마트라와 자바에 관하여는 唐의 인도순례승들이 많은 기록을 남겨놓고 있다. 동남수마트라에 위치했던 스리비자야는 산스크리트 문화를 받아들인 佛敎國으로 중국 순례승들은 인도에 가기 전에 이곳에서 산스크리트어를 익혔다. 자바는 칼링가 왕국의 지배하에 있었는데, 유명한 보로부드르의 불교사원은 이때 세워진 것이다. 자바와 수마트라는 정치적인 경쟁자로서 계속 대립하였지만, 모두 인도와 불교문화의 영향으로 부유하고 문명화된 왕국을 이룩하였다

자바는 8세기에서 13세기의 사이에 몇 번인가 왕국이 교체되어 지속적인 역사를 갖지 못하였다. 그러나, 1293년 몽고족의 침입 후, 이러한 상

황은 달라졌다. 즉 13세기말 스리비자야 왕국이 쇠퇴하면서 세력을 얻은 자바의 왕이 중국의 蒙古皇帝에게 朝貢을 보내지 않자 몽고의 침입이 단행되었었다. 침입은 중도에서 실패하였지만, 뒤이은 혼란기를 이용하여 새로운 지배자가 나타나 마자파히트 왕국을 세우고 주변 모든 지역에 대해 오랫동안 지배권을 행사하였다.

한편, 수마트라의 스리비자야왕국이 몰락하면서 인도네시아와 말레이지아는 새로운 문화의 영향을 받기 시작하였다. 즉 스리비자야가 붕괴되면서 일어난 수마트라의 많은 小王國들은 무역을 위해 그곳에 온 아랍商人에 의해 이슬람으로 改宗되었던 것이다. 섬 중심부에 있던 멜라유 같은 왕국은 힌두문화를 고수하고 있었지만, 수마트라 북부의 해안지방에서는 이슬람文化가 발달했고, 그 지방의 회교군주들은 이전의 상인들보다 더욱 강력한 방법으로 그들의 신하나 적들을 개종시키려 하였다.

그러나, 1293년에 건립되어 동남수마트라지역까지 지배력이 미쳤던 마자파히트 왕국하의 자바는 이슬람의 영향을 받지 않았다. 이 새로운 왕국은 타이의 아유타야왕국이 동남아시아의 강대국이 되었던 때인 13~14세기에 더욱 번영하여 셀레베스의 북부를 제외한 인도네시아의 전역을 지배하는 최초의 왕국이 되었으며, 그 세력은 말레이반도에까지 미쳤다. 그러나, 14세기 말 라자사나가라대왕(1350~89)이 사망하자 영토는 급격히 줄어들었고, 말레이지아에서는 말라카 왕국이 흥기하여 그들과 대립하면서 해협의 통제권과 이익을 빼앗았다. 결국, 마자파히트가 고수하던 힌두문화는 말라카의 이슬람문화에 밀려났으며, 그 왕국이 붕괴한 15세기말 이후에는 발리섬에서만 겨우 명맥을 유지하게 되었다.

15세기 초 중국 明나라의 永樂帝는 동남아시아 제국을 복속시킬 의도로 약 20년간 대규모의 海外遠征을 단행하였는데, 이 당시의 원정대의 기록을 통하여 티모르를 비롯한 동인도네시아 여러 섬들에 관한 내용이 약간은 유추가 가능해졌다.

필리핀 群島

중국 明代 이전의 필리핀 군도에 대하여는 거의 알려져 있지 않다. 이곳 원주민들은 중국과 交易을 하고 있었지만, 아직 조직적인 왕국을 세우지 못하였으며 다른 동남아시아 섬들과는 달리 인도의 영향도 별로 받지 않았다.

14~15 세기 경, 필리핀군도 서남방면의 섬에는 서인도네시아 지역으로부터 이슬람교도들이 들어오기 시작하였다. 그리하여 이 지역의 민다나오와 술루섬 부족들은 새로운 宗教를 받아들였으며, 이곳에는 소규모의 이슬람국가들이 세워지게 되었다. 그러나 이슬람지역은 서남방면의 섬들로 제한되어 있었으며, 루손까지는 거의 미치지 않았다. 그 후 필리핀을 점령한 스페인 사람들은 이슬람지역을 제외한 기타 지역 주민들에게 로마·카톨릭교를 전래시켰다.

이러한 이유로 인하여 필리핀의 역사는 다른 동남아시아 국가들과는 근본적으로 다르게 되었다. 그 文明은 스페인 사람들과 더불어 시작되었고, 宗教는 카톨릭선교사들과 그리고 역사는 스페인 행정부의 기록물과 더불어 시작되었던 것이다. 따라서 필리핀문화란 아시아적이라기보다는 유럽적이었다. 즉 農耕形態나 언어는 동남아시아적이지만 종교와 문화, 지식계급의 생활방법 등은 완전히 유럽식이 되었다. 때문에, 필리핀은 독립 이후에도 아시아 대륙과는 단지 경미한 문화적 관계만을 갖게 되었다.

말레이 반도

말레이반도에는 초기 수세기 동안 많은 약소국들이 있어 마자파히트나 캄보디아왕국과 같은 주변 국가들에 예속되어 있었다. 그러나 15 세기에 들어와 말라카왕국이 강대국으로 부상하여 해협의 商權을 독점하면서 이슬람교의 중심지가 되기 시작하였다.

1403 년에, 이 왕국이 세워지면서 왕은 즉시 중국을 종주국으로 받아들였고, 明나라의 해외원정 때는 중국에게 남해기지를 제공하였다. 그리고 신하로서의 예를 다하기 위해 1419 년까지 세 차례에 걸쳐 중국을 방문하여 당시 말래카를 위협하고 있던 타이의 아유타야세력을 저지시켜 주도록 요청하였다. 그 후에도 말래카는 중국과의 관계를 계속 유지하여 1488 년까지에는 중국의 보호하에서 말레이해협을 지배하는 강대국이 될 수 있었

다.

버 어 마

말라카의 발전은 이미 인도의 고아(Goa)를 점거하고 동남아시아에로의 진출을 원하는 포르투갈인들과 충돌을 야기시켰다. 결국 1511년 포르투갈에게 함락되어 이후 무역의 중심지로 번영을 이룩하였다.

버어마는 동남아시아의 가장 西端에 위치하여 있으면서 수세기 동안 이 지역의 여타 국가들과는 다른 하나의 역사를 가졌다. 버어마 국민은 8~9세기에 티벳으로부터 이주해 온 종족을 기원으로 하여 현재의 만달레이에서 멀지 않은 파간 주위에 王國을 세웠다. 이 왕국은 아노라타왕(1044~77) 때 남부의 이라와디지방에 있던 페구왕국을 정복하면서 벵갈만 연안에까지 이르렀다. 이때부터 버어마는 남인도와 실론으로부터 小乘佛敎를 받아들여 이를 國敎化하였다.

버어마의 개종을 발판으로 소승불교는 12~13세기에 중국문화권 및 스리비자야왕국 하의 말레이 반도를 제외한 동남아시아의 대륙지방에 전파되었다. 이 종교적 분포현상은 오늘날까지도 지속되어, 버어마·타이·라오스·캄보디아는 소승불교지역으로서, 大乘佛敎를 믿는 베트남과는 문화적인 대조를 이루고 있고, 말레이지아와 인도네시아는 이슬람교가 지배적이다. 다만 발리섬만이 아직까지 힌두교를 고수하고 있는 실정이다.

버어마의 파간왕국은 200년간 번영을 누리다가 몽고 침입의 영향으로 1287년에 붕괴되었다. 그 후, 버어마는 분열상태에서 중국과 타이의 간섭을 받아 오다가 16세기초 랑구운 북동쪽의 시땅 유역에 있던 小公國 퉁구의 왕 타빈슈웨티에 의해 전국가가 재통일되었다.

제19장 유럽人의 東南아시아 進出

1. 유럽勢力의 東南아시아 浸透

동남아시아에 침투한 유럽세력은 대서양연안의 서유럽에 자리잡고있는 포르투갈, 네덜란드, 영국, 프랑스, 스페인 등 5개국이었다. 이 중 스페인은 주로 아메리카에서의 활동에 주력했기 때문에, 동남아시아에로의 진출은 부진하였고, 그 활동무대도 필리핀 群島에 제한되어 있었다. 나머지 4국 중 포르투갈이 비교적 일찍 인도로부터 동남아시아에 진출하여 그 위치를 확보하였으며, 이어 네덜란드·영국·프랑스가 계속 그 뒤를 이었다.

처음 1세기 동안, 포르투갈은 심각한 경쟁상대가 없었으나, 그 후 네덜란드의 도전을 받아 결국 전복되었다. 영국은 17세기 초까지 이런 분쟁에 휘말리지 않았으며, 18세기말 까지도 주요 관심은 인도에 있었다. 한편, 프랑스는 인도에 대한 권위가 실추되면서 동남아시아대륙에 눈을 돌려 19세기 초에는 이 지역에 관심을 집중시켰다. 그리하여 넓은 의미에서 볼 때, 16세기는 포르투갈의 시대, 17세기는 네덜란드의 시대, 18세기는 영국과 네덜란드 및 영국과 프랑스 간의 경쟁시대라 하겠고, 19세기는 동남아시아대륙에서 영국과 프랑스의 세력이 상승한 시대라고 할 수가 있다.

포르투갈은 아프리카로부터 東아시아에 이르는 무역로를 따라 순수한 해상 지배권만을 형성하였으며, 광범한 지역을 정복하거나 어떤 큰 植民國家를 세우거나 하지는 않았다. 네덜란드나 영국도 처음에는 이와 같은 방법을 택하였지만 곧 항구를 보존하기 위해서 그 항구의 배후지역을 정복해야 할 필요성을 느꼈다. 그리고, 프랑스는 인도에서의 실패 후에 인도차이나 전지역의 지배에 착수하였다. 우수한 무기에 의해 19세기까지는 서구의 이러한 정책이 쉽게 이루어졌다.

유럽세력의 침투가 貿易의 利益을 얻기 위한 해상진출이기 때문에 동남아시아의 島嶼地域들은 대륙의 국가들이 유럽 식민지나 보호령이 되기에 앞서 거의 100년 동안 이미 유럽의 지배하에 놓여 있었다. 즉 말레이지아, 버어마, 베트남, 캄보디아, 라오스는 19세기 후반까지도 일부 지역들이 독립을 유지하고 있었던 데 반해, 인도네시아와 필리핀은 17세기말 완전히 네덜란드와 스페인의 지배하에 들어갔다. 타이만이 오로지 완전한 독립을 유지하였다.

2. 유럽 諸國의 活動

포르투칼

포르투칼은 1510년 인도의 고아에 근거지를 마련하고 이듬해 말레이지아 반도의 말래카왕국을 정복하여 해협을 장악함으로써 인도네시아 지역으로의 길을 열게 되었다. 그리하여 1521년 향료섬으로서 곧 유명하게 되는 인도네시아 동부의 몰러카 群島에 대한 실질적인 지배권을 장악하였으며, 그 결과 香料貿易은 포르투갈이 이윤을 얻을 수 있는 중요 수단이 되었다. 중세 이후 유럽인들은 겨울에도 맛좋은 고기를 먹기 위하여 동쪽에서 나는 향료를 필요로 하였다. 수세기 동안 이 향료무역은 아랍인들의 손으로 이루어져 왔었으나, 새로이 등장한 터어키제국의 방해가 이 무역을 어렵게 만들자 대포와 우수한 造船術을 겸비한 포르투갈인들은 海路를 이용함으로써 이 곤경을 타개해 나갔던 것이다.

말레이반도에서 유일하게 강국이었던 말래카가 멸망한 후, 그 주변 소국의 왕들은 포르투갈과 貿易을 통한 이윤을 추구하였으며 이웃 나라들과는 서로 분열·대립하게 되었다. 그 결과 포르투갈은 별 어려움 없이 잘 무장된 소수의 인원만으로도 자신의 지위를 유지할 수가 있었다. 당시, 그들은 주로 인도·타이·인도차이나의 해안지방에서 활약하였으며, 中國 연안의 마카오에까지 세력을 넓혔고, 日本에로의 진출도 힘쓰고 있었다. 그러나 영토의 확장이나 안전한 기지의 건설보다는 함대에 전적으로 의존하면서 香料貿易 등의 사업을 통한 이익추구에 주력하였다. 때문에 포르투갈 세력은 함대가 네덜란드보다 열세에 놓이게 되자 순식간에 무너져 버리게 되는 것이다.

인도네시아에서 포르투갈이 실패하게 되는 또 다른 이유는 이 지역에 너무 늦게 도착하여 基督敎를 전파시킬 수가 없었던 데도 있다. 즉 포르투갈은 포교활동을 벌임으로써 이 지역 이슬람교도로부터 심한 반발을 받았던 것이다. 결국 말래카의 멸망 이후 100년도 못되어 포르투갈은 점차 몰락하기 시작하였는데, 그 주된 이유는 극동에 견고한 기지를 건설하지 못하였기 때문이다.

네덜란드

네덜란드인들이 인도네시아의 섬지방에 도착한 것은 1595년이었다. 전부터 이미 스페인이나 영국의 도전으로 어려움을 겪고 있던 포르투갈 세력은 이때로부터 기울어지기 시작하였고, 대신 네덜란드인들의 활동이 활발하여졌다. 1602년에 네덜란드 東印度會社가 세워지면서 영국의 동인도회사와 香料群島의 무역을 둘러싸고 대립하기 시작하였다. 그러나 1619년에 네덜란드가 자카르타를 先占하고, 영국은 내란으로 이 지방에 대한 관심도가 낮아지면서 그들의 경쟁상대는 사실상 존재하지 않게 되었다. 또 네덜란드의 관심은 기독교 전파나 정치적인 지배보다는 貿易의 독점에 있었기 때문에 포르투갈과 같이 이슬람교도들의 심한 반발도 겪지 않았다.

1641년에는 포르투갈로부터 말래카를 빼앗아 그 힘을 과시하였다. 그러나, 그들의 교통은 말래카해협보다는 주로 희망봉으로부터 남쪽 해로로 인도양을 건넌 후에 북상하여 수마트라와 자바 사이의 선다海峽을 통과하는 또다른 해로를 이용하였다. 이 해로는 후에 영국인들에 의해서 이용되었다. 1667년 네덜란드는 셀레베스섬을 점령하였으며, 1682년에는 당시 분열상태에 있던 자바왕국들을 지배하에 둘 수 있었다. 결국 17세기말에 네덜란드는 자바에 대한 완전한 통치권을 행사하게 되었던 것이다. 수마트라만은 북부에 강한 이슬람국가가 자리잡고서 계속 그들의 통로를 봉쇄하였기 때문에 1907년까지 세력을 유지할 수 있었다.

18세기에 들어와 香料貿易이 쇠퇴하면서 네덜란드의 세력은 몰락하였다. 즉 農耕法이 발달하여 유럽인의 구미는 변하였으나 네덜란드는 이에 대처하지 못하였던 것이다. 더구나 영국의 진출도 다시 왕성하여서 네덜란드를 압도하여 나아갔다.

나폴레옹전쟁도 네덜란드 침몰의 한 원인으로 볼 수가 있다. 당시 영국에 피난중이던 네덜란드의 오렌지公은 전쟁 기간 동안 잠시 그들의 모든 해외 영토를 영국에게 위임했었는데, 그 결과 이 지역들의 통치문제를 둘러싸고 그들은 전쟁 후에도 대립을 계속하였다. 마침내 양국 사이에 條約이 체결되어 말래카가 영국에 양도되면서 마찰은 해소되었으나, 이로써 영국의 세력은 더욱 강하여져 네덜란드의 해상권 회복은 불가능하게 되었던 것이다.

이로 인하여 네덜란드의 관심은 대외무역에서 內地의 자원개발로 전환되었지만, 새로운 정책은 그때까지 내지에 남아 있던 반독립적인 회교군주들의 저항을 받게 되었다. 결국 1825년에서 1830년에 결쳐 인도네시아의 애국자 디포 네고로의 난을 겪은 후, 「耕作制度」란 새로운 정책을 실시하였다.

총독 반 덴 보쉬가 창안한 이 정책은 커피·차·담배·후추·설탕·계피·목화 등 대규모의 商業作物을 생산하여 네덜란드 선박을 통해 본국에 보내고, 그곳에서 전 유럽으로 판매한다는 것이었다. 이로 말미암아 자바는 네덜란드의 거대한 莊園으로 변하였고, 암스테르담은 유럽무역의 중심지가 되었다. 자바의 농부들은 농경지를 이 상업작물 재배지로 몰수당했기 때문에 쌀의 생산이 줄어들어 굶주리게 되었다. 자바는 농작물의 운반을 위한 도로나 철도 등의 개발로 발달된 면이 없지도 않지만, 반면에 다른 어떤 유럽의 식민지보다도 더욱 심한 수탈을 당했다. 경작정책은 수요의 변화에 따라 약간씩은 변하기도 했지만 19세기말까지 유지되었다.

19세기말에서 20세기초에 이르는 기간은 서구 식민제국주의 사이에 평화가 유지되면서 그 植民政策이 전성기를 맞이한 때였다. 식민통제는 더욱 강화되었고, 타이를 제외한 동남아시아의 옛 독립국가들은 모두 소멸되었다. 이 시기에 어떤 급박한 변화가 있을 것이라고 여기는 유럽인은 별로 없었다. 더구나 아시아 民族主義가 흥기하리라고 생각하는 유럽의 통치자나 상인들은 없었다. 그러나 구체제의 붕괴에 따른 새로운 세력의 대두는 필연적인 것으로서, 서구인들 스스로가 舊王國들보다도 더욱 무서운 적으로서 나타날 아시아 민족주의의 성장을 불가피하게 만들었던 것이다.

영 국

영국은 18세기에 인도 점령을 완성한 후 동남아시아·중국으로 진출하여 무역이 확대되면서 이 지역 무역로의 보존이 중요하게 되었다. 영국의 라이트 함장이 1786년에 말래카해협 북단의 페낭섬을 점령한 것은 동남아시아에 있어서 영국의 첫 발판을 마련한 셈이었다. 그리고 나폴레옹 전쟁동안 영국이 네덜란드령의 영토를 잠시 양도받으면서 동남아시아에서 영국의 세력은 증가하였다. 전쟁 후 네덜란드령 영토들은 일단 반환하였지만 영국의 래플즈卿은 그 대신 싱가포르를 손에 넣었다. 말래카는 1824년의 條約에 의해 다시 영국 소유가 되었다. 이들 세 도시 즉 페낭, 말래카, 싱가포르는 후에 인도식민지로부터 독립하여 「海峽租界」로서 알려진 새로운 식민지를 형성하게 된다.

19세기 초엽 말레이반도의 상황은 강력한 세력의 간섭을 필요로 하고 있었다. 당시 이 지역의 回教君主들은 서로 대립하고 있었는데, 특히 케다의 왕은 타이의 위협으로부터 보호받으리라는 기대하에 일찌기 영국에게 페낭을 양도했었다. 그러나 1821년 타이가 침입하였을 때, 인도의 영국식민정부 하에 있던 페낭의 영국인들은 이 침입에 간섭하지 않았다. 이것은 말레이지아인들에게 나쁜 인상을 주었고, 수년 후에는 회교군주들이 또 다른 보호자를 찾기 시작한 이유가 되었다. 이러한 중에 싱가포르는 세계적인 貿易港으로 각광을 받기 시작하였다. 그리고 이미 1세기 이상 중요문제가 되어 온 노동력의 부족현상을 해결하기 위해 래플즈卿이 移民을 장려함으로써 이곳에는 많은 중국인들이 거주하게 되었다. 당시 말레이 반도의 많은 지역에서는 주석이 발견되고 있었는데, 이 광산들은 곧 중국인의 통제하에 들어갔다. 그리하여 朱錫의 이권을 둘러싸고 말레이반도의 국가들과 중국 광산업자 사이에 분쟁이 일어나 무역이 불가능하게 되자 싱가포르의 중국과 영국상인들은 영국의 간섭을 요구하였다.

영국정부도 이러한 요구를 받아 들여, 「海峽租界」의 총독 앤드류 클라크卿은 1874년 말레이 반도 서안의 회교군주들을 팡코르섬에 소집하여 회의를 열었다. 그 결과 영국은 이들의 궁중에 영국인을 주재시킬 수 있게 되었으며, 그 주재관들은 租稅, 警察, 防衛 등 거의 모든 문제에 영향력을 행사하였다. 결국 회교군주들은 이름뿐인 권한마저도 잃게 되었고, 거의 모든 말레이지아가 영국의 식민지로 되었다.

영국은 주석이나 브라질산 고무나무의 재배로 말레이지아에서 富를 축적하였다. 이런 상황은 또한 많은 외래이주민들을 유혹하였으며, 당시 노동력이 부족했던 영국도 인종에 관계없이 중국이나 인도로부터 오는 많은 移住民들을 받아들였다. 이들 중 중국인들은 그곳에 영주하게 되었고 대부호로 성장한 계층도 많았다. 그러나, 인도인들은 대다수가 독립 후 본국으로 돌아갔다. 오늘날 말레이지아의 인구분포를 보면, 중국인이 전인구의 약 40%인 데 비해 인도인은 10%를 넘지 않는 실정이다. 특히, 싱가포르는 중국인이 75% 정도를 차지하고 있다. 중국이나 인도인 외에 수마트라 지역으로부터도 대규모의 이주민들이 들어왔었는데, 이들이 또한 말레이지아 인구 증가의 중요한 원인이 되기도 하였다.

19세기에 영국은 중국이나 필리핀과의 貿易에 장애물이 되고있던 해적을 진압하기 위해 북보르네오에도 간섭하여 그곳을 소유하였다. 1841년 영국인 제임스 부르크는 사라와크의 회교군주를 도와 반란을 진압했었는데, 그 공으로 후사가 없던 회교군주의 자리를 물려받아 백인추장이 되었다. 이 나라는 영국의 보호하에 1942년 일본의 침입이 있을 때까지 유지되었다. 또한, 영국정부는 브루네이도 보호하에 둠으로써 마침내 보르네오섬의 동북단에는 「英領 북보르네오」라는 식민지가 건설되었다. 여기에도 역시 많은 중국 이주민들이 들어와, 오늘날 거주민의 약 3분의 1을 차지하면서 경제를 장악하고 있다.

말레이반도를 손에 넣은 후 영국은 세력을 버어마에로 뻗쳤다. 그러나, 이곳에서는 말레이지아나 보르네오에서와는 다른 여러 가지 문제에 봉착하였다. 버어마는 16세기 초 타이의 지배로부터 벗어나 퉁구王朝 하에서 전국가가 통일되면서 서구와의 관계에서는 폐쇄적인 정책을 취하였던 것이다. 18세기 중엽에 퉁구왕조는 통치력을 상실했지만, 그 후 버어마는 다시 알라웅파야에 의해 랑구운에 統一王朝를 세울 수가 있었다. 이 강력한 왕조는 한때 타이를 통치하에 두기도 했지만, 곧 중국 清朝의 침입 때문에 타이로부터 후퇴하였다. 그 후 왕위에 오른 알라웅파야의 세째 아들 보도우파야는 이러한 중국의 침입을 염려하여 그의 관심을 아라칸과 아샘 지역으로 돌렸다.

당시 버어마의 서쪽 해안지역은 험한 산맥 때문에 고립되어 독립적인 왕국을 이룩한 아라칸이 있었다. 그 왕국은 16~17 세기에 유럽 상인과의 海上貿易으로 강국이 되었으나, 1784 년에는 버어마왕국에 편입되었다. 1817 년 보도우파야는 왕국 북쪽의 아샘지방으로도 진출하여 그곳을 점령하였다. 그러나 이 두 지역은 후에 인도의 영국세력이 확대되면서 버어마와 영국 사이에 계속적인 분쟁의 원인이 되었다. 결국 해상을 통하여 이라와디강 입구에 상륙한 영국은 랑구운을 점령하였고 그곳을 버어마 진출의 발판으로 삼았다.

그 후로는 버어마에서도 19 세기 서구세력이 동남아시아에 확대되는 전형적인 형태가 발전하였다. 그리하여 1852 년에는 랑구운과 페구를 포함한 이라와디강 하류의 삼각주지역 전체를 영국에 점령당하였고, 1885 년 우매한 왕 티보우 때에는 마침내 버어마 전체가 영국에 합병되었다.

버어마에 대한 영국의 정책은 불필요할 정도로 침략적이고 비타협적이었다. 이 나라는 인도와 별 관계가 없는 곳으로서 종족이나 宗教, 社會制度 등이 모두 달랐지만, 영국은 버어마를 인도제국의 한 개의 州로 편입시켰던 것이다. 이후 반세기 동안 버어마는 인도제국의 州로 남아 있게 되었다. 그러나 1921년에는 인도와 버어마의 분리가 제기되었고, 이 제안은 버어마가 자치정부기구를 획득한 1935 년 마침내 성취되었다.

버어마 합병 이후 영국이 저지른 또 하나의 실책은 佛敎寺院의 철폐에 있다. 당시 버어마는 불교를 구심점으로 하여 사회적인 안정을 이룩하고 있었다. 그런데 영국은 이슬람교와 힌두교가 대립하고 있던 인도에서의 성공을 버어마에도 그대로 적용시킴으로써 무리가 발생하였던 것이다. 이와 유사한 현상은 言語政策에서도 나타났다. 독립 후 버어마만이 英聯邦으로 남기를 거절한 것도 바로 이러한 이유 때문이었다.

프 랑 스

프랑스는 인도점령에 실패한 후 관심을 인도차이나 반도로 돌렸다. 베트남은 다른 동남아시아 국가들과는 달리 일찍부터 중국의 강력한 영향 아래 놓여 있었지만, 18세기에 들어오면서 프랑스 카톨릭 선교사들의 침투가 시작되었다. 베트남의 嗣德 황제는 대외강경책을 취하여 카톨릭선교사들의 순교가 잇따르게 되었다. 프랑스는 이를 구실로 1857년 베트남에 대한 간섭을 결정했고, 2년 후에는 사이공을 점령하였다. 그리고 1862년에는 코친차이나의 동부지역을 정식으로 할양받았다. 이 지역은 메콩강 하류의 비옥한 삼각주지대로서 쌀의 생산이 풍부한 곳이었다. 프랑스는 1864년 다시 캄보디아까지 保護國으로 만들었다.

주변 국가들보다 힘이 약했던 캄보디아에게 독립의 상실은 버어마나 자바의 경우에서처럼 심각한 파멸만을 가져온 것은 아니었다. 즉 프랑스는 타이와 베트남의 침공으로부터 캄보디아를 보호해 주었음은 물론, 캄보디아의 고대 앙코르文化를 보호·재발견하였고, 도로개발, 근대화, 教育 및 醫療奉仕 등 많은 일을 하였던 것이다.

한편, 1870년부터 일어난 북베트남 통킹지방의 혼란은 프랑스가 북베트남에 간섭하는 계기를 마련해 주었다. 중국도 북베트남에서의 권리를 보존하기 위하여 프랑스의 이와 같은 침입에 대항하였다. 그러나 결국은 프랑스의 해군력과 한반도에서의 일본과의 대결이란 두 가지 위험에 직면하게 됨으로써 북베트남을 포기하고 말았다. 북베트남을 발판으로 프랑스는 또 한때 캄보디아와 타이의 속국이었던 라오스로 진출하여 1890~91년 사이에 그곳의 小公國들을 모두 점령하였다. 그리고 1907년 프랑스의 압력은 타이의 쭐라롱꼰왕에게도 밀어닥쳐, 결국 그는 바탐방과 시엠리아프의 두 지방을 캄보디아(실질적으로는 프랑스)에게 讓渡하여야만 하였다. 이들 지역은 본시 캄보디아의 영토였으나 나라가 쇠퇴기에 들자 타이에 빼앗겼었던 것이다.

타이는 17~18세기 버어마의 경쟁국이었으며 그 활동이 버어마보다 광범위하였다. 또한 수도도 바다에 가까왔기 때문에 일찍부터 유럽세력과 능동적인 관계를 이룰 수 있었다. 동남아시아에서는 최초로 1609년 네덜란드에 大使를 보냈으며, 나라이왕 때에는 영국과 네덜란드의 공격가능성에 대비하기 위하여 프랑스의 루이 14세와도 긴밀한 관계를 맺고 있었다. 그러나 프랑스는 타이 전체를 지배하에 두려고 하였기 때문에 반란이 일어났고, 결국 1688년 프랑스는 타이로부터 철수하여 인도로 눈을 돌리게 되었던 것이다. 외국에 대한 두려움에서 벗어난 후, 타이 王朝는 1767년 버어마의 침공으로 붕괴되기도 했지만, 곧 방콕을 수도로 왕조를 부흥시켰다. 그리고 버어마가 영국과 아샘지방을 둘러싸고 심각한 대립을 벌이고 있는 틈을 타서 말레이지아, 캄보디아까지 그 지배권을 넓혀갔다.

19세기에 이르러 거의 모든 동남아시아 국가들이 유럽세력에 의해 점유되었을 때, 오직 타이만은 두 명의 賢君 즉 몽구트(1851~68)와 그 아들 쫄라롱꼰(1868~1910)을 만나 독립을 유지할 수 있었다.

프랑스가 인도차이나에서 지배권을 확립한 시기에 타이는 몽구트왕이 통치하고 있었다. 서구에서는 「샴의 王」이라 알려진 몽구트왕은 버어마와 마찬가지로 당시 유럽세력의 위협에 직면해 있었다. 그러나 佛教에 지식이 깊은 이 왕은 타이를 근대화시키고 서구의 위협으로부터 벗어나는 일에 노력하였다. 科學과 技術에 큰 관심을 가지고 여러 가지 개혁을 시도하였으며, 자기 아들을 비롯한 귀족 자제들을 영국에 유학보내기도 하였던 것이다. 16세에 즉위한 그의 아들 쫄라롱꼰도 곧 일련의 개혁에 착수하였다. 최초의 노력은 유학생을 외국에 보내 서양의 기술과 지식을 획득시키는 것이었다. 그에 뒤이어 철도의 건설도 이루어졌다. 그러나 당시 서양에서 유행하고 있던 民主主義 정치체제만은 받아들이지 않았다.

하여튼 19세기에 두 사람의 계몽군주에 의하여 수행된 이러한 개혁은 외부의 간섭없이 스스로의 의지로 실시되었다는 점에서 보기 드문 것이었다. 이와 같이 하여 진보적이고 질서있는 국가가 되었고 영국과 프랑스의 양대 제국주의 사이에 위치하면서 그 세력의 緩衝地帶가 되었기 때문에 타이는 다른 동남아시아 국가들과는 달리 독립을 간직할 수 있었던 것이다.

스 페 인

필리핀은 동남아시아 국가들 중에서 가장 동쪽에 치우쳐 있었기 때문에 인도문화의 영향을 받지 않았으며, 14세기 말까지 부족상태로 있으면서 中國과 交易을 해 왔었다. 그러나 15세기를 전후한 시기에는 인도네시아 서안의 이슬람주민들이 필리핀 남단의 술루, 파나이, 민다나오섬 등에 건너와 이슬람국가를 건설하고 이슬람교를 전파시켰다. 이것이 근대「모로」왕국의 시초였던 것이다. 이「모로」왕국은 스페인이 침입하기 바로 전인 1570년에는 이미 루손섬에도 세력을 뻗치고 있었다.

한편 중국은 明代 鄭和의 遠征(1405~1417) 때 이미 이 지역을 계속적으로 지배할만한 가능성을 가지고 있었으나 불행하게도 그것을 지속시키지 못하였다. 그러므로 1521년 마젤란이 필리핀 군도에 도착하였을 당시, 그 지방에는 중국인들이 많지 않았었다. 마젤란은 세계일주여행을 하던 도중, 1521년에 필리핀 군도의 세부섬에 다다랐다. 그러나 그는 원주민과의 충돌로 그곳에서 사망하였고, 그의 배 한 척만이 1522년에 스페인으로 돌아갔다. 마젤란航路 발견의 소식은 스페인 사람들에게 큰 희망을 주었지만, 그 후 약 50년 동안 행하여진 수차의 탐험은 스페인이 포르투갈과 맺은 협정에 의해 인도양 航路의 사용이 금지되어 있었고 또 태평양쪽의 항구도 아직 미개발상태였기 때문에 모두 실패하였다.

1565년에 이르러 스페인은 세부섬에 그들의 첫번째 거류지를 마련할 수 있었다. 그리고 5년 후, 마닐라灣을 발견하여 그곳의 回教君主를 패퇴시켰고, 1571년에는 마닐라市를 건설하였다. 루손섬은 이때부터 스페인 사람들의 영향을 받아 이슬람교가 힘을 상실하고 基督教가 자리잡게 되었다. 만약 스페인의 필리핀 상륙이 최소한 50년만 지연되었어도 필리핀은 인도네시아와 같이 강력한 이슬람교국가가 되었을 것이다. 이렇게 볼 때, 필리핀의 운명은 1570~71년에 마닐라 부근에서 벌어진 소규모 전투에 의하여 결정되었다는 것을 알 수 있다.

스페인은 별로 저항을 받지 않고 루손섬이나 그 주변의 섬들을 정복하여 나갔다. 다만 루손섬 북부지역에 있던 일본해적들과는 약간의 충돌이 있었으나 그들은 곧 축출되었다. 그리고 원주민들도 경미한 저항만 보였을 뿐, 오히려 스페인의 지배를 환영하였고 基督敎도 쉽게 받아들였다. 원주민에 비하여 무력면에서 스페인은 월등하였지만, 거리나 기후, 열대성 질병에 대한 무지 등의 이유로 인하여 스페인 사람들의 수는 극소수였다. 정복 초기 군인의 수는 3∼4백명에 불과했고, 마닐라市를 건설한 지 거의 150년이 지난 1707년에도 2천명 정도에 지나지 않았다. 이것을 보더라도 만약 스페인의 지배나 기독교에 대한 주민의 저항이 심하였다면 스페인의 정착은 불가능하였을 것이다. 그리하여 정착 후에도 토착민보다는 네덜란드의 공격이나 중국인 이주민들의 반란이 스페인에게 더 큰 위험으로 남아 있었다.

마닐라에서 交易과 手工業을 이끌어 온 중국인들은 필리핀의 번영에 크게 이바지하였지만 기독교로 개종하지는 않았다. 그리고 스페인사람들로부터는 그들이 필리핀을 탈취하지 않을까 의심을 받았다. 그리하여 스페인 사람들은 여러 가지 제약을 가하여 중국인들을 궁지로 몰아 넣었다. 1603년에 중국인들이 叛亂을 일으켰다가 2만명 이상이 피살되었다. 1639년에도 2만 4천여명의 중국인이 학살당하는 사건이 있었다. 중국인에 대한 최후의 공격은 1764년에 벌어졌다. 당시 마닐라는 영국에 의해 2년 동안 점령당했었는데, 이때 중국인들이 영국에게 협력했다는 이유로 스페인은 마닐라를 회복한 이후 이들을 배반자로 몰아 축출하였던 것이다. 그러나 1766년에는 중국인 축출의 명령이 철회되었고, 이후 중국인의 수는 계속 증가하였다. 2차대전 후인 1947년경에는 약 10만명의 중국인이 소매무역, 수공업 및 전문직에서 지배적인 위치를 차지하게 되었으며, 오늘날에 이르러서는 필리핀 사람들 중 100만명 이상이 중국인의 피를 이어받고 있는 것이다. 다만 이들 중 대부분은 그들의 조상과는 상관없이 기독교도가 되었고 스페인어를 사용하고 있다. 16∼17세기 사이에 스페인 사람들은 그들의 손길을 아시아대륙에까지 뻗치려 하였다. 그리하여 中國征服의 계획안을 스페인 국왕에게 제출하기도 하였지만, 당시 스페인 사정으로 볼 때 그 제안은 거의 비현실적인 것이었고, 또 마드리드에는 더욱 시급한 국내문제가 많았기 때문에 받아들여지지 않았다. 다만 스페인은 베트남

연안과 캄보디아에까지 진출한 적이 있지만, 그곳에 지속적인 발판을 구축하지는 못하였다.

스페인의 필리핀 植民地는 가까운 아시아지역보다는 남아메리카 대륙과 더 긴밀한 관계를 맺고있었다. 이러한 현상은 스페인이 태평양 연안의 아메리카대륙에 식민지를 갖고 있었던 때문인 것으로, 당시 마닐라는 주로 남미의 페루나 멕시코와 交易을 하였다. 그러나 스페인은 필리핀에서 貿易制限政策을 취하였기 때문에 그곳에서 얻을 수 있었던 이익을 감소시키는 결과를 가져왔다. 土地制度 역시 중대한 결점을 내포하고 있었다. 즉 스페인은 필리핀에서 봉건적인 토지소유형태를 채택하였기 때문에 스페인 이주민과 원주민 사이는 地主와 農奴的 관계가 성립하여, 地主는 원주민에게 노동력과 납세를 강요함은 물론 재판권까지 행사하였다. 때때로 카톨릭성직자들이 이러한 제도의 폐단을 개혁하려고 꾀하기도 하였지만 큰 효과를 거두지는 못하였다. 그리하여 이 봉건제도는 스페인 통치가 끝날 때까지 지속되었고, 그 여파는 현재까지도 필리핀공화국의 발전에 장애가 되고 있는 실정이다.

19세기 초에 스페인의 지배하에 있던 남아메리카 제국이 獨立하면서 필리핀은 이들로부터 고립되고 자원의 유출은 심화되었다. 그러던 중 1898년에 미국과의 전쟁이 발발하여 스페인이 마닐라만에서 패배함으로써 333년 동안 지속되었던 스페인의 필리핀 지배는 종말을 고하였다. 그리하여 다른 유럽 식민국가와는 달리 스페인은 원주민의 봉기나 민족주의운동에 의해서가 아니라 다른 서구세력에 의해 쫓겨나게 되었던 것이다. 스페인을 대신하여 필리핀에 들어선 미국은 얼마 지나지 않아서 영국·네덜란드, 프랑스 정부가 인도·인도네시아·인도차이나·버어마 등에서 일어난 民族主義運動에 의해 시달림을 받은 것과 같이 아기날도와 같은 필리핀 민족주의자들의 저항에 의해 괴로움을 당하게 되었다.

제20장 東南아시아 諸國의 獨立과 發展

1. 東南아시아 諸國의 獨立運動과 第1次世界大戰

20세기 초에 유럽세력은 타이를 제외한 동남아시아 전역을 뒤덮었지만, 그 세력도 견고한 것만은 아니었다. 스페인은 이미 필리핀 군도의 지배권을 미국에게 넘겨 주었고, 아시아의 새로운 강국이 된 日本은 식민 강대국이 되기 위한 방법을 재빨리 익히고 있었다. 그리고 20세기에 들어와 반세기도 지나기 전에 많은 동남아시아 국가들은 獨立을 획득하였으며, 다른 식민지들도 自由를 위한 투쟁을 계속 전개하였다. 이 새로운 독립국가의 정치나 사회체제 등은 유럽세력이 쇠퇴하면서 많은 변화를 가져왔다. 즉 유럽의 장기적인 식민주의 정책은 이 나라들이 극단적인 정치체제를 취하도록 하였으며, 이로 인하여 버어마, 자바, 베트남 같은 나라들은 좌익으로 기울어졌던 것이다.

유럽인의 통치는 고대 왕들의 권위를 떨어뜨리거나 파괴하였다. 당시 모든 나라의 궁정은 文化·宗敎·藝術·국민생활의 중심이었으므로, 왕의 제거나 권위실추는 곧 그 나라 모든 전통의 쇠퇴를 의미하는 것이었다. 유럽인들은 이러한 결과를 예측하지 못하였으나 서구식 교육을 받은 식민지의 지식인들은 왜 자신들이 외국인의 지배를 받아야 하는가에 대해 의문을 갖기 시작하였다. 파리, 런던, 암스테르담에서 아시아 유학생들은 그들의 모국이 여러 가지 방법으로 유럽세력의 지배하에 놓여 있다는 것을 인식하게 되었다. 당시 유럽에는 民主主義 政治制度가 널리 보급되어 있었으나 좌익정당, 사회주의자, 공산주의자들도 있었다. 아시아 학생들은 특히 좌익인사들이 식민정권의 존재를 개탄하고 있다는 것을 발견하고, 만일 식민지에 좌익정당을 설립하면 그들이 이 정당을 지지해 주고 식민지가 독립을 회복하도록 도와줄 것이라고 믿었다. 귀국한 학생들은 곧 식민지정부가 좌익국민당의 결성을 환영하지도 않고, 오히려 그들을 탄압한다는 것을 알았다. 그리하여 이들 중 몇몇은 인도네시아의 수카르노와 같이 민족의 지도자가 되었으며, 이때부터 동남아시아의 모든 나라들에는 民族主義運動이 싹트기 시작하였다. 이러한 운동들은 대부분이 보수주의적이기보다 좌익적인 사상을 띠고 있었다. 신교육을 받은 이들은 식민지 이전의 구정권이나 유럽세력에 의한 지배를 긍정적으로 받아들일 수가 없었다. 그러나 유럽인들은 식민지를 자치하도록 방임한다면 질서가 파괴되고 혼란에 빠질 것이라고 생각하였을 뿐, 사람들이 외국인에 의한 좋은 정부에 예속되기보다는 비록 잘못되더라도 스스로의 정부를 갖고자 한다는 사실을 알지 못하였다.

동남아시아의 獨立運動은 일본의 흥기와 제 1 차 세계대전의 결과에 의하여 크게 자극을 받았다. 露日戰爭에서의 일본의 승리는 다른 나라들에게도 무엇인가 가능성을 보여주는 것이었다. 그리고 제 1 차 세계대전 당시에 징집되었던 아시아 병사들이 독일과 싸웠다면 그와 마찬가지로 영국이나 프랑스, 네덜란드와도 싸울 수 있지 않을까 하는 의문이 제기되었다. 그리하여 戰後 유럽의 열강들은 식민지의 改革이나 自治 또는 獨立을 위한 강력한 요구에 직면하게 되었다.

유럽인들은 이러한 요구에 여러 가지 방법으로 대응하였다. 영국은 인도에게 몇 가지 정치적인 지위의 향상을 약속하였고, 버어마에게는 인도로부터의 독립과 自治政府의 수립을 약속하여 1935년에 실현시켰다. 그러나 말레이지아에서는 이러한 요구에 부딪치지 않았다. 즉 당시 말레이지아는 여러 회교군주와 영국 海峽租界와의 연맹체에 불과하였다. 그리고 인종이나 종교, 문화 등도 서로 달랐고 국민의 교육수준도 낮았기 때문에 보수적이었으며 공통적인 민족감정도 갖지 못하였다. 그로 인하여 새로운 민족주의와도 별로 접촉을 갖지 못하였던 것이다.

네덜란드는 제 1 차세계대전 당시 중립국이었던 관계로 전쟁으로 인한 압력을 별로 받지 않았고 따라서 변화도 매우 느렸다. 인도네시아의 풍부한 수출시장은 완전히 네덜란드가 장악하였으며, 소매업은 보통 중국인들이 차지하고 있었기 때문에 인도네시아인들은 거의 상공업에 참여하지 못하였다. 그리하여 결국은 인도네시아 유학생들도 사회주의견해를 받아들이게 되었다. 이러한 점은 같은 언어를 사용하는 이웃의 말레이지아인들이 민족주의운동에 보수적이고 무관심했던 것과는 상당히 다른 현상이었다. 그러나 네덜란드는 인도네시아에서 실질적인 개혁을 허락하지는 않았다. 이 시기에 영국이 제한된 것이기는 하지만 식민지국가에게 자유를 허용한데 반하여 네덜란드는 전혀 그러한 정책을 취하지 않았던 것이다. 그리하여 외면적인 평온을 유지할 수 있었지만 이러한 평온이 결과적으로는 더 큰 위험을 내포하고 있었다.

프랑스는 다른 나라와는 다른 植民政策을 취하였다. 그들은 관료와 유능한 사무원을 만들어 내기 위해서가 아니라, 프랑스 지식인상과 같은 아시아 지식인을 만들어 내어 그들의 정책에 이바지시키기 위한 수단으로 敎育을 이용하였다. 그리고 프랑스는 정치문제에서 영국보다 더 권위적이었기 때문에 식민지에서의 민주적인 제도를 허락하지 않았고 다만 프랑스에 봉사한다는 전제하에서만 유능한 인물을 채용하였다. 프랑스 지배하의 인도차이나 지역에서는 戰前에 이미 獨立運動이 일어났는데, 구왕조의 자취가 남아있는 캄보디아나 베트남 중부지역보다는 통킹이나 코친차이나 지역에서 더욱 왕성하였다. 이와 같은 프랑스령 식민지에서의 독립운동은 버어마나 인도네시아보다 더 좌익적이었는데, 그 이유는 당시 프랑스 자체가 사회당이나 공산당의 세력이 강하였고, 인도차이나의 유학생들도 이러한 견해를 가진 사람들과 접촉할 수 있었기 때문이었다.

한편 독립왕국으로서 유지되어 온 타이는 1910년 쭐라롱꼰 왕의 뒤를 이어 바지라부드가 왕이 되었으나, 앞의 군주들과 같은 능력은 없었다. 그는 藝術과 文學에 많은 관심을 두었지만 새로운 제도를 개발하지는 못하였다. 영국의 대학에서 교육을 받은 왕은 多婚制와 같은 낡은 사회제도를 철폐하기도 하였지만, 행정면에서 부정한 관료집단을 총애하거나 자신의 형제들을 고위직에 임명하는 등 졸렬한 면을 보여주었다. 外交面에서는 영국과 프랑스의 두 강대국 사이에서 조심스럽게 행동하였다. 그리하여 1917년 제 1 차세계대전이 발발했을 때에는 독일에 선전포고하였으며, 프랑스에 약간의 군사를 보내기도 하였다.

1925년 바지라부드가 죽은 후에 왕위를 계승한 그의 동생 프라자디폭은 타이의 마지막 절대군주였다. 이 왕은 1929년에서 1931년까지 계속된 세계경제공황으로 인하여 심각한 재정난을 맞게 되었다. 그로 인하여 국내의 불안이 고조되자 서구식 교육을 받은 젊은 세대들은 시대에 뒤떨어진 절대군주 지배체제에 반항하기 시작하였다. 결국 젊고 유능한 변호사 프리디 바노미용과 젊은 장교 및 관료들이 주동이 되어 일으킨 1932년의 無血革命은 君主制를 형식적인 제도로 만들어 놓았다. 1935년에 프라자디폭왕은 왕위에서 물러나고 당시 10세였던 아난다 마히돌왕이 즉위하였으나 정부의 실권은 피분 송그람장군이 장악하고 있었다.

요컨대, 2차세계대전 직전 모든 동남아시아 국가에는 민족주의자, 극단론자 및 온건론자들이 뒤섞여 활동하고 있었으나, 그들은 한결같이 모두 서구국가로부터 얻은 새로운 정치·사회사상에 의해 자극을 받고 있었던 것이다.

2. 第2次 世界大戰과 東南아시아

일본이 동남아시아 지역에 침입하기 시작하면서부터 유럽세력은 잠시 퇴각하였고, 그로 인하여 동남아시아 각국에서 전개된 民族主義運動의 형태도 크게 변형되었다. 당시 영국이나 프랑스는 세계대전에 휘말려 들면서 동남아시아에서 그들의 위치를 고수할만한 여력이 없었기 때문에, 일본의 야망에 대처할 여유를 갖지 못하였다. 일본은 1941년의 진주만 기습에 이어 인도차이나·말레이지아·필리핀·버어마·인도네시아 등을 계속 침입할 수 있었다. 결국 1941년 12월의 진주만공격으로부터 1942년 4월 필리핀의 바타안 정복까지 동남아시아의 모든 식민제국을 완전히 점령함으로써 세계 역사상 그 유례를 찾아 볼 수 없을 정도로 광범위하면서도 신속하고 완전한 승리를 보여 주었던 것이다.

진주만 공격이 있은 지 6개월 만에 일어난 1942년 6월의 미드웨이 海戰은 미국의 거대한 자원과 힘이 어떠한 것인가를 보여주었다. 일본은 이러한 미국의 변화에 대처하지 못하였으며, 그로 인하여 동남아시아에서도 힘을 잃게 되었다. 그러나 점령당한 식민제국의 주민들은 새로운 뉴스로부터 단절되어 있어 미국과 그 동맹국들을 승리로 이끌어 준 이러한 戰略上의 變化에 대해 전혀 알지 못하였다. 그들이 본 것이라고는 유럽인에 의한 지배가 갑자기 와해되었다는 것과 상상 이상으로 그들의 힘이 약해졌다는 사실이었다. 동남아시아인들은 일본의 점령에 대해서도 抵抗을 계속하였지만, 대부분은 전국적이라기보다는 오히려 편협하고 국부적인 것이었다. 즉 말레이지아의 중국인이나 버어마의 反파시스트 인민전선, 필리핀의 民族主義者들, 그리고 북베트남의 공산주의 지도자들의 저항이 거의 전부였다.

당시 일본의 점령에 대한 동남아시아 민족주의지도자들의 반응은 크게 두 단계로 나누어 볼 수가 있다. 첫째는 민족주의 지도자들이 일본의 초기 승리에 깊은 감명을 받았던 단계이다. 그들은 전쟁에서 일본이 결국 승리할 것이라고 확신하였으며, 따라서 장차 정치적으로 해결해야 할 모든 문제들은 일본과 함께 다루어야 한다고 생각하였다. 다시 말하면 민족주의 지도자들은 독립을 위해 일본과 연합하려고 하였던 것이다. 이는 또한 일본 자신의 정책이기도 하였다. 일본은 유럽식민지들을 독립시킨 후 이러한 독립국가들을 소위 「大東亞共榮圈」으로 묶어 보호하에 두고 경제적으로 일본의 商工業에 긴박시키려고 하였던 것이다. 이를 위하여 일본은 동남아시아 지역의 국가들을 세 개의 범주, 즉 버어마·필리핀·베트남·캄보디아 등은 完全獨立國으로 하고, 라오스·자바와 그 동부의 섬들 및 수마트라와 말레이지아를 병합한 새로운 국가는 保護國으로, 싱가포르·페낭은 식민지로 삼으려 하였다. 이 계획은 아직 전쟁이 끝나지 않았었기 때문에 충분히 실현되지 않았지만, 인도네시아령인 수마트라를 말레이지아에 합병시켜 마하말레지아와 같은 새로운 나라를 만들려던 예정은 고대 스리비자야 왕국의 재생을 시도하였다고 할 수 있을 정도로 역사적, 인종적인 근거가 있는 것이다.

일본의 동남아시아 점령으로 인하여 유럽 식민지배자들의 권위는 실추되었고, 유럽인들이 이 지역에서 임의적으로 시행했던 영토분할도 그 의미를 상실하였다. 그리하여 타이와 캄보디아 사이에는 바탐방과 시엠리아프의 두 지역을 둘러싼 예전부터의 분쟁이 재발하기도 하였다. 1945년에 캄보디아는 이 지역들을 차지할 수 있었지만 아직도 타이가 다시 침입해 오지 않을까 두려워하고 있다.

둘째는, 동남아시아의 민족주의 지도자들이 1942년말부터 일본이 항복할 때까지 일본의 지배에 대해 환멸을 느낀 단계이다. 소위 「大東亞共榮圈」은 공영이라기보다는 오히려 재앙으로 변화하였다. 해상지배권을 상실한 일본은 그들의 약속을 이행할 수 없었으며, 그 결과 일본의 군사적 점령은 압제적이고 더욱 가혹하게 되었던 것이다. 民族主義 指導者들은 일본이 곧 패망하리라는 것을 깨닫기 시작하였으며, 그런중에 가장 큰 걱정은 만약 일본이 패할 경우에 그들 자신도 승리를 거둔 서구세력들로부터 적으로 간주되지 않을까 하는 것이었다. 이제 그들이 해야 할 일은 일본이 밀려 나가기 전에 자신의 나라를 獨立시킨 후 서구세력과 맞서도록 하는 일이었다.

3. 東南아시아 諸國의 發展

버어마

버어마에서는 처음에 아웅산이 군대를 조직하여 일본과 협력하였다. 정치운동가이면서 애국자였던 아웅산은 戰前에는 일본에 피신하고 있었으나, 침략군과 함께 다시 돌아와서는 일본에 의해 창설된 버어마군대의 우두머리가 되었다. 그러나 전쟁이 계속되면서 일본의 통치가 점점 불안하여지자 전세의 흐름을 파악할 수 있었던 그는 1945년 4월 인도양지역 영국 최고사령관이었던 마운트배튼卿과 손을 잡고 일본에 대항하였다. 특히 1945년 5월 연합군이 랑구운을 탈환할 때, 아웅산 휘하의 버어마군은 큰 역할을 하였으며, 그로 인하여 일본군이 항복하였을 때 아웅산은 영국에게 버어마의 완전독립을 강력히 요구할 수가 있었다.

영국은 1947년 4월에 열린 버어마의 총선거결과를 받아들여, 그 해 10월에 버어마의 完全獨立을 승인하였다. 이 선거에서 아웅산과 그 동료들은 압도적인 승리를 거두었으나, 결국은 이 승리가 비극을 초래하고 말았다. 1947년 7월에 그의 政敵인 戰前의 수상 우소가 고용한 무장군인들에 의해 아웅산과 그의 각료들은 암살당하고 말았다. 그러나 우소 역시 실권을 얻지 못하고 국외로 도망하였다. 이 뒤를 이어 등장한 우누정부는 1948년 1월 4일 英聯邦의 일원이 아닌 완전독립국으로서 합법적인 버어마 국가의 수립을 달성하였다. 버어마는 독립 이후에도 정부에 대항하는 공산주의자들과 기타 여러 종류의 폭동 때문에 많은 어려움을 겪었지만, 이러한 움직임의 배후세력과 영국과는 전혀 무관한 것이었다.

말레이지아

말레이지아의 회교군주들은 일본 점령하에서 점령군과 협력하였다. 그러나 중국인들은 일본의 가혹한 탄압을 받았기 때문에 공산주의자들의 지휘하에 게릴라활동을 전개하였으며, 인도인들은 일본군에 징용되어 버어마에서 영국군과 싸워야 하는 미묘한 입장에 있었다. 이러한 전쟁중의 상황으로 인하여 영국의 식민정부는 옛 식민지에 돌아온 직후 戰前에는 없었던 문제들과 부닺쳤다.

우선 영국은 말레이지아의 經濟狀態가 절망적인 것을 발견하였다. 경제는 오직 고무와 朱錫에만 의지하고 있을 뿐, 전쟁의 혼란과 파괴로 식량의 자급자족은 불가능하였던 것이다. 영국은 이러한 경제문제를 해결하기 위해 전력을 다했지만, 정치문제 또한 심각하였다. 일본군의 박해로 일자리를 잃은 수많은 중국인들은 정글 가장자리로 도망하여 농지를 개간하고 있었는데, 전쟁이 끝나자 그 소유권을 주장하는 말레이지아인들이 이 중국인 不法農土占有者들을 축출하도록 요구하였던 것이다. 하지만 영국으로서는 중국인에게 시민권이 없었던 전쟁 전의 상태로 되돌아가게 한다는 것은 불가능하였으며, 그렇다고 국토를 분리시키기도 힘든 실정이었다. 더우기 전쟁중에 말레이반도의 회교군주들이 일본군에 대항하지 않았던 데 반하여 중국인들이 여러 가지 방법으로 일본군과 싸웠었다는 것을 간과할 수만은 없었다. 결국 영국은 싱가포르만 식민지로서 분리하고 그외의 지역은 하나의 통합국가로 하는 말레이연방제를 제의하였으며, 그 지역 출신이 아닌 사람이라도 5년 이상 거주한 자에게는 市民權을 부여하는 계획안을 내놓았다. 영국의 이와 같은 계획은 말레이지아인이나 중국인들 모두가 반대함으로써 실패하고 말았다. 그 후 오랜 협상을 거쳐 다시 1948년에 말레이 聯邦政府가 선포되었으나 인종문제가 대두될 정도로 시민권에 대한 중국인의 권한은 감소되고 말았다.

말레이지아에는 중국인들에 의해 또 다른 문제가 발생하였다. 즉 對日게릴라운동을 전개하였던 중국인 共産主義者들이 1946~7년에 영국의 말레이연방제에 불만을 품은 자나 불법농토점유자로 지목되어 불안해하고 있는 자들을 선동하여 경제를 붕괴시키려 하였던 것이다. 1948년에는 탄압에 의해 지하로 숨었던 공산당이 다시 행정부를 와해하고 근거지를 확보하려고 시도하였다. 영국은 反게릴라전쟁을 위해 이들의 식량공급원이 되고 있던 중국인들에게 새로이 정착할 수 있는 토지를 주는 등 개선책을 마련한 결과 말레이지아에 自治政府가 수립되었을 때, 공산주의자들은 그들의 지지기반을 상실하게 되었다.

말레이지아인에 의해 조직된 말레이民族聯合機構(U.M.N.O)와 중국인 실업가들이 조직하여 중국인의 이익을 대변해 주던 말레이中國人協會(M.C.A.)가 통합하여 하나의 당을 형성하였다. 이 統合黨은 1955년의 총선거에서 압도적인 승리를 거두었으며, 1957년에 말레이는 선출된 국왕 아래서 독립연맹왕국이 되었다. 그리고 싱가포르도 1959년에 완전자치정부로서 출발하면서 온건사회주의인 人民行動黨(P.A.P)에 의해 다스려졌다. 그러나 1963년에는 말레이반도, 싱가포르, 북부보르네오 등이 한데 합쳐서 말레이지아를 탄생시켰고, 싱가포르는 거대한 經濟都市로 성장하게 되었다. 그리고 말레이지아의 헌법은 국내에서 태어난 사람들은 물론 그곳의 모든 居住民들에게도 점차적으로 정치권을 허락해 주었기 때문에 인종적 분규는 차차 약화되었다.

대외적인 면에서 말레이지아는 인도네시아로부터 심각한 위협을 받고 있었다. 특히 1963년 영국이 석유가 풍부한 브루네이 지역만을 보호하에 남겨두고 그 외의 사라와크나 북부보르네오 지역을 말레이지아에 넘겨 줌으로써 그 지역에서 인도네시아가 게릴라전을 전개할 위험을 안게 되었다. 그리고 2차대전시 일본이 인도네시아령인 수마트라를 말레이지아에 합병시키려고 하였던 일도 두 국가에게는 잊을 수 없는 것이었다.

새로운 말레이지아 의회의 행정부는 퉁구 압둘 라만이 영도하는 말레이 統合黨에 의해 구성되었다. 그리고 제 1 야당으로서 활동한 것은 싱가포르에 중심을 두고 현 싱가포르 수상인 리관유가 이끄는 중국인의 人民行動黨었다. 그리하여 한때 서구식 민주주의제도가 가능할 것 같이도 보였으나 곧 인종적인 긴장이 다시 나타나게 되었다. 진정한 민주주의체제 하에서 말레이지아의 수상이 되려는 야당의 지도자 리관유를 퉁구 압둘 라만은 중국인이 연방의 패권을 잡으려 한다고 비난하였던 것이다.

결국 1965년 8월 9일 양당의 합의 아래 싱가포르는 연방으로부터 이탈하였다. 이 분리는 리관유에게 새로운 세계를 위하여 그가 의도했던 複合人種主義 실험의 실패를 의미하는 것이었고, 퉁구 압둘 라만에게는 더 이상의 인종적 분규를 피하기 위한 정치적 필요성으로서 불가피했던 것이다. 인도네시아의 말레이지아에 대한 방침이 완화되었음에도 불구하고 말레이지아의 장래는 여전히 불확실한 상태에 놓여 있다.

인도네시아

전후의 동남아시아에서 네덜란드와 프랑스의 입장은 영국과는 달랐다. 즉 영국과는 달리 이들은 이전의 식민지를 회복할만한 군사력이 없었던 것이다. 한편 인도네시아나 인도차이나의 사람들은 戰前의 유럽지배자들을 다시 부를 하등의 이유가 없었다. 인도네시아는 일본이 항복하기 전에 이미 독립을 선언했었고, 전쟁이 끝난 후 동남아시아 연합군 최고사령관의 재가도 받지 않은 채 재빨리 共和國을 선포하고 군대를 창설하였으며 정부기구를 제정하였다.

네덜란드는 유효한 군사력이 없었기 때문에 인도네시아에서의 일본군 무장해제와 본국송환은 영국이 담당하였다. 영국의 크리스티슨장군이 자카르타에 도착했을 때, 그는 이미 합법적인 정부로서 공화정부가 출발한 것을 알게 되었다. 영국군보다도 늦게 도착한 신임 네덜란드총독 반 모에크 박사가 그곳에서 할 수 있는 일이란 아무것도 없었다.

그러나 곧 네덜란드군대가 도착하고 영국군은 철수하였다. 네덜란드

정부는 수카르노가 일본에 협조했다는 이유로 그의 정권을 인정하지 않았다. 수카르노는 사임하였고, 그의 자리는 수탄 스자리르에 의해 대체되었으나 양국 사이의 협상은 내내 교착상태에서 벗어나지 못하였다. 그리하여 인도네시아 공화정부가 자바에 군대를 증대시키는 동안 네덜란드는 다른 섬들을 점령하여 버렸다. 결국 이 위기는 영국의 중재로 양국이 인도네시아聯合國이라 부르는 연맹체를 1947년 3월에 승인하는 것으로 일단 해결할 수 있었다.

그러나 양국간의 상호 불신으로 신체제의 출발은 불가능하여졌다. 1947년 5월 네덜란드는 무력으로써 몇몇 중요도시를 점령하였으며, 다시 1948년 12월 두번째의 군사행동을 일으켜 공화국의 영토를 대부분 점령하였고 지도자들을 체포하였다. 네덜란드의 이러한 행동은 주변 아시아국가들로부터 분노를 일으키게 하였고, 마침내는 유엔안전보장이사회의 간섭으로 네덜란드는 공화국의 임시수도였던 조그자카르타에서 철수하였으며 체포했던 인사들도 석방하였다. 그리고 주변 아시아국가들의 적대감과 유엔에서의 세계여론, 인도네시아의 저항 등으로 다시는 인도네시아를 정복할 수 없게 되었다. 1949년 8월 헤이그會議에서 네덜란드는 종주권을 인도네시아에 이양하였고, 그 해 12월 27일 인도네시아는 獨立하였다. 1962년에는 서이리안과 서 뉴우기니 지방도 최종적으로 인도네시아의 영토에 소속되었다.

인도차이나

인도차이나의 모든 프랑스식민지를 점령한 일본군은 1945년 3월에 그 지역을 안남, 캄보디아, 라오스의 3왕국으로 분리시키고 독립을 선언하였다. 그러나, 북베트남의 공산주의 지도자 胡志明은 안남 바오다이 황제의 정부를 거부하고 하노이를 장악하였다. 그 사이에 영국의 그레이시 장군은 사이공에서 일본군의 항복을 접수하였고, 사이공 이외의 몇 개 도시를 프랑스에게 되돌려 주기도 하였으나 英·佛 모두 민족주의 게릴라 때문에 남부 베트남을 완전히 점령할 수는 없었다. 그리고 프랑스와 胡志明 사이에 베트남문제를 놓고 몇 차례에 걸쳐 회의가 개최되었으나 프랑스가 코친차이나라고 하는 자신의 허수아비국가를 세우려 하였기 때문에 회의는 실패하였다. 프랑스 공군은 하이퐁항을 폭격했고 胡志明군도 프랑스 요새를 공격하여 1954년까지 6년간에 걸친 전면전이 벌어지게 되었다.

1954년 통킹에 있는 디엔 비엔 푸에서의 프랑스 패배 이후 중공과 영국, 미국이 제네바에서 회의를 개최하였다. 이 회의에서 베트남의 남북분할, 라오스, 캄보디아의 완전독립, 프랑스군의 철수 등이 결정되었다. 남베트남은 미국의 보호 아래 우익지도자 고오 딘 지엠이 이끄는 공화국으로서 출발했고, 북베트남은 胡志明하에서 공산국이 되었다. 그러나 북베트남의 남베트남에 대한 계속적인 친공게릴라전으로 인하여 결국 남베트남은 1975년 4월에 붕괴되었고, 월남은 공산당이 영도하는 통일국가로 출발하게 되었다. 인도차이나에서의 프랑스가 당한 재앙은 인도네시아에서의 네덜란드보다도 더 심한 것이었다.

타 이

전쟁 전에 동남아시아에서 유일한 독립국이었던 타이는 일본침략시에는 피분 송그람 장군이 실질적인 통치권을 장악하고 있었다. 그는 전쟁 중 일본군에 대항할 수 없었기 때문에 반대로 그들과 동맹하였다. 그러나 1932년에 일어났던 反絕對主義革命의 지도자였던 프리디 바노미용은 스위스에 유학하고 있는 어린 왕 아난다 마히돌의 섭정으로 활약하면서 비밀리에 연합군세력과 협조하고 있었다. 미국도 타이가 일본의 강압하에 움직였다고 보았기 때문에 그들을 적대시하지 않았고, 따라서 프리디는 연합군 최고사령관과 쉽사리 연락을 할 수 있었던 것이다.

전쟁 말기에 프리디와 그의 동료들은 피분 송그람 장군의 세력을 몰아내고 연합군에 대한 타이의 항복을 결정하였다. 그리하여 타이는 말레이반도 북부의 4개 지방을 포기해야 했고, 바탐방과 시엠리아프를 다시 캄보디아에게 반환하여야 했으나, 더 이상의 영토를 상실하지는 않았다. 그러나 국내 정치는 아주 혼란스러워졌다. 즉 전쟁 후, 스위스에서 귀국한 국왕이 머리에 총을 맞고 죽는 비극적인 사건이 발생한 것이다. 그 뒤를 푸미폰 아둘렛 국왕이 계승하였으나, 이번에는 다시 피분 송그람의 쿠데타에 의해 1947년에 프리디 바노미용이 권좌에서 축출되었다. 그리고 피분 송그람은 일본에 협조하였다고는 하지만 상당히 개방적이며 反共産主義者였기 때문에 서구세력에 의해서도 인정을 받았다. 타이는 이후에도 몇 차례 군부 쿠데타가 발생하였으나 정치정세는 비교적 안정되었다.

필 리 핀

미국의 필리핀 지배는 처음부터 일시적인 단계로서 의도된 것이었다. 즉 미국의 계획은 필리핀이 완전한 정부를 가질 수 있을 때가지만 미국의 통제하에 둔다는 것이었다. 1934년 미국의 통치는 종식되었고 이어 미국의 보호 아래 자유로운「聯邦」형태로서의 필리핀 自治政府가 들어섰다. 그러나 필리핀 사람들은 이에 만족하지 않고 계속하여 완전한 독립을 요구하였다.

일본의 침입이 있었을 때, 필리핀은 독립된 공화국을 선언하였다. 그러나, 일본의 필리핀 지배는 가혹한 것이어서 필리핀 사람들은 일본에 대항하기 시작하였다. 후크발라합(자유의 투사) 運動과 같은 공산주의자의 지도 아래 일어난 게릴라운동도 있었다. 그러므로 일본이 항복하였을 때 필리핀의 국내 상황은 인근 동남아시아 국가들과 마찬가지로 상당히 복잡하였다. 한 가지 특기할 만한 사실은 필리핀이 일본의 침입에 의해 처음으로 동남아시아 역사의 주류 속으로 들어왔다는 점이다.

미국정부의 정책은 네덜란드나 프랑스가 저지른 실수를 되풀이하지 않고, 1946년 7월 4일에 필리핀의 完全獨立을 가져다 주었다. 그리고 미군사고문과 약간의 전투부대만이 후크발라합 공산주의 폭동과 싸울 수 있도록 필리핀 정규군을 도와주었다. 이후 필리핀은 점차 안정되기는 했으나, 아직까지도 정치적인 부패 및 남부지방 이슬람교도들의 소요 등에 의해 내부적인 불안이 계속되고 있다.

세계문화사개설

초판 발행 1983년 9월 5일
초판 13쇄 2012년 1월 25일
지은이 고려대학교 세계문화사연구실
펴낸곳 고려대학교출판부
www.kupress.com
kupress@korea.ac.kr
136-701 서울특별시 성북구 안암동
02-3290-4230, 4232
Fax 923-6311
찍은곳 경주문화인쇄

ISBN 89-7641-193-5 93900

값 15,000원

* 잘못 만들어진 책은 바꿔드립니다.